KB182103

박정희의 실상, 이영희의 허상
朴正熙의 實像, 李泳禧의 虛像

박정희의 실상, 이영희의 허상
朴正熙의 實像, 李泳禧의 虛像

박정진 지음

이담 Books

이 책은 가부장제를 바탕으로 쓴 한국적 국가론이다

도그마는 독이다
죽은 박정희가 산 좌파를 이긴다
이영희, 그는 북한 자아의 존재
민족, 민중은 있고 대한민국은 없다
민주주의와 통일은 종교가 아니다
현재는 역사의 모든 것이다

한국 민주주의는 아직도 실패다
이영희가 지식인·운동권의 대부라면
남한의 지식인은 모두 죽었다!
문화적 독립이란 멀고 먼 길이다
독립이란 말과 선동으로 되는 것이 아니다
독립은 문화능력의 확대로만 달성된다

서문

내가 이영희 선생(앞으로 서술의 편의를 위해 이영희, 혹은 선생이라고 쓰기로 함)의 『대화』(2005년, 한길사)라는 책을 사서 읽고 『박정희의 실상, 이영희의 허상』이라는 책을 준비한 것은 벌써 4~5년 전의 일이다. 그러니까 이영희의 『대화』(초판 2005년 3월 10일)가 나온 뒤 1년이 지난 2006년 7월 말경이다. 그러니까 이 글이 쓰인 대부분의 시간은 대체로 노무현 정권 전반기였다. 연일 정권은 국민들로 하여금 도박에 일상적으로 노출되도록 '바다이야기'라는 변종 도박장을 개설해 주고, 뻔뻔스럽게 변명을 하고 있을 즈음이다.

아마도 세계사적으로 국민을 도박장으로 밀어 넣는 우(愚)를 범하는 정권은 없을 것이다. 그것도 정권창출에 공이 큰 정치모리배들에게 사후 보상 차원에서 그러한 허가를 내주었다고 하니 참으로 하늘을 우러러 통곡할 일이었다. 처음에 동네 길목에 음식점을 하던 자리에 '바다이야기'라는 정체불명의 간판이 내걸릴 적에는 아마 '바다 횟집' 정도로 짐작했다. 그런데 어느 날 매스컴에서 '바다이야기' 사건이 터지고 말았다. 알고 보니 변종 도박장이었다. 사건은 정권실세들의 불장난이었기에 수사가 흐지부지되고, 결국 별일이 아닌 것처럼 오리무중으로 끝나고 말았지만, 참으로 정권을 담당하기에는 너무나 준비되지 못한, 우스꽝스러운 어릿광대와 같은 정권의 등장이 저지른 실수였다.

그즈음 국가란 무엇인가에 대해서 더욱 심각하게 생각하게 되었다.

마침 『대화』라는 책도 시중에서 회자되고 언론에 심심찮게 거론되면서, 이 책을 통해 마치 박정희 정권이 부도덕한 정권인 것처럼 규정되다시피 여론몰이를 해 갔다. 참으로 어처구니없는 '박정희의 정치적 공과에 대한 질투적 비판'이 행해지고 있었다. 문학평론가인 임헌영 씨와의 대담형식으로 기록된 선생의 자서전은 우선 문화인류학자인 내게 참으로 혼란과 고통을 안겨 주는 책이었다. 간혹 몰랐던 국내외 사실과 세계에 대한 정보와 해석을 제공하는 유익함이 있긴 하였지만 근본적으로 한 나라의 국민으로서, 한 사람의 지식인으로서 자아상실과 함께 도그마에 빠진 인물이라는 것을 뼈저리게 느끼지 않을 수 없었다. 이는 우리 시대 지식과 지식인의 총체적인 '불행의 금자탑'이라고 느껴졌다.

이데올로기의 노예가 되고 만 한국의 지식인들, 그것도 자신은 정의나 순교자의 편에 선 것처럼 스스로를 위로하고 상찬하고, 때로는 과대망상에 빠진 줄도 모르고 기고만장하는 것을 들키는, 더욱 슬픈 것은 이러한 허황한 지식인을 우리문화가 만들어 내놓고 그것을 우상화하면서, 다른 한편 철저히 실질에 충실한 자를 사대주의 혹은 친일분자(세력)로 비난하고 매도하는 광란의 잔치, 질투의 흑주술에 걸린 자들을 무슨 말로 설명할 수 있을까. 한민족은 한때 '밥도 못 먹는 주제'에 '허구의 민주주의'라는 유령에게 집단신드롬을 당한, 집단최면에 걸렸던 적이 있었다. 한국인은 아직도 역사를 만들어 가는 데에 부족하고, 국가를 만드는 데에 근본적으로 취약하다. 어쩌면 아예 국가를 만드는 유전자가 부족한, 유전적으로 국가를 만들 줄 모르는(싫어하는) 집단이 아닌가 생각할 정도이다.

이제 박정희도 죽고(1979년 10월 26일), 이영희도 지병으로 숨졌다(2010년 12월 5일). 이에 앞서 노무현은 자살(2009년 5월 23일)로 불명예스런 죽음을 택하고 말았다. 그를 자살로 몰아넣은 것은 어떤 유령일까 궁금해진다. 노무현이 죽은 후 석 달 뒤에 김대중은 노환으로 숨졌다

(2009년 8월 18일). 김대중은 법을 어기면서까지 동작동 현충원 묘지에 묻혔다. 그는 황금수의를 입고 관에 들어갔다.

김대중은 노벨평화상을 타기 위한 결정적 수순으로, 남북정상회담을 성사시키기 위해 막대한 자금을 북한에 불법으로 건넸으며(물론 그는 통치권자로서 정치행위라고 하지만), 북한은 그 돈을 핵무기 자금으로 사용했다는 정황들이 속속 나오고 있다. 이러한 사실들이 나중에 보다 확실하게 밝혀진다면 그에 대한 역사적 평가는 지금과 달라질 수도 있을 것이다. 살아 있을 때에 무엄하게도(간교하게도) 역사 운운하는 정치인치고 훌륭한 정치인이 되는 것을 보지 못했다.

이런 짓을 하는 무리들은 정치모리배이며, 제대로 되지도 못한 현실정치를 미화하기 위해서 역사를 자신의 정치적 이용물이나 치장물로 전락시키는 것이다. 어리석은 국민들은 혹은 잘못된 국민들은 이런 모리배와 부화뇌동하게 되어 있다. 역사적으로 슬픈 민족이여! 그대 업보는 대체 어떤 것이기에 아직도 그대를 옭아매고 있는가. 허황한 민족이여! 허황하면 허황할수록 좋아하는 민족이여!

지금 기회가 있을 때마다 북한은 핵보유 사실을 상기시키고, 핵공격의 공갈을 치면서 국제사회의 깡패를 자처하고 있다. 도대체 국가도 아닌 북한에 종처럼 추종하는 세력도 남한 내에 많다고 한다. 과거에는 친북(親北)세력이라고 하였는데 이제 종북(從北)세력이라고 한다. 북한의 핵은 남한에 대한 공격용, 공갈용으로 개발되었다. 북한의 핵은 결코 미국이나 일본에 떨어뜨리지 않는다. 만약 북한이 핵을 사용한다면 반드시 남한에 사용할 것이다. 북한은 남한이 잘사는 것을 지금 질투하고 있다. 질투는 가장 무서운 무기이다. 그들에게 핵이 있다는 것은 항상 남한이 핵공격의 대상이 될 수 있다는 사실 이외에 다른 아무것도 아니다. 북한은 결코 다른 나라에 핵을 사용할 수가 없다.

우리 시대에 대한 후세의 공정한 판단과 당대 지식인들의 다양성에 대한 자료제공 차원에서, 그리고 보다 훌륭한 국가를 만드는 데에 조금이나마 도움이 될 것을 기대하면서 이 책을 남긴다. 이 글은 집필의 대부분을 2006년에 마치고, 이듬해 봄에 부족한 부분을 보완했으나 그동안 출판을 서두르지 않았다. 그 후 조금씩 첨삭된 부분이 있기에 시제가 조금씩 어색한 부분도 있을 것이다. 독자들은 그렇게 알고 혹시 시제가 어색하더라도 참작해서 언중의 뜻만을 읽어 주기 바란다.

이데올로기란 얼마나 허망한 것인가. 그 허망함을 절절하게 느끼게 해 준 이 땅의 사대적 지식인들에게 이 책을 바친다. 이 땅의 사대적 지식인들이 자주적 국가의 탄생을 방해하고, 왜곡하고, 저주한 것을 마치 영웅이나 개선장군이 된 것처럼 생각하는 위선을 언제까지 지속하게 될지를 걱정하면서 세상에 내보낸다.

2011년 2월
남양주 도농(陶農) 황금산 정상에서 한강을 바라보며
박정진

나는 이 책을 고(故) 박정희 대통령과 육영수 여사의 영전에 바친다.

차 례
c o n t e n t s

01

논의의 편향성과 부당성

01 인류학적인 서론과 전망
-오늘날 민주주의엔 사대적 관념주의 전통 있어-

태극은 하나이며 양극(兩極)이다. 이것은 절대이며 동시에 상대이다. 이것은 절대상대론이다. 절대이기 때문에 상대가 있고 상대가 있기 때문에 절대가 있는 그런 이론이다. 태극은 음양(陰陽)이며 천부(天符)이다. 천부는 환(桓)이며 단(檀)이다. 태극은 반야(般若)이며 공(空)이다. 태극은 순환이며 불변이다. 모든 직선들은 직선인 것 같지만 곡선을 향하고 있다. 곡선은 태극을 향하고 태극에는 중심이 있고 중심은 원점이고 원점은 점이다. 모든 질량 있는 것들은 점으로 화하고 점에서 다시 태극이 태어난다. 점은 블랙홀이며 천지창조이다.

한 사람의 지식인이, 그것도 어느 특정 지식인 집단의 대부라고 하는 사람이 그가 속으로 영웅적 인생이었다고 생각하고 후세에 두고두고 이름을 남기리라고 회심의 미소를 짓고 있는 행위가, 적어도 백 년 이내에 물거품에 지나지 않고 광기의 분출에 불과하였다는 것을 안다면 그의 영혼은 어떻게 생각할까. 그가 극악하게 저주한 통치자가 영웅 혹은 최고의 통치자로 떠받들어진다면 그의 인생은 결코 성공적이었다고 할 수 없을 것이다. 이영희 선생의 아버지는 이미 그것을 사전에 간파하고 그의 행동을 못마땅하게 생각한 것처럼 보인다.

한쪽에서는 먹고살아야 하는 것을 생각하여야 하고 다른 쪽에서는 맹목적으로 민주주의를 외쳐야 했던 한국 근대사의 '질풍노도의 시기'에 그는 언제나 박정희 대통령의 대척점에 있었다. 한 사람은 민족의 낭만에 빠진, 너무나 민족적인 인물이었고, 한 사람은 사람을 먹여 살리기 위해 건곤일척의 혁명으로 고군분투한 인물이었다.

박정희와 그의 인연은 참으로 악연이다. 박정희가 5·16혁명을 일으키고 미국의 케네디 대통령을 방문하러 간 첫 미국 나들이에 동행한 기자는 왜 박정희와 원수가 되고 말았는가? 이영희는 처음부터 박정희를 공정하게 보려고 하지 않았다. 사사건건 비틀린 시각으로 바라보았다. 극동의 가난한 나라, 국민소득 80불도 채 되지 못하는 가난한 나라의 통치자에게 그는 너무 가혹하였다. 가난한 나라의 대통령은 국내에서는 대통령이지만 외국에 나가면 구걸하는 '거지 대통령'이고 '눈물 흘리는 대통령'이다. 그런 박정희에 대해 저주하는 그의 모습을 보면 마치 그것이 그의 정체성인 양 보이고, 그것이 그의 일생의 정당성을 가져다주는 것처럼 발악적이다.

그러한 그의 모습에서 한 시대 지식인의 사표를 찾아볼 수 없다. 스스로 어려운 시기에 정의롭게 살았고, 여한이 없게 살았는지 모르지만, '민주주의라는 가면'과 '통일이라는 사이비 종교'를 통해 저렇게 순교자도 될 수 있겠구나 하는 안타까움을 저버릴 수 없었다. 그는 일종의 광신도적 인생이었으며 그를 따르는 많은 우리나라 지식인들의 잘못된 길을 제시한 목자였음을 떠올리지 않을 수 없었다.

그는 사상계의 김대중이었다. 그러나 그의 운동 덕분에 우리나라가 민주주의의 발전과 통일에의 진전에 도움을 받은 것은 없는 것 같다. 그는 민족이라는 이름으로 대한민국 국가의 정체성을 훼손하였으며, 통일이라는 이름으로 북한을 지지하여 분열을 획책하였으며, 민주주의라는 이름으로 근대국가의 초석을 닦는 일에 사사건건 방해를 하였을 뿐이다. 김대중, 이영희라는 두 좌파적 인물에 의해 우리나라가 선진국의 대열에 들어갈 절호의 기회를 놓쳤구나 하고 생각할 때 사대적─도그마적 지식에 대한 회의에 빠지지 않을 수 없었다. 한 사람의 '비극적 인생'에 대해 후학으로서 위로해 주고 싶은 마음과 함께 반론을 하지 않을 수 없는 난처한 입장에 빠졌다.

서양철학의 비조인 소크라테스(B.C. 469~B.C. 399)가 사형선고를 받고 나서 소크라테스 자신이 그 죄목에 대해 일목요연하게 답변한 것을 그의 제자 플라톤이 기록한 『소크라테스의 변명』이라는 책이 있다. 이 책은 플라톤이 쓴 『파이돈』이라는 책과 함께 소크라테스의 사람됨과 철학됨을 보여 주는 대표적인 인류의 철학적 경전에 속한다.

물론 뒤의 『파이돈』은 플라톤이 스승인 소크라테스의 철학을 더욱 심화시킨 작품으로 평가되지만 앞의 『소크라테스의 변명』은 대체로 사형선고 때의 사실을 정리한 것으로 보인다. 제자가 스승을 변호하는 것은 참으로 아름다운 것이다. 만약 대한민국에 그러한 변명이 있어야 한다면 단연 박정희(1917~1979)에 대한 변명을 하지 않을 수 없다. 그는 한마디 변명도 못 하고, 재판에 의해 사형선고를 받은 것이 아니기에, 후세가 그렇게 정리할 직접적인 자료도 없지만 적어도 박정희라는 인물은 단순한 정치가가 아니라 그의 사상은 철학자의 수준이었으며 대한민국 국민으로 하여금 새롭게 탄생할 수 있는 사상과 실천의 기초를 마련한 인물로 보인다. 박정희를 한낱 독재자로 보는 것은 참으로 한국 지성의 파탄을 보여 주는 부끄러운 일이다. 이 책은 바로 그러한 소크라테스의 변명을 기록하는 심정으로 서술된 것이다.

이 책의 제목을 직접적으로 이영희의 정체성을 폭로하는 것으로 하기보다 우회적으로 『박정희의 실상과 이영희의 허상』이라고 한 것은 그를 비난하기 위해 책을 쓴 것이 아니라 우리 시대를 종합적으로 균형 있게 바라볼 수 있게 하기 위함이었고 동시에 박정희에 대한 오해와 몰이해를 줄일 수 있는 효과적인 대조를 달성할 수 있을 것으로 생각되었기 때문이었다. 이영희는 박정희에게 들이대는 평가의 기준을 김일성에게는 들이대지 않았고 이영희는 남한에 들이대는 평가의 기준을 북한에는 전혀 면제시켜 주었다. 그가 북한의 독재와 인권상황에 대해 제대로 비난한 것을 본 적이 없다. 북한에 대한 무비판은 남한에 대한 맹목적 비판과 통한다. 그렇게 박정희에 대한 민주세력들의 비판은 겉으로는 미사여구와 이상적 관념으로 가득 차 있지만 그것은 실은 사대적 관념주의의 노출이었거나 반정부적 권력획득을 위한 게임에 불과하였다. 다시 말하면 권력획득의 수단으로 민주주의를 이용하였다는 것을 말한다. 이는 권력을 잡은 민주세력들의 치명적인 정책적 실패에서 드러난다. 그들은 박정희 정권에 대해 비난의 화살을 퍼붓던 부정부패와 독재를 그대로 재연함으로써 결국 통치부재, 정책부재만을 노출하였다.

그들은 '역사 바로 세우기'를 통해 '역사를 거꾸로' 세웠다. 문민정부, 국민의 정부, 참여정부 등 화려한 수식어를 통해 역사를 다시 과거와 귀신 속으로, 맹목과 가난 속으로 몰아넣었다. 참으로 지난 시대는 어두운 시대였다. 무엇이 암까마귀이고 수까마귀인지 구분할 수 없었던 암흑의 시대였다.

그러나 이제 누가, 더 정확하게는 이영희가 민족을 살렸나, 박정희가 민족을 살렸나를 확실하게 할 때가 되었다. 여기에 더하여 김대중이 민족을 살렸나, 박정희가 민족을 살렸나를 두고 현명하게 역사적 평가를 하여야 할 때가 되었다. 내 나이 환갑을 넘은 마당에, 이영희라는 걸출한 시대영웅, 좌파고수와 대척점에 선다는 것은 분명히 둘 중에 한 사람은 역사의 치명적 심판을 받게 될 것이라는 점을 예상할 수 있다. 그래도 공허한 학문, 허학(虛學: 失學)이 무엇이고 실학(實學)이 무엇인가를 분명하게 당대와 후손들에게 보여 주어야 한다는 점에서 필을 들었다.

이영희의 글은 매우 민족적인 것 같고 과학의 이름으로 옹호하고 치장하지만 편견과 독단의 기초 위에 서 있다. 개인을 위해서는 그의 비극적 인생을 위로하고 싶지만, 민족이라는 집단을 위해서는, 그의 반체제 운동과 옥고와 수많은 저작의 노력들이 도리어 사물과 사태를 왜곡하고 이용후생(利用厚生)에 도움이 되지 않았으며, 지식집단을 다시 당쟁과 이데올로기의 난투극으로 빠뜨렸음을 역사 앞에 밝힌다. 우리는 왜 관념적 유희에 잘 빠지는가? 이영희는 관념적 우상이라는 귀신에 매여 한평생을 반역으로 보낸 인물이었음을 밝히고자 한다. 그 귀신은 우리나라와 같이 벼슬아치들이 사리사욕에 빠지는 전통이 있는 나라의 지식인이 쉽게 빠질 수 있는 귀신이었으며, 그 귀신은 현실을 떠난 피안의 이상세계를 구하는 지식인에게 이데올로기의 완벽성과 자기 폐쇄로 인해 마치 마약과 같은 중독증을 보이는 귀신이었다.

이제 민족의 살길을 위해서 그의 우상을 무너뜨릴 때가 되었음을 직감적으로 알게 됐다. 내가 글을 쓰는 동안 선생은 그동안 써 온 글들을 모은 전집 『리영희 저작집』(전 12권, 한길사)을 냈고 절필 선언을 하였다. 다소 아쉬움은 있지만 혹시 반론이 있다면 학문적으로 대응할 생각을 갖고 있다.

나는 지금, 나의 오랜 학문적 성과인 인류학의 이름으로, 그를 둘러싸고 있는 우상파괴 작업을 하려 하고 있다. 그것도 그의 『대화』라는 책을 읽은 뒤에 말이다. 이것은 우선 우리 시대 불행의 기록이다. 인간이 불행해지면 자신은 과학(이성)이라고 하지만 이미 보이지 않는 종교(우상), 혹은 사이비 종교에 선택되게 되고 그것이 가장 이상적인 것이라고 스스로 의식화하게 된다. 그 종교는 그런대로 인간이 위기를 극복하게 하는 힘이 되고 자신을 순교자로 자위하게 한다. 순교자는 커다란 보상임에 틀림없다. 그러면 이성은 우상이 되고 우상은 이성이 되는 것이다. 선생은 우상을 파괴하고 이성을 옹호하는 인물로 스스로를 규정하고 있다. 그러나 그에게서 우상과 이성의 반전이 있음을 목격하는 것은 그리 어렵지 않은 일이다.

흔히 이성과 우상은 반대말로 사용하지만 이성과 우상은 분명하게 선을 그을 수 있는 것이 아니다. 마찬가지로 과학과 종교도 그렇다. 단지 우리가 확인할 수 있는 것은 과학과 종교가 한 문화의 문화능력 확대를 위해서 긍정적 피드백 운동을 할 수도 있고 부정적 피드백 운동을 할 수도 있다는 사실이다. 다시 말하면 과학이 종교를 돕고 종교가 과학을 돕는 확대재생산을 하는 과정이 있는가 하면 과학이 종교를 부수고 종교가 과학을 부수는 축소재생산의 과정도 있다. 그의 글들은 대체로 후자에 속하는 것으로 과학적이지만 현실적으로 생성되고 있던 '민족의 신화'(한강의 기적)를 파괴하였으며 도리어 '북한의 우상'을 섬김으로써 도리어 민족을 병들게 하였다고 보인다.

그의 잘못된 출발은 바로 '군대에 대한 원천적 불신'과 외래 이데올로기인 '마르크시즘에 대해 경도'하는 사대주의적 신앙에서 비롯된다. 그는 '반세기의 신화'를 열심히 파괴하였지만 동시에 '반세기의 부정의 신화'에 빠져 허우적댄 것 같다. 그러나 이는 그의 잘못이 아니고 실은 한 민족문화의 집단무의식 잘못이다. 그를 따르는 많은 추종자도 마찬가지이다. 역사의 실질을 보지 못하고 역사적 명분에 매달렸으며 그로 인해 '한강의 기적'이라는 민족적 미증유의 찬란한 업적을 독재로만 왜곡하게 하였던 것이다.

한국 현대사에서 가장 난센스가 되는 일은 민주주의라는 잣대로 박정희의 위대한 업적을 독재로만 매도하는 일일 것이다. 그러한 시도 자체는 차라리 지금은 가능하겠지만 머지않아 반백 년만 지나면 역사에서 아무런 의미도 가지지 못할 것이다. 도리어 이 시점에서 우리는 민주주의가 나라를 망하게 할 수도 있다는 것을 상기할 필요가 있다. 이상적 민주주의를 싫어할 사람은 없을 것이다. 그러나 역사적 실제로서의 민주주의는 경우에 따라 한 나라에 해독이 되고 결국 나라의 발전을 저해하거나 망하게 할 수도 있다. 민주주의가 결코 그렇게 단순하고 순정적인 것은 아니다. 만약 민주주의가 그렇게 단순하고 순정적이고 순수한 것, 일종의 근본주의로 해결될 것 같으면 왜 세계는 천차만별의 민주주의를 보이는가. 민주주의는 구호에 의해 달성되는 것이 아니고, 도덕이나 위선으로 실현되는 것이 아니다. 한국의 민주주의는 적어도 위선적인 특성이 너무나 많다. 특히 독재에 대항하는 대립으로서의 민주주의를 주장하였기 때문에 정작 독재가 없어졌는데도 민주주의(실은 정쟁적 투쟁)를 위해서는 항상 유령의 독재와 파시즘을 만들어 내고 있는 것이다. 정체가 없는, 유령의 민주주의, 위선적 민주주의를 벗어나지 않으면 언젠가는 뼈아프고 값비싼 대가를 치를 것임에 틀림없다.

박정희 없는 한국은 생각할 수도 없다. 차라리 한국인 가운데 박정희의 '근대국가 만들기' 사업(다른 대통령도 재임기간 중에 제2건국을 떠들어 댔지만 결국 웃음거리가 되었다. 왜냐하면 건국은 고사하고 도리어 망국의 길로 들어섰기 때문이다)에 따른 심각한 압력을 견디기 어려웠던 관념적−사대적 민주주의자나 선천적−맹목적 자유주의자들이 있었으며 이들을 비롯한 국민의 대다수가 강대국을 만드는 데에 동참한 경험이 없어 그를 단지 독재자로 잘못 이해하는 경우가 많았다.

그러나 박정희는 후대로 가면 갈수록 업적이 크게 평가될 것임에 틀림없다. 이는 그의 치세와의 거리가 멀면 멀수록 그의 사적인 일이나 주변적이고 부차적인 일보다는 공적이고 중차대한 일에 대한 객관적 평가가 이루어질 가능성이 높기 때문이다. 모르긴 해도 근대국가 건국 사상 세계사적으로도 박정희만 한 인물을 찾아내기 어려울 것이다. 세계사의 반열에 올려놓아도 전혀 손색이 없을 뿐만 아니라 도리어 중국의 등소평이나 싱가포르의 이광요 등 주변국의 유명한 정치가들이 박정희를 모범으로 삼을 정도였다. 박정희의 위대성을 우리 국민만이 모르고 있다면 이것은 정말 얼빠진 민족이다. 결국 '잘 먹고 잘살게 해 준' 불행한 통치자에 대해 다시 배반의 화살을 쏘는 것일 수밖에 없다. 과연 우리는

'배반의 국민'이 되어야 하는가.

물론 시간이 갈수록 일반 국민, 먹고사는 것에 매달리는 국민, 시장에서, 농촌에서 먹고살기 위해 열심히 일하여야 하는 국민, 좌파들이 민중이라고 떠들어 대는 국민들은 박정희의 은공을 알고 있다. 그에 대한 여론조사 결과가 이를 잘 말해 주고 있다. 그런데 아직도 소위, 배워 먹은, 민주주의 운동권 세력들은 이를 부정하고 있다. 그들이 그렇게 하는 이유는 박정희를 전면 긍정하면 저들이 설 역사적 땅이 없어지기 때문이다. 그래서 박정희를 독재자로만 매도하는 사람이 있다. 그것이 이영희이고, 김대중이다. 지금 그들의 추종자들이 '김대중 도서관'을 만들고 '김대중 컨벤션센터'를 만들지만 '박정희 기념관'은 만들지 못하게 하는 장본인들이다. 그러나 손바닥으로 하늘을 가릴 수는 없다. 우리 국민 대다수는 김대중보다는 박정희를 더 큰 인물로 생각하고 있다. 운동권 지식인들은 그들이 가르치고 의식화해야 한다고 생각하는 국민들보다 잘못된 생각을 하고 있는 셈이다. 이것이 바로 '식자우환(識字憂患)'이다.

국민들은 누가 암까마귀이고 누가 수까마귀인지 알고 있다. 누가 검은 백조이고 누가 백조인지 알고 있다. 누가 거짓말쟁이고 누가 진실한 사람인지 알고 있다. 근대화의 공이 누구의 것인지 알고 있다. 누가 민중을 진정으로 생각하고 누가 그들에게 밥을 먹게 하였는지를 알고 있다. 허구의 이데올로기와 관념의 쓰레기들을 그들은 본능적으로 알고 있다. 머지않아 그들이 그들의 사상적 고향, 정치적 언덕, 반체제운동의 진지라고 생각하였던 '북한의 우상'은 붕괴되고 말 것이다. 이것은 하늘의 저주일 것이다.

각설하고, 박정희는 국내에서 왈가왈부할 차원이 아니라 한국이 세계에 내놓을 수 있는 위대한 지도자, 근대 한국의 아버지 혹은 어머니였다고 해도 과언이 아니다. 이런 박정희를 한낱 마오이스트, 마르크시스트인 이영희라는 초라하고 사대적 좌파지식인이 폄하하고 왜곡하고 매도

한다고 해서 영향을 받을 인물이 아니다. 박정희와 같은 카리스마를 갖춘 인물이 없이 강대국이 된 나라는 세계에서 단 한 나라도 없다. 박정희야말로 좌도 아니고 우도 아니다. 그가 군인 출신이라고 흔히 우파로 속단하는 것은 그를 속속들이 모르는 사람들이다. 그가 여수반란 사건의 주모자라는 것으로 그를 좌파라고 하는 사람들도 그의 진정성을 잘 모르는 사람들이다. 그는 오직 '조국의 근대화'의 교주이고 첫 신도였을 뿐이다. 그는 좌파도 우파도 아닌, 스스로 일어난 사람이다.

역사는 본래 모순으로 존재하는 것이다. 역사를 이상과 관념의 입장 (상부구조)에서 볼 수도 있고 현실의 살림살이 입장(하부구조)에서 볼 수도 있는 것이다. 어느 한쪽에서만 보면 결코 어느 하나도 달성하지 못하고 양쪽을 아우르는 입장에서 보아야 어느 한쪽이라도 달성하고 나아가서 둘 다 달성할 수 있는 기회를 얻게 된다. 그런 입장에서 보면 박정희야말로 근대국가와 민주주의를 위한 물적 토대, 하부구조를 만들어 준 인물이다. 민주주의조차도 그의 공이다. 이 말은 박정희가 단순히 독재라는 잣대로 평가되는 것은 어불성설이며 경제발전뿐만 아니라 민주주의 발전에 있어서도 역설적으로 기여하였음을 말한다.

경제성장이 없는, 산업화가 없는 근대화와 민주화는 내용 없는 껍데기의 민주주의에 불과하여 결국 지속적으로 성공한 민주주의가 될 수 없기 때문이다. 경제성장과 소득수준의 향상이 없는 민주주의는 그저 관념적, 사대적 민주주의에 불과한 것이기 때문이다. 이 말은 또한 단순히 민주화 세력들이 박정희를 독재로만 매도한다면 그들이야말로 거꾸로 역사에서 소외될 것임을 말한다. 민주화 세력들도 박정희의 공적을 인정하고 그를 끌어안을 때만이 균형 잡힌 민주주의를 할 수 있음을 의미한다. 한 가지 분명한 사실은 박정희야말로 날이 가면 갈수록, 해가 가면 갈수록 가장 훌륭한 대통령으로 남을 것이란 사실이다.

박정희는 전후 폐허와 빈곤 위에서 한국을 농업-빈곤 국가를 상업

(산업)―부자 국가로 만든 인물이다. 이를 달성하기 위해 민중들에겐 여러 가지의 희생(민주운동권 세력의 죽음)과 압력(독재라고 이름 하는 것)을 주었지만 사실 그 힘겹고 어두운 터널을 지나고 보니까, 그 시기(1960년~90년)는 발전을 위해서 피해 갈 수 없었던, 경과하지 않으면 안되었던 시기였으며 그 30년이 바로 그 두 마리 토끼, 경제발전과 민주주의의 성장을 함께 잡았던 시기였음을 알게 된 것이 다수의 한국인이다. 바로 모순구조를 극복한 시기였던 것이다. 그런데 이 같은 상황에서 다시 지나간 영광의 역사를 평가하면서 민주라는 이름으로 그 하나를 매도하고 단죄하고 역사를 거꾸로 돌리는 일은 바로 역사를 건설하는 일이 아니고 역사를 파괴하는 일에 지나지 않는 것이다.

시대적 과제를 외면하고 지나간 역사, 혹은 허황한 이상에만 매달리는 것은 역사를 포기하는 일에 지나지 않으며 역사의 수레바퀴를 거꾸로 돌리는 것에 지나지 않는다. '잃어버린 15년'이라는 말은 바로 이를 말하는 것이다. 다시 좌우대립의 수렁으로 빠져들고 지나간 역사의 평가에만 얽매이고 과거를 매도하기만 한다면 현재의 역사를 어디에서 찾을 것인가. 여기에 한국 지성의 함정과 강대국을 만들지 못할 분열의 불씨가 도사리고 있는 것이다.

만약 역사를 거꾸로 돌려 다시 6·25가 일어나고 구한말적 상황이 연출되고 망국의 길로 들어간다면 참혹한 것이라고 말할 수밖에 없다. 만약 개인의 극단적 민주주의를 위해 국가를 버리고 해체한다면 그것이 온전하겠는가. 좌파의 예술가, 미친 시인들은 그때가 되면 다시 망국의 설움을 노래하고 국제적 유랑을 한탄할 것인가. 좌파의 미친 시인들이 숭배하는 이영희라는 인물은 남북분단적 상황하에서 배출된 '정신분열적 지성'에 불과하며 결국 마르크시즘이라는 변형된 종교를 신앙하는 광신도에 지나지 않는 인물임을 이 책을 통해서 알게 될 것이다. 쉽게 말하면 이영희는 서구의 파시즘이론과 마르크시즘 혹은 마오이즘을 그대로 한국에 적용하면서 민족주의자인 체하면서 실은 친북좌파적 사고의 사부가 된, 사대주의적 지식인의 전형을 보여 준 인물이다. 그는 일견 매우 견고한 논리적 일관성을 가지고 있는 것 같지만 친북좌파적 이념형 인물이라는 것 이외에는 실은 사안에 따라 분열적이고 이율배반적인 사고로 일관하였고 무엇보다도 선동가였다. 그는 박정희 정권에 대해서는 국민의 의식주도 해결하지 못하는 빈곤국이라는 현실을 망각하고 무조건 파시즘이론을 적용하였으며 민족의 미래를 좌파, 특히 마르크시즘의 중국판 변형인 마오이즘으로 풀려고 견강부회하였다. 그리고 세계 최고의 파시즘 정권이면서 동시에 세습왕조 정권인 북한에 대해 아무런 인권적 발언도 하지 않음으로써 무엇보다도 북한의 최빈국으로 전락과 세계 최악의 전체주의적 상황을 몰고 온 장본인 중의 한 사람임을 명심하지 않으면 안 된다. 또 이 같은 상황에 책임지지 않으면 안 된다.

그의 민족주의는 북한의 독재와 반인권적 상황에 대해서는 눈을 감은 채, 결과적으로는 북한의 통일노선에 힘을 실어 주는 허위의 민족주의였다. 그의 이데올로기는 남한의 현실에 기초하지 않은 채 이렇게 세 갈래로 분열되어 있었다. 그의 사고 내면을 보면 일관성이라기보다는 친북좌파라는 당파성을 보였으며 특히 과대망상적 사고의 전형임을 알 수 있다. 그는 특히 마치 전라도 사람들을 히틀러에게 수난을 받는 유태인에 비유하면서 그 수난을 가한 사람을 박정희로 지목하는 참으로 어이없는 비유와 비교를 하는 어처구니없는 인물이며 피해망상적인 인물이다. 그는 참으로 불행한 인물이다. 박정희와 악연이라는 점에서 더 그렇다. 그에게 일관성이 있다면 박정희와 철저히 반대 입장에 있다는 점이다. 마치 그는 박정희를 저주하기 위해서 태어난 인물 같다. 그럼에도 불구하고 현실은, 박정희가 숨진 지 30년이 다 되어 가는 지금, 그의 권력이 전혀 작용하지 않는데도 박정희의 인기는 하늘 높은 줄 모른다. 각종 여론조사에서 한국사에서 가장 훌륭한 통치자로 1위에 오르고 있으니 말이다. 다시 말하면 박정희가 훌륭하면 할수록 그는 추락할 것임에 틀림 없다. 그의 허위는 백일하에 드러날 것임에 틀림없다. 그는 박정희의 경제적 성공조차도(세계가 인정하는 '한강의 기적'임에도 불구하고) 서구 매판자본의 침략, 미제국주의 세계지배전략의 산물이라고만 할 것이다.

이영희는 여러 종류의 글을 쓰고 책을 펴냈지만 그 글의 의식적, 혹은 무의식적 근원과 실마리를 파헤쳐 보면 박정희를 반대하기 위한 반대였던 것으로 보인다. 그는 박정희를 반대하기 위해 그의 지식의 모든 것을 구성하였다. 그러나 그 구성은 허구였으며 실패였으며 결국 간접적으로, 우회적으로 김일성을 도운 것밖에 없다. 이것은 참으로 한 인간의 슬픈 사실이다. 인생이 도박이라면 이것은 참으로 처참한 도박이다. 겉으로는 그의 논리가 매우 객관적인 사실을 토대로 합리적으로 전개되는 것 같지만 실은 비약과 망상과 선동과 오류투성이다.

더구나 그는 단세포적 관념주의자이다. 그러한 그가 실용주의 혹은 다세포적 실학주의, 과학주의에 바탕을 두고 국가를 이끌어 간 박정희의 적수는 될 수 없었던 것이다. 그에 대한 역사적 평가는 앞으로 갈수록 한글창제를 반대한 최만리보다도 더 못한 인물로 전락할 것이다. 최만리는 한글창제의 반대는 **빼고**는 훌륭한 정치가였고 당시 선진문화인이었다. 최만리는 단지 중국 중심의 선진문화에 통달하였기 때문에 한글창제를 반대하였던 것이다. 이영희를 그것에 비한다는 것은 도리어 그를 높여 주는 것이 된다. 그는 어느 글에서 "결국 관념주의는 승리한다"라고 하였다. 나는 현실을 무시하고, 과정을 비약하는 그의 도박과 무책임함에 섬뜩함을 느꼈다. 그것이 그를 투사로 몰아갔는지도 모른다. 그는 이데올로기의 도박자이다.

이영희의 어떤 악의에 찬 저주에도 불구하고 박정희에 대한 역사적 평가는 그의 통치 시기와 멀어질수록 재평가되고 제대로 빛을 발할 것임을 의심하지 않는다. 이는 마치 한글창제를 반대한 최만리의 어떤 당대 선진문화(중화주의) 논리에도 불구하고 한글창제의 빛이 바래지 않는 것과 같다. 세종은 한글을 만듦으로써 백성들의 눈을 뜨게 한 인물이다(한문은 백성들이 배우고 익혀서 자유자재로 쓰기에는 너무 어려웠다). 박정희는 경제기적을 이룸으로써 백성들에게 밥(의식주)을 해결한 인물이다(한민족 역사상 박정희만큼 나라를 부국강병으로 이끈 인물은 없다). 어찌 알량한 사대적 지식인의 좌파논리가 의식주를 해결하고 산업화의 막차를 타게 함으로써 선진국(OECD)의 대열에 참여할 가능성을 연 박정희의 공적에 비할까! 박정희는 인간을 위해 물질을 이용할 줄 아는 실용주의자이며 조선왕조에서 실패한 실학의 불씨를 되살린 실학의 계승자이며 실학적 목표를 달성한 인물이었음을 알게 될 것이다. 이영희 자신은 스스로를 정신주의자, 이성주의자라고 평가하고 만족할 것이지만 말이다. 세상만사는 물(物)로 보면 물(物)로 망하고 신(神)으로 보면 신(神)으로 승화하게 되어 있다. 유물론을 택할 것인가, 유심론을 택할 것인가는 매우 중요한 문제이다. 평등보다 자유를 먼저 택해야 하는 철학적 이유도 여기에 있다. 유물론은 평등을 추구하지만 자유를 포기하게 만든다. 유물론은 과학을 위장한 '파괴의 종교'이고 평등을 위장한 '역사를 무화시키는 종교'이다.

『대화』에서 이영희 선생은 박정희라는 우상과 박정희 치세를 매도하고 과소평가하는 데에 실존적으로 앞장섰지만, 내가 이영희라는 우상에 대해, 그가 운동권의 대부로 추앙받고 있는 지금에, 우상파괴작업을 하지 않고는 못 배기는 것은 학문적 이유 때문이다. 그 내용이란, 인간의 삶이 욕망의 실현이라는 대전제에서 출발하고 있고 도덕이나 관념이라는 것은 욕망의 부차적 존재라는 사실에 기초하고 있다. 도덕이나 관념은 흔히 약소후진국 국민(학자)으로 하여금 바로 선진강대국이 수출한 도덕과 관념(종교도 포함하여)의 신봉자가 되게 하거나 노예가 되게 한다.

국제관계를 고려해서 한국 문화를 말할 때 '사대주의'라는 말은 가장 흔히 등장한다. 바로 사대주의는, 그것을 하지 말자고 한다고 해서 하지 않을 수 있고, 해야 한다고 해서 하는 것이 아니다. 문화능력이 없으면 어쩔 수 없이 하는 것이고 문화능력이 있으면 저절로 하지 않게 되는 것이다. 문화능력이라는 전체를 보지 않고 단편적으로 외래 이데올로기를 추종하는 것은 민족의 자존과 독립에도 별로 도움이 되지 않는다. 한민족의 문화능력을 키우기 위해 박정희가 더 기여하였을까, 이영희가 기여하였을까. 여기서 우리는 비판과 부정은 곧바로 건설이 되지 않는다는 것을 확인할 따름이다. 비판과 부정은 때로는 부분에 매달린 나머지 문화의 전체를 보지 못하고 소비만 불러온다는 것을 알 뿐이다. 이것은 후세에 맡겨 볼 따름이다.

나는 한양대학교 국문과를 졸업한 후 영남대학교에서 인류학을 다시 배웠고 또한 이영희 선생과 마찬가지로 신문사에서 20년 이상 근무하고 논설위원으로 퇴사한 뒤, 지금은 한양대학교에서 인류학 관련 과목을 강의하면서 시간을 보내고 있는 중이다. 나는 인류학적 혹은 인문학적 글쓰기와 작시에 매진한 결과, 현재 100여 권의 저서와 1,000편의 시(11권의 시집)를 썼다. 아마도 내가 쓰는 글이 이영희 선생과의 대척점에서 종국에는 두 사람 모두에게 불교적 공(空)의 깨달음에 도달하는 데에 기여하였으면 하는 마음이다. 그의 저술활동도 진정 철저한 색(色)이라고 작업하였지만 공(空)이요, 나의 저술활동도 공(空)인 그의 작업을 대상으로 하지만 진정 나에게는 색(色)이다.

그러나 나의 작업도 결국 공(空)에 기여하는 것이리라. 흔히 학자들은 우상파괴를 학문적 성취라고 여긴다. 그러나 인간의 삶에 있어서 우상파괴라는 것이 반드시 좋은 것만 아니다. 인간은 우상을 섬기는 동물이며 '호모 릴리글로수스(Homo religlosus)'이기 때문이다. 경험론 철학의 대부, 프랜시스 베이컨은 네 가지 우상인 동굴, 시장, 극장, 종족의 우상을 지적한 바 있다. 이는 물론 종교를 중심으로 살아가던 시절의 우상들에 대해 베이컨이 비판한 것이지만 종교의 입장에서 보면 이는 비단 우상일 뿐이 아니라 일종의 종교적 성상에 속한다. 그렇게 볼 때 과학적 비판의 대상으로 보면 우상(偶像)이고 종교적 신앙이나 신비로 볼 때는 성상(聖像)이 된다. 베이컨의 네 가지 우상은 물론 자연과학주의 시대를 열기 위한 전제였지만 자연과학이 더 발달하였다고 하더라도 그 후 인간이 우상을 버린 것은 아니다. 인간은 우상의 동물이다. 이는 인간이 종교적 동물이라는 것과 통한다. 여전히 인간은 우상을 필요로 하고 있는 동물이다. 베이컨은 단지 종교적 사고와 과학적 사고가 다르다는 것을 입증하였을 뿐이다. 네 가지 우상은 오늘날도 그 변종을 만들어 내면서 살아 있다.

예컨대 동굴의 우상은 모든 종교의 기원을 말하며, 극장의 우상은 인간의 유희본능과 함께 여러 문화예술의 아이콘(icon)으로 증명된다. 또 시장의 우상은 자본주의 경제에서 '돈' 신앙으로 극적으로 드러난다. 또 종족의 우상은 민족주의나 국가주의로 아직도 맹위를 떨치고 있다. 이들 네 우상은 실은 과학의 입장에서 보면 버려야 할 우상으로 보이지만 실은 인간문화의 가장 큰 상징들에 속한다. 종교와 예술과 시장과 민족이라는 문명의 네 기둥에 해당한다. 여기에 과학이라는 우상을 하나 더 첨가하면 인간문화의 다섯 가지 필수우상이 된다.

나는 이번 글쓰기에서 우상파괴작업을 하지만 동시에 민주반체제 운동권의 훌륭한 우상의 역할을 한 이영희 선생에 대한 문화적 공적을 훼손하려는 것은 아니다. 단지 인간의 문화는 문화발전을 위해 한쪽으로는 우상을 세우는 작업과 동시에 다른 쪽에서는 우상파괴작업을 진행하여야 문화적 균형을 유지할 수 있기 때문에 그 임무를 수행하려는 것이다. 우상이 바뀌는 것은 문화가 바뀌는 것이다. 이것은 새로운 색즉시공, 공즉시색이다. 파괴는 건설의 어머니이고 건설된 것은 반드시 파괴된다. 이는 우상에 있어서도 마찬가지이다.

실지로 과학을 앞장세운 근대문명은 성상파괴(iconoclasm)라는 작업을 통해 인간의 상상력과 이미지를 훼손하고 끝내 상상력의 심리적 기능을 '오류와 거짓의 원흉'으로 단죄하는 또 다른 죄를 범했다. 이는 인간의 인식기능 진보나 확대라기보다는 직접적으로 지각할 수 있는 현상계로 축소시킨 장본이기 때문이다. 성상파괴는 동시에 자유분방한 기운(氣運生動)이나 이미지에 대한 불신으로 이어져 인간의 삶을 더욱더 메마르게 한 측면도 있다. 그러나 과학을 하는 입장에서 볼 때는 우상파괴라는 것은 발전과 진보를 위한 불가피한 과정이라고 볼 수 있다. 더욱이 어떤 우상을 파괴한다고 해서 다른 우상이 발생하지 않는 것도 아니어서 삶은 우상을 파괴하고 다른 우상을 세우는 삶의 연속과정이라고 보아도 별반 틀리지 않을 것이다.

『대화』라는 책을 읽는 동안 나는 이제 이영희라는 우상을 파괴할 시점이 되었다는 결론에 도달하였다. 그는 절대적 신앙, 절대적 이데올로기로 살았다. 그러나 그는 상대적 존재일 뿐이다. 그는 그와 정반대의 생각을 하는 사람이 있음을 발견하게 될 것이다. 그런 점에서 참으로 인생은, 만상은 허무하다. 우상을 파괴한다고 호언장담한 사람이 결국 지독한 우상숭배자가 되고 나아가서 스스로 우상이 되어 버린 이것을 어떻게 설명할 것인가.

나는 우상에 대해 결코 냉소적이거나 부정적이지 않다. 그러나 지금 우상파괴의 유혹을 느낀다. 무엇이 우상파괴를 유혹했는지, 독자들은 이 책을 읽으면서 점차 느낄 것이라고 믿는다. 나의 시적 상상력이나 언론인으로서의 비판력보다, 특히 나의 인류학적 지식은 그렇게 행위를 하게 하였다. 나의 인류학적 지식 가운데 이런 결론이 있다. '인간이 발명한 도구 가운데 가장 위대한 도구는 무엇인가 말이다.' '인간이 발명한 말 가운데 가장 위대한 말은 무엇인가? 신(神)이다.' 귀신이나 신이라는 것은 인간의 필요에 의해서 발명한 것이다. 그래서 필요가 없으면 다른 것으로 얼마든지 대체될 수 있는 것이다. 인간은 또 그렇게 살아왔다. 만약 어떤 신이 진정 절대적인 존재라면 그 신이 있기 전을 어떻게 설명할 것인가.

모든 종교들이 이 시간 이전의 문제, 아프리오(a prior)를 해결하기 위해 신화라는 아포스테리오(a posterior)를 생산해 냈다. 신화도 파괴하고 해체하는 마당에 이영희라는 우상의 파괴는 별로 큰 사건도 아니다. 신(神)도 운명이 다 되면 갈아 치우는 마당이 아닌가. 신을 파괴하는 데는 일방적인 파괴와 부정은 효과적이지 못하다. 왜냐하면 신은 이미 나의 일부이기 때문이고 내 속에 숨어들어 내재적으로 이미 나를 조정하고 있을지도 모르기 때문이다. 신은 또한 자기 함축적이고 자기 분신적이기 때문이다. 신은 결코 벗어날 수 없는 자연과 같이 거대한 것일 수도 있기 때문이다. 우리가 민족에 속고, 민중에 속고, 끝내 민주에 속는 이유는 결코 자연 그 자체일 수 없는 운명적인 인간의 한계상황에서 비롯되는 것인지도 모른다. 그런 점에서 모든 지식과 토론은 일종의 생각하는 동물의 유희에 지나지 않는다. 그런 점에서 종교적 본능은 유희적 본능의 아목(亞目)에 포함시켜야 할지도 모른다.

이영희라는 우상파괴는 윤리적으로도 아무런 문제가 없다. 이영희라는 우상은 이미 실체로서의 이영희, 개인 이영희가 아니기 때문이다. 학자로서, 사상가로서의 그의 논리에 대해서는 용인할 수 없는 부분이 너무나 많았다. 그는 역사적 전환기에 필요한 선동가이며, 열정적인 민족주의자, 혁명을 촉발하는 매개였다. 마치 현대판 무당과 같은 존재였다. 정치의 주변부에 있으면서 끊임없이 정치의 중심부를 자극하고 충격을 주는 그런 지사였다.

지금 그가 쓴『전환시대의 논리』,『우상과 이성』을 전범으로 삼은『해방전후사의 인식』에 대항하여 뉴라이트(New Right) 혹은 중도우파에 속하는 학자들이 공동 집필한『해방전후사의 재인식』(책세상, 2006년)이

출간되어 좌우파의 논쟁이 새 국면으로 전개되고 있는 마당이니까 나는 중복되는 내용은 피하겠지만 인류학자의 이름으로 『해방전후사의 재인식』에 참여한다는 기분으로 『대화』라는 책을 분석하고 비판하기로 했다. 이는 자연스럽게 우리 시대의 '새로운 대안', '인류학적 대안'을 제안하는 것이 될 것이다.

한국에서는 아직 인류학이 학원사회에서 보편화되지 않았을 뿐만 아니라 우리의 문제, 민족의 당면 문제에 있어서 문제제기를 하고 해답을 찾는 과정에 참가할 정도로 성숙하지 못하였다. 이것은 또한 아직 우리나라가 국제화시대에 살면서도 인류학을 과거의 국사학 정도로 국민 대중 교양화하지 못하였다는 것을 말한다. 이는 결국 제국주의를 해 본 경험이 부재하기 때문이다. 아니, 반세기 전만 해도 일본의 식민지였기 때문이다. 식민지 사람들은 대체로 '밖의 시각'에서 제국을 이해하지 못하고 언제나 자신들의 '안의 시각'에서 제국에 저항을 하고 아니면 타협을 하면서 살아가야 한다. 국제사회에서는 '안팎의 시각'을 동시에 가지고 살아야 제대로 함께 살 수 있다.

이는 거꾸로 말하면 국민소득은 좀 올랐지만 아직도 국제사회에서 주도국, 혹은 지배국이 되기엔 요원하다는 것을 말하고 여전히 국내적 시각에서 국외적인 문제들을 풀어 감으로써 국제사회의 촌놈, 혹은 골목대장 시절을 면치 못하고 있음을 말한다. 국제화시대에 있어서 다른 나라와 문화를 알아야 하는 것은 기본이고 이를 갖추지 못하였다는 것은 종합적으로 문화능력의 낙후를 의미한다.

한국에서 좌파가 설득력을 갖거나 발호하는 것은 바로 '한국적 콤플렉스'의 소산이다. 한국의 민주주의 운동이 급진성을 나타내고 쉽게 민중주의로 흐르는 것은 '한국적 콤플렉스'의 소산이다. 그 콤플렉스란 바로 '밖으로부터는 끊임없는 외침과 그들로부터 지배당한 역사, 아울러 국내적으로는 권력층의 민중에 대한 억압과 착취'가 만들어 낸 권력에 대한 원천적 부정의식이다. 이 내외의 잘못된 이중주는 좌파들의 이론과 선동에 쉽게 정의감과 친화력을 갖게 하는 요인이다. 그래서 좌파들의 일어남을 도외시할 수는 없다. 왜냐하면 콤플렉스는 언젠가는 솟아나고 해소되어야 하기 때문이다.

문제는 그 콤플렉스의 존재 자체를 우선 긍정하고 그것을 극복하기 위해서 민족적 노력과 해원을 하여야 한다는 것이다. 또 지금의 좌우대립과 분열과 투쟁도 그런 콤플렉스를 치유하고 있는 과정이라는 점이다. 그래서 좌파들의 준동을 치유하여야 하는 것이지, 그것을 시비할 일은 아니다. 시비란 좌우파가 각자 나름대로 정합되고 완결된 이론을 가지고 있기 때문에 논쟁적 승부가 나지 않게 되어 있다.

문제는 좌파적 흐름이 국력을 쇠진시킴으로써 민주주의의 튼튼한 하부구조를 마련하기보다는 해체하는 쪽으로 작용하고 있다는 점이다. 좌파들은 단지 말로써 정치를 대신하기 때문에 계속 말의 성찬, 말의 담론에 열중하기 때문에 결코 실질적으로 사회적 무게중심을 바꾸거나 이동시키지 못하고 마치 한풀이나 푸닥거리를 하는 듯한 정치행태로 일관하고 있다. 그들은 말의 모순과 문제들에 대해서 계속 말만 해 대거나 사회분열을 선동하는 것으로 해결 아닌 해결을 지향하고 있다. 이것은 자기 소모적이고 자기 분열적이기 때문에 매우 생산적인 것 같으면서도 결과는 정반대로 나타난다. 우리는 민주주의라는 말에 더 이상 속아서는 안 된다.

결국 시금석은 한국 문화의 문화능력 향상에 어느 쪽이 더 순방향으로 기여하느냐에 달려 있다. 현재 좌파들은 말은 무성하지만 실질적으로 문화능력을 향상시키고 국민생활의 복지와 소득을 늘리는 데는 미숙하고 취약하다는 결과가 드러났다. 더욱이 좌파들의 이론은 세계사의 흐름과 역행하고 있다는 결정적 약점을 가지고 있다. 그래서 좌파들의 이론적 만족과 근본주의, 그것을 기초로 하는 계급투쟁적 내분과 분열

조장을 간과해서는 안 된다는 점이다. 한국의 불행은 바로 상당수의 지식인과 학생, 문학·예술인들이 이 콤플렉스에서 똬리를 틀고 이곳에서 벗어나지 못하고 있으며 스스로 정의파라고 독선하고 있다는 점이다. 이는 예술을 위해 현실을 희생하고 신화를 위해 역사를 희생하는 것과 같다. 이를 종합적으로 말하면 강대국이 되기 위해서는 극복해야 하는 일정분의 사회적 압력이 있는데 이것을 극복하기에는 너무 성급하고 인내력이 부족하며 이에 필요한 문화능력을 축적하기보다는 사용하고 낭비하는 데에 급급한 편이다.

이런 것을 두고 이렇게 진단할 수 있다. 한국인은 예술을 위해서 현실을 희생하고, 신화를 위해서 역사를 희생하는 민족이다. 그렇기 때문에 역설적으로 예술에서도 철저하지 못하고 신화에서도 주체적이지 못하다. 예술과 현실에서, 신화와 역사에서 어느 한쪽에서라도 성공하려면 양쪽에서 성공하여야 한다. 양쪽에서 성공하여야 두 바퀴를 가진 열차처럼 대립과 긴장으로 평행선을 나아갈 수 있게 되는데 한국은 그렇지 못하다. 이는 현실과 역사에서 강대국에 지배당해 온 콤플렉스가 쉽게 스스로를 독선적이고 성급하게 만드는 것과 관련이 있으며 한꺼번에 너무 많은 것을 요구하게 되는 것과 무관하지 않다.

민중들은 쉽게 분열하고 간사한 정치세력들은 이를 이용하면서 결국 국력을 소모하여 강대국이 되는 기회를 놓치게 하고 있다. 민주주의라는 말 뒤에 숨어서 기생하고 있는 갖가지 부정적 민족성을 반성할 필요가 있다. 박정희는 관념론적인 차원의 민족주의와 민주주의를 물질적 바탕 위에 올려놓았다고 볼 수 있다. 근대화와 산업화에 이어 민주화를 도모하는 것이 옳았던 것이다. 만약 민주주의를 우선하였다면 그 물질적 바탕의 결여로 인해 말만의 관념론적인 민주주의가 되고 결국 민주주의를 실현하지 못하였을 가능성이 높다. 흔히 민주주의를 산업화에 우선하는데 이는 학자들의 탁상공론이거나 이데올로그들의 정치적 투쟁에 불과하다. 그럼에도 민주운동권 세력들은 박정희의 근대화와 산업화의 성공을 독재로 덮어씌우려고 한다. 이는 산업화 세력은 민주주의 세력을 산업화 방해세력, 산업화 무임승자 세력이라고 말하는 것과 같다.

우리 사회의 전반적인 반체제세력, '안티(anti)'세력들이 민주주의를 조금 신장시킨 것 이외에는 별로 기여한 것이 없다는 점이다. 그런데도 저들은 온통 민족 전체의 대표성을 저들이 가지려고 하고 있고 민족과 국가의 운명을 좌지우지하고 있다. 우리 사회에서 친일이니, 반일이니, 극일이니 하는 여러 용어가 나오고 친미, 반미란 용어가 나오는 자체가 실은 아직도 일제의 콤플렉스, 제국주의의 콤플렉스에서 벗어나지 못했다는 증거 이외에는 아무것도 아니다. 이런 용어들은 실은 우리의 문화능력 향상에는 아무런 도움을 주지 못하고 일종의 푸닥거리를 하고 주기적인 푸닥거리를 함으로써 거짓으로 문제를 해결했다는 허위의식과 위선에 가득 찬 삶을 살게 하는 지긋지긋한 것이다. 사실 일본의 것이든, 미국의 것이든 문화능력 향상에 도움이 되는 것은 죄다 우리의 것으로 만드는 것이야말로 친·반·극(親·反·克)을 넘어서는 실질적인 일일 것이다. 대한민국은 참으로 '이상한 나라'이다. 자신들의 삶을 한 단계 올려 준, 근대화와 산업화를 달성하고 자유자본주의를 향유할 수 있는 기반을 제공해 준 '통치자 박정희를 아직도 못 잡아먹어서 한(恨)인 나라'이다. 그에게 친일과 독재의 덫을 놓고 폭발하기를 기대하는 그런 '질투의 나라'이다. 여기엔 국가 만들기에 있어서 바보인, 좋게 해석하면 마을사회 수준에서 살기에 적합한 민족성이 내재해 있다.

감히 말할 수 있다. 지금 와서 민주화 세력이 산업화 세력의 업적을 무시하거나 독재라고 매도만 한다면 결국 진정한 민주화 세력이 아니고 반대로 산업화 세력이 민주화 세력의 업적을 무시하거나 역사적 후퇴로 본다면 이는 진정한 산업화 세력도 아니다. 산업화와 민주화는 근대화의 안팎관계에 있다. 결국 산업화의 완성은 민주화이고 민주화의 출발은 바로 산업화인 것이다. 둘 중 어느 하나를 절대적으로 신봉하는 자들은 결코 균형론자도 아니고 현실론자도 아니고 단지 종교적 광신도들에 불과한 것이 된다. 자신의 업적과 성공을 선전하는 데는 열중하면서 상대방의 성공과 업적을 인정하는 데는 인색한 당파적 민족성을 극복하는 것이 통일보다도 더욱 시급한 민족적 과제이다. 이런 당파성을 불식시키지 않는다면 통일도 무의미하다. 왜냐하면 통일 후에도 얼마든지 다시 분열되고 분단될 여지가 있기 때문이다.

산업화 세력과 민주화 세력의 양시론이 필요하다. 또 산업화 이후에 민주화가 이루어진 것이 둘 다를 한꺼번에 달성하는 기회가 되었음을 합의로 이끌어 내지 않으면 안 된다. 만약 민주화가 먼저 이루어졌으면 산업화는 달성되지 않았을 것이다. 이는 4·19혁명 후 민주당 정권의 데모만능사회와 무기력한 정부의 모습에서 확인할 수 있다. 민주화 세력이 이것을 인정하지 않고 산업화 세력을 매도하는 데에 열중한다면 경제발전의 내재적 원리에 의해 경제적 후퇴를 거듭할 것이다. 그런 점에서 모순의 극복과 자유를 통한 국력의 확대와 문화능력의 제고가 절실하다. 근대 국민국가, 국민주권국가로의 길은 멀고 먼 것이었다. 그냥 민주주의를 향한 지도, 로드맵을 가지고 땀과 피와 눈물이 생략된 채 민주주의를 논의하는 것은 탁상공론이며 역사적 비약을 하는 것이 된다. 역사는 항상 그 대가를 요구한다.

그런데 지금 민주운동권 세력들은 현재의 역사적 성과를 자신들의 전유물로 생각하려고 한다. 엄격하게 그 공과를 따진다면 공이 민주화 세력보다는 산업화 세력에 더 돌아가야 한다. 산업화의 성공이 쉽지 않기 때문이다. 제2차 세계대전 후 독립한 다른 약소국이나 후진국을 보면 그것을 잘 알 수 있다. 남한만큼 성공한 경우는 없다. 이는 중국의 등소평도 부러워한 것이었다. 민주주의 지상주의자와 통일 지상주의자는 항상 현실을 외면하는 관념론자의 약점을 보이고 있다. 민주주의 지상주의자는 결국 중국 사대주의를 벗어나지 못했던 위정척사파와 같은 형국이고, 통일만이 모든 문제를 해결할 것같이 주장하는 것은 맹목적인 민족주의와 같은 것이다.

우리의 많은 민주운동권 세력 - 학자와 운동권세력 - 들은 인류역사의 많은 경험을 무시하거나 도외시하고 있다. 이데올로기와 신화에 의해 환경과 경제가 나온 것이 아니라 환경과 경제를 바탕으로 모든 인류의 신화와 이데올로기가 나왔다는 사실이다. 이를 오늘에 적용하면 산업과 상업에 의해 민주주의가 달성됨을 말한다. 민주주의에 의해서 산업과 상업이 달성되는 것이 아니다. 외래 이데올로기 수입업자의 최대 약점은 그 이데올로기의 탄생배경과 발전과정을 도외시하고 이데올로기의 실현만 주장한다는 데에 있다. 그렇다 보면 자연스럽게 이데올로기만 실천하면 경제와 환경의 문제가 모두 풀린다고 생각하기 쉬운 것이다. 이데올로그들은 땅의 역사와 현실을 무시하고 정말 도그마에 빠질 것을 강요한다. 후진국과 약소국의 최대 공통점이자 특징은 바로 외래 이데올로기에 약하다는 점이다. 이들 지역의 이데올로그들은 외래 이데올로기를 쉽게 신봉하고 그것의 순교자가 되려고 한다. 이는 역사를 주도하지 못하는 주원인이 된다. 항상 외래 이데올로기를 실현하고 나면 선진국은 이미 더 멀리 달아나 있기 때문이다. 이는 경제적으로 말하면 수입업자의 한계와 같은 것이다. 수출업자로서의 이데올로그가 될 때 진정 세계의 리더가 될 수 있을 것이다.

관념적 민주주의, 이데올로기로서의 민주주의, 도그마로서의 민주주의는 참으로 위험한 것이다. 특히 서구 민주주의를 맹종하는 것은 잘못하면 이데올로기 노예의 길을 가면서도 정작 자신은 그것을 모른 채 자신이 정의의 실현자처럼 자기최면화하기 쉽다. 외래 이데올로기가 자신의 문화적 전통과 토양 위에서 새롭게 형태를 갖추지 못하면 이는 일종의 현대판 사대주의, 혹은 사대적 민주주의로 전락하게 된다. 실지로 서양의 민주주의는 자신들의 국가주의의 성숙과 제국주의로의 확장과 그로 인한 후진국과 약소국, 그리고 전산업화 국가에서 착취한 재화와 부(富)를 바탕으로 이들을 자국의 국민에게 나누어 주는 방식으로 성숙한 측면이 강하다.

이러한 물적·경제적·산업적 기반에서 서구 제국주의 국가들의 정반대 편에 섰던 피제국주의 국가들이 단순히 서구에서 민주주의(혹은 공산주의)를 배워서 그대로 적용하는 것은 실은 경제적 착취에 이어서 다시 정신적·종교적·사회적 식민을 당하는 것과 같다. 여기엔 단순히 이러한 사실과 메커니즘을 알고 반제국주의, 반정부주의, 혹은 무정부주의 운동을 펼치는 것도 식민을 벗어나지 못하는 것에서는 마찬가지이다. 제국주의와 식민은 문무(文武)의 문화능력에 의해 어느 편에 서는 것인가가 판가름하는 것이지, 이데올로기 운동으로 극복되는 것은 아니기 때문이다.

미안하지만 한국에서 군사정권의 산업화가 없었으면 민주주의는 그 토대를 마련하지 못했을 것임에 틀림없다. 한국의 민주운동권 세력은 사대적 민주주의자, 혹은 관념적 민주주의자, 도그마적 민주주의자로 규정될 소지가 다분하다. 도대체 민주주의의 산업적·물적 토대를 마련한 것은 민주주의 운동권 세력들이 그토록 저주하고 매도하는 군사정권에 의해 전부 이루어졌기 때문이다. 한국 민주주의의 성숙에 있어서 산업화의 공은 절대적이다. 그러한 산업적 기반이 없었으면 IMF는 물론이고 여러 차례의 경제적 위기를 극복하지 못하였을 것이다.

경제적 성장 없이, 소득의 증대 없이 민주주의를 기대하는 것은 연목구어나 마찬가지이다. 운동권은 저들이 산업화 세력에 대해 독재라고 매도하는 것에 상응한다면 산업화 세력은 민주화 세력을 산업화를 저지한 세력으로, 혹은 방해한 세력으로 몰아붙여도 상관이 없다. 민주운동권의 각종 시위와 반정부운동으로 낭비된 국가에너지는 이루 헤아릴 수 없을 정도이기 때문이다. 군사정권이야말로 국가의 주체성을 확립한 세력이라고 말할 수 있다. 군사정권과 기업가들이야말로 주체화 세력이고, 나아가서 민주주의를 실질적으로 가능하게 한 세력들이다. 남한의 산업화 일등공신들인 기업가, 재벌들은 더 이상 선진 제국들의 추종자가 아니다. 추종자로서는 세계시장에서 살아남을 수 없기 때문이다. 그럼에도 외래 이데올로기의 추종자에 불과한 민주운동권 세력들은 세계를 앞서 가는 기업가를 좌지우지하고 목을 옥죄고 한 것이 남한 일련의 좌파정권의 현실이었다.

그런 점에서 산업화 세력은 민주화 세력의, 민주화 세력은 산업화 세력의 입장에서 역지사지하여 역사적 균형감을 회복하지 않는다면 한국의 미래는 없다. 5 · 16군사정권의 등장은 비록 혁명의 이름으로 등장하였지만 역사적 순리였으며 일종의 사대주의로 일관한 문숭상정권의 관념주의와 허위와 위선과 무책임과 부정부패의 고리를 끊어 버린 한국 역사에서 가장 찬란한 시기였다. 군사정권이 이룬 경제적 업적과 산업화의 성공은 어떠한 희생을 치렀더라도 정당화되어야 하며 앞으로 한국에 닥칠 미래의 어떤 혼란과 낭비 속에서도 국가의 기틀이 유지되게 하는 초석이 되었음에 틀림없다. 한국의 역사 진화 방식은 언제나 합리적 절차와 토론의 방식이 아니고 극단적 투쟁에 의한 제의적(祭儀的) 방식이었기에 쌍방의 희생은 불가피하였다. 그러한 희생을 치르고도 OECD 국가에 들어가지 못한 국가도 부지기수이다.

제2차 세계대전 전에 식민지 국가로서 오늘날 산업화에 성공한 국가는 한국이 유일하다. 또 나름대로 민주주의를 성공한 국가로 한국이 유일하다. 이것은 얼마나 우리 민족이 압축성장을 하였는가, 불가능을 가능으로 만들었는가를 증명한다. 그런데 아직 우리 나라, 한민족은 정신적 몸통이 없다. 몸통이 없이 날개만 있다. 좌익, 우익이 그것이다. 몸통이 없는 좌우익이 무슨 소용인가. 몸통이 없는 좌우익은 실은 그 어느 쪽도 허구이며 현실이나 실체가 아니다. 몸통을 가질 때 좌익이든, 우익이든 몸통이 비상하는 데에 기여한다. 선진국에서는 좌익이든, 우익이든, 민주이든, 공화이든 모두 국가의 발전과 진화에 이바지한다. 그 답은 간단하다. 몸통이 있기 때문이다. 한민족이 빠른 시일 내에 몸통을 만들어 내지 못하면 선진국으로 진입할 기회가 영원히 없어질지 모른다.

적어도 지난 반세기는 6·25의 폐허라는 깊은 수렁의 골짜기에서 선진국이라는 마루를 향하여 올라간 상승기였음에 틀림없다. 이제 우리는 그것을 공정하고 균형감 있게 정리하고 해석하여 미래 발전의 기틀로 삼아야 한다. 이를 달성하지 못하고 계속해서 반목하고 당쟁하고 외래 이데올로기의 노예가 된다면 우리에게 희망은 없게 된다. 이제 이데올로기의 종언을 실현해야 한다. 이데올로기를 위해서 사람이 사는 것이 아니라 사람을 위해서 이데올로기가 봉사하게 하여야 한다.

인류학의 장기지속의 입장에서 보면 이 엄청난 내부적 모순과 맥락─가부장사회에서 제대로 적응하지 못하고, 모계적 평화주의자로 스스로를 길들인, 사대주의와 문화적 여성주의─을 알고 나면 참으로 문제를 어디서 풀어야 할지, 난감해진다. 언제부턴가 한국에는 저항이 정의(저항＝정의)이고 반체제가 체제(반체제＝체제)가 되어 버렸다. 이것은 집단적 자기 도착이며 자기 배반이며 자기모순이다. 이러한 자기부정은 분명히 좌파적 시각의 민족·민중·민주에서 오는 극단적 성향에서 비롯되는 것이다.

이렇게 극좌의 사고가 사회적으로 일반화된 것은 행인지, 불행인지 나도 모르겠다. 그것보다는 우리 민족 심층에 도사리고 있는 이무기가 그렇게 했을 것이라고 본다. 그 이무기가 용이 되어 하늘로 훨훨 날아갈 것인지, 왕재(王才)가 나와서 왕천하를 할 것인지, 아니면 용두사미가 되어 지상으로 추락할 것인지, 알 수 없다. 그런데 그 이무기가 자기부정의 것이어서 '자기부정의 악순환'이 될까 염려가 된다. 자신이 사는 조국을 '불국토(佛國土)'라고 통일신라의 사람들처럼 자기 긍정에 차 있어야 용이 될 터인데 지금은 남북한 모두 그러한 자신감을 가지고 있지 못하다. 자신의 신화를 만들 줄 알아야 선진국이 될 자격이 있고 남의 신화를 모방하면 결국 후진국이 될 수밖에 없다. 남한은 계속 발전의 신화를 만들어 가야 한다. 북한은 이미 평등의 지상낙원이 아니라 수용소 군도의 지상지옥으로 변한 지 오래다.

그런데 그런 북한을 앞에 두고 남한의 통일지상주의자들은 통일이 되면 모든 문제가 다 해결되는 것처럼 선전하고 광분하고 있다. 통일은 민주주의 이후에 그들이 미쳐야 할 또 하나의 대상임에 틀림없다. 남한에는 통일을 향한 역사적 상황은 변하지 않고 가만히 있는데 미리 통일을 예축(豫祝)하고 통일에 마비되면서 환상에서 허우적거리는 시인들의 광적인 사육제만 무성하다. 통일도 되기 전에 나라(한국)를 해체하는 분위기마저 팽배하고 있다. 남한에서 통일이라는 말만 들어도 달려가고 그것이 정의가 되고 독선이 되는 것은 옳지 않다. 더구나 민족이라면 다른 어떤 이데올로기보다 우위를 점하고 그렇게 하는 것이 정의가 되고 독선이 되는 것은 옳지 않다. 남한 상당수 지식인과 운동권의 '북한 달려가기' 혹은 '북한 해바라기'는 합리성을 결여한 것이며 민족적 온정주의와 예의 콤플렉스를 바탕으로 친북정서는 도리어 남북한의 통일에 폐해가 되고 있는지도 모른다. 남한은 경제적으로는 북한을 압도하는 데 성공했는데 사상적으로는 북한에 완전히 실패했다. 마치 유아기의 어린아이처럼 통일을 환상적으로 보고 있다.

도대체 공산주의자들과 협상에서 궁극적으로 성공한 예가 없다. 공산주의자는 국민소득의 향상과 '총체적인 문화능력의 신장'(선진화)으로 이겨야 통일을 이룰 수 있다는 역사적 경험을 무시하고 있는 것이다. 여기엔 우리나라 지성의 실패가 도사리고 있다. 관념적 유희, 지적 낭만, 반체제의 열정, 시적 카타르시스에 들떠서 역사적으로 통일이 어떤 것인지 망각하고 있다.

어느 사회평론가의 표현을 빌리면 '시적(詩的) 인간'은 넘치는데 '생태적(生態的) 인간'은 찾아보기 힘들었다. 반체제가 정의가 되어 버린 상황은 분명 비생산적인 사회였다. 더욱이 통일도 되기 전에 김칫국부터 마시는 군상만이 들끓었다. 아이를 낳기도 전에 돌잔치를 벌이는, 그러면서도 정작 문제의 본질은 외면하고 피하는, 도착과 강박관념과 콤플렉스를 풀기 위해서 '민족과 혁명'만을 부르짖는 시대에 대해 인류학자들이 조언할 수 있는 것은 문화적 균형감각, 문무(文武) 균형감각을 찾으라는 것뿐이었다. 그런 점에서 앞으로 내가 전개할 내용들은 크게 진화론을 기조로 하면서(진화론은 필연적으로 생태학적이다), 사회구조론(사회구성체론)과 문화론, 문화변동론, 그리고 역사학, 신화학 등을 동원하면서 근대 과학정신을 추구하는 미래 지향적 관점으로 채워질 것이다. 물론 이런 내용들의 근본적인 추진력은 나의 독자적인 '문화능력론'으로 뒷받침되며, 문화의 신화화와 탈신화화(과학화)의 양동작전이라는 동태적 관점에서 역동적으로 전개될 것이다. 학자의 운명은 신화를 파헤치는 것이다. 다시 말하면 신화를 해체하는 것이다. 그러나 동시에 학자라도 한 인간으로서의 삶은 신화를 꿈꾸고 있다. 그래서 부단히 신화를 써야 한다. 그런 점에서 이영희 선생은 남한의 신화와 박정희 신화를 부수는 데 역점을 두었지만 나는 바로 이영희의 신화를 부수는 데에 역점을 둔다. 이는 김일성 신화를 동시에 부수는 작업이 될 것이고 동시에 박정희 신화를 부활하는 작업이 될 것이다.

박정희와 그를 비판하는 선봉에 섰던 이영희를 비교하자면 참으로 극과 극을 느낀다. 박정희는 한마디로 고대(6~7세기 전후에) 한국 문화의 정수로 일본에 전파되었던 신선도(神仙道)를 비롯하여 임진왜란(16~17세기)을 전후로 빼앗겼던 장인(匠人)정신을 도로 한국으로 가지고 와서 오늘의 경제부흥을 일으킨 장본인이다. 한일문화교류사를 모르는 사람들은 일본의 신도(神道)와 사무라이(武士) 정신을 일본의 것이라고만 생각하지만 실은 고대 우리 조상의 것이다.

신도와 사무라이 정신은 고대의 신선도 혹은 풍류도, 화랑도의 일본판이고 사무라이 정신은 통일신라의 세속오계와도 같은 것이다. 박정희는 철저한 군인정신 속에서 화랑정신을 부활시켰으며 이는 알량한 문인과 학자들 — 서구문화의 세례자들의 사대주의를 극복하여 주체성을 강화하게 한다. 맹목적이고 시대착오적인 민주주의는 이러한 맥락에서 보면 사대주의의 현대판에 불과한 것이 된다. 박정희는 방종적인 사대적 민주주의에 대해 민족주의를 기초로 한 자주주의로서의 '한국적 민주주의'를 제시하고 그 구체적 실천적 노력의 일환으로 '새마을운동'을 전개했던 것이다. 새마을운동의 정신은 바로 자주, 자립, 협동이다.

박정희는 일제 식민이라는 처참한 민족의 질곡 속에서 일본이라는 호랑이굴에 들어가서 우리가 잃어버렸던 우리 문화의 보배를 다시 찾아내온 인물이다. 그는 새마을운동의 캐치프레이즈로 '근면, 자조, 협동'을 내세우고 그것이 구호에만 그칠 것을 경계하였다. 새마을운동은 무엇보다도 역사적으로 실천되었다는 점에서 오늘날 관념적 자주와는 근본적으로 다른 것이다. 새마을운동은 아직도 유효하며 거창한 민주주의나 통일주의보다 훨씬 현실적이고 미래 지향적인 것이다. 불행하게도 일부 민족 — 독립운동 세력들은 그의 겉모습만 보고 친일파로 매도하는데 이는 실상을 보지 못하는 우매함이다.

만약 박정희가 친일파 및 독재자에 불과하다면 이영희는 중국 사대(事大)의 문화적 맥락을 벗어나지 못한 마오이스트(Maoist), 즉 모화적 사회주의자(중국식 공산주의자)에 그치는 인물로 매도되어도 당연하다. 그의 통일이론은 얼른 보면 매우 민족적인 것 같지만 자세히 보면 도리어 사대적이며 마오이스트적 통일주의자에 그친다. 그의 마오이즘은 끝내 극단을 치달아 자기부정(남한부정)에서 자기 정체성(북한 정체성)을 찾고 그것을 은폐하기 위해 결국 박정희를 친일과 독재라는 족쇄로 묶어 매도하는 한편 북한의 김일성 체제와 남한의 사이비 민족주의자와 역사 청산주의자들과 통일지상주의자들을 두둔하는 맹목성을 보인다.

좌파 지식인들과 문화예술가들은 근대사에서 아니, 한국사에서 가장 국운왕성의 시기를 '독재'라는 암울한 잣대로 해석하기를 고집한다. 이는 과거지향형의 비극적 역사운명을 되풀이하려는 악순환의 모습이다. 겉으로는 민주니, 민중이니, 통일이니 하면서 화려한 술어를 사용하지만 실은 서구 좌파이데올로기를 추종하는 또 하나의 관념산수의 세력에 불과한 집단이다. 이들은 분단 상황에서 자칫 잘못하면 김일성—김정일 집단의 적화통일전략에 이용당하기 십상이다. 그들은 겉으로는 매우 민족적이고 민중적이고 민주적인 인물로 보이지만 실은 그 내용을 보면 아직 중국의 화첩을 보고 관념산수에 빠져 있던 화가에 비할 수 있다. 여기서 관념산수라는 말은 단순히 미술에 그치는 것이 아니라 한국 문화 전반의 저변을 관통하는 사대적 문화전통과 행태를 집약하는 키워드가 된다. 관념산수는 북한에도 적용되고 남한에도 적용된다.

관념산수는 정치사에 적용하면 바로 관념민주주의가 된다. 민주주의를 한다고 하는 것이 그 나라의 전통과 역사와 특성을 무시하고 그저 미국이나 유럽의 예를 단순히 답습하면서 민주주의를 한다고 하는 것에 비할 수 있다. 외래의 관념이나 외래의 제도를 그대로 모방하거나 단순히 짜깁기하는 차원의 민주주의는 결국 우리 땅에 뿌리를 내리지 못한다는 것을 명심할 필요가 있다. 역사는 결코 외래관념의 추종이나 외국 모방에 그치는 것을 허용하지 않는다. 피와 땀과 눈물로 대가를 요구하기 마련이다. 주체가 있는, 실체가 있는 민주주의의 발전, 한국식 민주주의의 발전을 제도적으로, 사회형태학적으로 도출해 내지 않으면 안 된다. 역사는 결코 유행이 아니며 형식적 모방도 아니다. 내용에서 바꾸어지지 않으면 안 된다.

주자학이 당파싸움으로 변해 결국 임진왜란을 불러오고 구한말 일제 침략을 맞이한 것처럼 만약 오늘날의 민주주의 운동이 우리 문화에 맞는 모델을 만들어 내지 못한 채 단지 독재라는 환영에 대해 저항하고 반체제하는 저항적 반체제주의자, 당파주의자에 불과하다면 또 다른 국난을 불러올 수도 있다. 지금 남한 역사와 정권을 부정하는 것은 겉으로는 민족에 도움이 되는 것 같지만 실은 그렇지 않다. 남한의 정체성이 없는 통일은 있을 수 없다. 이 점이 바로 통일에 있어서는 너무 앞서 가면 북한을 잘못 인도하고 통일 후에 남북한의 통합에 부정적 영향을 초래하게 된다.

지금 지구상에서 가장 독재와 빈곤에 처한 나라가 북한이다. 이러한 북한 최악의 인권상황과 빈곤을 극복하게 하는 데에 무관심하면서 통일, 민족을 운운하는 것은 바로 관념산수가 아니라 관념통일이다. 이영희는 사사건건 비판이라는 명목으로 대한민국을 부정하는 데 선봉에 섬으로써 대한민국의 정체성을 없애는 데에 결정적 기여를 하였다. 민족을 운운하면 무조건 점수를 따는 것은 참으로 민족주의에 있어서도 유아적 태도이다. 민족을 운운하면서 다른 사람을 정략적, 기술적으로 소외시키면서 민족을 독점하는 태도는 오만과 맹신에 빠져 있다.

민족과 통일을 운운하기보다는 국가를 운운하여야 한다. 국가가 없는 민족과 통일은 있을 수 없기 때문이다. 그가 통일을 위해서라고 말하지만 통일을 위해서 북한의 정체성을 약화시킨 적은 없다. 도리어 대한민국에 대한 부정이 북한을 도왔을 뿐이다. 남북분단 상황에서 "새는 좌우의 날개로 난다"고 함으로써 남한에 좌파들을 길러 내는 데에 영웅적 공적을 쌓았다. 그렇다면 북한에도 똑같이 "새는 좌우의 날개로 난다"고 주장하면서 우파가 생기도록 영향력을 미쳤어야 했을 것이다.

북한을 변화시키는 데는 전혀 관심이 없으면서 일방적으로 남한의 변화만을 주장한 그의 이중적 태도와 편파성 때문에 남한은 세계 10대 무역국이 되었으면서도 '얼굴 없는 국가'가 되고 말았다. 남한이 얼굴 없는 국가가 되는 것이 '전환시대의 논리'란 말인가. 이에 비해 그가 두둔하고 있고 그의 정체성과 국가적 정체성의 근거였던 북한은 지구상에서 가장 악랄한 '유령국가'가 되고 말았다. 전형적인 '연극사회'인 북한의 선전용 영상자료를 보아도 대뜸 속내를 파악할 수 있다. 마치 사이비 종교의 교당에 들어가는 것처럼 음산하고 을씨년스럽다. 생산은 없이 우상을 숭배하면서 말만 무성한 채, 마치 지상낙원이 금방이라도 다가오는 것처럼 사람들을 현혹하는, 악령만이 살아 움직이는 곳이다.

불행하게도 범민주세력에겐 사대주의의 혐의를 씌우지 않을 수 없다. 결국 민주, 민주 하면서 제대로 민주주의를 토착화시킬 요량을 하지 못하고 정쟁의 도구로만 활용했다. 이에 비해 소위 군사혁명세력에겐 자주의 노력을 고평가하지 않을 수 없다. 민주세력들은 저관념산수를 하던 화가들처럼 남의 나라, 선진 제국의 민주만 그리고 앉았고, 우리의 현실에서 뿌리박은 실경산수와 같은 민주주의를 그리지 못했다. 한국의 민주주의는 아직도 관념산수, 관념놀이(유희)의 차원을 벗어나지 못하고 있다. 그 민주주의의 결과가 바로 IMF였던 것이다. 아직도 IMF적 상황이 다시 오지 말라는 법은 없다. 왜냐하면 IMF라는 것은 외부에서 온 것이 아니라 내부, 우리의 민주역량, 정치역량, 문화역량에서 온 것이기 때문이다. IMF의 탈출과정도 보면 세계 금융자본에 우리의 우량 기업들이나 우량 부동산을 팔아서 달러를 늘려 종식했으니 말이다. 말하자면 부잣집 아들이 파산에 이르러 아버지가 물려준 재산을 팔아서 빚을 갚는 형국과 마찬가지이다. 재산, 즉 국부를 팔아서 경제신탁을 벗어난 것을 마치 개선장군이라도 된 듯이 과찬하는 것은 여전히 민주세력의 한심한 자화자찬이다. 이 과정에서도 파산상태에서 공적자금을 지원받는 금융권과 국영기업체들은 직원들에게 돈잔치를 하고 외국에 헐값으로 회사를 파는 데에 협조하는 매국적 상황을 연출했던 것이다. 이것은 국민을 속이는 것이고 그것에 속는 국민도 한심하긴 마찬가지이다.

이영희의 공적은 운동권에 의해 심하게 영웅화되어 있다. 이에 비하면 박정희의 공적은 운동권에 의해 심하게 매도되어 있다. 역사는 후세에 정리될 것이어서 별걱정을 안 하지만 당대의 입장에서 예단해 보면 그렇다. 박정희와 이영희의 겉과 속의 교차관계는 우리 시대의 불행과 사상적 미망과도 통한다. 무엇보다도 이영희의 실수는 북한을 한반도의 중심에 놓고 정통으로 본다는 점이다. 북한은 출발은 좋았지만 이영희 선생이 가장 싫어하는 바로 그 우상화의 극치로 인해 문화적 생산성을 잃어버리고 지구상에서 일찍이 없었던 체제유지에 혈안이 되어 있는, 마지막으로 체제유지를 폭력과 감시로 유지하고 있는 절망적 집단이다.

바로 이 처참한 상황을 스스로 극복해 내지 못하는 북한주민은 그 업보로 인해 어떤 재앙을 받아도 아무 소리를 할 수 없는 참으로 인간인형에 지나지 않는 군상들이다. 어둠과 우상의 연극사회인 북한을 탈출하는 난민들은 그래도 용감하다. 이들은 자유세계에서 행복을 누릴 가치가 있는 인물들이다. 비록 탈출이 실패하더라도 이 현대판 엑소더스는 인간에 대한 마지막 신뢰를 갖게 하기에 충분하다. 이런 필부필부도 탈출하는 북한을 옹호하기에 여념이 없는 이영희가 어떻게 사상적 대부가 될 수 있다는 말인가. 해방공간의 좌파는 이해할 수 있어도 지금의 좌파는 도저히 이해할 수 없는 치유불능의 이데올로기 환자들이다. 그 중심에 이영희 선생이 있다.

유럽의 경우 좌파와 우파는 명백히 구분되어 있으면서도 둘은 적이 아니라 일종의 동반자 관계에 있다고 해도 과언이 아니다. 좌우파가 번갈아 가면서 정권을 잡은 경우도 많을 뿐만 아니라 상호보완 관계에 있기도 하다. 그리고 유럽의 좌파는 공산주의가 아니다. 마르크시즘이 처음 생겼을 때는 구분이 명확하지 않았지만 제2차 세계대전 후 냉전체제를 겪으면서 공산주의와 사회주의는 엄격하게 구분된다. 독일의 경우

공산주의는 헌법으로 엄격히 금지되어 있다.

물론 공산당 활동은 할 수 있지만 국가는 이를 제도적으로 금하고 있기 때문에 제도적으로 발붙일 틈이 없다[1951년 서독정부는 공산당을 반헌법 정당으로서 고발하였으며 1956년 3월 연방헌법재판소는 이것을 인정하고 당을 폐쇄시켰다. 그 뒤 1969년에 독일연방공화국에서 새로운 명칭(Deutsche Kommunistische Partei)으로 독일공산당이 창설되었으나 1990년 독일통일 후 활동이 정지되었다]. 그러나 사회주의는 정당정치 양 축의 하나이다. 프랑스의 공산주의와 공산당은 여전히 활동을 하고 있지만 사회주의와 사회당의 연합전선 파트너에 불과하다. 독자적인 정권창출 능력이 없다. 프랑스도 사회당이 정권교체의 한 축이다. 이에 비해 한국의 경우 좌파라는 개념 속에 공산주의와 사회주의가 혼재해 있다. 공산주의와 사회주의도 구분하지 않은 채, 더구나 김일성 우상—김정일 독재체제를 사회주의의 전형적인 성공국가로 미화하고 있는 젊은이도 있다.

흔히 쿠바와 함께 마지막으로 남은 사회주의 국가라고 부추기고 있다. 한국의 급진좌파들은 반공법을 없앨 것을 요구하고 미군철수를 주장하고 있다. 마치 반공법을 없애고 미군철수만 하면 통일이 저절로 되는 것처럼 선전하고 있다. 한국의 경우 좌파와 우파는 동반자가 아니고 바로 적이다.

한국의 경우 사회주의와 자본주의는 각자 자기들끼리 친구가 되고 그렇지 않으면 적이 된다. 그러니 토론에 의해 합의가 도출되는 것은 아예 불가능하다. 간혹 얼치기 타협의 산물로 이것도 저것도 아닌 사생아가 나오기는 하지만 대체로 정치적 권모술수와 나누어 먹기 등 이해관계의 산물이거나 명분 쌓기의 합작품이다. 도대체 이데올로기를 뛰어넘는 새로운 차원의 의견통합이 어렵다. 그래서 끝도 없는 당파싸움의 연속이다. 친구가 아니면 적이 되는 극단적 정치 지형도는 하루아침에 개선될 것도 아니지만 영원히 고쳐지지 않을 것 같다.

동족상잔의 전쟁을 거치고도 아직도 정신을 차리지 못하고 남북한은 종전의 방식 그대로 적대관계를 지속하고 있다. 남한의 많은 양보가 있음에도 북한은 전혀 변하지 않고 있다. 그들이 핵을 만든 것은 뭐니 뭐니 해도 아직도 군사적, 물리적 체제경쟁을 지속하고자 하는 정책기조의 산물이다. 그들의 평화주의는 남한으로부터 돈을 챙기자는 속셈의 산물이고 국제적으로는 북한이 한국의 주체이며 정통이라는 것을 결코 양보하려 하지 않을 것이다. 이것도 모르는 남한의 좌파들은 결혼도 하지 못할 짝사랑에 몸 주고 마음 주고 돈 주고 그러다가 배반당할 꼴이다. 공산주의와 사회주의의 애매함, 민중과 민주의 이중성, 민족과 국가의 혼란함 등을 극복하는 것이 한민족의 과제로 떠오르고 있다. 특히 남한에서 북한체제 숭배세력들은 독일에서와 같이 헌법으로 금지되어야한다.

참으로 해방공간과 6·25전쟁을 통해 남북으로 분단된 북한과 한국은 밖으로는 냉전구조의 대리인으로서, 안으로는 내전적 성격을 이어받은 체제경쟁을 하면서 긴장된 반세기를 보냈다. 6·25전쟁은 국제전의 성격이었지만 동시에 내전이었기 때문에 더욱 치열하였다고 할 수 있다. 국제간의 전쟁은 어느 한쪽에서 완전한 승패 없이도 중단하면 그만이지만 내전은 그렇게 그만둘 수 없다. 왜냐하면 내전은 바로 종전 후 권력체계를 누가 담당하느냐의 문제여서 한쪽이 완전히 권력을 포기하든지, 권력의 배분에 대한 합의 없이 쉽게 그만둘 수도 없기 때문이다. 남북한은 어느 누구도 외세의 도움 없이 전쟁을 치를 수도 없고 독자적으로 승리할 수는 더더욱 없었기 때문에 다시 분단을 고착할 수밖에 없었다. 장기지속의 관점에서 보면, 남북한의 체제경쟁은 돌이켜 생각하면 자유자본주의 대 공산사회주의의 대결이기도 하지만 그들 간의 승패에 상관없이 처음부터 남한의 승리로 끝날 공산이 컸다.

북한의 경우, 반체제가 존재할 수 없었지만 남한은 반체제가 존재할 수 있었다는 점, 그리고 그것을 통해 자기조절을 할 수 있었다는 점에서 그렇다. 그런데 바로 그 반체제가 존재할 수 있었던 점이 항상 남한을 분열과 혼란의 홍역을 치르게 한 자기원인이 되었다.

남한의 이승만－박정희 독재는 그래도 반체제나 혁명을 할 수 있을 정도로 느슨한 것이었던 데 반해 북한의 일당독재는 전체주의(좌파 파시즘)의 가장 저열한 형태로, 반체제는 기도조차 할 수도 없는 비인간적인 상황이었다. 이런 점에서 남한은 북한에 대해 경쟁우위와 자기긍정을 아무리 해도 지나치지 않다. 아마도 남한에서 벌어졌던 학생운동과 반체제운동이 북한에서 똑같이 벌어졌다면 그들의 대부분이 죽었거나 수용소에 갇혔거나 탄광 등에서 중노동에 시달렸을 것이다. 그리고 자아비판을 하면서 인민의 이름을 빙자한 전체주의의 공포와 폭력 앞에 무릎을 꿇었을 것이다. 정권을 잡는 것은 고사하고 이름조차 사라졌을지도 모른다.

아마도 오늘의 이영희 선생과 같은 사람도 그 대상에 포함되었을 것이다. 모르긴 해도 이영희 선생 같은 분이 북한에 있었으면 여전히 독재와 불의를 보고 그냥 있지 못하고 반체제를 했을 것이고 그랬다면 결코 남한에서처럼 목숨을 부지하기 어려웠을 것이다. 그것만 해도 남한은 북한보다 훨씬 아량이 있고 희망이 있는 나라이다. 아니면 북한 정통주의자이니까 북한의 집권세력의 일부가 되어 호의호식을 하고 있을지도 모른다. 그러나 전자일 가능성이 더 크다. 그는 타고난 반체제이기 때문이다. 그런 점에서 남한의 반체제·좌파인사들은 '행복한 좌파들'이라고 할 수 있다. 몸은 남한에 있으면서 정신은 북한에 사는 그런 이중생활을 하면서도 집권을 하는 행운과 혜택까지 누렸기 때문이다.

그러나 북한은 지금 물질적 빈곤에 시달리지만 남한은 정신적 혼란에 빠져 있다. 남한은 지금 '밖으로 사대주의'와 '안으로 반체제주의'에 빠져 있다. 양자는 또 자기부정의 악순환에 빠지도록 피드백하고 있기 때문에 쉽게 개선될 여지도 없다. 남한은 경제적으로는 비교적 풍부하지만 정신적으로는 정체성이나 주체성을 갖기에 매우 불리한 상황이다. 본래 정체성이라는 것이 전통적인 보수세력이 있는 다음에 진보세력도 있어야 가능한 것이다.

보수세력이 없이 진보세력만 있다면 정체성은 형성되기도 전에 공허한 개혁과 혁명으로 안정된 체제가 들어설 수 없다. 그러면 진보세력도 지속적인 진보가 될 수 없고 보수는 보수대로 흔들린다. 그러다 보면 진보도 진보가 아니고 보수도 보수가 아닌 상황에 이른다. 남한은 지금 자본주의도 아니고 사회주의도 아니다. 좋게 말하면 자본주의와 사회주의가 조화를 이룬다고 하지만 나쁘게 말하면 이것도 저것도 아닌 얼치기가 되어 있는 것이다. 남한의 당면한 문제는 여기에서 비롯된다. 자본주의 시장경제도 아니고 사회 전반에서 하향평준화만 일어나고 현실이 바로 그런 얼치기를 대변하고 있다. 어쩌면 체제도 만들어지기 전에 부수고 있는지도 모를 일이다. 바로 이것이 안팎으로 자기부정의 악순환을 불러오고 있는 셈이다.

우리는 이상하게도 한국적 특수성의 고려 없이(혹은 생략하고) 세계적 보편성을 들먹인다. 그래서 걸핏하면 제대로 연구도 해 보지 않고 자기에게(이기주의나 당파적 이기주의) 유리하다 싶으면 서양과 외국의 경우를 들먹인다. 이는 매우 과학적인 것 같지만 실은 전혀 과학이 아닌 주술에 가깝다. 과학이 있기 전에 신앙(종교)이 앞선다. 그러나 과학은 언제나 신앙의 들러리가, 관념은 기싸움의 명분이 되고, 결국 모든 관념은 사람들로 하여금 '과거로의 여행'을 하게 하거나 아니면 '지식적 외유'하게 하여 역사적 후퇴와 사대주의의 심화를 고스란히 끌어안게 한다. 이 모두 피지배의 역사적 업보이자 자기부정과 콤플렉스의 분출에 지나지 않는다. 문화적 토양과 역사가 전혀 다른데도 겉모양만 비슷하면 끌어다가 붙이면서 지식인들은 대중을 속이고 위정자들은 정치적으로 이용한다.

우린 아직도 북한은 사회주의의 앵무새, 남한은 민주주의의 앵무새에 지나지 않는다. 그런데도 문제는 앵무새가 자신은 앵무새가 아니라고 생각하는 데에 있다. 이 얼마나 슬픈 앵무새의 운명인가. 한국의 민주주의도 '정당은 없고 정파(당쟁)'만 있고 북한의 사회주의도 인민의 낙원이 아니라 '인민의 지옥'이 된 채 인민들의 국제난민으로 만들고 있다. 이런 지경인데도 남북한의 지성들은 이데올로기의 노예가 된 채 이데올로기를 위한 이데올로기, 자신들의 사리사욕을 위한 이데올로기적 놀음에 여념이 없다.

이른바 반체제는 특정 체제의 반운동이기 때문에 반운동 특유의 소모성과 파괴성이 도사리고 있다. 이는 이영희 선생의 말대로 '민주주의가 창조적 상상력의 산물이고 반공주의가 부정(否定)의 개념이며 그것 자체로서 소모적이며 파괴적 이데올로기'(『전환시대의 논리』, 34페이지)라는 것과 같다. 반체제는 체제의 반운동이고 비판이지만 반체제가 바로 체제가 되는 것은 아니다. 체제는 체제 특유의 긍정(肯定)이 있다. 그러기 때문에 반체제를 통해서 체제를 강화하기보다는 체제 스스로가 자강할 수 있다면 그것이 훨씬 창의적이고 생산적이다. 자본주의가 사회주의를 이길 수 있었던 것도 바로 체제 스스로가 자강할 수 있었기 때문이다. 그런데 민족에 따라서는 반체제의 파괴에는 매우 창의적이고 정열적이지만 체제의 건설과 유지에는 그렇지 못한 민족이 있다. 한민족은 후자에 더 가깝다. 한민족은 반운동은 잘한다. 역사적 업보 때문에 반운동이 이미 정의가 되어 있는 상황이다. 반운동을 하지 않으면 저절로 정의로운 자가 아니게 된다. 식민지 시대의 반체제야 외세의 폭력에 대항하는 정의로운 것이지만 어떻든 체제가 들어섰다면 체제 내의 자강을 꾀하는 것이 순리이고 체제 내의 반운동은 그 정도를 넘쳐서는 안 되는 것이다. 그런데 우리는 그렇지 못했던 것 같다.

그동안 민주주의는 남한의 신앙이 되었다. 그래서 그 신앙대로 민주주의는 되는 듯했다. 그러나 그 민주주의는 우리를 과대평가한 것이고 아직도 우리의 온전한 것이 되기에는 역사적 시간이 더 필요한 듯하다. 민주주의 특유의 형평과 자유에 따르는 책임의식이 아직 덜 성숙하였기 때문이다. 민주주의만을 가지고 논할 때는 그런대로 훌륭하게 발전을 이루었다고 평가가 되는데 왜 민주운동권 세력들이 집권한 뒤에 경제는 내리막길을 걷고 있는지, 의문을 던질 때가 되었다. 먹고살 수 있도록 나라의 산업, 하부구조를 다 만들어 주었는데도 그것 하나 운영을 못 해서 휘청거리고 있는 것을 보면 저들의 민주주의라는 것이 탁상공론, '종이 민주주의(paper democracy)'가 아닌가, 의심하게 된다.

만약 저들에게 먼저 나라를 맡겼더라면 나라의 살림살이가 어떻게 되었을까를 생각하면 거의 소름이 끼칠 정도이다. 다 차려 놓은 밥상도 먹을 줄 모르는 자들한테 나라살림을 맡겼더라면 우리는 지금도 빈국을 벗어나지 못하고 더욱이 북한의 공세에 압도당하고 말았을 것이다. 안으로는 민주주의를 떠들고 어떤 민주주의가 좋은지, 갑론을박하면서, 특히 사회주의와 자본주의가 헤게모니 경쟁을 하면서 국민을 도탄에 빠뜨렸을 것을 미루어 짐작할 수 있다.

이는 우리 민족 특유의 약점에서부터 비롯된다. 우리 민족은 지나치게 종교적이고 정치적이다. 이는 현실의 문제를 현실의 문제로 풀지 않고 종교적으로 푸는 반면 정작 정치에서는 정치지향성이 너무 심해 정치가 아니라 당파가 되어 버린다. 이는 우리 민족의 역사적 경험과 문화적 집단무의식의 발로여서 곧바로 해결방안을 마련하기는 힘들지만 바로 종교적이고 정치적인 것 때문에 현실적으로 비생산의 함정에 쉽게 빠지는 한편 현실과 실제를 바탕으로 사회적 룰과 정책을 만들어 내는 데에 취약함을 드러낸다. 이는 외래사상을 쉽게 도그마화하는 것과 맥락을 같이한다. 개인적으로는 똑똑한데 집단적으로 모이면 군중심리에 쉽게 편승하거나 쏠리는 경향성이 있다. 이런 미련한 줄서기, 부화뇌동, 집단이기, 부정부패 등은 지도자를 잘못 만났을 때는 심각한 불황과 생산성의 저하에 직면하게 된다.

박정희 정권 때 민주주의의 투사로 나섰던 사람들은 아직도 투사로 남아 있다. 이들은 체제의 반체제가 되거나 아니면 보수좌파들로, 직업적 운동권 세력으로, 때로는 지독한 흉물처럼, 때로는 암 덩어리처럼 남아 있다. 알량한 이들의 인문주의나 도덕주의는 실질을 상실한 채 유명무실하게 국가의 전진을 막고 있다. 한국의 사회주의는 말로는 평등을 외치지만 실은 역대 자본주의 정권이 만들어 놓은 국부를 팔아먹고 탕진하면서 생색만 내고 있다. 이들에게는 진정 합리성의 로고스(Logos)는 없고 속임수와 선전의 로고(Logo)만 있다.

한국인은 한번 어느 사상에 물들거나 기울면 결코 다른 사상으로 넘어갈 수 없다. 그래서 처음 접한 사상은 마치 운명과도 같은 것이 되고만다. 그래서 사상과 함께 그 사상과 관련된, 혹은 유학한 나라에 대해서도 쉽게 사대하게 되어 그 나라를 숭배하면서 국내적으로 당파를 만들게 된다. 이것이 구한말에 친일파, 친미파, 친청파, 친로파 등이 되었던 것이다. 이러한 흐름은 지금도 계속되고 있다. 이는 마치 난자에 난자의 의지와 상관없이 어떤 정자를 집어넣느냐에 따라 수정난의 운명이 바뀌는 것과 같다. 결코 우리는 독자적인 난자와 정자에 의한 수정난이 될 수 없는 것인가. 그런데 그 난자의 특징이 자가 생산된 토착의 정자에게는 항상 일종의 거부반응―반감과 반운동과 반체제의 성질을 갖는다는 데에 문제가 있다. 이는 마치 흔히 외세를 막을 때의 메커니즘으로 잘 인용되는 이이제이(以夷制夷: 오랑캐로 오랑캐를 막는)의 방법이 아니라 정반대의 이이분국(以夷分國: 오랑캐 때문에 나라를 분열시키는)에 비할 수 있다. 각자가 저들이 배운 외래사상을 신봉하는 것이지만 밖에서 보면 외래사대에 지나지 않는다. 그러니 국민들은 항상 토탄에 빠지고 나라의 권력에 대해 부정하게 되고 그렇게 되다 보니 부정의 악순환에 빠지는 것이다. 작은 나라가 큰 나라를 이용하는 것은 어렵다. 국력이 있어야 다른 나라를 이용하는 것도 가능한 것이다.

국가생산력의 확대를 통해 이 부정의 고리를 끊어 준 인물이 박정희이다. 그런데도 민주운동권 세력들은 집권 후 줄곧 박정희 욕만 하느라고 세월 다 보냈고, 선진국으로 가는 좋은 기회를 다 놓치고 있다. 저들의 잘못을 박정희에게 다 뒤집어씌우고 있다. 북한의 비참한 상황을 보면서도 저들의 이데올로기에 빠져 물불을 가리지 못하고 있다.

한국의 민주주의 발전에 대해 근원적인 반문을 하여야 할 때가 되었다. '너희가 누리고 있는 자유와 행복이 진정 너의 것이냐'고……. 지금 밖에서는 '일찍 터뜨린 샴페인'이라고 비아냥거린다. 자유는 흔히 방종이 되고 집권은 흔히 독재가 된다. 독재가 되는 데는 군사정권이나 문민정권이나 마찬가지이다. 문민정권은 독선적이었다. 그 독선과 무지의 결과는 제일 먼저 IMF라는 철퇴를 맞았다. 그 후 정권에 의해 그것을 벗어나기 위한 몸부림이 있었지만 국부유출에 이어 체제해체라는 것을 향하여 돌진하고 있다.

이는 민주운동권 세력들이 집권을 한 후 보여 준 계속된 부정부패와 경제성장의 실패, 자신들이 그토록 자신하던 도덕성의 심각한 타락으로 증명이 된다. 민주주의 운동이 결국 부분적인 성과에도 불구하고 전체적으로 반체제로 결말지어진다면 이는 민족적 불행이고 국가적 재앙이다. '민주주의 운동＝반체제＝반국가'라는 등식이 성립하고 '자유＝방종'의 등식이 사회적으로 만연한다면 민주주의 운동 전반에 반성이 필요한 시점이다. '바다이야기'가 항간을 유령처럼 떠돌고 있는 지금, 국가를 온통 '도박 공화국'으로 만들어 버린 결정적 실패의 순간에도 집권세력들은 그것이 무엇을 의미하는지에 대해 무감각하다. 세상에 도박장을 등록만 하면 내주는 이런 국가를 과연 민주주의 국가라고 할 수 있는

가. 이는 민주를 빙자한 지독한 허구이고 허위이다. '망국의 시나리오'가 없다면 어찌 이런 일들이 있을 수 있단 말인가. 이런 패망의 유전인자가 우리의 심층구조 속에 있었다는 말인가.

지금 '까먹은 15년', '잃어버린 15년'이라는 말이 공공연하게 들리고 있다. 우리가 80년대 이산가족의 상봉을 말할 때, '잃어버린 30년'이라고 말했다. 이제 잘못하면 상봉을 해도 북한에 줄 것도 없고 다 함께 망했으니, 상봉을 해 보았자 실망과 한탄만을 안고 돌아서야 할 날이 오고 있는지도 모른다. 그런 점에서 체제비판은 쉽지만 체제건설은 어렵다는 것을 알 수 있다. 건축물도 보면 쌓아 올리는 데는 오랜 시간이 걸린다. 그러나 그것을 파괴하는 데는 단 몇 초면 가능하다. 결국 비판이나 파괴는 어느 체계의 부분을 타격하는 것이고 부분만 타격해도 목적을 달성할 수 있지만 체제건설이나 체제구축은 전체의 체계를 만들지 않으면 안 되는 것으로 더욱 힘들다.

나는 그런 점에서 남한(대한민국)이 오늘의 국력(문화능력), 국가체계를 만드는 데에 성공한 것만 해도 다행이라고 생각한다. 만약 북한과 남한이 입장을 바꾸었다면 북한은 남한을 어떻게 대할까 생각만 해도 소름이 끼친다. 만약 남한에서 굶주려서 탈출하는 난민이 있었다면 북한은 쌍수를 들고 환영하며 북조선으로 오라고 난리를 쳤을 것이다. '남조선은 항복하라'고 대남방송을 하면서 승리의 잔치를 벌였을 것이다. 그러나 오늘날 남한은 경제원조를 해 주면서도 북한의 자존심을 상하게 하지 않으려고 조심하고 점진적으로 남북교류를 추진하고 있다. 이를 북한에서는 '남조선이 아부한다'고 선전한다고 한다. 이런 상대를 두고 통일을 논의한다는 것이 원천적으로 가능한가.

북한은 그동안 1·21사태(1968년) 등 남한의 대통령을 암살하려고 기도한 것을 비롯하여 수많은 도발과 체제전복활동을 해 왔다. 물론 남한도 그것에 어느 정도 상응하는 대응을 하였을 것이다. 그러나 그 양과 질에서 북한의 도발과 체제전복 기도, 그리고 남조선적화통일 전략은 집요하였다고 할 수 있다. 그러는 가운데서 남한은 세계 10대 교역국에 들어갈 정도로 성장하였기에 그 대견함은 이루 말할 수가 없다. 이런 경제적 성과에도 불구하고 남한에는 뒤늦게, 느닷없이 평등의 역풍, 하향평준화의 역풍, 반기업적 정서, 사회 전반의 계급투쟁적 분위기 등에 휘말려 너무 빨리 '저성장'에 들어갔다는 반갑지 않은 소식도 들린다.

이제 독재의 시대가 아니니까, 우리가 저주해 마지않던 '박정희 개발독재 시대'의 성과에 대해 객관적으로 평가할 때가 된 것 같다. 민주화 목표는 옳은 것이지만 구체적으로 그것을 실현하는 것은 나라마다, 시기마다 달라야 한다. 잃어버린 15년은 적어도 민주화 세력이 집권한 것임에 이의를 달 사람은 없을 것이다. 그런데 왜 그들 세력이 집권한 정권은 하나같이 IMF를 비롯하여 경제적 후퇴만을 하는가. 천정부지로 오르는 집값의 발원지, 소득도 없이 마구잡이 카드를 사용하여 일어난 카드회사 부실사태, 외환은행 헐값매각, 그리고 최근에 벌어진 우후죽순처럼 번진 도박장 개설 등 이들은 모두 민주화의 속도가 빨랐다는 것밖에 다른 설명이 필요 없다. 속도는 내용이다. 속도가 다르면 내용도 다른 것이 모든 사물과 제도의 공통된 이치이다.

이제 민주화운동이 그 이름만으로 국민의 지지와 호응을 받고 미덕이 되고 포퓰리즘의 이름으로 변신되어 이용되어서는 안 된다. 더 이상 민주주의의 이름으로 역사를 재단하고 농단하는 것은 허용되어서는 안 된다. 극단적으로는 주사파가 발붙이는 형태로 남한을 운영해서는 안 된다. '민족과 혁명'이라는 것이 주사파의 간첩침투 온상이 되고 북한의 정통성을 강화하는 것이 되어서는 안 된다. 남북경쟁(이것은 전쟁론이 아니다)을 포기하고 북한 중심의 통일도 통일이라는 남한사회 전반에 퍼진 민족에 대한 인식태도는 쉽게 주사파와 노선을 같이할 위험이 있다. 이는 남한의 해체이고 결국 남한을 해방구로 만드는 것이다. 잃어버린 15년이야말로 스스로 말하듯이 이영희 선생에게는 생의 목표가 그런 대로 달성된 시기라는 것은 무엇을 말하는가.

이것은 분명히 '반(反)이영희 선생의 지점'이다. 지금 좌파들을 공격하지 않으면 영원히 공격할 기회가 돌아오지 않을지 모른다. 혹시 그들을 공격하기 전에 그들의 진지나 그들이 공격대상으로 삼았던 나라가 송두리째 공중분해가 될 수도 있기 때문이다. 나라를 일본에 넘겨준 구한말보다 더 허약한 체제를 우리 사회에서 느끼기 때문이다. 한민족을 빈곤으로 넘겨줄 수는 없다! 항간에는 우리가 필리핀이나 남미 제국과 같은 꼴이 될 것이라는 우려도 나오고 있다. 이것이 붕괴에 대한 너무 예민한 반응의 결과라고 자위하면서 좌파들의 속성을 공격하고자 한다.

좌파들을 공격하는 것은 사회적 균형감각을 되찾게 하고 민족의 살길을 찾아보는 새로운 모색이 될 것이다. 그럼으로써 지식인의 사명을 완수하고자 한다. 박정희의 산업화와 국가 만들기가 없었으면 화려하고 숭고한 수식어에도 불구하고 밥도 못 먹었을 민주운동권 세력들에게 권고하고 싶다. 지금 북한의 빈곤을 보라고! 반체제를 할 때의 정신과 전략으로 체제를 운영하고 있으니 체제의 실패를 항상 남에게 전가하고 남의 탓으로 돌리려는 모습을 보인다. 그 대상이 언론이고 소위 저들이 말하는, 한나라당과 그 지지기반인 수구세력이다. 민주정권이 들어선 이후의 국력 쇠퇴와 부익부 빈익빈의 심화를 왜 언론과 수구세력에게 돌리는가. 체제가 되었으면서도 자신이 아직도 반체제의 운동권이라는 인식에서 벗어나지 못한 운동권 학생의 수준에 머물고 있는, 정신지체 장애자와 같은 좌파의 환자들에게 그들이 환자인 것을 가르쳐 주어야 한다. 이는 정신신경학적 치료이다. 작금의 남한 사회는 바로 민주주의 특정 성장기에 독재와 탄압으로 받은 상처로 인해 그 강박관념과 콤플렉스에서 허덕이고 있는 그들을 치유해야 한다. 이들 환자 중의 중증환자는 바로 주사파이다. 이들이 환자인 것은 박정희보다 몇십 배 더 지독한 독재전제 정치, 우상화의 장본인인 김일성주의를 민족해방과 통일의 유일한 해결책으로 찬양한다는 점이다.

이제 민주운동권 세력의 진정성과 허위성에 대해 의문을 던질 때가 되었다. 민주주의 운운으로 더 이상 면죄부를 주어서는 안 된다. 역사에서 가정은 필요 없는 것이지만 만약 남한에서 민주화가 선행되었다면 어떻게 되었을까. 4·19 이후의 혼란과 낭비와 방종이 계속되었을 것이다. 개발독재가 선행하여 산업화를 이루고 국민총생산과 소득에서 북한을 추월하고 나아가서 선두 중진국에 진입하는 데에 성공하였기 때문에 그 후 민주화에 따른 여러 비용을, 심지어 북한에 주는 통일비용을 마련할 수 있었다고 보는 것은 매우 합리적인 시각이다. 민주화가 먼저 되었다면 당쟁과 백가쟁명 이론 때문에 결코 산업화에 성공하지 못하였을 것이다. 이는 경부고속도로 건설을 비롯하여 중화학공업 드라이브 정책 등 박정희 정권이 시도하는 경제개발 사업에 사사건건에 반대를 하였던 민주야당 지도자들의 면면을 통해 알 수 있다. 불가능이니 시기상조니 하면서 그럴듯한 명분과 논리로 반대하였던 민주야당 지도자들이 자신들이 정권을 잡았을 때에 그것을 강행할 것이라고는 볼 수 없기 때문이다. 그런 점에서 한국의 민주주의 운동권 세력들은 다분히 사대주의의 관념적 전통을 잇고 있었음을 부인할 수 없다. 산업이 뒷받침되지 않는 민주주의의 발전과 성공은 예상하기 어렵다. 그것도 분단 상황하에서 민주주의의 방식으로 경제개발을 한다는 것은 배가 산으로 가는 형국이었을 것이다. 그래서 '선개발(先開發) 후민주(後民主)'의 수순이 한강의 기적을 이루었다고 말하여도 조금도 틀리지 않을 것이다.

한국의 분단 상황은 그렇지 않은 나라에서 이해하는 자유, 평등, 냉전구조의 해체, 통일, 매카시즘 등을 글자 그대로 적용해서는 곤란한 점이 많다. 반공주의도 그렇다. 남북분단 상황에서 자유주의와 공산주의가 맞서 때때로 총질을 하며 체제경쟁을 하면서 어떻게 반공을 하지 않을 수 있는지, 선택의 여지가 크지 않았다고 느껴진다. 반독재투쟁, 반체제운동의 경우도 그렇다. 그것도 정도가 있어야지, 체제가 무너지고 붕괴될 정도로 반체제운동을 하면 당연히 체제가 그냥 가만히 있을 수 없는게 아닌가.

이런 모든 사회적 일들은 단순하지가 않다. 한마디로 문화는 복합적이다. 동시에 체계적이다. 이것을 부분을 잡고 복합과 체계를 붕괴시키려고 하면 가만히 있을 정권도 없고 체계도 없다. 민주주의라는 현대사의 지상과제와 같은 주제일지라도 그것의 구체적인 내용에 있어서는 우선순위가 있을 수 있고 기다려야 하는 것도 있을 수 있다. 예컨대 정체불명의 민주주의도 문제이다. 또 선진서구의 법전에 명시된 절대주의적 민주주의는 실은 당장 실현하기 어렵거니와 일종의 종교적 도그마와 같은 것이 된다면 분쟁의 끝이 보이지 않게 된다. 요컨대 민주주의도 속도의 조절과 타협과 합의도출과 균형감각이 필요하다는 것이다. 이러저러한 점에서 우리사회는 아직 성숙해야 할 것이 많다.

그러한 점에서 인류학적 성과를 토대로 한국 문제에 대해 접근과 발상을 하는 것은 매우 중요하다. 인류학의 시공간은 참으로 폭이 넓고 때로는 깊어, 전혀 다른 접근법이나 시각으로, 전혀 다른 문제의식과 해답을 제시할 수 있다는 점에서, 이 글은 의미가 있을 것이다. 이영희 선생은 종합적으로 보면 남한에 합법적이고 안정적으로 있는(자발적 지지자이기 때문에) 북한지지 세력으로 천군만마를 얻을 것에 비할 수 있을 것이다. 북한으로 볼 때 그보다 보물과 같은 존재가 있을까. 이는 본인의의사와는 상관없이 그러하다. 본인이 부정한다고 해도 그렇다는 것이다. 아마도 북한 중심의 통일이 된다면 이영희 선생의 공적보다 큰 인물은 없을 것이다. 일당백이요, 일당 천에 해당하는 공훈자일 것이다. 북한이고향인 사람들 중에 북한의 파시즘을 경험한 사람들은 반공주의자가 되었지만 이영희 선생과 같이 그러한 경험이 없는 사람들은 무의식적으로 이상향을 북한으로 투사하게 된다. 혹시 북한이 고향이라는 무의식이 그의 맹목적 남한비판이나 북한 정통성의 지지자로 서게 한 것은 아닌가. 그의 남한 정부에 대한 혹독한 비판과 반체제 투쟁 경력에 비해서는 북한에 대해서는 필요 이상으로 호의적이다. 우선 남북 분단 상황하에서 한쪽에만 비판의 화살을 들이대고 다른 쪽에는 방임한다는 것은 통일 이후를 준비한다는 입장에서도 합리적이지 못하고 실은 그의 인격 분열성과 이중성을 드러내는 대목이다. 이는 남한에 살면서도 북한을 조국으로 생각하는, 또 그것의 가면으로 민족주의라는 도구를 사용하는 불순분자나 주사파의 대부로 편입할 수밖에 없다.

그에 대한 본격적인 비판에 들어가기 전에 우선 선생의 간략한 투쟁사를 보는 것이 도리일 것이다. 먼저 그의 화려한 투쟁경력에 찬사를 보내는 것이지만 이 같은 투쟁이 결과적으로 북한을 이롭게 한 것이라면 역사적으로 무슨 의미가 있을까. 역사적으로 북한 중심의 통일로 귀결된다면 남한에서의 민주주의 투쟁은 그야말로 반민족적이고 반국가적이 될 수밖에 없다. 그러나 아직은 북한 중심으로 통일이 될 조짐은 없고 북한의 생활이 너무나 불쌍하기 때문에, 나아가 '북한에 이영희와 같은 반체제 인물이 없었기 때문에 오늘날 전제독재, 지구상에서 가장 악랄한 파시즘국가로 전락하지 않았나' 하는 점을 생각하면서 반면교사로 삼는다. 이는 적어도 그의 사회활동이, 남한의 자유자본주의의 발달에 저해요인이 되었다고 하더라도 적어도 독재시대에 아무도 할 수 없는 '반정부발언'을 함으로써 역으로 독재가 긴장하도록 하는 역할을 하였으며, 민주주의에도 숨통을 틔운 것에 대한 최소한의 도리일 것이다. 이영희 선생은 "아홉 번 연행되고, 다섯 번을 구치소에 가고, 세 번을 재판받아 총 1,012일의 감옥생활을 경험하고, 언론계 직장에서 두 번 퇴직당하고, 교수직에서 두 번 해직되는 등 파란이 중첩되는 자신의 삶에 대해서는 후회가 없다"(『반세기의 신화』, 388페이지)고 한다.

우선 선생의 간략한 투쟁약사를 보자. 『대화』에 기록된 것을 발췌한 것이다.

〈이영희 선생의 간략한 투쟁약사〉

1960년(32세): 4·19혁명 당시 데모대와 계엄군 사이의 유혈충돌을 막기 위해 각방으로 노력.

1961년(33세): 박정희 국가재건최고회의 의장의 첫 미국 방문에 수행기자로 동행. 박정희-케네디 회담 합의 내용에 관한 특종 보도로 수행 도중 소환당함. 미국의 진보적 평론지 『뉴 리퍼블릭』에 한국 사태 기고.

1964년(36세): 조선일보 정치부기자로 옮김. 11월 필화사건(유엔총회 남북한 동시 초청안 관계 기사)으로 구속 기소됨. 같은 해 12월 불구속으로 석방. 제1심에서 징역 1년 집행유예. 제2심에서 선고유예 판결을 받음.

1969년(41세): 베트남 전쟁과 국군 파병에 대한 비판적 입장 때문에 박정희 정권의 압력으로 조선일보에서 퇴사(제1차 언론인 강제 해직).

1971년(43세): 합동통신에 있을 당시 군부독재 학원탄압 반대 '64인 지식인 선언'으로 해직됨(제2차 언론사 강제 해직).

1972년(44세): 한양대학교 신문방송학과 조교수로 임용. 엠네스티 인터내셔널 한국지부 창설 발기인.

1974년(46세): 군부독재 유신체제반대 '민주회복국민회의' 이사.

1976년(48세): 제1차 교수재임용법에 의해 교수직에서 강제 해임(제1차 교수직 강제 해직).

1977년(49세): 『전환시대의 논리』, 『우상과 이성』, 『8억 인과의 대화』 내

용의 반공법 위반혐의로 구속 기소되어 징역 2년형을 선
고받음.

1980년(52세): 광주교도소에서 만기출소. 사면 및 복권되어 해직 4년 만
에 교수직에 복귀. 5월 17일 '광주소요 배후 조종자'의 한
사람으로 날조되어 구속됨. 7월, 석방과 동시에 한양대학
교 교수직에서 다시 해직(제2차 교수직 강제 해직).

1984년(56세): '기독교사회문제연구소' 주관 '각급 학교 교과서 반통일적
내용시정 연구회' 지도 사건으로 다시 구속 기소되었다가
2달 만에 석방(반공법 혐의). 한양대학교에 해직 4년 만에
제2차 복직.

1988년(60세): 한겨레신문 창간, 이사 및 논설고문. 광주민주화운동에 대
한 미국의 책임 문제로 릴리 주한 미국대사와 언론지상
공개논쟁을 벌임.

1989년(61세): 한겨레신문 창간기념 북한 취재기자단 방북기획건의 국가
보안법 위반 혐의로 안기부에 구속 기소. 제1심 징역 1년
6개월, 자격정지 1년, 집행유예 2년 선고받고 160일 만에
석방. 추후 사면 복권됨.

이 책『대화』를 약 한 달에 걸쳐 읽으면서 일제와 해방공간, 6·25,
그리고 오늘에 이르기까지 우리 민족의 고통과 희생과 억울함에 대해
공감과 이해가 깊어졌으며 적어도 '민족적 해원'이 필요함을 절실히 깨
달았다. 나는 한 나라가 망하는 것도 쉽지는 않지만, 반대로 망한 나라
를 다시 일으켜 세우는 것도 망하는 과정보다 더 어려운 과정을 거치는
구나 하고 실감했다. 국가 만들기, 혹은 국가 세우기(nation building)를 안
이하게, 전혀 폭력적 과정도 없이, 평화적으로, 토론을 하면서 실현될 것
이라고 기대하는 것은 참으로 순진한 것이라는 점을 깨달았다. 상당한

억압과 반발과 희생이 따르는 법이다. 새로운 질서와 계급을 정하여야 하는데 억압이 없다는 것은 어불성설이다. 인류학적으로 볼 때 국가라는 것은 바로 권력경쟁, 즉 전쟁의 산물이다. 그러한 점에서 6 · 25라는 것은 비록 '분단에 의한 내전', 혹은 '냉전구조의 대리전' 어느 쪽이었다고 하더라도 한국 문화의 문맥에서 충분히 예상할 수 있는 일이었다. 해방전쟁이든, 통일전쟁이든, 전쟁 그 자체에 대해 극단적으로 부정적이고 민족파괴적이라고 단언하는 것은 국가를 세워 보지 못한 자들의 이상주의인지도 모른다. 좀 더 긴 역사적 안목에서 보면 우리는 오늘도 통일국가를 만들기 위한 노정에 있는 것이다.

또 한 나라의 운명에도 개인사에서와 같이 필연성만이 아닌, 우연성이 개입되는 것이라는 점을 실감하면서 과연 사회적 사건의 발생과 원인을 자연과학자가 물질의 법칙을 발견하는 것과 같이 말할 수 있을까 의문을 가졌다. 때로는 인과성을 무리하게 주장하다 보면 견강부회가 된다는 것을 알게 됐다. 사회과학은 많은 부분이 인과성보다는 해석의 결과구나 하고 생각했다. 더구나 우리가 알고 있는 많은 사실이 실은 사실이 아니라 해석임을 새삼 느꼈다. 한편 선생과 나는 어쩌면 이리도 정반대의 대척점에 서 있는지 궁금했다. 나이가 많은 선생은 매우 진보적이고 나이가 적은 나는 도리어 보수적인, 이 역주행에 대해, 분명히 어느 누군가에는 문제가 있구나 하는 것을 느끼는 순간, 몸에 경련이 일어남을 느꼈다. 적어도 이번 글은 이영희 선생과 내가 확실하게 대립함으로써 둘 중에 한 사람은 역사에서 비난을 피할 수 없을 것으로 사료되기 때문이다. 이것도 극단적인 당파라면 당파일 것이고 우리 민족이 나타낼 수 있는 극단적인 성격유형이라고 생각된다.

나는 그저 대한민국의 필부필부이고, 특별히 상류계층 출신도 아니고, 선생도 그럴 것 같은데, 동시대를 살면서, 비록 세대는 다르지만, 이데올로기적으로 지구의 반대편에 있는 것 같은 서먹함과 당혹감을 느끼는 것은 왜일까. 그래서 나는, 나와 선생의 머리를 해부하기로 했다. 만약 머리를 해부해서 그 원인을 밝힐 수 있으면 치료도 할 수 있을 것이고, 과학적으로도 얼마나 진보인가. 만약 서로가 다른 우상을 섬긴 것에 불과한 것이라는 결론에라도 도달한다면 서로의 우상을 파괴한 것이 다행일 수 있을 것이다. 인간은 흔히 자신의 우상에 대해서는 매우 관대하지만 남의 우상에 대해서는 필요 이상으로 적대적이기 때문이다. 이영희 선생에 대한 반론에 들어가기에 앞서 나는 흔히 우상의 반대가 되는 이성이라는 것이 얼마나 지독한 우상이 되는 줄을 아는 지식인의 한 명이라는 것을 밝혀 둔다. 흔히 도구적 이성이라는 것은 철저히 우상에 봉사할 수도 있는 '뇌의 반란'이다. 여기에 속으면 구제할 방법이 없다. 지옥을 천국으로 느낄 수 있기 때문에 도저히 지옥에서 탈출할 수 없는 이치와 같다. 지옥을 천국으로 느끼면 그것이 개인에게는 천국이 될 수 있어서 그 개인은 괜찮다. 그러나 그것이 집단으로 강요될 때는, 집단에 의식화될 때는 사회문제가 된다. 마치 사이비종교가 일으키는 광신도의 '광란의 축제', '인민사원의 죽음의 축제'가 될 수도 있다.

이는 근본적으로 인간 뇌의 구조에서 발생하는 것이지만 이성과 우상의 역전, 혹은 '상대방 모습 닮기'는 종교와 과학이라는 것이 흔히 정반대의 담론체계라고 생각하지만 실은 같은 담론체계라는 데에 근거한다. 예컨대 과학의 자리에 신을 대입하거나 신의 자리에 과학을 대입하면 같은 담론체계가 된다. 현대는 신의 자리에 과학의 법칙이나 이론을 넣었다. 그렇다고 해서 과학과 종교가 공통으로 하는 조상이 없어지는 것은 아니다. 문제는 과학이 종교에 봉사하고 종교가 과학에 봉사하는 것, '상대방의 노예 되기' 놀이가 때때로 엄청난 사회적 문제를 불러일으키는 데에 있다. 이들 '자리바꿈'(치환: 환유적 사고, 과학적 사고)과 '봉사하기'(은유: 비유적 사고, 시적 사고)는 원천적으로 제어할 수 없는 뇌의 진화와 유동성(流動性)과 관련이 있다는 점에서 어쩔 도리가 없다. 또 이런 유동성은 때로는 인간으로 하여금 '집단적 의식화'의 문제도 발생시키는 역기능을 하지만 때로는 한계상황 속에서도 '행복과 천국의 의식'을 가져다주는 순기능을 한다. 결국 뇌의 유동성은 병 주고 약 주는 셈이다. 마르크스는 다윈이나 프로이트와 함께 현대과학문명을 일으킨 3대 천재라고 한다.

그런데 그 마르크스에게 바로 과학과 종교가 자리바꿈과 혼란이 일어났고 그것을 따르는 추종자를 양산했다. 쉽게 말하면 마르크시즘은 출발은 과학으로 했는데 종착역은 종교가 되어 버렸다. 여기에 이성의 잘못 사용, 즉 이성을 마르크시즘의 도구로 활용한 잘못이 있다. 이성을 '도구적 이성'(계급투쟁)으로 만들어 버린 '자리바꿈'과 '봉사하기'의 죄과가 있는 것이다. 이성은 종교에 봉사하였던 것이다. 이 땅의 불쌍하고 가난한 '식민지의 민중'에게도 이 이상한 사이비종교가 복음처럼 들렸던 것이다. 공산사회주의가 가난한 약소후진국에 설득력이 있는 것은 그것의 종교성 때문이다. 공산주의는 종교의 마약성에 대해 가장 신랄하게 논박하고 부정하였지만 실은 자신들이 가장 지독한 중독자였던 것이다. 이데올로기도 뇌의 마약을 생성한다.

나의 인류학의 큰 전제와 방향은 '생물 진화의 방향과 순방향인 것이 진리에 더 가깝다'는 것이다. 이것은 또한 문명의 방향과도 같다. 문명은 간혹 짧은 기간에 역주행을 하지만 결국 장기지속의 과정에는 자연의 방향에 순응하게 된다. 흔히 도덕주의자들은 인간의 욕망과 이기심을 부도덕의 상징으로 매도하지만 지금 인간종이 살고 있는 것도 도덕이라기보다는 이기심에 따른 결과임을 왜 모르는가. 인간종이 이기심이 없었으면 지금 지구상에 존재할 수 없었다. 그 이기심은 바로 생존경쟁에서 이기는 동력이고 가장 큰 자산이다.

그런데 그 이기심은 동시에 심리적 역전을 시키면 도리어 협동을 가능하게 한다. 이기심과 협동은 동전의 양면과 같다. 이기심이 있기에 집단 내부적(종 내부적)으로는 협동을 하였으니 말이다. 이것은 개인의 이익추구와 공동체정신, 자유와 평등으로 발전하였다. 다시 말하면 이기적이라고 해서 협동도 하지 않고 공동체정신도 없고 평등의 개념도 없다는 이분법은 곤란하다는 것이고, 또한 실지로 인간이 살아온 역사적 사실과도 다르다는 것이다. 물론 그 반대도 마찬가지이다.

인간은 이기적이며 협동적이고 자유와 평등을 동시에 추구한다. 문제는 마르크시즘에 있다. 마르크시즘은 초기 자본주의의 문제점이 파생한 일종의 심리적, 이데올로기적인 질병이거나 아니면 급진적 유토피아에 속한다. 이는 현실이나 이상에서 둘 다 해법을 찾지 못한다. 현실에서는 공산사회라는 지상천국을 주장하였으나 생산성의 저하로 실패했고 이상에서는 그것을 달성하는 방식에서 계급투쟁이라는 국가발생의 기본과 배치되는 해법을 제시하였기 때문에 실패했다.

자유는 개인을 중심으로 출발하는 것이고(그것이 나중에 사회와 국가를 만들지라도) 계급투쟁은 미리 집단을 중심으로 출발하는 것이다(그것이 나중에 개인의 자유와 평등을 준다고 할지라도). 집단을 중심으로 출발하는 사회는 근본적으로 사유재산제도를 인정하지 못하고, 성의 사적 소유를 침해할 우려가 많고 사생활을 침해할 가능성이 많은 까닭에 아무리 거창한 인류애와 사회 정의의 명분과 이론으로 무장한다고 해도 개인의 자유와 창의성을 구속하게 됨으로써 '자유를 추구하는 인간 개인'에게 배척당하고 만다. 그런 점에서 집단에서 출발하는 것은 근본적으로 인간존재를 구속하려는 불순한 것이다.

마르크시즘의 실패는 바로 인간존재의 자유 근원에 대한 무지와 과소평가에 있다. 평등의 정의보다 훨씬 강력하고 오래된 생존경쟁과 권력경쟁의 주된 흐름(main stream) 속에 자유가 있다는 것을 몰랐던 셈이다. 자유는 자본과 더불어 성장하고 자본은 시장경제와 더불어 성장한다는 것을 몰랐던 것이다. 평등은 집단 이후의 문제이고 이것이 자유를 구속하면 처음에는 가만히 있지만 결국 나중에는 반기를 든다는 것이 인류사의 절대원리이다. 나는 여기서 마르크시즘 논쟁을 하고 싶지 않다. 그것은 이미 해묵은 논쟁이고 도리어 마르크시즘은 이론적인 자기완결성(유토피아)이 현실과 괴리된 채, 강하기 때문에 실패한 이론이다. 마르크시즘은 비판철학을 바탕으로 하는 비판에는 능하지만 건설에는 무능하다. 마르크시즘의 방법론은 생산의 향상에 초점을 두지 않고 계급투쟁을 통해 적대감만을 부추기고 있기 때문에 결국 사회에 갈등만 초래하게 된다. 따라서 무산자(無産者)인 프롤레타리아가 정말로 무산자가 되게 하고 마는 '자멸의 종교'이다. 지구상에 생긴 종교 중에 가장 열악한 종교이다.

인류학자들은 다 알지만 마르크스는 루이스 모건(L. H. Morgan)의『고대사회』에서 크게 영향을 받아 원시공산사회를 가정하고 여러 단계를 거쳐 마지막에는 이상적인 공산사회로 진화하는 사회진화론을 만들었다. 그러나 공산사회이론은 오늘날 이미 맞지 않는 것으로 증명이 되어 버렸다. 마르크스는 몰랐겠지만, 원시공산사회는 모계사회였을 가능성이 크다. 모계사회는 기본적으로 성(性), 더 정확하게는 여성의 성에 대한 남자의 감시와 의심이 없고 여성이 낳은 자식은 저절로 공동체의 자식이 된다. 그러니 재생산도 그러하니 생산도 공동으로 하는 의미가 있게 된다. 아마도 마르크스가 공상한 평등과 평화는 모계사회에 해당하는 것이었을 것이다. 근본적으로 성(性)에 대한 감시가 없으니 권력도 없고 계급도 없고 경쟁도 없었을 법하다. 그러나 국가의 발생과 더불어 가부장사회가 확대재생산되고 그것이 과학기술의 뒷받침을 받아 인류는 거대한 문명을 이루기 시작한다. 제국주의란 바로 그 거대한 문명의 다른 이름이다.

제국주의로 이어져 온 인류역사의 연장선상에서 20세기에서 갑자기 불거진 공산사회주의는 초기자본주의의 모순에 놀란, 마르크스를 비롯한 일단의 사회과학자가 역사에 급브레이크를 걸어 급회전되면서 극단적 소급에 들어가 버린 일종의 역사적 사고의 퇴행이다. 마르크시즘은 자본주의가 내부모순에 의해 결국 부익부 빈익빈으로 인해 계급혁명을 초래하게 되고 세계는 공산사회가 된다는 순진한 이론이다. 자본주의는 도리어 사회주의를 통해 스스로를 보완하여 공산혁명을 사전에 막고 승승장구하고 있다. 이에 비해 공산사회주의도 내부모순에 빠지게 되었는데 초기 프롤레타리아 혁명세력이 성공하여 집권세력이 되면 도리어 그 신분을 계속 유지할 수 없어 결국 부르주아(공산당 귀족)가 되어 결국 자신의 계급을 유지하려는 유혹에 빠지게 되어 저절로 사이비 진보주의자(보수적 진보주의자)가 된다. 결국 인간사회에서 계급이나 계층은 없을 수 없기 때문에 계층이동의 길을 열어 주는 것밖에 별도리가 없게 된다.

집단주의의 폭력성에 대해서 이영희 선생은 누구보다도 절실하게 느끼고 있는 듯했다.

> "인간은 개체적으로는 이성적 활동을 하는데, 집단화하면 그 집단, 사회, 민족, 국가, 경상도, 전라도, 군대, 정당, 종교 등은 비이성적으로 된다는 거죠. 그래서 그러한 것(예방적 노력의 결실)을 별로 믿지 않아요. 각기 집단이 종국의 단계에서야 되돌아서고……. 생(生), 즉 죽지 않으려는 생명충동이 집단적 반이성을 최후 순간에서 되돌려 놓는다고 나는 생각합니다. 이성이 아니라는 말입니다. 이러한 과정을 되풀이하다 보면, 일종의 '역사적 유전' 같은 게 생긴다고 봐요. 긴 역사 속에서 처음보다는 두 번째가, 두 번째보다는 또 다음이 축적된 지혜로 기능할 수 있지 않을까 기대합니다. 굉장히 더디겠지요. 절망할 수는 없지 않아요? 하지만 인류가 이제까지 이렇게 되어 온 것을 본다면, 앞으로도 몇 천, 몇 만 년의 반복과정을 거쳐야 하리라고 봅니다. 그리고 자본과 이윤추구와 상업주의의 자연적·필연적 결과인 그 같은 '인간 불행'을 예방하고 적어도 무한 진전을 억제하거나, 그 재앙을 경감 완화하는 철학, 이론, 이념, 정열, 열망 그리고 행동력이 바로 사회주의가 아니겠어요?"(『반세기의 신화』, 364페이지)

그러나 그에게는 끝까지 사회주의가 희망이다. 그 희망은 종교적 기원에 가깝다.

그 같은 연장선상에서 통일 후의 사회에 대해서도 이렇게 말한다.

> "북한의 민족사회주의의 역사적 경험과 남한의 예속자본주의의 역사적 경험에는 상대방의 단점들과 장점들이 있다고 생각합니다. 그래서 나는 남한의 우월한 자본주의적 물질적 생산력과 북한의 협동적 인간관계의 도덕성이 높은 정치적 지도이념으로 상호 수렴된 어떤 사회상을 이상적으로 생각해 봐요."(『반세기의 신화』, 364~365페이지)

여기서 북한을 민족사회주의라고 하고 남한은 예속자본주의라고 지칭하는 것에서 그의 돌이킬 수 없는, 요지부동의 '북한중심론(북한정통론)'을 읽을 수 있다. 북한을 우월하게 보고 남한을 자본주의의 종속국을 보는 편견과 환상을 볼 수 있다. 북한을 도덕적으로 보고 남한을 단지 물질만 풍부한 것으로 평가하는 맹목적 신앙과 비과학을 볼 수 있다. 이는 그가 비판하는 어떤 것보다도 허구이고 허위의 절정이다. 만약 북한이 남한만큼의 경제적 성공을 거두고 남한이 반대로 북한의 경제적 상황이 되었어도 남북 상호 수렴된 사회상을 말하였을까. 내가 보기에 남한은 정통성의 부재와 자본주의의 모순으로, 그리고 군사독재로 인해 민중의 민의를 수렴하지 못해서 망했다고 하였을 것이다. 참으로 궁색한 탁상공론이다. 이런 무책임한 이론적 평균율이라는 것이 어떻게 권력경쟁의 국가를 운영하는 원리가 될 수 있을까. 이것은 패배자인 북한을 변명하기에 급급한 궁색한 이론적 궁여지책에 지나지 않는다.

나는 그의 북한에 대한 희망을 이성적 판단이라고 생각하기 어렵다. 종교적 신앙에 가깝다고 본다. 도대체 북한에 도덕성의 점수를 많이 주는 이유와 그 믿음의 근거를 모르겠다. 그것이 단지 공산사회주의가 선언한 마르크시즘의 평등원리를 따른 때문일까, 아니면 맹목적인 신앙인

가. 사회주의가 아니어도 인류의 여러 국가 및 사회는 위계의 원리와 동시에 다른 한편에선 공동체정신과 평등의 원리를 부분적으로 실천해 왔다. 공공성(公共性)과 민생(民生)을 중시하는 것은 모든 정치의 근본이다. 경제, 경국제민(經國濟民)이라는 것도 그것이 아닌가. 그런데 사회주의는 마르크시즘에 따라 그것을 선언하였지만 실제로 역사적 실천전개 과정에서 그것을 실현하지는 못했다. 도리어 공산당 귀족의 부정부패와 일반 민중 생활의 하향평준화만 가져왔다. 그래서 자본주의에 항복하고 말았던 것이다. 공공성과 공동체정신의 확대라는 것이 반드시 사회주의를 통해서 실현되어야 하는 것처럼 생각하는 것은 오산이다.

인류사의 가장 큰 원리는 자유를 존중하면 잠시 혼란스럽지만 결국 발전하고 평등을 우선하면 잠시 도덕적이지만 결국 후퇴하고 만다. 자유 다름에 평등을 주장해야 발전과 복지를 동시에 실현할 수 있는 것이다. 이는 자유야말로 인간정신의 핵심이기 때문이다. 돌이켜 생각하면 공산주의 운동이라는 것은 소련의 볼셰비키 혁명과 국제적으로 소비에트 제국주의를 키운 것에 불과한 것으로 드러났다. 중국에서는 통일에의 견인차 역할을 하였지만 지금은 사회주의의 근본주의와 결별하고 자본주의를 도입함으로써 경제적 빈곤의 탈출과 경제성장을 거듭하고 있는 형편이다.

남미를 비롯하여 후진약소국에서 사회주의 혁명이 빈발하고 있지만 결국 그것은 그들이 약소후진국임을 증명하는 것밖에 다른 것이 없다. 다시 말하면 사회주의는 국가부흥을 꾀하거나 강대국으로 발돋움하는 데에 전혀 기여를 못 한다. 왜냐하면 사회주의 자체가 잉여생산을 나누어 달라고 하는 쪽에 역점을 두고 있고 자본집중을 통해 생산력을 올리는 데에 쓰이게 하지 않기 때문이다. 한때 남미에서는 마르크시즘이라는 종교가 가톨릭이라는 종교와 결합하여 해방신학을 낳고 종교적 연합전선을 펴려고 하였지만 지금은 가톨릭에서도 배척되었다. 나는 미래의 한민족의 통일이 자본주의와 사회주의의 어설픈 통합(현실적으로 불가능하다)이 아니라 자본주의 체제하에서 선진국이 되고 훌륭한 국가가 되기를 원한다. 자본주의를 기조로 여러 공동체정신을 앙양하고 사회보장과 복지정책의 도입으로도 얼마든지 선진국이 될 수 있다고 본다. 또 자본주의의 국제질서 속에서도 종속국의 위치가 아닌, 지배국의 위치에 들어설 수 있다고 본다. 자본주의하에서의 성공이 중요한 것이다.

자본주의에 사회주의의 가미라는 것은 근본적으로 사회주의와의 동등한 통합이 아니라 어디까지나 자본주의인 것이다. 이것을 사회주의와의 통합으로 보면 곤란하다. 자본주의는 기본적으로 사유재산 제도를 인정하는 데서 출발하기 때문이다. 위의 이영희식의 어설픈 통합은 다 죽은 사회주의를 회생시키려는 관념적 유희에 불과한 것이다. 사회주의의 통합은 결코 바람직하지 않으며 도리어 국가 생산성을 떨어뜨리고 혼란을 부추기고 끝내 분열과 갈등에 전면적으로 사회를 노출시켜 문화 능력을 후퇴시킬 것이라고 본다.

인간의 집단주의에 대한 그의 비관은 옳다. 그러나 그 집단주의가 가장 기생하기 쉽고 악용하기 쉬운 사회주의에 역사적 진화론의 마지막 희망을 거는 것은 아무래도 억지춘향 격이고 견강부회이다. 내가 보기에 반공주의보다 더 집단적 폭력으로 변할 수 있는 게 사회주의이다. 사회주의는 의식화(도구적 이성)로 도리어 몰이성적(합리적 이성의 마비)으로 사람을 몰아가서 감정의 분출과 난폭성을 드러내는 버릇이 있음을 역사는 말해 준다. 반공주의에 대해서는 누구보다도 알레르기 반응을 일으키는 사람이 그였다. 그러나 사회주의 민중(인민)의 집단적 폭력성에 대해서는 잘 말하지 않는다. 내가 보기에 반공주의보다 민중주의를 더 경계하여야 한다. 민중주의는 아예 인민(집단)의 이름으로 독선을 행하는 데에 주저하지 않기 때문이다. 민주화 운동세력의 숨은 민중주의는 민주주의가 일천하고 권력에 대한 불신과 반감과 콤플렉스가 많은 한국민에게 치명적으로 유혹적이다.

민중은 민주가 아니다. 민중은 민주로 발전하지 못하면 무리일 뿐이다. 무리는 잘못하면 단지 무질서에 그칠 뿐이다. 개혁이나 혁명을 부르짖는 한국민에게는 심지어 이런 민중주의의 뒤에 숨은 폭력성마저도 마치 정치적 엑스터시에 필요한 최소한의 야만성이나 폭력성처럼 매력적으로 보인다. 설사 나중에 죄다 거짓말로 드러날지라도 우선 유혹당하고 같이 놀아나는 것이 훨씬 더 즐거운 셈이다. '민중'이라는 말은 북한이 선점한 '주체'라든가, '동무'라든가 등의 말과 함께 가장 치명적 유혹에 속한다. 민중이라는 말은 그 내용을 불문하고 마치 정의 혹은 평등으로 느껴지게 하는 특성이 있다. 그러나 민중과 민주의 차이는 하늘과 땅 사이만큼 거리가 있다.

민중이라는 단어에는 어딘가 계급적 투쟁에 대한 선동과 충동이 도사리고 있고 급진성을 숨기고 있다. 이에 비해 민주는 계급을 떠나서 개인의 집단에 대한 주인의식을 통해 분열과 투쟁보다는 통합을 전제하고 있어 민주주의의 점진적 달성을 목표로 하고 있다. 민중과 민주의 갈등 양상에서 항상 북한의 존재는 민중주의를 자극하고 지원하고 선동하고 있었다. 바로 이것이 대남적화전략의 핵심이었다. 때문에 민중주의가 마치 민주주의의 정도이고 바로 민주주의인 것처럼 인식하는 한국민이 적지 않다.

한국의 지나온 역사는 민주주의보다는 민중주의에 더 기울게 되어 있다. 민중주의는 많은 지식인과 운동권에 정당한 민주주의와 동의어로 의식화되어 있다. 그러나 자유민주주의에서 개인이 가져야 하는 시민으로서의 주인의식과 민중주의의 계급적 정체성으로서의 주인의식은 전혀 다르다. 후자의 집단주의는 겉으로는 주인의식을 고양하는 것 같지만 실은 집단주의의 노예로 길들여지게 한다. 이는 스스로 길들여지는 노예라는 점에서 종교적 순교에 가깝다. 민중주의자는 자신을 순교자로 자리매김하기 쉽다. 그러니 투쟁에 철저하다 못해 자살테러를 감행하기도 한다.

민중주의의 마약효과는 중독성에 대한 염려보다는 계속적인 주사를 요구하고 있다. 데모와 파업에 길들여진, 직업화된 운동권 세력들에게는 이제 순수성이나 참신성마저 찾아볼 수 없다. 도리어 권력화된 시민운동단체의 시위는 이제 소외나 가난 때문이 아니라 권력의 배분에 자신의 몫도 달라고 하는 단계이다. 민주화 운동세력 중에는 과거 군사정권의 권력층보다 더 부패하고 부도덕한 인물들이 적지 않다. 이들은 운동과 민중을 팔아먹고 사는 신흥귀족인 셈이다. 이름도 외우기 어려운, 정부의 각종 위원회와 시민단체들은 도리어 정부의 예산을 갉아먹으면서 아무런 실적도 없는 유명무실한 것이 많다. 이들은 거의 님비족의 수준이다. 그들만이 정의파라고 생각하고 고칠 생각도 하지 않는다. 국민이야 토탄에 빠지든 말든, 이데올로기에만 관심이 많다. 경제가 망해도 남북관계만 진전되면 된다는 식의 발언을 노골적으로 하고 있다.

공산주의는 민족주의와 민중주의를 항상 함께 가지고 다닌다. 이는 국내적으로 프롤레타리아 계급은 국제적으로 후진약소국의 위치와 상통되는 데가 있고 약소국은 국제적으로 프롤레타리아 계급에 흡사하기 때문이다. 후진약소국이 계급투쟁을 하듯이 민족주의를 부르짖는 것은 그러한 인식 때문이다. 약소·후진·식민국은 그래서 공산주의에 빠지기 쉽다. 그러나 공산주의가 나라를 부강하게 하는 것은 아니다. 반공주의는 개인의 이해를 토대로 집단주의로 가는 경과과정이 있지만 민중주의는 그런 과정 없이도 처음부터 집단적이다. 민중 자체가 이미 강한 계급적 이해와 공감의 집단으로 계급적 이익을 위해 행동하고 심지어 혁명할 것을 내세우고 있기 때문이다. 이런 혁명의 분위기 속에 빠져 들어가면 쉽게 집단의 이름으로 개인을 희생시키는 것은 별문제가 되지 않는다.

소비에트의 스탈린주의는 독일의 나치즘이나 일본의 군국주의에 못지않게 폭력적이었음이 드러났다. 그렇지만 아직 자유자본주의가 그렇게까지 폭력적이었다는 예는 없다. 미국의 자본주의는 적어도 패권에 도전하지만 않는다면 결코 생존의 생명줄까지는 끊지 않는다. 이유 없이 민족이나 민중주의를 외치면서 도전하는 자에게만 철퇴를 가한다. 제국이 도전자에게 국익을 희생하고 관용을 계속 베푼 예는 없다. 이것은 권력경쟁의 원칙에도 위배된다. 미국이 수많은 지배의 만행과 음모에도 불구하고 아직까지 버티고 있는 것은 그래도 상대적으로 다른 제국보다는 미국이 후덕하다는 것을 증명한다. 미국 후덕의 예는 미국 악독의 예를 찾을 수 있는 만큼 얼마든지 찾을 수 있다. 나는 일본 제국주의나 소비에트 제국주의에 남한(한국)이 들어가지 않는 것, 반쪽이나마 해방(독립)된 것을 다행으로 여긴다. 북한이 현재 당면하고 있는 기아선상은 결코 관념이 아니고 생사의 기로에 있는 절박한 것이다. 무엇을 북한에서 배울 것이 있는가.

자본주의나 사회주의나 둘 다 내부모순에 직면하기는 마찬가지이지만 사회주의가 자본주의보다 생래적으로 집단주의와 집단의 폭력성에 쉽게 노출된다는 점에서 불리한 것이 사실이다. 자유를 기본으로 하는 자본주의는 불가피하게 개인(시민주의, 민주시민)에서 출발한다. 그러나 평등을 기본으로 하는 사회주의는 생래적으로 집단주의(인민민주주의, 민중민주주의)에서 출발한다. 자본주의의 반공주의도 집단적 광기에 빠지기 쉽지만(이들을 광적 반공주의자들이라고 부른다), 사회주의는 그 집단성과 계급투쟁성 때문에 계급 대 계급의 갈등과 대립에 빠져 이성을 잃어버리기 쉽다(6·25 때 인민재판은 그 좋은 예). '극좌와 극우는 완전히 대칭적인 동일성'(『반세기의 신화』, 284페이지)에 있다. 이들 양대 세력은 이론적으로는 이해와 소통에 도달할 수 있지만 결국 현실 속에서는 소통을 해도 체제경쟁을 하지 않을 수 없다. 현실이라는 것이 바로 권력체계이기 때문이다. 현실은 소통만 되면 만사가 다 해결되는 것이 아니다. 왜냐하면 현실은 하나의 제도로서 존재하기 때문이다. 그래서 현실에서는 소통 여부와는 상관없이 경쟁에서 승자와 패자가 불가피하게 있기 마련이다.

마르크시즘은 다른 어떤 설명보다도 일종의 지상천국을 선전하는 신흥종교에 가까웠다. 마르크스는 종교를 부정하는 또 하나의 변종종교였다. 이는 과거 고대나 중세에 종교적 이상사회를 현실에서 꿈꾸고 실현하던 유토피아와도 유사하지만 그것의 강력한 추진력은 현실부정과 현실에서의 갈등을 전제하는 계급투쟁의 혁명론에서 출발하는 특성을 가지고 있다. 이는 고대나 중세의 전제주의를 토대로 한 종교적 유토피아와 다르다. 마르크시즘은 종교이면서도 전혀 종교가 아닌 것처럼 위장하고 있다. 왜냐하면 마르크시즘은 현실을 비판하는 사회과학의 이름으로 출발하기 때문이다.

말하자면 마르크시즘은 출발은 과학의 이름으로 하기 때문에 처음에는 종교가 아니라 실지로 매우 과학적이다. 이때의 이성은 매우 합리적이다. 그러나 점차로 공산사회라는 이상에 접근하기 위해서인지 마르크시즘의 이성은 도구적 이성으로 바뀐다. 도구적 이성은 합리적이라기보다는 합리화하는 것이다. 도대체 계급이 없는 사회를 상상하다니 그것이 가능하다는 말인가. 이것이야말로 마르크시즘이 결정적으로 종교가 되게 하는, 그러면서도 지상천국을 역설하는 사이비 종교가 되게 하는 요소이다.

계급이나 위계, 계층이 없는 국가는 존재할 수 없다. 국가는 계급의 산물이다. 그런데 공산사회주의는 계급투쟁을 통해 그것을 부정하고 있다. 그래서 그들의 목표인 인민의 평등을 실현하는 것이 아니라 국가를 붕괴시키는 반체제운동의 도구로 전락하기 쉽다. 정작 공산사회주의 운동에 성공한 나라는 사회주의를 실현하기보다는 빈곤과 공산당 일당독재의 전체주의에 빠지게 된다. 그 대표적인 것이 소비에트였다. 공산주의와 사회주의와 민주주의는 때로는 모두 민주주의를 표방하고 있기 때문에 매우 구분하기 힘들다. 그러나 정확한 것은 공산주의를 기초로 하는 사회주의는 망하고 민주주의를 기초로 한 사회주의는 흥하게 된다는 사실이다. 이것은 공산주의나 사회주의의 힘이 아니고 민주주의의 힘이다. 민주주의는 순수한 사회주의를 점진적으로 받아들이고 실현할 힘이 있다. 공산사회주의와 국가는 모순관계에 있다. 그래서 공산사회주의운동은 이데올로기에 사람을 맞춰시키고 노예화시키는 급진주의를 택하지 않을 수 없다. 결국 공산사회주의는 지상천국의 종교가 된다. 공산사회주의는 반드시 실패하게 된다. 생산의 공산과 사회의 평등은 인간의 욕망과 국가의 존재를 무시하고 붕괴시키는 허구적 이상에 불과하다. 민주주의의 발전이야말로 점진적이긴 하지만 도리어 자유와 평등을 달성하는 유일한 이데올로기이다. 공산주의가 식민국이나 약소국, 후진국에 달콤한 것은 그들이 권력과 국가의 피해자이기 때문이다. 그들에게는 공산주의야말로 달콤한 아편과 같은 것이다. 종교가 아편과 같은 것이 아니라 공산주의야말로 가난한 자의 아편과 같은 급진주의적 종교이다. 공산주의가 급진주의를 택하는 것은 그것의 허구와 모순을 들키지 않기 위해서다. 마치 그 수법은 사기꾼과 같다. 공산주의 최악의 상태가 오늘날 북한에 있다. 북한은 오늘날 공산주의라는 아편을 먹고 허우적거리는 거대한 자기최면 집단이다. 여기에 부화뇌동하는 집단은 같은 자기 최면집단이다.

가부장사회의 확대재생산인 국가사회는 도저히 계급이 없는 사회가 될 수 없다. 국가 이전의 사회에서나 가능한, 그러니까 가족으로 말하면 난혼(亂婚)을 지나 혈연가족(일종의 형제자매가족)이나 집단혼가족(형제자매를 제외한 직계와 방계의 가족)에나 있을 법한 사회에서나 가능할까, 그래도 이것은 잘못된 공상이다. 도대체 양성(兩性)을 토대로 한 인간사회에서 성(性)의 공유와 직능의 미분화를 전제하지 않고는 그것이 불가능하다. 이것은 모건(L. H. Morgan)에 크게 영향을 받은 마르크스의 모건적 상상력의 결합이 이루어 낸 설정이다. 성의 억압을 토대로 하지 않는 사회란 난혼을 출발점으로 한 진화론적 가족형태뿐만 아니라, 가부장사회에 이르는 선상에서는 불가능하다. 이런 진화론의 가족형태나 사회는 인류학에서는 이미 설득력을 잃은 지 오래다. 차라리 그것이 가능하려면 가부장사회의 선상이 아닌, 모계사회에서나 가능한 사회이다. 모계사회는 성의 억압이 없으며, 그로 인해 계급의 형성을 압박하는 정도가 가장 적은 사회로 보인다. 그런데 실지로 모계사회는 역사시대(국가성립) 이후에는 지구상에서 별로 없었으며 앞으로도 많아질 것으로 보이지 않는다. 적어도 가부장사회가 주종을 이루는 시대 이전에, 집단의 규모가 작았고, 집단 간의 권력경쟁이 적었을 때나 가능한 것이다.

모계사회는 가부장제의 부계사회와는 달리, 가장 계급이 없는 사회이며 권력이 성을 억압하는 정도가 가장 약한 공동체적인 생활이 가능한 모델이다. 모계사회의 아이는 집단 공동의 아이가 될 가능성이 가장 높다. 이는 사유재산제도를 도입하지 않아도 사회유지가 가능한 사회이다. 무엇보다도 남자가 누구의 아이인가, 확인하고 감시할 필요가 없기 때문이다. 그러나 가부장사회로 접어든 지 오래인 현대에서 계급(계층)이 없는 것을 상상하기는 힘들다. 계급이 없으면 국가는 존재할 수 없으며 계급이란 집단생활을 통해 종의 번식을 꾀하는 인간의 생존전략이 감수해야 하는 사회적 억압, 스트레스에 속한다. 계급에 관해서는 없애는 것(계급투쟁)보다는 이동의 가능성이 대안이다. 노예제나 신분제와 같은 경성(硬性)의 것을 계층이라는 연성(軟性)의 것으로 변화시키고, 계층의 다양한 표출형태를 허용하는 것에 만족하지 않으면 안 된다. 오늘날 남한의 자본주의는 문제를 가졌지만 스스로 문제를 해결하면서 잘 나아가고 있다. 그러나 북한의 공산주의는 사회를 적대적으로 만드는 데에 탁월한 능력을 발휘하였을 뿐이다. 결국 적을 만드는 데에 골몰하였으니 그것이 내부로 화근이 되어 북한의 삶은 처참한 지경에 이르렀다. 적대감은 결국 개인과 집단을 망하게 하는 원동력이다.

인류학적으로 볼 때 도덕이라는 것은 민족과 문화와 시대와 장소에 따라 다르니까 인류의 보편적인 논의나 토론의 전제가 되기에 불충분한 것이다. 그런데 불행하게도 우리 민족은 매우 도덕 지향적이다. 이상은 높고 현실은 낮다. 그렇다고 실질적인 삶이 매우 도덕적이라는 말은 아니다. 다른 나라만큼 부도덕한 것도 많다. 도리어 현실은 비참하고 억울하기 때문에 더욱더 도덕 지향적이고 이상추구적인지도 모른다. 우리 문화를 무겁게 억누르고 있는 관념주의, 그것에 따르는 이미 집단무의식화한 사대주의, 이것은 우리 민족이 독립국가를 운영하고 나아가 세계를 지배하게 하는 데 긍정적 역할을 하기보다 그 반대로 지배당하게 하는 부정적 역할을 하는 장본이다. 인류학자인 나는, 신화나 종교나 도덕이, 때로는 부분적으로 진화의 방향과 반대가 될 때도 있지만 결국은 진화의 방향을 거스를 수 없다는 것을 알게 된 것이 그리 오래되지 않았다. 그러나 인간은 생물이지만 이데올로기적 존재이기에 이데올로기적 성향을 무시할 수도 없다. 특히 우리 민족이 관념적이고 실용적이지 못한 것이 사대주의와 관련이 없다고는 말 못 할 것이다.

이영희 선생의 이론전개에서도 보면, 분명히 우리의 현실, 당대의 현실을 무시한 관념론자임을 확인할 수 있다. 그 관념적 전통을 조선조의 조광조 지치주의(至治主義)나 퇴계 선생의 주리론(主理論)과 연결시키는 사람도 있다. 혹은 춘추대의(春秋大義) 필법에 따른 도통론(道統論)의 근대적 부활처럼 보이기도 한다. 유교나 주자학의 자리에 마르크시즘이나 마오이즘을 대입할 수는 없다. 한국은 상고시대를 제외하고는 그 후 역사적으로 줄곧 고대에서 근세에 이르기까지 중국에서 이데올로기를 수입하였고, 근대에 이르러 서구에서 이데올로기를 수입해왔다. 그러한 수입과정은 마치 여자가 남자의 씨를 받는 것에 비유할 정도로 수용적이고, 수동적이었다. 간혹 능동적인 제스처를 취하기도 하였지만 수용적이라는 점은 같다. 아마도 이런 것을 두고 사대주의 혹은 식민체질이라고까지 말할 수 있을 것이다. 해방공간에서의 좌우 이데올로기도 모두 외래적인 것이고, 사대주의의 연장선상에 있다. 흔히 좌파 이데올로기에 대해서는 사대주의를 적용하기보다 진보적이라는 레테르를 붙여서 사대성을 희석시키기도 한다. 그러나 좌파이데올로기는 도리어 우파 이데올로기보다 더 사대적이었다. 사대적이었다라기보다는 더욱 심각하게 교조적이었다. 교조적이라는 말을 현실을 무시하였거나 현실적으로 효용성이 적었기 때문이다. 마르크시즘의 계급투쟁이 결정적으로 그런 비교가 옳지 않게 만드는 원인이다.

유교나 주자학은 질서와 조화를 추구하는 이데올로기인 반면 마르크시즘은 무질서와 혼란을 먼저 요구하기 때문이다. 혹자는 맹자의 혁명론은 가져다 대면서 설득을 하려고 하지만 내가 보기에는 그의 마르크시즘, 혹은 마오이즘(Maoism)은 박정희와 같이 백성의 항산(恒産)을 위해 산업 인프라를 구축하고 국민소득이 증대되고 경제가 일취월장한 그의 치세에는 전혀 어울리지 않는 혁명론이다. 단지 민주주의, 혹은 국적 없는 민주주의 때문에 혁명론을 정당화한다면 이는 도그마에 불과하며 남북분단 상황이라는 것을 감안하면 사회균형을 위한 것이라기보다는 매우 파당적인, 당파적인 역할을 한 것으로 보인다. 마르크시즘을 기초로 한 그의 이론과 통일이론은 통일이나 조화와 균형을 추구하기보다는 분열과 갈등을 초래한 것으로 보인다. 결국 그는 매우 열정적이기는 하지만, 지극히 파당적인, 당파적인 인물로 그친 것 같다.

그는 균형점을 찾으려는 노력보다는 어느 한편에 서서, 결국 은연중에 그의 글을 읽는 사람들로 하여금 친북적 사고를 하게 만든다. 그에게는 북한이 정통이다. 그의 자아는 철저히 북한에 가 있음을 본다. 그것을 민족이나 통일이라는 이름으로 위장하고 있을 뿐이다. 그러나 그의 북한은 이상하게도 실제의 북한이 아니라 그만의 환상적 북한이다(비록 그가 몇몇 데이터를 가지고 북한 현실을 비판한다고 하여도 그렇다). 그는 스스로 구성한 이론에 마취당한, 일찍이 식민지의 후예로서 자본주의의 확대재생산과 부도덕을 보고 지레 놀라고 환멸하여 마르크시즘에 경도한 채, 중간에 중국적 마르크시즘이라고 할 수 있는 마오이즘의 배를 갈아탔지만, 끝끝내 그 배에서 탈출하지 못한 일종의 비전향장기수의 운명과 같은 비운의 사상가, 관념론자로 보인다.

그는 "관념론자가 혹은 이상주의자가 결국 역사적 평가에서 승리한다"라고 말하고 있다. 이것은 역사적 실재보다는 역사의 허구와 명리(名利)에 치중하는 그의 성격의 기본적인 경향을 말하고 있다. 이것은 실용주의의 전통이 약한 한국사 전체의 맥락과 같은 것이긴 하지만 동시에 우리 지성사의 약점이기도 한 것이다. 이것은 역사발전의 무임승차이면서 도리어 역사적 특권을 향유하려는 위선일 수 있다. 살아 있을 때에 마치 자신이 역사의 정의처럼 '역사, 역사'라고 외치는 사람은 실은 역사를 독단적으로 자신에게 유리하게 예단하고 도리어 역사를 자신의 명리나 권세에 이용하는 사람들인 경우가 많다.

관념이나 도덕은 그것의 비시간성 혹은 초시간성으로 인해 역사에서 과분한 대접을 받는 경우가 많다. 그래서 역사에서 관념론자나 이상주의자는 흔히 영웅적 인물로 존경을 받는 경우가 많은데 실질적인 사람들의 삶과 행복에 이들이 얼마나 기여하였는지는 쉽게 속단하기 어렵다. 만약 어떤 관념론자가 이것을 노려서 역사적 승리를 미리 점치고 의도하였다면 이는 역사적 허구나 위선에 속한다. 그의 발언에서는 언제나 스스로가 '남한의 국민이라는 정체성'을 확인하기 어렵다. 그는 '민족'이라는 이름으로 자신을 미화시키고 그것을 반정부투쟁의 도구로 써왔다. 이것은 북한의 태도와 다를 바가 없다. 북한은 언제나 민족이라는 말로 적화통일의 야욕을 감추고 마치 북한이 한반도의 대표성이라도 갖는 듯 행세해 왔다. 민족이라는 말의 독점을 노리면서 남북경쟁의 우위를 점령하는 태도를 보여 왔다. 현재 남한의 가장 문제점은 좌파들이 민족주의를 독점하면서 우파를 국가주의자로 매도하는 것이다. 같은 내셔널리즘을 두고 의미를 달리하고 있는 가운데 더 큰 문제는 국민감정이나 정사가 바로 좌파와 더 내통한다는 점이다. 여기에 해결할 수 없는 숙업과도 같은 반체제적 감정이 우리의 심층심리에 도사리고 있다. 좌파적 민족주의는 후진식민국에 팽배하는 대표적인 정서로서 이것은 계층 간에 갈등과 반목을 조장하고 결국 하향평준화와 빈익빈을 가져오는 이데올로기가 아닌가. 그래서 문제이다.

북한의 민족이라는 말 바로 뒤에는 민중(인민)이라는 가장 후진적인 포퓰리즘의 맹수가 도사리고 있는 것이다. 그의 정체성은 민족이라는 이름으로 잠시 유보되어 있거나 허공에 떠 있다. 그러면서 그는 이 시대 최고의 사상가인 양 속으로 거들먹거린다. 그의 겸손은 이미 오만의 장식이 된 지 오래다. 그는 스스로 조광조나, 이퇴계가 된 듯 자신의 사후를 점치고 있는지도 모를 일이다. 그는 북한을 바라볼 때는 광신도가 되며 남한을 바라볼 때는 엄정한 과학자인 체한다. 이것은 매우 이중인격적이다. 환상적인 북한을 염두에 두고 남한의 부정적인 면만을 공격하는 것은 물론 그의 자본주의 부도덕에 대한 근본적인 환멸과 저주에서 비롯되는 것이지만 이것은 일종의 민족적 허구와 허위에 동승한 꼴이 된다. 오늘의 북한의 처참한 현실은 그것을 증명하고도 남는다. 남한을 향한 치열한 비판정신은 북한을 향할 때는 한없이 무디어진다.

그렇다면 남한에서 태어나서 남한에서 살고 있는 사람들은 어쩌란 말이냐. 북한에 투항이라도 하란 말이냐. 좌경 친북적인 성향의 인물들이 소위 경제개발 시대인 1960년대에서 90년대의 현대사에서 마치 민주주의를 통하여 역사의 주류인 것처럼 행세하는 것은 참으로 가증스러운 짓이다. 민주주의는 개발시대의 주변부였으며 혹은 종속변수에 불과하였다는 것을 개발시대의 '한강의 기적'으로 대표되는 엄청난 역사발전과 근대화 혹은 산업화의 성공을 생각하면 확인할 수 있다. 물론 당시 역사발전에서 민주주의 세력들의 기여가 전혀 없었다고 한다면 망발이겠지만 역사의 주류임을 자인한다면 참으로 어리석은 짓이다. 당시 어떤 인물의 업적도 박정희를 능가할 수는 없는 이유가 여기에 있다. 흔히 좌파민주운동권 세력들은 박정희의 업적을 국민의 업적으로 돌리고 폄하하는 대신 자신들의 민주화 업적을 과대평가하는 데에 여념이 없지만 바로 이 점이 운동권 세력들의 정체이며 한계이다.

그의 논리와 인생궤적을 보면 남한에 살면서 남한에서 민주주의를 주장하고 박정희 정권에 대해서 반독재투쟁을 하며 북한에 대해서는 역사적 정체성을 줌으로써 결과적으로 친북적 성향을 보이는 이중적 태도를 취한 것을 알 수 있다. 군사정권 기간 동안 반독재투쟁을 한다고 반드시 친북적인 것은 아니다. 그러나 현실적으로 투쟁의 전술이나 전략의 차원에서, 혹은 결과적으로 친북적이 된 운동권이 적지 않다. 북한 정권에 대해서는 전혀 비판의 잣대를 달리하고 비판의 종류도 다르거나 아니면 숫제 전혀 비판적이지 않고 도리어 우호적이다. 이런 친북적 태도는 경우에 따라서는 '북한은 이상적이고 정통성이 있고, 살기 좋은 나라'라는 인상이나 오해를 남한 국민들에게 줄 우려마저 있었던 것도 사실이다. 북한의 살림살이가 세계가 알 정도로 실패하였고 북한정권의 권력실세인 지도층이 부패와 귀족주의에 빠졌으니까 망정이지, 만약 북한이 남한만큼 살았다면 아마도 남북의 체제경쟁에서 남한은 설 자리가 없었을 것이다. 운동권들의 상당수가 남한에 살면서 북한의 자아를 가진 경우가 적지 않다. 저들의 민족 운운 속에서 북한의 자아를 얼마든지 느낄 수 있다. 그 가운데 대표적인 사람이 이영희이다. 아니, 이를 주도한 사람이 이영희이다. 그래서 그가 좌파의 보수이다.

그가 민주주의 신봉자라면 북한에 대해서도 동일한 민주주의나 인권의 잣대로 비판을 하였어야 편파적이었다는 비난을 면하고 정당성을 확보한다. 더구나 그는 이상하게도 처음부터 분단 상황에서 남북한의 역사적 정통성이나 정체성을 논할 때 남한에 대해서는 미제국주의의 종속국으로 폄하하면서 북한에 대해서는 소비에트의 종속국이었다는 주장을 하지 않고 마르크시즘을 신봉하는 사회주의적 시각으로 북한에 정당성과 비중을 두는 편파적인 태도를 취하였다는 점이다.

종합적으로 그는 친북반정부적 태도로 일관하였다. 그는 결과적으로 지독한 관념주의자이며 그의 관념에 충실한, 관념의 노예라는 점을 지적하지 않을 수 없다. 다른 것을 다 차치하고라도 그가 박정희를 단지 독재자로 평가하는 것은 단지 그가 자신이 살고 있는 땅의 현실에 기초하지 않는 위선자이며 실사구시의 실학적 전통을 계승한 인물이 아니라 여전히 관념적 논쟁으로 나라를 망친 구한말의 관념유희자 계열에 속하는 인물이며 아무리 좋은 평가를 한다고 해도 자신의 잣대에 의해 정의와 부정의를 재단하는 시대착오적인 위정척사파의 계열에 속한다는 점을 부정할 수가 없다. 그는 매우 이데올로기적인 인물이며 결국 '먹고사는 삶의 문제'를 그의 이데올로기보다 하위에 두는 구제불능의 마오이스트, 마르크시스트이며 허위적 선비전통의 계승자임을 알 수 있다. 그를 둘러싸고 퇴계, 조광조를 운운하는 참으로 잘못된 비유이며 허위와 자화자찬의 가관이 어찌 이보다 더할 수 있을까. 만약 그가 대한민국의 지성이라면 대한민국의 지성은 모두 죽었다. 만약 그가 지성이라면 지성을 하고 싶지 않다.

나는 민족의 이름으로 자신이 발을 딛고 있는 곳에서 사고를 시작하지 않는 그가 매우 허위적인 인물로 느껴졌다. 그는 반지성(反知性)을 매우 싫어한다. 그런데 편견에서 출발하고 있는 그를 지성(知性)이라고 할 수 있을까 반문하고 싶다. 그야말로 반지성이다. 북한 광신도가 아니면 그의 지성(知性)을 반(反)하지 않을 수 없다. 그는 자신을 매우 합리적인 인물로 자평하지만 그것도 남한을 비판할 때만 그렇다. 그의 글은 편견으로 가득 차 있다. 북한의 우상은 두꺼운 신화라는 모포로 감싸거나 무장하게 하고 남한의 신화는 우상이라고 하여 일종의 난도질을 하는 그를 보면서 북한은 힘도 들이지 않고 천군만마를 얻은 꼴이구나 생각했다. 그는 박정희의 한강 기적과 경제신화는 철저히 군사독재로 매도하고 파헤치면서 김일성-김정일의 일당독재와 세습신화는 철저히 보호막을 싸는 이중성을 보인다. 이는 일종의 신화적 속임수이거나 신화적 폭력이라고 할 수 있다. 인류의 긴 역사를 보면 인간은 한편에선 신화화를 하고 다른 한편에서 탈신화화(과학화)를 하면서 살아왔다. 다시 말하면 인간은 살아가면서 어쩔 수 없이 신화화하여야 하는 것이 있고, 탈신화화하여야 하는 것이 있다. 이것은 인간존재의 일종 숙명이다. 그런데 남의 신화에 과학이라는 칼을 들이대는 일은 바로 남의 신화를 없애려고 할 때 쓰는 수법이다.

이영희 선생은 남한의 신화를 모조리 과학의 칼로 난도질해 버렸다. 신화는 무조건 탈신화화(脫神話化)하는 것이 과학적인 것처럼, 금과옥조처럼 생각하는 사람도 많지만, 인간의 문화는 때로는 탈신화화를 통해 현실을 직시하게 하여야 하지만 도리어 때로는 신화화를 통해서 자신의 문화를 상징화하지 않으면 안 된다. 다시 말하면 신화만들기를 통해 대중적 정체성 확인작업과 공동체 정신을 함양하지 않으면 안 된다. 인류 생활에서 신화가 필요한 이유는 여기에 있다. 이영희는 신화를 만들어가야 하는 시기에 도리어 신화를 부숨으로써 참으로 반역사적인 우를 범했다. 그는 탈신화화 작업을 객관성을 지향하는 학자의 사명이라고 잘못 알고 있다. 그는 그동안 단지 탈신화화를 한 것이 아니고, 다른 신화를 썼을 따름이다. 결국 자신의 신화를 썼을 따름이다. 그래서 박정희가 이룩한 '한강의 기적'을 단지 독재로 매도했다. 그리고 그것은 박정희가 아니어도 민주당 정부에 의해 다 계획되어 있었다는 입장을 취했다. 어떻게 역사적으로 한 번도 성공한 적이 없는 미증유의 경제개발계획 사업이 계획서 한 장으로 이룩된 것이나 다름없다고 말하는지, 그의 지성과 역사관을 의심하지 않을 수 없게 된다. 그래서 '한강의 기적'이라는 미증유의 성공을 거두고도 남한의 젊은이들은 국가에 대한 자긍심과 충성심이 부족하다. 도리어 국가에 대한 부정적인 사고가 팽배하고 있다. 이것은 남의 정체성을 없애는 가장 효과적인 방법이다. 일제가 우리의 단군신화를 없앨 때도 그렇게 하였다.

그는 민족을 내세운다. 민족, 참으로 실체가 없는 것이다. 그는 혁명을 내세운다. 무엇을 혁명한다는 말인가. 나는 자신의 땅(물론 그는 북한도 우리 땅이라고 할 것이다)에서 출발하지 않는 그에게서 심한 허위의식과 현기증을 느끼면서 남한이 공중분해가 되고 해체되는 위기를 동시에 느꼈기 때문에 이를 방어하지 않으면 안 된다는 사명감을 느꼈다. 그래서 그의 우상과 신화를 부수기로 마음먹었다. 그야말로 그는 민족이라는 우상에 살고 있는 인물이며, 혁명의 망상에 중독된 인물임을 느꼈다. 그가 비판하던 것들을 고스란히 그에게 되돌려 주기로 했다.

좌파운동권이 그를 대부(代父), 혹은 사부(師父)로 모시는 것은 우연이 아니다. 그들의 민족－민중－민주(혹은 민족－민주－민중, 혹은 민주－민족－민중 혹은 민주－민중－민족)라는 아주 간략하고 축약된 슬로건은 실은 민주보다는 민중을, 민중보다는 민족을 우선하면서 결국 민중민주주의(인민민주주의)를 실현하려는 전략을 숨기고 있다. 실은 민족주의 혹은 민족지상주의는 자유나 인권을 억누르면서 다른 가치를 배반으로 몰아붙이는 특성을 가지고 있다. 우파 파시스트를 공격하는 섬뜩함에서 좌파 파시스트를 떠올리기에 충분했다. 우리 민족은 왜 극에서 극으로 역사를 운영하는지, 이것이 민족성에서 연유되는 것은 아닌지 궁금했다. 일종의 심한 강박관념과 도착증이라고 보아야 할 것이다. 북미 인디언 중에 콰키우틀족이 있는데 이들은 포트라치(potlatch: 북미 인디

언 사회의 소비적 권위경쟁)라는 축제를 통해 지도자를 뽑는다. 그 과정에서 재화의 낭비와 손실은 이만저만이 아니다.

민족주의는 집단주의이며 국가주의 못지않게 배타적이고 폭력적이다. 민족주의는 또 중세의 종교적 근본주의, 선악사관을 닮은 점이 많다. 그래서 민족주의에 호소하는 것은 이미 후진·약소·식민국이라는 것을 증명하는 일 이외에 다른 것이 아니다. 그럼에도 민족주의의 온정주의는 젊은이에게, 혹은 피압박민족에게는 호소력이 큰 이데올로기이다. 이 이데올로기 아닌 이데올로기, 민족주의는 동시에 독립운동사와 연결되면서 힘을 배가시켜서 이데올로기적 공룡이 된다. 하지만 민족주의는 실은 내용이 없는 이데올로기이기 때문에 어느 날 갑자기 멸종하여야 하는 시대착오적인 공룡이다. 그런데 한국인은 왜 민족주의 하면 사족을 못 쓰는가. 이는 평소에 민족적이지 않았기 때문이다. 한국의 민족주의를 집단적 방어를 위한 수비적 민족주의, 여성적 민족주의라고 이름 붙여도 크게 틀리지 않을 것이다. 이것은 준비된 민족주의가 아닌, 사후 약방문 격의 민족주의이다. 단지 그것은 다른 이데올로기에 이용당하거나 이용하는 것일 뿐이다. 민족주의를 내셔널리즘(nationalism)으로 번역할 경우, 그 용어는 국가주의로 해석할 수도 있다. 국가주의가 남성의 부성을 자극하는 것이라면 민족주의는 여성의 모성을 자극하는 것이다.

우리 민족의 여성주의적 특성은 이상하게도 민족주의에 크게 고무받는다. 민족주의는 사회 위계체계를 생략한 가운데 단순히 민족집단만을 떠올리게 하기 때문에 저절로 계급 없는 사회와 자연스럽게 연계된다. 이는 민족주의의 여성주의적 특성이다. 국가주의는 위계체계를 승인하는 관계로 권력경쟁 혹은 전쟁(남북 간의 정통성 확보를 위한)을 정당화하지만 민족주의는 위계체계보다는 민족 전체의 덩어리에 귀의하는 관계로 모성적(여성적) 통합(남북통일)만을 부추긴다. 이에 북한은 속으로는 권력경쟁(남조선 해방전선)을 하면서 남한에는 '우리 민족끼리'라는 속임수로 남한에 무장해제와 국가부정의 분위기를 조성하고 이를 민족주의, 민중주의를 통해 남한 내부에서 달성해 나가는 측면이 있다. 민족주의는 남한에서 이상하게도 같은 용어의 다른 뜻인 국가주의를 무력화시키면서 북한에는 이데올로기전에서 유리한 고지를 주는 데에 이용되고 있다.

남한의 독재가 저주스럽다고, 남한을 암암리에 지배하고 있는 미국제국주의가 영악하다고, 북한의 실정을 모르는 것을 정당화하거나 그것에 눈 감은 채 우리 민족의 희망이 북한에 있는 것처럼 투영하는 것은 참으로 비과학적인 태도이다. 이영희 선생은 자신이 매우 과학적인 것처럼(각종 데이터와 논리를 동원한다고 해서) 생각하지만 바로 알량한 과학의 비과학, 과학의 종교(마르크시즘은 과학을 가장한 지상천국의 종교이다)에 자신을 맡기고 있다는 것을 모른다. 그는 '민족과 혁명'이라는 깃발에 희생된, 한 시대착오적인 인간에 불과한지도 모른다. 그의 이러한 사상은, 부분적으로는 옳지만, 전체적으로는 균형을 상실한 '선동의 학문'이며 많은 남한의 많은 학생, 지식인, 지도층이 이것에 빠져 있는 것을 보면 지금 남한의 경제적 성공과 부의 획득과 민주주의는 아직 완전히 우리의 것이 아니라 상당히 시대적 행운에 빚을 지고 있다는 생각이 든다. 따라서 그 행운이 언제라도 사라지는 날이면 나락에 빠질 수도 있음을, 위험으로 떠올리게 된다. 말하자면 우리의 성취, 남한의 자유와 자본의 성취는 아직 완전한 우리의 것이 아니기 때문에 더욱더 조심스럽게 다져 가야 함을 절실하게 느낀다.

그런 점에서 개인이나 시민정신을 바탕으로 하지 않는 민주주의는 실체가 없는 민주주의임을 깨닫게 된다. 그러한 민주주의는 쉽게 민족이나 민중이라는 집단주의나 집단적 전체주의에 빠질 위험이 많다. 계급적 집단주의인 인민민주주의와 혈연적 집단주의인 민족주의는 그것이 집단주의인 한에 있어서 자아(의식)보다는 무아(무의식)를 기조로 하기 때문에 훌륭한 리더를 만나지 않으면 집단적 전체주의에 빠지기 쉽다. 민주－민중－민족주의 발전과정의 최대 악몽은 문민정부－친북좌파 정권의 연장－북한중심통일론이다. 아마도 그렇게 된다면 한민족은 최근 세사에서 노정한 식민지적 운명을 다시 확인하는 악순환의 늪으로 빠지게 될 것이다. 그러나 그렇게 될 확률은 많지 않다. 무엇보다도 남한의 경제력은 그것을 허용하지 않을 것이기 때문이다. 또한 초강대국인 미국이 그것을 허용하지도 않을 것이다. 남한 중심의 통일만이 세계사의 흐름에 맞고 문화적 적응력을 높일 수 있다는 것을 명심할 필요가 있다. 오늘날의 좌파이데올로기는 구한말 대원군의 쇄국정책과 같은 것으로 위정척사(衛正斥邪)를 외치지만 '누가 옳고 누가 그르냐'는 도덕적 잣대로 세상을 보려는 자기 폐쇄적－자기중심적 독선에 불과하다는 것을 알게 될 뿐이다. 이것이야말로 과거 공리공론의 답습이다. 남한의 경제성장, 과학진흥의 정책이야말로 시대에 부응하는 문화적 전략이고 실학적 전통의 회복이다.

이영희 선생은 좌파 민중주의 사관에 전폭적인 신뢰를 보내고 있지만, 중국의 경우 농민혁명이 성공할 수 있었던 것은 민중주의 사관의 우수성 때문이 아니라 장개석 정권하에서 민중들이 의식주 해결과 행복을 느낄 수 없었기 때문이다. 민중이란 의식주 해결과 행복을 주지 못하는 정권은 언제라도 배반할 준비가 되어 있는 세력이다. 아마도 공산당 정권도 그것을 획득하지 못하면 언제라도 배반당하게 될 것이다. 그런 의미에서 민중주의는 사관이 될 수 없다. 민족주의는 외침이 있을 때에 대중적으로 발생하는 것이고 민중주의는 상류층의 착취가 행해질 때 대응개념으로 발생한 개념이다. 일종의 대증요법(對症療法) 개념이다. 따라서 외침이 없어지고 착취가 없어지면 저절로 없어지는 운명에 있는 반사적 개념이 바로 민족과 민중의 개념이다. 따라서 민족이나 민중의 개념은 스스로 자립할 수 있는 개념이 아니다. 이 개념에 지배당하는 집단은 결코 세계에서 지배적인 집단이 아니라는 증거가 된다.

민중이라는 개념은 민족이라는 개념과 똑같이 구획을 확정할 수 없는 개념이다. 어디까지 민족이고 민중인가. 역사적 현재에서 시대마다 새롭게 정의되는 주인이 바로 역사의 주인공이다. 현대에서는 바로 시민이 그 주인공이다. 따라서 시민주의—시민의 권리와 책임을 모르는 민주주의는 그런 점에서 민주주의가 아니다. 민족이나 민중은 현재적 역사의 주인이 될 수 없다. 개인으로서의 시민, 시민주의, 국민주의를 기초로 하지 않는 민족이나 민중은 역사적 허구이며 허위에 불과하다. 여기에 편승한 이론도 마찬가지로 허구이며 허위이다.

불행하게도 이영희 선생이 "내가 살아온 75년이라는 세월이 최근 몇 해를 제외한다면 한마디로 '야만의 시대'였다. 일제 식민지시대의 소위 '해방' 후 50여 년의 반인간적 생존환경이었다"라고 전제하면서 "어쨌든 1990년대에 이르러 나라에 광명이 비치게 되었을 때에, 나는 허약한 한 지식인으로서 미미하나마 나의 사회적 책임과 시대적 소임을 다한 것으로 자위했다"(8)고 밝혔는데 바로 그때부터 남한은 경제성장의 동력을 잃어버리고 후퇴하기 시작한 것을 어떻게 설명하여야 할까. 김영삼 정권(1993년 2월 25일부터 1998년 2월 25일까지)이 들어선 1992년 그때부터 남한은 과거청산(5·16과 12·12사태를 쿠데타로 공식화하고 광주민주화운동 희생자들의 명예를 회복시켰으며 1995년 12월 노태우 전 대통령을 부정축재로, 전두환 전 대통령을 12·12군사반란 및 5·18 관련 주동자로 사법 처리, 국민적 호응을 얻었다)으로 치달았던 나머지 IMF라는 치욕적 경제신탁(1997년 12월 3일)을 맞고 지금까지 경제적으로는 '잃어버린 15년'이 되어 버렸다. 이제 용트림을 하는 중국과 재기의 일본 사이에서 샌드위치가 되어 버린 꼴이다. 머지않아 한국은 경제적으로 절체절명의 위기에 빠질 수도 있다.

민족을 부르짖으면 역사의 분열(고구려정통론과 신라정통론의 싸움)

로 분열하고 민중을 부르짖으면 계급투쟁(부르주아와 프롤레타리아의 갈등)으로 분열하고 민주를 부르짖으면 서로 다른 민주주의(자유민주주의와 인민민주주의)로 분열한다. 민족·민중·민주가 나라를 하나로 만들기는커녕 온통 분열과 투쟁의 장, 적대적의 장으로 변하게 하고 만다. 이는 오랜 기간의 자기배반의 역사—사대와 식민의 역사에 따른 강박관념이 일종의 히스테리를 불러오기 때문이다. 히스테리는 나라가 안정되고 부유해지는 등 역사적 여유가 생기면 '현재적 역사'를 지키지 못하고 도리어 역사 청산이니, 친일파 청산이니, 역사적 고백성사니 하면서 역사적 한풀이에 여념이 없게 만든다. 한창 국부를 쌓아야 하는 시점에 '역사 바로 세우기'라는 이상한 슬로건으로 국가에너지를 낭비하게 만들고 선진국으로 발돋움할 절호의 기회를 탕진하게 만든다. 민족주의니, 민중주의니, 민주주의니 하는 것이 도리어 발목을 잡고 역사를 후퇴시키게 한다. 이것이 '자기배반 역사의 악순환'이 아니고 무엇이겠는가.

남한에서는 이제 민족주의는 근대화를 달성하기 위한 일종 극복의 대상으로 자리매김하여야 국제사회에서 선진국으로 발돋움하게 될 것이다. 민족의 족쇄에서 벗어나야 제대로 현대의 '인간다운 삶'을 영위하게 될 것이다. 이영희 선생의 '민족과 혁명'의 방식은 참으로 시대착오적인 것임에도 아직도 남한사회에서 강한 호소력을 가지고 있다. 이런 사고방식은 차라리 해방공간에서는 정당성과 당위성이 있었다고 해도 과언이 아니다. 적어도 갓 식민지에서 해방된 민족에겐 친일파청산은 필수적인 것이었고, 가난과 의식주의 해결에 매달리는 민도(民度)로 보았을 때, 사회주의적 혁명은 무엇보다도 달콤한 것이었다. 또 거짓이라도 속을 만한 목표로서의 '지상천국론'이 되기에 충분하였기 때문이다. 그러나 그 지상천국론이 이미 지상지옥론으로 끝난 지금도 우리의 지식인과 대중(혹은 민중)에게 그것이 솔깃하다는 것은 역사를 거꾸로 돌리는 일에 지나지 않는다. 한민족이 형성된 이후 가장 어리석은 일은 북한을 민족 정통성으로, 북한을 민족의 민주기지로, 북한을 민족의 희망으로 보는 일일 것이다. 북한은 지금 자신의 정통성과 체제유지를 위해 고구려 중심사관과 단군회복운동을 펼치고 있다.

민족, 민주, 민중 가운데 어느 것을 우선하든 '3민 전략'이라는 것은 관념적으로는 매우 그럴듯한데 실은 군사정권에 대한 권력투쟁의 도구로 쓰인 감을 버릴 수 없다. 선진 자유민주주의 하나만으로 충분한 것을 쓸데없는 이데올로기적 외피를 덮어쓰게 함으로써 혼란과 불확실성을 가중한 측면이 있다. 물론 운동의 구성원 가운데는 순수열정파도 있겠지만 도구적 측면이 강한 것 같다. 결국 부분 논리로는 그럴듯한데 결국은 이데올로기적으로, 북한을 역사적 정통으로 삼으려는 경향성을 보인다. 운동권들은 악조건 속에서도 산업화에 성공한 군사정권을 항상 독재로만 부각시키고 투쟁을 위한 대상 '악마'로 설정하는 반면 산업화의 이익은 그들도 누리는 이율배반을 보이고 있다. 심지어 통일론에서 그동안 '이데올로기전'을 주로 하다가 이제 남북한의 소득격차, 경제력의 차이가 10~20배 이상으로 나니까, 북한은 더 이상 두려움의 대상이 아니라고 북한경제 무력론을 들고 나오면서 '남북공조·공생·공영론'을 말한다. 이는 북한이 그동안 정치를 잘못하여서 경제가 피폐한 국면에 도달한 사정을 은폐하고 남한 군사정권의 산업화 성공에 대한 평가는 외면하는 일종의 기만이다.

이는 북한이 체제경쟁에서 완전히 실패한 것을 외면함으로써 동시에 남한 운동권의 부정적 측면을 고백하지 않는 이중적 효과를 노리는 논리적 전술에 속한다. 북한의 체제경쟁의 실패를 통일론으로 무마하고 얼버무리려는 것이다. 그런데도 북한은 핵개발을 통해 핵무기를 보유하고 체제유지 및 담보 차원에서 그것을 은폐하고 분산 배치하는 여러 전략들을 구사하고 있다. 좌파운동권들은 이를 방관할 뿐만 아니라 '정권 안보용'일 뿐이라고, 남한을 향해 사용하지 않을 것이기 때문에 전혀 위협이 되지 않는다고 설명하면서, 때로는 두둔하고 있다. 이런 비주체적인 발상이 어떤 논리에서 구성되었는지 참으로 궁금하다. 북한의 대남 이데올로기 전략의 성공을 인정하지 않을 수 없는 입장을 확인할 따름이다. 이것이 모두 민족주체라는 가명을 뒤집어쓴 '북한 연극사회'의 연장선에 있는 현상들일 것이다. 북한은 세계 유일의 군사독재정권, 파쇼 전체주의 집단이다. 실지로 미국만이 북한 핵을 세계경영전략 차원에서 견제하고 있다. 북한 핵은 미국이 해결해야 할 과제일 뿐 남한이 독자적으로 이래라 저래라 할 사안이 아니라는 말이다. 이는 남한 정부의 독립성을 크게 훼손하는 것이다. 좌파운동권에는 남한의 주체성을 찾을 길이 없다. 때에 맞지 않는 성급한 통일론, 민족론은 남한의 정체성을 훼손하는 일을 할 뿐이다. 북한 핵에 관해서는 남한이 가장 먼저 문제제기를 하고 폐기를 주장하여야 하였을 것이다.

오늘날 북한이 남한과 대화를 하고 '민족공조론'을 내세우는 것도 실은 남한이 이룩한 산업화의 힘과 재화 덕분이다. 모르긴 해도 입장이 바뀌어 북한이 남한과 같이 소득수준이 2만 달러에 육박하고 남한이 1천 달러에도 미달하였다면 북한은 남한을 무시하고 깔보고 체제경쟁에서의 승리를 만방에 선전하면서 그저 흡수, 혹은 적화통일을 하느라고 분주하였을 것이다. 북한은 이데올로기에 열을 올렸기 때문에 신으로부터 저주를 받은 땅이 되고 말았다. 경제가 뒷받침되지 않는 군사주의, 민족주의는 언제나 역사에서 버림을 받았다. 경제가 뒷받침되지 않는 이데올로기 선전은 항상 역사에서 패자의 편에 서지 않을 수 없었다.

오늘날 북한은 바로 그런 입장에 있다. 그런데 남한의 경제개발 혹은 산업화에 반대하거나 무관심한 태도를 보이면서 이데올로기 논쟁과 투쟁에 몰두하였던 운동권들이 도리어 북한의 편에 서서 남북문제를 푸는 데에 앞장서고 있다. 이 무슨 역사적 적반하장이라는 말인가. 북한은 아직도 남한과의 대화나 협상에서 스스로 고개 숙이고 들어오는, 도움을 받는 자세가 아니다. 이건 뻔뻔함이다. 이런 뻔뻔하고 철면피에 가까운 세력들과 통일을 논의하는 것도 문제지만 정작 통일이 되어서도 다시 분열하지 않을까 걱정이다. 그런 점에서 통일은 느릴수록 좋은 것이다. 저절로 통일이 이루어질 듯한 시기에 통일하는 것이 좋다.

한국의 민족주의는 그 기점부터 틀렸다. 바로 신라통일을 무화시키고, 서기 668년에 망해 버린 고구려를 정통으로 보려 하기 때문이다. 고구려 정통론은 단군을 자신들의 것으로 독점하면서 더욱더 자신들의 주변을 신화적 장식으로 위장하고 있다. 이는 역사를 혁명에 이용하는 것이다. 이는 역사를 낭만적으로 이용하여 민중을 선동하고 역사를 신화화하려는 술책에 지나지 않는다. 역사적 신화주의나 역사적 낭만주의의 결과는 역사를 회복하는 것이 아니라 역사를 미궁에 빠뜨리는 행위이다. 이 신화적 무지몽매(無知蒙昧)에서 빠져나와야 민족의 살길이 나온다.

북한의 처참한 현실은 그것을 너무도 명명백백하게 보여 주고 있다. 북한은 지금 중세의 종교주의에 빠져 '주체사상 종교'를 만들어 근본주의에 호소하고 있는 사이비종교 광신집단이다. 이는 마르크시즘의 한국판 변종이다. 그런데 변종 중에서도 가장 잘못 만들어진 괴물 같은 변종이다. 여기서 이영희 선생의 글들을 통한 사상의 궤적을 살펴볼 필요가 있다. 그의 궤적 중에서도 몇 가지의 토픽(topic)을 뽑는다면 「권력의 역사와 민중의 역사」(1972), 「남북한 전쟁능력 비교연구」(1988), 「대한민국은 유엔총회가 승인한 한반도의 유일 합법정부가 아니다」(1989), 「통일의 도덕성」(1998) 등일 것이다. 그는 초기에 군대사회와 자본주의에 대한 거의 본능에 가까운 거부감과 불신을 갖는다. 그것이 『전환시대의 논리』를 비롯하여, 초기의 저작을 관통하고 있다. 이 시기에 중국농민혁명은 좋은 모델이 된다. 이는 국내적으로는 박정희 군사정권에, 국제적으로는 반미반제국주의에 열렬히 헌신토록 한다. 그의 국내외를 향한 두 가지 반운동은 마르크시즘의 논리로 볼 때는 도덕적이고 그럴듯해 보이지만 실은 못살기 위해 악을 쓰는, 죽으려고 악을 쓰는 죽을 꾀에 해당한다. 초강대국인 미국을 향해 반미(反美)하는 것은 실은 손해밖에 볼 것이 없다.

강대국을 이길 수는 없는 것이고 그것은 만용에 해당한다. 자본주의의 논리로 보면 우리보다 후진약소국에 투자하여 미국 등 선진국에서 손해 본 것을 만회하는 것이 가장 현실적인 일일 것이다. 국내적으로도 민주주의라는 관념에 삶의 총체성을 한꺼번에 끼워 맞추려는 것은 신에 발을 맞추는 억지에 속한다. 한 개인은, 특히 이상주의자는 자신의 인생을 특정 이상과 관념에 충실하게 운영할 수도 있다. 그러나 많은 국민의 살림살이를 걱정해야 하는 위정자가 자신의 도덕이나 정의를 국민에게 강요할 수는 없다. 개인의 이상적 만족을 위해 국민을 희생시킬 수는 없는 것이다.

아마도 한국에 민주주의가 먼저 시작되어 분배의 정의를 우선과제로 하였다면 우리는 아직도 빈곤과 혼란의 아수라장에 빠져 있었을 것이다. 좌파는 반드시 경제적으로 망하게 되어 있다. 좌파의 논리가 자본의 집중을 방해하여 산업을 일으킬 수 없게 하기 때문이다. 원천적으로 계급이 없는 사회를 꿈꾸는 것은 또한 사회 자체를 부정하는 것이나 마찬가지이다. 결국 마르크시즘의 역사적 결과는 공산당이라는 새로운 귀족, 신흥세력을 만들어 낸 것에 불과하다. 공산권이 결국 붕괴한 것은 그 새로운 귀족들이 국가생산성을 높이지 못하고 자신들만 상류사회를 누렸기 때문이다.

이영희 선생의 이런 기조는 자연히 북한에 이상을 투사하도록 만들고 북한에 대한 비판은 별로 없이 남한의 정권에 대한 일방적 비판으로 돌아서게 하는 태도를 보이게 한다. 그의 글들 중에서도 특히 주목되는 것은 『사회와 사상』 1988년 9월호에 실린 「남북한 전쟁능력 비교연구」(『반세기의 신화』, 186~220페이지)와 『당대비평』 1998년 제3호(가을호)에 실린 「통일의 도덕성」(『반세기의 신화』, 253~276페이지)이다. 이 글들은 실은 북한의 체제경쟁에서 패배와 그것을 스스로 자인하고 전제하는 상태에서 10년 간격으로 쓰인 글이기 때문이다. 그의 가장 최근의 글들에서 대한민국(남한) 정부의 정통성이라고는 찾아볼 수 없고, 무식하고 폭력밖에 모르는 군사집단이 이끌어 온, 비인간과 부정부패투성이의 남한정권이 어떻게 훌륭하기 짝이 없는 북한을 이겼을까 하는 반성은 없다. 장개석 정권이 모택동 정권에 왜 패배하였는가를 민중주의적 역사관으로 설파하였던, 『다리』 1972년 5월호에 처음 게재된 「권력의 역사와 민중의 역사—장개석 시대(1926~49)」(『전환시대의 논리』, 117~153)의 글들은 우리에게도 역으로 필요한 것이 아닌가 생각한다. 한국의 경우는 중국의 경우와 반대가 될 것이기 때문이다. 위의 두 글이 이러한 글의 요구를 대신할 수는 없는 것이다.

민중이라는 개념은 처음부터 반항이나 저항, 반체제를 하기에 용이한 개념이지, 사회를 건설하는 개념은 아닌 것이다. 또한 질서를 위한 개념이라기보다는 반질서나 혁명을 위한 개념이다. 민중담론은 마치 사회를 역삼각형으로 세우는 것과 같아서 담론은 훌륭하지만 결국 민중을 위할 수 없다는(잘살게 할 수 없다는) 점에서 반민중적인 개념이다. 결국 역삼각형의 사회건설이 가능하다고 속이는 민중주의는 또 다른 계급의 삼각형—예컨대 공산당 귀족사회—을 건설하는 데에 이용될 뿐이다. 민중이라는 개념은 결국 민중을 속이는 개념이다. 이 개념에 속아 넘어가는 것이 후진국의 민중이다. '프롤레타리아=민중'의 개념으로 보면 역사가 프롤레타리아에 의해서 이끌어졌다고 하는 것은 역사적으로 증명하기 어려운 테마이다. 민중은 기존의 계급사회를 붕괴시키는 데는 효과적인 개념이었지만 민중을 위한 사회는 건설되지 않았다.

역사란 차라리 창조적 소수의, 혹은 핵심권력집단에 의해서 이끌어진 것이 더 많다. 민중이라는 개념이 '집단전체=민중'의 개념으로 보면 하나 마나 한 소리가 된다. 세상에 민중의 역사 아닌 것이 없고, 민중의 역사라고 한다면 이는 아무런 분석적인, 권리와 책임을 물을 수 없기 때문이다. 민중을 프롤레타리아의 개념으로 보면 이는 사회를 적대적으로 만드는 개념이다. 한 사회가 적대적으로 되어, 적의에 불타고 있으면서 발전한 사회는 없다. 결국 민중이라는 개념은 민주주의에서 다수의 지지를 받기 위해 위정자들이 자주 써먹는 개념이지만 실은 그 속에는 아무런 내용이 없다.

민중이라는 개념은 일견 민중[집단의 절대 다수, 다중(多衆)]을 추켜세우는 것으로 그럴듯해 보이지만 실은 역사의 주인이 없는, '무책임한 역사의 논리'이다. 이때의 민중이라는 개념은 역사의 원인 혹은 동인으로서의 민중이 아니라 역사의 결과를 그대로 받아들일 수밖에 없는 무기력한 존재로서, 결국 집단의 역사적 흥망을 전체에 돌릴 수밖에 없는, 무의미한 것이 되고 만다. 결국 민중이라는 개념은 증명이 되지 않거나 무의미한 개념이 되고 만다. 민중을 주인으로 만들어 놓고 민중을 바보로 만드는 개념에 불과하다. 그런데 이 민중이라는 개념을 때로는 전자의, 때로는 후자의 개념으로 혼란스럽게, 유동적으로 쓰면서 정치적 혁명의 도구로 활용한 것이 바로 민중사라는 용어이다. 민중이라는 개념은 민족이라는 개념과 같이 학문적 개념이 되기 어려운 용어이다. 이는 민족이라는 개념이 실은 그 기점을 어떻게 설정하고 준거집단을 어떻게 잡느냐의 문제가 있는 것처럼 계급적으로 역사의 주체를 명확히 설정할 수가 없는 개념이다. 막연한 군중만이 있는, 불명확한, 불확실한 개념이다. 경쟁의 논리가 있는 한(경쟁으로 인간이 살아가야만 하는 상황에서) 마르크시즘과 민중은 패배할 수밖에 없다. "프롤레타리아이면 역사의 진실이 아니고 집단 전체이면 학문의 분석적 개념이 될 수 없는 딜레마에 빠지게 된다."

『사회와 사상』 1989년 12월호에 실린 「남북한 전쟁능력 비교연구」는 북한이 남한보다 훨씬 전쟁을 수행할 능력이 없다는 것을 증명한 것인데 이는 옳다. 남한 당국이 더 이상 북한의 남침을 구실로 독재를 하지 말아야 한다는 것을 천명한 것은 옳다. 그런데 그는 그가 그토록 찬미해 마지않던, 정통성을 부여해 마지않던 북한이 오늘날 왜, 해방 후 남한보다 월등한 산업화의 유산을 물려받고도, 도리어 남한에 뒤져 있는가에 대해서는 한마디의 말도 하지 않는다. 남북한의 역전은 그동안 남북한의 체제경쟁에서 남한이 결정적으로 이긴 것을 증명하는 것임에도 불구하고 북한의 실패, 결국 자신의 이데올로기적 실패를 인정하지 않고 단지 전쟁수행 능력에서 북한이 부족하다는 것만 들먹인다. 북한이 전쟁수행 능력이 부족하니 남한은 이제 더 이상 북한을 적으로 생각하지 말라는 뜻인가? 이것은 통일도 되기 전에 무장해제, 국가해체를 부추길 의도를 의심받게 한다. 그의 이런 주장은 문화능력 면에서 북한이 남한에 경쟁상대가 안 된다는 분석이지만 그 후 북한의 핵무기와 미사일의 개발 등으로 남한에 때로는 위협을 주는 상황을 보면 경솔하게 전쟁수행 능력 같은 것은 특정시점을 중심으로 전개하는 것은 남북분단 상태에서 매우 위험한 이론이다.

문화능력이 바로 전쟁능력과 동의어는 아니다. 문화능력이 높은 나라가 문화능력이 낮은 나라보다 반드시 전쟁수행 능력이 높다고는 말할 수 없기 때문이다. 전쟁은 두려워한다고 일어나지 않고 두려워하지 않는다고 일어나는 것이 아니다. 오직 힘의 균형이 깨어지면 일어나게 되는 것이다. 전쟁은 두려워할수록 일어나며 도리어 전쟁도 불사한다고 투지를 다질 때 전쟁이 일어나지 않게 되는 것이다. 전의에 불타는 상대를 보고 전쟁을 일으키기란 어렵기 때문이다. 설부른 평화주의자가 전쟁을 일으키고 설부른 평등주의자가 불평등을 심화시키는 법이다. 정치를 말장난으로 인식하는 세력이 집권을 하면 반드시 그 집단은 불행해지기 마련이다. 그런 집권세력은 반드시 책임을 지지 않고 변명을 하거나 실패를 남의 탓으로 돌리고 집단을 잘못된 길로 인도하기 때문이다.

이 비판의 글을 쓰는 동안에 북한은 핵실험을 감행하였다(2006년 10월 9일). 북한이 핵보유국이 된다는 것은 무엇을 말하는 것인가. 북한은 오랫동안 핵보유국이 되기 위해 노력해 왔고 그 결과로 핵을 만들었는데 그러한 과정을 알면서도 이영희는 핵 이외의 몇 가지 재래식 무기 등을 가지고 북한이 전쟁수행 능력이 부족하다고 글을 쓴 것은 남한 국민들의 안보의식 해이와 전적 분열을 야기하였을 뿐이다. 핵 한 방으로 남북 간의 군사력은 대칭을 잃어버렸다. 북한이 전쟁수행 능력이 없는 것이 아니라 전쟁을 하지 않더라도 여러모로 경우에 따라 핵 공갈을 칠 수 있는 역전된 상황이다. 핵을 보유하면 재래식 무기는 효용성이 크게 줄어든다. 핵을 보유하지 않은 나라는 항상 불안에 떨지만 핵을 보유한 나라는 어떤 전쟁에도 마지막으로 믿을 수 있는 버팀목이 있게 된다. 남한과 북한은 이제 핵 하나로 '비대칭 전력'이 되어 버렸다. 핵을 가진 북한을 두고 전쟁수행 능력이 있다, 없다고 하는 것은 참으로 삼척동자도 웃을 수 있는 일이다. 이는 '공포의 억제력'을 확실히 사용하는 것이다. 전쟁수행 능력을 운운하는 글은 무의미해져 버렸다. 북한은 이제 불안하지 않다. 남한이 아무리 핵 이외의 무기로 무장을 하고 유비무환의 준비를 한다고 하더라도 그것은 궁극적 준비가 되지 못한다. 북한 핵을 폐기하는 데 성공하기 전까지는 남한은 군사적 열세를 면치 못한다. 남한은 이제 핵을 만들 때까지 항상 불안해야 한다.

남한의 안보불감증이 어느 정도일까? 급진좌파의 일각에서는 북한이 핵을 가지면 한민족이 핵을 가진 것이 되지 않느냐면서 남북을 동일시할 정도로 통일의 환상에 젖어 있다. 도대체 이 같은 남한의 주체성, 혹은 정체성 부재는 어디서 비롯하는 것일까? 아마도 여기에 이영희 선생의 공로가 지대할 것이다. 북한 정체성을 기조로 한민족을 생각하고 있을 정도이다. 이 같은 적어도 각종 핵무기의 생산은 이제 시간문제에 불과하다. 대한민국(남한)은 이제 스스로를 너무 방종적으로 부정하고 비판하다 보니 '대한민국은 없다'는 심각한 자기부정에 빠져 버렸다. 남북한이 통일이 되지 않고 체제경쟁에 있는 한 상호주의를 무시하거나 내재적 관점으로 북한을 바라보다는 것은 정말 '바보 같은 짓'이다. 이는 남한을 '씨 없는 수박'으로 만드는 것이다. 씨앗보다는 그저 맛있게 먹기 좋도록 고안된 수박이 된다. 대내적 관점이라는 것은 결국 남한을 북한에 먹히기에 좋도록 고안된 관점이다. 대내적 관점은 경쟁적 관계를 불식시키는 것으로 매우 위험한 사고방식이다. 경쟁과 계층의 원칙이 있어야 할 곳에 통일과 평등의 원칙이 적용되면 이는 잘못된 것이다. '민족과 혁명'의 이름으로 이러한 잘못을 저지르면 결국 체제경쟁이 제대로 되지 않고 그러한 속에서 탄생한 정권이 한민족(남북한)을 선진국으로 이끌어 갈 가능성은 희박하다. 도리어 체제경쟁에서 오는 콤플렉스로 인해 나라를 분열과 숙청과 혼란의 와중으로 밀어 넣을 위험성마저 있는 것이다. 이것이야말로 사이비 평화이고 사이비 평등이고 사이비 통일이다.

체제경쟁 상태에 있는 당사국이 한쪽에서 대내적 관점을 갖는다는 것은 경쟁을 포기하는 것이며 자기정체성의 심각한 훼손을 가져와 종속을 자초하는 것이다. 이는 전시에 항복하는 것에 비유될 수 있다. 세계 10대 무역국의 하나인 남한이 무엇이 부족해서 절대빈곤의 북한에 항복을 한다는 말인가. 결국 햇볕정책은 남한이 북한의 의사와 상관없이 체제경쟁을 포기한 것이며 심각하게는 통일도 되기 전에 통일을 '가상(假想)실현'한 것으로 착각하게 만들어 자아상실(自我喪失)을 해 버린 꼴이다. 그런데도 북한은 여전히 대남전략전술의 일환으로 '민족끼리'를 내세우지만 적화통일을 포기하지 않고 체제경쟁정책을 유지하고 있다. 핵개발은 그 대표적인 것이다. 북한은 남한을 볼 때 남한의 입장에서 대내적 관점을 갖지 않는 데 반해 남한만이 북한의 입장에서 대내적 관점을 가진다는 것은 심각하게는 이데올로기적으로 북한에 동조하는 것으로 적화통일된 것이나 마찬가지이다. 문화능력 전반에서는 남한이 월등히 높다. 그럼에도 불구하고 북한은 단지 무력이나 군사력 면에서 핵보유로 사태를 역전시켰을 따름이다. 바로 그 점, 문화능력은 부족한데 핵무기만을 보유하는 것이 문제다. 문화능력이 높은 선진국들은 핵을 보유하고 있지만 그것을 견제하고 다스릴 자체적인 장치나 제도 등을 보유하고 있지만 북한의 경우 김정일 일인 독재체제이기 때문에 그 어느 나라보다 핵이 잘못 다루어질 가능성이 높다. 이는 핵보유 이상으로 큰 문제가 된다.

북한은 더구나 핵을 정권연장의 수단으로 사용하고 있고 경제난 타개를 위한 핵기술 이전의 가능성이 가장 높은 나라이다. 이를 불안하게 여기는 미국이나 일본은 결코 북한의 핵보유를 좌시하지 않을 것이라는 점에서 한반도는 핵도미노, 혹은 핵분쟁의 화약고가 되기 쉽다. 이는 한민족 생존의 문제가 될 수도 있다. 핵실험을 강행하고 있는 북한을 보노라면 마치 '불장난을 하고 있는 아이들'을 보는 기분이다. 북한의 폭력성이나 인권부재를 인정하면서 대내적 관점을 견지하는 것은 오랜 남편의 폭력에 시달린 나머지 그것을 인정하는 불쌍한 아내와 같이 길들여진 꼴이다. 특히 남한의 좌파정권은 북한에 얼마나 길들여졌는지 항상 북한의 입장을 이해하면서 휴전선이나 서해안에서 북한과의 작은 충돌도 피해 가야 한다고 역설한다. 또한 충돌도 불사한다고 주장하는 자가 있으면 전쟁론자로 곧바로 몰아붙이기도 한다. 전쟁은 두려워하는 자의 냄새를 맡는다.

햇볕정책은 평화정책이 아니라 남한말살정책이고 북한에 아예 굴복하는 항복정책이다. 평화란 적대세력 간에 쌍방이 동의하여야 하는 것임에도 불구하고 북한은 속으로 이것에 동의하지 않고 있다. 북한이 햇볕정책을 이용해서 핵개발에 따른 비용을 지원받고 포용정책을 통해 핵개발의 시간을 버는 동안 남한은 북한의 정권유지를 음으로 양으로 도운 셈이다. 북한의 이중 플레이는 어제오늘의 일이 아니다. 북한은 더구나 남북대화나 협정을 파기할 때는 일방적인 플레이를 다반사로 하고 있다. 북한은 정상적으로 대화가 불가능한 나라이고 신뢰할 수 없는 나라이다. 북한은 항상 남한에 비해서는 더욱더 전투적인 나라로 여겨진다. 이는 남한 사람들의 전쟁공포증이나 6·25남침의 경험 때문이라고만 말할 수 없다. 북한은 호전적이고 선군(先軍)정치를 하고 있다. 선군정치란 무엇인가? 이는 군(軍)이 정치를 하는 것이고 글자 그대로 군을 앞세워서 정치를 하는 것이다. "북한은 본래 남북이 극단적으로 대립해야 유지되는 군사국가적 성격이 강하다." "선(先) 체제수호 후(後) 경제회생을 주장하는 선군정치는 개혁개방에 대해 적대적일 수밖에 없다(안병직 교수 주장)." 선군정치는 항상 비둘기파(평화주의자)보다는 매파(전쟁주의자)의 주장에 귀를 기울이기 쉽다. 이는 미국 부시 정권이 '네오콘'이라는 극우파의 말에 귀를 기울이기 쉬운 것과 같다.

　미국의 이런 극우파를 비판하고 비난하는 데는 적극적이면서도 북한의 선군정치를 비판하는 데 소극적인 것은 다분히 편파성을 의심케 하는 대목이다. 그는 남북한이 북단 이후 줄곧 지금까지 체제경쟁의 상대였다는 것은 애써 무시하는 태도를 보인다. 아니, 도리어 북한체제의 정당성과 도덕성과 우수성을 주장하지 않았던가. 언제나 북한의 편에서 설명하기 바쁘다. 북한에 대해 한때는 정통성이 있다고 주장하다가, 이제는 전쟁을 수행할 능력이 없다고 한다. 북한이 예산에서 군비지출을 많이 하지 못하는 것은 평화를 지향하기 때문이 아니라 절대빈곤의 상황에서 군비지출을 할 것이 없기 때문이다. 거짓평화는 언젠가 더 큰 전쟁을 불러올 것이기 때문에 전쟁보다 더 나쁜 것이다. 북한은 절대빈곤 속에서 인권유린의 최악의 상태에 있는데 왜 아무런 비판도 하지 못하고 있는가? 왜 남한이 만족스러운 수준은 아니지만, 여러 부족한 환경과 여건 속에서 경제성장과 민주주의(민주주의 면에서도 남한은 북한에 비해 월등히 앞서 있다)를 동시에 이루었으니, 그런대로 잘하였다고 한마디 칭찬도 하지 않는가?

흔히 국제전이든, 내전이든, 정치적 당쟁이든, 싸움에서 적이 되는 것은 적이기 때문에 싸우기도 하지만 싸우다 보니 더욱더 적이 되는 경우도 적지 않다. 또 싸움을 하다 보면 적에게 유리한 발언을 하거나 이적행위를 하는 경우 그것을 또 하나의 적으로 삼게 된다. 남한의 민주운동 세력도 북한과의 체제경쟁을 하고 대치 상황하에서 국가정체성을 확보하고 국정을 운영하여야 하는 군사정권의 입장에서는 흔히 적에게 유리한 행동을 하거나 이적행위를 하는 것으로 비치기 쉽고 또 그렇다고 단언하는 유혹에 빠지기 쉽게 한다. 남한의 운동권 희생은 여기에서 비롯된다. 그는 많은 논문과 글들은 발표하였지만 언제나 남한 사회에서는 폭탄선언(남이 감히 하지 못하는, 그래서 영웅이 되는)과 같은 것을 발표하는 것을 즐겼다. 물론 발표 당시 그 글들은 내용 자체의 치밀함이나 정당성을 떠나서도 언제나 세인의 관심을 끌기에 충분한 것이었다. 더구나 부족하고 콤플렉스가 많은 군사정권(그렇다고 결코 부당한 정권은 아니다. 국민투표에 의한 선출이었으니까)에는 더욱더 노심초사하게 하거나 강박관념을 갖게 하는 발언들로 채워져 있다.

그동안 북한의 정통성과 문화능력의 우위를 강조하던 선생은 이제 북한이 그것에서 남한에 추월을 당하니까 이제 북한은 남한에 비해 군사력이 약하다는 것을 강조하면서 북한침략 가능성을 정치적으로 이용해서는 안 된다고 한다. 또 자본주의 주도의 통일한국을 생각할 때 남한은 도덕성을 제고하여야 한다고 주문한다. 북한의 전쟁수행 능력이 부족하다는 것을 논증하기 전에 먼저 선생은 그동안 자신의 북한 정통론에 입각한 사회주의적 시각이 편향된 것이었음을 시인하고 실패를 선언하여야 한다. 그리고 그 실패에 대한 통렬한 자기반성과 그 이유에 대한 나름대로의 분석과 평가를 제시하여야 한다. 그래야 남한의 국민에게 자긍심을 심어 주는 계기가 된다. 그렇지 않으면 남한의 정체성 훼손은 물론 한민족의 미래에도 악영향을 끼칠 공산이 크다. 북한 혹은 친북세력은 통일 이후에도 자신의 잘못을 인정하지 않고 남한에 똑같은 지분을 요구하고 그렇게 되지 않을 경우 사회적 혼란을 야기할 충분한 잠재력이 있다. 그래서 통일에는 신중하게 접근해야 한다고 이구동성으로 말한다. 북한 김정일 정권은 현재 정권유지와 세습에 혈안이 되어 있다. 이는 지구상에서 가장 낙후한 권력생산방식인 셈이다.

사실 자본주의와 공산주의의 협상은 이론적으로는 가능한 것 같지만 실지로 권력의 실행과 정책의 수립과 집행이라는 관점에서 보면 이것은 불가능하다. 자유와 평등은 산술적인 이분으로는 결코 해결이 되지 않는다. 어디까지나 주(主)가 있고 부(副)가 있어야 한다. 그렇기에 자유가 우선이고 평등이 차선이 되는 게 오늘날 성공한 자본주의의 사례이다. 여기에 북한세력이 동의를 하여야 한다. 이것은 남한의 흡수통일 여부와 상관없이 북한이 인정하고 양보해야 한다. 자유를 위해 평등을 양보하여야 한다. 그런 연후에 다시 평등을 위해 자유를 양보하라고 하여야 한다. 이것을 받아들여야 세계적 대세에서 한민족이 낙후하지 않게 되는 길이다. 그러나 자유와 평등도 경제에 비해서는 우선순위에서 밀리지 않을 수 없다. 이를 위해서 강대국들도 정경분리를 선언한 지 오래다. 경제적 성공이 그 어느 때보다 중요하게 된 것이다. 사실 경제가 뒷받침되지 않으면 자유와 평등은 주어진다고 해도 누릴 수 없게 된다. 이제 세계는 바야흐로 정치와 경제의 분리에 이어 경제와 문화의 분리, 문화와 과학의 분리로 나아가고 있다. 물론 여기에는 그 반대로 통합도 동시에 이루어지기도 한다. 바로 쌍방향으로 가역하면서 세계는 보다 다원다층적으로 변하고 있는 것이다. 여기에 역동적으로 잘 적응해야 낙후하지 않을 것이다.

경제 제일주의의 흐름은 남한의 자유민주 정권과 자본주의 체제에 대해 국민적 긍지와 자부심을 가져도 좋을 정도로 남한에 유리하게 전개되었다. 남한의 자본주의는 독재와 같은 많은 문제에도 불구하고 놀라운 경제성장을 이루었다. 그 성장을 박정희 정권이 이끌었다. 남한은 경제를 위해 자유를 양보하였다. 그리고 경제가 성장한 뒤에 자유를 실현했다. 경제는 이제 모든 과제에 대해 우선권을 가지게 되었다. 사실 경제가 없으면 자유를 주어도 자유를 누릴 수 없기 때문이다. 하루하루 의식주도 제대로 처리하지 못하는데 자유를 과도하게 요구하는 것은 실은 공리공론에 속한다. 박정희 정권 시절에는 경제가 주(主)였고 자유민주주의는 부(副)가 될 수밖에 없었다. 여기에 대해선 자유와 마찬가지로 평등도 예외가 아니다. 평등을 위해 경제를 양보할 수는 없다. 이제 국제사회는 후진국의 경우 경제, 자유, 평등의 순서대로 존중하지 않으면 안 되는 법칙이 되었다. 만약 경제를 양보한다면 평등을 주어도 평등을 누릴 수 없기 때문이다. 정치가 경제의 눈치를 보기 시작한 것은 이미 근대에 들어서자마자 진행된 오래전의 일이다. 이는 인류사로 볼 때 제정일치에서 제정분리, 정경분리를 동시에 이룩하는 것이 된다.

항상 반반으로 남북한에 균등한 지분과 이념적 양분을 요구하는 것은 관념적인 유희에 불과하며 이것은 동시에 체제경쟁에서 실패한 북한을 편들어 주는 행위에 지나지 않는다. 무엇보다도 북한의 실패는 경제에 있으며 경제에 과중한 군비의 지출이 문제이다. 그런데 북한은 그것을 멈추지 않는다. 북한은 통일은 고사하고 북한 주민의 의식주부터 챙겨야 할 것이다. 국내 문제를 덮기 위해 항상 민족문제, 통일문제를 들먹이는 것은 근본적인 해결책이 되지 못한다. 그가 인생 후반부에, 최근 공산권 붕괴 이후에 간간이 북한의 실패와 관련된 말을 던지지만 그것만으로는 '의식화의 대부'의 변명이 되지 못한다. 그의 명성과 추종자의 무리에 합당하고 걸맞은 '소크라테스의 변명'을 하여야 한다. 김일성 우상화의 폐해에 대해서는 이렇다 할 비판도 하지 못하면서 남한의 신화는 모조리 붕괴시켜 놓은(과학이라는 이름으로) 그는 민족에게 이제 과학이라는 이름으로 북한의 국가적 실패와 앞으로 남한을 중심으로 한, 통일국가로의 전략을 충고하고 유언해야 한다. 결코 남한의 흡수통일이 아니어도 말이다. 통일 이후에 누가 국제사회의 문제를 주도해야 할 것인가는 이미 명백해졌다.

그에게는 남한의 경제적 성공과 물질적 풍요도 문제이다. 풍요는 도덕적 타락이나 해이를 가져오기 때문이라는 전제에서 출발한다. 물론 그럴 위험도 없는 것은 아니지만 통일도 되지 않은 마당에 미리 남한의 도덕적 타락을 문제 삼는 것은 참으로 피상적인 관념의 유희에 불과하다. 지독한 탁상공론이다. 그는 정말 남한에서는 문제만 발견하는 인물에 지나지 않는 것 같다. 북한의 문제에 대해서 발언하는 데는 인색하기만 하니 말이다(물론 북한의 모택동식 대반전을 기다리는 것은 아니겠지만 말이다). 이런 때에 우리는 역으로 이런 걱정을 하게 된다. 정말 남한은 북한과의 체제경쟁에서 승리한 것인가, 중국의 장개석처럼 마지막에 공산주의에 반전을 당하는 것은 아닌가, 아니면 최악의 상황으로 베트남식으로 거꾸로 북한에 흡수 통일되지는 않겠는가, 과연 우리는 북한의 남침이나 남조선 해방전쟁에 대해 안심해도 되는가, 남한의 물질적 풍요와 문화능력의 우위를 인정하는 그의 일련의 발언들이 남한사람들로 하여금 안심하게 하고 긴장을 풀게 하고 심지어 해체하게 만드는 그런 역효과는 없는가, 단속하게 만든다. 북한은 도덕적으로도 남한보다 훨씬 더 부도덕하다. 남한의 도덕을 문제 삼기 전에 북한의 빈곤과 부도덕에 대해 먼저 말을 하여야 한다.

북한의 부도덕은 위폐문제, 마약수출문제, 열악한 인권상황 등 이루 헤아릴 수 없지만 선생의 북한에 대한 비판이야말로 관념적이고 형식적이고 피상적이다. 선생은 남한에서 이루어진 개발독재의 결실인 풍요를 개인적으로 누리면서 절대적 도덕주의인 사회주의적 평등과 민족주의라는 온정주의를 토대로 남한사회를 비판하고 있다. 이는 급진좌파들의 공통된 역사단절의 태도이다. 급진좌파들의 역사인식 태도를 보면 앞뒤와 단절된 채 대한민국이라는 정부를 만들고 경제성장을 이끌어 낸 정치세력들은 모두 친일적이고 불순하고 부정부패에 오염된 적으로 규정하고 저들만 정의인 것처럼 외치고 있다. 도대체 그러한 잣대에 비판을 당하지 않을 사회가 어디에 있겠는가. 급진좌파들의 약점은 바로 민족적·지역적 특수성을 인정하지 않고 세계적·지구적 보편성으로 비약하는 데에 있다. 이런 이데올로기는 저절로 공리공론(空理空論)에 빠져들고 이용후생(利用厚生)하는 데에 부족하다. 이것이야말로 이데올로기적 폭력이며 이데올로기적 무지이며 이데올로기적 기만이다. 이데올로기는 이제 경제의 액세서리에 불과하다. 마르크시즘은 본래 출발부터 부정적으로 세상과 역사를 보기 시작한 것이다. 그래서 마르크시즘을 신봉하면 결국 부정적인 세계로 돌아갈 뿐이다. 마르크시즘은 출발은 매우 인간적이었지만 결과는 가장 비인간적이었다.

그는 북한의 인권에 대해서도 별말이 없다. 인권이나 민주주의에 대해서도 남한이 북한보다는 결코 뒤진다는 말을 할 수 없으리라. 남북한의 경우, 불가피하게 체제경쟁을 하고 있는 마당이니 체제비교를 하지 않을 수 없다. 그런데 이영희 선생은 비판을 할 때는 남한의 것만 가지고 하고 정통성을 비롯하여 칭찬을 할 때는 북한의 것만 가지고 한다. 인권과 정통성도 만들어진다는 것을 무시한다. 물론 북한에도 긍정적인 것도 있고 칭찬할 만한 것도 있을 것이다. 이것을 하지 말라는 것은 아니다. 문제는 남한에 대한 일방적 비판이다. 그렇게 될 경우 이러한 비판이 분명히 남북한 젊은이에게 영향을 미칠 터인데 그렇게 되면 남한에 대한 편견으로 '부정적 한국관'을 가지기 쉽다.

남한의 인권과 민주주의에 대한 일방적 비판은 북한의 인권과 민주주의에 대해서 상대적으로 양호하다는 인상을 주기 쉽다. 적어도 인권과 민주주의, 국가발전 등 여러 면에서 남북한에 공정한 태도를 보였어야 하지 않을까. 적어도 우리 시대의 운동권의 대부이면 말이다. 참으로 유감천만이다. 사실 남조선 적화통일에 온 국력을 집중시킨 북한이 남한보다 전쟁수행 능력이 부족하다고 남한 사회에 폭로한 이영희 선생의 논문은 실은 자신의 이데올로기적 실패를 만천하에 공개하는 것에 지나지 않는다. 선생이 그토록 추켜 온 북한은 체제경쟁에서 남한에 진 것이다. 북한체제의 실패는 그에게 부메랑이며, 부메랑이 되어 온 그것을 토대로 다시 남한을 염려하는 것은 마치 자신의 실패를 자신의 승리라도 되는 양 착각하는 것과 다를 바 없다. 선생에게서 참으로 안타까운 마음을 금할 길 없다.

여기서 잠시 생각해 볼 필요가 있다. 그렇다면 왜 우리 시대의 지식인과 학생들과 운동권들이 그를 '사상의 은사'라고 부르고 그를 20세기 인문과학 분야에 영향을 끼친 국내 학자의 1위에 선정하였을까(『연세 대학원신문』 1999년 말). 물론 그의 저작인 『전환 시대의 논리』와 사상적 동류계열에 속하는 『해방전후사의 인식』을 국내에서 출판된 책 중에서 최고 영향을 미친 책으로 선정했다. 여기엔 민족주의와 사회주의 혁명이라는 마약성 때문이다. 민족주의란 피해를 외세의 침략을 당한, 식민을 당한 나라의 당연한 이데올로기이다. 사회주의도 자본주의에 피해를 당한, 식민을 당한 나라의 당연한 이데올로기이다. 이 두 개념이 혼합되어 있으니 당연히 마약과 같은 효과를 줄 수밖에 없다. 그러나 민족주의라는 내용 없는, 단순한 집단방어적 이데올로기가 사태를 호전시킬 수 없으며, 사회주의라는 생산성의 저하와 하향평준화가 자본주의를 이길 수 없다. 무엇보다도 두 이데올로기는 테러리즘과 계급투쟁을 통해 적대적으로 사태를 몰고 가기 때문에 결국 생산과 건설을 할 수 없다는 치명적 약점을 가지고 있다. 또 두 이데올로기는 비판을 주로 하고 있기 때문에, 비판은 필요하지만 결코 비판 자체가 건설과 생산을 불러일으키지 못한다는 치명적 약점을 가지고 있다. 결국 적대적(敵對敵)의 악순환만을 불러오는 네거티브 피드백이라는 병에 걸리게 된다.

『전환시대의 논리』도 다분히 위의 두 이데올로기 '민족과 혁명'의 합작품이다. 『전환 시대의 논리』가 남한적 이념(가치관과 이데올로기)의 허구성과 진실을 위장했던 굳고 딱딱한 '가면'을 벗긴, '가치의식의 총체적 해체'(461)를 달성한 것이라고 그가 자평하고 있지만 나는 말하고 싶다. 그가 남한이라는 국가의 해체를 이데올로기적으로 시도한 인물이라고 말이다. 그래서 '의식화의 원흉'이 되었다. 남한을 해체하면 남북 분단 상황하에서 무엇이 남는가. 그러나 결코 남한은 해체되지 않을 것이다. 마치 남한이 월남처럼 해체될 것으로 알지만 결코 그렇게 되지 않을 것이다. 왜냐하면 북한이 월맹처럼 도덕적이지도 않았고 남한이 월남처럼 나라가 없어질 정도로 부패하지도 않았기 때문이다. 만약 남한이 월남처럼 패망한다면 '대한민국, 아니 한민족의 미래는 없다'고 단언하고자 한다. 역사를 거꾸로 돌린 북한(중세의 종교적 전제주의라 할 수 있음)은 미래에 대처할 힘이 없기 때문이다. 잠시 『전환시대의 논리』가 인기를 누렸지만 역사는 그의 실패를 기록할 것이라고 말하고 싶다. 해체되기를 기다린 남한, 자유자본주의의 남한은 해체되지 않고 해체되기를 기다리지 않은 북한은 이미 해체되고 있다. 그는 '코페르니쿠스의 전환'에 서 있는 것이 아니라 '역사의 역설, 아이러니'에 서 있다고 보인다.

돌이켜 보면 민족주의라는 것은 근대화·산업화라는 문명적 혁명의 과정에서 탈락한 후진·약소국들이 외세의 침략에 대중적으로 맞서며 부르짖은 '본능적 방어기제'가 민족주의였고, 근대화·산업화에 후발하였지만 성공한 후발선진국들이 선발선진국과 시장경쟁을 선포한 것이 제2차 세계대전의 추축국이었던 나라의 '국가주의'였다. 러시아는 후발하였지만 마르크시즘을 바탕으로 공산사회주의를 부르짖으면서 후진약소국의 민족주의를 부추기고 이용하면서 마지막으로 제국으로 부상한 나라였고, 그 결과가 소련이었다. 물론 선발선진국들은 모두 제국을 운명하였다. 불행하게도 우리나라는 소련과 미국에 의해 양분된 국가였다. 현재 지구상에서 공산주의를 채택하고 있는 나라는 북한밖에 없다. 종주국 소련도 없어져 러시아로 본래로 돌아갔고, 중국도 형체만 사회주의이지 내용은 자본주의국가이다. 남북한은 지금 어느 쪽을 중심으로 통일하여야 하겠는가. 답은 명확하다. 아직도 민족주의를 팔고 민중주의를 팔고 민주주의를 팔고 있다면 이는 불행한 나라라는 얘기에 다름 아니다. 이들 삼자는 이제 약장수처럼 파는 대상의 것이 아니라 저절로 성취되어야 하는 덕목들이다.

한 사람이 발견한 인과성이 왜 다른 사람에게는 똑같은 인과성으로 다가오지 않는가? 결국 이성이라는 것은 믿을 바가 못 된다. 이성이라는 것은 또 다른 우상일 뿐이다. 나는 선생의 책을 읽으면서 시종 이성의 우상에 대해서 고민했고 궁금했다. 학자는 비록 반대의 입장을 다 수용하여 변증법의 합으로서 새로운 제3의 통합이론을 세우지 못한다고 할지라도, 예컨대 칸트처럼 대륙의 합리론과 경험론을 통합하지는 못한다고 할지라도, 자신이 경도하거나 건곤일척한 주장이나 이론에서 정합성과 증명을 보여 주는 것을 최후의 보루로 생각하지 않을 수 없다는 점에서, 그의 이론이 후세에도 통용되거나 살아남을 가능성은 참으로 천재일우의 기회가 아니면 불가능하다는 점에서 그에게 위로를 하고 싶다.

흔히 학문적인 위대한 발견이나 전환을 '코페르니쿠스적 전환'이라고 한다. 마르크스도 한때 그런 기준에 도달하는가 싶었지만 그렇지 않다는 것이 점점 증명되고 있다. 마르크시즘은 일종의 유토피아에 불과한 것이다. 기존의 보수적, 전통적 입장과 다른 정반대의 입장과 이론을 제시하여 한때는 학문의 역사에서 불세출의 별로 떠올랐지만 그 천재성은 코페르니쿠스가 되기에는 미진했다. 마르크스의 추종자도 그러한 운명을 맞을 수밖에 없다. 그는 실지로 자신을 은근히 남북한의 분단시대에서 전환시대의 논리로 '코페르니쿠스적 전환'을 이룬 것으로 득의에 차 있는 듯하다.

나는 분명 그가 실패한 이데올로지스트였음을 말하고 싶다. 아니면 적어도 그는 관념론자로서 조선조의 공리공론에 빠졌던 선조들의 찬란한(?) 전통을 이어받은 선비였다고 말하고 싶다. 그와 그를 둘러싼 좌파들의 위상을 보면 주자학적 공리공론에 빠졌던 조선중기와 같으며 그 자리에 주자학 대신에 마르크시즘 혹은 마오이즘 혹은 주체사상을 넣은 것일 뿐이다. 또 오늘날 좌파들의 개혁이 마치 조광조의 개혁이라도 되는 것처럼 착각하고 있는데 국민을 빈곤하게 만드는 것이 청렴을 구가하는 것처럼 오해하고 있으며 정권을 잡은 저들만 배를 불리고 있는데도 마치 공산당 귀족이나 귀족 노동운동가처럼 스스로를 속이고 있다. 그러면서 저들은 아직도 가난하게 운동하고 투쟁할 때의 자화상을 붙들고 있다. 좌파들은 민중을 팔아서 자신들의 호주머니를 불리고 있을 뿐이다. 그리고 호텔이나 고급음식점, 영빈관에서 승리를 자축하면서 언제 사라질지도 모르는 권력을 누리기에 여념이 없다. 'X동지, Y동지' 그러면서 스스로 자화자찬에 빠져 있다. 다시 말하면 자본에 쉽게 오염되어 버린 사이비 좌파들인 것이다. 오늘날 좌파들의 독선은 스스로를 속인 나머지 개선의 여지도 없이 그냥 철저하게 몰락하는 길만을 재촉하고 있다. 자기들만이 정의라는 독선과 성급한 평등주의는 문화적 축소재생산의 자기부정과 자폐증에 빠져 결국 자국의 이익과는 상관없이 제국주의와 대결할 만용의 테러리스트만을 양산한 채 최후의 만찬을 하고 있다. 그가 참담하게 실패하지 않으면 우리나라가 참담해질 것이다.

인류사를 보면 인간의 본성, 이기적 본성을 무시하고 이상세계를 구현하려고 한 사람들은 적지 않다. 그러나 그들은 모두 역사적으로 실패했다. 인간은 집단내적으로는 공동체적(종의 보존과 번식을 위해)이지만 집단외적으로는 이기적인 동물(약육강식의 세계에서 살아남기 위해)이기 때문이다. 이는 매우 양면적이고 이중적인 방식(때로는 역동적)이지만 모든 동식물의 진화 방식이기도 하다. 인간만이 유독 관념론이나 이상론에 빠지는 특성을 갖고 있는데 이는 일종의 도덕적, 종교적인 특성이라고 말할 수 있다. 말하자면 욕망을 억제하거나 규제함으로써 집단내적인 평화와 공존을 모색하고자 함이다. 그러나 그것을 집단내적으로 지나치게 강요하거나 집단외적으로 지나치게 투사하였을 때는 공리공론에 빠진다. 말하자면 진화론상의 역설(逆說)의 철퇴라는 비운을 맞지 않을 수 없다. 마르크스 이론에 기초하여 박정희 독재에 투쟁을 한 선생은 그 행위가 마치 코페르니쿠스적 전환에 해당하는 것으로 과대망상에 빠진 것 같다.

마르크스는 결코 코페르니쿠스가 아니다. 그러나 마르크스도 그 시대적 책임을 다한 학자라고 할 수 있다. 왜냐하면 학자들은 시대적, 집단적 스트레스를 대표적으로 받고 그 스트레스(stress)를 극복하여야 하는 책임을 지고 있으며, 그 시대의 필요(need)로서 새로운 이론을 발견하지 않으면 안 되었고, 비록 생명을 짧았지만, 종교적 귀의에 흡사한 공산사회주의라는 종교를 인류에게 제공하였기 때문이다. 아마도 이 종교는 과학이 아니라 종교이기 때문에, 더 정확하게는 자본주의에 대한 과학적 비판은 하였지만 그 해법(구원)에 있어서 종교적 유토피아를 택한 종교이기에 앞으로도 인류가 존재하는 한, 꽤 많은 추종자와 신도들을 거느리겠지만 결코 인류 미래의 대안은 아니다. 마르크스는 수많은 추종자(신자)들을 양산하였고, 일종 종교의 교주로 군림하였으며, 미안하게도 존경하는 이영희 선생도 그 속에 속하는 하나의 신도일 뿐이다. 왜 공산사회주의는 가난한 빈국에만 호소력이 있는가? 이는 종교가 가난한 빈국에 호소력이 있는 것과 같다. 그러나 그 종교는, 다른 종교가 과학을 가장하지 않은 반면에, 과학을 가장하기 때문에 결코 진정한 생명력 있는 종교도 될 수 없다.

어쨌든 나는 선생과 대척점에서, 해방 후 지난 반세기 우리의 역사를 인류학자의 입장에서 검토하고 정리하는 것은 필요한 일이라고 생각했다. 인류학자의 장점은 한 문화를 조사자의 입장(이것을 인류학자는 etic이라고 한다)과 거주자의 입장(이것을 emic이라고 한다)을 왕래하면서 조사·연구할 수 있다는 점이다. 나는 한국인이니까, 저절로 거주자의 입장은 확보되는 셈이고, 이제 조사자의 입장만 보완하면 되는 셈이다. 이것이 '민족의 밖에서 민족을 본다'는 나의 접근태도에 다 들어 있다.

나의 입장은 선생, 혹은 선생을 따르는 소위 운동권들이 보면 흔히 보수, 수구, 꼴통이라고 역겹게 생각하는 우매한 입장이다. 그러나 나는 적어도 좌익-진보, 우익-보수라는 연결은 역사적 타성이라는 것을 아는 바보이다. 좌익-보수, 우익-진보도 얼마든지 있을 수 있다. 이들 이분법은 정말로 망상에 속하는, 쓰잘데없는 짓거리이다. 요즘 좌익들은 진보와 혁명을 자신들의 전유물로 생각하는 듯하다. 좌익-진보라는 타성 때문에 한국 사회는 지금 진보는커녕 후퇴를 하고 역행을 하고 있으니 말이다. 평소에 민족적 신화의 구성에는 관심이 없던 자들이 꼭 민족의 위기 때에는 부랴부랴 민족의 신화를 구성한다고 허둥대면서, 역사를 신화로 대신하려는, 역사의 자리에 신화를 밀어 넣는 우매한 자들은 보았는가? 그러면서 자신들은 신화를 밀어내고 역사를 바로 세우는 것처럼 착각하는, 비합리적인 자들을 보았는가? 역사의 냉엄함에 눈을 뜨는 것이야말로, 역사가 얼마나 장구한 세월을 두고 쌓아 가는 것인가를 자각하는 일이야말로 중요하다.

우리 근대 민족사학의 원조는 민족의 위기 때에 '아(我)와 피아(彼我)'의 사관을 주창한 단재(丹齋) 신채호(申采浩) 선생이다. 그러나 가만히 생각해 보면 너무도 당연한 말이다. 물론 이때의 아(我)라는 것은 '한민족'이라는 집단적 자아겠지만 이는 지구상에 존재하는 모든 생물의 생존본능과 같은 것이 아닌가. '아와 피아'의 사관은 생물의 진화론상의 보편성인데 그렇다면 이 주장을 하기 전에 우리 민족은 이 생물의 대법칙도 모르고 있었다는 말인가. 평소에 너무나 평화와 불교를 사랑한 나머지 무아(無我)에 빠져 있다가 외적의 침입을 받아 다시 아(我)를 재발견하였다는 말인가. 그러나 민족(개체군)의 위기 때에 이것을 깨닫는다면 어찌 생존을 보장받겠는가. 때가 늦은 것이다. 약육강식의 자연과 역사에서 이런 뒤늦은 자각을 하게 된 우리 민족은 어떻게 그때까지 멸망하지 않고 유구한 역사를 지탱해 왔다는 말인가. 우리 민족이 역사적 과정에서 시종 그랬다는 것은 아니다. 일제 식민과 구한말적 상황, 민족의 위기상황 표현이리라. 그렇다면 우리 민족의 무엇이, 어떤 문화적 특성이 그러한 위기를 자초하였다는 말인가? 우리 민족은 어떤 민족인가? 이것은 시종 나의 이번 글쓰기의 화두가 될 것이다.

너무도 당연한 것을, 너무도 원론적인 것을, 배고픔의 절정에서 '인간은 먹어야 산다'는 것을 깨닫는 것보다 더 어리석은 어리석음은 어디에 있을까. 이 원론적인 집단주의－민족과 민중－를 부르짖는 일은 이미 경쟁과 적응에 실패한 자가 부르짖는 단말마이다. 민족과 민중은 결코 이데올로기가 아니다. 민족과 민중은 어떠한 방향도 제공하지 못하는, 내용 없는 책과 같다. 이 집단주의는 자칫하면 집단적 광기의 희생물이 되기 쉽다. 독재와 전체주의, 파시즘의 온상이 되기 쉽다. 국가 만들기(nation building)를 파시즘으로 오인하는 민족주의, 민중주의, 민중적 민주주의를 어떻게 구원할 수 있다는 말인가? 국가라는 그릇을 깨뜨리면서 성취해야 할 자유와 민주, 평등과 복지는 말로는 그럴듯하지만 실제로 국가 없는 자유와 민주, 평등과 복지는 사상누각에 불과하다.

한민족은 한(恨) 때문에, 한풀이 때문에 국가와 공익이라는 것은 망각하고 극단적으로 무질서나 무정부상태를 초래함으로써 파시즘을 경계하면서 파시즘의 망령이 되살아나게 하는 정치적 환경을 설정하고 있는 것이다. 이 민족적 마조히즘을 어떻게 할 것인가? 이 마조히즘의 병을 치유하기 위해서는 장기적으로 '공격적인 국가'(공격적이라고 해서 전쟁주의자라는 말은 아니다. 그렇지만 무역도 전쟁이고 문화도 전쟁이라고 흔히 말한다. 개방적이고 개척적인 성격을 말한다) 건설을 위한 플랜을 짤 수밖에 다른 길이 없다. 공격을 해 보아야 마조히즘의 악순환을 벗어날 수 있다. 남의 공격을 비판하고 비난하는 것으로는, 평화와 평등을 사랑하는 것으로는 일시적인 해방이나 한풀이를 할 수 있지만 그것이 대안이 될 수 없다.

인간사회는 결코 어떤 특정한 학자의 학문적 인과성이나 필연성을 보여 주기 위해 살고 있는 것이 아니며, 결국 인간의 생존과 번영과 행복을 위해 존재한다는 것을 전제하고, 거기에 도달하는 하나의 방법으로서 '인간조건과 그 한계에 슬기롭게 대처하면서 진화의 방향과 평행하면서 삶의 큰 테두리를 잃지 않고 보다 더 많은 사람들이 함께 잘 사는 자유를 우선하는 사회'를 점진적으로 건설하는, 점진적 실용주의, 점진적 자유주의가 급진적 평등주의를 추구하는 사회주의적 혁명보다는 바람직한 것으로 느껴졌다. 왜냐하면 인간은 자살하지 않을 바에야 그 한계를 안거나 극복하고 살아가야 하고, 실존의 인고(忍苦)를 받아들이는 것이 바람직한 태도이기 때문이다. 또 궁하면 통한다는 식으로 열심히 살다 보면 뜻하지 않게 도움과 행운도 찾아오는 법이다. 자유와 자본은 일시적으로는 방종과 빈익빈 부익부를 낳지만 그것은 스스로 동시에 협력과 공동체정신을 발휘한다. 그것은 공산과 평등보다는 훨씬 많은 생산을 가져오고 결국 도덕적으로도 승리하는 인간을 만들어 낸다.

비록 내가 선생과 대척점에 서 있지만, 한민족의 일원으로서 태어난 선생의 이러한 삶의 고통은 어디에서 연원하는가를 따지고 싶었다. 물론 가장 가깝게는 조선조, 구한말에 책임을 지우지 않을 수 없다. 우리는 그 후손으로서 당연히 그 업보를 받고 있고 따라서 '우리의 오늘은 종합적으로는 자업자득이라고 보아야 선조와 후손이 하나가 되는 것'이다. 자업자득! 거기에 신의 손이나 거대한 제국들의 패권경쟁, 거기에 따르는 희생 혹은 우연성이 개입되었다고 하더라도, 우연성조차도 결국 그 집단의 경영능력에 따라 화가 되기도 하고 복이 되기도 하기 때문에, 역시 자업자득을 벗어나지 못한다. 또 자업자득이라고 해야 반성도 하고 스스로 개선의 여지도 있는 것이다. 모든 것을 남의 탓으로 돌리면 결국 주체가 없어지고(일제를 일본의 탓으로 돌리면 결국 주체가 없어진다) 개선의 여지가 없고, 모든 문제의 원인과 해결을 모두 남에게 맡기는 꼴이 된다. 이것은 역사에서 전혀 도움이 되지 못한다. 일제 식민을 두고 "잘했다"고 하거나 일본의 침략을 정당화하는 바보는 없을 것이다. 그러나 일제를 원수로서만 대한다면 우리가 선택할 것은 원수를 갚는 길밖에 없다. 그렇다면 원수를 갚기 위해서도 나라를 일본보다 나은 선진국으로 발전시키지 않으면 안 된다.

정작 원수를 갚기 위해서 용의주도하게 '나라 발전계획'을 세우고 일본보다 나은 선진 국가를 실현하려는 노력은 하지 않으면서 항상 분노만 앞세우는 것은 식민을 당한 못난 조상의 전철을 밟는 것밖에 되지 않는다. 지나간 역사는 결국 긍정적으로 해석할 필요가 있다. 왜냐하면 그렇게 할 때 미래의 희망이 보이기 때문이다. 일제 식민의 결과와 잔재는 고스란히 우리에게 남아 있다. 이것은 단순하게 청산이나 분노로 되돌릴 수는 없는 것이다. 부정의 역사관은 또다시 부정의 미래를 낳기 마련이다. 일제 식민을 극복하는 길은 그동안의 역사를 모두 끌어안고, 선진국을 만드는 길밖에 없다. 괜히 때늦게 되지도 않을 친일파 청산이나 외치고 정작 뒤에서는 그것을 정쟁의 도구로, 특히 좌파적 이데올로기 투쟁의 도구로 이용하는 세력이야말로 친일파보다 더 나쁜 민족의 배신자들이다. 아무리 나쁜, 부정적인 역사도 발전적이고 긍정적으로 해석할 필요가 있다. 이는 역사를 위해서가 아니라 현재를 위해서다. 정말 '역사는 현재의 거울'이다. 그러나 그 거울을 제대로 활용하기 위해서는 지혜가 필요하다. '현재야말로 역사의 전부'이다. 역사 바로 세우기라는 명목으로 현재의 역사를 희생하는 것은 역사를 바로 세우는 것이 아니라 역사를 거꾸로 세우는, 역사를 귀신에게 되돌리는 귀신놀이에 다름 아니다. 단순한 이상주의, 순혈주의, 순정주의, 순수주의, 위선적 도덕주의로 투쟁을 선동하는 것은 모든 역사의 적이다.

참고로 인류학자는 문화를 아예 문화복합(culture complex), 혹은 문화체계(culture system)라고 한다. 이는 문화와 역사를 과학적 인과로 설명하는 것은 문화와 역사를 너무 단순화시키는 우를 범하는 것일 뿐만 아니라 어떤 관념적 틀에 억지로 꿰어 맞춘다는 지적을 면하기 어렵다는 것을 말한다. 그래서 나는 다원다층학의 인류학, 예술인류학을 주창한 바 있다(『한국 문화와 예술인류학』 1922년, 미래문화사 발행, 참조). 선생은 '민족과 혁명'의 논리에 입각하여 논리전개를 하겠지만 나는 그보다는 차라리 업(業), '업보(業報)의 논리'로 우리 사회의 문제를 바라보고자 한다. 이런 업보의 시각이야말로 우리 민족의 한(恨)과 '과거청산'이라는 한풀이, 온통 귀신(鬼神)의 사회로 돌변하고 마는 사회현상들에 대해 답을 줄 수 있기 때문이다. 억눌린 감정인 한(恨)이라는 것은 지배당한 민족의 과거지향적 정서총합이며 심리복합이며 문화체계이기 때문이다. 이것을 솟아오르는 감정인 흥(興)이나 신(神)으로 돌리지 않으면 우리 민족에겐 희망이 없게 된다. 흥이나 신은 바로 현재체이고 미래체이기 때문이다.

인간의 어떠한 문화현상도 문화인류학자에게는 다원다층의, 중층의 원인과 결과의 산물이다. 문화현상들은 대체로 이중성과 애매모호함을 보인다. 예컨대 파시즘에도 파시즘의 필요성과 불필요성이 있고, 제국주의에도 식민지의 지배와 근대화라는 이중성이 있고, 민족주의에도 역사성과 신화성이 있다. 어느 한쪽만을 고집하면 결국 그 본체를 다 볼수 없다. 어떠한 본체와 본질도 실은 원융적이다. 원융적이라는 말은 순환적이라는 말이고, 어느 쪽이든 피드백적이라는 말이다. 이를 과학화하는 사람들은 끊어서 가급적이면 원인과 결과, 더 정확하게는 일인일과(一因一果)로 증명하고자 한다. 세상사에는 다인다과(多因多果), 일인다과(一因多果), 다인일과(多因一果)도 얼마든지 있다. 과학화하는 사람들은 단순화시키고 싶어 하고, 법칙화하고 싶어 하고, 명확하게 증명하고 싶어 한다. 그러나 법칙은 법칙만큼 보는 것이다. 문화현상, 문화복합들이 얼마나 얽히고설켜 있는지 알 필요가 있다.

인생을 과학적 인과(因果)의 결과라고 할 수도 있겠지만, 그것보다는 인과응보(因果應報), 우연성의 개입을 허용하는 연기(緣起)에 더 가깝다. 불교의 인과응보와 업(業)은 과학적 인과와는 달리 직접적인 선후관계가 아니라 도리어 간접적이거나 우회적이고 때로는 불쑥 솟아오른다. 불교적 연기론(緣起論)은 현대적으로 보면 사물을 순환적으로 보는 순환론(循環論)에 가깝다. 그렇다고 연기순환론(緣起循環論)이 인과를 따지지 않거나 따지지 못하는 것은 아니다. 단지 따지는 데 있어서 조심스럽다. 그러한 점에서 인간의 삶에 대해, 집단의 삶에 대해 페르낭 브로델의 '장기지속'의 시간을 두고, 여러 각도에서 접근할 수 있다는 것은 장점이다. 연구의 폭과 깊이를 더할 수 있기 때문이다. 아마도 내가 독자 여러분에게 앞으로 밝힐 '한국 문화의 심층구조―여성주의'와 같은 것은 이런 장기지속의 시간을 두고 연구한 결과일 것이다. 우리 민족은 왜 공격적이지 않고 수비적이며, 수비적이다 보니 저항적이고, 저항적이다 보니 저항이 정의인 것처럼 생각하는가? 이것이 한국 문화 문법의 '사대와 저항'의 이중주이다.

물론 때로는 인과나 인과응보도 설명의 충분함에는 도달하지 못할 것이다. 이 말은 특정 분과학문으로서 특정시기의 민족적 삶과 고통에 대해 연구를 한다고 해도 결코 완전한 해명이나 해석에는 도달하지 못한다. 인간의 삶에 대해 도대체 완전하게 과학적으로 인과를 밝혀낼 학문이 어디에 있겠는가? 학문이란 어차피 분석적으로 하며, 그 분석에 있어서도 분과학문의 방향과 관심과 맥락에서 실시할 뿐이며, 마지막으로 종합한다고 해서 연구대상을 총체적으로 복원할 수 있는 것도 아니다. 지나간 시간은 아무리 많은 기록을 가지고 있다고 하더라도 완전히 복원하지 못하는 것이다. 차라리 완전히 복원하지 못하는 것은 다행이다. 완전히 복원한다는 것은 과거로의 완전한 이행이 되고 과거로의 이행은 미래로의 완전한 이행도 가능하다는 것을 말한다. 그러면 현재의 의미, 나아가 시간의 의미는 무화가 된다. 따라서 공간의 의미도 무화가 된다. 물론 과거와 미래의 의미도 무화가 된다. 시간의 불가역성은 인간존재의 한계이기도 하지만 동시에 인간존재 의미의 원천이다. 하지만 그런 불가역성 속에 존재하는 문화적 인자 같은 것을 없을까? 예컨대 한국 문화의 망국의 유전인자와 흥국의 유전인자를 밝히는 일은 문화인류학도인 나에게 참 흥미진진한 일로 생각되었다. 한국의 민주주의는 민족주의와 민중주의의 포로가 되어 왜곡되고 있다. 그런데도 한국인들은 민족주의와 민중주의에 의해 자신의 정체성을 되찾는 것처럼 착각하고 있다. 이게 한국 지성사의 현주소이고 한 특징이다. 이러한 착종과 왜곡은 어디서 오는가? 이것은 민족주의도, 민중주의도, 민주주의도 아니다. 서로가 서로를 상쇄하고 무화시키는 이데올로기의 괴물이며 이로 인해 발생하는 것은 현실의 희생일 뿐이다.

선생의 책을 읽으면서 시종 문화적 유전인자, 업종(業種) 같은 것을 상상했다. 분명하게 느낀 것은, 오늘을 사는 우리에게도 아직도 1백여 년 전 조선조가 망하고 일제 식민이 된 업보가 아직도 가시지 않고 심각하게 억누르고 있구나 하는 사실이다. 이것을 두고 문화적 유전이라고 해도 틀리지 않을 것 같다. 우리 한민족에게는 분명히 '망국의 유전인자'가 있었다. 불행하게도 권력엘리트들의 반(反)노블레스 오블리주로 인하여 '반체제=반정부=정의'라고 하는 부정적 등식의 성립이 그것이다. 나라는 좁고 산물은 부족하였던 나라에서 정치적이지 않으면 안 되는

'생존전략으로서의 정치성=당파성'이 필요했던 삶의 환경이 조건을 형성하고 있다. 나는 감히 말하고 싶다. 망국의 유전자의 핵심정체는 분열성, 당파성이라고……. 이것은 밖으로 팽창해 보지 못한 민족의 안으로 분열하는 여성적 질투에 속한다. 여기에 더하면 우리 민족은 국가를 만드는 압력을 견디지 못하는 태생적 자유주의자, 혹은 태생적 무정부주의자라고 말하고 싶다. 무정부주의나 페미니즘은 개인에게는 좋다. 도리어 개인적 완성은 무정부주의나 페미니즘에서 완성된다고 해도 과언이 아니다. 그러나 국가는 그렇지 않다. 역사와 국가는 개인적 완성을 위해서 있는 것도 아니고 집단적 공동선을 위해서 있는 것도 아니다. 역사는 강자가 지배하는 약육강식이며 단지 그것을 기술적으로 은폐하는 기술이다. 강자의 안에 공동선도 있는 것이지, 강자의 밖에 공동선이 있는 것도 아니다. 강자와 강자 사이에는 경쟁이 있을 뿐이다.

우리 민족은 마을사회 정도, 산과 산 사이에 골짜기에서 오순도순 살아가는 부족사회가 적합한 민족인지 모른다. 75%가 산인 우리 강토, 산과 산 사이에 길을 만들고 도시를 만들고 저마다 '작은 신'들을 모시고 살아가는 소박한 민족이 우리 민족인지 모른다. 그 땅에서 배산임수의 풍수지리학을 만들어 명당자리를 찾고 살아가는 자연주의자, 이것이 우리 민족의 유전인자인지 모른다. 이것을 여성적 평화주의라고 하면 어떨까. 오랜 농업사회에서의 배타성과 정체성, 질투는 우리를 약소국으로 만드는 인자이다. 물론 그 반대인자인 유목사회의 이동성과 진취성, 적응력은 오래전에 잃어버렸다가 최근세사 제3공화국에서 경제개발에 이은 세계시장 개척과 더불어 부활하여 우리를 OECD국가로 만들었다. 그러나 아직 바로 농업사회의 여러 모습들이 우리의 갈 길, 선진국으로의 발목을 잡고 있다. 흔히 작은 나라와 후진약소국의 경우, 여성적 평화주의의 경향이 많다. 이제 기껏해야 '소중화(小中華)', 시대착오적인 소중화에서 벗어나야 한다. 중국의 마오이즘은 그러한 소중화주의의 현대판일 것이다. 그의 마오이스트적 경향은 등소평의 수정주의를 싫어하는데 이는 명나라를 숭배한다고 청나라를 업신여긴 인조반정 세력들의 실수를 보는 듯하다. '사대(事大)-소중화(小中華)'의 나쁜 유전인자를 찾아내어 다시 유전자조작을 하여 '독립(獨立)-흥국(興國)'의 새로운 유전자의 조합에 성공하여야 할 것이다. 밖으로 사대하면서 정작 안으로는 분열하는, 아니 밖으로 사대하기 때문에 그것이 안으로는 분열이 되는 문화인자를 바꾸어야 할 때가 되었다.

『대화』는 인류학자인 나에게 문학작품 못지않게 개인사적인 일대기이면서 동시에 훌륭한 민족지(ethnography)로서의 구실을 하는 것으로 받아들여졌다. 책을 읽으면서 시종 분명 선생은 '영웅이 되기 위해 영악하게 산 사람'도 아니고 나도 '아무런 강제 혹은 강박관념이 없이 생각하는데' 대척점에 서 있으니, 마치 지구의 반대편 사람을 만나는 듯한 어색함과, 혹은 거울을 보는 기분이었다. 선생은 1929년생이니까 1950년 6·25동이인 필자와는 완전히 한 세대 차이가 나는 셈이다. 그런데 선생은 필자보다 진보적이고 한 세대 차이가 나는 필자는 매우 보수적이라는 데에 시간의 역류 같은 것을 느끼지 않을 수 없었다. 그렇다고 선생이 어떤 제삼자에게 단순히 의식화될 사람은 물론 아니고, 나도 의식화당할 사람은 아닐 정도로 공부를 했다고 자부하니, 때로는 매우 재미있는 영화를 보는 기분으로, 이 공즉시색(空卽是色), 색즉시공(色卽是空)의 포인트를 바라보기도 했다.

　사실이 중요하지만 똑같은 사실을 가지고도 얼마든지 정반대의 해석이 가능하며, 예컨대 한 사람을 천사로도 만들 수 있고, 악마로도 만들 수 있구나를 느끼면서 새삼 논리라는 것의 허무함이나 허구성에 놀라지 않을 수 없었다. 인간은 긴장하지 않으면 쉽게 '이데올로기의 노예'가 된다. 처음에 과학적이었다고 저절로 나중에도 과학적이 되는 것은 아니다. 과학자들도 때로는 주술(呪術)의 유혹에 빠지기 쉽다. 인간이 만든 텍스트라는 것이 그 텍스트가 만들어진 컨텍스트(상황, 경우)를 감안하지 않는다면 전혀 무의미한 것이 될 수도 있다는 것을 느꼈다. 이 책은 따라서 공즉시색, 색즉시공을 통한 무화(無化)의 과정을 가기 위한 논리적이고 이성적인 과정이다. 그 과정 중에는 진지하고 엄정하겠지만 그것이 소정의 목적지에 도달하면 타고 온 배를 버리는 불교적 제도(濟度)의 공사가 될 것임을 미리 전제한다. 논리와 이성이라는 것도 충분히, 얼마든지 희화화될 수 있는 논리게임이라는 것에 독자들이 도달하였으면 하는 마음이다. 이는 역사를 가볍게 보려는 것이 아니라 역사를 해석하는 것은 어차피 역사가 아니며, 역사는 한 가닥의 해석이나 하나의 측면으로 온전함을 드러낼 수 없는 총체적인 것이며, 이 총체성을 하나의 방법이나 이론 혹은 이데올로기가 독점하면 바로 우상에 빠진다는 것을 경계하고자 함이다.

서론은 그만하고 이제 본론에 들어가야겠다. 우선 이영희 선생의 『대화』에서 가장 두드러진 특징은 박정희에 대한 평가에서 편파적이라는 점이다. 심각한 불공평한 태도와 불공정과 심지어 병적이고 악의적인 대목마저 눈에 띈다. 선생의 고백에서 박정희 정권 18년간과 그 후 전두환 정권기간은 그에게 악몽과도 같은 시기였기 때문에 인간이면 결코 냉정하고 객관적으로 평가하기 어려운 점이 있음을 십분 이해할 수 있다. 한 인간이 그에게 '죽음의 공포'를 준 인간에게 객관적이 되거나 우호적이 되라고 하는 것은 기대하기 어렵다. 인간은 집단의 구성원이기 이전에 분명 하나의 개체이기 때문이다. 그러나 그가 주장한 민주주의라는 것은 지역적(한국의) 특수성을 전혀 고려하지 않은 절대적 신앙과 같아서 결국 순교자의 길을 스스로 선택한 것이나 마찬가지이다. 그런데 한 사람은 비판하는 입장이고 다른 한 사람은 비판당하는 입장이지만 두 사람 사이에는 공통점이 있다. 한 사람은 '민주주의라는 종교'의 순교자였다면 다른 한 사람은 '조국 근대화라는 종교'의 순교자였으니 말이다. 두 사람은 운명적으로 극단에서 맞선 인물이었다.

이 책의 '30년 동안 시달린 어둑서니의 공포'에서 그는 "박정희와 전두환의 공포통치 아래서 20~30년 동안 어느 밤이건 마음 놓고 편안하게 잠들었던 일이 없었던 삶의 실제 체험이 잠재화한 결과가 아닌가 싶어요"(148)라고 실토한다. "자살이 유일한 구원으로 다가온 군인정권 30년을 살아온 결과이지"(149)라는 대목도 있다. 하나의 정권이 한 사람을 이렇게 죽음으로 몰고 가도 좋은지, 답답한 마음 금할 수 없었지만, 그 정권은 왜 이 땅에 필연성을 가지고 태어났던가, 만감이 교차했다. 그렇더라도 지금에 와서 이미 과거지사가 된 마당에, 민주화도 되고 새옹지마가 된 마당에, 대승적으로 개발독재와 민주운동권의 상호이해와 화해를 할 수는 없었는지, 안타까움이 앞섰다. 그와 동시에 우리나라의 '살아 있는 지성인'답게 자신과의 반대 입장마저 포용하여 보다 객관적으로 사태를 평가할 수 없었을까 하는 기대를 해 보기도 했다.

물론 박정희의 '10월 유신'에서 비롯되는 유신체제는 민주주의의 발전단계로 볼 때, 혹은 박정희의 개인사로 볼 때도, 그의 결정적인 실수이고 소위 총통제로 향하는 정치적 후퇴 내지는 암흑이었다고 말할 수 있지만, 박정희의 혁명 후 10년간(61년부터 71년까지)의 경제개발정책을 비롯한 국민소득 증대 사업은 역사적으로 볼 때 미증유의 빛나는 성과였다는 것을 부정하기 어렵다. 박정희는 우리 근대사에서 처음으로 플래닝(planning)이라는 말을 쓰고 국가운영을 계획적으로 추진해 나간 주도면밀한 인물이다. 말하자면 한국인의 가장 눈에 띄는 결점인 '계획 없는 성격'을 완벽하게 보완해 낸 불세출의 인재였다. 민주세력들의 결정적 약점은 한 사람을 평가할 때 그의 전반을 평가하지 않고 언제나 마지막만을 평가하고 결점만을 들추고 다른 훌륭한 점은 애써 없애 버리는 데에 있다.

먼저 박정희 정권에 대한 종합적인 평가에 해당되는 대목과 구절을 살펴보자. 이는 북한을 북괴라고 부르는 호칭의 잘못을 꼬집는 대목이면서도 남한의 박정희 정권을 어떻게 생각하고 있는가를 상징적으로, 반사적으로 보여 주고 있다는 점에서 주목된다. 말하자면 북괴는 북괴가 아니라 엄연히 어떤 다른 나라의 괴뢰도 아닌 독립국가인데 남한은 그렇지 않다는 것을 은연중에 보여 준다.

> "'북괴'와 같은 용어를 사용한 것으로 인해, 극우·반공적 독재정권의 왜곡된 실체를 정확하게 인식하지 못하게 되었다고 인식하고 있었어. 이를테면 부패 타락한 박정희 군사독재 정권을 놓고, 마치 '세종대왕의 재현'이니 또는 '민주주의'라고 표현하고 착각한 것이라든가, 한국 사회의 온갖 도덕적 타락과 윤리적 파괴를 두고 이를 무슨 정상적 사회생활이나 행복과 발전으로 착각한다든가……."(373)

박정희가 1971년 3선 개헌을 통해 대통령에 당선된 뒤, 취임식에 참석한 일본축하 사절을 설명하는 대목에서 박정희를 참으로 모멸적으로 그리고 있다.

> "일본군이 과거에 자기들 졸개였던 박정희라는 자가 대통령이 된 것을 축하하기 위해 왔다."(419)
> "박정희 정권의 일정한 물질적 성과를 마치 박정희 대통령을 뛰어난 정치적 지도자로 착각하는 사람들도 꽤 많은데, 사실은 이상과 같은 미국의 세계적 체제경쟁 배경 때문이었다는 국제정치를 알 필요가 있어요."(292~296)

이에 앞서 박정희가 5·16쿠데타 후 미국을 방문하여 케네디 대통령과 만날 당시의 묘사를 통해 "마치 옛날 왕조시대에 세자책봉이나 왕위계승의 윤허를 얻고 조공을 바치기 위해서 상전의 나라 중국을 찾아가는 꼴로, 케네디 미국 대통령을 알현하기 위해서 간 셈이지"(275)라고 말한다. '김재규의 박정희 사살사건'(297) 등에서 그의 표현은 이성을 잃고 있음을 알 수 있다.

물론 "나는 박정희의 영구집권체제가 굳어지는 이 같은 상황에서 자살충동이 일 정도로 절망적이었어"(421)라는 대목에서 그가 단말마의 고통을 받고 있음을 느끼게 한다. 그런 때문인지 말끝마다 '보수·우익·반공·독재'라고 체제 쪽을 규정하면서 적의를 불태우고 있었다. 상대방을 적으로 규정해 놓고 살아가는 투사의 모습이다. 그렇다면 반체제만이 정의였을까? 문화를 바라볼 때는 '이해의 측면'에서 바라볼 수도 있고 '경쟁의 측면'에서 바라볼 수도 있다. 이것은 둘 다 정당하고 효율적인 것이다. 그러나 이해의 시각에서 바라보아야 할 때 경쟁의 시각으로 바라보고 경쟁의 시각에서 바라보아야 할 때 이해의 시각으로 바라본다면 이는 부당한 것이고 비효율적인 것이다. 그런데 문제는 이영희 선생은 경쟁의 시각에서 보아야 할 때 이해의 시각에서 보고 이해의 시각에서 보아야 할 때 경쟁의 시각에서 보는 경향이 있다는 점이다. 북한에 대해서는 대체로 이해의 시각으로 일관하고 있고 남한에 대해서는 경쟁의 시각, 반체제의 시각에서 보고 있다. 이것은 잘못하면 적을 이롭게 하는 것이다. 이런 점에서 이영희 선생의 시각은 크게 편향되어 있다고 보는 것이다.

필자는 여기에 동의하고 싶지 않다. 심지어 어떤 운동권 인사는 박정희 치세의 경제적 성공을 무시할 수는 없고 외면할 수도 없으니까, 그 공이 '어찌 박정희의 공이냐, 국민 모두의 공이다'라고 말하는 해프닝도 있다. 물론 어떤 시대든 잘했건, 못했건, 성공했건, 실패했건 간에 국민의 공이고 결국 국민은 그 역사에 권리자이고 책임자이지만 말이다. 그러나 우리가 어떤 지도자의 치세를 말할 때 잘한 것을 가지고 그 지도자의 공으로 돌리는 것은 역사의 정리방식이다. 만약 그렇다면 독재에 편승하거나 아부하거나 심지어, 그를 지지한 많은 국민(반체제를 지지하는 국민보다는 체제를 지지하는 국민이 더 많았다)은 어떤 국민이고, 그 국민은 역사의 참여자가 아니고 죽어야 한다는 말인가? 여기에 민주운동권 세력들의 심한 자기모순, 자가당착이 도사리고 있다. 저들은 많은 다수의 국민들을 저들이 저주해 마지않는 '소외의 방식'으로 소외시키고 있었다.

모든 반체제세력들은 자신의 활동이 정의라는 것을 확인하기 위해서 스스로 순교자라고 의식화한다. 순교라는 것은 숭고한 일이고 이런 일에 자신의 목숨을 바치는 것은 결코 헛된 일이 아니라는 것을 확인받는 것은 중요한 의식행위이기 때문이다. 그래서 필요할 경우 순교를 위한 가상의 목표를 정하게 되는데 흔히 70, 80년대 우리나라 특히 학생운동권의 경우 NL(NLPDR＝민족해방인민민주주의혁명)이니, PD(AIAPPDR＝반독재반파쇼인민민주주의혁명)니 하면서 두 패로 갈라졌다. 이것은 참으로 어처구니없는 일이었다. 어떻게 자유민주주의(LD) 혹은 한국적 민주주의(KD＝KDLD)를 위한다는 것이 사회주의 계열의 민주주의 운동의 길로 잘못 들었다. 도저히 합리주의적 판단으로는 이해가 가지 않는 대목이다. 단지 이 사태를 우리 문화의 내재적 원리, 인터서클로 보면 해석은 된다. 쉽게 말하면 남북분단 상태에서 반정부투쟁을 하다 보니 가장 효과적으로 한다는 것이, 그렇게 된 경우일 수도 있고, 다른 하나는 한국 문화의 심층구조에서 기인하는 것으로 훌륭한 가장으로부터 제대로 보호를 받지 못한 가정의 '바람난 가족'과 같은 상황으로 설명할 수 있다. 이 '바람난 민주주의', '해방구가 된 민주주의'를 어떻게 극복해야 할지, 참으로 난감하기만 하다. 제대로 가부장의 역할을 한 박정희를 그렇게 난도질하고 매도하고 어떻게 국가를 이끌어 갈지 의문이다.

박정희 체제 내에서 반체제운동을 하다 보니, 운동 혹은 순교의 목표를 정해야 하는데 효과적으로 투쟁하기 위해서는 상대방, 즉 정부 쪽을 강력한 독재로 규정해 놓고, 그것도 피도 눈물도 없는 구제불능의 악마와 같은 독재로 규정해 놓고 자신들은 철저히 민주주의라는 종교를 위해 성전을 하는 근본주의자에 속하는 순교자로 의식화하는 방식이다. 그래서 어떤 타협도 없이 성전에 참여하는 숭고한 순교자가 되는 셈이다. 그런데 그들은 이상적 목표로서 일반적 공산사회주의 혁명노선인 PD와 북한식 노선인 NL을 투사하였던 것이다. 그렇게 함으로써 민족해방과 반독재반파쇼 투쟁의 힘을 얻은 것이었다. 당시 전국의 지식인들과 문학예술인, 대학생들의 상당수가 이곳에 빠져 있었으니, 참으로 '외래 이데올로기의 충복'다운 성스런 일이었다. 이는 마치 외래 이데올로기란 씨앗을 받은 여성이 그것을 키우기 위해 최선을 다하는 모습과 같은 지극한 '문화적 여성주의'라고 볼 수 있다. 그러나 이런 일련의 반체제 성향을 보면 이들이 겉으로 표명하는 캐치프레이즈가 있긴 하지만 우리 문화의 내재적 원리로 보면, 일종의 불안정한 가장(통치세력) 아래에 있는 식구들(국민들)의 연속적인, 습관화된 '외세의존의 사대주의' 혹은 '체제내적 반항 혹은 불신임'이라고 볼 수 있다.

가부장 사회(국가 사회)에서 여자의 운명은 남자를 잘 만나느냐에 따라 운명이 결정된다. 물론 여자 스스로 운명을 개척하는 경우도 종종 있지만 그것은 확률적으로 매우 드물다. 결국 여자의 운명은 뒤웅박 팔자인 것이다. 한국의 경우 쉽게 말하면 남자를 잘못 만난 여자의 기구한 팔자에 비유할 수 있다. 열심히 살지만 결국 사회(국제사회)에서 여러 형태의 권력경쟁에서 밀리고 상처받고 시달리면서 살아가는 '사나운 팔자'(국운이 나쁜)인 것이다. 이런 불행한 여자들은 결국 한(恨)이 쌓이고 심한 심리적 강박관념에 의해 극단적인 조울증(燥鬱症) 행태를 보이거나 가학증, 피학증, 성도착, 환상 등 정신신경학적 현상에 노출된다. 정신신경학적 질환의 가장 큰 특징은 내부순환 메커니즘에 따라 스스로 벗어나기 어렵다는 점이다. 우리 민족은 지금 집단적 질병에 걸려 있다. 스스로 옳다고 할수록 스스로 옳지 않다. 스스로 정의라고 할수록 스스로 정의가 아니다. 이런 경우 사태를 객관적으로 볼 의사의 진단이 필요하다. 그런데 그 의사는 우리 문화를 내부와 외부에서부터 동시에 판독하고 이해하고 객관적으로 처방할 수 있는 명의가 필요한 것이다. 그래서 '민족의 밖에서 민족을 보는' 이 책의 인류학적 관점이 필요하다.

우리 역사를 보면 결국 '사대(事大)와 일탈(逸脫)', '사대(事大)와 저항(抵抗)' 혹은 '자주(自主)와 일탈(逸脫)', '자주(自主)와 저항(抵抗)'의 이중주로 볼 수 있는데 이런 현상들은 제대로 된 가장(통치세력)을 만나지 못한 식구(국민)들의 스트레스에 기인하는 것이다. 그 스트레스는 평소에 적절하게 소화되었어야 한다. 제대로 된 가장은 가정을 다스림에 있어서 적당한 스트레스(stress)와 그것에 적당한 필요(need)를 가족들에게 제공한다. 물론 이 다스림에는 다소 억압도 있는 것이 사실이지만 결과적으로 가족들로 하여금 적당하게 미리 긴장하게 하고 적당하게 훈련시킴으로써 사회에 제대로 적응하게 하는 것이다. 그러나 제대로 된 가장이 아닌 경우에는 그 스트레스와 필요의 조정에 실패하여 평소에 아무런 긴장을 주지 않고 방임하다가 갑자기 극복하지 못할 스트레스를 주거나 그로 인해 해결방안도 주지 못하고 낭패에 빠지게 만든다. 쉽게 말하면 '부도난 집안'으로 만드는 것이다. 한국의 경우 강대국에 사대를 하다가 어느 날 갑자기 그런 평화스런 관계를 깨고 일탈하고 만다. 물론 여기엔 굴욕을 참지 못하겠다든가, 민족자결이라든가, 자유를 달라든가 등 여러 이유가 있겠지만. 아니면 다른 강대국의 등장으로 본의 아니게 결국 어느 쪽에 사대를 하여야 하는가, 선택을 하지 못하는 가운데 전쟁의 소용돌이에 휘말리고 만다. 어느 강대국에 충실할 것이냐를 두고 내분에 휩싸이기도 한다.

70, 80년대 운동권의 좌익 성향은 바로 이런 사회병리학, 혹은 문화병리학적 현상에 속한다고 볼 수 있다. 사대를 하다 보면 남(다른 나라)의 가장(통치자)만 대단하게 보이고 결국 자기(자기 나라) 가장은 우습게 보

이게 되고, 이에 반기를 들다 보니, 이것은 습관화된다. 우리나라 민란이나 반란 등 민중운동이라는 것이 바로 이런 경우에 속한다. 처음엔 반항을 하다가 그것이 습관화되면 외도도 심각하게 생각하지 않게 된다. 여자들의 외도는 가부장사회(국가사회)에서 매우 위험한 것인데도 그렇지 않은 것처럼 착각하게 된다. 물론 그 외도에 대한 제재는 강력하다. 그 제재는 권력에 대한 도전이기 때문에 죽음으로 갚아야 하는 경우가 많다. 외도를 하다가 질이 나면 자신도 모르게 적과의 동침까지 해 버린 형국으로 발전하게 된다. 그러니 결국 실질적으로 자기의 주인은 남편이 아닌, 집 밖의 제3자가 된다. 이것을 '바람난 가족'이라고 하지 않고 어떤 이름을 붙이겠는가. 한국의 민주주의 운동이 부르짖는 '민족과 혁명'이라는 것이 결국 '사대와 저항'의 문화메커니즘에 의해 배태된 안티테제이다.

이러한 운동은 겉으로는, 슬로건으로는 매우 주체성이 있는 것 같지만, 주체성이라는 것이 민족이나 국가의 내분에서 출발하기 때문에 실은 다른 국가와의 관계에서 볼 때, 주체적이 아니다. 도리어 주변 강대국에 잡아먹힐 기회를 제공하는 것이 된다. 남북한은 불행하게도 주체와 자주를 주장하면서도 실질적으로 내분(내란)에 치중하고 그것을 확보하고 독립자존을 성취하는 데에 결과적으로 실패할 확률이 높다. 이는 결국 뭉쳐야 할 때(합할 때) 뭉치지 않고(합하지 않고) 분열하기 때문에 힘을 모아야 할 기회를 상실하게 된다. 내분으로 적을 막는 경우는 거의 없다. 구한말 대한제국은 친일파, 친청파, 친로파, 친미파 등 여러 갈래로 나뉘었지만 결국 미국과 일본의 태프트 카스라 밀약에 의해 한반도의 경영권이 일본에 넘어가고 일본은 그 후 여세를 몰아 청일전쟁과 노일전쟁을 승리로 이끌면서 한반도에서 일제 식민을 실현한다.

이상하게도 한국인은 이이제이(以夷制夷) 방식을 택하는데 이것은 어느 정도 국력이 있을 때에 해당한다. 그런데 아무 국력도 없는 나라가 주제넘게 그 방식을 쓰니 그 방식에 넘어갈 강대국이 어디에 있겠는가. 자기 꾀에 자기가 넘어가는 형국이다. 이것은 한국인의 자기배반, 자기 모순에서 비롯된다. 한국인은 이상하게도 심리적 강박관념으로 인해 자기배반으로 자기 무덤을 파는 경우가 많다. 북한에서의 사회주의 혁명은 이미 김일성-김정일 왕조체제가 실패로 끝났고 남한에서의 사회주의 혁명은 남한의 국부를 좀먹고 있다. 결국 한반도에서의 사회주의 혁명노선은 남북 모두에서 실패하게 되는데 민족이니, 민중이니 떠드는 사회주의 혁명노선이야말로 바로 심리적 강박관념에 따른 자기배반에 속하는 일들이다. 바로 그 자기배반 때문에 통일을 앞세우지만 주변 강대국에서 승인하지 않는 관계로 미래가 어둡기만 하다. 한국인은 그렇게 당했으면서도 강대국의 생리를 모른다. 제국주의는 반제국주의 운동을 한다고 없어지는 것이 아니다. 한 제국이 망하면 다른 제국이 들어서는 게 인류문화의 영원한 운행원리이다. 제국주의를 막는 유일한 길은 국력을 키우는 일이고 나아가서 제국주의를 하는 일이다. 이는 공격이 최상의 수비라는 이치와 같다. 그런데 이 원리를 한국인은 모른다.

자기배반, 자기도착의 원리에 의해 도리어 적을 이상으로 설정하고 투항하는 그런 운동은 '사대와 일탈'의 원리에 의해 비롯되었으며 오늘날 '민족과 혁명'이라는 원리도 그 변형의 하나이다. 이것은 일부 운동권에 의해 통일(통합)의 원리로 선전되고 있지만 이것이야말로 분열(분단)의 원리에 지나지 않는다. 한반도를 둘러싼 주변 강대국들은 이것을 용인하지 않기 때문이다. 아직도 남한 내에는 민족이라는 이름으로 자신이 몸담고 있는 체제를 부정하고 북한에 이상을 투사하는 사람들이 있다. 집권 세력 중에 이런 사람들이 있으니 남한의 민주, 혹은 통일 이데올로기는 북한 종속성에 빠진 지 이미 오래이다. 그러나 정작 북한은 통일을 이루어 낼 힘(문화능력)이 없기 때문에, 우상국가(偶像國家)의 체제유지에 혈안이 되어 있기 때문에 실현 불가능하다. 북한을 아직도 민주주의(인민민주주의이긴 하지만)로 보고, 북한을 아직도 평화통일을 이루려는 국가로 보는 바보가 있다. 이것이야말로 자기배반의 극치이다. 이것은 남한의 민주주의 운동의 허구와 현주소를 그대로 보여 준다.

정말, 한국에 민주주의가 정착하는 것이 쓰레기통에서 장미꽃이 피는 것과 같은 것일까? 자유민주주의 운동을 위한다는 것이 어떻게 사회주의 운동으로 변모하는가 말이다. 그것도 한두 사람도 아닌 수천, 수만 명이 말이다. 이것은 집단적 광기이면서 집단적 유사 순교행위이다. 이런 북한 중심 사상에 크게 일조한, 아니 이런 운동을 이끌어 간 대부가 바로 이영희 선생이다. 아무리 박정희를 욕해도, 박정희는 어떻든 자유민주주의의 기본 체제 내에서 민족·민주주의를 세우려고 하여 경제적 기반을 달성한 인물이다. 반면 김일성은 공산사회주의의 틀 위에 민족·민주주의를 세우려 했다가 공산주의 이데올로기의 허구성으로 인해 경제적 기반을 달성하는 데에도 실패했다. 백 년 후의 후손들은 어떻게 말할까? 나는 박정희의 성공을 확신한다. 그는 우리 역사에서 보기 드물게, 천재일우의 기회로 얻어 낸, 사대적 문민의 수레바퀴를 거꾸로 돌려 독립자존의 개국을 실현한 인물로 기록될 것이다. 그 국가 만들기의 과정에서 사대적 민주세력에 의해, 친북세력에 의해 파쇼니 독재니 하는 온갖 수모의 소리를 들었으면서도 그는 묵묵히 길을 걸어갔다.

민주주의는 국민의 의식과 소득과 더불어 성장한다. 그러한 점에서 운동권의 운동이 국민의 의식수준이나 소득수준보다는 너무 빨리 앞서 갔다는 말이 성립된다. 바로 너무 앞서 가는 것 때문에, 적절한 수준의 민주화, 점진적 민주화가 이루어지지 않았기 때문에 체제의 탄압과 방어기제도 극단적으로 치달았고, 그 때문에 희생도 컸다고 말하지 않을 수 없다. 크게 보면 개발경제와 민주화운동이 안의 시각에서 보면 대립관계, 적대적의 관계이지만, 밖의 시각에서 보면 상호작용하는 하나의 전체이다. 둘은 서로 상호작용하면서 서로 상대를 이끌어 왔다고 하여야 할 것이다. 이런 시각은 바로 경제성장에도 운동의 성과가 작용하였고 운동의 탄압에도 운동의 급진성이 작용하였다고 말할 수 있다. 도대체 민주화투쟁에서 적당한 선이라는 것을 어떻게 찾을 수 있느냐고 반문한다면, 바로 극단적인 투쟁의 방식이 우리 민족이 균형을 찾아가는 방식이었다고 말할 수밖에 없다. 어느 한쪽만 역사의 공헌자라고 말할 수는 없다. 만약 박정희가 경제개발에 성공을 하지 못하고 단지 독재만 하였다면 이런 말을 할 필요가 없다. 문제는 그가 세계사적으로도 귀감이 될 만한 성공을 거둔 데에 있다. 이 말은 운동권의 운동이 시기상조이거나 극심한 요소가 있었다는 것과, 때로는 성장을 저해하는 요인이 되었을 수도 있다는 것을 말한다.

흔히 과학적이라고 하거나 학문적이라고 하면 으레 자료를 검증하여 귀납적으로 어떤 합리성 혹은 법칙을 도출하는 것으로 알지만 그렇지 않는 경우도 많다. 바로 연역적인 방법을 말한다. 연역적 방법은 아시다시피 흔히 철학이나 문학 등 인문사회과학에 많은데 먼저 어떤 가설(가정)을 정해 놓고 나중에(사후에) 증명하는 방법을 말한다. 이는 인문사회과학의 특징이기도 하지만 과학적 약점이기도 하다. 말하자면 연역적 방법은 흔히 가설에 맞는 자료만 꿰는 경우가 많기 때문에 객관성을 검증하기 매우 어렵다. 얼마든지 그 반대의 경우도 가능하다. 하나의 관점에서 설득력 있게 혹은 일관성 있게 설명해 내면 그런대로 학문적 정합성을 달성한 것으로 보지만 그것이 장점이자 동시에 한계이기도 하다. 이영희 선생의 경우도 사회주의 이데올로기를 시대적 정의(正義)라고 전제해 놓고 그것을 기준으로 한국 사회와 세계 각국의 현상을 바라보는 경향이 농후하다. 그래서 공산-사회주의는 이상적이고 자유-자본주의는 제국주의 종속의 먹이사슬에 매이는 것으로 파악되기 마련이다. 더욱이 자유-자본주의야 경우에 따라 용인할 부분도 많지만 특히 군사독재-수구반동에 이르면 대립각은 첨예하다. 그 때문에 민주화운동 세력들은 군사정권의 경제적 성과에 대해 아예 눈을 감아 버리거나 그 공적을 국민의 것으로 돌리는 은밀한 도모를 한다. 그렇다면 독재를 승인한 과오도 모두 국민으로 돌려야 하는 제로섬게임에 빠진다. 국민만 있고 지도자의 역할과 그 중요성은 무시되는 우를 범한다.

실지로 민주화 세력들은 박정희의 경제개발을 매도하고 방해한 경우가 적지 않다. 대표적인 예로 경부고속도로의 건설을 김대중과 김영삼 야당 지도자는 물론 대부분의 야당의원들은 반대하였다. 어쩌면 사사건건 반대하였다고 할 수 있다. 결국 반대만 하였다고 증언하는 사람들도 있다. 말하자면 반대를 위한 반대를 한 경우가 많았다는 얘기이다. 군사독재, 보수우익반동, 파시스트 박정희는 경제에서도 실패하여야 하는데 성공을 하였으니 '하늘도 무심하시지' 하고 한탄하거나 혹은 '배가 아픈 사람'도 있을 것이다. 이것이야말로 질투라고 하지 않을 수 없다. 박정희의 성공을 매도하거나 질투하는 데에 민주화 운동권 세력들이 모의한 것은 아닌가 싶을 정도이다. 사실 일제 식민지에서 그것도 스스로 독립운동으로 독립을 쟁취한 것이 아닌(그런 점에서 독립운동은 과대평가되었고 동시에 일제 식민의 수탈도 과장되었다. 일제는 조선의 영구병합과 동화정책을 썼기에 공업화와 근대화를 단순히 수탈을 위해 추진하지 않았다), 태평양 전쟁의 결과 일본이 미국에 짐으로써 어부지리로 독립(반독립)한 국민에게 서구 선진국의 민주주의를 행하라고 요구하는 것 자체가 역사적으로 어불성설이다. 이런 요구를 일제의 대체세력으로 들어온 미국이 강요했고 우리 국민은 따랐을 뿐이다. 당시 한민족이 '민주주의를 알았으면 얼마나 알았고, 공산주의를 알았으면 얼마나 알았을까.'

식민 상태의 노예적 습성과 눈치 보는 습성, 생존에 혈안이 된 습성과 민주주의는 실지로 거리가 멀어도 한참 먼 제도였지 않았을까. 이런 것을 미국 제국주의에 의해 견강부회, 억지춘향으로 틀에 맞추다 보니 무엇 하나 제대로 될 리 없었지 않았을까. 과연 당시 선진, 서구 민주주의 방식으로 우리나라가 통치될 수 있었으며, 그런 방식으로 국민의 의사를 수렴하고 정책을 결정하고 자본을 집약하고 산업을 일으킬 수 있었을까. 아마도 십중팔구 의견수렴의 실패, 혹은 집단이기, 지역갈등, 이해관계에 따라 이합집산으로, 예의 우리 민족의 당파성 때문에 오늘의 경제적 성공을 거두지 못하였을 것이다. 좌파적 시각을 가지고 있는 학자들은 심지어 박정희가 경제개발에 성공한 것도 배가 아프고 폄하하고 싶은 심정에서 경제개발계획도 민주당 장면(張勉) 정권에서 4백억 원 규모의 '국토건설사업'을 수립하였던 것을 군사정부가 베낀 것에 불과하고, 박정희 정권이 아니어도 경제개발은 성공했을 것이라고 말하기도 한다. 좌파 이데올로기에 한번 빠진 사람들은 고칠 수가 없다. 이들은 바로 환자이기 때문이다. 저들은 우파들을 보고 보수꼴통이라고 비하하지만 저들이야말로 온통 세상을 비판할 것으로 가득 채우는, 칭찬이나 긍정을 할 줄 모르는 사람들이다. 좌파들은 모든 사회현상을 저들의 틀에 맞는 것만 꾀고 비판하는 것으로 평생을 사는 사람들이다.

좌파운동권들은 경제개발계획이 혁명정권의 합리화를 위해, 정당성을 확보하기 위해 실시한 것일 뿐이라고 강변한다. 민주주의를 전제하면 혁명을 할 권리도 국민에게 있고, 혁명을 막을 권리도 국민에게 있게 된다. 국민에 의한 혁명만이 정당화될 수 있다. 군인도 국민이다. 군사혁명도 부당한 것은 아니다. 군사혁명을 처음부터 부정하는 것은 사대적 문민의 문숭상주의, 문치주의에 지나지 않는다. 역사에서 군인이 국민이 아니라는 말은 성립되지 않는다. 군인이 혁명을 하여서는 안 된다는 말도 없다. 도리어 역사적으로 보면 군인이야말로 혁명을 할 수 있는 매우 유리한 정치세력이고 군인이야말로 혁명에서 제일 빈번하게 성공한 경우이다. 군인은 무기와 명령체계가 있기 때문이다. 민주운동권 세력들은 흔히 군사정권을 운운하면서 군대집단을 무시하는 경향을 보이는데 실은 군대집단이야말로 당시(60년대) 가장 근대화된 세력이라고 말하는 이도 있다.

미국에 가장 먼저 유학하고 미국의 군사제도를 훈련받는 과정에서 가장 먼저 근대의 조직과 그 조직의 운명체계, 효율 같은 것을 습득한 세력이라고 말한다. 정말 민간인이야 오합지졸이었을지도 모른다. 역으로 군대가 있었기 때문에 남한은 비약적으로 발전하였다고 말할 수도 있다. 그 개발독재의 과정에서 희생과 억압은 부산물이었을 것이다.

흔히 경제개발에 성공한 것은 잘한 일이지만 개발독재는 잘못된 것이라고 이분화시켜서 말하지만 개발독재와 경제성장은 불가분의 관계이다. 관념놀이를 좋아하는 학자들은 그렇게 말장난하지만 실은 개발독재는 경제성장의 핵심역할을 한 것이라고 해도 과언이 아니다. 민주세력, 민주운동권의 논리에 의해 언제부터인가 국민으로부터 군인, 무사집단은 소외되고 분리되기 시작했다. 우리 역사에서 문민(文民)은 있어도 무민(武民)은 없다. 이것은 사대적 문민의 당파주의이고 자기배반에 불과하다. 그래서 사대를 계속하지 않으면 안 되는 것이었다. 사대적 문민은 결코 독립할 수 없다. 나라의 독립 혹은 비독립을 결정하는 것은 문민에 의해 결정되는 것이 아니라 실은 무(武)에 달려 있다. 무력과 무사집단이 없으면 결코 나라는 독립할 수 없다.

역동적으로 보면 경제성장에도 민주운동의 공적도 있고 민주운동 세력은 경제성장 이후에 오는 시대를 준비한 공적도 있다. 문제는 성공을 독식하지 말고 함께 나누어 가져야 한다는 것이다. 그런 점에서 역사적 통합과 발전을 위해서 양시론(兩是論)이 필요한 것이다. 그렇지 않으면 민주화 운동권 세력은 자기모순에 의해서 국민으로부터 버림받게 되는 시기가 머지않아 올 것이라고 예상할 수 있다. 경제를 제대로 운영해 보지 못하고 경제가 무엇인지 제대로 인식하지 못한, 관념적 민주주의 세력이 경제를 망칠 것은 불을 보듯이 뻔한 일이기 때문이다. 적어도 경제개발 세력들을 인정함으로써 그들로부터 경제운용방식을 배우고 그렇게 함으로써 국민의 합의를 이끌어 내고 국력을 극대화하는 계기를 마련할 수 있을 것이기 때문이다. 1960년대부터 대한민국의 국력이 성장하였다고 하면 8할은 군사독재정권의 몫이다. 나머지 2할이 그들을 견제한 민주운동권 세력에게 돌아갈 것이다. 그런데 지금 민주운동권의 집권세력들은 박정희에겐 독재만을 주고 10할이 전부 국민의 공이라고 하면서 감언이설을 하고 있다. 바보 같은 국민들은 또 저들의 공인가 주제넘게 넘보고 있다. 지도자의 공이 가장 큰 것이다. 백 보를 양보해도 6할이 군사정권에, 4할이 운동권의 몫으로 돌아갈 것이다. 이 가증스러운 위장과 허영을 막지 않으면 우린 다시 처참한 나락으로 떨어질 것이다.

민주화 정권의 소위 문민정부나 국민의 정부, 참여정부가 명심할 것은 바로 현 상태의 역사적 진보나 발전을 그들의 성공으로 치장하지 말아야 하는 점이다. 그렇게 생각하면 할수록 그들은 경제개발에 무임승차하면서도 그렇지 않은 것처럼 행세하고 결국 국부를 탕진할 것이기 때문이다. 바로 민주화를 단세포적으로, 일방적으로 절대 명제화한 것 때문에 실은 '문민정부'에서 IMF가 왔고, 그 후 IMF를 처리하는 과정에서 '국민의 정부' 시절 국부를 해외에 건네주었다. 민주를 운운하는 세력들은 하나같이 경제를 망치고 있으니 그 민주주의가 공리공론의 전통을 계승한 것임에 틀림없다. '참여정부'에 들어 빈부격차, 소득불균형 등의 문제를 들고 나오면서 마치 계급투쟁을 방불케 하는 국민분열과 대립조장으로 나머지 국부를 소진하고 있다. 특히 친일청산 등 과거사 정리 등의 깃발을 들고 나와 도덕성을 강조했던 참여정부는 현재(2006년 8월) 말기증세의 하나로 '바다이야기' 등 주택가에 컴퓨터 게임 도박장을 난립케 해 퇴폐와 부도덕의 본색을 드러냈다. 종전까지 허가제이던 도박장을 등록제로 했는데 세상에 도박장을 등록제로 한 나라는 대한민국밖에 없을 것이다. 등록만 하면 도박장을 내준다는 것은 나라를 온통 도박장으로 만들고자 하는 정신 나간 정권이 아니면 어찌 이런 일이 일어나겠는가. 역대 어떤 정권도 이런 나쁜 짓을 하지 않았다. 절대 도덕주의

자들은 꼭 뒤에서 더욱 불평등을 심화시키고 부도덕한 짓을 한다.

민주주의와 마찬가지로 남북통일도 절대 명제화하여서는 안 된다. 절대 명제화한 특정 관념의 틀에 역사를 재단하고 특정 이데올로기에 의존해 시장을 통제할 수 있다고 생각하는 집권 급진좌파 세력들은 지금 자화자찬의 포트라치(potlatch)에 빠져 있다. 국부를 소진하면서 계속 제잘났다고 불더미에 재화를 던지며 자신의 정치적 지위와 권위를 즐기고 있다. 선진국에 진입하려면 아직도 자본집중과 생산성을 높여야 하는 일에 주력하여야 하는데 벌써 복지와 분산에 정책의 우선순위를 두며 국민들의 환심을 사서 정권의 연장에만 부심하고 있으니 참으로 다른 나라를 지배할 선진국이 될 수 있는 천재일우의 기회를 놓치고 있다. 성장하지 않으면 후퇴하는 것이 경제이다. 만약 여기서 성장하지 못하면 다시 후퇴하여 필리핀이나 남미와 같은 꼴로 전락할 위험이 다분하다. 이는 또다시 지배를 당하는 국가의 길로 접어들게 된다. 지배를 당하는 길로 대세가 결정되면 아무리 몇몇 유능한 개개인이 그것을 극복하려고 해도 되지 않는다. 우리는 어쩌면 다시 지배를 받고 '억압과 저항'이라는 우리 삶의 문법에 충실하기 위해서 시련을 자초하고 있는지도 모른다. 이 무슨 운명의 장난인가. 문민정부는 민주주의와 5공청산의 이름으로 자행된 '탕아의 정부'였고, 국민의 정부는 민주주의와 통일의 이름으로 자행된 '사이비 교주의 정부'였고, 참여정부는 민주주의와 과거청산의 이름으로 자행된 '조폭 정부'였다. 종합적으로는 민주주의라는 이름으로 자행된 '국가 만들기 미숙'의 정부였다.

문민정부 이후 남한은 거대한 허상과 미망에 빠져 있다. 그 허상과 미망은 유감스럽게도 민족, 민중, 민주라는 미명 속에서 일어나고 있어 그것에서 헤어 나오기도 힘들다. 우리가 지금 민족, 민중, 민주라는 것은 심한 피해의식에서 출발하고 있다. 민족이라는 것은 외세의 침략에 대한 피해의식을, 민중이라는 것은 부르주아 계급에 의한 피해의식을, 민주는 군사독재에 대한 피해의식을 바탕으로 하고 있기 때문에 정작 내용 있는 진정한 민족주의, 민중주의, 민주주의가 되는 것이 아니고 그럴 듯한 용어만을 팔고 명분만을 내세우며 도리어 이것을 가지고 정권의 유지 혹은 선거에서의 승리에 이용하기 때문에 문제가 된다. 이런 일련의 현상들은 그 이름과 달리 자기배반적 성격을 가지고 있기 때문에 결국 민족, 민중, 민주로부터 배반당할 것이며 더구나 그 부산물로 국가재정의 낭비와 국가발전의 후퇴를 가져올 것이기 때문에 경계하여야 한다. 집권세력들은 노골적으로 반미(反美)로 재미를 보고 다시 자주(自主)로 재미를 보고자 한다고 공공연하게 떠들고 있다. 이것은 일종의 감언이설이면서 용어 사용에 있어서도 폭력적 수준이다. 이들의 반미나 자주는 실지로 '공격형 국가로의 전환'을 시도하는 것이 아니라 '수비형 국가의 한풀이'에 지나지 않는다. 정권의 위선과 정략의 속임수에 국민들은 또 속아 넘어가고 있다. 바로 이 사이비 문사계급과 어리석은 국민이 합세하여 나라를 망치고 있는 꼴이다.

문민세력들은 자신들의 과오를 인정하지 않은 채 잘못되면 남의 탓으로 돌리고 있다. 이들 정권의 국부소진의 과정을 지켜보면 바로 민주주의(급진적 민주주의)만이 역사의 정의인 것처럼 떠들고 있지만 정작 민주주의의 정체는 애매하고, 자유민주주의인지, 사회민주주의인지 구분도 애매하고 그 용어마저도 독식하고 절대화하고 있다. 다른 세력들의 민주주의는 정략적이라고 적반하장 격으로 매도하고, 부도덕한 집단으로 몰아가면서 선전, 선동을 일삼고 있다. 정부조직 내에는 각양각색의 위원회를 조직하고, 밖으로는 시민단체나 외곽부대를 지원하고 동원하면서, 국정을 자기 멋대로 농단하는 것은 저들이 그토록 저주한 우파 파시즘이 아닌, 좌파 파시즘을 탄생시키고 있다고 느껴진다. 공산사회주의라는 것은 실은 그 정체가 인류가 인민의 이름으로 만들어 낸 파시즘의 일종이었다는 것이 백일하에 드러난 지금, 해방공간에서의 좌우익

대립보다 더 심한 양상을 보이고 있어 역사적 후퇴를 불러올 위험마저 있다. 이런 과정은 대체로 민주주의라는 허울 속에 사대주의와 당파주의를 은폐하고 결과적으로 사회를 폭력적으로 만들며 국가의 문화능력을 떨어뜨림으로써 국가를 또다시 누란의 위기로 몰아넣을 위험마저 있는 것이다.

단세포적 역사평가, 국민들에게 역사적 안목과 평가에서 어느 일방을 강요하는 것은 역사적 극단주의자들의 광분에 지나지 않는다. 이는 공산사회주의가 공산파시즘으로 변한 소비에트의 교훈을 망각하는 것이다. 역사를 단세포적, 혹은 단편적, 혹은 일방적으로 몰아가는 방식을 채택해서는 안 된다. 이는 거꾸로 말하면 역사평가에서 독재자의 방식이며 강압적인 방식에 속한다. 독재자와 싸우다 보니 저절로 그렇게 된 것인지는 몰라도, 이것은 말로는 민주주의가 성장하였다고 하지만 실질적으로 독재시절의 전반적인 모습을 뛰어넘지 못하는, 재연하는 모습이라고 하지 않을 수 없다. 적대 세력 간에는 자신도 모르게 상대방을 닮아가는 일종의 피드백이 있기 때문이다. 이는 남한 내 체제와 반체제 사이에도 존재하지만 마찬가지로 남한과 북한 사이에도 존재하는 것이다. 세계에서도 유례가 없는 김일성－김정일 독재체제에 휴전선을 사이에 두고 대치하는 남한 정부의 경우, 저절로 독재체제를 요구하는 사회적 강박관념에 빠져들 수 있다.

이승만이나 박정희 정권이 남한 내 반체제 세력들을 친북세력 혹은 간첩세력으로 규정하는 유혹에 쉽게 빠진 것도 일종의 정신신경의 강박관념에서 비롯된 것으로 해석할 수도 있다. 남북분단과 장기간 대치국면은 남북한 모두로 하여금 독재를 닮게 하는 자장(磁場)으로 존재해 왔다. 이는 '폭력적인 아버지를 욕하며 아버지를 닮아 가는 것'과 다를 바 없다. 박정희의 좌익세력 탄압은 분단 상황에서 매우 구조적인 결과였으며 다른 집권자라도 그렇게 하지 않았다고 보장할 수는 없는 것이다.

현재 민주화 세력들은 겉으로는 자신들이 집권한 후 엄청나게 민주화된 것처럼 선전하고 있지만 그것은 '한풀이 민주주의'이지 실은 그 내용에 있어서는 그들의 선전이나 광고만큼 민주화된 것은 아니다. 정작 생산은 없이 정치적 선전에만 치중하는 후기 공산사회의 모습에 흡사하다. 민주주의는 시간을 필요로 하는 것이다. 그 시간을 기다리지 못하니 '민주독재' 혹은 '문민독재'라는 말이 파생하는 이유이다. 이런 극단적인 저항이나 운동, 극단적인 역사평가 방법은 혹시 우리 국민의 국민성에서 비롯되는 것일까를 의심케 하는 대목이었다. 이러한 모습은 역사평가에서도 드러난다. 박정희 시대를 단순히 '군사독재' 시절로 부각하고 이승만 정권을 '친일독재' 정권으로 단정하는 문민정부 이후의 집권세력들의 역사적 안목은 객관적 평가의 태도라기보다는 다분히 당쟁적 태도이고 계급적 태도인 것이다. 당쟁적 태도에 부분적으로 객관적인 평가가 들어 있다손 치더라도 전체적으로는 균형을 잃은, 편견과 감정 싸움의 내용이라고 하지 않을 수 없는 것이다.

　이영희 선생의 박정희에 대한 편향적 태도는 대한민국이라는 국가를 만든 이승만에게도 그대로 적용된다. 이승만은 분단의 원흉이고 독재의 원본이다. 이승만은 남한 통치의 효율성을 위해서 친일파를 등용하였지만 그렇다고 해서 그가 친일파도 아니며, 오히려 과도한 반일감정(일방적인 평화선 주장)이 일본과 한국의 관계개선을 위해 노력하던 미국으로 하여금 '골칫덩어리'로 기피되기도 하였다. 이승만에게 친일이라고 강요한다면 역으로 독립운동 세력들은 왜 스스로 군대로서의 지위를 인정받지 못하고(총을 들고 귀국하지 못하고) 환국했냐고 반문할 수 있다. 바로 무장 해제된 채 민간인 자격으로 들어온 것이 친일파를 청산하지 못하는 결정적인 이유가 되었다. 친일파 등용은 독립운동 세력에도 일부 책임이 있는 것이다. 이것을 두고 반독립(半獨立)이라고 할 수 있다. 반독립한 상황이 친일파를 청산하지 못했던 것이다. 이승만과 박정희를

'친일과 독재'로 규정하는 단세포적 역사평가 작업은 결코 우리 민족의 자긍심 앙양에 도움이 되지 않는다. 이는 민족적 자학에 불과하다. 이는 이광수, 최남선에도 적용될 것이다.

미국 프린스턴 대학교 출신으로 윌슨 대통령을 스승으로 모신 이승만의 경력과 탁월한 외교력은 미국 정가를 당황하게 하기에 충분했다. 이승만은 귀국 전부터 좌우를 막론하고 영입대상의 1호가 되는 인물이었으며 공산당 노선과 단절된 이후 좌익세력들로부터 '친미주의자'로 몰아세워졌던 것이다. 소위 민주주의 운동권 세력, 반체제 세력들은 하나같이 박정희 치세를 군사독재로 단순화시키면서 전체가 폭력과 부정부패와 무질서로 일관된 암흑시대, 공포정치의 시대인 것처럼 강요하고 있는 게 사실이다. 물론 민주화 운동의 과정에서 수많은 사람들이 희생되고 폭력 앞에 떨었던 것도 사실이다. 실지로 그 폭압을 경험한 당사자들이야 저주하지 않을 수 없을 것이다. 『대화』를 읽어 가면서 이영희 선생도 수난의 한복판에 있었던 한 사람임을 확인할 수 있었다. 더 정확하게는 항상 먼저 '입바른 소리'를 하여서 수난의 선두주자가 되었다. 그래서 오늘날 민주화 운동을 실천하는 과정에서 이데올로기를 제공한, 운동권의 스승, 대부라는 칭호를 받고 있는 것일 것이다. 그런 점에서 참으로 그의 수난에 걸맞은 보상이라고 여겨진다.

그런데 바로 선생이 그러한 운동권 이데올로기의 제공자이고 이론가였기 때문에 요구되는, 다시 말하면 독재로부터 해방된 오늘에 있어서, 보다 더 냉정하게 객관적으로 박정희 치세 전체를 평가할 필요가 있고, 보다 공평한 평가를 하는 데에 앞장서야 하는 모습을 보여 주어야 하는, 지식인으로서의 사명을 주지시킨다면 이는 잘못된 것일까? 이것이 아니면 저것이라는 일도양단, 전부가 아니면 제로라는 방식의 평가는 다분히 객관을 가장한 당쟁에 속하는 것일 것이다(우리 민족의 당쟁성에 대해서는 따로 논쟁할 기회가 있을 것이다). 이럴 때 우리나라 지식인의 한계를 제기하지 않을 수 없다. 박정희의 일본 사관학교 경력을 단순히 친일로, 그의 개발독재를 단순히 군사독재로 몰아붙이는 것은 이광수를 친일문학인으로 몰아붙이는 것이나 마찬가지 발상이다. 좌익이었던 박정희가 왜 우익으로 돌아섰으며 독립운동가였던 이광수가 왜 친일로 돌아섰을까? 박정희를 독재라고만 몰아붙이는 것은 균형 있는 평가가 아니라는 점이다. 적어도 우리는 당시의 민도나 소득수준에 너무 앞서 가는 민주주의를 급진적으로 요구하는 바람에 심한 독재를 불러온 측면도 있는 것이다. 쉽게 말하면 자유가 책임을 동반한 것이 아니라 '한풀이적 방종'에 가까웠다는 말이다.

역사를 이분법으로 평가하다 보면 우리에게 남을 역사는 없다. 항상 후대에 의해 역사는 조각조각 난 채 찢어질 것이고 매도될 것이 뻔하기 때문이다. 결국 이는 역사를 주장하면서도 역사를 인정하지 않는 자기 부정의 악순환에 빠진다. 예컨대 이광수가 마지막에 친일적인 행각을 벌였지만 그를 친일문학인이라고 전체를 싸잡아 평가하는 방식은, 차라리 이광수에 대한 부정적 평가라기보다는 우리 민족 자체를 부정하는 악순환에 빠진다. '이광수가 바로 우리 민족과 문학의 한계'라는 점을 상기케 한다. 이 말은 우리 민족 대부분에서, '누가 이광수와 같은 처지에서 이광수가 되지 않는다는 보장이 없다'는 말과 통한다.

이광수를 친일파라고 단정하는 것은 너무나 안이하게 한 인물을 평가해 버리는 게으름에 속하는 것일 수도 있다. 이는 경우에 따라서는 역사를 끊어서 내어 버리는 '역사 난도질'이며 특정 이데올로기의 노예들이 펼치는 '인민재판'과 같은 성격의 것이다. 최남선에 대한 평가도 마찬가지이다. 우리 민족의 구심이며 독립운동의 상징이라고 할 수 있는 '백두산 신화'라는 것도 실은 최남선의 '불함문화론(不咸文化論)'에서 비롯되었다. 일제에 의해 식민을 당하다 보니 민족적 문화정체성을 확립할 필요가 있었고 이에 부응한 것이 그의 불함문화론이다.

문화능력이라는 측면에서 보면 이광수를 비롯한 친일 민족주의자들을 단순히 친일파라고 단죄하는 것은 도리어 문화의 연속성과 근대화를 무시하는 처사가 된다. 문화적으로 보면 식민지는 제국주의의 선진문명을 효과적으로 배움으로써 식민지를 벗어나게 되는, 아이러니와 상호모순과 이중성을 수용하지 않으면 안 된다. 만약 그것을 수용하지 않을 경우 도리어 문화의 단절과 폐쇄와 부정 속에 빠져 결국 문화능력을 상실하게 된다. 이것이 '적에게 들어가서 적에게 배운다'는 것이다. '알아야 면장'을 하고 '먹어야 싸움'도 하는 것이다. '적과 정면으로 싸우는 것', 독립운동과 전쟁만이 능사는 아니다. 일제의 체제 속으로 들어갔다고 해서 무조건 친일이라고 단세포적으로 매도하는 것은 실은 매우 비문화적인 자세이며, 도리어 현실정치를 위해 역사를 이용하는, 정치적인 복선이 깔린 것을 의심받기에 충분하다. 흔히 무엇을 위한다고 하면서 무엇을 팔아먹는 경우가 많다. 이것이 무엇인가? 만약 어떤 정치적 집단이 민족과 민중과 민주를 팔아먹고 정작 그것을 위하지 않는다면 후대는 그것을 어떻게 평가할까? 역사의 현재 평가에서 부정적이 된다면 후대의 평가는 냉정하고 단호할 수밖에 없다. 그들의 립서비스(lip service)는 불쾌한 애무가 될 것이다.

　다시 말하면 급진좌파들의 일련의 행위들은 현재의 권력경쟁 주도권을 잡기 위해 과거사를 이용한다는, 일제식민이나 통일을 도구화하는 현대판 당쟁이 될 공산이 크다. 민족을 운운하면서, 민중을 운운하면서 남한은 국가에너지의 상당량을 이미 소모하였다. 친일파나 반민족행위자 처벌 등 과거사 청산을 운운하는 것은 결국 현실적으로 아무것도 하지 못한 채 용두사미로 끝날 가능성이 높다. 결국 민족, 민중 운운으로 집단적 신드롬인 좌파 파시즘만 노정하게 될 것이다. 시간은 소급할 수 없다는 역사학의 제1원리를 거역하는 어리석은 행동이 도처에서 일어나고 있다. 법률은 소급할 때 이미 법률이 아님을 모르는 어리석은 행동이 우리 사회를 이끌어 가고 있다. 또 이들은 역사학이나 사회과학을 사실의 추구가 아니라 현실적이고 정치적인 이념에 봉사하는 것으로 전락시키고 있는 셈이다. 그 폐해는 학문의 황폐화를 가져올 것이다. 이것이 자유민주주의를 표방하는 사회에서 민주주의라는 미명으로 자행되고 있다. 그것이 무슨 민주주의인가? 오늘날 남한의 정치적 혼란은 모두 민주주의(사대적 민주주의)와 인민주의(사회주의적 선동주의)와 포퓰리즘(후진국의 국민영합주의)의 혼돈에서 비롯되는 것이다.

이영희 선생을 비롯하여 많은 운동권 인사들은 독재정권에서의 피해망상이나 피해의식 때문인지, 각종 정치사회적 사건들에 대한 국제간의 비교에 있어서도 '비교의 과대망상증'에 걸려 있음을 짚고 넘어가지 않을 수 없다. 흔히 민주운동권, 좌파반체제 들은 공중파 방송의 시국특강이나 좌담회 등에서도 박정희에 관한 한 거의 흑색선전, 아니면 저주에 가까운 이야기를 함부로 한다.

박정희를 마치 나치의 히틀러라도 되는 양 비유하고 전라도 사람에 대한 차별과 수난을 유태인의 그것에 비유한다. 비판하는 것은 좋은데 그것의 비유가 너무 얼토당토않고 끔찍하다. 박정희가 아무리 군사독재를 하였어도 어찌 히틀러에 비유될까. 식민지였던 작은 나라, 그것도 동족상잔의 아픔을 치른 나라, 밥도 못 먹는 나라, 의식주도 제대로 해결하지 못하는 최빈국에서 '잘살아 보자'고 새마을운동을 하면서 백성을 독려해야 했던 '저주받은 나라'의 불쌍한 대통령이 어찌 제국이 되어 세계 제패를 꿈꾸며 제2차 세계대전을 일으킨 나라의 거대한 총통과 비교할 수 있다는 말인가. 또 박정희가 전라도 사람들을 차별하였다는 어떤 확실한 증거나 이유도 없는데 임의로 그렇게 흑색선전을 내놓고 그것을 기정사실화하여 인류 역사상 최고의 인종차별·말살 정책으로 규명된 유대인 말살 정책에 비유한다는 말인가. 이것은 피해의식의 과대망상에 지나지 않는다. 도리어 카리스마로 국민의 에너지를 결집하는 데 성공하여 경제개발을 하였으며 전라도 차별은 도리어 야당이 실제 이상으로 부풀려서 지역당파와 투쟁의 도구로 사용된 정황이 더 크다. 아무리 겉모양이 비슷하다고 해서 비교의 차원이 다른 것을 침소봉대하고 견강부회로 억지로 끌어 붙이는 것은 바로 그것이 당쟁의 명분을 얻기 위해 외국의 사례를 이용하는 사대주의에 속한다.

또 비교의 차원이 전혀 맞지 않았던 것 중에 다른 하나가 바로 친일파 숙정작업인데 프랑스가 제2차 세계대전 중 독일에 부역하거나 도운 반역자를 처벌하는 것을 선진국의 예로 들었는데 이는 참으로 어불성설이다. 이는 역사적 청산이나 정리에 있어서도 드러나는 우리 민족의 고질적 모방주의에 속하는 것이다. 또한 넓게는 여전히 우리의 역사적 실체와는 동떨어진 관념산수적 태도라고 아니 할 수 없다. 어찌 식민통치가 오랜 기간에 일어난 친일파와 짧은 제2차 세계대전 중에 일어난 나치 부역자(협조자)와 같은가 말이다. 프랑스의 경우는 전쟁 중에 짧은 시간 내에 있었던 이적행위가 분명한 경우의 반역이고 친일파의 경우 36년간 일상생활에서 식민통치를 받으면서 먹고살기 위해 일본에 협조한 것과는 근본이 다른 것이다.

프랑스는 적어도 '자발적 협조자'와 '비자발적 협조자'를 구분하는 냉정함과 지혜를 보였다. 사안이 전혀 다른 문제이지만 우리의 친일파 단죄는 적어도 위의 '자발적', '비자발적' 기준도 없이 어떤 조그마한 단서나 활동이 있으면 무조건(아전인수로) 매도하는 인민재판적 성격을 가지고 있는 측면이 있음을 부인할 수 없다. 그러한 결과 일제 때 우리 문화를 이끌어 온 유명인사 대부분이 친일파라는 누명을 뒤집어쓰는 꼴이 되고 그럼으로써 우리는 청산이라는 이름하에 민족적 모멸감과 수치감에서 벗어날 수 없게 되는 자승자박의 꼴이 되고 말았다. 만주에서 총칼 들고 독립운동을 하지 않고 반도에서 일상적으로 살아온 사람들은 모두 죄의식을 느끼게 하는 참담함을 선물하였다. 다시 말하면 뒤늦게 친일파 청산이라는 것은 민족적 치부만을 들쑤신 채 아무런 소득도 없이 흘러가는 역사에 덫을 씌운 꼴이 되고만 것이다. 이러한 청산은 역사적 진전에 전혀 도움이 되지 않는 청산인 것이다. 역사적 청산은 역사적 진전을 위한 것이다. 그런데 도리어 우리의 청산은 역사의 발목을 잡기 위한, 심지어 현재의 권력투쟁 도구로 사용하는 당파적 의도가 분명한 것이다.

친일파 청산을 주도하는 세력들은 대체로 과거 박정희 치하에서 반독재투쟁을 하였거나 좌파세력들로서 자신들의 정치적 정당성과 민중적 지지를 얻기 위해서 전략적 혹은 정략적으로 선택한 징후가 농후하다. 지금에 와서 제대로 청산도 할 수 없는 사안을 가지고 와서 떠들어 대는 것은 실은 현재적 권력투쟁의 도구로 사용하고 있는 비겁함을 숨기고 있는 것이라고 하지 않을 수 없다. 과거 부끄러운 역사를 도구로 사용하거나 분단 자체를 도구로 사용하여 권력투쟁을 일삼거나 개인적 명예욕을 높이는 것은 참으로 야비하고 졸렬한 행위임에 틀림없다. 남한에 경제적 성공과 부을 안겨 준 박정희를 친일파와 독재자로 매도하면서 문화적 상징을 없애고 수많은 유능한 문화예술인들을 친일파로 매도하면서 얻는 것은 무엇인가? 이는 남한의 역사적 정체성, 혹은 대한민국의 역사적 정체성을 훼손하고 끝내는 국가부정으로 향하는 어리석음이라고 질타하지 않을 수 없다. 이들의 이러한 행위는 자신이 의도했든, 의도하지 않았든 간에 공산주의를 하고 있는 북한에 민족적 정통성에 힘을 실어 주고 남한의 정체성을 의심하게 하는 결과를 초래한다. 이러한 편향적 혹은 친북적 좌파운동은 민족을 운운하고, 통일을 운운하고, 친일파 청산을 운운하면서 결국 대남적화통일에 악용될 소지가 많은 것이다.

박정희가 친일파였다는 구체적인 증거는 없다. 박정희는 도리어 일본의 황국신민화 정책에 반발하여 초등학교(문경초등학교) 교사직을 버렸다. 그가 교사직을 버린 것은 교사직으로서는 반일이나 일제에의 저항, 그리고 나라의 독립에는 한계가 있다는 것을 알았기 때문이다. 무엇보다도 힘이 필요했고, 그 힘이란 근대적 선진문명이었다. 당시 선진문명의 하나가 일본식 군사체제였으며 그것을 배우기 위해 만주군관학교로 갔던 것이다. 말하자면 적의 소굴, 적의 핵심에 다가갔던 것이다. 적의 핵심에 다가가야 적의 불을 훔칠 수 있는 것이었다. 이는 불을 훔치러 가는 '프로메테우스의 행보'라고 할 만한 것이다. 불은 문명이며 당시 불은 무기체계였으며 그것을 다루는 군대였던 것이다. 흔히 영웅들의 행보는 이렇게 적을 향하여 간 경우가 많다. 적을 알아야 적을 이길 수 있는 것이다. 박정희는 만주군관학교(만주 신경 군관학교), 그리고 일본 육군사관학교에서 근대적 군사체제를 배웠던 것이다. 이러한 그의 행보를 보고 단순히 친일파라고 단정하는 것은 역사를 매우 표피적으로 보는 것이며 한 개인의 인생을 너무 악의적으로 보는 것이다. 좌파들의 친일파 청산의 마지막 목표는 박정희에 있으며, 박정희에 대한 악의적 평가와 폄하는 상대적으로 김대중에 대한 과대평가, 그리고 이것은 김일성, 김정일에 대한 호의적·긍정적 평가로 구렁이 담 넘어가듯이 넘어갈 염려가 없지 않다.

좌파들에게는 죽어도 넘지 못하는 박정희의 벽이 있다. 아마도 좌파들에게는 자신들을 탄압한 독재자 박정희의 성공과 국민적 평가(여론조사의 70% 이상이 '가장 훌륭한 대통령'으로 응답함)가 미치도록 질투가 나는 것일지도 모른다. 박정희의 성공은 그들의 '존재의 이유'에 치명상을 가하고 존재 자체가 실패로 연결될 우려가 많기 때문이다. 물론 좌파들에게는 부분적으로, 논리적으로 옳은 부분도 있고 또한 역사적·역동적 발전을 위해서는 좌파들의 역할도 필요했다. 그러나 남한 체제에 대한 반체제운동이 체제전복에 이른다면 이는 묵과할 수 없는 것이 체제의 입장이다. 남한이 자유민주주의 체제이니까 반(反)체제를 용인하는 것이지만 북한정권에서는 어림도 없는 소리이다. 좌파들의 문제는 자신들만이 정의라고 생각하는 것이다. 자신만이 정(正)인 것이다. 지구상의 어떤 정권이 이를 받아들일 것인가. 체제전복의 위험에 도달하면 자유민주주의도 어쩔 수 없이 법에 의해서 집행하지 않을 수 없는 것이다.

프랑스는 오랫동안 식민지를 경영해 온 제국이고 그래서 프랑스답게 처리할 수도 있었지만 한국의 경우 전혀 상황이 달라 파헤치면 파헤칠수록 자괴감만 날 것이 분명한데 과거사 청산을 한다고 야단이니 참으로 식민지다운 발상이다. 프랑스의 경우는 그것이 과거사 청산이 아니라 전후 당대사(현대사) 청산이고 또 청산이 아니라 현대사 만들어 가기의 일환이었다. 과거로 달리면 귀신을 만나고 귀신과 만나 보았자 푸닥거리밖에 할 것이 더 있는가. 확실히 우리 민족은 과거를 향한 과대망상증에 걸려 있음이 확실하고 그것도 심각한 피해망상증을 동반한 경우이다. 자국에서 일어난 식민지 시대의 일이 마치 세계대전 중에 교전상대국을 위해 부역한 반역행위에 비유한단 말인가. 이것이야말로 이성적이지 못한 좋은 예이다. 감정에 편승해서 선동하고 그 선동에 도움이 될 만한 것을 외국의 사례에서 찾아 마치 같은 내용인 것처럼 여론몰이를 한다. 이런 비판행위는 도리어 좌파 파시즘에 속하는 것이다. 소위 인민재판과 같은 것이다. 실지로 우리 민족은 전쟁 중에 악명 높은 인민재판을 한 민족이다. 6·25전쟁 중에도 인민군에 점령당한 지역에서 인민재판으로 숨진 사람이 부지기수였다.

북한의 경우 친일파 숙청 작업을 김일성 정권이 들어서자마자 처리하였지만 그것은 사회주의 혁명의 연장선상에 있었기 때문에 가능한 일이었다. 북한은 사회주의 체제의 종주국인 소련과 함께 재빠르게 숙청작업을 했는데 남한에 비해 정통성이나 정당성을 주장할 근거가 되기도 하지만 본래 공산주의는 구체제에 대한 극단적인 부정, 예컨대 보수반동이라는 용어에서도 볼 수 있듯이, 적의로 출발하고 있기 때문에 당연한 수순이었다고 보인다. 이에 비해 자유민주주의의 경우, 개인의 자유와 인권을 보호하는 경향이 있기 때문에 공산주의에 비해서는 청산에 있어서 과단성을 보이기가 어려웠을 것으로 보인다. 따라서 북한의 친일파 청산을 필요 이상으로 과대평가할 필요가 없다. 남한의 자유민주주의 체제는 계급투쟁과 같은 것을 아예 생각지도 않았기 때문에 결국 친일파 숙청작업에서도 지지부진함을 면치 못했다. 미국은 또한 여러 행정경력이 있는 친일파들을 이용하지 않고는 벌써 남한사회에서 계급투쟁을 벌이는 남로당과 같은 좌익들을 제어하고 사회혼란을 막을 수가 없었던 측면이 있었다. 어떻든 겉모양으로는 친일파 숙청문제에 있어서는 남한에 비해 북한이 앞섰던 것임에 틀림없다. 북한은 당대에 숙청을 한 셈이다.

그런데 그렇지 못한 남한이 반세기가 지난 지금, 그 문제를 들고 일어나는 것은 실효성이 없다. 실효성이 없을 뿐만 아니라 역사청산 자체가 콤플렉스이다. 다시 말하면 콤플렉스 해소를 위해서 아무런 실익이 없는, 되지도 않는 청산을 외치는 것은 역사를 과거로 되돌리는 어리석은 짓이며 심하게는 정치적 의도와 배후를 의심하지 않을 수 없다. 친일파 청산이라는 것은 실은 좌파적 이데올로기 투쟁의 도구로 전락할 위험이 있을 뿐만 아니라 북한우월의 분위기를 확산하는 데에 일조하게 되고 자칫 잘못하면 통일도 북한 중심으로 이루어져야 하는 것처럼 분위기를 몰고 갈 위험이 있다. 이것은 일종의 '북한전염(北韓傳染)'이다. 북한의 친일파 청산이라는 것은 공산사회주의 운동의 일종 계급투쟁 일환으로 진행되었으며 무자비하게 진행되었다. 우리는 북한의 친일파 청산이 구체적으로 어떻게 진행되었는지, 어떤 논의와 절차로 정당하게 진행되었는지에 대해서는 아무것도 모르고 있다. 그저 친일파 청산을 했다는 이름만 알고 있다. 이런 사정에서 친일파 청산 운운은 도리어 북한을 뒤쫓아 가는 인상을 주면서 민족적 정통성의 경쟁에서 북한에 유리한 고지의 하나를 내주는 꼴이 된다.

당대사 청산은 있어도 과거사 청산은 본래 없다. 역사는 청산할 수 있는 것도 아니다. 비록 부끄러운 과거사가 있었다고 하더라도 그 역사는 청산되지 않는다. 단지 훌륭한 현대사를 만들면 저절로 청산되는 것이다. 역사청산을 집권당이 강행하는 것은 바로 문제의 해결보다는 선명성 경쟁이나 선전용으로 쓰기 위함이라는 의심을 받기에 충분하다. 결국 이 문제는 별 성과를 얻지 못할 것임에 틀림없다. 도리어 여권 인사들 부모의 친일행각이 드러나면서 부메랑이 되고 말았다. 불행하게도 우리는 누가 누구를 청산할 수 없는 입장에 있지 않다. 그 이유는 역사적 현재로서 당대에 청산을 하지 않았기 때문이다. 역사청산은 당대에 비겁했던 민족이 도리어 사후에 면죄부나 면책을 받거나 심리적 보상을 받으려는 속임수에 지나지 않는다.

남북분단에 원인제공을 하였다고 생각되는 행위나 친일파 청산에 있어서 미온적인 태도 등에 대해 이영희 선생은 굉장히 단호하고 엄격한 편이있는데 바로 이 점이 너무 성급하게 분단의 장본인이 이승만이었다고 단정하거나 친일파 청산에서 미온적이었던 남한의 정통성을 부정하는 태도를 취하게 한 것으로 보인다. 그러나 이 문제는 판단에 있어서 여러 변수가 개입되고 불확실성이 너무 많다. 특히 친일파의 경우 너무 오랜 식민 기간 때문에 '과연 친일을 안 하고 살 수 있었던가' 하는 의문에 빠지게 된다. 물론 당시 나라의 대표적인 인물, 지도적인 인물의 친일에 대해서는 상대적으로 엄격한 잣대로 법적으로 처리하든, 역사적으로 처리하든 상관없지만, 친일파로 지목할 때 애매한 경우거나 해석의 여지가 많을 경우에는 조심할 필요가 있다. 또 지금 친일파 청산에 앞장서는 사람의 경우, 과연 친일문제에서 본인이나 부모 및 친인척이 얼마나 떳떳한지, 비판할 자격이 있는지 알 수가 없다. 친일파 청산을 비롯하여 '과거사(역사) 청산'은 그 선정성이나 선명성에 비해서는 결과가 그리 좋지 않을 것으로 보인다. 일의 성격상 분명히 용두사미가 될 수밖에 없다. 이럴 경우 역사(청산)를 팔아서 민심(권력)을 얻으려는 권모술수라는 비난을 면하기 어렵다.

친일문제, 독재문제를 언급할 때 선생은 학자적 평정보다는 어떤 저주, 흑주술을 퍼붓는 주술사적 흥분에 젖어 말도 더듬거리고 경련하는 모습을 보였다. 그것은 한마디로 냉정한 판단이나 이성적 접근이 아니라 '분노' 그것이었다. 이는 이미 선악적 관점에서 접근하는 당파적 모습이라고 하지 않을 수 없다. 반체제운동가들은 대체로 자신이 반대하는 정권의 치적이나 장점을 거론하는 데에 인색하다. 어쨌거나 체제가 나쁜 것, 악으로 뭉쳐진 어떤 것으로 매도하게 된다. 그래서 운동권은 본질적으로 사물을 냉정하게 객관적으로 바라볼 능력을 상실한 사람이다. 운동권의 사부라면 더더욱 그렇다고 해도 과언이 아닐 것이다. 우리 민족의 당파 싸움은 당파의 쌍방 모두의, 잔인하고 야만적인 인간성을 부정할 수 없다. 조선조 사화에서 볼 수 있듯이 반대파를 귀양 보내고 죽이고 하는, 그런 비인간성은 언제 부활할지 모른다. 체제에 대해 결사적으로 반체제를 하는 사람들도 실은 매우 권력 지향적인 사람들이다. 권력 지향적이지 않으면 그렇게 극단적으로 반체제를 할 힘을 가지지 못한다.

군사독재정권으로부터 탄압을 받은 사람이 반대로 독재정권에 던지는 비수, 반격 또한 매우 폭력적이었다. 물론 폭력이 다시 폭력을 낳는 것이지만, 권력과 폭력은 그런 점에서 매우 유사한 인간의 행태임에 틀림없다. 자기는 정의고 남은 부정이고, 자기는 선하고 남은 악이고 하는 이분법에 감정적으로 쉽게 편승하고 단정하다 보면 가해자나 피해자나 모두 자신도 모르게 가해자가 피해자가 되고 피해자가 가해자가 되는 악순환에 빠지게 된다. 독재에 저항하던 민주운동권 세력이 집권하고 나니까 도리어 자기들이 부정하고 저주하던 독재를 자신도 모르게 행하게 되는 이 아이러니를 어떻게 설명하여야 할까? 극우파에 대항하던 극좌파들도 파시즘의 유혹으로부터 자유롭지 못하다. 그래서 좌파 파시즘이 생기는 것이다. 소련 스탈린 전체주의 체제는 바로 좌파 파시즘의 대표적인 경우이다. 물론 북한의 김일성, 김정일 정권도 그러한 범주에 속한다.

03_ 군부에 대한 문제이를 바라보는 식의 편견
-군대의 부정부패는 실은 한국 사회 전체의 문제-

이영희 선생은 남보다 더 긴 병영생활을 했다. 통역관이라는 신분 때문에 전후에도 남들보다 3년을 더 근무하는 7년의 고통을 당했다. 그런데 그 7년 동안 통역관으로서의 경험, 미군 수뇌부와 미군을 많이 대하고, 그 후 미국 제국주의의 세계경영 전략의 외신부 기자, 국제문제 전문가로서의 많은 경험은 도리어 선생을 가장 치열한 반미주의자(反美主義者)가 되게 했다. 똑같은 이유로 동족상잔의 6·25전쟁 중에 최일선에서의 경험, 국군의 부정부패, 비인간적 행동, 군대의 온갖 추악한 상황에 대한 기억은 국군과 군대에 대한 부정적 시각을 갖는 데 크게 일조를 한다. 미국과 국군에 대한 부정적 시각은 남들보다 더 알기 때문이라고 하지만, 바로 그 때문에 정반대로 긍정적이 될 수도 얼마든지 있는 것이다. 그런데 선생은 미국과 국군을 그들의 편에서 이해하고 용서하고 수긍하기보다는 부정하고 규탄하고 반대하는 입장에 서는 '반골의 길'을 걷게 된다.

선생은 본래부터 군대, 군부, 무사집단에 대한 편견과 멸시가 심한 것 같다. 군대는 물론 특수집단이고, 전쟁 또한 특수한 상황이지만 사회의 다른 집단과의 형평을 생각할 때, 당시 한국의 군대집단만이 특별나게 부정부패가 심했고 나쁜 점이 많았다고 추궁하는 것은 아무리 자신의 경험을 토대로 한 것이라고 하지만, 좀 심한 것 같은 인상이다. 적어도 자신이 경험하지 않은 다른 제국주의의 여러 행태, 그리고 자신이 경험하지 않은 다른 사회집단의 그것은 어떤지 비교 평가하는 태도가 바람직한 것일 것이다. 특히 군대집단은 전장이라는 인간의 가장 단말마적 상황, 생사의 기로에서 드러나는 인간의 온갖 비인간적 행태가 드러나는 곳임을 감안할 필요가 있다고 보인다. 아마도 국군의 그러한 추한 모습은 아마도 당시 한국의 다른 사회집단도 그런 모습이었을 것으로 짐작된다. 군대도 역시 한국 사회의 일원이기 때문에 한국 사회의 부조리와 모순을 그대로 보여 준 것으로 판단하는 것이 공정할 것 같다. 도리어 군대는 군대이기 때문에 더 악화된 특수상황이었을 것이다.

선생은 남한의 스님이나 신부, 목사가 국군을 위해 기도하는 것조차 못마땅하게 생각했다. 물론 전쟁은 비인간적인 행위이고 지양해야 하는 것이지만 이왕 전쟁을 하는 마당에서 호국불교나 호국기독교를 표방한 것도 아닌데, 아군을 위해 기도하는 것을 두고 그렇게까지 회의적이 된다는 것은 이해가 가질 않는다. 이것은 평화주의도 아니고 전쟁불가론도 아니다. 단지 아군에 대한 충성심의 부족이며 적군에 대해 일반적으로 가지는 적의가 없었다는 뜻이다. 선생은 북한군에 대해 남다른 생각을 하고 있었음을 보여 준다.

> "큰 전투가 끝나게 되면 흔히 우리를 위문하기 위해서 불교의 스님, 가톨릭의 신부 또는 개신교의 목사들이 최전방에 찾아옵니다. '철천지 원수' 인민군을 용맹한 국군이 격멸했다는 칭찬과 함께 '하나님의 가호가 있기를!' 등등의 말로 기도를 맺어요. 신교든 구교든 마찬가지였어요."(166)
> "국군에 대한 축도와 인민군에 대한 저주의 말을 들으며 마음속으로 그런 생각을 했어요. 모든 피창조물의 아버지라는 신에게 국군용사가 따로 있고 불구대천의 인민군이 따로 있는가? 어느 쪽 군대가 다른 한

쪽 군대를 죽이는 행위는 선이고 축복받는 것인가? 종교라는 것이 어떻게 분별적인 것인가 이런 등등의 회의에 잠겼어요."(167)

선생은 확실히 친북적이고 좌파적 시각을 갖고 있었음을 느낄 수 있다. 특정 시기에 남한 사회는 북한 사회보다 훨씬 모순덩어리의 사회였을 수도 있다. 그렇다고 남한, 자신이 몸담고 있는, 자신이 국민의 일원으로 있는, 남한 사회의 어두운 면을 바라보면서 다른 이상향으로 북한을 떠올리는 것은 처음부터 주체적이지 못하고 당파적인 생각이다. 왜 한쪽만을 비판하느냐 하는 점이다. 도대체 북한을 비판한 것을 본 적이 없다. 설사 북한에 대한 비판이 있었다고 하더라도 그 수준은 남한에 비할 바가 못 된다. 『반세기의 신화』(삼인 2005년)에 실린 글을 보면 '휴전선의 남·북에는 천사도 없고 악마도 없다', '통일의 도덕성―북한의 변화만큼 남한도 변해야 한다' 등에서도 북한을 악마처럼 인식하는 남한의 선입견을 교정하는 것은 좋으나 남한의 물질적 풍요가 마치 북한의 순결과 도덕성을 오염이라도 시키는 듯한 표현과 태도는 참으로 유감천만이다. 북한이 그렇게 순진하고 도덕적인 나라가 아닌 것이 여러 경로를 통해서 증명된 마당인데도 말이다. 심지어 이렇게 말한다.

> "만약에 앞으로 통일된 국가·사회의 인간관계가 주로 부패, 탐욕, 빼앗음, 속임수, 부정, 사기, 뇌물, 퇴폐, 이기주의, 착취에 근거해 이루어지고, 잔인하고 무제한적 약육강식의 경쟁이 당연시되고, 속임수에 능한 자가 정직한 사람보다 잘살기를 보장받는다면, 그것은 '하느님의 말씀'이 실현된 통일국가가 아닐 것이다."(『반세기의 신화』, 256페이지)

여기서 그가 딱히 지칭하지는 않았지만 부정적으로 보는 곳이 남북 어느 쪽인지는 자명해진다. 그가 남한사회를 그렇게 보는 경우를 발견하는 것은 어렵지 않다. 그는 예수를 거론하면서 '밥과 떡'만을 앞세우는 것은 '하느님의 말씀'과 거리가 먼 사회라고 말한다. 왜 하필 이 대목에서 하느님을 거론할까? 북한의 경우 하느님을 믿는 사회도 아닌데도 말이다. 평소에 북한에 대해 이상과 환상을 가지고 있는 것이 남한 사회에 익숙한 기독교 사상과 겹쳐지면서 남한을 물질만능과 이기주의의 잘못된 사회, 북한을 그것에 대비되는 사회로 투영한 결과가 아닐까 의심스럽다. 선악이분법이 옳지 않다고 하는 것은 남한에 대해 부르짖는 소리이고(북한은 악마가 아니다), 도리어 북한에 대해서는 은연중에 선악이분법을 적용하고 있는 인상마저 풍긴다(남한은 북한보다 상대적으로 덜 도덕적이다). 그의 이런 전반적인 태도에서 마르크시즘이 좌파들에게는 일종의 '종교＝도그마'로구나 하는 생각이 든다.

그의 사회주의 편향성은 여러 대목에서도 드러나지만 여기서 결정적으로 드러난다.

> "나는 자본주의가 사회주의를 패배시켰다는 주장이나 견해와 약간 관점이 달라요. 사회주의가 자본주의의 내생적인 질병의 가능성과 원인과 요소를 예방해 준 역할을 한 때문에 자본주의가 그러한 발전을 할 수 있었단 말이에요. 굉장히 역설적인 거죠. 이중의 역설이죠. 그러니까 자본주의가, 특히 미국식 자본주의가 사회주의를 이겼다고 하는 것은 사실이 아니고, 자본주의는 2분의 1을 이기고 2분의 1은 졌다고 봅니다. 사회주의는 2분의 1을 지고 2분의 1을 이겼어. 자본주의는 오히려 사회주의를 '상실'한 것이지. 그러면 앞으로 자본주의는 마이신으로서의 사회주의가 해 왔던 기능들, 사회체제, 철학, 사상, 이념, 정강, 정책 이런 것을 자본주의 체제 안에서 만들어야 한다고 생각해요. 특히 자본주의 제도 속의 인간 삶과 '질', 즉 정신적 '행복'을 충족하기 위해서 그러지 않을 수 없다고 확신합니다."(반세기의 신화, 360페이지)

이런 것을 두고 궤변이라고 하지 않으면 무엇을 궤변이라고 할까. 철학자나 사상가는 생래적으로 소피스트라는 말이 있지만 선생에게서 그것을 제대로 보게 된다. 이런 논리라면 승자와 패자는 영원히 없는 것이다. 승자는 패자가 있음으로써(패자의 기여 때문에) 승자가 되었기 때문에 승자는 진정한 승자가 아니라는 논리……. 자본주의는 자본주의의 열려진 특성 때문에 도리어 사회주의적 요소를 가미함으로써 자본주의를 더욱더 튼튼하게 만들었지만 사회주의는 이론과 달리 현실 정치에서 도리어 닫힌 전체주의적 성격 때문에 스스로 자강의 기회를 놓쳤던 것이다. 이것 자체로도 자본주의의 승리, 사회주의의 패배라고 말할 수 있다. 흔히 소련과 동구공산권의 붕괴에 직면한 좌파이론가들은 이렇게 궁색한 변명을 늘어놓았다. 선생의 경우도 예외가 아니다. 이런 말은 사회주의자, 좌파가 할 수 있는 말이 아니고 자본주의자가 할 수 있는 말이다. 승자로서 패자에게 당신의 도움이 컸다고 말이다. 또 좌파들은 흔히 자신들의 도덕적 우위를 내세우면서 삶의 질, 정신적 행복 등을 거론하기를 즐기는데 공산주의가 인류에게 행한 것은 결국 전체주의, 좌파 파시즘이었는데도 자신들이 그러한 종교적 이상을 실현한 것처럼 착각하는 버릇이 있다. 그래서 마르크시즘은 '실패한 과학이 아니라 실패한 종교'라는 말이 성립한다.

자본주의는 사회주의가 아니어도 얼마든지 그러한 종교적 이상을 실현하는 데에 도움을 받을 경전들이 많다. 기독교뿐만 아니라 불교도 있고 유교도 있다. 자본주의는 이런 것들에 대해 열려져 있기 때문이다. 공산주의처럼 종교를 부정하지 않기 때문이다. 마르크시즘이, 공산주의가 종교를 부정한 것은 실은 자신이 종교이기 때문이고, 다른 종교를 배척하려는 본능 때문이다. 공산주의가 종교에 대해 악의적으로 퍼부은 '마약(아편)'이라는 말을 공산주의에 돌려줄 때가 되었다. 좌파 이데올로기의 마약을 한 번 맞은 사람은 중독이 되어서 그 주사를 계속 맞지 않으면 안 된다고……. 그래서 좌파는 구제불능의 신자라고 해도 과언이 아니다. 좌파들은 자신들을 마치 순교자처럼 의식화한다.

공산주의가 붕괴된 이후 좌파들의 '설 땅'은 줄어들고 역사적 평가도 점차 그들에게 냉담해질 것이다. 이것은 역사의 승자 원리 때문이다. 그래서 나의 진화-생태학적인 원리가 사회구조론, 혹은 사회구성체론보다 훨씬 유리한 것이다. 진화론은 그저 망한 것은 망한 것일 따름이다. 변명의 여지가 없다. 언제나 생존한 것을 중심으로 시간을 엮어 갈 따름이다. 그 망함이 내재적인 원인 때문이든, 외부의 영향 때문이든 가리지 않는다. 선생은 타고난 이론가이고 관념론자이다. 선생은 말로는 "계급주의와 혁명의 체제로서 사회주의는 극히 예외적인 소수의 후진사회를 제외하면 그 역할을 다한 것으로 보입니다"(『반세기의 신화』, 362페이지)라고 말하면서도, 또 북한의 경제적 실패를 인정하면서도 자본주의를 공격하고 남한의 부정적인 측면을 공격하는 데에 주력하고 주문한다. 이는 남한을 비판하기 위해 마지못해 북한에 대해서 한마디 하는 것에 불과하다는 인상이다. 만약 이영희 선생이 남한 군사정부나 박정희에 대해 과학적인 비판을 하였듯이 북한 김일성−김정일 정권에 대해 그같이 날카롭고 과학적인 비판을 한다면 그들의 신화나 우상화는 이미 붕괴되고 말았을 것이고 남한에서 주사파와 같은 추종세력이 생겨나지 않았을 것이다. 그럼에도 이영희 선생은 남한만 편파적으로 비판함으로써 남한 학생과 젊은이로 하여금 자기부정에 빠지게 했을 따름이다. 북한이 남한보다 더 도덕적 우위에 있다는 가정을 도대체 무엇을 근거로 한 것일까?

그는 왜 남한의 도덕성을 걱정하는 것일까? 남북한의 체제경쟁에서 북한의 완패로 끝난 시점에 북한은 남한보다 변해야 할 것이 더 많을 것이다. 그럼에도 기껏 염려하는 것이 경제적 · 물질적 풍요를 누리고 있는 남한의 도덕성을 염려하고 있는 것이다. 이보다 합리성을 가장한 관념적이고 위선적이고 허구적인 글은 없을 것이다. 북한에 대한 시정촉구와 염려는 지극히 형식적이다. 만약 북한에 대한 지식과 정보가 적어서 비판을 제대로 할 수 없다면 남한의 비판에도 조심하고 형평을 기하려고 노력하여야 한다. 북한에 대한 무지가 편파를 용인할 수는 없는 것이다. 세계가 자본주의 체제로 흘러가는 대세에서 남한이 더 변해야 할까, 북한이 더 변해야 할까? 이는 삼척동자도 알 수 있다. 그의 북한 중심 성향, '의식화의 원흉'이라는 말은 이런 데서 나오는 것이 아닐까.

북한에 대해서도 구체적으로 적시하여야 남북 양측에 변화를 요구하는 공정성과 공평성을 확보하는 것이다. 또 이런 남북한의 변화를 산술적으로 공평하고 공정하게 하기도 어렵겠지만 북한의 사회주의에 의해서 발생한 문제점은 적시하지 않고 남한의 자본주의에 의해서 발생한 문제점만 쫓아다니고 있다. 이런 글을 읽는 젊은이들은 마치 남한만이 문제가 많은 것으로 받아들일 수도 있다. 그가 진실의 추구로 자랑하는 '대한민국은 유엔총회가 승인한 한반도의 유일 합법정부가 아니다'(『사화와 사상』, 1989년 12월호)도 물론 사실에 기초한 것이지만 결과적으로 남한의 정통성을 해치는 것임에 틀림없다. 물론 유일 합법성에는 문제가 있지만 적어도 북한이 거부한 가운데 유엔 감시하에 총선거를 실시하여 정부를 구성하였으니까 그런 말도 가능한 것이다. 모든 집단－가족, 마을, 국가에는 저마다 신화가 있기 마련이다. 국가의 신화는 과학이라는 이름으로 지우지 않는다. 신화 자체로 족하기 때문이다. 국가의 신화는 집단의 정체성으로 작용한다. 이런 국가 신화를 지우는 작업은 바로 국가정체성을 훼손하는 것이다. 대한민국이 합법적 정부가 아니라는 것은 위대한 발견도 아니다. 국가의 성립에 합법이라는 것은 유엔이나 다른 나라가 정해 주는 것이 아니기 때문이다. 단지 일종의 액세서리로 필요할 따름이다. 대한민국 정부는 스스로 나라살림을 이끌어 가면 그뿐이다. 그런데 마치 합법적 정부가 아니라도 그렇다면 불법정부라도 된다는 말인가? 아니면 북한이 합법적 정부라는 말인가? 북한과 남한이 모두 합법적 정부라는 말인가? 남북한 모두가 불법적 정부라는 말인가? 지금에 와서 그 말을 하는 이유가 무엇인가? 그게 학문이라는 것인가?

이 글에서는 반드시 북한도 유일한 합법적 정부라고 하지 않는다는 증거를 보였어야 공평하였을 것이다. 국가는 저마다 저들의 국가와 정부를 합법적이라고 말할 자격이 있다. 물론 북한도 그렇다. 국가와 정권의 합법성은 국민에 의해 결정된다. 북한은 아무런 방해를 받지 않고 저들의 정권을 유일한 합법적 정부로 하고 남조선 해방을 하려고 하고 있는데도 남한만 합법적 정부가 아니라는 말을 안에서 해야만 하는가 말이다. 이는 북한에 이로울 뿐이다. 남북대치 상황하에서는 서로가 자신이 합법적이고 유일한 정부임을 주장하는 것은 전략전술상 당연한 것이다. 이영희 선생이 북한이 남북한의 체제경쟁에서 실패가 확연해지던 미묘한 시점에 이 글을 발표한 것은 실은 과학적 작업이기도 하지만 동시에 꺼져 가는 김일성 신화의 촛불을 켜는 작업이었다고 보인다. 비판과 분석을 전문으로 하는 학자라는 인간도 누군가에는(어딘가에는) 신화를 구성하기 마련이다. 그는 아무래도 '김일성 신화'를 신봉한 삶인 것 같다. 그의 신화가 붕괴되는 것을 보고만 있을 수는 없었을 것이다.

마찬가지로 북방한계선의 문제도 그렇다. 그 북방한계선이라는 것이 이승만 정권의 북쪽 전진을 저지하려는 의도에서 출발하였다고 하더라도 휴전 후 실질적으로 서해의 남북 군사분계선으로 작용해 왔던 게 사실이다. 이를 인정하지 않는 북한은 주기적으로 내려와 남북 간에 총격전이 오고 간 경우도 적지 않다. 바로 이 총격전이 실지로 분단선으로 행사되고 있음을 증명하는 것이다. 그의 '북방한계선은 합법적 군사분계선인가?'라는 제목의 논문은 물론 과학적으로는 옳다. 그러나 그것을 대신할 것이 없는 마당에 그것을 먼저 부정하는 것은 대안이 되지 않는다. 이는 과학을 빙자하여 남한의 입장을 곤란하게 하고 혼란을 부추기는 꼴이다. 비록 합리적이지는 않지만 실질적으로 행사된 북방한계선을 평화협정체결 등에서 해결방안을 찾아야 한다고 하지만 평화협정체결 같은 것이 쉽지 않은 마당에서 불쑥 북방한계선의 부당성을 들고 나와 '한강 하구수역 이외에 남북한 사이에 합의된 독점적 수역, 분계선은 존재하지 않는다'고 하면 결코 남한에 유리한 것이 없다.

북한도 1977년 50마일 '군사경계수역'을 일방적으로 주장하였다. 물론 이것도 부당한 것이다. 남북쌍방이 억지주장을 하고 있는 마당인데 남한의 것만을 비판하면 결과는 무엇이 남을까? 최근 일련의 남한 정부에 대해서, 북방한계선에 대해서, 합법적이 아니라는 주장을 하는 저의는 무엇인가? 이러한 등속은 남한의 전의를 상실하게 하는 담론들이다. 남한의 정체성 훼손과 전의를 상실하게 하면 저절로 민족통일에 도움이 되는가? 이해할 수 없다.

남북한의 비판에서 비판의 불공평과 불공정이 선생의 제일 큰 문제이다. 남북한을 생각할 때는 항상 상호적으로, 취급하는 게 당연하다. 또는 과거에 한 나라였다는 사실과, 또는 미래에 한 나라가 될 모습을 항상 복합적으로 생각할 의무가 오늘의 지식인에게 있는 게 사실이다. 그럼에도 선생은 어쩐 일인지 북한을 이상향으로 투사하는 습관이 있는 것 같다. 이것이야말로 바로 우상의 대표적인 것이다. 북한이라는 대목에 이르면 그의 이성은 바로 우상으로 돌변한다.

> "당시 군대라는 것은 폭력과 부정과 부패의 천국이었어요. 이런 군대가 과연 이길 수 있는가에 대해서 심각하게 회의를 하게 됐어요. 또 어떤 국면에서는, 과연 이런 군대가 이 전쟁에서 이겨야 할 어떤 당위성이 있는 것이냐 하는 의문마저 가지게 됐어요. 또 이승만으로 상징되는 이 정부와 이런 군대로 이긴다면, 북녘 동포에까지 남쪽 사회의 질병과 한숨의 불행을 들씌울 것이 아닌가, 그것이 민족이 원하는 통일이 될 수 있는가, 그것이 민족이 원하는 통일일 수 있는가, 그 미래가 어떤 꼴이 될 것인가에 대해서 굉장한 회의에 빠진 일도 있어요."(165)

마치 남한의 병균이 북한으로 전염되면 안 된다는 투이다. 선생이 한국전쟁 당시 북한군의 실상에 대해 남다른 정보(북한군이 부패하지 않았다는 정보)를 가지지 않았을 게 분명하고, 더구나 북한군이 남한의 국군에 비해 상대적으로 덜 부패했다는 정보도 없었을 터인데 일방적으로 국군만을 비판의 도마 위에 올려놓는 것은 부당한 것이다. 이는 부패에 대한 비판이 아닌, 부패를 빙자하여 남한을 비판하고 상대적으로 북한을 긍정적으로 바라보게 하는 분위기를 조성하게 된다. 내가 보기엔, 북한의 인민군도 남한의 국군과 비슷한 상황이었을 것이다. 전쟁을 미리 준비하고 물자와 병참지원에 있어서 남한보다 앞섰던 북한군이 국군보다 전쟁수행 여건과 환경이 유리했을 것은 틀림없다. 그러나 전쟁을 수행하는 군대를 두고 너무 심각하게 부정부패를 논하는 것은 사리에 맞지 않는 것 같다. 아마 선생이 북한에 살면서 남한을 비판하듯이 북한을 비판하고 남한을 두둔하다 못해 남한을 우위에 놓고 긍정하는 입장을 공개적으로 천명한다면 아마도 목숨을 부지하기도 어려웠을 것이다. 남한이 아무리 독재니, 뭐니 하면서 비판을 하지만 그래도 북한보다는 선진사회임에 틀림없다. 선생과 같은 극단적인 비판론자가 살아 있고, 도리어 '운동권의 사부'로 추앙받고 있으니 말이다. 그런 점에서 '그래, 대한민국 만세!'이다.

나는 이광수를 바라보면서 민족적으로 실망을 하지 않았지만 선생을 바라보면서 정말 실망하였다. 선생을 해방 후 가장 영향력 있는 학자로 꼽는 한국 학생·지식인 사회의 현실에서 절망하고 있다. 우리 모두는 분명 집단괴질에 걸려 있는 것이다. 괴이한 질병이다. 피해의식에 의한 자기배반적, 자기부정의 질병 말이다. 비판은 때로는 필요하지만 비판의 병에 걸리면 결코 생산을 하지 못한다. 공산주의가 망한 요체가 바로 그것이다. 생산은 조금밖에 하지 않으면서 비판에만 열을 올리니 무엇이 남았겠는가. 나는 역으로 오늘의 북한사회를 볼 때, 선군(先軍)정치를 운운하면서 백성에겐 의식주도 제대로 공급 못 하면서 국제사회의 깡패국가, 범죄국가 같은 모습을 볼 때, '참으로 남한도 잘못하면 저런 모습이 되었겠구나'라고 안도의 한숨을 쉬면서 '내가 남한에서 태어난 게 참으로 다행스럽구나'라고 느낀다. 북한의 망상이 어느 정도이냐 하면, 자신들의 선군정치 때문에 남한이 보호받고 있다고 주장한다.

남한의 좌파들은 왜 북한의 선군정치가 남한의 군사독재와 같은 무단정치, 무치주의라는 것을 모르는가? 남한의 좌파들은 남한을 비판하는 잣대를 그대로 북한에 들이대면서 북한을 비판하지 않으면 안 된다. 그런데 저들은 도리어 북한에 동조하고 있다. 북한을 바라보면서, 세계 최악의 독재국가, 군사국가, 연극국가, 우상(偶像)국가, 유령(幽靈)국가라는 여러 이름을 떠올리면서 '남한도 충분히 저렇게 될 소질, 유전인자가 있었겠구나'라는 생각에 이르면 치를 떨 때도 있다. 도리어 북한의 오늘날 모습은 차라리 6·25 당시, 그 이전에 이미 싹을 틔우고 있었을지도 모른다. 공산사회주의 체제는 겉으로는 매우 인간적인 것 같지만 실은 잘못하면 가장 지독한 전체주의 사회, 파시스트 사회로 돌아갈 위험이 상존하고 있었던 것이다. 분명 선생의 입장은 나와 여러 면에서 대척점에 있다.

역사적으로 볼 때, 인류사를 두고 볼 때도 나라를 개국하고 건설하는 것은 무사(무사집단)이고, 그 건설한 나라를 세련되게 평화적으로 잘 다스리는 것이 문사(문사집단)의 몫이었다. 식민 치하에서 갓 벗어난 한국이 과연 개국의 시기라고 말하면 안 되는 것일까? 개국의 시기에는 때로는 무단이 필요하고 질서 잡기에 유리한 측면도 있다. 당시 우리 국민의 민도로 볼 때 선진, 서구 민주주의는 때 이른 감이 없지 않다. 우리 역사에서 군인, 무사에 대한 하대는 조선조에 들어오면서 심화되는데 이는 국가의 독립성이 줄어들고 사대성이 강화되는 시점과 동일하다. 인류학적으로 국가 시대 이후에는 군대가 없으면 국가적 독립은 물론이고 국가의 성립요건을 갖추지 못하는 것이 된다.

돌이켜 생각하면 국가라는 것은 인간 개인을 억압하는 좋지 못한 제도인지도 모른다. 그러나 집단생활을 하는 인간이 역사적으로 국가를 만들면서 생존을 해 온 것이 인류의 보편적인 일이고 보면 국가는 필요악일 수도 있다. 그 국가를 구성하는 요건 중 제일의 것이 바로 군대이다. 물론 군대가 없이도 국가가 존재할 수 있을 것이다. 그러나 그것은 특수한 경우일 것이다.

세계 대부분의 국가가, 제국이든, 약소국이든 군대를 가지고 있고 그 것을 가짐으로써 국가를 지키고 국가 안의 국민을 보호하고 생존과 안녕을 취해 왔다. 말하자면 국가라는 것은 생존과 안녕을 보장받기 위해 인간이 자신의 자유 권리 일부를 내놓고 억압을 양해한 제도이고 그 국가의 필수적인 하위집단이 또한 군대인 것이다. 그런데 이상하게도 우리나라 국민은 군대에 대한 인상이 좋지 않다. 그것도 일종의 사대주의에서 빚어진 것으로 보인다. 이것은 문숭상 전통의 연장으로 보인다. 군대가 없으면 국가의 독립과 영속을 보장받지 못하는 것이 확실함에도 큰 나라에 의존해서 살아온 탓인지, 아니면 큰 나라가 군대를 양성하는 것을 못마땅하게 생각하는 까닭에 군대를 양성하지 않았는지 모르지만, 이는 분명 독립국가를 영위하는 국민의 자주성 있는 태도는 아닌 것이다.

1960년대까지만 해도 그 알량한 선비 우대 풍조, 문숭상의 사농공상(士農工商)의 풍조는 남아, 대학에서도 공대와 상경계열은 무시되고 인문계열과 사회계열이 득세를 하였다. 그래서 머리가 좋은 학생들은 모두 법대나 의대, 어문계열에 진학하고 공대는 '공돌이', 상대는 '장사꾼'이 라는 비하와 함께 들어가기를 꺼리는 사회적 분위기였다. 그래서 대학을 졸업하고도 실업자가 득실거려서 결국 해외개발공사에서 서독 광부와 간호원을 모집했는데 그것마저도 수십 대 일의 경쟁률을 보인 어처구니없는 사태가 벌어졌다. 이런 관념적이고 허례허식의 문숭상 풍조, 과거제도의 풍조를 불식시키는 일대 전환을 마련한 것이 5·16혁명과 더불어 시작되었다고 해도 과언이 아니다. 경제개발계획과 더불어 공대와 상대가 빛을 보게 된 것이다.

역사적으로 볼 때 우리 문사계급의 사대주의는 고질적인 것이어서 결국 구한말과 일제식민을 맞게 한 장본인이다. 문사들의 사대주의와 관념유희와 허례허식, 공리공론은 실사구시, 실질적이고 실용적인 것을 등한시하는 풍조를 낳아 빈털터리 국가를 만들었던 것이다. 그러니 외세가 가만히 있을 리가 없었다. 이런 오랜 관료주의와 문숭상주의를 크게 바꾸어 놓은 것이 바로 5·16혁명이었다고 보인다. 오늘날은 사상공농(士商工農)에 가깝다. 선비계급은 어쩔 수 없이 역사의 어떤 시기에도 파워엘리트 계급이고 이를 뒷받침하는 하부구조에서 순서가 바뀐 것이다. 바로 이 순서 바뀜이 우리의 소득을 2만 불에 접근시키는 동력이고 구조인 것이다. 무사계급은 나라의 독립성과 직결된다. 따라서 5·16혁명 세력이 많은 부정적인 요인에도 불구하고 결정적으로 사회구조를 바꾸어 버린 공적을 인정하지 않을 수 없다. 한국 역사에서 군대가 보수우익 혹은 수구반동이라고 단정하기 어려운 점이 여기에 있다. 5·16혁명 세력들은 도리어 사대문숭상의 전통과 허구를 깨뜨린 장본인이다. 그들을 우익독재라고 말할 수는 있어도 수구반동이라는 말은 적당치 않다.

박정희 정권을 독재니, 민주니 하는 이원적 틀로 보지 않고, 만약 국가의 생산력이라는 개념으로 볼 때는 역대 어떤 정권보다 획기적이고 신화적인 정권이라고 말할 수도 있다. 박정희는 분명, 조선왕조 중후기에 발현한 실학의 전통을 계승한 측면이 강하다. 무엇이 실질적이고 국민의 의식주를 바꾸고 소득을 높이는 것이냐에 가장 충실했던 정권이라고 할 수 있다. 말하자면 이용후생이라는 측면에서 보면 말이다.

박정희 정권에 의해서 과학이 새롭게 의미가 부여되고 공업이 강조되고 문화의 물질적 하부구조가 새로운 기반을 형성하기 시작했다고 해도 과언이 아니다. 어쩌면 민주주의니, 사회주의니 하는 것은 선진국의 관념놀이에 불과한 것일 수도 있다. 서구의 관념의 노예가 되어 동족상잔을 하고 대리전쟁을 하였으며 아직도 그것을 벗어나지 못하고 있는 측면이 많다. 관념의 노예는 노예를 벗어나고 싶다고 벗어나는 것이 아니라 보다 나은 관념을 창조하거나 그 관념을 초월했을 때에 저절로 벗어나게 되는 것이다. 따라서 그 관념을 벗어나기 전까지는 자기가 노예였던 사실도 인정하지 않거나 모르는 게 보통이다. 관념의 노예를 벗어나게 한 것이 바로 '새마을운동'이다. 삶의 밑바닥에서부터 다시 시작하자는 실학의 정신이 바로 새마을운동이었다. 새마을운동의 성과는 도리어 국내에서는 평가절하하는 세력이 있지만 외국에서는 누구나 '한강의 기적'을 이룬 사상적 실체로 파악하고 인정하고 배우려는 후진국가도 많다. 중국의 등소평마저도 박정희의 새마을운동을 배웠으며 그것의 중국판이 바로 '흑묘백묘'의 전설이다.

박정희의 혁명은 실은 좌우익을 넘어선 민족번영과 국가적 독립의 혁명이었으며, 근대화의 혁명이었다. 이에 비해 민주-민중혁명세력들은 박정희의 성공한 혁명이 성공한 줄도 모르고, 구태의연한 서구의 이상적 민주주의 이론이나 소련의 공산당 혁명이론을 통해 혁명을 외치면서 저들의 이론을 일종의 도그마로 만들어 국민을 오도하는 데에 앞장섰다. 이들 문민들은 연합을 통해 저항하였지만, 저들의 뜻대로 정의를 구현한 것이 아니라 조선조의 사대적 문민전통의 종속적 혁명노선에 불과하였다. 겉으로 보면 그럴듯한 이론으로 무장하고, 위선적이고 선동적인 수사와 현란한 이론으로 합리화를 하고 있지만 실은 이들 민주-민중혁명세력들은 정파적 정쟁을 주도한 소모적 혁명투쟁이었다. 민주-민중 혁명세력들의 이러한 수준을 그 후 문민정권의 '잃어버린 15년'에 의해 여실히 증명되었다. 이들 김영삼, 김대중, 노무현 정권은 결국 IMF와 그것의 탈출과정, 그리고 그 후의 정치적 조작에 의한 좌파정권의 탄생을 통해 국부를 두 동강 내었던 것이다. 그래서 한국이 1인당 국민소득 2만 달러 달성을 조기에 실현하는 것을 좌초시킨 원흉이 됐다. 남북한이 북한을 종주로 하여 남북통일을 달성하면 그것이야말로 민족적 재앙이 될 것임에 틀림없다. 그런데도 좌파적 지식인과 일부 안이한 민주주의자들은 저들의 관념론에 놀아나면서 민족적 에너지를 낭비하고 있다. 이들은 성공한 혁명을 군사독재 정권의 쿠데타, 혹은 정권탈취로 볼 지적 능력밖에 없었다.

솔직히 식민지의 수준에서는 마르크시즘보다 달콤한 유혹은 없었을 것이다. 왜냐하면 마르크시즘은 모든 실패한 정권이나 권력에 대해서 반항하고 저항할 수 있는 유토피아적 이데올로기였고 종교였기 때문이다. 남한에서라도 서구의 민주주의가 도입된 것은 한민족의 역사에서 참으로 다행한 일이었다. 그러나 한시적으로 서구의 민주주의는 식민지를 갓 벗어난 한민족에게는 가당찮은 목표였을 수도 있다. 도대체 식민지에서 갓 벗어난 반독립 상태의 나라에서 서구의 선진 민주주의를 그대로 도입하여 실천하겠다고 하는 것은 어불성설이다. 그런데도 운동권의 대부분은 선진 서구의 헌법 가운데서도 이상적인 것만을 골라서 짜깁기하여 헌법을 만들고 이를 실천하겠다고 하는 사대적, 관념적 민주주의를 시작하였으니 나라가 혼란에 빠지는 것은 당연한 것이었을지 모른다. 남한의 민주주의는 그렇게 시작하였으며 곳곳에 허점투성이였던 데다 남북분단과 6·25를 통해 분단 상황은 악순환을 초래하였다. 만약 아직도 우리가 관념적 민주주의의 수준에서 설왕설래하고 파당과 갈등만을 추구하였다면 오늘의 번영과 경쟁력은 기대할 수 없었을 것이다. 좌냐, 우냐를 떠나서 결국 삶의 영원한 하부구조인 경제성장에 성공함으로써 오늘의 민주주의도 사상누각을 면하는 것이 되었음에 틀림없다.

시민의식이 무엇인지도 모르는 마당에 온갖 권리를 주장하게 하고 책임을 질 줄은 모른 채 권리만 주장하게 되는 허위의, 위선의 민주주의를 떠들어 댔던 셈이다. 근대화와 산업화를 거치고 복지사회로 들어가기 시작한 선진국을 그대로 흉내 내려고 한 것은 억지 춘향이었는지도 모른다. 오죽하면 영국 사람들은 "쓰레기통에서 장미꽃이 피는 것"과 같다고 말했을까. 최근 남한의 민주주의를 보아도 참으로 웃지 못할 촌극이 벌어지고 있다. 대통령 선거판에 '김대업 사건'(이것은 '김대업 신드롬'이라는 용어로 자리매김하였다)이라는 반대당 후보에 대한 허무맹랑한 무고사건, 소위 네거티브 사건이 일어나 선거의 당락에 결정적 영향을 미치고는, 법정에서 장본인이 유죄가 되어도 '선거 끝났으면 그만'이라는 사태가 벌어졌는가 하면, 난데없이 대통령 후보를 여론조사가 끌고 가는 조작적, 혹은 도박적 사태가 벌어지고 있어도 이것이 민주주의인 줄 알고 있다. 여론조사의 성격은 어디까지나 참고의 사항이고 간접적으로 표에 영향을 미쳐야지, 직접적으로 영향을 미쳐서는 안 되는 과학적 근거가 있다. 그러나 국민 다수는 여론조사가 마치 민주주의의 진전인 양 착각하고 있다. 이것은 '여론조사 착각'이라고 명명할 필요가 있다. 이성보다는 그때그때의 상황에 매우 민감하게 반응하는 국민성, 혹은 국민정서는 민주주의를 상황주의로 몰고 가는가 하면, 후보자들은 국민의 지역감정을 치유하기는커녕(도리어 치유한다고 해 놓고 더 악랄하게 이용하는) 선거 때마다 부채질하여 표몰이에 나서는 반민주적 행위를 자행하고 있다. 이것이 정치가의 탓이 아니라 국민민도의 탓임을 모르고 정치가만 나무라면서(정치가 가장 후진적이라고 국민 스스로 비난하면서) 선거 때만 되면 다시 지역감정에서 국민 대다수가 자유롭지 못하다.

소득 2만 달러에 가까운 지금에도 이러한 사태가 벌어지고 있는데 해방공간 혹은 1960~70년대 한국 민주주의의 수준에 나라를 맡겨 놓았다면 배가 산으로 올라가는 꼴이 되었을 것임은 명약관화하다. 한국의 민주주의는 아직도 극복하여야 할 것이 태산이다. 지연과 학연에 얽혀 있는 한국 사회는 아직도 중세적 연줄사회의 틀을 크게 벗어나지 못하고 있다. 여기에 빈부격차의 문제마저 초미의 태풍으로 다가오고 있다. 빈부격차는 다시 좌파 친북세력에게 훌륭한 먹잇감이다. 저들은 빈부격차를 해결하기는커녕 더욱더 부채질하고 악화시켜 놓고도 그것을 선거 때마다 이용하는 이율배반에 빠져 있다. 저들은 도리어 통일을 운운하면서 자신들의 실패를 은폐하고 있다. 급진통일론은 후퇴하고 점진적 통일론이 힘을 얻고 있지만 통일을 팔아먹는 정치세력들은 여전히 활개를 치고 있다. 저들은 마치 통일은 저들의 전매특허인 양 떠들고 선전하고 심지어 독점권을 행사하려고 한다. 저들은 반대당을 무조건 '수구꼴통'이라고 하거나 '반통일 세력'으로 몰아가면서 여전히 국민들을 속이고 있다. 도대체 반통일 세력이 어디에 있는가? 단지 통일에 대한 방법론이 다를 뿐이다. 통일이라는 것 자체가 남북 상호의 이해와 접근에 의해서 이루어지는 것인데도 상호주의적 통일론에 대해서 저들은 반통일 세력으로 매도하기에 급급하다. 이것이 모두 정치적인, 당파적 이용을 이면에 깔고 있는 당파주의, 분열주의에 지나지 않는다. 남한 내의 분열주의가 도리어 남북한의 통일주의로 가면을 쓰고 있는 것이다. 이는 남한의 일부 민주주의 운동이 친북 좌파적 성향을 드러내는 것과 맥락을 같이한다.

최근 '놈현스럽다'라는 신조유행어가 국어연구원의 『사전에 없는 말－신조어』(태학사) 사전에 등재되어 논란이 일었다. '놈현스럽다'는 "기대를 저버리고 실망을 주는 데가 있다"라고 젊잖게 의미가 발표되었는데, 이는 우리 국민 대부분이 갖고 있는 '놈현스럽다'의 뜻과 거리가 멀다. 여기에는 '어처구니없다'는 뜻이 포함된, '오만하고, 방자하며, 국헌을 문란시키는 행위까지 서슴지 않는'이라는 의미가 내포되어 있다. '놈현하다', '놈현스럽다', '국회스럽다'라는 말도 있다. 이 책에는 '노비어천가', '노빠', '노짱'도 있고 '노선(盧線)', '노빠당'(~黨)도 있다.

노무현과 관련된 말이 다른 '누구'의 말보다 많았다. '김대업 신드롬', '여론조사 착각', '놈현스럽다'는 우리 사회의 민주주의 수준과 그것의 도착된 상황의 현주소를 단적으로 드러내는 말이다. 한국 문화는 본래 매우 상황적인(contextual) 문화이다. 말하자면 문화적 텍스트(text)에 충실하지 못하다는 말이다. 원칙이나 법칙이 지켜지지 않는, 상황에 따라 바뀌며, 때로는 정반대로 둔갑해 버리는 문화적 성격을 가지고 있다. 이런 성격으로는 선진 강대국이 될 수 없다. 한국 문화의 약점이 소위 문민정부 이후에 계속적으로 노출되고 있는 상황이다. 이것을 슬기롭게 잘 넘겨야 선진국이 될 수 있게 된다.

아무튼 민주주의 혹은 사회주의 등 특정 이데올로기에 편중되거나 종속되지 않는 관점에서 바라보면, 박정희 정권은 인류문명사로 볼 때, 혹은 장기지속의 역사로 볼 때, 과학에 대한 자각을 분명히 한 정권이다. 과학과 과학주의 없이는 근대화도 산업화도 자주국방도 안 된다는 것을 깨달은 정권임에 틀림없다. 전통적인 도덕주의, 선악논쟁, 이기논쟁은 우리 민족의 생활개선에 아무런 도움을 주지 않는 공리공론에 지나지 않음을 선언한 집단적 자각의 산물이라고 보인다. 박정희가 과학의 중요성에 눈을 뜬 것은 역시 그가 집안의 내력으로 볼 때, 선비적 전통을 가지기도 했지만 역시 그가 군인이기 때문에 누구보다 절박하게 과학의 중요성을 절감한 때문일 것이다. 군대야말로 과학이 없이는 승리가 불가능한 집단의 경우이다. 인류사를 볼 때 과학의 발달은 다분히 전쟁과 더불어 있고 전쟁에서 승리를 해야 하는 절박함 때문에 과학의 결정적 진전이 이루어졌다. 물론 과학자는 집단의 구성원으로서 과학기술의 발달, 새로운 법칙의 발견을 요구하는 집단적 압력에 직면하게 되는 것이다. 이러한 압력은 때때로 집단 무의식적으로 압력과 필요를 주기도 한다. 선비의 알량한 문숭상 전통의 허구와 허영, 허례허식을 탈피하고 무엇이 당장 필요한 것인가를 알기 시작한 인물 중에 한 사람이 박정희라고 할 수 있다. 그의 혁명 일성은 바로 '민생고'의 해결이었다. 그것은 후에 '경제개발', '자주국방'으로 연결된다. 이보다 더한 확실한 근대화의 길, 기초부터 다지는 길은 없었을 것이다.

인류사를 볼 때 선진국의 선진관념이나 개념은 분명 후진약소국에서 받아들이지 않을 수 없다. 그러나 그 관념은 항상 그것을 수입하는 후진국에 혼란과 논쟁을 불러오고 오랜 도전과 실패의 경험을 거쳐서 나름대로 토착화되는 순서를 밟는다. 우리의 근대화도 그런 과정을 거쳤다고 볼 수 있다. 군사정권은 바로 근대화의 하부구조를 다진 정권이었다고 보인다. 여기에 상부구조인 민주주의만을 논한다면 이는 또 하나의 공리공론에 속하는 것이다. 오랜 사대문민정권의 사대와 위선과 허영을 깨뜨린 우리나라 역사주기에서 5백 년 혹은 천 년 만에 돌아온 개국적(開國的) 의미의 정권이고 혁명적 정권이다. 그럼에도 불구하고 박 정권의 지엽적이고 부정적인 요소들만 나열하는 문민세력들은 도리어 국민과 무사계급들을 이간하고 국민적 분열을 획책하는 내분에 골몰하고 있다. 사대문민적 전통의 연장선상에 있는 문민세력들은 5·16정권을 군사독재라고만 규정하면서 애써 무시하면서 자신들의 역사적 허영과 과오와 무책임을 애써 분식하고 있는 것이다. 이들은 박정희 정권을 항상 군사독재라고 말하고 '군사독재=나쁜 정권'이라는 등식으로 국민들을 몰아가고 있다. 박정희 개인과 박정희 정권은 다른 것이다. 하나는 개인이고 다른 하나는 체제이기 때문이다. 그런데 박정희 치세를 평하는 자들의 상당수는 바로 이것을 혼동하여 독재하고 나쁜 것은 모두 박정희 개인에게 돌리고 박정희 체제의 성공과 미담은 박정희에게서 빼 버리려는 일종의 음모를 시도하고 있다.

그러나 이것이 많은 국민에게 통할 리 없다. 예컨대 언론기관과 여론조사기관의 여론조사에 따르면 존경하고 싶은 인물 1위에 박정희가 오르고 있다. 그것도 압도적인 퍼센트로 말이다. 우리 국민이 무지해서일까? 우리 국민은 바보일까? 아니다. 박정희를 매도하는 전문학자나 정치가, 민주운동권 세력들과는 다르게 국민 대다수는 그를 보릿고개를 없앤 인물, 의식주를 해결해 준 인물로 보고 있다. 이를 문민세력들은 의미 축소하고 박 정권이 아니어도 충분히 그동안 그것을 달성할 수 있다고 강변하고 있다. 박정희 이후 들어선 민주화 세력들의 정권이 하나같이 같은 기간에 다른 주변국가의 성장에 못 미치고 도리어 퇴보하는 경향을 보이는 것은 이들의 무능력을 드러내는 것에 불과하다. 박정희가 마련한 기반 위에서도 그것을 운영도 못 한 주제에 무에서 유를 창조한 박정희의 발뒤꿈치라도 따라가 보라고 말하고 싶다. 박정희는 특히 중공업 중심의 산업화와 함께 근대화를 이룩함으로써 역설적으로 이를 통해 민주화의 기반을 이룩하는 데에 간접적으로 공헌한 인물로 볼 수도 있을 것이다. 이는 박정희 치세를 공포독재 정치로 규정하는 것과 사뭇 다른 해석이다. 단기간의 독재, 소위 개발독재는 필요했던 것이고 경제성장은 독재의 유용성에 손을 들어 주는 측면마저 있다. 그렇다고 군사정권의 독재를 잘했다고 말하는 것은 아니다.

군대라는 것이 인문주의자의 입장에서 볼 때 때로는 못마땅하게 보이지만 인간의 생존과 그것을 보장하는 국가의 유지로 볼 때 불가피한 집단이고 동시에 무사집단은 문사집단과 동등하게 필요한 기둥임에 틀림없다. 문무(文武)라는 것이 바로 그것이다. 무문(武文)이라고 하지 않고 문무라고 하는 것에서 우선순위가 정해진 것이기도 하지만 무를 등한시하면 문의 기반은 상실하게 된다. 이는 무야말로 문화의 하부구조와 연결되기 때문이다. 어떤 일에 종사하느냐에 따라 화이트칼라(상부), 블루칼라(하부), 생산의 유무에 따라 부르주아(상부), 프롤레타리아(하부)를 나누지만 문화구조로 볼 때 문이 상부이고 무가 하부구조에 속한다. 하부구조가 없는 상부구조는 없는 법이다.

문화에서 무를 상실하면 결국 나라도 없어진다는 것을 구한말의 망국과 일제식민에서 우리 민족은 뼈아픈 경험을 하였다. 우리 민족에게는 도리어 상무정신이 숭문정신보다 더 필요한데 이는 오랜 문숭상 전통의 폐해가 도처에 있기 때문이다. 동시에 군대사회의 부정부패는 군대사회의 것이 아니라 우리 사회 전체의 표상에 불과한 것으로 이해하는 것이 훨씬 균형감 있는 판단일 것이다. 혹자는 그래도 군대사회가 가장 먼저 근대성을 획득한 집단이었다고 하는 주장도 있음을 상기하면 좋겠다.

이는 물론 조직의 구성과 운영 면에서 그렇겠지만 혁명의 성공도 그것에 도움받았음도 부인할 수 없다. 선진학자들이나 민주주의자들의 판단보다는 현실은 언제나 뒤에 있으며 뒤따라왔다.

운동하고 계몽하는 자와 실지로 정치하고 경영하는 자는 갈라진다. 정치하고 경영하는 자의 입장에서 보면 운동하고 계몽하는 자는 항상 앞서 가고 운동하고 계몽하는 자의 입장에서 보면 현실은 항상 뒤따라오는 것이다. 군사정권과 민주화 운동권 세력, 국민과 정치인의 괴리와 오해도 여기에서 비롯되는 측면도 있을 것이다.

현실에 대한 비판의식은 좋은 것이지만 자신이 경험하고 있는 현실의 못마땅함 때문에 쉽게 다른 집단에 희망을 투사하는 것은 지식인으로서 매우 감정적이라고 여겨진다. 북한의 군대와 사회는 당시 경험하지 않았기 때문에 일종의 바람직한 사회, 희망의 집단으로 쉽게 상정한다. 여기서 이영희 선생의 사회주의적 경향성은 일찍부터 곳곳에서 눈에 띤다. 사회주의적 시각에서 바라보니 바로 자유주의적 진영은 온통 불합리·부조리·부정부패투성이로 보이고 체제 내에서 그것을 고치려는 생각보다는 다른 체제를 생각하는 궤적을 그리게 되는 것이다. 지식인의 지식적 편견은 피할 수 없는 것일지도 모르고 또한 지식이라는 것 자체가 이미 편견의 산물일지도 모른다. 일단 이미 경도하면 다른 것은 잘 보이지 않는다. 이것을 '좌익적'이라고 해도 틀린 말은 아닐 것이다.

"민족의 항일투쟁과 광복운동을 비롯해 억압받는 가난한 인민대중의 이익을 대변했던 공산주의, 사회주의 지하운동 역량의 결합체인 북쪽의 승리가 반드시 거부돼야 하는 것일까 하는, 그런 생각도 해 본 일이 있어. (중략) 그 같은 대안적 가능성도 생각했던 것이에요."(165)
"국내에서는 우익적 사상의 지식인들은 이광수나 김동인, 서정주뿐 아니라 거의 모두가 친일파가 됐던 거요. 좌익인사들이 항일과 독립운동의 주축이었지. 해방 후 세대는 이 사실을 알아야 하고, 또 그 사실이 뜻하는 바를 제대로 음미할 필요가 있어."(66)

그는 대화 중, 무의식중 혹은 은연중에, 아니면 노골적으로 남한에서 좌파탄압이 지긋지긋했음을 실토한다. 박정희 정권을 신랄하게 비판한 대목의 하나에 이런 말을 한다.

"이승만 때보다 더 혹독한 좌익 탄압을 집권 18년 동안 계속한 자이니까."(288)

그는 좌익과 북한을 민족적 정통으로 보고 있는 시각이 확연하게 느껴진다. 그는 우선 해방 후 남한만의 단독선거가 미제국주의 세계전략의 일환으로 실시되었다고 한다. 그러나 이것은 사실이 아니다. 1946년 2월 8일, '북조선 임시인민위원회'가 먼저 창설되었고 북한은 스스로 이것이 행정주권기관이었다고 후일 밝히고 있다. 이는 북한이 먼저 분단을 획책하였다고 할 수 있다. 총선거나 정부수립, 인민위원회의 창설 등 이런 정부수립과 관련되는 일들은 선후관계를 따져서 분단의 책임자를 가리는 것은 무의미하다. 분단의 책임을 남한에 전가하는 북한의 태도가 위선적이어서 한번 따져 보는 것뿐이다. 일본 학자 와다 하루키는 김일성이 해방 후 1945년 9월, 북한에 들어오기 전에 이미 모스크바에 가서 스탈린을 만나고 스탈린에 의해 북한의 통치자로 선택되었다는 사실을 밝혀냈다. 도리어 남한의 미군정은 그때까지 단독정부를 세우려는 계획이 있었다는 증거도 없고 더구나 이승만은 미국에 의해 선택받은 인물도 아니고 미국에 협력한 인물도 아닌, 도리어 지나친 자주성으로 인해 미국에 의해 점차 기피된 인물이라는 것이 여러 자료에 의해 밝혀지고 있다. 스탈린과 북한의 김일성은 조직적으로 진작부터 남북분단과 단독정부 수립을 기정사실화하였으며 단지 그것을 공산사회주의 전체주의 체제답게 숨기고 있었을 뿐이다.

실은 분단의 먼 원인을 찾아가 보면 제2차 세계대전이 막바지에 이를 무렵, 미국의 일본군의 잠재력에 대한 오판에서도 비롯된다. 미국은 유황도에서 일본군의 처절한 항전(1945년 2월, 72일간의 전투에서 일본군 2만여 명이 옥쇄하고 미국군이 7천여 명 숨짐) 등의 경험에 비추어 일본군이 쉽게 항복하지 않을 것으로 짐작하고 만주와 중국, 한반도 일대에서의 일본 관동군 소탕을 소련군에 내심 기대하고 극동에서 소련의 참전을 유도했다. 그러나 소련은 뜻밖에 일본 관동군의 저항을 크게 받지 않고 이 일대를 점령할 수 있었다. 미국은 히로시마(1945년 8월 6일)와 나가사키(1945년 8월 9일)의 원폭투하로 인해 일본이 그렇게 단시일 내에, 한꺼번에 항복하리라고는 기대하지 않았다. 이는 천황을 정점으로 한 일본의 천황제 시스템을 모르기 때문이기도 하였지만 만약 이를 사전에 알았다면 미국은 결코 극동으로의 소련 진입을 허락하지 않았을 것이다(소련은 8월 8일 일본에 선전포고를 하였다). 소련은 10일도 채 되지 못하는 일본과의 전쟁으로 만주, 내몽골, 38도선 이북의 한반도, 남사할린을 점령하는 행운을 얻었다. 미국은 종전 후에도 일본의 본토점령으로부터 소련을 배제하는 데에 신경을 곤두세웠다. 바로 이것이 남북분단의 결정적 요인이 되었다.

또 한국전쟁 당시 중공군 개입의 여부에 대해서도 미국 측은 불확실성이 많았는데 중국의 국공 내전의 승리에 지친 중공군이 다시 압록강을 넘어오리라고는 상상하지 않은 쪽이 많았다. 그러나 중공은 내전 중에 가장 활약이 두드러졌던 동북 3성 출신의 군대를 다시 한국전쟁에 보냄으로써 전후 논공행상에서 이들의 자연스런 배제와 한족 중심의 군부체제 완성의 호기로 활용하였다. 뭐니 뭐니 해도 순치(脣齒)의 관계에 있는 한반도를 외면할 수 없었을 것이라는 점을 감안하는 데에 인색하였다. 이러저러한 변수와 오판을 감안하면 남북분단이라는 것이 결국 국운이었다고 돌릴 수밖에 없는 셈이 된다. 미국은 제2차 세계대전을 연합국의 승리로 이끄는 데에 핵심역할을 하였지만 전후 처리에 있어서 약삭빠르지 못했던 것이 사실이다. 특히 극동에서의 전후 처리에 있어서 일본을 점령하고 방어하는 데에만 신경을 곤두세웠던 것 같다. 바로 이 점이 애치슨라인으로 구체적으로 나타났고 이를 오판한 북한으로 하여금 한국전쟁을 일으키게 했는데 이것은 마치 남침을 유도한 것처럼 오해받을 정도로 어리석었던 셈이다. 한반도에서의 주도권을 갖는 데는 육지로 연결된 소련과 중국이 국익과 긴밀하게 연관될 뿐 아니라 비용 면에서 비교할 수 없을 정도로 적었기 때문에 막강한 군사력과 문화능력을 가진 미국이 항상 수세에 몰려 끌려 다녔다고 볼 수 있다.

해방 후 정부수립 당시 남북한의 주요 사건을 보자.

- 북한 소련군 평양 진주(1945년 8월 22일)/남한 미군 서울 진주(1945년 9월 9일)
- 북한 단독 정권 추진 스탈린 지령(1945년 9월 20일), '북조선 임시 인민위원회' 창설 1946년 2월 8일/남한 이승만 단독정부 정읍 발언 (1946년 6월 8일), 당시 미국은 이승만 단독정권 수립 반대.
- 유엔 남북 총선 통한 정부수립 결정(1947년 11월 14일)/조선 인민군 창설, 헌법안 확정(1948년 4월)
- 남한 총선거 실시(1948년 5월 10일)/북한 대남 송전 일방 중단(1948년 5월 14일)

이영희 선생의 주장 중에서 가장 강력하고 대표적인 주장은 두 가지이다. 이 주장은 남한의 지식인 사회에 메카톤급 폭탄을 터뜨렸다. 그

두 가지 중 하나는 바로 남한의 단독 총선거 실시가 남북분단의 원죄라고 하는 점이다. 또 다른 한 가지는 해방공간의 전후 상황으로 볼 때 북한이 남한에 비해 친일파 청산 등의 측면에서 정통성을 갖는다는 점이다. 나머지 그의 주장의 크고 작은 부분은 마르크시즘을 기조로 하고 모택동 사상의 가감에 따른 것으로 사상가로서 그의 소신이거나 나름대로의 논리표출이었다. 개인의 의사는 얼마든지 표출될 수 있고 논거는 다양할 수 있지만 반공교육으로 의식화된 남한의 지식인, 학생 사회에서는 그의 주장이 너무 혁명적이고 급진적인 것이었다. 해방공간에서 북한 쪽에서 월남한 대부분의 사람들은 북한의 공산주의 체제에 부정적인 입장을 취하는 데 반해 그는 그렇지 않다. 아마도 그가 북한의 전체주의 체제의 일단을 경험하지 않고 월남한 탓도 있겠지만 이는 무엇보다도 자신이 잘 알고 경험한 남한체제에 대한 심한 비판의식과 타고난 '반골로서의 반감' 때문에 대응적으로 북한을 이상적으로 속단한 추상적 경험 탓으로 보인다.

특히 남북분단의 원죄 부분은 너무 작고 지엽적인 사실을 기초로 성급하게 전개되고 있기 때문에 쉽게 오류에 빠질 수 있는 부분이었다. 위의 원죄는 그의 이데올로기 결과도 아니었다. 단순한 사실, 이승만의 정읍발언(1946년 6월 3일)을 기점으로 잡고 있다는 점이다. 애초부터 미·소 공동위원회나 좌우합작의 환상을 갖지 않은 이승만은 "통일국가 건설이 민족적 당위이기는 하나 소련이 존재하는 한 관념적이고 비현실적인 주장"이라고 믿었다. 예상대로 미소공동위가 결렬되자 전북 정읍의 한 연설에서 "남한만이라도 단독정부를 세우자"라고 주장한 것이다. '분단'을 처음 입 밖에 꺼낸 발언은 좌파들의 공격 핵심에 처하게 되었다. 이승만의 단독정부 발언은 조급한 냉전의식의 발로이자 권력의지의 표출이라고 주장하지만 국제정세에 해박한 이승만이 곧 닥쳐올 미·소 간 냉전을 직시한 결과라는 긍정평가도 있었다. 이는 이듬해 열린 제2차 미소공동위원회가 결렬되고 좌우합작도 실패로 돌아가자 현실로 다가왔다. 이는 해방 전후 공간의 사건과 사실에 대해 조금만 주의를 기울였어도 판단할 수 있는 사안이었는데 이영희 선생의 이념적 편향성은 그저 날짜상의 선후만을 보았을 뿐이다. 그가 성급하게 북한의 손을 들어 주고 있다는 것을 여러 가지에서 확인할 수 있다. 지금까지 좌파들은 남한의 단독정부 수립이 남북분단의 원인인 것처럼 말하지만 실은 스탈린과 북한은 용의주도하게 단독정부 수립을 음모하였으며, 이는 북한 단독정권 추진 스탈린 지령(1945년 9월 20일), '북조선 임시인민위원회' 창설(1946년 2월 8일) 등에서 읽을 수 있다.

북한은 분단을 준비하지 않은 것이 아니라 모스크바 삼상회의나 미소 공동위원회를 거치면서 미리 국가체제를 정비해 나가면서 다만 대외적으로 이를 숨겼던 것이다. 북한은 결국 앞선 국가제체 준비와 일제 때 근대화와 공업화에 앞섰던 기반을 바탕으로 1950년 6·25전쟁을 일으킨다. 당시까지 북한은 남한에 비해 모든 것이 앞섰다. 이영희 선생의 논리대로라면 북한이 6·25 당시 남한을 이겨야 정당하고 그래야 정통성 있는 통일정부를 수립하는 것이 된다. 그의 북한 정통론, 그의 북한 중심 통일당위론은 분단되는 것보다는 통일되는 것이 옳았다는 통일지상주의자들에 의해 후에 계승되는데 이는 '민족주의'라는 개념에 의해 지지받는다. 그러나 소련과 북한은 미국의 국력과 잠재력에 대해서 과소평가를 하였으며, 15만여 명의 유엔군(미군이 대다수)을 희생시킬 정도의 미국의 전쟁의지를 예상치 못했다. 북한의 결정적 실수는 남한 내 좌파들의 민중봉기로 저절로 남한을 접수할 것으로 낙관한 점이다.

국제간의 전쟁은 도덕적 우위로 승패가 결판나는 것은 아니다. 전쟁은 무조건 생존해야 승리하는, 마지막에 승리해야 하는, 결과적 승리론의 편이다. 이것은 매우 진화론적이고 생태학적이다. 전쟁의 시작은 필연론과 당위론이 있긴 하지만 결과는 그와 같은 원인론에 의미가 없다.

전쟁은 오직 승리라는 결과론에 의지할 따름이다. 친일파 청산 등 도덕적으로 우위를 점한 북한은 당초의 목적인 남조선해방이라는 과업을 수행하지 못하고 휴전으로 끝을 맺었다. 전쟁의 상흔만이 고스란히 한민족에게 안겨졌다. 그 후 북한은 사회주의 체제를 고수하고 남한은 자유냐, 평등이냐의 기로에서 자유를 우선하는 자유민주주의 체제, 자유자본주의 체제로 살아가게 된다. 이로써 그 후 남한의 체제가 아무리 독재였고 아무리 부정부패로 얼룩졌다고 하더라도 이는 남한체제 내에서의 문제이지 이것이 북한의 그것과 비교되어 그렇게 판정 난 것은 아닌 게 된다. 이는 북한이 쉽게 남한과의 관계에서 비교우위를 점하는 것처럼 평가(과대평가)하는 것은 금물임을 말하는 것이다. 결과론이지만 남한만이라도 자유자본주의 체제에 속한 것은 민족적 행운임에 틀림없는 일이었다.

〈한국전쟁 일지〉

1950. 06. 25. 북한군 03:00 선제 남침(정동·임원진), 38선 전역
　　 06. 27. 미국, 극동 해·공군의 한국지원 명령
　　 06. 28. 한강교 폭파, 서울 함락
　　 07. 05. 미군과 북한군 최초 접전
　　 07. 15. 이승만 대통령, 한국군작전지휘권 UN군에 이양
　　 07. 20. 대전 함락
　　 08. 01. 미 제8군사령관, 낙동강 방어선으로 철수 명령
　　 08. 05. 인민군의 8월 공세 시작
　　 09. 15. 인천상륙작전
　　 09. 28. 서울 수복
　　 10. 01. 국군, 38도선 돌파 북진

10. 10. 국군, 원산 탈환

10. 19. 국군-유엔군, 평양 탈환

10. 24. 유엔군 총공세 개시

10. 25. 중공군, 제1차 공세 개시

10. 26. 국군, 압록강 초산 도달

11. 21. 미 제10군단, 두만강 혜산진 진입

11. 24. 유엔군, 최종공세 개시

12. 14~24. 국군·유엔군, 흥남 철수작전

1951. 01. 04. 1·4 후퇴, 서울피탈

01. 14. 국군·유엔군, 평택-삼척의 신방어선으로 철수

03. 15. 국군, 서울 재탈환 및 북진

04. 12. 맥아더 원수 해임, 리지웨이 장군 유엔군 사령관 임명

06. 23. 말리크 소련 유엔대표, 휴전회담 제의

07. 10. 개성에서 휴전회담 개시

10. 25. 휴전회담장 판문점으로 이동

10. 28. 군사분계선 설정 합의

12. 18. 쌍방 포로명단 교환

1953. 04. 20~26. 부상병 포로 교환

06. 08. 포로송환 문제 타결

06. 18. 이승만 대통령, 반공포로 석방

07. 27. 휴전협정 조인

이영희 선생의 입장에서 볼 때 남한은 '태어나지 말았어야 할 나라', '사생아와 같은 나라'가 되고 만다. 그러나 역사라는 것은 특정 몇 사람의(관념주의자의) 마음대로 되지 않는 유기체이며 여러 주변국가에 의해 만들어지는 객관적인 유기체임을 부정할 수 없다. 따라서 어떤 나라

의 탄생과 소멸을 가부나 선악으로 단정하는 것은 금물이다. 역사라는 것이 흘러가는 것인데, 어찌 태어나 흘러가는 물을 흐르지 말라고 하는지, 사생아로 태어났다고 하더라도 현재 잘 살아갈 권리와 의무가 있는 것이 태어난 만물의 이치인데, 하물며 그것이 나라임에 어쩌랴. 어찌 자신이 몸담고 있는 나라를 그토록 죄악시하는 것인지, 민족적 원죄로 보는지, 이해가 가질 않는다. 군대와 미국과의 악연 때문일까? 그렇더라도 인연이라는 것은 소중한 것이고 악연은 얼마든지 좋은 인연으로 만들 수 있는 것은 아닐까. 헌법에 의해 자유와 인권과 사유재산이 보장받는 자유자본주의가 남한에 탄생하였다는 것은 결코 저주가 아니다. 그동안 독재도 있었고 민주화 과정에서 많은 사람의 희생이 있었지만 그래도 자유자본주의는 긴 역사에서 올바른 길이었다는 것이 오늘날 증명되고 있다.

좌파들은 흔히 북한(조선민주주의인민공화국)을 '민주기지'로 생각한다. 6·25를 남한(민주공화국, 자유민주주의)의 반혁명반민족 정권과 북한의 혁명적 민족적 민주기지 정권이 군사적으로 충돌한 것으로 생각한다. 6·25는 반제반봉건민주주의 혁명을 한반도에서 완수하기 위한 당연한 수순 혹은 연장으로 받아들인다. 여기서 민주주의라는 용어의 사용으로 인한 혼란과 오해를 불식시키는 것이 중요하다. 민주주의란 서구가 중세 봉건사회에서 벗어나면서 개발한 정치적 이념이다. 그중 하나가 자유민주주의이고 다른 하나가 공산사회주의이다. 민주주의라는 개념은 공산사회주의에서도 쓴다. 그러나 여기에는 엄청난 차이가 있다. 전자는 개인의 자유를 기초로 한 민주주의이고 후자는 집단의 평등을 기초로 한 민주주의이다. 집단을 기초로 한 민주주의는 한시라도 집단적 전체주의에 빠질 위험이 배태되어 있는 민주주의이다. 따라서 인민민주주의(민중민주주의)는 항상 집단주의의 포로가 되거나 노예가 될 위험이 있다. 그러면 민주(民主), 즉 국민(개인)이 주인이 되는 기회를 박탈당할 위험이 있는 것이다. 민중민주주의와 마찬가지로 민족주의도 일종의 집단주의인데 똑같은 위험에 빠질 위험이 있다. 민중이라는 말속에는 이미 반체제와 저항과 계급의 개념이 있고 민족이라는 말에는 집단주의와 다른 민족에 대한 배타성이 숨어 있다.

따라서 민족·민중(인민) 등을 내세우는 민주주의는 실은 민주주의를 표면으로 내세우지만 언제나 민주주의를 배반할 위험이 도사리고 있는 셈이다. 좌파들은 항상 '민족과 혁명'을 내세운다. 민족은 집단적 에토스에 호소하기 위한 것이고, 혁명은 계급투쟁을 통한 프롤레타리아의 세상을 만들기 위한 것이다. 민족, 민주, 민중이라는 세 개념으로 사회를 구성할 때, 우선순위 경우의 수를 배열해 보면 다음과 같다. 민족>민주>민중, 민족>민중>민주, 민주>민중>민족, 민주>민족>민중, 민중>민족>민주, 민중>민주>민족 등 여섯 가지로 나눌 수 있다.

남한의 경우, 민주>민족>민중에 가깝다. 그러나 남한의 많은 운동권은 민족>민중(인민)>민주, 혹은 민중>민족>민주를 택하고 있다. 북한의 경우 민중>민족>민주에 가깝다. 그러나 북한은 현재 전략적으로 민족>민중(인민)>민주로 표현형을 내보이고 있다. 북한의 이것은 남한의 그것과 내밀하게 소통하는 경우가 많다. 민족의 내용은 실은 민중이고 민중이란 바로 계급투쟁주의이다. 결국 계급투쟁주의를 숨기기 위해서 민족은 내세우고 있다.

그러나 민족이나 민중을 앞세우는 것은 도리어 전근대적일 뿐만 아니라 집단주의(집단폭력주의)의 유혹에 빠져 전체주의가 되고 심지어 좌파적 파시즘에 빠질 위험마저 있다. 그러한 점에서 개인의 자유는 항상 집단의 평등에 우선하여야 하며 그것이야말로 오히려 집단의 평등마저도 신장되게 할 가능성이 높다. 평등을 먼저 내세우면 겉으로는 그럴듯한데 그 속에 집단주의를 숨기고 있다. 자유는 개인을 중심으로 만들어지지만 평등은 이미 집단 속의 평등이기 때문이다. 평등을 추구하다가 집단주의의 늪에 빠질 위험이 있는 것이다. 집단주의의 근원은 집단 외부와 생존경쟁을 할 때 길들여 온 동물에 있다. 이것이 잘못하여 집단 내부로 화살을 돌리면 자기 집단이 붕괴되는 부메랑이 되고 만다. 이것이 정치적으로 분열을 할 때 사용하게 되는 이데올로기가 되기 쉽다. 따라서 집단주의는 본래 적을 공격할 때 효과적으로 사용하는 것이었지만 정치적 분열을 할 때나 이해관계에 걸려 있을 때 쉽게 사용할 수 있는 도구적 이데올로기이다. 평등은 양의 탈을 쓴 이리가 되기 쉽다. 그래서 선언적 평등은 평등이 아니고 도리어 불평등을 심화시킬 수도 있다. 평등은 결과적으로 평등이 되어야 진정한 평등이다. 사회주의는 선언적 평등주의인 것이다.

인간은 이욕(利慾)의 동물이지만 동시에 자기 집단의 내부와 외부를 대할 때 다른 태도를 취하는 동물이다. 집단 내부라고 하면 친구(friend)가 되고 집단 외부라고 하면 적(enemy)이 되는 것이 그것이다. 또 이 집단의 경계선이라는 것이 매우 역동적이어서 이해관계에 따라서 때로는 적이 되고 때로는 친구가 되는 것이 다반사이다. 친구라고 생각할 때는 항상 공동체사상을 갖게 된다. 이는 영장류집단의 원문화(pro-culture)에서 근친상간금기(incest-taboo)와 같은 종 내 애타주의(愛他主義)는 인간에 이르러 외혼제(exogamy)와 공동체주의로 진화되고 변형되었다. 이는 전쟁과 평화, 자유와 평등이라는 것이 개념으로 발전되고 변형된다. 항상 서로 상반된 것들이 공유되고 있는 셈이다. 생존경쟁이 권력경쟁이 되고, 어떤 경쟁이든 경쟁은 또한 평화와 평등을 필요로 하게 된다. 문제는 생물의, 인간의 기나긴 진화론상에서 경쟁, 전쟁이 우선되고 나중에 그것을 보완하기 위해서 평등, 평화가 요청된다는 점이다.

진화론상으로 보면 자유민주주의의 자유가 사회주의의 평등보다 우선한다는 것을 알 수 있다. 만약 이를 거꾸로 하면 진화론의 거대한 체계가 무너지는 것이 된다. 인간에 이르러 왜 평등과 평화를 떠올리게 되었느냐 하면, 바로 집단 내부의 질서와 통치를 위해서 그것이 필요했기 때문이다. 집단 내부(intragroup)의 것을 집단 외부(intergroup)에 성급하게 이상적으로, 유토피아로 투영한 것이 바로 공산사회주의이다.

남한이 그러한 점에서 자유민주주의에 포함된 것은 결코 민족적 불행이 아니며 진화론상의 기나긴, 장기지속의 관점에서 보더라도 행운에 속하는 것이 된다. 그러한 점에서 민족이나 민중을 내세우면서 급진통일로 유혹하는 것은 다급한 북한의 남조선 해방전선의 일환으로 보인다. 그러나 그 해방전선은 자유와 평등의 우선순위의 뒤바뀜으로 결코 성공할 수 없다. 인간은 이욕의 동물임을 잊어서는 안 된다. 해방공간에서의 좌우대립, 심지어 6·25전쟁마저도 역사적 필연성과 개연성을 동시에 가지고 있다. 우리는 어느 쪽이라도 선택하여 실험할 위치에 있었기 때문이다. 그러나 반세기가 지난 지금, 공산사회주의의 몰락을 눈으로 확인하면서도 아직도 좌파혁명에 열을 올리는 것은 참으로 시대착오도 이만저만이 아니다. 세계에서도 최악의 전체주의 파시즘의 선군정치(先軍政治), 북한을 민주기지로 보는 것은 어리석기 짝이 없으며, 김일성 종교가 되어 버린 주체사상을 민족 자주성 회복을 위한 교본으로 생각하는 것은 일종의 집단적 사기에 걸려든 사이비종교의 신도들과 같다. 자유와 인권이 없는 곳에서 창조적인 문화가 꽃피고 문화능력이 확대재생산된다는 것은 어불성설이다. 주체사상은 남한에 거짓 자주사상을 낳아 '북한 닮기' 신드롬을 낳고 남한을 지레 해체토록 유도하고 있다고 해도 과언이 아니다.

이영희 선생은 북한과 남한이 한민족, 한 국가였다고 하지만 통일되기 전까지는 어디까지나 자신이 몸담고 있는 나라를 중심으로 미래를, 통일한국을 전개하여야 하지 않을까? 통일이 되기도 전에 과도하게 통일에 앞서 가고 따라서 북한은 별로 변하지 않고 있는데 남한만이 먼저 변하고 북 치고 장구 치고 통일을 미리 예축하는 것은 김칫국부터 먼저 마시는 꼴이다. 성급한 통일론은 남한 정부를 통일에 이르는 과도기적 정부, 경과과정의 정부로 자신도 모르게 인식하게 만들어 그 부산물로 북한만 정통성을 강화하게 만들고 있다. 설사 북한의 정통성이 남한보다 해방공간에서 더 있었다고 하더라도 북한 정부도 소련에 의해 승인된 것이고 그 사대성이나 외세의존성에는 남한의 정부와 다를 바 없고, 북한은 도리어 과도한 주체사상으로 쇄국의 국가가 되고 김일성－김정일 우상화로 빈곤국가로 전락하였다. 북한은 현재 '기아의 수용소'가 되어 있다. 남한 정부가 북한에 뒤질 이유가 하나도 없다. 이제 한민족은 남북한 어느 쪽에 힘을 실어 주어야 할지 분명해졌다. 자유자본주의의 남한이 많은 문제점에도 불구하고 미래 지향적으로 한민족을 이끄는 데에 북한보다 유리한 것이 분명하다. 남한은 경제발전과 민주주의를 동시에 압축적으로 달성한 세계에서도 보기 드문 사례라고 이구동성으로 말한다. 행여, 이영희 선생의 북한 두둔 발언이 민족의 장래 방향설정에 혼란을 주어서는 안 된다고 생각한다.

종합적으로 볼 때 이영희 선생의 남한에 대한 부정은 자기부정이 되고 자기부정은 자신을 괴롭게 할 뿐이라는 점을 지적하고 싶다. 또 남한에 대한 자기부정을 사회적으로 확산시키지 말라고 부탁하고 싶다. 이영희 선생의 남한에 대한 자기부정이 북한에 대한 자기긍정을 위해서라면 몰라도, 만약 그렇지 않다면 그런 발언을 중단해야 한다. 비전향장기수를 북한으로 돌려보내는 것은 참으로 잘한 처사 같다. 사상의 자유와 선택은 중요한 것이기 때문이다. 정체불명의 국적 없는 민주주의이론으로 사회적 혼란만 가중한다면 북한의 인민민주주의를 몸소 겪어 보는 것이 더 효과적이라고 보인다. 만약 남한에 계속 살면서 그릇된 북한에 대한 인식과 이미지를 심는다면 이것은 일종의 자기허위, 허위의식이 되고 만다. 이영희 선생이 실질적으로 산 곳은, 그에게 고통만을 안겨 주었는지 모르겠지만 남한이기 때문이다. 어떤 위대한 인간도 자신이

발을 딛고 있는 땅을 부정하고서 위대함이란 무의미하다. 그 부정이 긍정을 위한 것이라고 하여도 지나치면 결코 스스로 긍정으로 다시 반전하기 어렵다. 그것은 바로 미궁에 다름 아니다. 지나친 사회주의, 급진좌파－급진통일(급진민족주의), 급진평등(급진사회주의), 급진민주(무정부주의)－는 한국에서 일종의 이념적 바이러스에 해당한다. 이 바이러스는 마치 자신을 순교자인 것처럼 의식화하여 사람들로 하여금 테러리스트로 만들어 버릴 위험이 있다.

이영희는 남한의 군사정권을 조금도 이해하려 하지 않았다. 그럼에도 불구하고 남한의 다수는 군사정권을 선출했다. 이것이 문제라면 남한 국민의 문제이다. 이것은 박정희의 문제가 아닌 것이다. 남한의 다수는 박정희의 공과에 대해 이영희와 반대의 입장에 있다. 이 점에서 이영희는 그의 명성에 걸맞은 선각자도 지성인도 아닌 것이다. 남한 군사정권과의 해원이 없으면 그는 저승에 가서도 편안하지 않을지 모른다. 그런 점에서 그와의 반대 입장에 있는 이론가들은 어떻게 생각하는지 알 필요가 있다. 해원을 돕는 의미로도, 대승불교의 공(空)사상의 맥락에서, 그와의 대척점에서 글을 쓰고 있는 필자를 이해할 필요가 있다. 나는 지금 어떤 귀신, 어떤 신과도 해원하게 할 수 있는 능력을 가진 무사(巫師)이기를 원한다. 한 사람에게 있어 고통은 고통만으로 끝나는 것이 아니고 역으로 쾌락이나 보람, 법열을 줄 수도 있다. 또 한 사람이 계속해서 고통의 길을 택하는 것은 비록 그것이 외면상 고통이라고 할지라도 내면에서는 어떤 나름대로의 카타르시스, 엑스터시와 같은 것이 있다고 한다. 말하자면 반체제를 하는 사람들은 그 반체제에서 나름대로의 희열을 느끼기 때문에 계속해서 반체제를 한다고 한다. 진정 고통스럽기만 하다면 누가 고통을 택하겠는가.

반골(叛骨)은 타고난다고도 한다. 지식이 많다고 반골이 되는 것은 아니다. 부정의에 대해 참을 수 없는 감정과 분노, 그리고 그것에 저항할 수 있는 실천력을 소지하고 있을 때에 그것이 가능하다고 한다. 동시에 자신을 하나의 극단으로 몰아갈 능력이 있을 때에 반체제를 하게 된다. 체제에 변혁이나 개혁, 심지어 혁명을 가할 때도 체제 안에서 실행에 옮기는 사람이 있는가 하면 체제 밖에서 하는 사람이 있다. 우리는 반드시 체제 밖에서 하는 사람들만이 옳다고 여길 필요는 없다. 한국에 경제성장을 가져온 사람들은 대체로 체제 안에서 사회변혁을 시도한 인물이다. 이에 비해 한국에 민주주의를 가져온 사람들은 대체로 체제 밖에서 운동을 전개한 경우가 많다. 여기에 한국 현대사의 비극이 있다. 양자는 서로를 인정하여야 하는데 그렇지 못하다. 서로 상대방의 공적을 무시하고 매도하려고 하고 있다. 이는 경제성장과 민주주의의 성장에도 적용되지만 역사의 문제, 민족의 문제, 통일의 문제 등에서도 연장되어 거대한 전선을 구축하고 있다. 여기서 굳이 전선이라는 말을 쓴 까닭은, 그만큼 치열하고 승패에 따라 심하게 권력이 이동하고 사회가 반전하고 혼란스럽고 낭비가 심하고 중심을 잃고 역사가 출렁거리기 때문이다. 이것은 어떤 경우에도 이웃 나라와의 경쟁에서 볼 때 불리한 당파이다. 한국에는 정당은 없고 당파만 있다고 한다. 헌법과 정강은 고쳐지고 누더기가 되어 버렸는데도 한국인은 자신들이 민주주의를 하고 있다고 생각한다.

사실 한민족으로 볼 때는, 식민지에서 해방투쟁을 할 때나, 해방 후 제국주의의 틈바구니에서 독립국가를 만들기 위해 투쟁을 할 때는 자유민주주의보다는 공산사회주의가 훨씬 호소력이 있었고 따라서 북한은 그런 점에서 해방공간에서는 주도권을 잡기에 유리하였다. 그래서 우리 시대의 사표가 되거나 존경을 받을 만한 지식인의 상당수가 사회주의 사상에 경도되었거나 사회주의 사상을 기조로 운동을 전개한 것도 사실이다. 또 북한은 해방 후 공산주의 특유의 순발력으로, 친일파나 보수반동, 반민족행위자를 척결하는 데 앞장섰고 그런 점에서 남한보다는 원죄의식이 적고 운동의 순결성을 가진 것도 사실이다. 그래서 북한은 출발의 진정성 면에서 남한에 비해 이니셔티브를 잡았던 것이 사실이다. 또 공산사회주의가 우리의 민도로 볼 때도 적합하였다고 보인다. 공산사회주의, 마르크시즘은 식민, 약소국, 가난한 나라에 잘 먹힐 수밖에 없는 특성을 가지고 있기 때문이다. 우리는 사회주의에 공감하거나 유혹당하기에 적합한 시대적, 지리적 환경과 조건을 가지고 있었던 게 사실이다. 여기에는 공산사회주의 자체가 자유자본주의에 비해 상대적으로 정의롭다기보다는 우리가 가난과 식민에서 허덕였기 때문에 그것이 호소력이 더 있었다고 보아야 할 것이지, 공산사회주의 자체가 더 역사적으로 진보된 이데올로기라는 것은 아니다.

역사 자체를 유물사관으로 보는 마르크시즘은 인류역사를 고대 노예제에서부터 오늘의 부르주아에 이르기까지 계급의 형성으로 보고 모든 계급을 부정하는 계급투쟁을 운동과 선전의 목표로 삼기 때문에 역사적으로 강대국과 위정자들로부터 수탈과 억압을 받아 온 한민족으로서는 구미가 당기는 이론임에 틀림없다. 물론 사회주의가 계급투쟁을 한다고 해서 저들 나라에도 계급이 없어진 것은 아니지만 그래도 이론만으로도 귀에 솔깃한 이론임에 틀림없었을 것이기 때문이다. 사회주의 이론은 하층민뿐만 아니라 양반과 지주들의 자제인 쁘띠 부르주아에게도 매우 광범위하게 퍼져 머리가 좋은 학생을 둔 집안에 이런 학생이 심심찮게 있었으며 특히 민족의식이 강한 독립운동 세력에게는 그야말로 안성맞춤의 사상이었다. 한국 사회에 마르크시즘의 적합성 유무, 성공 여부와는 아무런 관련 없이 유행하기도 했다. 그러나 공산사회주의는 문제제기, 비판활동, 운동의 전개에서는 눈부신 업적을 수립했다. 소련과 중공을 중심으로 전개된 사회주의 운동을 짧은 시간 내에 자유민주주의와 양극체제의 한쪽을 맡을 수 있을 정도로 성장했던 것이다.

사실 제2차 세계대전 직후만 하더라도 미영과 중소의 문화능력 차이는 꽤나 있었던 게 사실이다. 그러나 그 간격을 몇십 년 만에 따라잡고 양극체제의 주인공이 되었던 것이다. 그러나 공산사회주의의 말로는 결국 또 하나의 전체주의 실험으로 끝나고 말았다. 공산주의의 일원이었던 북한도 소련의 개방개혁과 동구권의 자유화 바람과 중국의 주자파의 득세로 완전히 우군을 잃어버린 외톨이 신세가 되고 말았다.

북한은 더욱더 체제유지를 위해 골몰하지 않으면 안 되는 상황이 되어 버렸다. 이 같은 국제사회의 변화는 베트남이 공산화될 때, 이제 우리 차례라고 호언장담하고 내심 희망에 부풀어 있던 북한에 전혀 뜻밖의 사태변화였던 셈이다. 그래서 자신들의 살길은 세계적으로 불고 있는 자유와 개방과 개혁의 바람을 막고 체제유지에 온 국력을 경주하는 것밖에 없었다. 엎친 데 덮친 격으로 국내 내정에 있어서도 치산치수의 실패와 농업생산의 저조, 국방비의 과도한 지출 등으로 북한 인민의 삶이 퇴락해 가는 것을 막을 수 없게 됐다. 그래서 지금 파워엘리트들은 핵과 미사일로 세계를 향하여 공갈과 협박을 하고 있고 인민들은 국제 난민이 되어 기초생활을 하기 위해 탈북을 하고 있다. 지금 그래도 위로가 되는 것은 남한 내의 좌파세력의 집권이다. 그래서 경제전에서는 남한에 졌지만 사상전에서는 남한에 이기고 남한 사회에 좌파·친북정권이 계속 들어서기를 내심 기대하고 있을지도 모른다. 그러면 자신들이 통일에의 주도권을 잡을 수 있기 때문이다. 북한은 실지로 6·25 때도 서울을 비롯하여 남한의 주요 지역을 점령하면 남한 내 좌파들이 일어나서 통일이 대번에 되는 줄 알았었다. 아마도 지금도 그렇게 생각할 것이다.

주체사상이라는 하나의 이데올로기이다. 그것의 출발은 매우 훌륭한 것이었을 수도 있다. 왜냐하면 가장 주체성이 없는 나라가 한국이었기 때문이다. 그러나 그 주체사상은 도중에 삿된 것이 끼어들고 말았다. 주체사상도 시대에 따라 이론적 생존의 타당성을 얻기 위해선 부단히 확대재생산하여야 하는 것임에도 심하게 도그마로 자리 잡아 '우상화의 도구'로 전락해 버리고 말았던 것이다. 지금 세계에서 가장 추한 이데올로기가 되었다. 근대는 한마디로 '이성(理性)의 시대'이다. 그런데 그 이성의 시대에서 '이성의 도구화'라는 덫에 걸린 것이 바로 공산주의이다. 하필이면 선생은 이성주의자를 자처하면서 '이성의 도구화'에 걸려들었는지 안타깝다. 만약 박정희 독재와 그 피해의식이 그렇게 만들었다면 선생은 '박정희 시대의 영웅(英雄)'이 아니라 '박정희 시대의 희생(犧牲)'으로 삼가 위로를 드리는 바이다. 이성적인 대화나 합의로 역사를 이끌어 가지 못하고 항상 운동이나 축제로 역사를 이끌어 가는 민족에게는 항상 희생양이 따른다. 아마도 우리 역사는 계속되는 희생양을 필요로 할 것이다.

백 번 양보해서 북한의 출발이 남한보다 좋았다 – 친일파 청산 등으로 – 고 해서 끝도 좋으리라는 법은 없다. 도덕주의자들은 원인론에 치중하지만 역사는 항상 그 결과가 좋아야 한다. 원인이 좋아도 민족이나 국가가 망한다면 결국 그 원인의 선함은 빛을 보지 못하는 게 역사이고 인류의 진화과정이다. 지금 북한은 세계적으로 공개되고 일반화된 저급의 핵기술과 미사일 기술(지금 세계의 많은 나라들이 핵과 미사일을 개발하지 않는 것이지, 못하는 것은 아니다)을 가지고 국제사회에 공갈과 협박을 하고 있다. 심지어 남한에 대해서도 겉으로는 한민족이라고 말하면서도 은근히 위협을 가하고 있다. 이것이 깡패들이 칼 한 자루를 가지고 골목에서 행인을 위협하는 것과 무엇이 다르다는 말이냐. 단지 그것을 휘두를 수 있다는 폭력적 인간성을 무기로 소란을 피우고 있다. 주체사상은 변질하여 주체우상화, 김일성 사이비종교의 난폭한 경전이 되고 말았다. 마르크시즘의 순수성도 잃어버리고 남은 것은 극악한 파시즘만 남았다. 폭력만 남았다는 말이다. 주체사상의 이러한 말로는 공산주의 패망의 한 예에 지나지 않는다.

공산주의는 자본주의가 자본집중을 바탕으로 사회를 운영하는 가운데 필연적으로 당면하게 되는 인간소외의 문제, 빈부격차의 문제, 식민 수탈의 문제, 종속의 문제 등에 대한 문제제기를 하였지만 그 인간주의는 문제 해결에 있어서 계급투쟁 방식과 반제국주의 논리 때문에 도리어 그것은 오늘날 저생산, 하향평준화, 사회적 적대감 조장 등으로 하나의 공허한 도그마, 추한 도그마로 전락하고 말았다. 한 사회 내에서의 계급투쟁은 사회의 생산성을 저해하고 사회질서를 파괴하는 결정적 요인으로 작용했고 국제적으로 반제국주의적 투쟁은 국제사회의 정치생태학적 환경에 반하는, 적당한 생태학적 위치에서 나름대로 잘 살아가는, 생물 생태체계로부터 이어 오는 권력체계의 질서를 수용하지 않는 테러리즘으로 발전했다. 급진적이고 절대적인 평등주의는 지나친 이상주의로 그것에 도달하는 자유와 정면으로 대치되는 상황에 직면했다. 이것이 바로 자기배반이다. '내일의 이상'을 위해 '오늘의 자유'를 잃어버릴 수 없는 '필연적인 자유의 종'이 인간이라는 동물이다. 또한 인간의 욕망을 배제하는 자유는 존재할 수 없다. 욕망이야말로 자유의 견인차이다. 인간은 욕망할 수 있기 때문에 자유로울 수 있고 자유롭기 때문에 욕망한다. 무욕의 욕망조차도 욕망에 속한다. 욕망하지 않으면 무욕할 수도 없다. 생물의 진화란 바로 욕망의 진화이다. 설사 그 욕망의 진화가 무욕에 도달하였다고 하더라도 말이다. 무욕하라고 사람들에게 강요할 수는 없다. 저절로 무욕이 이루어지는 것이 불교의 해탈일 것이다.

생태체계를 보면 맹수들끼리는 서로 싸움을 꺼리고, 먹이사슬 하단의 초식동물들은 맹수들과 거리를 두고 싸움을 피하면서 적절한 자기 영역을 확보해 나가면서 슬기롭게 삶을 영위해 나간다. 권력의 동물인 인간만이 최고 권력에 끊임없이 도전하는 경향을 보인다. 물론 최고권력이라는 것은 군침이 도는 자리이다. 백수의 왕을 누가 함부로 하겠는가. 권력이라는 리바이어던은 그래서 획득하기 어렵다. 싸움에 이기는 자만이 누릴 수 있는 영광이다. 최고권력자가 되지 못할 바에는 질서를 지키는 것이 현명한 것이다. 미국에 한 번 패한 바 있는 일본은 현재 세계 제2위의 경제대국이 되었으면서도 미국과 밀월관계를 이루며 잘 살아 가고 있다. 실지로 상당한 문화능력이 있지만 미국에 비위를 잘 맞추며 살아가고 있다. 이것이 반제국주의자에게는 어리석은 일이고 비겁한 일 인 것 같지만 실은 정치생태학적 입장에서 보면 매우 슬기로운 일이고 정당한 일이다. 일본은 그렇게 하여 제 국민을 잘 살게 하고 있지 않는 가. 이에 비하면 소련의 붕괴로 현재 세계 유일의 초강대국인 미국과 사 사건건 마찰을 빚고 있는 북한은 사자에게 달려드는 늑대 정도에 비할 수 있다. 결국 죽어나는 것은 북한 주민이다.

오늘날 북한의 경우를 보면, 결국 삶의 양식조차 마련하지 못한 채 공 리공론에 빠지고, 극단적으로 공산당 귀족만을 양산한 채, 김일성-김 정일 우상화와 함께 전체 국민을 '빈곤의 구렁텅이'로 밀어 넣은 꼴을 보면 참으로 안타깝기 그지없다. 지금 북한 사회는 일종의 사이비종교 국가와 같은 변태적 사회주의가 되어 버렸으며 자기기만과 자기위선에 빠져 일종의 연극사회가 된 꼴이다. 말하자면 사회 전체가 정권의 우상 화로 대외적으로 잘 살고 있다는 것을 보여 주기 위한 세트장이 되어 버 렸다. 이는 이영희 선생이 가장 고발하고 질타해 마지않는 '우상의 천 지'가 되어 버린 셈이다.

이 북한을 어쩔 것인가? 선생에게 묻고 싶다. 남한의 우상화나 독재성 이 아무리 심각하고 개탄할 것이었다고 하더라도 이에 비하면 비교를 할 바가 못 된다. 북한은 현재 배고픈 국민의 '이밥에 고깃국 한 그릇' 먹는 것을 지상과제로 생각하는 희망마저도 배신한 채, 미사일이나 핵 폭탄을 만들면서 정권과 체제유지에 혈안이 되어 있다. 이 미사일과 핵 폭탄은 언젠가 결국 자신들에게 돌아가고 말 것이다. 북한의 문제는 살 기 위해서는 개방을 하여야 하는데 개방을 하면 체제가 무너지는 모순 에 직면한 점이다. 그래서 문을 걸어 잠그고(겉으로는 개방하는 흉내를 내고 남한의 호의적인 원조와 교류를 이용하면서) 무기를 만들면서 국제적으로 공갈협박을 하고 있는데 세계는 이미 그런 공갈협박에 굴복할 수준에 있지 않다. 북한은 한민족 재앙의 원인이 되기에 충분하다. 그럴진대 만약 북한을 추종하는 세력이 있다면 이들은 무엇인가? 이들의 민족이 무엇이고 이들의 민중이 무엇이고 이들의 민주가 무엇인가?

북한은 현재 한민족이니 통일이니 운운하면서 민족주의를 선전하고 그것에 기대고 그것으로 남한 운동권 세력, 혹은 순수한 민주주의자, 민족주의자를 유혹하지만 점점 북한이 민족·통일을 운운하는 것이 북한 체제를 유지하면서, 체제회복의 시간을 벌면서 남한 내의 세력을 분열시키는 책동책술에 지나지 않음을 그들 스스로 보여 주고 있다. 모든 남북 논의나 교류가 북한의 입장에 따라 일방적으로 되다가 안 되다가 하고, 때로는 교류의 뒤에서 뒷거래로 돈을 요구하고 있다. 돈을 주면 하고, 돈을 안 주면 안 하는 그런 태도가 어찌 진정으로 통일을 바라는 진지한 자세란 말인가. 현재 남한은 이데올로기전쟁에서는 북한에 패하였음이 드러나지만 남한에 이룩된 자유자본주의의 엄청난 부와 사회조직, 문화적 볼륨이 결국 북한을 배척하고 남한 내 친북세력, 친북우호세력을 돌려놓게 될 것이라는 데에 의심의 여지가 없다.

그런 점에서 통일은 급진적으로 달성할 필요가 없고 되도록 천천히 달성되어야 실속이 있는 것이 될 것이다. 급하게 먹는 통일은 체하기 십상이다. 남한 사람들은 이제 북한의 수준을 알고 있고 어떻게 통일에 접근해야만 현실적인지를 알고 있다. 결코 국가생산력을 떨어뜨리지 않고 적어도 상향평준화를 통해 통일이 되어야 한다는 생각이다. 급진좌파는 통일은 고사하고 하향평준화를 통해 한반도 전체의 문화능력을 떨어뜨려 또다시 외세의 노리개가 될 위험이 있음을 우려하고 있다. 통일이나 국력은 말로 되는 것이 아니라 문화능력을 갖추었을 때 저절로 이루어지는 것이기 때문이다.

이러한 입장에서 볼 때 이영희 선생 이하 남한의 민주주의 운동세력들은 그동안 남한 내의 독재, 부정부패 등을 고발하고 반체제하는 데에 여념이 없었지만 북한의 그것에 대해서는 언급하기를 주저하거나 회피해 온 게 사실이다. 보기에 따라서는 북한의 대변자 역할을 하는 경우가 적지 않다. 언제까지 북한을 이해만 하고 침묵으로 일관할 것인가? 그러나 이제 북한에 대해 말할 때가 되었다.

북한의 인권에 대해서 발언을 하는 것은 이제 그동안 운동권의 논리가 남한에만 적용되는 것이 아니라 북한에도, 세계 어느 곳에도 적용되는 보편성에 기초한 것이라는 점을 보여 주는 기회가 될 것이다. 이는 또한 저들이 지금까지 남한에서의 운동이 결코 당파적이 아니었음을 보여 주는 의사표시, 실천행위가 될 것이다. 인권이 없는 국가와 어떻게 통일을 논의할 것이며 통일 후의 시민의식 같은 것을 기대할 수 있다는 말인가. 무엇보다도 미래의 통일을 위해서도, 통일에 대비하는 의미에서도 의사소통과 문화적 공감대 마련을 위해서 필요한 선결과제이다. 이를 북한체제에 대한 내정간섭이라고 회피한다면 이는 북한을 한민족이라는 하나의 울타리, 안의 시각에서 품어서 행동하는 통일운동의 진정성마저 의심받게 되는 대목이다. 통일운동이야말로 통일도 되기 전에 통일을 가상하여 미리 성급하게 가는 대목이 적지 않기 때문이다. 매사에 적절한 때가 있다. 북한은 이제 돈만을 요구할 것이 아니라 서신왕래, 방송통신 개방 등 한 공동체로서 살아가는 데에 필수적인 선결과제인 소통과 교류를 동시에 병행하여야 할 것이다.

한반도의 오늘 입장에서 보면 그나만 반쪽이라도 자유자본주의가 된 것은 참으로 행운이다. 신의 가호이다. 더구나 짧은 기간에 세계 10위의 경제 강국이 된 것은 더더욱 신의 가호가 아닌가 생각한다. 우리 민족이 스스로 택할 수 있었으면 사회주의를 택할 확률이 훨씬 높았기 때문이다. 지금 남한은 베트남에도 투자를 하고 있고, 필리핀에도 투자를 하고 있다. 북한에도 상당한 자본을 공짜로 주기도 하고 투자를 하기도 한다. 이렇게 투자하고 베푸는 남한의 위치가 된 것이 무슨 잘못인가. 더 이상 남한에 대한 비판이 비판을 위한 비판이 되어서는 안 된다. 이제 남한의 반제반독재 민주운동권 세력들은 북한을 향하여 목소리를 높일 때가 되었다. 그들의 인권과 비민주에 대해서도 남한에서와 마찬가지로 개선을 주장해야 한다.

이영희 선생은 그동안 남한의 군사독재 체제하에서는 여러 특종 보도와 성명과 발표를 하였다. 그런데 북한에 대해서는 들은 바가 없다. 북한은 남한보다 훨씬 더 심각한 독재 좌파 파시즘의 극단을 달리고 있는데도 말이다. 그의 남한 내 민주운동의 활동을 보자. 남한 내에서 통일을 주장할 때는 용감한 지식인인데 왜 한민족이라고 하는 북한에 대해서는 일언반구가 없는가? 현재 남한의 민주화는 자유는 고사하고 거의 방종의 수준에 처해 있다. 이제 북한에 대해 발언을 할 차례이다. 만약 남한에 대해 발언한 수준만큼 북한에 발언한다면 하는 기대감이 앞선다. 한 인간이 이데올로기적으로 변신하는 것은 남북 분단 상황으로 볼 때 변절일지 모르고, 어차피 학자는 관념론자일 수밖에 없다. 그렇기 때문에 처음이 옳거나 선하면(원인이 좋으면) 끝도 옳거나 선하다고(결과도 좋다) 생각할 수도 있다.

그러나 도덕에는 그것이 통할지 몰라도 생존에는 원인이 어떻든 결과가 좋아야 한다. 생물종이 아무리 도덕적이라도 생존하지 못하면 그것은 정의가 아니다. 오늘 북한의 모습은 전혀 '아니올시다'이다. 북한은 세계사에서도 보기 드물게 퇴행한 역사이다. 만약 북한 중심의 통일이나 역사가 한국에서 전개된다면 이는 민족적 재앙이라고 하지 않을 수 없다고 나는 생각한다. 마르크시즘이야말로, 좌익사상이야말로 관념론자, 관념적 이상론자인 학자들이 유혹당하기에 최상의 것이라고 생각한다. 그런 점에서 마르크스는 위대하다. 그러나 그는 대안을 제시하는 데 있어서 너무 조급했고 투쟁적이고 파괴적이어서 방법이 목적을 배반한 이데올로기가 되게 하고 말았다. 반대로 어떤 권력에도 투쟁하는 방법으로서는 이보다 더 강하고 효과적이고 선동적인 방법은 없다고 생각한다.

북한의 인권은 지금 세계에서 가장 열악한 것으로 짐작된다. 만약 민주화운동권 세력들이 말로는 자유와 인권을 입방아처럼 떠들면서도 정작, '우리 민족끼리'라며 남북한의 공조를 선전하고 있으면서도 북한의 인권에 대해 아무 말 못 하고 입을 닫고 있는 것은 위선이며 스스로 자기모순에 빠지는 행위이다. 한국 사회에서 가장 위선적인 것의 정점은 바로 민주주의를 부르짖는 자들이 친북성향을 보인다는 점이다. 이것은 한민족의 내홍이다. 또한 동시에 결코 치유될 수 없는 불치병과 같은 내홍이다. 북한은 현재 세계 최악의 독재국가이다. 식량이 없어 배도 채우지 못하면서도 우상화에 열을 올리고 있다. 그런 독재체제에서도 아무 말도 못 하고 앵무새처럼 김일성 수령을 신격화하는 북한과 자유를 주니까, 너나 할 것 없이 방종으로 나날을 보내고 있는 남한은 현상적으로 정반대인 것 같지만 실은 하나이다. 독재가 아니면 방종으로 치닫는 극단적인 성격, 극단적인 남북의 현실이지만 여기엔 유감스럽게도 한민족의 공통적 특성이 내재한다. 우상화와 노예와 방종이다.

북한이 남한과 다르면 얼마나 다르겠는가. 또 남한이 북한과 다르면 얼마나 다르겠는가. 둘 다 우리 민족의 특성이다. 현재 남한의 공중파 방송은 좌파의 도구가 된 것 같은 느낌이다. 이상하게도 우리 민족은 주면 더 달라고 하고 안 주면 달라고 하지 않는 극단적 민족이다. 북한은 아예 자유를 주지 않으니까 자유를 달라고 말도 못 하는데 남한은 자유를 주니까 자유를 넘어서 방종으로 넘친다. 항상 지나치다. 과불여불급(過不如不及), '지나치면 모자람만 못하다'는 말이 있다. 우리 민족에게 딱 맞는 말이다. 한국인은 언제나 극단적인 이데올로지스트가 될 수 있고 그렇기 때문에 극단적인 이데올로기에 이용당할 수 있다.

05_ 마르크시즘, 모택동주의에 대한 경도
−계급투쟁, 분석에는 과학적이지만 해법엔 실패−

공산사회주의는 가난을 먹고 큰다는 말이 있다. 생산력의 차이로 부자와 가난한 자가 갈라지는데 가난한 자의 입장에서 보면 공산사회주의보다 좋은 정치 이데올로기는 없을 것이다. 사람마다 생산의 차이는 나는데 소비는 똑같이 공평하게 하자고 하니 이보다 더 반가운 일은 없을 것이다. 다시 말하면 생산성이 떨어지는 자는 모두 공산사회주의를 좋아할 것이고 이들은 필연적으로 다수, 민중이 될 수밖에 없다. 생산성이 높은 자는 어느 사회나 소수일 수밖에 없다. 그래서 민중혁명은 다수 민중을 선동하여 일삼아야 하고 결국 다수 민중이 혁명에 빠지다 보니 생산성은 점점 떨어지게 된다. 결국 개인이 먹을 빵이 적어지게 되고 끝내 가난과 기아선상에 빠지게 된다. 다수 민중들에게 평등의 욕망을 불러일으키고 개인들이 가지고 있는 이익의 욕망을 무시함으로써 가난을 자신들의 탓이 아니라 부자나 권력자, 사회지도층의 탓으로 돌리게 한다. 이들 못사는 다수를 이용하여 정치적 귀족으로 등장한 것이 공산당원이다. 권력과 돈을 많이 가진 자는 언제나 소수임에 틀림없는데 이를 부정하거나 은폐하고 기만하는 것이 사회주의이다.

이영희 선생의 사회주의적 경향, 즉 좌경화는 그의 주 연구 영역과 깊

은 관련이 있는 것 같다. 그는 자본주의의 특성이자 약점을 공격하는 데
는 열을 올리지만 그것의 장점은 결코 보지 않는다. 그러다 보니 오늘날
자본주의의 종주국이라고 할 미국에 대해서는 철두철미한 반미주의자
가 되고 만다. 문제는 어느 시대를 막론하고 제국주의 국가는 있었고 이
들 제국들은 약소국을 상대로 펼치는 지배를 위한 정복과 전략은 비인
간적이고 야비하고 야만적이지만 실지로 그들 나라의 국내정치를 보면
인권이나 사회보장이나 문화능력 면에서 항상 확대재생산을 하는 데에
탁월한 국가였음을 알 수 있다. 문제는 국내문제와 국제문제를 다룰 때
상반된 입장을 취하는 데에 있다. 말하자면 국내에서는 공동체정신 혹
은 친구라는 개념으로, 국제문제는 자국의 이익을 목표로 한다는 것이
다. 인류학적으로 볼 때 국가라는 것이 자국의 이익과 생존을 목표로 하지
않는다면 존재할 필요가 없는 제도이다. 세계주의니, 평화주의니, 인도
주의니 하는 것은 국가이익을 은폐하는 하나의 트릭에 불과한 것이다.

선생은 특히 소비에트 파시즘으로 빠져 버린 소련의 경우를 수정주의
내지는 잘못된 방향으로 생각하고 있는 것 같다. 흐루시초프에서 시작
하여 결국 고르바초프 정권에 이르러 자본주의에 굴복하고 패배를 시인
하면서 자본주의를 받아들인 것에 대해 못마땅하게 생각한다. 그래서
중국의 사회주의를 성공의 좋은 예로 보는데 그는 특히 모택동주의에
경도한다. 그는 "중국에서 벌어지고 있는 모택동식의 '제3의 생존양식'
의 힘찬 전개 등의 뉴스의 홍수 앞에서, 나는 때로는 며칠씩 집에 갈 생
각도 잊어버리고 그 뉴스의 흐름에 빠지기도 했어"(405)라고 했다 거대
한 대륙과 세계 최고의 농민인구를 가진 중국에 사회주의 혁명을 성공
적으로 수행해 낸 마오이즘(Maoism)은 대안이 되기에 충분했고 현실성
도 있어 보였다. 선생은 도시의 노동자보다는 농민의 민중성에 대해 확
신을 가지고 있었던 것으로 보인다. 그러나 좁은 국토에 작은 인구를 가
진 한국에는 모택동식의 사회주의 혁명은 현실적이지 않은 것을 선생은

감안하지 않은 것 같다.

그를 사상적으로 정확하게 표현하면 마오이스트(Maoist)라고 할 수 있을 것 같다. 그런 그의 특성, 관심 때문에 소위 중국의 문화혁명의 폐단을 예견하지 못했다. 마오이즘이 그렇게 변질되고 종말로 치달으리라고는 상상을 하지 못했다는 것이 더 정확한 표현일 것이다. 아무리 위대한 이데올로기라도 전적으로 이데올로기의 순혈주의, 순수지상주의, 이데올로기적 절대주의를 주장하면 결국 자기모순에 빠지게 된다는 것을 모르고 있었다. 이데올로기는 현실과의 부단한 얘기를 주고받으면서 변하고 보완되어야 하고 나중에는 이데올로기 자체를 현실을 위해서 버려야 하는 경우도 있음을 몰랐다. 이때의 현실이란 사회적인 것도 될 수 있고 환경적인 것도 될 수 있다. 이데올로기가 사람을 위해서 있지, 사람이 이데올로기를 위해서 있는 것은 아니기 때문이다. 소위 이데올로기나 종교의 근본주의자, 원리주의자, 지상주의자는 결국 이데올로기에 망하게 된다. 역사에서 그런 예는 얼마든지 있다. 조선조 중종 때 조광조는 지치주의(至治主義), 말하자면 주자학 이데올로기의 절대주의, 순혈주의를 고집하다가 결국 많은 좋은 일을 하였음에도 불구하고 권좌에서 물러나고 결국 사약을 받고 죽게 된다.

> "나는 중국 공산당이 지향하는 미래의 중국 사회 체제, 중국 인민의 새로운 가치관, 그것을 인민의 생활로 구현할 새로운 사회구조와 정치형태 등에 관한 모택동의 사상과 철학, 그리고 실천적 해동양식에 공감했어요. 미국식 또는 전통적 서구 중심의 자본주의 체제와 문화도 아니고, 그렇다고 소련의 관료중심적, 비밀주의적 공산주의도 아닌, 그 양 체제의 장점을 취사해서 동양적 가치관으로 수정된 '제3의 사회제도'랄까 그런 것을 중공혁명에서 찾아보려 했고, 또 그렇게 기대했던 거예요."(438)
> "소련 공산당의 현실적 운동에너지는 주로 공장노동자를 바탕으로 하는 인텔리 중심적 성격이 짙었던 것과 달리, 모택동의 중국혁명의 변혁 에너지의 주인은 압도적으로 많은 농민대중이었다는 것이 혁명주

체 역량의 기본 성격상 분명한 대조를 이루었지. 소련공산주의는 소수 지배의 하향적 명령방식이었던 것에 비해서 중국공산혁명은 (중략) 저변의 대중 속에서 운동, 목표, 방향, 행동방식 등이 상향적으로 기능하는 형태라고 나는 해석했어."(439)

그는 중국공산당의 혁명성공은 19세기 '태평천국의 난'(1851~64)이라는 역사적 업적의 유산, 즉 그 정신을 이어받은 것이라고 말한다. 이는 한국의 경우 동학농민전쟁(1891~94)과 대응시킨다. 일본 공산당 운동의 실패를 운동의 정상부에 노동자, 농민이랄 수 있는 사람은 거의 존재하지 않았고, 주로 의식이 앞선 인텔리로 구성되었던 것에서 찾았다. 한국의 경우도 중국처럼 그때까지만 해도 주산업이 농업이라서 농민의 구성비율이 높고 비슷한 농민운동과 비슷한 유교문화권의 기반도 있고 해서 중국식의 혁명을 기대했던 것을 알 수 있다. 모택동주의의 농민을 기반으로 하는 인민민주주의적 장점과 인간주의, 평등주의 등을 크게 부각하는 모습을 볼 수 있다. 그의 이러한 태도는 주은래를 높이 평가하는 한편 유소기(劉少奇)나 등소평(鄧小平)으로 이어지는 현재 중국을 이끄는 주자파(主資派)를 잇는 계열의 자본주의를 접목하는 개방의 중국을 못마땅한 눈으로 바라보는 것 같다.

그는 중국연구의 최일선에 있었으면서도 소위 문화대혁명(1965부터 75년까지, 혹은 60년대에서 80년대까지) 과정에서 홍위병의 반문화적 행태를 비판하는 데에 인식한 편이다. 정보의 부족으로 홍위병의 폐해를 몰랐다고 하는 것은 학문적 변명이 되지 못하며 나중에 그런 문화혁명의 병폐가 드러난 것에서도 알 수 있듯이 인류역사의 대세는 이미 사회주의에 있지 않고 자본주의에 있음을 소비에트의 붕괴, 중국의 시장개방 등에서 알 수 있다. 그는 남한에도 중국식 사회주의 혹은 중국식 사회민주주의가 정착하기를 기대하는 것 같다. 중국식이 아니면 유럽식이라도 말이다. 서방의 사회민주주의가 공산사회주의와 자유민주주의를 적당히 섞어 조합하는 것이라고 생각하면 오산이다. 어디까지나 자본주의 방식을 주류로 하고 사회주의의 평등적 효과를 거두는 정책을 가미하는 것이다. 평등의 실현에 있어서도 자본주의적 방식을 통해야 현실성이 있는 것이다. 계급투쟁보다는 소득재분배효과나 기부행위의 확산을 정책적으로 유도해야 하는 것이다. 어떤 사회주의든 간에 평등을 먼저 주장하게 되고 그렇게 되면 욕망의 동물인 인간은 생산에 의욕을 보이지 않는다는 데에 문제가 있다. 평등을 먼저 주장하면 하향평준화에 이어 결국 빈곤의 타락으로 떨어지게 된다. 공산사회주의가 자유자본주의에 손을 들게 된 것은 전자가 후자보다 부도덕하고 부정부패해서도 아니고 바로 생산의욕과 생산성의 저하에 있다. 부정부패로 말하면 자유민주주의 국가가 더 심할 수도 있지만 그것보다는 어느 사회이든 간에 존재하는 것이라고 말하는 것이 공평할 것이다. 문제는 다 같이 부도덕한데 후자는 사람을 먹여 살리고 전자는 사람을 먹여 살리지 못한 데에 있다. 그렇다면 어느 것을 택해야 하는가? 자명하다.

중국이 문화혁명의 와중에 있을 때 남한은 그야말로 경제개발 5개년계획으로 경제성장의 급피치를 올리고 있었다. 동시에 남한은 박정희 군사독재에 대한 반체제운동이 가장 격렬한 시기이기도 했다. '개발과 민주'의 이중주가 성공적으로 연주된 시기였다. 남한은 중국식의 혁명이 아니라 '경제개발 5개년계획'과 '새마을운동'으로 산업화·근대화를 이루고 후진약소국의 자본주의 성공모델로 자리매김한다. 박정희 모델로 성공한 한국을 중국의 등소평은 부러워하였다고 한다. 남한은 중국이 문화혁명으로 시간을 낭비하고 후퇴하고 있을 때 잽싸게 산업화의 박차를 탔던 셈이다. 남한의 경제성공과 함께 이영희 선생의 중국식 혁명에 대한 기대는 물 건너간 셈이다.

그런데 지금 거꾸로 중국은 자본주의의 도입으로 해마다 10%대 이상의 경제성장을 기록하고 있는데 남한은 15년 가까이 5% 전후 성장의 제자리걸음으로 비틀거리고 도리어 후진하고 있다. 중국과 한국은 정반대의 입장이 되어 버렸다. 바로 중국의 '문화대혁명'과 같은 '역사청산 작업'이 개혁과 혁명의 이름으로 집권좌파들의 손에 의해 선무당 사람 잡듯이 자행되고 있기 때문이다. 안타까운 일이다. 한 나라에 행운이 그렇게 계속되지는 않는가 보다. 지금에 와서 생각하면 그대로 다행인 것은, 우리가 일단 소득 1만 달러의 수준을 넘었다는 사실과 중화학공업의 기반이 튼튼하다는 점이다. 공산주의가 성공한 나라는 하나같이 빈국에서 이루어졌다. 소득 2만 달러를 앞두고 있는 경제대국, 세계 10대 무역국인 한국이 공산화되는 것은 거의 불가능하다. 이제 반체제운동이나 사회주의 운동이 일어난다고 해도 어디까지나 자유-자본주의 체제 내에 서일 것이고 그것이 급진적으로 이루어질 공산은 없다. 급진성 자체가 이미 자본주의에 맞지 않고 대번에 부작용을 드러낼 것이고 그렇게 되면 국민적 저항, 선거적 비토에 직면할 것이기 때문이다. 이미 한국은 한국식의 '빨리빨리' 방식에 의해 후진빈국을 넘어섰다. 한국인이, 한민족이 바보가 아닌 이상 역사를 거꾸로 돌릴 염려는 없다.

우리가 좌우대립, 양극체제에서 배운 것은 결코 계급투쟁적 관점이 사회를 발전시키는 것도 아니라 사회불안만 조성하고 생산력을 떨어뜨리는 주범이라는 사실과 자연스럽게 형성되고 변하고 이동하는 계층이야말로 도리어 사회 안정과 생산력 향상과 함께 선의의 경쟁을 유도하고 창의력을 선도하면서 사회적 선순환을 일으키며 사회를 건강하게 한다는 사실이다. 국가는 여기에 평등의 점진적이고 효과적인 실현을 위해 최소의 개입을 하면서 이익의 사회환원을 고취시키고 그런 제도적 장치와 사회적 분위기를 조성하고 사회공동체 의식을 배양하는 일이다. 급진적 평등주의야말로 빈곤으로 가는 지름길이며 위선이라는 것을 알게 됐다.

06_ 미제국주의 아래에서도 한국은 소득 2만 달러의 중진국
-자본주의 체제 안에서 체제경쟁으로 통일한국과 선진국 되어야-

이영희 선생의 사회주의 편향은 중국에 대해서는 필요 이상으로 관대한 반면 미국에 대해서는 필요 이상으로 강박관념적이다. 이는 북한에 대해 이유 없이 긍정적인 반면 남한에 대해 이유 없이 부정적인 것과 맥을 같이한다. 그는 미국을 저주하고, 망하여야만 하는 부도덕한 국가로 규정한다. 동시에 모택동의 중국은 사회주의의 전범이자 희망이며 등소평의 중국은 자본주의화된 못마땅한 것이다. 그는 또한 공산사회주의 국가의 맹주였던 소련이 동유럽 위성국을 억압하고 지배한 제국주의의 교활한 술책과 폭력행사에 대해서는 언급이 인색하다. 사회주의는 선하고 자본주의는 악하다는 선입견을 갖도록 하기에 충분하다. 실은 사회주의든, 자본주의든 제국은 악하다고 하면 옳을 수도 있다. 그러나 그것조차도 강대국인 제국의 입장에서 보면 나름대로 제국의 유지를 위해서는 어쩔 수 없는 사연이 있을 것이다. 강대제국(強大帝國)들의 입장은 나름대로 국제질서, 사회정의, 인류의 행복을 위해서라고 답변할 것이다.

이영희 선생은 베트남전은 미국의 비인도주의적인 전쟁이었으며 그 전쟁에 용병을 보낸 한국(남한)은 부당한 전쟁에 참여한 것으로 베트남 인민에게 미안하게 생각해야 한다고 주장한다. 물론 그런 측면이 없는 것은 아니다. 그러나 6·25 때 수많은 미군이 죽었고 그 덕택에 나라를 세운 한국으로서는 한미동맹을 보아서도 파병을 하지 않을 수 없는 입장이었다. 이는 미국의 은혜에 대한 보답의 의미가 더 컸다. 한편 베트남전(1961~73)은 한국에서 경제개발의 동력인 달러와 물자 등을 제공한 기회의 전쟁이었음에 틀림없다. 마치 태평양전쟁에서 패한 일본이 6·25전쟁을 통해서 경제재건의 동력을 얻은 것과 같다.

국제사회에서는 한 나라의 불행이 다른 나라의 행운이나 행복이 되는 예는 얼마든지 있다. 한국은 베트남전이 수행되는 동안 경제개발을 가속화하였으며 전쟁이 끝나면서 국제석유가 조정으로 전비를 메우려는 미국의 중동개발 붐을 따라가서 다시 중동 붐의 기회를 잡는다. 한국의 경제개발은 베트남전과 중동건설 붐이라는 20여 년간의 미국과의 동행에 따라 거둔 값비싼 수확이었다. 그러나 도덕주의자인 이영희 선생은 한국의 이러한 입장을 전혀 고려하지 않고 시종 베트남전의 부당성과 미제국주의의 음흉한 계략을 고발하고 응징하는 태도로 일관하였다. 국제사회에도 도덕을 너무 내세우는 도덕주의자임에 틀림없다. 이는 국제사회가 철저히 국가이익을 위해 움직이는 것임을 모르는 소치이다. 인류사적으로 볼 때 도덕은 근본적으로 집단 내부에 적용되는 것이다.

국제경쟁 사회에서는 남의 불행이 나의 행복이라는 말이 통용된다. 만약 베트남전이 없었다면 한국은 비약적인 경제성장의 기회를 잡았을까 하는 의구심이 앞선다. 그런 점에서 베트남에 대해 한국이 보다 많은 투자를 하고 원조를 하는 것은 옳다. 베트남전은 한국이 원하거나 주도한 전쟁은 아니었지만 국제역학 속에서 일어난 전쟁이다. 당시 대학을 졸업하고도 일자리가 없어서 서독 광부와 간호원으로 해외에 나가는 데에 수백 대 일의 경쟁을 하고 있는 처지였으니 베트남전은 도리어 한국의 젊은이에게 일자리를 주는 기회였다. 흔히 국제 용병이니 무엇이니 하면서 월남전 참여를 비난하지만 당시의 한국은 그렇게 비아냥거릴 처지가 아니었다. 국제 용병 아니라 무엇을 하더라도 남자는 여자를, 가정을 먹여 살려야 하는 긴박한 처지에 있었고 그래서 월남전 참전 지원자가 쏟아졌던 것이다. 이것을 강 건너 불 보기 식으로 지금 배 뚜드리면서 도덕을 들먹이고 아무런 이해관계가 없는 방관자의 입장에서 일방적으로 비판하는 것은 현실도피적인 사고방식이고 이상주의자에 불과한 것이다. 현실과 역사는 그렇게 냉엄한 것이다. 먹고살기 위해서는 현실은 남자로 하여금 도둑질도 하게 만들고 여자로 하여금 창녀 짓을 하게 만든다. 한민족이 나라 잃고 국제 노예(노동자)로 팔려 간 역사, 하와이 사탕 수수밭이나 멕시코 노동자로 팔려 간 일, 사할린에서 중앙아시아로 강제이주를 당한 일 등 피눈물 나는 역사는 바로 그 예이다. 지금도 약소빈국의 젊은 여자들은 성매매의 대상이 되어 국제 시장에 팔리고 있다. 나는 단연코 그러한 일보다는 월남전 참여가 옳았다고 보고 있다. 베트남전 참여야말로 한국이 지독한 여성적 국가에서 남성적 국가로 전환하는, 수비적 국가에서 공격적 국가로 전환하는 전기가 되었음에 틀림없다.

비록 미국의 요청에 의한, 미국과 베트남 간의 전쟁에 참여한 대리전 성격이 있긴 하지만 적어도 월남전 참여는 외국에 군대를 보내고 주둔해 보는 경험은 귀중한 자산이었다. 해외파병은 그 후 인도네시아에서 분리 독립한 동티모르, 이라크로 늘어났지만 이는 대한민국 국력의 신장을 드러내는 것이면서도 적어도 그러한 참전이 결국 해외시장의 개척에 유리한 국면을 가져다줄 것이라 보인다. 전쟁에는 반드시 경제적 손익이 따르고 국제 역학이 작용하는 마당이기 때문에 그러한 역학구조에 능동적이고 적극적으로 참여하는 것은 결과적으로 국익의 신장에 기여할 것으로 본다. 이런 국제적 사건을 인간주의나 도덕주의적 잣대로만 보는 것은 결코 국가의 경영자가 할 일이 아니다. 공업화나 산업화가 생존을 위한 필수적 과제였던 당시에 그것을 실현하기 위한 달러를 제공하고 무역에 대한 눈을 뜨게 한 베트남전은 실로 양면성이 있는 것이다. 그런데 이상하게도 이영희 선생은 남한에 도움을 준 결정적인 것은 반대의 입장에 선다. 예컨대 국제적인 사건은 '반제국주의(반미주의)의 시각'에서 보고 국내적인 사건은 전부 '반독재의 시각'에서 보는 '외눈박이의 시각'을 견지함으로써 철저히 '반체제의 이데올로기'를 종합적으로 구성한다. 물론 그 덕택에 운동권의 대부가 된 것이기도 하지만 말이다.

> "나는 한국인이 미신인 미국이라는 국가의 지배적 본성의 추악함을 깨우치는 노력을 나의 임무의 중요한 항목으로 삼았지."(362)
> "약소민족에 대한 전쟁 없이는 그 제국주의의 경제, 정치, 군사, 과학 기술 체계를 유지할 수 없다는 확신이에요. 베트남 전쟁이 그 노골적인 본보기이지만, 이미 그때에는 라틴아메리카의 10여 개 약소국을 잇달아 군사적으로 침범·점령했고, 약소후진국들이 조금이라도 민주적 복지와 자립적 경제정의를 추구하려고 하면 그런 정권들은 미국이 뒷받침하는 반동적이며, 미국에 예속된 군부로 하여금 쿠데타를 일으켜서 전복시켜 왔어요."(361)

특히 미국의 군부와 전쟁주의 세력에 대해서는 냉엄하게 비판적이다. 그는 베트남 전쟁 후 미국이 작성한 '펜타곤 페이퍼'를 보면 북폭(北爆)을 무제한으로 감행한 빌미가 되었던 '통킹만 사건'은 모두 미국 군대가 허위 날조한 사건이었음을 상기시키면서 반미의 선봉에 나선다.

제국주의의 음모, 특히 그의 베트남전에 대한 음모를 고발하는 태도는 숙연함마저 느끼게 한다. 그의 반미주의는 베트남과 한국을 비교하면서 극적으로 전개한다. 그는 미국이 베트남에 개입한 1960년부터 패망하고 사이공에서 도망치다시피 철수한 1975년까지 베트남의 일을 우리나라의 일처럼 지켜보았다고 한다. 베트남의 일은 남의 일이 아니라 곧 나의 일, 한국의 일이라고 생각했기 때문이다. 말하자면 베트남과 한국은 동병상련의 처지였다고 해도 과언이 아니었기 때문이다. 사이공 정부의 패망을 당연시하는 그의 기록을 보자.

"사이공 정권의 모든 분야의 지배세력과 개인들은, 100년에 걸쳤던 불란서 식민지 시기와 태평양 전쟁 당시 일본 지배 아래에 있었던 4년 동안, 그리고 그 후 미국의 반식민지가 된 시기에, 거의 예외 없이 불란서 식민 당국과 일본 식민 당국에 빌붙었던, 한국식으로 말하면 '친일파 반민족 행위자'들이었어."(349)

한국의 경우, 남한은 친일파 반민족 행위자를 처벌하지 못했고 북한의 경우 이들을 처벌했다. 그의 베트남 멸망의 당위성을 읽노라면 은연중에 북한을 월맹 호지명 정부에, 남한을 사이공 정부에 대응시키게 된다. 결국 남한은 망해야 하는 것이다.

"결국은 어느 국가든 그것이 다른 강대국의 괴뢰적 성격이고, 인민대중의 복지와 이익을 도외시하고 국민의 권리를 짓밟고 소수세력들만이 사리사욕을 취할 때, 그 국가는 공산화되기 마련이에요. 그때 공산주의가 된다는 것은 인민이 바로 정의를 선택한 행위지. 미국이 보호하고 지원했던 괴뢰적인 국가들은 다 내부적으로 부패하고 범죄적으로 타락했으니까."(351)

남한의 경우 미국의 지원을 받고 있는 국가임이 틀림없고(남한은 미국의 괴뢰정권이라는 말은 하지 않았지만) 부패하고 타락했으니 망하는 것이 당연한 셈이다. 북한의 경우 결코 어떤 나라의 괴뢰정권도 아니었음을 전자첩보함 푸에블로호 피랍사건(1968년 1월 23일)이 극명하게 보여 주었다고 그는 말한다.

북한은 당시 세계 제일의 초강대국을 상대로 긴장을 조성하면서 결국 미국으로부터 영해침범 사실을 인정하는 함장 부커 소령의 각서를 받고 잠수함(평양 대동강 강변에 전시)은 돌려주지 않고 승무원만 돌려보냈다. 미국은 당시 소련을 통해 북한에 온갖 압력을 다 가했는데도 그것이 통하지 않았다는 것이다. 존슨 대통령은 당시 대국민 보고에서 "북한은 소련의 압력 밖에 있는 것 같다"라고 말했다. 북한은 지금도 핵과 미사일 문제를 가지고 6자회담을 하면서 러시아(소련)와 중국으로부터 완전히 독립되어 있음을 보여 준다.

> "불란서와 베트남 인민의 전쟁이었던 1946년부터 54년까지 '제1차 베트남 전쟁'을 종결시킨 제네바 휴전협정은 2년 후 56년에 남북 베트남을 통틀어 총선거를 실시하여 통일정부를 수립한다는 것이었지만 미국이 1955년에 총선거 실시를 거부한 것이 제2차 베트남 전쟁의 결정적인 원인이었다."(341)

미국은 남북 베트남의 지도자에 대한 여론조사를 실시한 결과 놀랍게도 미국인이나 아이젠하워가 도저히 상상할 수 없는 결과가 나와서 총선거를 포기했다는 것이다.

> "베트남 인민의 83퍼센트가 호지명에게 투표할 것이라는 여론이었어요."(342)

그는 미국이 해방 후 한반도에서 통일정부 수립을 위한 평화협정 체결이나 남북총선거를 거부한 것에 이것을 비유한다. 그는 이것을 미국이 약소국을 분열시켜 다스리는 '디바이드 앤드 룰(divide and rule)'의 세계경영전략이라고 고발한다.

물론 나는 한반도의 분단과정에 대해 이영희 선생의 주장에 전적으로 동의할 수는 없지만 대체로 강대제국의 약소·식민국을 다스리는 일반적 전략임에는 틀림없다. 아마도 미국이 아니어도 제국들은 기본적으로 이 방법을 사용해 왔다. 이는 평화 시에도 세계 경영 전략에서도 종종 써먹는 것임에 틀림없다. 종전 후 한국의 내정에 대해서도 미국은 항상 한국의 정치인 중에서 여야 양쪽을 상대로 의견을 조정하여 왔으며 때로는 여당 쪽에, 때로는 야당 쪽에 지지를 함으로써 자신들에게 유리하게 사태를 이끌어 갔다. 문제는 이것이 미국만이 쓰는 수법이 아니라는 데에 있다. 물론 그렇더라도 미제국주의에 대해 이영희 선생의 방식으로 도전하고 고발할 수 있다. 그러나 고발한다고 해서 제국주의의 그런 경영방식이 종식되는 것은 아니다. 그것보다는 자신이 제국이 되거나 적어도 자신의 국가를 제국들이 그렇게 경영하지 못하도록 국력을 키워 강대국의 대열에 들어가거나 최소한 식민지로 전락하지 않는 것이 보다 효과적이고 궁극적인 해결방법일 것이다. 고발하고 비판한다고 해서 변하지 않을 국제질서에 대해서는 다른 방법으로 대처하는 것이 궁극적으로 옳을 것이다. 미국의 제국주의 경영의 손아귀에서 빠져나오는 길도 그것을 고발하는 데에 달린 것이 아니라 국력에 달렸다.

분리통치 방법은 제국뿐만 아니라 모든 권력 형성과정의 일반적 기술이다. 문화능력이 있는 나라는 반제국주의를 하지 않는다고 해도 당하지 않게 되고, 문화능력이 없는 나라는 반제국주의를 한다고 해도 당하지 않는 것이 아니라는 점이다. 이것은 인간에게 권력이라는, 국가라는 본질적으로 사악한(?) 제도를 없애 버리기 전까지는 계속될 것이다. 그러나 권력이 없어질 것을 기다리면서 불안하게 살아갈 수는 없다. 그것보다는 권력을 획득하고 제국이 되는 것이 훨씬 확실한 것이다. 구한말 약소국인 조선이 강대국인 열강들을 상대로 이이제이(以夷制夷)식의 외교를 전개하려고 했으나 결과는 도리어 강대국에 의해 이용당했다. 당시 친일파니, 친로파니, 친청파니 하면서 내분에 빠진 끝에 나라를 빼앗기고 일제식민을 당하고 만 경험이 있다. 약소국은 약소국의 의사를 존중받는 것이 아니라 강대국끼리의 경쟁(전쟁)에서 이기는 강대국이 약소국을 차지하는 것이다. 이는 가부장제의 권력이 시작된 이후 남자(강대국)가 여자(약소국)를 장악하는 오래된 방식이다. 다시 말하면 문화능력이 없으면 남에 의해 내가 분리당하고 문화능력이 있으면 내가 남을 분리하게 된다는 엄연한 진리에 도달하게 된다. 이는 마음의 문제가 아니라 능력의 문제인 것이다. 이는 흥분과 열정과 도덕과 반운동으로 해결될 문제가 아니라 냉정함과 연구와 과학과 지배의 문제인 것이다. 그런 점에서 그의 반미주의는 한편에선 논리적으로는 정당하지만 다른 한편에선 목소리만 높은, 도리어 한미 간의 동맹관계에 마찰만 일으키는 실속 없는 반미운동이 될 수도 있다.

> "미국이라는 국가의 군대와 통치집단의 용서할 수 없는 폭력성과 잔인하고 사악한 본성에 대한 반감으로 굳어져 갔지요."(340)

베트남에서 총선거를 실시하지 않음은 후에 베트남 전쟁을 일으키고, 한반도에서 총선거를 실시하지 못함은 6·25전쟁으로 이어진다. 두 경우는 엄연히 달랐다. 한반도의 경우 유엔결의에 따라 총선거를 실시하려고 유엔감시단이 38도 이북으로 들어가려고 했으나 북한이 이를 거부하는 바람에 실현하지 못했다. 그런데 이영희 선생은 베트남과 한국의 경우가 똑같이 미국의 분리전략에 의해 총선거가 실시되지 못한 것으로 설명한다. 이는 좀 오버한 것임에 틀림없다. 남북한의 경우는 베트남과 여러 점에서 다르다. 뿐만 아니라 전후 분단국가 중에도 한국은 한미동맹을 통해 미국의 군사적 보호 아래에서 가장 성공적인 국가로 자리매김한다.

미국은 비록 일본의 패전과 함께 한반도에 점령군으로 들어와 소련과 함께 남북한을 분리 점령한 당사국이 되었지만 그 과정은 북한 지역의 소련 점령이 이루어지자 뒤이어 부랴부랴 점령한 인상이 짙다. 이것은 제2차 세계대전 후 양극체제의 신호가 되었지만 미국은 이때 38도선을 제시함으로써 일단 소련군의 남하를 저지한다. 한반도의 경우 남한 쪽에서보다는 북한 쪽에서, 미국보다는 소련 쪽에서 먼저 제스처를 취한다. 사실 해방 전후만 하더라도 남한보다는 북한이 훨씬 발전하였고 경제적 기반과 공업시설 면에서 우위를 점하고 있었다. 물론 이런 기반으로 해서 전쟁준비에도 북한은 유리하였을 것이다. 남한은 전쟁을 꿈에도 꾸지 못했다. 단지 이승만이 북진통일을 미국에 촉구하였을 뿐이다.

미국 국무장관 애치슨의 소위 '애치슨라인'의 발표는 북한의 오판을 불러일으키기에 충분했고 그래서 6·25전쟁을 도발하였던 것이다. 먼저 전쟁준비가 되어 있었으니까 전쟁 초반에 대승을 거두고 물밀듯이 남진할 수 있었던 것이다. 6·25를 북침으로 운운하고 미국의 전쟁유도설을 운운하는 가당찮은 주장이다. 물론 북한으로서는 '해방전쟁'이라고 할 것은 자명한 이치이다. 이러한 사실은 미국 정부당국의 비밀문서가 아니라 최근 해제된 소련과 중국의 비밀문서를 통해서도 증명되는 일이다. 한반도의 분할점령과 총선거를 실시하지 않음은 미국 측이 원인제공자가 아니다. 실은 북한이 원인제공자이다. 외국주둔군도 북한에 소련군이 먼저 들어왔고 또 소련과 중국의 지원약속을 받고 북한이 6·25전쟁을 도발하였다. 미국이 도발한 것은 아니다.

아무리 나쁘게 말해도 남한의 경우 미국의 반식민지 상태(물론 그런 것도 아니지만)라고 하더라도 미국과 남한의 인연은 베트남의 경우처럼 그렇게 악연만은 아니다. 전후 미국의 로스토 개발 방식은 유독 한국에서만 성공한다. 이는 우리 민족의 문화적 잠재력이 발휘된 까닭이다. 미국의 로스토 방식은 박정희 군사정권과 궁합이 맞아 결과적으로 괄목할 만한 경제개발 5개년계획의 성공으로 드러난다. 한국에는 개발독재의 방식이, 민주주의운동권에는 섭섭하게 들릴지 모르겠지만, 매우 성공적으로 수행되어 지금은 경제성장의 토대 위에서 다시 민주주의를 향한 힘찬 발걸음을 계속하게 하는 원동력이 되고 있다. 이제 남한(한국)은 경제와 정치 면에서 독립성과 함께 문화능력을 한껏 올린 상태이다. 여러 가지 국제지표에서 10위권을 육박하고 있는 실정이다.

한국의 새마을운동, 중화학공업정책 등은 이미 중국의 등소평과 싱가포르의 이광요 수상에게도 성공적인 케이스로 벤치마킹의 대상이 된 지 오래다. 바꾸어 말하면 새마을운동은 그 후 정권을 담당한 민주화 세력에 의해 우리나라 안에서만 푸대접을 받고 있는 것이다. 남한은 이제 실질적인 자주 국가뿐 아니라 중진국 중에서도 선두그룹에 속하게 되었다. 지금에 와서 이영희 선생의 다음과 같은 주장은 별 의미가 없다.

> "'친미, 반공, 군부, 독재' 체제 수립을 위해 나온 이데올로기가 바로 '로스토 독재개발이론'입니다. 박정희의 5·16 쿠데타에 앞서 1960년 케네디 대통령이 경제학 교수 월트 로스토를 백악관의 국가안보전략회 고문, 대통령 특별보좌관으로 임명합니다."(294)
> "로스토 독재개발이론이 케네디 대통령의 정책으로 추진된 사실을 알면 박정희의 집권배경을 쉽게 이해할 수 있을 겁니다. 같은 로스토 방식이 추진된 국가 중에서 남한의 경우는 성공한 셈이고, 남베트남과 필리핀, 인도네시아는 실패한 경우라고 할 수 있겠지."(295)

경제개발정책은 성공이 중요한 것이다. 성공한 정책에 대해 왜 뒤늦게 이러쿵저러쿵 말이 많을까? 백묘든 흑묘든 쥐를 잡으면 되는 것이지, 쥐를 잡은 고양이에 대해 불평을 늘어놓고 부당하다고 하는 것은 무슨 잠꼬대 같은 도덕주의인가. 바로 이런 도덕주의, 사대적 도덕주의, 관념적 도덕주의, 실리가 없는 명분주의 때문에 조선이 망한 것을 모르더냐. 그야말로 이런 면에서 보면 진보가 아니라 보수이다.

미국은 남한에 반드시 군사정권을 세우려고 한 것도 아니다. 그런데 남한의 정치적 흐름이 그렇게 됨으로써 미국이 내심 박수를 친지는 모른다. 그러나 적어도 미국은 5·16 혁명정부인 국가재건최고회의에 대해서도 민정이양과 군의 원대복귀를 꾸준히 주장했으며 이것이 실천되었다. 박정희는 이에 많은 불확실성 속에서도 군복을 벗고 민간인 자격으로 제3공화국 정부의 대통령선거에 출마하여 당당히 당선되었던 것이다. 그런 점에서 법리적으로 말하면 실은 박정희 정권은 군사정부도 아니다. 박정희 정부를 군사정권이라고 하는 것은 혁명 후 선거 이전까지 과도기에 해당하는 술어이다. 국민투표에 의한 선거로 당선된 제3공화국에도 그 용어가 적용된다면 이는 근본적으로 박정희에게 투표를 한 국민의 다수를 모독하는 말이다.

그런데도 민주운동권은 군사정부라는 술어를 박정희 통치 전 기간과 전두환, 노태우 정권 전체에 사용했다. 특히 노태우 정권의 경우 야당 민주인사들의 후보단일화 실패로 선거에서 당선된 대통령임에도 군사정부를 운운하는 것은 자신의 잘못을 남에게 뒤집어씌우는 못된 버릇이다. 이는 분명 잘못된 술어이다. 이는 당파적 술어이며 군 출신 후보자에게 패배한 문민 출신 야당들의 당쟁과 합리화를 위한 전략적 술어이며 근본적으로 질투에 기인한 술어임에 틀림없다. 정확하게는 군사정부가 아닌 것이다. 군사정부라는 술어를 받아들인다면 혹 통치의 행태가 군대의 상의하달식이고 혁명 이후 군인들이 대거 퇴역하여 정치일선에 투입됨으로써 군사정부라고 은유하는 것일 것이다. 박정희로서는 혁명의 실천과 통치의 효율성을 위해서 취한 당연한 부수적 조치들로 보인다. 돌이켜 보면 한국의 경제개발성공은 1960년대 한국인의 민도와 소득수준, 군대의 명령체계, '하면 된다'는 군인정신, 군사정부의 정치적 정당성 확보를 위한 매진 등이 절묘하게 어우러져 국가에너지를 최대한으로 결집시킨 끝에 달성된 값진 승리였던 것 같다.

1945년 우리나라는 1인당 국민소득이 45달러였다. 1960년대 초에 국민소득 80달러 미만 최빈국의 나라를 이어받은 군사정권은 60년대에서 80년대까지 거의 100배에 달하는 소득의 신장을 가져왔다. 적극적인 경제개발정책과 세계무대로의 개방정책과 시장개척으로 역사상 가장 짧은 시간에 수출입국과 중진국의 목표를 달성하는 신화를 썼다. 소득의 신장이 국가발전의 전부는 아니지만 그것은 국가경쟁력의 중요한 지표가 된다. 그사이에 70년대 중반에 북한에 뒤지던 소득도 역전시키는 개가를 올렸다. 박정희 정권은 사대적 문민의 국제적 종속과 국내적 수탈의 굴욕과 가난의 역사를 공격적 국가경영으로 일대 변혁을 일으킨 그야말로 혁명적 정권이었다. 박정희는 명실 공히 자주와 독립을 위해 국가를 근대적 모습으로 일신한 뒤바꾼 혁명아였다. 이에 비해 북한의 수령체제는 일제가 남긴 공업화의 유산이라는 이점을 제대로 지키지 못하고 1970년대부터(1973년부터) 남한에 역전되기 시작한 것은 물론이고, 체제경직성과 쇄국정치로 인해 체제유지에 급급한 '막다른 골목'으로 들어가기 시작했다. 현재 북한은 1,000달러 수준이고 남한은 16,000달러로 16~20배 수준이다.

결국 군사정부는 부정적으로 평가되기보다는 차라리 크게 긍정적으로 자리매김하게 될 날이 올 것이다. 아마도 군사정부가 경제성장에도 실패하였으면 온갖 나쁜 용어가 군사정부에 덧씌워졌을 터인데 워낙 업적이 위대하니까 민주운동권 세력들은 경제적 성공을 무시하는 한편 매일 독재로 몰아붙이면서 자신들의 정치적 입지를 다질 수밖에 없었다. 그래서 민주화운동권 세력들은 박정희가 아니어도 충분히 경제개발도 할 수 있었고 국가발전도 할 수 있었다고 주장한다. 이들은 군사정부 때문에 도리어 자유와 인권은 후퇴하였다고 말한다. 그러나 절대적 자유와 인권은 세계 어느 나라에도 없는 일이고 어디까지나 그 나라의 민도와 소득 등과 상관관계를 가지면서 발전하는 것이다. 불행하게도 군사정부가 경제성장에 성공하여 저들의 질투를 불러일으켰다고 할지라도 모 아니면 도라는 식으로 군사정부를 전부 부정한다면 그 부메랑이 저들에게 돌아갈 것이다. 사실 그 부메랑이 바로 IMF사태였다고 해도 과언이 아니다. 앞으로도 그 부메랑은 계속 돌아올 것이다.

지금에 와서 보면 남한에는 본의 아니게, 미제국주의 세계전략의 일환으로 도입된 것이라고 하더라도, 미국식 자본주의가 일찍 들어온 것은 민족적 행운에 속하는 것 같다. 미제국주의는 저들의 국가이익과 세계경영을 위해 그 일환으로 한국의 이익을 침해하기도 하고 때로는 한국의 주권을 억압하기도 하지만(그래서 사대를 불가피하게 하기도 하지만) 한국은 거대제국인 미국과 교역하고 소통하고 '한미방위조약'이라는 혈맹체제를 통해서 전후를 복구하고 지금의 경제 강소국으로 거듭 태어난 것도 사실이다. 한 면만 보고 미국을 일방적으로 질타하고 전적으로 '나쁜 놈'으로 단정하는 것은 단세포적 발상이다. 미국이야 어떤 발상을 하였던 우리가 미국을 이용하여 나라를 발전시켰으면 그만이다. 미국도 한국의 국력이 신장하면 할수록 동등하지는 않지만 상당한 대접을 할 것임에 틀림없고 언젠가는 대등하게 대할 것이다. 미국이 일본을 대하는 태도를 보면 안다. 일본은 현재 세계 제2의 경제대국이 아닌가. 명목상 한 나라라고 해서 어떻게 같은 한 나라인가. 세계는 엄연히 국력에 의해 서열이 매겨져 있고 그 서열이 은연중에 작용하면서 교류하고 있다. 강대국이 부당하다고만 주장할 것이 아니라 강대국이 되는 것이 중요하다. 강대국의 입장이 되면 한국도 달라질 것이다.

중국의 농민을 중심으로 한 모택동주의의 성공은 한국에서는 도대체 맞지 않는 방식이다. 농업생산으로는 도대체 생산성을 높일 수 없다. 그래서 산업화가 필요한 것이었고 근대화, 산업화에 겨우 신승함으로써, 막차를 타고 우리는 OECD국가로 발돋움했던 것이다. 중국에는 중국의 방식이 있고, 한국에는 한국의 방식이 있다. 문제는 한국인이 매우 지능이 높고 교육열이 높으며 개인주의가 강한, 자본주의에 매우 적응적 인간이라는 데에 있다. 박정희는 이를 잘 이용하여 '잘살아 보세', '일하는 해', '백억 불 수출달성'과 같은 슬로건을 통해 한국 국민의 잠재력과 에너지를 끌어내어 국가발전에 접목시키는 데에 성공했다는 사실이다. 한국적 개발독재의 방식으로 한국은 성공했는데 마냥 중국식 마오이즘을 뒤돌아보는 태도는 중국의 이데올로기적 노예라는 것에 다름 아니다. 중국도 마오이즘을 넘어서 한국의 개발모델인 새마을운동을 벤치마킹하면서 국부를 극대화시키고 있는 데 반해, 우리는 빨리 가도 모자라는 판국에, 중국이 실패한 문화혁명과 홍위병의 짓거리를 흉내 내고 있으니 참으로 안타깝기 그지없다. 합리적 처리가 불가능한 역사청산, 일제 청산 등 일련의 관념주의와 과거 지향적 퇴행은 민주주의마저 불안하게 하고 있다.

현재 한국은 자유민주주의와 민중민주주의, 혹은 사회민주주의의 혼란 속에 정체 상태에 있다. 이는 국가적으로 큰 손실이라고 해도 과언이 아니다. 사회 전체와 경제의 하부구조는 자유자본주의 방식인데 국가정책은 사회주의 방식으로 인해 심한 괴리현상을 빚고 있다. 중국도 탈피하는 사회주의 방식을 왜 따르고, 이미 실패가 검증된 마르크시즘의 방식 중에서도 초기의 계급투쟁 방식, 빈부격차 강조, 방종에 가까운 노동운동 조장, 교육부분에서 전교조(전국교직원노동조합)의 급진좌파적 사고 등 사회 전반에 걸쳐 분열 조장, 위화감 조성을 통해 사회변혁과 개혁을 도모한다는 것은 시대착오라도 이만저만이 아니다. '자유민주주의=시민민주주의'라는 등식과 '민중민주주의=인민민주주의'라는 등식, 그리고 사회민주주의에 대해서도 어디까지나 법치에 따른 점진적 사회민주주의(급진적 사회민주주의가 아닌)로 합의하는 '사회민주주의=점진적 사회민주주의'라는 등식의 공감대가 확산되어야 할 것이다.

아울러 한국은 보다 더 문호를 활짝 열고 개방과 자유무역과 시장경제의 질서 속에서 문화적 체력과 체질을 강화하여야 살아갈 수 있는 무역국임을 잊어서는 안 된다. 문호를 닫는 그 순간에 자체적으로 자급자족할 수 없는 농산물과 부존자원의 부실로 인해 빈국으로 떨어질 위험이 있다. 말하자면 자유경쟁을 통한 체질강화를 통해 문화능력을 확대재생산하여야 중진국의 유지는 물론 선진국으로 진입할 수 있는 기회를 얻을 것으로 보인다. 민족이니, 민중이니, 평등이니, 통일이니 허송세월을 한다면 언제 후진국으로 다시 떨어질지 아무도 모른다. 한국의 지정학적 위치는 예로부터 적극적으로 문호를 개방하고 선진문물을 받아들임으로써 역사의 각 단계마다 세계적 보편성에 도달하여야 하는 지극히 경쟁이 심한 영역임을 잊어서는 안 된다. 도그마적인 민주주의를 주장하면서 사회를 어지럽히고 결과적으로 친북적이고 북한에 유리한 고지를 주는 행위는 자발적으로 삼가야 남한만이라도 경제적 독립과 부를 획득하여 통일 후에 대비할 재원을 마련하는 진정한 통일, 실질적인 통일의 성취가 될 것이다. 해방구에 가까운 자유를 구가하면서 방종을 자유로 착각하는 일은 반드시 제한되어야 할 것이다. 민족주의나 민중주의는 일종의 역사적 낭만주의, 혹은 역사적 신화주의로서 배격되어야만 한다. 통일에 대해서도 선전과 구호만으로 내용이 없는 것에 대해서는 자제되어야 한다. '안으로는 민주, 밖으로는 수출'을 통해 부단히 개발하고 경쟁하여야 한다. 북한이 70년대 중반까지 남한에 앞서던 국민소득이 그 후 10분의 1, 20분의 1로 역전되고 낙후한 것은 바로 체제유지 때문에 문호를 개방하지 않은 것이 결정적인 원인이다.

중국과 한국은 역사적으로 너무나 다르다. 전자는 줄곧 동아시아에서 제국주의를 행세한 강대국이었고 한국의 대체로 사대주의로 명맥을 유지해 온 약소국이다. 또 중국은 광대한 영토를 가지고 있고 농업을 중심으로 한 산업적 기반을 가지고 있고 국토의 넓이도 한국의 50배에 해당한다. 한국은 비좁은 국토에 농토도 적어 집약농업으로 해도 자급자족을 하기에 힘겨운 나라이다. 중국과 한국을 역사적 발전단계에서 같은 것으로 접근시킨다는 것은 마치 독일통일과 남북통일을 같은 맥락에서 비교하는 것만큼 어리석은 일이다. 겉으로 드러나는 현상과 목적이 비슷하다고 같은 보편성을 적용하는 것은 무리이고 또한 그 보편성에 도달하는 속도가 같기를 요구하는 것은 더더욱 무리이다. 흔히 관념(개념)이 같으면 관념에 이르는 속도가 달라도 관념론상 같은 것으로 취급할지 모르지만 실은 구체적인 역사적 실현과정에서는 속도가 다르면 정반대가 될 수도 있다. 말하자면 한곳에서는 성공한 것도 다른 곳에서는 실패할 수도 있다는 말이다.

역사에서 속도가 다른 것은 명목상으로 같은 것일지라도 실제상 다른 것이다. 그래서 현실과 현실에서의 속도를 도외시하거나 명분에 집착하는 것은 정치적 실패로 통한다. 언제나 명분에 얽매여 현실의 이익을 놓쳐 버린다면 이것은 잘못된 정치이다. 한국은 농업으로는 도대체 자급자족은 물론 의식주를 제대로 해결할 수 없는 나라이다. 그래서 중국식 사회주의의 실험은 실패할 확률이 높다. 사회주의든 민주주의든, 한국에서는 한국의 것이 필요하다. 이제 건전한 의미의 계층은 필요한 것이고 다만 경쟁을 통해 계층이동을 할 수 있도록 길을 열어 놓는 것이 중요한 것으로 세계는 공감대를 형성해 가고 있다.

따라서 국가는 경쟁의 기회를 평등하게 주고, 경쟁의 방법이 공정한가를 감시하면 되는 것이다. 물리적이고 산술적인 평준화는 도리어 하향평준화를 부채질하여 모두가 못사는 나라로 전락할지도 모른다. 특히 자본주의를 기조로 하는 사회에서 재벌이나 다국적 기업을 정부의 손아귀에 넣고 마음대로 좌지우지하려는 것은 참으로 위험한 발상이다. 이것 자체가 기업의 창의성과 경쟁력을 떨어뜨리는 일이 되기 때문이다. 예컨대 삼성은 한국이 낳은 세계적 기업이고 다국적 기업이다. 만약 한국에서 삼성이라는 기업이 잘못된다거나 만에 하나라도 본사를 해외에 옮기게 된다면 이는 엄청난 국가적 손실이다. 다국적 기업을 해외에서 유치해도 부족한데 현재 한국에 있는 기업을 외국에 빼앗긴다는 것은 아마도 치명적일 것이다.

국가가 사회 전반을 통제한다는 것은 이제 불가능하다. 만약 통제를 결심한다면 오웰의 소설처럼 통제국가, 감시국가가 될 위험마저 있다. 개인의 자유와 사생활을 보호하되 공중을 위해, 공익을 위해 문제가 되는 점만 찾아내어 고치면 되는 '작은 정부'가 되어야 한다. 자유와 경쟁과 창의력과 이윤추구를 방해하면 자생력과 문화동력을 떨어뜨리는 역효과가 되어 나중에 가난한 나라, 문화적으로 볼륨이 적은 나라가 되는 '망국의 길'임을 잊어서는 안 된다. 지금 민주운동권 세력들은 체제의 비판과 반운동에는 전문가이지만 체제가 되어 경영을 하고 실질적으로 사물을 다루는 데는 도리어 반민주적이라는 평을 받고 있다. 마치 민주투쟁의 선봉에 섰던 과거 통일민주당이나 평민당이 당 운영에 있어서는 가장 비민주적인 것과 같다. 이제 민주운동권 세력들도 내부를 민주화할 필요가 있다. 겉으로는 가장 정의로운 체하면서 속으로는 나쁜 짓은 다 하고, 뒤에서는 가장 보수우익적 삶을 즐기는 인사들도 적지 않다. 이들은 직업상 필요한 것이 민주주의 깃발이고, 삶을 위해서는 부동산 투자와 부정부패, 뇌물청탁 등 온갖 사회적 부정부패를 저지르고 있는 인사들도 적지 않다. 바로 이것이 정권만 바뀌면 내로라하는 정치거물들이 줄줄이 쇠고랑을 차는 이유이기도 하다.

02

우리 시대를 위한 주요
개념의 정립

01_ 국가란 무엇인가, 필요악인가
 -한국 문화의 여성주의에 대한 회고-

도대체 국가는 무엇인가? 국가는 반드시 필요한 것인가? 개인은 국가 때문에 얼마나 더 행복할 수 있는가? 호모사피엔스사피엔스라는 인간종이 과연 가족 혹은 국가 아니면 다른 무엇을 기반으로 살아갈 수 있는 존재일까? 구체적으로 자유가 중요한가, 평등이 중요한가 등등 나로 하여금 수많은 상념에 사로잡히게 하였다. 인류학적인 연구결과에 따르면 국가시대라는 것은 고대에 올라가면 약 서기전 3500년경 전후로 상정된다. 물론 실제로는 이보다 앞선 국가도 있을 수 있다.

국가의 요건이라는 것이 인구가 어느 정도 구비되고 통치체제가 마련되면 되는 것이니까 말이다. 인구는 신석기 시대에 농업혁명이 일어나면서, 또는 목축(유목)기술이 발달하면서 급속도로 증가하기 시작하는데 이 시기는 아직 국가단계로 보지 않고 대체로 청동기 시대에 들어오면서 청동무기의 등장과 더불어 집단 간에 정복이 이루어지면서 국가의 가능성, 다시 말하면 부족국가 혹은 부족연맹체 단계가 된다. 본격적인 국가시대는 철기시대로 보는 게 일반적이다. 그런데 국가의 기원 연대가 고고인류학의 발달과 더불어 점점 상향 조정되는 경향은 있다. 중국의 경우 종래에는 주나라부터 국가시대로 보았는데 이제 은나라도 갑골

문 등의 출토와 함께 국가시대로 편입하려는 게 보통이다. 따라서 아무리 올라가도 청동기 시대를 국가시대의 상한선으로 본다.

한국 문화의 기원과 문화의 내용을 말할 때 으레 고조선과 기문명체계(氣文明體系)가 거론된다. 고조선은 청동기 시대로 추측된다. 고조선이 중국과 다른 점은 요녕식 동검과 그 뒤를 이은 비파형 동검으로 증명된다. 기(氣)문명체계는 천지인(天地人) 사상이나 정기신(精氣身) 사상에서 엿볼 수 있으며 하늘과 땅과 사람을 형상화한 무(巫) 자는 당시 제정일치 시대에 제사장을 겸한 군왕무당이 지배하던 시절로 추정된다. 고조선의 기문명체계는 『천부경』을 비롯한 『삼일신고』, 『참전계경』 등 천부삼경으로 짐작되는데 그 핵심 개념은 바로 정기신의 기(氣) 개념이다. 기는 정(精)으로 가면 물질이 되고 신(神)으로 가면 정신이 된다. 기(氣) 자체는 바로 현대적으로 보면 에너지와 동의어가 된다. 여기서 신(神)은 인간이 발명한 언어 중에서 가장 위대한 발명으로 보인다. 신(神)을 통해서 인간은 인간조건의 한계상황을 극복하고 번영을 이룩하였으며 망망한 천지에서 의지하고 신앙할 수 있는 대상을 창조해 내는 데에 성공한 것이다.

기(氣)문명체계는 어디까지나 종교문명체계라고 말할 수 있다. 인간은 고대와 중세까지는 그래도 종교에 크게 의지하면서 살아왔다고 해도 과언이 아니다. 고조선문명체계도 그러한 것 중에 하나이다. 근대에 들어 자연과학 시대가 되면서 문명의 무게중심은 종교에서 과학으로 급격하게 중심이 이동된다. 기문명체계에서는 기(氣)의 화(和)를 이룩하는 기화(氣和)가 중요하다. 기화란 요즘으로 말하면 평화와 조화에 가깝다. 평화롭게 살고 조화롭게 사는 것이 최우선이었던 시절이다. 이에 반대되는 것이 기싸움, 기쟁(氣爭)이다. 고조선의 기화(氣和)의 전통은 후대에 이어져 신라의 화쟁(和諍)사상이나 화백(和白)사상으로 신라시대에 꽃피운다. 이것은 싸우지 않고 말로써 합의를 이룬다는 뜻이 숨어 있다. 고조선은 나름대로 종교와 과학을 갖춘 고대문명체계를 가진 국가였는데 그런 평화주의는 본격적인 국가시대를 맞아서 전쟁의 소용돌이에 휘말리면서 분해된다. 그래서 부여, 고구려, 예맥, 삼한 등이 등장하게 되고 이들 나라는 한나라의 한사군(漢四郡)과 경쟁관계에 들어서게 된다. 고조선은 국가의 무기체계가 좀 뒤떨어지는 나라였지만 국가의 구성요건을 다 갖춘 고대국가였다. 한민족을 말할 때 고조선과 단군은 필수불가결한 것이고 으레 단군신앙과 연결되지 않을 수 없다.

국가의 구성요건은 통치자, 인구, 군대가 3대 요건이다. 지배자와 피지배자가 존재하여야 하는 것은 당연한데 왜 군대가 있어야 국가라고 하는가. 그만큼 통치집단을 외적으로부터 보호하고 경우에 따라서는 집단의 규모를 넓히려면 군대가 반드시 필요하기 때문이다. 아마 만약 군대가 없었으면 결코 국가가 등장하지 않고 인간은 소집단, 마을단위 수준에서 그쳤을지도 모른다. 그렇게 살았으면 도리어 평화로웠을지도 모른다. 마치 노자가 도덕경에서 말하는 '닭 울고 개 짖는 소리 들리는' 정도의 마을이었을 것이다. 군대라는 것은 무기와 군사가 필요한 전쟁집단이다. 인간, 아니 생물의 오랜 진화과정은 생존경쟁-자연선택, 적자생존, 양육강식의 과정이었다. 그 진화의 과정에서 가장 상위, 가장 최근을 점령하고 있는 만물의 영장인 인간도 그러한 과거역사를 벗어날 수 없다. 말하자면 호모사피엔스사피엔스, 현생인류는 경쟁의 동물인 것이다. 인간 종에도 우선 자신이 살아야 하는 생의 욕구, 그리고 자손을 낳아야 하는 번식의 욕구가 본성이다.

어떠한 권력도 소수가 다수를 다스리는 것이다. 다수가 소수를 다스리는 것이 아니다. 소위 어떤 민주주의든-자유민주주의든, 인민민주주의든-바로 이것을 위장하고 은폐한 이데올로기이다. "모든 권력은 국민으로부터 나온다." 그렇다. 그러나 국민으로부터 나오는 권력을 가진 자는, 집권자는 바로 소수이다. 소수의 권력자는 자연히 통치에 따르는 특권을 누리게 된다. 소수의 특권 자체가 문제가 아니고 소수가 다수를 잘 먹고 잘살게 하느냐의 유무로 성공한 권력, 실패한 권력으로 나누게 된다. 사회주의, 평등주의자 들은 바로 함께 잘 먹고 잘사는 사회를 건설하겠다고 호언장담해 놓고 결국 자본주의에 비해 그것을 달성하거나 그것에 근접하는 데에 상대적으로 실패했다는 데에 문제가 있다. 국가운영에 있어서 도덕주의나 선명성 경쟁은 집권을 위한 작은 전술이나 술수에 지나지 않는다. 국가운영에 있어서는 부도덕한 정권이라도 국민을 잘살게 하는 정권이, 국민을 못살게 하면서 도덕적 정권보다 정당성을 확보하는 데에 유리하다. 이는 국가운영에서 절대주의나 절대선, 절대정의라는 것이 없음을 말해 준다.

전제주의 시대에도 백성을 잘살게 한 군주가 있었고 오늘날 민주주의 시대에도 국민을 배고프게 하는 통치자가 있다. 물론 전제주의에서 민주주의로 발전한 국가의 진화과정을 무시하는 것은 아니지만 지배를 당하는 다수의 의식주를 비롯하여 행복하게 사는 여러 기반과 산물을 만들어 내지 못한 치자는 망하게 되어 있다. 민주주의 가운데 인민민주주의는 실패한 것이고 자유민주주의는 많은 문제가 있음에도 불구하고 그 문제를 자체적으로 해결해 나가면서 발전하고 있는 것이다. 자본주의는 국가의 발전과 운명을 같이한 제도이다. 자본주의는 발전과정에서 많은 문제점을 노출했지만 그것을 해결해 나가고 진화하고 있는 제도이다. 이제 '국가＝자본주의(자유자본주의)'라는 등식이 과거보다 훨씬 더 정착되어 가고 있다. 마르크시즘은 바로 자본주의와 국가가 낳은, 잘못 태어난 사생아이다. 마르크시즘은 또한 과학과 정치가 낳은, 잘못 태어난 사생아이다. 현실정치의 실패를 적대감의 발판으로 삼아 현실을 적대적으로 만들면서 정치를 종교로 후퇴시킨 '지상천국의 사이비종교'이다. 빈자를 현혹하는 종교인 것이다. 빈국이 아니면 공산사회주의는 잠시도 성공하지 못한다.

마르크시즘은 국가운영을 종교적 발상 혹은 방식으로 하기 때문에 담론으로는 정의에 속하는 것 같지만 내용은 정반대로서 위선에 불과하다. 한때 우리 사회에서는 말 많으면 예수쟁이거나 빨갱이라는 말이 있었다. 하나는 천상천국을, 다른 하나는 지상천국을 전파하는 종교였던 것을 말한다. 마르크시즘의 계열에 속하는 이영희의 사고방식과 좌파운동권의 운동방식은 바로 일종의 종교적 이상주의와 계급투쟁의 양극단을 오가면서 한편으로 평화, 평등 공세로 지상천국을 약속하고 다른 한편에서 투쟁으로 사회를 적대적으로 만드는 '집단적 정신분열 증세'를 보이고 있는데 그럼에도 불구하고 개선의 여지가 없는 것은 민중을 속이고 있는 자신들에 대해 심리적으로는 순교자적 만족감을 느끼고 있다는 데에 있다. 물론 김대중의 햇볕정책이나 통일정책 등 대북한 정책의 전반적인 기조는 바로 이를 바탕으로 하고 있다. 이러한 민중주의―여성주의는 한편으로 대외적으로는 평화주의를, 다른 한편에서 대내적으로는 패배주의를 의미한다. 예컨대 북한중심으로 통일되어도 통일이 되면 되는 것 아니냐는, 왜곡된, 뒤틀린, 바람난 여성주의 같은 것이 그것이다. 그래서 좌파들은 남한에 살면서도 의식적으로는 북한으로, 북한으로 자꾸만 가고 있는 것이다.

민족이나 국가라는 것을 가부장제의 연장선상에서 볼 때 여성에게 그것은 무슨 의미가 있는가? 바로 여성과 그의 자식들은 보호하고 먹여 살리고 나아가서는 다른 여성보다 더 행복하게 해 주는 데에 있다. 만약 어떤 민족이나 국가가 그러한 역할의 수행을 제대로 하지 못한다면 여성은 당연히 자신의 가부장, 즉 남자(남편)를 바꿀 필요가 있다. 이를 가족에서 국가로 연장하면 여성의 입장에서는 힘(문화능력) 있는 남자에게로 소속을 바꾸는, 다시 말하면 남자를 바꾸면 되는 것이다. 다른 한편 가부장이 아닌 여성·모계의 입장, 평화주의자의 입장에서 보면 권력경쟁을 압박하는 국가라는 것은 무의미한 것으로 보일 수도 있다. 민족이나 국가라고 하는 것은 가부장제의 남자들이 자신의 권력을 유지하기 위한 일종 허위의 이데올로기, 의식화에 지나지 않는다. 대체로 능력 없는 남자(가부장, 국가)들이 자신들에게 닥친 가부장의 위기를 민족주의, 국가주의로 부르짖는 것이다. 민족주의, 국가주의 둘 중에서 전자는 대체로 약소후진국들이 부르짖는 것이고 후자는 대체로 강대국으로 발돋움하거나 국가의 재건과 부흥을 부르짖는 국가들이 붙이는 이름이다. 말하자면 국가주의는 새로운 권력체계를 구성해 가는 과정의 산물이고 민족주의는 주로 기존의 체계가 무너짐에 따른 저항과정의 산물이다. 민족과 국가는 둘 다 허구이다.

그러나 허구일지라도 민족이나 국가의 신화가 필요한 것은 바로 집단을 영위하기 위한 인간의 상징적 전략에 속한다. 인간은 생태학적인 적응 이외에도 상징적인 적응을 하여야 하는 호모릴리글로수스이다. 신화시대나 제정일치 시대에는 제사(제의)에 상징적 의미가 부여되었지만 점차 제정분리시대의 도래와 함께 정치에도 그것이 확대되었고 민족과 국가는 그 과정의 산물이다. 국가의 발달과정을 보면 그것은 토테미즘(Totemism)에서 샤머니즘(Shamanism)의 단계를 거쳐서 제정분리 시대에 들어 왕권(Sovereign)으로 넘어가서 오늘에 이르고 있는데 그런 점에서 민족과 국가라는 것도 상징물에 불과하다. 그렇다면 실체는 무엇인가? 바로 여성과 그의 아이들로 구성되는 모계이다. 이것을 부계─가부장제로 바꾸면서 인간은 민족과 국가라는 허위의 상징조작에 들어가게 된다. 물론 이 가부장제가 남자의 필요에 의해서 만들어진 것은 아니다. 차라리 여자의 필요에 의해서 만들어진 것이다. 여자는 남자에게 가부장이라는 상징(이름), 혹은 집합표상을 주면서 급증하는 인구(개체군) 속에서 자신의 유전자를 남자들에게 보호를 받기로 함으로써 가부장제가 비롯되었다.

이럴 경우 피식민지(피식민국)의 여자들은 어떤 생각을 가지게 될까?

한마디로 자신이 선택한, 자신을 보호하고 있는 남자들이 '능력 없는 남자들'이구나 하고 느낄 것이다. 아마도 자신을 보호해 줄 새로운 남자들을 선택할 것이다. 물론 기존의 남자에게 약간의 기회를 주고 기다려 주고 힘을 만회할 때까지 지켜보겠지만 그대로 만회하지 못할 경우에 새로운 식민체제에 적응하게 된다. 이는 여성뿐만 아니라 민중에게도 적용된다. 여성과 민중은 결국 같은 처지에 있다. 그런 의미에서 국가는 철저한 가부장의 경쟁 이외에 어떠한 것도 아니다. 국가를 운영하기 위해서는 바로 문(文)과 무(武)가 필요한데 이를 바로 문화적 담론으로 확대하면 바로 종교와 과학에 대응한다. 종교는 신화의 형태이고 과학은 그야말로 과학이기 때문에 전자는 주체성(정체성)의 문제가 되고 후자는 전쟁의 승패와 연관된다. 국가는 한쪽에서는 신화를 구축하고 다른 쪽에서는 탈신화화하는 작업을 병행하는 상호모순, 이중성의 산물이다. 어느 한쪽도 잃어서는 안 된다. 국가는 이 둘을 균형 있게 가져야 지속하는 것이다. 만약 어느 한쪽이라도 소홀이 한다면 생명이 짧을 수밖에 없다.

식민지의 여자는 이중, 삼중의 고통을 받는다. 첫째, 우선 전쟁의 피해자이며, 둘째, 제국주의의 희생자이며, 셋째, 가부장제의 희생자이다. 비단 봉건사회의 여자뿐만 아니라 어떤 시대라도, 남자들이 권력경쟁을 할 경우 여자의 희생은 보편적이다. 여자는 경쟁보다는 질서 쪽이 훨씬 유리하다. 그러나 무질서하게 되면 여자는 그 틈바구니에서 자신에게 유리한 쪽으로 선택하여 간다. 자신과 아이들에게 말이다. 사실 정확하게 증명하기 곤란하지만 식민지의 경우, 다시 말하면 어떤 나라의 땅이 전쟁의 장소가 되거나 지배를 받는 식민지가 될 경우, 여자는 이미 알게 모르게 그 침략자나 지배자 남자의 씨를 받게 되어 있다. 그래서 외침을 많이 받은 한국의 경우, 식민지가 된 경험이 있는 한국의 경우, 여자들은 이미 침략자의 아이를 생산하는 구조에서 벗어날 수 없다. 예컨대 환향녀(還鄉女: 화냥년)라고 하든 말든, 창녀(娼女)라고 하든 말든 여자의 운명은 침략자의 아이를 배어 낳고 본래 남자를 속일 수밖에 없다. 이는 본래 남자들의 자업자득이다. 간혹 열녀나 정절녀들은 저항을 하지만 (이들은 기존의 가부장제에 훈련된 여자들이다) 실은 여자들의 본래 성향은 다른 가부장을 맞아들이면 그뿐이고 아무런 문제가 없다. 차라리 못난 남자보다는 승리한 남자가 훨씬 자손을 책임질 우성의 유전자를 가진 남자이기에 능력 있는 쪽을 택하면 그뿐이다. 그런 점에서 민족주의와 국가주의는 남자들의 문제가 된다.

민족과 국가는 영원한 객체가 아니다. 그렇게 만들려고 신화화하지만 그것에 성공하는 국가는 그리 많지 않다. 인류 역사상 소멸한 국가는 많다. 이에 더하여 민족주의, 국가주의를 부르짖는 국가나 민족치고 제대로 된 국가를 영위하거나 선진제국을 만든 경우는 드물다. 그런 주장을 하는 국가나 민족은 이미 남의 나라에 점령당했거나 국가체계를 유지하는 데에 위기를 느낀 경우가 대부분이다. 일종의 허장성세에 속한다. 공산사회주의(공산당)야말로 정체가 불분명한 민족주의를 자산으로 허위의 '민중(인민)권력＝프롤레타리아정권'을 찾아주겠다고 선전하는 전략으로 마지막으로 권력에 도전한 정치세력이다. 그러나 사람들에게 행복을 주는 데에 실패하였기 때문에 지구상에서 거의 사라져 가고 있다. 국가는 개인의 생존을 위한 공인된 폭력이기 때문에 여자와 민중에게는 자신을 행복하게 해 주는 폭력을 선택하는 것이 정의이다. 행복 이외의 다른 정의는 모두 기존 남자의 가부장에 길들여진 것일 뿐 다른 아무것도 아니다. 그래서 여자를 행복하게 해 주지 못하는 국가나 권력은 반드시 사라져야 하고 결국 사라지게 된다.

권력이란 본래 폭력적이고, 더구나 성폭력적이다. 이는 삶이 때때로 유혹적이고 더구나 악마적인 것과 같다. 문제는 폭력을 당하는 국민(여성)이 그 폭력을 어떤 절차와 방식으로 공인하느냐 하는 데에 따라 '폭력이냐, 폭력이 아니냐'가 구분된다. 말하자면 권력(남성)이 민중(여성)에게 자신의 폭력을 얼마나 설득력 있게 만들어 가느냐에 달려 있다. 여기에는 전제적인 방식도 있고 민주적인 방식도 있다. 또한 독재적인 방식도 있고, 심하면 전체주의적인 방식도 있다. 민주적인 방식이라도 해도 권력의 폭력성이 완전히 제거되는 것은 아니다. 권력 자체의 폭력성과 불순성은 이미 잘 알려진 바이다(르네 지라르). 하늘로부터 부여받은 성(性)이 같을진대 같은 인간에게 서열을 매긴다는 것은 어떤 강제력이 없이는 불가능하다. 더구나 권력이라는 것이 수컷(남성)의 전유물이고 보면 수컷은 예의 생물학적 본능에 따라 많은 암컷을 대체로 지배하려고 한다. 수컷은 생래적으로 독과점을 추구하고 이를 위해 수컷끼리 싸움을 하게 된다. 처음부터 권력은 암컷의 동의하에 움직이는 것이 아니라 수컷끼리의 경쟁의 장이다. 암컷은 오히려 그 경쟁에서 승리한 수컷을 선호하면 되는 것이다. 수컷끼리의 싸움과 승패가 부당한 것이 아니고 승자에게 암컷이 몸을 맡기는 것은 역리가 아니고 순리이다.

이러한 권력의 불순성과 폭력성은 민주주의적 관점에서 보면 일견 부당하게 보인다. 그러나 이것은 민주주의보다 훨씬(비교도 안 될 정도로) 오래된 인간사회의 관습이다. 인류사적으로 볼 때 가부장제와 본격적인 국가의 출발은 성(性)의 사적(私的) 소유와도 깊은 관련이 있다. 성의 사적 소유는 사유재산제도보다 앞선 것으로 '생식을 의미하는 섹스(생식=섹스)'를 벗어나 '섹스의 자유(섹스=생식＋쾌락＝sex is free)'를 누리게 된 인간의 새로운 성적 생활양식이었고 가족형태의 최초 동인(動因)이었다. 물론 대부분의 국가와 사회가 성의 사적 소유를 유지하기 위해서 그 주변부에 공창(公娼)제도를 겸하고 있긴 하였지만 말이다. 성의 사적 소유(남성의 여성에 대한 소유)는 사유재산 이전에 성립된 것이다. 물론 처음에는 여성의 성에 대한 남성의 사적 소유가 강했지만 현대에 이르러서는 남성의 성에 대한 여성의 사적 소유도 강해져 이제 거의 동등한 수준에 이르렀다. 근대 자본주의에 들어, 어쩌면 성의 사적 소유의 보호가 사생활의 보호이고 사생활의 보호는 자유의 핵심이 될 수 있다.

인간이 동물이나 영장류와 크게 구별되는 것은 첫째, 섹스가 생식에서 분리되어 쾌락으로서의 섹스가 등장되고, 둘째, 암컷의 선택을 받기 위한 수컷의 위세경쟁과 유혹이 역전되어 암컷이 수컷을 유혹하게 되었다는 사실이다. 그럼으로써 수컷(남성)은 더욱더 권력경쟁에 몰두하게 되었다는 사실이다. 물론 영장류의 일부는 이미 인간의 쾌락으로서의 섹스를 즐기고 있지만 인간에 이르러 이것은 완성이 된다. 이는 발정기에 제약을 받지 않는 성생활로 뒷받침된다. 양성(兩性)의 등장에 이어 쾌락으로서 섹스의 등장, 생존과 번식에 급급하던 '암컷 중심의 생존경쟁'에서 '수컷 중심의 권력경쟁'의 등장은 인간에 이르러 암컷(여성)의 임신기간 부담을 권력찬탈의 기회로 삼은 수컷(남성)에 의해 주도된다. 남성의 유전자는 자신의 씨를 보다 멀리, 넓게 퍼뜨리면서 양성교배가 단성복제보다 훨씬 진화에 유리하다는 것만 보여 주면 그 임무를 다하는 것이다. 이것이 외혼제(外婚制)가 되고 생물로서의 잡종강세를 위배하지 않는 진화의 새로운 방식이었다.

이것이 국가 혹은 국가권력의 출발이다. 따라서 권력은 본질적으로 개인 권리의 일부를 포기하고 평등을 반납하는 가운데에 출발하는 어쩔 수 없는 것이다. 권력의 폭력성은 남성의 발기에 비유될 수 있다. 이때 민중은 여성에 해당한다. 발기 자체는 이미 폭력의 가능성을 우선 내포하게 된다. 이것을 폭력적으로 쓰지 않는 것의 문제는 발기 이후의 문제이다. 예컨대 만약 남성(권력자)이 여성(민중)에게 허락과 동의를 받고 발기를 한다면 결코 남녀의 섹스가 잘 이루어질 수 없었을 뿐만 아니라 종의 번식(국가의 성립)도 제대로 되지 않았을 수도 있다. 발기는 남성의 자의에 의해 일어난다. 그런 점에서 섹스는 사랑보다 먼저이다. 그래서 권력은 성폭력적이다.

이를 섹스보다 사랑이 먼저라고 주장하게 된 것은 인류사에서 인구의 폭증과 더불어 인구증가의 압력을 더 이상 필요로 하지 않는 것과 더불어 여성의 사회진출이 늘어나고 여성의 권리가 신장된 최근세사의 일이고 아직도 이 문제는 불분명한 상태이다. 이것은 또한 민주주의의 문제와도 결부된다. 민주주의를 한다고 하면서 국민(식구)을 제대로 먹여 살리지도 못한다면 민주주의도 성립하지 않는다. 그런 점에서 절대적(이상적) 민주주의는 없는 것이다. 그런데 이상하게도 한국은 그 특유의 여성성으로 인해, 가부장의 역할을 제대로 못 한 가장(권력엘리트)으로 인해 고통받으면서도 이상적(관념적) 가장의 꿈을 버리지 못하면서 현실적으로는 남의 나라(가장)의 지배를 받는 자기모순과 자기배반에 들어 있다. 물론 철저히 여성화된다면 승리한 가장을 선호하면 되지만 그래도 독립된 국가를 유지한 경험이 있는 이상(이왕 승인한 가장이 있는 이상), 이에 반항하지 않을 수 없는 입장이다. 여기에 국가 간의 경쟁(전쟁)이 일어나는 것이다. 권력과 폭력의 문제는 사랑과 섹스의 문제와 유사하다. 단지 남성은 그 상태를 어떻게 여성에게 폭력적으로 행사하지 않으면서 목적을 달성하느냐 하는 것이다.

아마도 여성도 남성이 철저하게 동의를 받는 것을 좋아하지 않을 것이다. 그것은 남성성의 매력을 반감하는 것이기 때문이다. 성폭력이 되는 것은 순전히 남성에게 달려 있는 것이 아니라 여성의 입장과 해석에 달려 있다. 여성이 폭력적이라고 느끼면 아무리 부드러운 성적 조크나 제스처도 폭력이 되고 여성이 동의만 한다면 아무리 폭력적이고 위압적이라도 성폭력이 되지 않는다. 여성은 본질적으로 어떠한 폭력도 감당해 낼 완충적 스펀지를 가지고 있으니 말이다. 다시 말하면 어떤 작은 나라는 쉽게 큰 나라에 합병이 된다. 그러나 어떤 작은 나라는 결코 큰 나라에 합병이 되지 않는다. 물론 한국은 후자에 속한다. 약소국이면서 독립을 유지한다는 것은 그래서 어렵다.

여성적이고 수비형의 국가는 대체로 세 가지로 요약할 수 있다. 첫째, 정신적으로 외래사상의 전래, 혹은 종교적 전도(mission)에 쉽게 굴복하는 것이고, 둘째, 물리적으로 외국의 침략(war)에 항상 수동적으로 당하는 경우를 들 수 있다. 외침의 경우 그것을 물리쳤다고 하더라도 국토를 전장으로 내어 주기 때문에 입장은 변하지 않는다. 셋째, 신체적인 혹은 육체적인 서비스(service)를 다른 나라에 제공하여야 하는 것이다. 이것은 남자의 육체적인 노동과 여자의 서비스 및 자발적·강제적 매춘 등이 포함된다. 이들의 경우 모두 강한 남자(강대국)가 약한 여자(약소국)에게 씨앗을 뿌리는 경우에 비유할 수 있다. 한국의 경우 위의 세 가지 경우에 모두 해당된다. 외래 사상에 쉽게 추종하는 경우도 전쟁에서의 패배에 따른 노예화에 비교할 수 있으며, 그리고 평화 시에 외세의 권력이 남녀의 섹스로 하여금 노동과 서비스를 제공하기를 요구하는 것도 이에 해당한다. 수비형 국가는 결국 남자들의 능력부족으로 인해 제일 마지막 단계에서 자신의 여자를 공격형 국가의 제물로 바치게 되는 것이다. 이때 여자는 공격형 국가의 남자에게 자발적으로 섹스를 제공하고 결혼을 할 수도 있다. 이것은 본래 여자의 특권이다. 이런 것을 두고 여자(국민)를 비난하는 것(대표적인 예가 화냥년이다)은 부실한 남자(권력엘리트)가 책임을 여자에게 전가하는 무책임하고 비겁한 짓거리이다.

남자는 자신이 권력을 만들어 가지 않으면 안 되지만 여자는 권력을 가진 남자를 선택만 하면 되는 것이다. 여자는 수비형 국가에서도 남자보다 더 살아남기 쉬운 생태학적 조건과 환경을 가지고 있다. 만약 국가를 남성적 국가, 여성적 국가, 남성적 여성국가, 여성적 남성국가로 나눌수 있다면 한국의 경우 매우 여성적 국가에 해당하거나 아니면 남성적 여성국가, 여성적 남성국가가 될 가능성도 있다. 어느 경우이든 여성성이 내재된 국가라고 볼 때 성폭력의 피해자(피해국가)가 되는 데에 분류될 위험이 다분하다. 이는 역사적으로 수많은 외침에 시달린 것만 보아도 증명이 된다. 그런데 바로 여성적 심리복합, 여성적 문화복합이 수동적 국가로 분류되는 이유이기도 하다. 국가 대 국가의 분류도 성적으로 비유할 수 있지만 권력과 국민의 관계도 성적으로 설명할 수 있다. 사디즘도 있고 사도마조히즘도 있고 마조사디즘도 있고 마조히즘도 있다. 이것은 동양의 음양관계인 태양, 태음, 소음, 소양의 사상으로도 설명할 수 있다. 한국은 마조사디즘적이고 동시에 소양적이다. 혹자는 사도마조히즘적이고 소음적이라고 주장하기도 한다.

한국의 경우 분명한 것은 양극이 아니라 그 중간에 있는 델리케이트한 성격이라는 점이다. 이것을 섹시하다고 표현할 수는 있을까? 아름답기 때문에 팔자가 더러운 것일까? 미인박명이라더니! 참으로 현묘(玄妙)하면서도 역동적(力動的)인, 알 수 없는 민족이다. 양순한가 싶으면 저돌적이고 망했는가 싶으면 다시 살아난다. 우리나라의 국기가 태극기인 것도 우연이 아닌 것 같다. 태극기를 두고 복합적인 감정이 일어나는 것은 어쩔 수 없다. 중국 대륙의 큰 나라들이 한국과 싸우면서 국력이 소진하여 망한 경우가 적지 않다. 한국은 결코 망하지는 않는 나라이다. 그 대신 강대국이 되기도 어려운 나라이다. 태생적으로 평화를 사랑하는 여성적인 나라이니까 말이다. 국가야말로 가부장 경쟁의 최고봉에 있는 제도이다. 국가는 인간이 다른 생물종 가운데 패자가 되고 집단의 규모가 커지는 것이 가속화되면서 작은 부족국가와 부족연맹체들은 통합하면서 등장하게 된다. 따라서 국가는 단순히 생물 종의 생존경쟁의 차원에 그치는 것이 아니라 집단 내부 혹은 집단 외부와의 권력경쟁의 소산이다.

인류학적으로 보면 인구의 팽창과 더불어 자연의 생존경쟁은 인간의 권력경쟁으로 질적 변화를 맞는다. 권력경쟁을 잘한 집단이 큰 나라가 되고 제국을 형성하여 갔다. 제국을 만든 것이 인류의 죄악인 것처럼 규정한 것은 공산주의 자기기만이고 결국 자기모순의 노정이다. 공산권의 종주국인 소련이야말로 또 다른 제국이었기 때문이다. 소련이야말로 일종의 반제국주의 운동을 하는 제국주의였던 셈이다. 아마도 앞으로도 새로운 제국이 등장할 것이며 인류가 존속하는 한 제국주의는 사라지지 않을 것이다. 제국주의는 그렇게 부당한 것이 아니라 역사의 각 단계마다에서 문화능력이 큰 나라가 문화의 중심이 되는 문화현상이며 역사현상의 일부이다. 그러한 제국운영의 부산물로 식민지의 수탈과 종속관계가 이루어지지만(이것은 국가 간에 가부장제의 확대이다) 그 대신에 역으로 선진 문화능력을 제공하는 등 '지배와 동화'의 이중성을 보인다. 지배를 당하는 순간 이미 동화가 이루어지는 것이 문화이다. 이를 지배당한 나라가 뒤늦게 왜 지배를 당했느냐고 힐문하는 것은 권력경쟁 이전에 문화가 무엇인지를 모르는 태도이다.

문화는 역사와 달리 잠시도 정지하지 않는다. 물론 역사도 그렇다. 그런 점에서 역사를 정지시키거나 역사를 소급하여 청산한다는 것은 참으로 어리석은 짓거리이다. 문화와 역사를 시간과 상관없이 재단할 수 있다고 만용을 부리는 것은 인류사에서 가장 어리석은 일일 것이며 무지한 자들이 범하는 일종의 범죄행위이다. 물론 이런 역사청산을 하는 무리들은 자신들이 참으로 유식하며 다른 사람을 단죄할 수 있는 도덕적 자격이 있다고 생각할 것이다. 이것이 바로 못난 국가의 좌파적 파시즘인 것이다. 잘난 국가의 우파적 파시즘은 다른 민족이나 국가를 제패하려고 하지만 좌파적 파시즘은 흔히 자국민이나 자기 나라를 부정하고 매도하는 국가적 자해행위에 속한다. 일제 식민도 바로 지배와 동화의 기간이었으며 일상에서는 매우 자연스럽게 이런 일들이 전개되었던 것이다. 독립운동을 하는 시각으로 한 시대를 전부 해석한다면, 식민지 시대의 보다 많은 다수의 일상은 부정되거나 폐기되지 않으면 안 된다. 이는 정치적으로나 도덕적으로 실패하여 나라가 해체될 때나 있을 법한 것이다. 급진좌파들은 지금 바로 남한을 해체하여야 하는 것처럼, 혹은 해체하여 북한에 주어야 하는 것처럼 떠들어 대고 있다. 남북교류의 이름으로, 통일의 이름으로 북한으로 달려가고, 북한에 국고를 털어 줄 명분을 찾고 있다. 이는 민족과 민중과 민주를 거꾸로 팔아먹는 매국적 행위이다.

인류의 4대 문명을 이룬 국가는 모두 제국이었다. 제국은 과학기술력, 즉 무력을 가진 문명을 건설하였는데 말하자면 국가의 등장과 더불어 거의 동시에 큰 나라가 작은 나라를 병합하는 제국이 등장한 셈이다. 큰 나라의 형성과정을 보면 작은 나라가 자발적이든, 강제적이든 병합되거나 복속됨으로써 가능하게 된다. 그런 점에서 병합되거나 복속되는 것이 무조건 나쁜 것은 아니다. 제국의 역사를 보면 고대의 4대 문명으로부터 시작된다. 대체로 B.C. 3500년경에서 B.C. 3000년경으로 비정되는데 이집트 문명, 메소포타미아 문명, 인더스 문명, 황하 문명이 그것이다. 유럽의 경우, 그리스, 로마, 프랑스, 스페인, 오스트리아, 영국, 미국 등으로 제국의 중심은 이동했다. 중동의 경우 바빌로니아, 아시리아, 페르시아, 오스만터키 등으로 이동했다. 동아시아의 경우, 중국 한족과 북방족의 교체를 통해 여러 제국을 형성하였는데 하(夏), 은(殷), 주(周) 삼대를 지나 진(秦), 한(漢), 수(隋), 당(唐), 송(宋), 원(元), 명(明), 청(淸)으로 이어졌다. 중국 대륙을 제패한 제국과 주변국은 오랫동안 조공관계를 유지하는 국제질서를 유지하다가 최근세사에서 일본이 제국으로 등장했다. 이런 동아시아의 질서 속에서 우리 민족(한민족)은 끝내 중국이나 일본에 완전히 병합되거나 복속되지 않았다는 점이 중요하다.

한민족은 현재 한반도에서 중국이나 일본과 다른 정체성과 문화를 가지고 생존하고 있다. 비록 영토는 작고 인구도 적지만 말이다. 우리 민족은 그렇게 큰 나라에 들어가 버리는 것을 거부한, 매우 까다로운 민족이다. 그래서 중국이나 일본이 견제하는 것이리라. 국가든 제국이든 자기 집단 안에서는 평화와 질서를 유지하고 삶의 행복과 번영을 도모하는 한편 집단 밖에서는 정복과 병합을 위해 전쟁을 일으키면서 공격과 방어를 안팎에서 동시적으로 진행한 것이 인류의 역사이다. 전쟁 속에서 평화가 있고 평화 속에서 전쟁이 항상 공존한 것이다. 국가의 필수요건 중 하나가 군대이다. 물론 시대변천에 따라 군대가 없는 국가도 있지만 이러한 경우는 극히 예외적인 경우이다. 따라서 고대국가를 보면 대체로 이름난 장군이 국가를 세워 첫 왕이 되고 그다음에 장수가 아닌 왕이 대를 이을 수 있지만 그래도 왕재들은 나름대로 훌륭한 무사로서의 수업을 받는 경우가 많다. 왜냐하면 유사시에 국가를 수호할 책임이 있고 전쟁에서 이기자면 무술과 전술전략이 뛰어나지 않으면 안 되기 때문이다. 중세, 근대에 들어오면서 전제주의가 끝나고 민주주의가 되면서 소위 무사 출신이 아닌 문사 출신들이 나라의 통치자가 되고 무사가 통치의 전면에 나서기보다는 뒤에서 국가의 보위를 책임지는 형태로 발전하는 게 일반적이었다. 현대에도 선진 강대국의 경우는 통치자가 무사가 아니고 문사와 민간인, 즉 문민 출신인 게 대부분이지만 여전히 군인 출신의 국가원수들도 적지 않다. 특히 후진약소국으로 가면 군인이 더 일반적이다.

국가의 요건 가운데 한 가지 첨부하자면 바로 제사를 담당하는 사제(司祭)가 그것이다. 사제는 말하자면 종교라는 제도를 말하는데 사제는 흔히 나라 안의 평화나 기타 풍요와 안녕을 비는 제사를 집전하는 존재였다. 고대 제정일치 시대에는 제사가 바로 정치행위의 전부인 경우도 있었지만 점차 정치는 제사와 분리되어 왔다. 하지만 제국을 이룬 국가들도 군대뿐 아니라 종교를 통해서 다른 나라를 지배하는 것이 일반적이다. 종교야말로 가장 비용을 덜 들이고 다른 나라를 지배할 수 있으며 때로는 자발적으로 지배에 순응하게 하는 데는 종교만 한 게 없기 때문이다. 또 고대로 갈수록 문(文)이라는 것의 대종이 바로 종교적인 바이블인 성전(聖典)이 대부분이고 근대에 이르러 민주주의 혹은 사회주의 등

정치제도가 별도로 법전(法典)을 갖추게 되었다. 이는 물론 정치와 종교의 분리를 말하는 것임과 함께 국교라는 것이 줄어들고 종교의 자유가 보다 확대되는 것을 의미한다. 제정일치에서 제정분리로, 정교일치에서 정교분리로 진행된 셈이다. 물론 이와 반대의 경우도 있다.

결론적으로 말하면 인간의 생존에서 국가는 필수불가결한 존재이다. 개인이 구성원이 되어 국가가 만들어지지만 국가는 개인을 넘어선 또 다른 유기체로 개인을 보호하고 생존적 목적을 달성하게 하는 수단이 되며 이 때문에 때로는 역으로 국가가 개인의 희생과 충성을 강요하기도 한다. 충이라는 개념은 바로 개인이 국가를 위해 자신을 버리는 덕목을 말함이다. 그런데 이러한 자발적 충성 이외에도 국가는 개인을 보호해 준다는 명목으로 각종 세금이나 부역, 다시 말하면 국민의 의무를 설정하고 개인에게 부담을 준다. 국가가 개인에게 베푸는 것은 적고 개인에게 부담만을 가중한다면 그 국가는 훌륭한 국가도 아니며 오래 생명을 유지할 수 없다. 이러한 경우 개인, 즉 국민은 국가의 필요성과 애착이 훨씬 덜할 것이다. 반대로 국가가 부담 지우는 것은 적고 개인에게 베푸는 것이 많다면 그 국가는 점점 확대되고 오랫동안 생명을 유지할 것이다. 이런 경우 개인은 국가에 대한 충성심이 팽배할 것이다. 물론 이런 법칙을 천편일률적으로 적용할 수는 없다. 반드시 개인에게 베푸는 것이 많은 국가가 큰 나라가 되고 그렇지 못한 나라가 작은 나라가 되는 것도 아니고 작은 나라라고 해서 개인에게 베푸는 것이 적은 것도 아니다. 그래서 국가의 적정규모가 운운되기도 하지만 국가의 운영과 관련하여서는 여러 복잡다단한 변수가 관계하고 변화무쌍하기 때문에 그렇게 단순하게 산출할 수도 없다.

이런 전제를 깔고 볼 때 우리나라는 과연 어디에 속하는 것일까? 국가가 개인에게 많은 것을 베푸는 쪽일까? 우리나라의 역사 속에서도 나라와 왕조에 따라, 체제에 따라 다르겠지만 대체로 국가가 개인에게 해 주는 것이 적은 나라에 분류된다. 말하자면 국가원수를 비롯하여 권력 핵심, 지도층-귀족이나 관리-이 백성을 위하기보다는 백성에게 부담을 많이 주고 동시에 외적으로부터 국가를 보호하고 전쟁에 대비하여 사전에 국방력을 튼튼히 하는 것 등에 등한하였기 때문에 수많은 외침과 수탈에 허덕인 경우가 많았다. 이상하게도 우리나라는 나라에 충성하기보다는 부모에게 효도하는 것이 더 중요한 덕목이 되어 있다. 효가 충을 앞서는 것이다. 효라는 것은 일종의 가족주의, 문벌주의에 기울어지기 쉬운데 국가(가족보다 큰 규모의 가족)의 규모로 높이기 어려운 사회적 분위기에 있다. 그래서 도리어 충을 강조하기도 한다. 한국이 민주주의의 성장에도 불구하고 항상 각 정권마다(민주정권도 예외가 아니다) 족벌주의(despotism)의 문지방에 걸려 넘어지는 것은 어떤 이데올로기 이전에, 자연스러운 통치규모라 할까, 적정한 집단의 크기라고 할까, 그런 집단 규모의 한계와 무력감을 느끼게 한다. 한국의 민주정치를 심하게 비난하면 정당정치가 아니라 일종의 파당정치인데도 이를 국민 모두가 정당정치인 줄 알고 있는 것이 한국의 민주주의의 현주소이다. "한국에는 국가가 없고 국민만 있다."

이웃나라 일본은 우리와 반대다. "일본에는 국가만 있고 국민은 없다." 일본은 충이 효에 앞선다. 일본의 충은 자연스럽다. 일본은 현재 미국 다음가는 세계 2위의 경제대국이다. 적어도 일본은 통합하는 힘이 한국보다 우수하다는 것을 알 수 있다. 한국은 항상 가족주의, 족벌주의 등 혈연, 지연, 학연에 의해 분열되는데 일본은 그렇지 않다. 한국의 가족주의는 국가가 분열하게 되는 원인이다. 이를 역으로 말하면 우리나라 사람들은 국가를 믿지 않고 가족을 믿고 산다고 설명할 수도 있다. 이렇기 때문에 국가의 위기도 가족단위, 문벌단위, 혹은 마을단위에 위험이 실질적으로 닥쳐서 신체적으로 감각할 수 있을 때 위기를 느끼게 되는 경향이 있다. 이런 경향을 무엇으로 설명할까? 한국인은 개인-가족 단위에서는 세계의 어떤 나라 국민보다 똑똑한데 사회-국가 단위에 올라가면 왜 분열하고 바보가 되는가? 근본적인 반성을 해야 한다. 한국을 일종의 가족국가라고 한다면 일본은 국가가족이라고 할 수 있을 것이다. 누가 제국주의를 성공적으로 수행할 것인가를 짐작하는 것은 어렵지 않다. 또 누가 제국주의에 당할 것인가도 분명해 보인다. 더구나이 둘이 이웃하고 있는 나라일진대 일제 식민과 같은 것이 또 오지 말라는 법도 없다. 한국의 혹자는 일본의 이러한 일본식 민주주의를 정치적 후진으로 해석한다. 그러나 일본이 한국을 지배하기 쉬울까, 한국이 일본을 지배하기 쉬울까? 한국민의 대부분은 아직도 일본의 군국주의를 망령이라고 하면서 콤플렉스에서 벗어나지 못하고 있다.

한국인의 집단무의식이 가장 잘 지표 위에 드러날 때는 일본의 국가주의 혹은 국가주권주의를 쉽게 군국주의 혹은 우익이라고 단언하는 태도에서다. 일본은 제2차 세계대전의 패전국이 된 뒤 평화헌법에 의해 자위대를 두되 남의 나라를 침략할 수 있는 군대를 두지 못하게 되어 있었다. 그러나 이는 패전국의 멍에를 덮어쓴 경우이다. 국가일반으로 볼 때 독립국가는 반드시 군대를 가지는 것이 필수요건이다. 일본은 자위대를 온전한 군대로 만들기 위한 노력을 계속할 것이고 머지않아 이는 이루어질 것이다. 일본과 같이 세계 2위의 경제대국이 아직 해외파병이나 해외전쟁을 독자적으로 수행하는 군대를 가지지 못하고 있다는 것은 국제간에 세력균형이라는 측면에서도 옳지 않다. 그래서 일본도 소위 자위대가 아닌 군대를 가지려는 것인데 이를 한국은 우익이라고 하고 군국주의의 부활이라고 말한다. 이 같은 심리는 지극히 피해의식의 표출이라고 말할 수밖에 없다. 일본의 이러한 일련의 재무장을 바라보고 우익이니 군국주의라고 하는 이면에 숨어 있는 한국의 시각은 지극히 좌익적이고 반군사적이다. 이 같은 시각을 국내로 돌릴 때 다분히 군대혐오, 군인멸시 등으로 투사되며 박정희 정권에서 전두환 정권까지를 군사독재 정권으로 규정하는 데에 주저하지 않게 한다. 생각하면 제3공화국 박정희 정권도 선거에 의해 탄생하였으며 특히 노태우 정권은 6·29선언의 결실로 이루어진 국민의 직접선거에 의해 탄생한 정권인데도 어디까지나 군사정권이고 독재정권이라고 부른다. 이러한 점에서 볼 때 한국인은 기본적으로 좌파적 성향을 가지고 있다고 보인다. 좌파적 성향은 국제적으로는 반제국주의운동, 국내적으로는 민중주의운동으로 일반화된다.

한국의 국가주의는 기본적으로 매우 취약한 환경을 가지고 있다. 이는 국민일반의 좌파적 성향 때문이다. 이 좌파적 성향은 민중주의와 여성주의의 연합전선을 펴고 노조운동에 의해 계급투쟁적 성격으로 불붙으면서 사회를 온통 '분열과 반목의 주류'(main stream)를 형성하게 한다. 일본 자위대의 재무장을 우익의 군국주의로 규정하는 시각의 중심에는 좌익의 민중주의가 도사리고 있다. 이러한 전반적으로 민중주의적 분위기는 지방자치라는 미명하에 지역분권주의와 만나면서 더욱더 분열적 요인으로 발전한다. 손바닥만 한 나라가 미국이나 중국 등 거대한 대륙국가의 지방자치를 흉내 내는 것은 참으로 가관이다. 이것도 국가의 응집력과 효율성을 떨어뜨리는 요인이다. 지방정부는 사사건건 중앙정부의 말을 듣지 않는다. 지역발전, 지방분권을 들고 나온 지방자치는 국가재원의 낭비와 과잉경쟁 등을 유발하면서 도리어 부작용이 심한 편이다. 지방자치는 지역정당 혹은 지역이기주의라는 정치적 환경과 만나면서 또 하나의 당쟁, 지역파당으로 비춰지는 것은 이 때문이다.

우리나라는 국제관계에 있어서도, 국력이 팽창하는 시기에 밖으로 정복사업을 펼친다거나 전쟁을 일으키기보다는 차라리 남는 에너지를 사용하지 못해 안으로 분열하는 경향―이것을 당쟁이라고 말한다―이 있다. 물론 당쟁을 하는 나라가 국력이 팽창하기는 어렵지만 국력이 팽창하는 시기가 아니고 축소하는 시기에도 당쟁은 일어난다. 아마도 우리 민족의 이러한 특성을 싸잡아 말한다면 당파적 국민성이라고 할 수 있을 것이다. 우리 민족이 부흥하는 시기는 당쟁이 없었던 시기라고 말할 수 있다. 더 정확하게는 당쟁이 국력을 손상시킬 수준이 아니었을 때에 가능했다. 신라의 삼국통일도 여러 이유가 있겠지만 신라는 백제나 고구려에 비해 내분이 적었고 일치가 되어 단결하였기 때문에 가능했다. 조선 세종조도 몇 안 되는 그러한 경우에 해당한다. 그래도 바로 역사의 굽이굽이에서 국력을 결집하는 힘이 있었기 때문에 지금까지 나라가 완전히 망하지 않고 역사를 지속하였을 것이다. 지금은 국가에너지의 결집 시기인데 반대로 분열의 시기로 나아가는 측면이 강하다. 사상적으로 좌우대립, 정치적으로 동서대립, 국가적으로 남북대립, 여기에 노동조합을 비롯하여 여러 차원의 집단이기들이 백가쟁명하고 있다. 만약 한국의 민주주의가 실은 민중주의라고 확언할 수 있다면 결국 계급투쟁적 내분 혹은 집단이기주의에 의해 한국의 국가경쟁력은 점차 낮아질 것이라고 확언할 수 있다.

그럼에도 불구하고 대체로 안으로 내분하는 경향이 우리 민족에게는 강하다. 그 때문에 최근세사에서 일제 식민이라는 치욕을 당했을 것이다. 이러한 경향성을 한국 문화의 여성주의라고 하면 어떨까. 흔히 삼각관계에 빠진 남자들은 여자의 의사는 물어보지도 않고 남자들만의 결투로 승자가 여자를 차지할 수 있다고 생각하는 경향이 있다. 이는 여자의 주체성을 근원적으로 무시하는 가부장사회의 관행이다. 여성주의적 민족주의를 부르짖은 우리는 바로 주변 강대국에 그렇게 당했다. 우리의 의사는 물어보지도 않고 강대국들은 밀약(태프트 카스라 조약)이나 저들끼리의 전쟁(청일전쟁, 노일전쟁)으로 대한제국의 운명을 결정했다. 여성적 민족주의는 주체적이지 않기 때문에 별안간 심하게 주체적이 되고, 주체의 구호만 주창하는 그런 행동거지와 무관하지 않다. 이것은 민주주의가 아니라 민중주의와 통한다. 말하자면 민중민주주의이다. 한민족은 민주주의를 하면 저절로 민중민주주의(인민민주주의, 좌파적 민주주의)가 된다. 왜 그럴까? 민주주의의 씨를 뿌리면 왜 민중주의가 되고 말까? 이것은 바로 한민족의 무의식에 깊이 뿌리박고 있는 여성주의에서 비롯된다. 여성주의가 다 나쁜 것은 아니지만 국가를 영위하는 데는 부정적이 된다. 여성주의는 기본적으로 국가주의를 부정한다. 국가주의는 가부장제와 맥을 닿고 있기 때문이다.

여성주의가 국가권력을 싫어하기 때문에 큰 국가를 건설하기보다는 작은 국가에서 만족하며 그 테두리 안에서 살다 보니 밖으로 정복하고 개척하기보다는 안으로 분열하고 밖으로부터 들어오는 것 - 외래사상이나 외래종교 - 에 거의 맹목적으로 비주체적으로 엎어지고 만다. 엎어지면 이는 벌써 종속되는 것을 말한다. 그래서 외래사상에 민감하며 그 사상으로 무장하여 안에서 암투를 벌인다. 이것이 당쟁이라는 것이다. 그래서 지배하기보다는 지배를 받으면서 살아가는 데에 익숙하고, 그 지배당함의 억울함과 한을 푸는 집단적 축제, 사육제(謝肉祭)를 주기적으로 벌인다. 이것이 잘못된 여성주의이다. 물론 여성주의가 다 나쁜 것은 아니다. 도리어 세계적 사상은 '진정한 여성주의'에서 비롯되는데 우리는 불행하게도 여성주의에서도 나쁜 경향인 '질투의 여성주의'를 표방하고 있다. 이는 차라리 남성들의 '오만한 정복주의'보다 못하다. 이상하게도 우리 민족은 '사촌 논 사면 배 아프고', '똥 누러 갈 때 다르고 올 때 다르고', '물에 빠진 놈 건져 놓으면 내 보따리 내놓아라' 하는 민족이다. 시샘과 질투가 많은 민족이고 경우에 따라서 배반이 많은 민족이다. 이는 모두 수동적 여성성에서 비롯되는 것이다. 이 수동적 여성주의는 질투에서 절정을 맞는다. 어느 시인이 말했던가. '질투는 나의 힘'이라고…….

한민족이 여성적이라는 것은 여성성에 대한 비난이나 비하는 결코 아니다. 단지 여성성 그 자체를 설명하는 것에 지나지 않는다. 우리 문화의 여성주의적 특성은 '감정-평화-평등-질투-수비형'의 역사를 만들게 한다. 이는 내부 '이성-전쟁-계급-경쟁-공격형'의 역사에 지배를 당하게 된다. 우리는 지금 풍요의 정점에서 감정과 한의 분출로 인해 내리막길을 달리고 있다. 이는 국가의 생산성 확대와는 상관이 없이 오히려 소모성의 내분과 한풀이로 사회를 온통 하향평준화로 내모는 내부적 마스터베이션, 소비적 축제, 광란의 축제에 속한다. 아마도 우리는 난장판에 이르러야, 인사불성이 되어야 이 죽음의 축제를 마칠지도 모른다. 예술가와 종교가는 필연적으로 좌파이다. 감정과 평화를 존중하기 때문이다. 이와 마찬가지로 여성주의도 좌파이다. 한국의 여성주의는 국가를 운영하는 데는 매우 불리한 특성이다. 국가주의가 아니더라도 국가를 운영하기 위해서는 불가피한 전쟁과 경쟁을 때로는 수행하지 않을 수 없기 때문이다. 그러한 점에서 권력이란 필요악이면서 동시에 집단생활을 하는 인간의 한계상황이며 인간조건임에 틀림없는 것 같다. 따라서 예술가와 종교가가 때로는 우파가 되는 것을 죄악시하는 것은 금물이다. 한국(남한)의 여성주의는 이러한 맥락에서 매사에 과학적이지 못하고 종교적이고 예술적인 것을 말한다. 여성주의는 심각하게는 '부성(父性) 부재'로 연결된다. 실지로 한국에는 뚜렷하게 '보수해야 할 전통도 없고 지켜야 할 국가'도 없다. 전통이라야 모조리 단절되어 있고 천박한 자본주의만 있고 국가라야 아직도 자주국방을 할 수준에 도달하지 못한 반(半)국가만 있다. 보수우파란 급진좌파들이 자신들의 정치적 운동과 혁명을 위해 만들어 낸 가공의 허수아비에 지나지 않으며 당파적 투쟁을 위한 도구에 지나지 않는다.

이런 여성주의적 특성을 보이는 수동적, 패배적 민족에게서 박정희와 같은 인물이 난 것은 참으로 기적적인 일이다. 마치 세종대왕이 한글을 만듦으로써 한민족을 지킨 것에 비유할 만한 일이다. 세종대왕의 한글 창제와 박정희의 산업화는 단군의 홍익인간에 버금가는 위대한 업적이다. 이 위대한 업적의 순간에 민주주의 운동을 하는 상당수의 지식인들은 질투와 미망 속에서 그들을 우파라고만 매도하고 있다. 이는 한글창제를 반대한 최만리에 비유할 수 있는 일이다. 두고 보라. 박정희를 매도하고 비난했던 무리들은 바로 한글창제를 반대했던 최만리에 해당할 것임을! 알량한 지식으로 떠들어 대지만 하나도 실속이 없는 공리공론의 앵무새, 관념산수의 화가들에 지나지 않음을 후손들은 발견하게 될 것이다. 제대로 남자구실, 가부장의 역할을 수행한 위정자는 박정희뿐이다. 경제개발의 성공으로 최소한의 의식주를 해결한 군사혁명 세력이 있을 뿐이다. 이런 일천한 세력을 가지고 보수우파를 운운하면서 공격하고 부수는 것은 참으로 국가가 만들어지기를 기다리지 못하는 '나라 잃은 적이 있는 백성'이나 '또다시 나라를 잃을 가능성이 있는 백성'들의 조급증 혹은 한풀이에 지나지 않는다. 급진좌파란 '부성 부재'를 부추기거나 가속화할 따름이다. 아직도 인류 역사에서 '아버지 부정'은 곧바로 피지배로의 지름길이거나 가난과 소외로의 지름길이다. '못난 아버지'는 부정하고 싶지만 아버지를 부정하면 결국 자신도 부정하게 되는 심리적 패배주의 혹은 자중지난에 빠지게 된다. 남한은 마조히즘에 빠져 있고 북한은 마조사디즘에 빠져 있다. 북한의 김일성－김정일주의라는 병적인 마조사디즘은 치유불가의 지경에 있다.

북한을 상대하면 언제나 마조히즘의 분위기에 빠지는 남한은 가족의 해체나 국가의 부정, 무질서의 정당화와 맥을 같이할 위험이 있다. 특히 한민족임을 내세우면서 통일에 대한 환상을 심어 주는 북한은 말로는 그럴듯한데 실은 마지막에(북한의) 속임수라는 것을 알았을 때에도 속수무책의 곤경에 처할 위험이 있다. 최근의 핵실험은 그 대표적인 예이며 돌이킬 수 없는 예이고 치명적인 예이다. 그동안의 남북대화가 북한의 태도변화에 따라 일희일비한 것도 그 좋은 예이다. 북한은 예측불허의 나라이다. 믿을 수 없는 폭력남편과 같다. 폭력남편의 남성성을 두고 가장이라고 할 수 없다. 진정한 가장적 남성주의가 회복되어야 국가는 안정을 맞이한다. 국가라는 것이 인류학적으로 가부장제의 연속이며 제국이라는 것도 가장 확대된 가부장을 나타내는 것이다. 가부장이 제대로 되지 않는 국가에서 민중이 일어나지 않을 수 없다. 그 민중은 성패를 떠나서 아무런 대책도 없이 그저 본능적으로 혁명적 상황으로 빠져든다. 우리가 잘 알고 있는 동학란이 그것이다. 민중혁명은 다스리는 플랜이 부족하기 때문에 실패할 확률이 높은 것이다. 국가의 통치는 소수 엘리트에 의해 이루어진다. 민중은 단지 그들을 여론으로 뒷받침할 뿐이다. 민중이 정치의 주인이 될 수는 없다. 공산주의 혁명은 민중혁명의 성공한 극히 예외적인 경우인데 소련은 이를 이용하여 공산사회주의 제국을 형성하였다. 세계사적으로 볼 때 민중이 일어나는 나라는 틀림없이 빈국이고 후진국이다.

흔히 우리 민족을 평화를 사랑하는 민족, 백의민족이라고 한다. 그러나 그것은 우리가 스스로를 위로하려고 하는 말이다. 그러면서도 우리 역사상 가장 광대한 영토를 개척했던 광개토대왕을 숭상하는 이유는 무엇인가? 국력팽창기에 밖으로 정복하고 개척하지 않으면 언젠가는 그러한 나라에 침략을 당하고 국권을 잃을 위험이 상존한다. 이는 무력전쟁이 아닌, 경제전쟁, 무역전쟁의 경우에도 마찬가지로 해당된다. 경제의 중요성은 나날이 높아져 경제를 위해서는 정경분리를 감행하는 것이 일반적이다. 박정희 정권이 고도경제성장을 달성할 수 있었던 것은 밖으로 팽창하려는 의지, 해외시장을 개척하고 수출을 많이 하여 국부를 늘이려는 모험을 강행한 덕분이다. 현재 남한은 세계 10대 교역국에 들어간다. 우리 역사에서 매우 보기 드문 경우이다. 국력으로 보면 신라통일, 세종조의 문화부흥, 박정희 시대의 경제부흥이라는 순서로 우리 역사를 보아도 큰 무리는 없을 것이다. 지금은 박정희 통치기간을 독재니 민주니 하는 잣대로 보면서 군사독재로 보려고 하지만 만약 국력신장과 생산성의 제고로 볼 때는 단연 으뜸이다. 그런데 그런 국력팽창의 시기에 민주화라는 내분은 가장 치열하게 전개되었던 것이다.

이것은 무엇을 말하는가? 감히 말하고 싶다. 국가에너지를 하나로 결집하는 카리스마를 가진 인물을 만나서 국력팽창의 시기를 맞았지만 우리 국민들은 그러한 경험이 부족하여 '강대국 만들기'에 따르는 각종 스트레스를 감당하지 못하고 그것을 폭력 내지는 국가공권력의 부당한 압력으로 생각하기 때문이다. 재래의 작은 집단의 안이하고 평화로운 삶의 형태로 돌아가고 싶은 욕구, 예컨대 75%가 산인 나라에서 산과 산 사이에 마을을 만들어 살면서, 배산임수하면서, 천혜의 아름다운, 사철이 뚜렷한 자연 속에서 평화롭게 살기를 원하는 집단문화인자 때문이라고 말하고 싶다. 그래서 나라가 부유해지면 분열하고 분열하는 습관 때문에 외침을 수없이 받으면서도 보복할 줄 모르고, 물러가면 다행이라고 생각하며 살아야 했던 그러한 삶의 관행, 삶의 타성 탓이라고 말하고 싶다. 우리 주변의 강대국, 특히 중국은 우리의 이러한 삶을, 예의 바른 삶으로 부추겼다고 해도 과언이 아니다. 확실히 우리 국민은 군대의 중요성을 인식하는 데에 인색한, 이상하게도 문숭상적인 민족이다. 상무정신은 고구려, 신라, 고려, 조선으로 넘어오면서 점점 퇴색해진다. 중국 중심의 천하관(天下觀)에서 오랫동안 제후국으로서 순치된 탓일까? 그렇기에 큰집인 중국이 서양의 제국들에 의해 사분오열되는데도 끝까지 중국을 모시고 나중에는 소중화주의로 중국을 대신한다고 떠들었던 민족이 우리 민족이다.

이상하게도 우리 민족은 국가의식이 부족하다. 그러면서도 민족의식은 강하다. 더 정확하게는 민족의식을 국가의식이라고 생각한다. 그래서 한민족이지만 다른 국가의 국민인 경우 한민족이라고 느끼기보다 한국인이라고 착각하는 경우가 많다. 이는 굉장한 혈연의식이고 민족의식이다. 그러나 그러한 민족의식은 허위이고 본질적으로 국가의식이 없거나 부족함을 말한다. 근대라는 의미는 민족보다는 국가에 있다. 민족은 매우 중세적인 것이다. 따라서 한 민족이 다른 국가를 만들거나 여러 민족이 한 국가를 만드는 것이 근대국가의 정체성이다. 그 국가를 바탕으로 그 국가에 소속이 됨으로써 도리어 세계인이 되는 자격을 얻게 된다. 특정 국가의 국민이 아니면 세계인으로 행세할 수도 기회도 없고 제도적으로 보장받지도 못한다. 바로 중세적인 민족의식 위에서 분단 상황을 맞고 있으니 더더욱 전근대적인 민족주의가 유행하고 통일의 실현에 있어서도 그 전근대적인 민족주의가 큰 발언권으로 행세하고 있는 것이다. 그러나 그 민족주의는 도리어 합리적인 통일에의 진전을 방해하고 있는 것이다. 그러한 민족주의를 바탕으로 통일지상주의가 나오고 심지어 북한중심 통일론이나 민중민주주의가 자유민주주의를 기조로 하는 남한사회에서 활개를 치고 있다. 민중민주주의는 결국 민주주의가 아니다. 민중민주주의는 또 다른 전체주의에 불과하다. 만약 한국에서 민중민주주의가 자유민주주의나 시민민주주의를 이기고 끝내 성공한다면 이는 한국에서 민주주의가 아직 정착할 단계가 아니라는 것을 증명할 뿐이다. 이는 민주주의의 위선일 뿐이다. 이 위선은 현대에 재현된 사대주의의 극치이다.

역사적으로 보기 드문 민족중흥기에 남북대치 상황하에서 치열하게 '국적 없는 민주주의'를 펼치고 내분과 국가자원의 낭비로 들어갔던 것이 우리의 문민이라는 세력이다. 그 뒤 군사정권이 물러가고 문민정부가 한 일은 경제식탁통치라는 IMF와 그것을 벗어나려고 국부를 팔고, 이어서 다른 여러 나라가 경제발전을 위해 매진하고 있는 마당에, 우리가 경제성장에 골몰했던 그 시기(1961~80)에 중국 대륙에서 벌어졌던 문화혁명(1960~75)기의 홍위병의 반란, 문화퇴행운동을 뒤늦게 감행하고 있는 것이다. 남북으로 분열된 나라가 다시 동서로 다시 좌우로, 다시 여러 노조운동으로－전교조, 한국노총, 민주노총으로 내분을 가열시키고 있는 것이다. 국가 없는 평등을 향하여 매진하고 있다. 이는 자유경쟁을 기본으로 하는 생존경쟁, 권력경쟁의 진화의 방향과 반대방향이라는 데에 문제가 있다. 진화의 방향과 반대가 되는 이상은 반드시 실현되지 않는다. 국력 없는 평등은 공허한 공염불에 지나지 않는다. 생산력 없는 평등은 빈곤을 불어올 뿐이다. 평등과 평화를 위주로 한 각종 이데올로기는 반체제 민주화운동의 목표라고 해도 과언이 아닌데 진정 목표에 도달하기도 전에 자기모순에 빠져서 평등도 달성하지 못하고 생산도 침체되게 하는 이중고를 겪게 된다. 따라서 사회주의를 도입하기보다는 자유주의를 바탕으로 하면서 그 체제 내에서 평등을 점진적으로 실현해 나가는 것이 절실하다.

02_ 한민족은 국가를 운영할 자격이 있는가
-무정부주의를 향한 문화인자-

우리 민족의 분열상에 대해서는 이영희 선생도 개탄하고 있다. 물론 나하고는 정반대의 대척점에서 말하고 있지만 말이다.

> "예를 들어 1947년 미소 공동위원회가 통일정부를 수립하기 위해서 한국민과의 협의체로서 민족을 대표하는 정당, 사회단체 등록을 요청했을 때, 북한은 사실상 공산당의 단일권력 체제였기 때문에 분열 대립할 여지가 없었어요. 남한은 일단 민주 자유의 선택이 부여된 공간이다 보니까 소위 '민족대표'적 정당 단체가 300여 개로 세포 분열하는 현상을 나타냈어요. 이런 역사적인 사실들을 놓고 볼 때, 우리 민족 자율적 자기규제 능력과 슬기가 있는지, 나는 퍽 회의적이 됩니다."(237)

당시 남한이 분열한 것은 자유와 선택을 준 때문이라는 데는 동의하지만 북한이 단일 권력체제를 유지한 것은 이미 공산당의 전체주의가 장악한 때문이라고 보인다. 북한이 단결을 잘한 때문이 아니라고 해석된다. 이미 북한은 공산사회주의 체제를 확립하고 말하자면 사회주의 국가건설에 들어갔으며 남한이 자기에게 동조하느냐, 마느냐의 경우만 보아 가면서 대처하면 되는 상황, 다시 말하면 분단의 책임이 미국과 소련의 양 강대국에만 있는 것이 아니라 안으로 이미 내분에 들어간 때문이고 그 이니셔티브를 북한이 쥐었다는 뜻이다. 북한은 당시 남한에 비해서는 월등하게 산업화되었을 뿐만 아니라 바다가 아닌 육지로 연결되는 소련이 손쉽게 저비용으로 방어하고 후견해 줄 수 있었기 때문에 통일에 유리한 조건을 갖추고 있었고 미국은 바다를 건너와야 하는 어려움과 고비용 때문에 한반도에 적극적으로 대응하지 못했다. 이것을 잘 알고 있는 북한이 6·25를 도발한 것이다. 위의 글에서 언간을 해석하면 북한이야말로 북한 내로는 단결이지만 민족적으로는 단결의 상징이 아니라 분열의 확고한 다리를 건넜다는 사실로 해석된다. 남한은 아직 남북 분열을 확실시하지 않았기 때문에 아직 남한 내에서 분열하고 있었다.

그러나저러나 우리 민족의 분열성을 어떻게 보아야 할까? 세계사를 볼 때 소극적 평화주의는 항상 깨어질 위험과 불안에 직면하지 않으면 안 된다. 공격보다 방어는 항상 어렵기 때문이다. '열 사람이 도둑 한 사람 못 막는다'는 속담이 있다. 그럴 수밖에 없는 것이 어떤 방법을 택할까를 비롯하여 모든 주도권을 도둑이 갖고 있기 때문이다. 우리 민족의 예의 평화주의는 물론 약소국의 변명에 지나지 않지만 그 말을 액면 그대로 받아들인다고 해도 생존경쟁의 인류 유전자상에서는 생존이 분리한 것이 사실이다. 물론 지배를 받고도 살아갈 수 있다. 그러나 만약 평화적으로 상호 존중하여 살 수 없다면 지배를 당하는 쪽보다는 지배를 하는 쪽을 택하는 것이 생존의 순리이다. 지배를 하는 쪽은 언제라도 평화를 선택할 권리를 자신이 가지고 있고 이니셔티브를 가지고 있는 셈이다. 국가라는 것이 앞에서도 말했지만 가부장제의 결과라면 우리 민족의 여성주의는 항상 위험에 노출되어 있는 셈이다.

막말로 강대국의 지배를 받는다고 해도, 가부장제의 여성과 마찬가지로 자신의 후손을 퍼뜨릴 수 있고 종의 번식에는 전혀 문제가 없다. 때로는 적당하게 남자의 비위를 맞추면 쉽게 보호를 받고 안락을 얻을 수도 있다. 그러나 원천적으로 국가권력에 대한 부정과 군대와 경찰 등 국가공권력에 대한 피해의식을 기조로 하는 집단적 여성주의와 평화주의는 결국 국가를 등한시하게 되는 약점을 가지고 있다. 심하면 이는 무정부주의로 발전할 수도 있다. 운동권에 의해 쉽게 특정 지역과 학교 등이 해방구가 되는 것은 사회주의 혹은 무정부주의적 분위기와 무관하지 않다. 남한에서 여성주의, 평화주의는 국가주의와 반대의 방향이다. 국가적으로 여성주의는 결국 국가라는 이름, 국제사회의 성(姓)씨를 지구상에서 소멸당할지도 모르는 위험에 처할 수도 있다. 이것이 바로 식민이고 종속이다. 국가는 사회적으로 자신의 성씨를 가지는 집단행위이다. 일제 식민 때 우리는 국가의 이름도 말살당하고 자신의 성씨도 일본식으로 바꾸어야 하는 경험을 가지고 있다. 여성주의는 국가 내부적으로는, 마치 가족 내의 평화주의나 인도주의와 마찬가지로 중요한데 국가 외부적으로는 위험하다. 심하면 강간도 당할 수 있는 것이다. 이게 바로 일제강점이 아니던가.

우리 민족의 집단적 여성주의를 염려하는 사례로 국난에 대처하는 우리 민족의 행동양태를 들겠다. 국부인 단군사상은 언제나 평상시, 평화의 시기에는 망각의 대상이 되는 것이었다. 그런데 국난의 시기가 오면 단군이 부활한다. 예컨대 고려 몽고란 때 단군사상이 부활되고 일연 스님은 『삼국유사』를 써서 이에 큰 업적을 남겼다. 또 구한말 일제와 맞서 독립운동을 할 때는 단군사상이 부활하여 단군과 관련한 『단기고사(檀箕古史)』, 『규원사화(揆園史話)』, 『환단고기(桓檀古記)』 등 재야사서들이 줄을 이었고 단군을 섬기는 대종교 등 토착종교도 생기고 경전도 체계를 갖추었다.

대종교는 독립운동을 이끄는 구심역할을 하였고 독립운동가 대부분이 대종교 신자였다. 그런데 제대로 된 통일이 아니라 반통일이 된 뒤에 대종교는 거의 사라지고 교과서에도 단군에 관한 기술을 줄이고 단군상 파괴운동도 모 기독교단체에서 벌이는 지경에 처하였다. 단군망각은 우리 민족의 부성부재와 맥을 같이하고 이는 전반적으로 여성주의, 민중주의로 나타난다. 여성은 본래 국가가 필요 없는 존재이다. 굳이 국가라는 것이 존재하여 부담을 지우고 삶을 억압하는 것이 필요 없다. 이는 여성이 굳이 자신의 성씨를 쓰지 않아도 가족적으로 소외당한다거나 가족의 일원이 안 된다거나 하는 하등의 문제가 없는 것과 은밀하게 상통한다. 문제는 남자들이 서로 싸우면서, 때로는 여성을 차지하기 위해서 싸우기 때문에, 여성이 위험에 처하기 때문에 남자로부터 보호를 받기 위해서 국가가 필요하게 되는 것이다. 국가는 가부장의 확대재생산의 결과이다.

민족사학의 선구자로 추앙받는 단재 신채호는 '아(我)와 피아(彼我)'의 사관을 통해 민족주체성을 앙양하는 소위 민족사관, 낭만주의 사학을 성립한 인물로 그는 특히 고구려사관을 주창하여 큰 호응을 받았는데 그는 나중에 무정부주의자가 되었다. 우리나라의 대표적인 사학자가 고구려 사관의 주창자가 되더니 나중에 무정부주의자가 되었다는 것은 그만큼 낭만적이라는 말에 다름 아니다. 그것도 일제에 나라를 온통 잃고 나서 남의 나라 땅, 만주를 방황하면서 이것이 옛날 우리 조상의 고구려 땅이었구나 감상에 젖는, 그러면서도 정작 한반도라도 한민족의 것으로 만든 신라의 통일을 사대라고 비하하는, 극에서 극으로 치닫다가 무정부주의자가 되고 마는 광적인 행보는 우리 민족의 표상이다.

나는 이 사건을 매우 중요하게 생각한다. 가장 민족적이고 가장 주체적인 것 같지만 실은 가장 허무주의적이고 가장 자기부정적인 것의 표상이다. 여성주의와 무정부주의와 역사에 대한 종교주의적 태도는 역사를 신화로 보고자 하는 성향으로 나타난다. 단군-고구려-북한 정통주의는 그 대표적인 것이다. 이는 '민족과 혁명'이라는 좌파적 시대주제와 맞아떨어진다. 남한의 운동권이 쉽게 '북한의 자아'를 '민족적 자아'로 오인하게 되는 것은 이 같은 신화에 의식화되었기 때문이다.

한국인은 이상하게도 유대인을 많이 닮았다. 민족적인 힘을 종교와 신화에서 찾고자 한다. 이는 종교를 만들지 못하면 힘을 얻지 못할 정도에 이른다고 할 수 있다. 그런데 문제는 항상 그 종교가 외래종교이고 동시에 현실적이지 못하다는 데에 있다. 이것은 오랜 사대주의의 결과이다. 요즘 역사적으로 또 잃어버린 땅 - 고구려 영토에 대한 향수가 일어나고 있다. 이것은 이주민 혹은 유랑족 혹은 변방세력의 필연적 역사의식이다. 이는 일본이 한반도에 대해 향수(신화적 고향의식)를 갖는 것과 같다.

　한국은 대륙에서 1차 변방세력이고 일본은 대륙에서 2차 변방세력이다. 그래서 자신의 조상의 뿌리인 영토에 대해 무의식적인 향수를 가지게 되는 것이다. 역사에서 그 영토와 멀어지면 자연스럽게 그곳은 신화적 영토가 되기 마련이다. 그 영토에는 엄연히 다른 사람들이 자신들보다 오래 머물며 살고 있는데도 말이다. 고구려의 만주영토에는 엄연히 만주족이 오랜 주인으로 살고 있지 않는가. 그 만주족이 근세사에서 중국 대륙의 주인이 되어 청나라를 건설한 장본인이다. 그런데도 한국인은 1천 3백여 년 전에 망한 고구려를 잊지 못한다. 고구려 - 발해라고 하면 이미 고조선과 더불어 신화가 되어 버렸다. 그런데 한국인들은 이를 토대로 자신들의 구약(舊約)을 만들지 못하면서도 오히려 오늘의 역사를 신화(神話)로 보고자 한다. 이는 민족적 원죄 때문일까? 여기에는 식자든 무식자든 마찬가지이다. 이는 현실을 종교적 상상계로 바꾸는 위험한 전도이다. 쉽게 종교적 구원과 평등에 안주하려는 천년왕국운동과 같은 현실도피이다.

　신라의 삼국통일 시기는 국가 확장의 시기로 한반도에 어떤 형태든 통일국가가 들어서지 않으면 중국에 편입되지 않으면 안 되는 시기였다. 4국 시대에서 가야가 부족연맹체에서 국가로 발돋움하지 못해서 결국 망하여 신라에 병합되었듯이 삼국이 통일하지 않으면 당나라에 병합되어야 하는 절체절명의 위기였다. 이를 신라와 고구려, 백제 유민이 합세하여 힘들게 한반도에 통일국가를 성립시킨 것이다. 고구려, 백제, 신라는 친연성은 있었지만 한민족이라는 개념이 성립되지 않았던 시기였다. 신라통일 후 '한민족'이 성립되었다. 그것을 역사적 낭만주의에 의해 '망한 고구려'를 되살리고, 그것도 일제 식민시기에 만주를 유랑하면서 신라를 폄하함으로써 도리어 민족 정통성과 주체성을 뿌리째 말살하려 하였다. 식민의 처지에 제국을 회상하는 것은 신화의 방식이지, 역사의 방식은 아니다. 고구려와 같은 제국을 꿈꾸던 그가 무정부주의자가 된 것은 참으로 그답게 낭만적이다. 거대제국이 아니면 무정부주의. 역사란 그렇게 만들어지는 것이 아니다. 단재는 주체성이라는 이름 아래 역사청산, 과거 귀신놀음을 시작한 역사의 무당이다.

역사적 귀신놀음은 단재에서부터 시작된 것일지 모른다. 귀신에 홀리는 것은 항상 현재가 불행할 때 이루어지는 것이다. 역사적 귀신이라도 불러 굿판을 벌여 한을 풀지 않으면 못 견뎠을지 모른다. 그러나 푸닥거리를 했다고 해서 역사가 달라지는 것은 아무것도 없다. 역사란 항상 현재에서 출발하는 것이고 미래로 가는 것이지, 과거로 가는 것이 아니다. 시간을 소급하여 과거를 바꾸겠다고 하는 것은 바보 같은 짓이다. 단지 과거는 뒤에 역사를 정리하는 자의 몫이다. 현재에 아무런 역사를 만들지 못한 사람들이 과거를 한탄하고 과거를 마음대로 지우고 살리고 가정을 하면서 푸닥거리하는 것이다. 역사적 현재는 냉엄한 것이고 현재에 흥하고 망하는 것이지 과거의 흥망을 바꾸는 것은 아니다. 무정부주의란 바로 국가의 부정을 의미한다. 현재가 싫다고 무정부주의에 매달리는 것은 역사적 방종에 다름 아니다. 국가라는 것이 생긴 이후, 우리 민족의 경우 지배를 받는 경우가 많았으니까 국가라는 자체에 대해서 환멸이 왔을 수도 있다. 그러나 민족사학을 대표하는 학자가 무정부주의자가 되었다는 것은 혹시 우리 민족에게 국가를 부정하는 집단유전인

자가 숨어 있는 것이 아닐까 의구심이 앞선다. 혹자는 일제를 향한 독립 운동의 한 방법으로 무정부주의자가 되었다고 하지만 그러한 의식은 방향만 바꾸면 언제나 자기 국가를 향하여 안으로 분출할 수도 있는 것이다. 망국의 설움으로 만주 일대를 유랑하다가 한때는 민족을 다시 일으켜 세워야 한다는 주장도 하고 울분을 토해 보았지만 희망이 없어지니까 그렇게 불쑥 솟아오른 것이 아닐까? 무정부주의가!

우리 민족은 이상하게도 역사를 뛰어넘거나 끊어 버리거나 소급하거나 초월하려는 경향을 가지고 있다. 이것은 다분히 과학적 태도가 아니고 종교적 태도이다. 고구려 중심사관이나 역사청산 작업 등은 그런 유에 속한다. 바로 그렇기 때문에 현실의 역사에서 지배민족이 되기보다는 피지배민족이 된다. 이는 피드백하는 것이고 또한 악순환하는 것이다. 이와 같이 시간을 함부로 농단하는 것은 후대의 작위적인 것이고 후대의 이해관계에 따라 조작하는 것인데 시간이 그렇게 작위적으로 되는 것이 아니다. 신라의 통일을 무시하고 폄하하는 것도 이에 속한다. 그러면서도 정작 우리 민족은 민족종교 하나도 제대로 지키지 못하고 있다. 다시 말하면 하느님(한울님)도 다른 외래 종교에 의해 발견되어야 믿을 수 있는 것이고 영향력을 행사하는 것이다. 동시에 외래 종교를 믿는 자들이 사회에서도 상류층이 되고 지도층이 된다. 이는 철저히 사대주의화된 것을 말한다. 우리 민족의 사고가 본질적으로 종교적인 사고에 속하면서 우리 땅이 정작 외래종교의 온상이 되는 것은 우리 민족의 외세의존성을 적나라하게 말해 주는 것이다. 단재는 일제 때 만주를 유랑하면서 고구려, 고조선, 발해를 떠올리는 것은 좋았지만 동시에 주제넘게도 만주의 오랜 주인인 만주족의 주체성, 정체성을 깡그리 우리 민족에게 포함시켜 버리고 생략해 버리는 과오를 범한 것이다. 그것이 낭만적 신민족주의 사관이다.

고구려 중심사관은 단재에서 북한으로 계승되면서 우리 민족의 신화를 자극하지만 민족통일과 민족회복에 기여하기보다는 분열에 봉사하고 있다. 고구려사관은 지역감정과 결합되고 문화적 신화주의와 연계되면서 남남분열의 기폭제가 되고 있기 때문이다. 지역감정은 특히 그것의 소급에 있어서 고대 삼국에까지 이르고 신라의 삼국통일을 '반쪽통일'이니 '잘못된 통일'이니 하면서 통일무위론을 주장하는 수위에 이르고 있다. 신라의 삼국통일은 후손이 보기에는 만족스럽지는 않지만 당대로서는 최선을 다한 일이다. 삼국통일에 의해 당나라 세력을 한반도 이북으로 몰아내고 실지로 오늘의 국경선의 가능성을 배태한 통일이다. 당시 압록강 이북으로 당나라 세력을 몰아낸 것은 충분히 한반도 통일로 받아들이고 해석하여도 좋은 것이다. 그럼에도 반쪽통일이니 외세통일이니 하면서 통일 자체를 훼손하는 것은 민족적으로 자기부정의 극치이다. 이 땅에서 천년의 역사를 지속하고 삼국을 통일한 신라를 훼손하여 우리의 정체성 확립에 도움이 되는 것이 무엇인가. 통일의 과정이 어떻든 통일을 이루어 낸 주체에 대해 폄하하는 것은 실은 민족분열을 위해 봉사하는 것이다. 통일 자체는 민족적으로 볼 때 숭고한 것이다. 신라, 고려, 조선으로 이어지는 역사적 연속성을 어찌 말살하려 하는가. 그것이 민족주의 사관이란 말인가.

그렇다면 가장 최근사에도 북한은 소련을 끌어들여 통일을 하려고 했으며 이를 남한은 미국에 의존하여 막아 낸 경험이 있다. 이것이 바로 6·25전쟁이다. 전쟁에서는 얼마든지 적이 동지가 되고 동지가 적이 되는 수가 있다. 이것이 바로 국가 간 전쟁의 특성이다. 이것은 오늘날에도 통하는 것이다. 그런데도 북한은 신라의 통일을 외세에 의한 통일이라고 왜곡하면서 삼국통일 자체를 민족해방전선의 이데올로기적 전략전술로 택하고 있다. 이는 과거 역사적 사실을 권력투쟁에 이용하는 것일 뿐 다른 아무것도 아니다. 신라의 통일이 왜곡된다고 해서 우리 민족이 발전하는 것도 아니고 흥하는 것도 아니다. 단지 당파행위로 민족의 통일 자체를 훼손하는 일종의 자해행위이다. 마치 고구려의 재건과 정통화가 민족의 재건과 부흥을 약속이라도 하는 것처럼 선전하고 선동하는 것은 일종 남북체제경쟁의 술수에 불과한 것이다. 이에 크게 협조한 것이 단재를 필두로 한 '신민족주의 사관'이다. 신라의 삼국통일로 그나마 한민족이라는 것이 성립되었는데도 도리어 한민족의 이름으로 신라통일을 부정하고 있는 것은 참으로 피지배집단의 집단광기며 자기부정의 극치이다. 신라의 삼국통일 훼손은 한민족의 정체성을 크게 손상시키는 일로 문화적으로 엄청난, 돈으로 계산할 수 없는 무한대의 손해를 입힐 수도 있다. 이런 정체성 혼란 상황은 한민족 최대의 위기이다. 일제 식민보다 더 위험한 순간이다. 일제식민은 강제로 된 것이지만 삼국통일 훼손은 한민족 내부분열에서 일어난 당파이기 때문이다.

남한에 지역감정이 일어나면 날수록 좋은 세력이 누구인가? 단연코 남조선 적화통일을 노리는 북한일 것이다. 고구려는 당대에 아무리 강대하였던 나라였다고 하더라도 역사에서 이미 망한 나라이다. 망한 나라를 잇는 그런 역사도 있는가. 고구려통일론은 신라에 역시 같이 망한 '백제지역의 정서＝전라도 정서'와 결합하여 귀신놀음을 하고 있다. 물론 여기엔 민족적 업(業)이 도사리고 있다. 신라통일 후 고구려 지역은 '서북(西北) 사람'이라고 하여 소외시키고 백제 지역은 '호남(湖南) 사람'이라고 하여 과거시험 등에서 푸대접한 게 사실이다. 그만큼 국가통합력이 부족하였다는 것을 말해 준다.

이런 반정서(反情緖)의 흐름을 타고 정말 수천 년 전의 귀신이 나와 현재를 농단하고 있다고 해도 과언이 아니다. 현재의 정치적 입지와 목적을 위해 한 나라의 정체성을 분열시키는 전략과 전술을 쓰는 자가 정치적으로 성공을 거둔다면 이 나라의 미래는 새까맣다고 할 수 있다. 이런 분열책에 재미를 본 사람들은 다음에 또 쓸 것이기 때문이다. 통일을 위하여 분열책을 쓴다는 것은 단순히 역사를 도구화하는 것에 지나지 않는 것이다. 통일이라는 이상을 앞세워 국민을 현혹하고 뒤에서는 권력에의 야욕을 꿈꾸는 자일 것이다. 고구려에 의해 통일이 되었으면 지금과 같이 우리나라가 반도에 머무르지 않고 대륙으로 진출하여 대륙의 패자가 되었을 것이라는 낭만주의 사관은 일견 고구려의 후계자임을 자처하는 북한의 사관과 일치하는 바가 있어 남북분단 상황에서 이데올로기적으로 매우 델리케이트한 위치에 있다.

역사는 사실을 기초로 성립한다고 하지만 역시 사관에 의해 사실이 꿰어진다는 점을 부인할 수 없다. 사관은 때때로 자신에게 적합한 사실들만을 추출하거나 확대 해석하는 경향성이 있기 때문에 크게는 사실을 왜곡하는 일마저 있다. 누가 뭐라고 해도 삼국통일은 오늘의 한민족을 하나로 묶는 데 결정적 역할을 한 위업임에는 틀림없다. 이를 부정한다면 우리 민족은 심한 정체성의 혼란을 겪지 않을 수 없게 된다. 그런데 문제는 왜 신라의 삼국통일을 폄하하면서까지 지역감정이 일어나야 되는 것일까? 우리는 여기서 분명히 알아야 할 것이 있다. 신라, 백제, 고구려라는 옛 나라가 지역감정을 일으키는 것이 아니라 오늘의 우리가 신라, 백제, 고구려를 다시 나누고(분열시키고) 지역감정의 도마에 올리고 있다는 사실을! 수천 년 동안 한민족으로 잘 살아왔는데 왜 우리 시대에 이르러 다시 갈라져 싸워야 하는가를! 지역감정은 우리가 못난 자손임을 증명하는 것밖에 다른 것이 아니다. 남북분단에서 삼국분단, 후삼국시대로 들어간 느낌이다. 우린 지금 역사의 귀신에 홀려 푸닥거리를 하고 있으면서도 그것을 마치 새 역사라도 쓰는 것 같은 큰 착각에 빠져 있다.

무정부주의는 일견 세계주의인 것 같다. 그러나 이것은 패배적 세계주의인 것이다. 나라의 특수성이 무시된 보편주의, 나라의 주체성이 무시된 세계주의, 한국의 현실이 반영되지 못한 민주주의, 단군을 부정하는 기독교주의, 외래종교가 득세하는 종교백화점의 나라, 국가를 제대로 만들기 전에 부수어 버리는 해체주의, 방종으로 치닫는 자유주의, 이런 것들을 여성주의적 콤플렉스라고 할 수 있을 것이다. 낭만주의 사관은 항상 흥분하다가 정반대로 갑자기 침체하게 된다. 단재의 낭만주의 사관이 무정부주의로 진행한 것은 역사적 덫에 걸린 것이다. 일종의 역사적 조울증인 것이다. 만약 민족주의가, 신민족주의 사관이 민족의 분열을 획책한다면 이것이야말로 민족의 불행임에 틀림없다. 자유와 해방은 일견 비슷해 보이지만, 실은 해방을 얻은 자는 자유를 관리하지 못하기 쉽다. 그러나 자유를 관리하는 자는 결코 해방에 들뜨지 않는다. 한 사람의 시인은 제 흥에 겨워, 제 물에 신이 나서 술을 먹고 기고만장할 수 있다. 그러나 역사가 그렇게 되고 정치가 그렇게 된다면 민족적인 슬픔만이 기다릴 것이다. 민족, 해방, 통일의 수사에 숨어 있는 잘못된 흥분을 살피고 경계할 줄 알아야 한다. 그것이 자유이고, 자본이고, 시민정신이다.

03 _ 생존과 '정체성 확인작업'으로서의 당파주의
─가족주의, 문벌주의라는 문지방─

그렇다면 우리 민족은 왜 분열하는가? 왜 사촌이 논 사면 배 아픈가? 인류학적으로 보면 북방 유목민족인 동남방으로 이주하면서 농업사회에 오래 정착하는 과정에서 생겨난 집단심리일 것으로 보인다. 고고인류학자인 김병모 박사는 "선주민인 농경인과 유목인이었던 이주민이 모두 농경인들이 되고 말았다. 그래서 한국사는 농업경제에 목숨을 거는 사람들의 폐쇄적인 역사가 되고 말았다. 세월이 흐르면서 해양민족의 탐험심도 유목민족의 기민성도 단순 반복하는 농경 생활과 함께 서서히 잊히고 말았다"고 말한다.

그는 다시 이렇게 말한다.

"농경민들은 본질적으로 평화적이지만 배타적이다. 경작하고 있는 토지만 지키면 된다. 걸어서 하루에 왕복할 수 있는 곳에 논밭이 있기만 하면 만족이다. 강 건너 마을에 왜구가 침략하여 분탕질을 해도 '강건너 불구경'하게 되었다. 내 땅에만 틈입자가 들어오지 않으면 괜찮다는 의식이 굳어졌다. 그러나 때로는 농민사회에도 어쩔 수 없는 이주민이 있었을 것이다. 이방인들이 동네에 들어와 토지를 개간하여 정착하려 하면 토착인들은 공연한 피해의식을 느끼게 마련이다. 이게 바로 '사촌이 땅을 사면 배가 아픈' 이유이다. 토지는 제한되어 있는데 인

구가 늘면 나의 경작지가 줄어드는 결과를 낳는다. 인구가 늘면 내가
먹을 '파이'가 작아진다는 의식이다."

이에 비해 유목민들은 토지소유의 개념이 없다. 김 박사는 "한국사는
고대로 가면 갈수록 국제사(國際史)이고 근대로 올수록 국지사(局地史)로
변했다"라고 한다. 이런 과정을 국제관계사로 볼 때는 북방민족이 농업
의 발달과 더불어 농경민족에게 주도권을 내주고 동아시아에서는 중국
중심의 역사가 전개되는 것과 맥을 같이한다. 이것이 바로 사대주의로
정착하는 것이다. 또 대륙에서 쟁패를 벌여야 하는 중국과 달리 한반도
는 일종의 협곡과 같아서 경쟁보다는 안주하는 데에 길들여졌다고 할
수 있다. 이렇게 안으로 안주하다가 보니 당쟁을 일삼고 중국의 이데올
로기에 종속되면서 중국의 관념을 빌려서 예송을 벌이고 당파적인 성격
으로 변해 갔다. 말하자면 외래의 관념을 떠받들면서 그것을 당파의 이
유로 삼으면서 국가생산력의 증대와 강화에 등한한 것으로 보인다. 지
금도 조금만 먹고살 만하고 여유만 생기면 외래의 관념을 가지고 무슨
큰일이라도 벌이는 양 당파에 여념이 없게 된다. 사실 외래사상을 아무
리 섬겨 보았자 그것을 만들어 낸 원생산국에 비할 수 없고 결국 섬기면
섬길수록 이데올로기 종속적인 위치에 처하게 된다. 오늘날 민주주의니,
사회주의니 하면서 논쟁을 벌이는 것도, 급진좌파니, 보수우파니 하면
서 싸우는 것도 바로 그런 것에 속한다.

한국 사람은 괜히 기싸움을 잘한다고 한다. 바로 기싸움의 동인이 되
는 것이 외래 이데올로기이다. 다시 말하면 이데올로기를 실현하는 것
이 아니라 싸움의 도구로 이용하는 셈이다. 결국 등소평처럼 흰 고양이
냐, 검은 고양이냐 논쟁하지 말고 결국 쥐를 잘 잡는 것이 중요한데도
한민족은 관념의 노예가 되고 관념의 맹신자가 되어 관념을 위한 관념
주의자가 되는 경향이 있다. 현실과 타협하지 않는 이상주의자는 결국

이상주의자가 아니다. 이러한 이상주의자는 반이상주의자이면서 결국 자기배반에 직면하는 자기배반주의자이다. 한국의 급진좌파들은 이러한 부류에 속하는 인물들이 많으며 이들은 흔히 원칙적이라고 말하고 원칙론을 들먹이면서 현실과 사태를 외면하는 맹목적 이상주의자이면서 현실에서 도망치는 비겁주의자이다. 한국인은 또 외래사상을 일단 섬기면 근본주의, 원리주의, 교조주의(敎條主義, dogmatism)에 빠지는 경향이 있다. 왜냐하면 이데올로기를 처음 생산하지 않는 국가는 결국 이데올로기를 생산한 국가에서 다시 이데올로기를 생산하여 주지 않으면 자립하고 독립할 여력이 없기 때문이다. 자체 생산할 공장은 없이 외국의 제품만 사 오는 격이다. 한국인은 그래서 다른 외래사상을 가지고 기존의 외래사상을 부정하는 것을 마치 자신이 새로운 사상을 만든 것인 양 착각한다고 한다. 이이제이(以夷制夷: 오랑캐로 오랑캐를 제압하는 것)가 아니라 이이대이(以夷代夷: 오랑캐로서 오랑캐를 대신하는 것)이다. 이는 마치 최근세사에서 중국을 대신해서 일본이 들어왔고, 일본을 대신해서 미국이 들어온 것을 독립이라고 하는 이치와 같다. 이에 비해 본래 실용주의 사상이 철저한 중국의 경우 모택동 사상이 필요할 때는 그것을 만들어 내고 등소평 사상이 필요할 때는 등소평 사상을 만들어 내는 것이다. 그러나 우리 민족은 그러한 변형과 수정을 잘하지 못하는 경향이 있다. 그래서 사상과 혈통의 순수주의, 순혈주의를 지향하고 있는지도 모른다.

그런데 이 순혈주의는 부계의 순혈이지, 모계의 순혈인지 애매하기 그지없다. 모계의 순혈주의를 부계의 순혈주의로 은폐하고 포장하는 것일 가능성이 높다. 그래서 정작 주장할 부계가 없다. 침략을 받기만 한 입장이 부계 순혈주의를 내세우는 것은 일종의 콤플렉스의 발로이며 그 밑바탕에는 모계가 버티고 있다. 수많은 외침 속에서 단일민족은 거짓말일 것이고 결국 이 땅에 사는 사람이면 결국 한민족이 된다. 이는 모계의 순혈주의(부계로 보면 잡종주의이다)를 부계의 순혈로 착각하거나 대신하는 일종의 여성주의이다. 이는 완전한 모계주의, 모성주의도 아니다. 완전한 모계주의는 부계에 대한 저항이나 부정의 논리가 없는 데 반해 한국의 여성주의는 끊임없이 짐짓 저항과 부정의 논리가 되살아난다. 외래사상의 도입도 그것을 수태(受胎)하여 키우는 데에 진력하는 것에 비할 수 있다. 지금 세계적으로 유교든, 불교든, 기독교든 종교의 원형, 본래 모습, 순수를 찾으려면 한국에 오면 된다. 한국에서는 그것을 본래의 것보다 더 잘 본래의 모습으로 보존하고 있기 때문이다. 일단 한 번 받아들인 사상은 잘 보존하고 육성하지만 처음 들어온 외래사상에는 매우 배타적이다. 그래서 이데올로기의 도입 초기에는 순교가 많이 일어나지만 일단 순교라는 통과의례를 거치고 나면 어떤 사상이나 종교도 풍성하게 꽃피우게 된다. 이는 여자가 남자에게 한 번 몸을 주기 어렵지만 그 통과의례가 끝나면 그다음부터는 별반 어렵지 않은 이치와 같다. 그런데 같은 여자에게서 태어난 다른 '씨 다른' 자식, 즉 다른 이데올로기가 새로운 당파를 만든다. 그러면서도 이런 당파들이 결국 함께 '배가 같다'는 의미로 함께 오순도순 살아야 하는 것이 한국이다. 이것이 '순교(殉敎)와 기복(祈福)'이라는 종교적 성향을 보이는 한국 문화의 양극적 현상이고 이중주이다.

이것은 참으로 여성적이고 모성적이라고 할 수 있다. 한국인에겐 조국(祖國)이라는 말보다 모국(母國)이라는 말이 더 중요하게 다가온다. 모국이 곧 조국이 된다. 아마도 먼 미래에 본래 민주주의와 사회주의를 찾으려면 한국에 와야 할지 모르겠다. 외래 관념을 수입하는 데 급급한 나라는 언제나 실질보다는 명분을 숭상하게 하는 경향이 있다. 한국은 명분의 나라이고 중국은 실질의 나라이다. 중국은 한국으로 이데올로기를 수출하였고 한국은 중국의 이데올로기를 수입하는 경우가 많았다. 이를 쉽게 사대주의라고 한다. 어떤 이데올로기도 그것이 태동할 때는 발생지의 실질과 환경을 토대로 관념화 혹은 추상화되는 과정을 거친다. 그러나 그것을 수입하는 나라는 그 같은 발생지의 실질과 환경에 관심을 가지기보다는 관념 자체의 구조나 내용에 관심을 가진다. 지구적으로 볼 때 큰 나라는 더욱더 큰 나라가 되고 작은 나라는 더욱더 작은 나라가 되는 경우가 많다. 이는 무슨 연유일까? 큰 나라는 외부에 개방적인 경향이 있어 다른 나라와 이민족을 계속 포용하다 보니 더욱더 나라를 키우게 되고 작은 나라는 배타적이어서 내부로 더욱더 패쇄적이 되다 보니 나중에 분열하게 되어 작은 나라도 유지하기 어려운 지경에 처하게 된다.

04_ 집단 외 적(Enemy)과 집단 내 친구(Friend)
-준거집단은 매우 역동적이어서 고정관념은 곤란-

한국인은 땅에 대한 집착이 유달리 강하다. 이는 집에 대한 집착이 유달리 강한 것과 같다. 그렇기 때문에 역설적으로 영토가 크지 않을 수밖에 없다. 기존의 땅에 대한 집착 때문에 다른 곳으로 땅을 넓히려는 의지도 적기 때문이다. 이는 대륙의 이주민이 반도라는 곳으로 갇히고 안주하고부터 그렇게 된 것으로 보인다. 적지도 않고 크지도 않은 땅에서 살다 보니 그 중간지대에서 '명분과 눈치'만 강화되었다. 때로는 '명분의 칼'로 싸움을 걸고 때로는 '눈치의 감각'으로 싸움을 피한다. 우리 민족도 대륙에서 패권을 다툰 적도 있지만 대체로 신라통일 이후 큰 나라를 경영해 보지 못한 민족은 아니고 그래서 아주 작은 나라는 아니지만 상대적으로 배타적이고 분열적인 후자에 가까운 나라임에는 틀림없다. 작은 나라는 매우 예민하고 까다로운 나라이다. 이에 비해 큰 나라는 대범한 편이다. 이것도 아마 역사의 운명이리라.

작은 나라에 속하는 한국은 결국 사회구성원들이 가족주의적 성향을 드러내고 가족이 집단의 역동적인 안과 밖의 기준이 된다. '한 가족'이라는 말을 쓸 때는 '안의 사람'이고 그렇지 않은 다른 사람은 '밖의 사람'이다. 만약 실질적으로 가족이 아닌데 '우린 가족이야' 하면 굉장한

친절과 우정을 표시하는 말이다. 가족주의는 국가주의에 비해 매우 인간적이고 비권력적인 특성 때문에 평화롭고 인정적이고 감정 위주의 삶을 사는 특성을 보인다. 이때의 안과 밖은 경우에 따라, 다시 말하면 시공간의 다름에 따라 얼마든지 안이 밖이 되고 밖이 안이 된다. 그래서 구성원들은 경우에 따라 자신이 안인지 밖인지 아주 예민하게 반응하지 않으면 안 된다. 그렇지 않으면 바보가 되기 십상이다. 사회적으로 볼 때 안이 되면 친구(friend)가 되고 밖이 되면 때때로 극단적으로 적(enemy)이 될 때도 있다. 우리의 민주주의가, 자유민주주의이든, 인민민주주의이든 원리나 법칙에 충실한 민주주의가 아니라 '감각의 민주주의'로 혹은 '감상적인 민주주의'로 조변석조하는 것은 바로 그 안팎의 역동성, 역동적 변화 때문이다.

크게 보면 오늘의 한민족은 민족, 민주, 민중주의로 마치 이데올로기의 후삼국 시대가 된 것과 같은 양상을 보인다. 이는 그대로 북한, 남한 내 신라, 백제 등 지역적으로도 후삼국 시대와 겹쳐지면서 분열의 징후가 가속화하는 분위기로 번진다. 왜 남북분단도 아쉬운데 다시 분단하는, 후삼국으로 분열하였을까? 다른 명분은 없었을까? 오늘날처럼 국력이 팽창할 즈음이면 새로운 강대국, 거대 제국을 꿈꿀 만도 한데 말이다. 이 절호의 기회에 우리는 역시 퇴행적 당파, 내부 분열의 정당화에 빠지고 말았다. 분열성과 당파성도 실은 신명(神明)과 관련이 있다. 한국인은 저마다 우두머리를 하려고 하지 참모나 부하가 되려고 하지 않는다. 이는 이 신명이 궁극적으로 자리하는 곳이 바로 몸인 때문이다. 신명의 처음이자 끝은 바로 몸이다. 한국인은 더 정확하게는 '몸의 신앙(信仰)' 민족이다. 신명은 밝은 정신이긴 한데 몸을 떠나서 법칙, 보다 보편적인 법률을 만드는 데에 인색하거나 둔한다. 몸을 떠나지 않으면 신화—종교에 의해 살아가게 된다. 몸을 떠나 말에 의존해야 역사—과학의 민족이 된다. '말의 공감대'를 마련해야 역사—과학의 민족이 된다.

'감정의 공감'을 가지고는 그 영토의 범위가 클 수가 없다.

통일의 말, 통일의 철학을 만들어 내지 못하고 있는 것이 우리이다. 그렇기에 만날 '한민족'이라는 애매한 말에 그치고 현혹된다. 한민족이지만 한민족을 하나로 이끌 철학을 완성하지 못하고 한민족 자체만을 강조하여서는 결코 한민족이 될 수 없다. 신라의 삼국통일은 군사력에 의해 이루어졌지만 그 뒤에는 통일의 철학인 원효의 화쟁(和諍)사상이 있었기 때문이다. 그런데 지금 우리는 그런 토착의, 우리가 살고 있는 땅에서 출발하는 철학이 없다. 결국 우리는 우리말의 경전, 말의 법전이 있는 것 같지만 없고 없는 것 같지만 완전히 없는 것도 아니다. 그래서 제각각, 당파에 따라 있고 없는 것이다. 그래서 서양의 각종 이데올로기를 차용하여 살아가고 있다. 자유·자본주의, 공산·사회주의, 기독교, 불교, 유교 등 여러 가지 사상이 우리를 나누어 점령하고 있다. 그럼에도 우리는 '한국식 민주주의', 신라의 '국유(國有) 현묘지도(玄妙之道)'를 만들어 내지 못하고 있다. 우리 나름의 도(道)를 만들어 내지 못하니 남에게 의존하고 남의 말에 이리저리 쏠리고, 최악의 경우 남의 세력균형에 말려 동족상잔도 했던 것이다.

일본인은 한국의 조선조 정치를 보고 당쟁이라는 말을 붙였다. 그들의 눈에는 몇몇 개인에 의해 좌지우지되는 정치를 보고 매우 당쟁적으로 보일 수밖에 없었던 것이다. 이를 친일사관에 의해 한국을 폄하하기 위한 것으로 치부하는 것은 스스로의 잘못을 은폐하는 어리석음의 극치이다. 우리의 당쟁적 성격을 단순히 친일사관의 하나로 치부하는 것보다는 최소한 당쟁을 하지 않도록 스스로 반성하고 조심하는 것이 훨씬 효과적인 태도일 것이다. 민주주의가 도입된 지, 반세기가 넘어도 한국에는 아직 10년 이상 된 정당이 없다. 아직도 권력을 잡고 있는 대통령이 정당을 하나 만들고 싶으면 얼마든지 정당을 한 달 내에 만들 수 있는 나라가 한국이다. 이는 정당이 아니라 처음부터 정파에 지나지 않으며 이는 결국 당파인 것이다. 결국 권력을 잡기 위해 우선 당파를 만든 것이다. 한국 문화가 천박한 것은 바로 문화 각 분야가 내재적 논리에 의해 깊이를 더하지 않고 정체를 강화하지 않는 데에 있는데 항상 각 분야의 전문가들은 권력과 유착하면서 스스로의 발전을 포기하고 출세 지향적으로 변하기 일쑤인데 이는 정치의 문화오염이라고 할 수 있다. 문화 각 분야가 나중에는 정치논리에 의해 좌지우지되기 때문에 왜곡되기 일쑤이다.

흔히 우리는 때로는 중국 대륙에 비교하면서 우리의 정체성을 찾고, 때로는 일본 섬나라에 비교하여 우리의 정체성을 찾는다. 그 결론은 중국에 비해서는 대륙적인 기질-'만만디'로 시공을 넓게 생각하는 경향이 부족하고, 일본에 비해서는 섬나라의 기질-'아싸리'한 확실성이 부족하다. 이는 결국 대륙과 섬의 중간, 반도의 특징이라는 말인데 반도는 항상 애매하다. 남자도 아니고 여자도 아니고, 남자인가 싶으면 여자이고, 여자인가 싶으면 남자이다. 국가인가 싶으면 민족이고 민족인가 싶으면 국가이다. 자유인가 싶으면 평등이고 평등인가 싶으면 자유이다. 파벌, 당파는 부정부패의 숨은 메커니즘이다. 당파가 있으면 반드시 부정부패가 따르기 마련이다. 국가우선인 일본은 선진국으로 오래전부터 진입하여 세계를 경영하고 있는데 파벌우선인 우리는 선진국의 문턱에서 좌절하고 있다. 민주정부가 들어서면 독재가 줄어들 줄 알았는데 더욱더 은밀하고 교활하게 독재가 이루어지고 있는 것도 이런 당파싸움과 관련이 있다. 민주정부에 들어서 '민주독재' 혹은 '좌파독재'를 운운하면서 요즘 인치(人治), 코드(code)라는 말이 유행하는데 이것도 개인의 독주 혹은 독선을 빗대어 한 말이다. 이것이 바로 독재이다. 독재는 군사정권에만 붙이는 이름인 줄 알지만 실은 민주정부에도 그 독재적 전통은 변신을 거듭하면서 내려오고 있다.

05 _ 문화능력으로서의 문력과 무력
　－사대적 문민의 비참한 결과, 식민－

　앞에서도 나의 문화능력론, 다시 말하면 문화능력에 바탕을 한 문제의 해결과 전망을 전개하였지만 우리 민족은 이상하리만치 문화능력에서 문(文)에 대해서는 필요 이상으로 숭상하면서 무(武)에 대해서는 무관심하고 무시하는 습관이 있어 왔다. 무(武)를 무시한 문화능력의 계산은 반드시 실패하게 되어 있다. 국제간에는 아무래도 문력보다는 무력의 뒷받침이 있어야 한다. 열강의 패권 경쟁의 시기(전쟁의 시기)에는 더더욱 그렇다. 우리가 일제에 식민으로 전락한 것은 종합적으로 문화능력이 부족하였기 때문이다.

　일본이 단지 군국주의로 우리를 식민화한 것은 아니다. 강대국 혹은 제국주의 국가들은 흔히 강한 무력만을 앞세우는 것처럼 비난하고, 그 피해 국가들은 그들의 폭력성을 강조하게 되는데 실은 강대국은 무력만 준비된 나라가 아니다. 정복의 이면에는 총체적인 문화능력이 숨어 있다. 강대국은 물론 처음에는 무력을 앞세우지만 나중에는 아주 부드러운 문력으로 감싼다. 종합적으로 문화능력이 앞선 국가이기 때문이다. 앞선 과학과 산업이 있고 동시에 종교와 예술이 있다. 그중에서도 과학과 산업이 강대국, 제국을 만드는 중추이다. 막말로 종교와 예술은 약소국, 미개사회에도 얼마든지 있다. 종교와 예술은 과학과 달리 수준의 차이가 아니라 종류의 차이이기 때문이다.

다시 말하지만 문화능력은 문력과 무력으로 나눈다. '문화능력, 문화력(文化力)＝문력(文力)＋무력(武力)'이라는 말이다. 문력에는 종교와 정치체제가 대종을 이루고 무력에는 물론 과학과 산업기술이 대종을 이룬다. 이를 문무(文武)라고 말해도 크게 틀린 것은 아니다. 그런데 이상하게도 우리 민족은 무(武)를 등한시하는 경향을 보인다. 오늘날에도 이 같은 문숭상 전통은 이어져 군인이라면 심하게 거부반응을 나타낸다. 그래서 군인이 통치하면 무슨 큰 잘못이라도 있는 것처럼 생각한다. 군사독재시절에 극렬한 반체제운동은 바로 그러한 것의 대표적인 사건이다.

이는 오랜 사대주의로 문화적 순치를 당하고 평화주의에 길들여진 때문이다. 군인과 경찰, 즉 물리적 강제력을 행사하는 집단을 싫어한다. 그러나 불행하게도 무력, 즉 군대와 경찰이 없으면 국가도 없다. 군대는 무기를 필요로 하기 때문에 과학이 없으면 군대도 없다. 바로 무력에서 국가의 독립성과 영속성이 좌우된다. 이 점을 우리 민족은 등한시하거나 무시하고 있다. 그저 외국에서 사상을 들여오면 저절로 국가는 영위되는 줄 착각하고 있다. 사대적 문민은 결코 국가의 안전과 독립을 보장하는 군대를 좋아하지 않는다. 사대적 문민은 강대국으로부터 군대에 대해 견제를 받거나 아니면 강대국의 군사력에 국방을 의존한다. 문화의 하부구조를 무시하면 상부구조에서는 필연적으로 과도한 정치행위(당파싸움)를 하게 되어 있다. 그런 상부구조라는 누각에서 음풍영월을 하지만 그 누각을 받치고 있는 기둥이 부러지면 누각은 무너진다. 누각이 무너지면 음풍영월도 할 수 없다.

의식주 해결 없이 행복한 삶이 없다. 그런데도 오늘날 민주주의 세력들은 민주주의만 부르짖으면 행복한 삶이 기다리고 있는 줄 착각한다. 이것이야말로 종교적 환상 혹은 종교적 유토피아에 해당한다. 민주주의 세력에겐 민주주의가 종교가 되고 민주주의 운동은 일종의 성전(聖戰)이 되는 셈이다. 국가의 법전이라는 것이 현실의 삶은 다스리는 법이기보다 일종의 바이블이 되고 도그마가 된다. 분명히 말하지만 민주화 세력들은 의식주 해결에 크게 공헌한 바가 없다. 도리어 의식주 해결에 방해했으면 했지, 별로 기여한 바가 없다. 그런데 저들의 민주주의라는 것도 정체가 없다. 민족, 민주, 민중 개념의 혼란으로 도대체 저들의 정체를 알 수 없는 것이 오늘의 혼란상이다. 이들 삼자는 서로가 서로를 보충하는 것이 아니라 서로가 서로를 당파를 하면서 서로가 서로를 공격하고 결국 상대방을 붕괴시키려고 혈안이 되어 있다. 이들 삼자가 하나의 통합, 다시 말하면 각자의 편에서 보아도 자기의 입장이 수용되고 반영된 느낌을 가질 수 있는 '어떤 통합의 하나'가 만들어져야 한다. 그런데 여기에 일사불란한 세력은 바로 좌파세력들이다. 여기에 우리 민족의 불행이 도사리고 있다.

우리나라가 무력을 하찮게 취급하는 것은 바로 우리나라가 오랜 '수비형의 국가'라는 데에 비롯된다고 할 수 있다. 한민족은 이상하게도 수비형의 국가를 운영해 왔다. 그 수비형의 자신을 '평화를 사랑하는 민족'이라고 자위했다. 수많은 피해의식에 시달리고 있으면서도 말이다. 이것은 평화를 사랑하는 것이 아니라 위선이요, 단지 권력게임에서 패배한 것을 미화하는 말에 지나지 않는다. 이런 수비형의, 수동형의, 여성형의 역사운영이 우리 역사의 비극이요, 어두운 그림자이다. 임시정부의 주석이었던 김구 선생은 그 일제에 쫓겨 중국에서 독립운동을 하면서도 이상적인 조국상을 이렇게 되뇌었다.

"나는 우리나라가 세계에서 가장 아름다운 나라가 되기를 원한다. 가장 부강한 나라가 되기를 원하는 것은 아니다. 내가 남의 침략에 가슴이 아팠으니, 내 나라가 남을 침략하는 것을 원치 아니한다. 우리의 부력(富力)은 우리 생활을 풍족히 할 만하고 우리의 강력은 남의 침략을 막을 만하면 족하다. 오직 한없이 가지고 싶은 것은 높은 문화의 힘이다. 문화의 힘은 우리 자신을 행복하게 하고 나아가서 남에게 행복을 주기 때문이다."

여기에 우리 민족의 속성이 잘 드러나 있다. 기껏해야 강력(强力＝武力)은 '남의 침략을 막을 만하면 족하다'고 수비형의 전형을 선언하고 있다. 여기서 또 하나 지적할 수 있는 것은 바로 문화라는 단어에서 무력을 은연중에 제외시키거나 축소시키고 있다는 말이다. 문화력(文化力)은 무력(武力)과 문력(文力)의 합성인데도 말이다. 한 나라의 가장 존경받은 인물의 생각이 이러니 결국 우리나라가 공격형의 나라가 되기는 요원한 것 같다. 운명적으로 우리는 수비형의 나라인가 보다. 우리의 행복은 남의 나라가 침략을 하느냐, 마느냐에 달려 있는 셈이다. 침략을 하면 막아야 하고, 혹시 막지 못하면 점령을 당하고 지배를 당하는 선택이 된다. 권력경쟁의 역사는 이렇게 두 개의 선택 항을 가진 민족에게 유리하게 전개된 것이 아니라 오로지 공격하여 승리하지 않으면 안 되는 자에게 성공을 주는 확률이 높다. 우리는 흔히 일제에 '맨주먹으로 싸웠다'고 자랑을 한다. 맨주먹으로 싸워야 했으니 그동안 얼마나 전쟁에 대해 유비무환의 준비를 하지 않았느냐를 극명하게 드러내는 말이다.

수비형의 국가에는 결국 피해의식만 쌓이는 법이다. 공격한 자는 이미 잊어버리고 있는데 공격을 받은 자는 두고두고 잊지 않고 피해의식에 사로잡혀 있는 것과 마찬가지이다. 수비형의 국가는 간혹 역습을 통해 전쟁에서 승리하는 수도 있지만 대체로 공격형의 국가보다는 패배할 확률이 높다. 더욱이 수비형의 국가는 자신의 땅을 전장(戰場)으로 제공하기 때문에 천신만고 끝에 적을 물리친다고 하여도 그 땅은 전화(戰禍)의 잿더미가 되고 아비규환의 폐허가 되어 버리기 일쑤이다. 이에 비해 공격형의 국가는 설사 적지에서 패배한다고 하여도 물러서면 그만이고 자신의 땅은 온전한 경우가 많다. 수비형의 국가는 패배한 경우에는 말할 것도 없지만 승리한 경우라고 하여도 물심양면에서 전쟁의 비용과 상처를 치유하는 데 상당한 비용을 지불하지 않으면 안 된다. 인류 역사에서 전쟁이란 피할 수 없는 권력의 게임이라고 한다면 그 게임에서 공격형의 국가가 되는 것이 훨씬 유리하다. 공격형의 국가는 설사 공격에서 성공을 거두지 못한다고 하여도 전쟁에 대한 피해의식이 덜하다. 그러나 수비형의 국가는 항상 전후에도 그 피해의식에 시달려야 한다. 더욱이 전쟁의 횟수가 한 번이 아니라 수차례 진행된 것일 경우 그 피해의식은 거의 강박관념의 수준에 이른다.

우리 민족은 준비가 부족한 민족이다. 평화 지향적으로 가만히 있다가 준비 없이 당하는 민족이다. 이것을 두고 '평화민족', '문화민족'이라고 미화할 수 있을까? 역사는 공격형의 나라가 제국(帝國)을 이루고 인류 문화를 집대성하고 새로운 잡탕의 통합된 문화를 이루고 그렇게 영역을 넓혀 갔기 때문에 인류를 하나의 세계로 만들어 갔다. 이에 비해 수비형의 나라는 결국 배타적이고 폐쇄적이다가 남의 나라에 점령당하거나 아예 국가와 민족 자체가 역사에서 사라지는 운명을 겪어야 했음을 잘 말해 준다. 비록 공격형의 나라도 흥망성쇠에서 벗어날 수 없었지만 수비형의 나라는 흥하고 성하는 경험을 하지 못했다. 수비형의 나라는 선택을 당하지만 공격형의 나라는 선택을 한다. 이것이 공격형의 나라가 되어야 하는 이유이다. 우리 민족은 은연중에 공격형의 나라를 미워하고 또 이에 반항하면서도 그 나라에 비굴하게 아첨하고 자발적으로 사대한다. 결국 아첨하고 사대하는 것이 평화민족이라면 그러한 평화민족은 약소국의 변명에 지나지 않는다. 이것이 우리 민족의 역사적 위선이다.

오늘날 한국인의 대표적 성격은 전라도 성격이다. 전라도 성격은 이(理＝理性＝合理性)보다는 기(氣＝感情＝意氣投合)에 따라 움직이고 역사를 운영하는 것을 말한다. 이는 매우 상황적으로 역사를 운영하는 것을 말한다. 역사에서 상황적이라고 하는 것은 일관성이 없다는 것을 말하는 것으로 결코 지배국이 될 수 없는 성격이다. 왜냐하면 역사라는 것은 예술과 달리 감정에 치우치거나 흥분하면 실리를 챙기기 어렵기 때문이다. 역사학에서 낭만주의만큼 위험한 것은 없다. 역사에서 즉흥이란 자살행위와도 같다. 만약 한민족이 지금껏 그렇게 역사를 운영해왔다면 결코 오늘에 이르기까지 국가를 유지하지 못했을 것이다. 이는 주로 감정에 따라 살면서 때로는 종교적으로 혹은 예술적으로 삶은 살 수 있어도 자신과 대상을 다스리는 힘인 이성의 부족으로 결코 지배국가나 제국이 될 수 없다는 것을 의미한다. 지배국은 이성에 따라 움직이는 능력의 정도에 따라 가능하기 때문이다. 만약 가장 여성적인 인물이 나라를 다스린다면 어떻게 될까? 종교와 예술은 풍성하였을지 몰라도 산업은 발전시키지 못했을 것이다. 종교와 예술은 평화를 사랑한다. 왜냐하면 평화가 없으면 종교와 예술은 설 자리를 잃기 때문이다. 근대화라는 것이 과학과 산업의 발달이 제일의 적이라면 종교와 예술은 그다음 부차적인 것이다. 그런데도 우리는 무력＝과학＝산업의 시퀀스에 인식이 부족하다. 문력＝종교＝예술의 시퀀스에 편향된다.

03

통일에 접근하는
방식의 문제

01_ 분단국가라는 이유로 독일과의 비교는 난센스
-신(新)후삼국 시대에 서서-

　통일문제에 접근할 때 우리는 흔히 습관적으로 독일을 들먹인다. 물론 분단국가로서 적당한 통일의 모델을 찾기 어려움 때문에 그런 것이겠지만 실은 그런 비교는 한번 시도해 볼 수는 있지만 전혀 도움을 얻지 못할 것으로 짐작된다. 분단이라는 사실 이외에는 하나도 같은 것이 없기 때문이다. 우선 독일은 제2차 세계대전을 일으킨 추축국의 전범자로 전쟁의 책임을 지고 강제로 분단되었고 우리는 식민지의 해방과정에서 본의 아니게 분단되었다. 둘째, 문화적 전통이 너무 다르다는 것이다. 독일은 그래도 근대와 민주주의를 선도한 유럽의 큰 국가 중의 하나이고 한국은 아시아의 극동에 존재하는 작은 국가일 따름이다. 셋째, 독일의 경우 동독이 한국의 북한에 비해 그렇게 호전적이지는 않다는 것이다. 이는 독일이 한국과 같이 내전의 과정을 거치지 않았기 때문이다. 넷째, 동독은 비록 공산위성국의 하나였지만 서독과의 경제적, 문화적 교류에 처음부터 인색하지 않았을 뿐만 아니라 적대성이 남북한의 그것과는 비교가 되지 않는다.

　여기서 가장 심각한 것은 남북분단의 내분적(당파적) 성격과 그것을 고착시킨 6·25의 내전적 성격이다. 이 밖에도 다른 조건과 변수는 셀 수 없을 정도로 많다. 독일통일을 모방하는 과정에서 통일비용이니, 뭐니 하면서 남한은 어디에 사용할지도 모르는 현금을 수천억 달러씩 송금하면서 북한에 버릇을 잘못 들였다. 이런 돈 퍼주기는 그 후 여러 남북 간의 문화교류 등 각종 행사 때마다 일종의 선례로 작용하였다.

남북한의 통일과 교류를 위한 것이라면 어찌 한쪽(남한)에서 다른 쪽(북한)으로 일방적으로 돈과 물자를 계속 제공하여야 하는가. 북한이 진정으로 통일을 원한다면 이는 북한 스스로도 요구해서는 안 되는 것이다. 그런데 북한은 계속 요구하고 있고 그 같은 요구에 부응했다고 해서 남북대화가 눈에 띄게 진척된 것도 아니다. 통일의 당사자인 북한은 마치 통일논의를 남한에 주는 시혜 정도로 착각하는 것 같다. 남한은 그저 통일의 명분을 정치적으로 이용할 속셈인 것 같다. 우리 정치가들은 그저 명분에만 눈이 어둡다. 우리는 그저 명분이라면 정의이고 명분이라면 정도(正道)라고 생각하지만 실은 명분, 그중에서도 잘못된 명분은 사람 죽이는 명분도 얼마든지 있다. '잘못된 명분(名分)'은 전체를 보지 못하고 부분만 보고 쫓아가서 끝내 전체를 망가뜨리는 명분을 말한다. 이는 도리어 합리성과 정명(正名: 이름에 걸맞게 행하는 것)이 아니라 합리성을 교란시키고 결국 위선(僞善: 바른 것 같지만 실은 거짓인 것)으로 끝나기 일쑤이다. 이런 명분은 명분이 아니다. 우리 사회는 지금 아전인수의 부분논리로, 이기심이나 집단이기심에 의한 사욕에 의한 논리를 공공을 위한 논리로 포장하는 무리들이 날뛰고 있다. 이런 잘못된 명분은 언제나 아무런 실리를 얻지 못한다. 잘못된 눈앞의 명분을 얻고 원대한 미래의 실리를 잃는다면 그것은 결국 껍데기를 잡고 있는 형국이 될 것이다.

통일에 있어서도 그렇다. 통일을 실질적으로 달성하는 것을 목표로 해야지, 그저 떠들고 당위성만 강조한다고 될 일이 아니다. 통일하기 전에 그 전 과정으로서 이루어야 할 일이 많다. 한반도의 통일은 반드시 점진적으로 이루어져야 한다. 그렇지 않으면 통일 후에 또다시 분열될 소지가 크다. 경제적 교류는 물론이지만 서신왕래, 도서의 자유로운 구매, 방송 서로 보기, 남북문화의 전반적인 소통 등 하나 둘이 아니다. 이런 과정을 갑자기 뛰어넘어서 통일을 이룬다는 것은 통일도 되지도 않겠지만 통일 이후의 또 다른 분단과 반목과 갈등을 배태하는 것이 된다. 무엇보다도 통일을 앞두고 남한 사회에는 도리어 당파를 부채질하는 것이 문제이다. 명분에만 집착한 나머지 벌써 광복 후 반세기가 훨씬 지난 지금, 친일파 청산의 문제 등 과거지사의 문제들을 들고 나와 현재의 발목을 잡고 있다. 우리의 유명 문학인 거의 대부분이 친일을 하였다면, 그러한 나라는 지구상에서 없어져야 할 나라이다. 왜 지금까지 남아 있으면서 백성을 욕보이는가. 우리를 스스로 추스르려면 그렇게 당파적으로 접근하는 일은 곤란하다. 이런 식의 접근은 통일은 고사하고 남한의 내분만을 일으키는 일이 될 것이다. 친일파 청산을 하려면 당시에 했어야 했다. 그러나 광복 자체가 우리 힘으로 된 것이 아니기 때문에 청산을 하지 못한 것을 지금에 한다고 하는 것은 국민을 현혹하는 것이다.

'진보'라는 이름으로 떠들어 대는 자들의 주장을 보면 해방 후 한 가지도 남한에서 이루어진 것은 제대로 된 것이 없다. 하나도 제대로 된 것이 없는 정권인 남한은 존재가치가 없다. 그렇다면 우리의 대안은 북한인가? 모두가 '친일파 연장'이고 '군사독재'이고 거기에 더하여 "신라 통일도 외세를 이용한 잘못된 통일이고, 진정한 통일도 아니다"라고 한다면 남한 사람은 과거에서부터 최근에 이르기까지 하나도 제대로 된 것이 없다. 남한과 관련되는 것이 모두가 잘못된 것이라면 갑론을박하기보다는 차라리 신속하게 "대한민국은 틀렸으니까 하루라도 빨리 나라전 거두자"라고 하는 편이 옳을 것이다. 이런 자기부정의 논리는 '주인 되고자 하는 논리'가 아니라 '남의 종 되자'는 논리이고 '통일의 논리'가 아니고 '파당의 논리'이고 '자기 살길을 찾는 논리'가 아니라 '자기 죽을 길을 찾는 논리'가 된다. 이런 원천적인 자기부정의 논리주의자들은 저절로 북한 중심의 통일주의자가 되기 쉽다. 왜냐하면 이런 논리는 처음부터 공리공론이요, 그런 공리공론에 빠져 있다가 보면 자연히 남는 것은 북한이기 쉽다는 뜻이다.

만약 통일지상주의자들은 처음엔 그렇지 않다고 하더라도 현실적으로, 점차적으로 '북한중심 통일론자'로 귀착된다. 남한의 평화통일 정책은 명분상은 그럴듯하지만 실제로는 어느 것도 확실한 알맹이가 없다. 독일의 경우 동독정권의 붕괴에 의해 경제적 비용(통일 비용)만 들이면 되었지만 한국의 경우 경제적 비용 이외에도 정치적 비용(정치적 혼란)을 들이지 않으면 안 되게 되었다. 독일의 경우 완전한 흡수통일이었는데도 경제적 부담에 의해 나라가 휘청거렸는데 한국은 독일만 한 경제력도 없을뿐더러 한국의 경우 북한 정권의 정치적 지분 요구를 배제할 수 없기 때문에 정치비용이 더 들 공산이다. 정치비용을 들이더라도 통일이 제대로 되기만 되면 민족공존의 취지에 따라 그런대로 용인할 수 있어도 통일도 되는 듯하다가 정치적 혼란과 함께 다시 내란 혹은 분단 등으로 돌아가게 된다면 이는 죽도 밥도 되지 않은 것이 된다. 최근의 교류양상을 보면 북한의 일방적 결정으로 각종 교류나 협상은 중단될 수 있으며 오직 북한 당국의 마음에 달린 것이 되고 말았다. 이것은 상호존중의 교류나 협상이 아니라 '돈 벌기 위한 교류'이거나 '남한의 아부나 양보를 시험하는 교류'의 성격이 짙다. 어떻게 민족교류나 통일사업을 돈 벌기 수단으로 전락시킨다는 말인가.

독일과 한국은 전혀 상황이 다른데도 불구하고 평화통일, 한민족을 운운하면서 통일도 되기 전에 어디에 쓰일지도 모르는 막대한 달러(사용처를 확인하지 못함으로)를 국민의 동의도 얻지 않고 북한에 송금하고 평화를 운운하면서 만에 하나라도 있을지 모르는 전쟁 상황에 대처하지 못하게 무장해제의 분위기를 조성하고(전쟁이란 1%의 확률에 대비하는 것임으로) 민족이라는 이름으로 도리어 남한의 좌우대립 상황으로 이간질하는 것은 빛 좋은 말과 다르게 개살구 – 정권을 잡기 위한 사기술이거나 고도로 위장된 민족기만 – 가 될 공산이 크다. 더욱이 만에 하나라도 적을 이롭게 하는 이적행위였을 경우 남한은 참으로 뼈아픈 실책이 될 것이다. 이렇게 불확실성투성이가 아니더라도 얼마든지 인도적 차원에서 북한을 도울 방법이 많고 한민족의 평화증진과 문화공유를 할 플랜을 얼마든지 짤 수 있다. 그런데 민족적 모성을 자극하고 남한 내 반독재반제국 투쟁의 무리들을 마치 유사(類似) 계급투쟁에라도 동원하는 것처럼 내세워 급조한 것이 바로 6·15남북공동선언이다. 그 공적으로 김대중 대통령은 노벨평화상을 수상했던 것이다. 이것은 최근세 인류사에서 최고의 집단 기만행위이며 집단사기행각이다.

북한의 핵실험으로 햇볕정책이란 터무니없고 황당한 거짓으로 드러나고 말았다. 북한은 실지로 남한을 대화의 상대로 인정하지도 않고 있다. 남한은 그들의 시각에 따르면 미국의 식민지이기 때문이다. 북한은 한반도의 대표성은 북한이라고 생각하고 있다. 그래서 북 – 미 대화를 고집하고 있다. 이는 궁극적으로는 남한을 배제하려는 것이다. 그런데 남한은 북 – 미 대화를 종용하고 지지하고 있다. 이는 스스로 한반도의 대표성을 포기하고 주체성을 포기하고 방관자로 있으려고 하고 있다. 북한이 남한과 대화를 하는 것은 단지 경제적 도움을 받고 평화무드의 조성으로 안보불감증을 확대하고 남한에서의 북한동조 세력을 키우는 시간을 벌기 위한 것이다. 그래서 실질적으로 북한은 공산주의가 전 지구적으로 실패한 마당에 유독 한반도에서만 이데올로기적 승리를 구가하고 있다. 북한은 남한의 의견을 존중하지도 않는다. 도움을 주어도 고맙다고 생각하지도 않는다. 민족과 통일을 내세우고 남한에서 민주주의만 확산시키면 북한이 이데올로기적으로 유리한 고지에 서게 된다는 것을 알고 있다. 북한은 남한을 달러벌이의 수단으로 성공적으로 이용하였다. 여기에 일등 공신은 햇볕정책이다. 북한이 핵을 만들고 위협을 하고 있는데도 남한의 좌파들은 햇볕정책과 그것을 계승한 포용정책의 실패를 인정하지 않고 여러 가지 변명으로 사태를 왜곡하고 책임전가와 말장난으로 사태를 얼버무리고 있다. 이들은 이미 좌파이데올로기에 의식화된 환자들이다. 문제는 그러한 환자들을 뽑은 국민에게 있다. 결국 다수의 국민들도 환자라는 소리이다.

김대중 정부 때, 통일비용이라는 명목 아래 북한에 막대한 송금을 하고 여러 가지 선심공세를 펴 왔는데 이것을 북한은 고맙다고 생각하는 대신에 무슨 당연한 것처럼 받아먹고 시치미를 뚝 따고 고자세를 취하고 있다. 무슨 이유일까? 인류 역사상 남의 선심이나 선물을 받아먹고 고자세를 취하는 것은 아마도 북한밖에 없을 것이다. 북한은 바로 '돈을 준'(남한의 법으로는 불법송금이다) 그 잘못된 관행 때문에 각종 교류 때마다 돈을 요구하고 비용을 부담하게 하며 마치 무슨 선심이나 쓰는 행차처럼 나타나곤 한다. 우리 속담에 '보지 주고 뺨 맞는다'는 속담이 있다. 딱 그런 형국이다.

북한은 사사건건 비용을 요구하며 고자세로 원조를 요구할 것임이 분명하다. 북한을 잘살게 하여야만 통일이 될 수 있고 통일이 된 뒤에도 경제적 부담을 줄일 수 있다는 논리는 결국 북한의 경제력만 키워 주는 꼴이 되고 통일에 대한 주도권을 가질 수 있었던 절호의 기회를 남한이 놓친 것이 되는, 결정적 실수가 될 것이라는 점에서 경계가 요구된다. 그럼에도 불구하고 남한에서는 버젓이 통일도 되기 전에 평화통일축전을 열고 있다. 이는 역사적으로 평화와 통일을 달성하는 것이 아니라 일종의 주술행위이다. 북한은 핵을 만들고 미사일을 만들고 선군정치를 하고 있는데 남한은 축제를 하면서 사태에 대한 국민들의 명확한 판단을 마비시키고 있는 것이다. 남한은 주체사상에 바탕을 한 '자주, 평화, 통일'의 포스터를 붙인 거대한 사이비종교의 집회현장에 있다. 이 김일성 성령대회에 참가한 불쌍한 종교적 광신도의 신드롬이여!

우리 민족은 문화를 종교적으로 운영을 하는 샤머니즘의 집단이지만 종교가 과학을 지우고 과학이 종교를 지우는 이상한 네거티브 피드백의, 부정적 순환운동에 빠졌다. 오직 과학적인 자는 기업가와 자연과학자뿐이다. 이들은 국제적인 활동을 하기 때문에 과학의 법칙을 준수하지 않으면 생존을 할 수 없기 때문이다. 우리의 인문과 사회과학, 정치는 사이비 종교에 빠졌다. 수많은 외침과 수탈에 시달려 온 민중들은 조금만 건드리고 자극을 해도 반체제운동에 참가하고 조금만 빌미를 제공해도 계급투쟁과 시위에 나서고 급기야 혁명에 나선다. 만약 반체제운동이 극단적으로 해방구를 향한다면 이것은 일종의 무정부주의적 운동과 다를 바 없다. 우리의 민주화운동에는 분명 해방구를 지향하는 성격이 깔려 있었다. 이 집단신드롬, 정신강박관념을 어찌 막으랴! 시인 나라의 미친 시인들을 어찌 말릴 수 있으랴. 요즘도 저마다, 골목골목에서, 직장에서, 정당에서, 국회에서 푸닥거리를 한다. 귀신 푸닥거리를 한다. 우리가 쉽게 푸닥거리를 하는 것은 그만큼 억압이 많았다는 것을 말한다. 통일이 급하다고 북한으로 달려가면 저절로 통일이 되는가. 참으로 이성이 부족한, 감성적 민족의 어릿광대와 같은 삶이다. 어느 시인의 한 구절을 보자.

바다의 불놀이

그래, 거대한 불기둥이 치솟을 날이 올 것이다. 불놀이를 할 날이 올 것이다. 그래, 내일 죽더라도 오늘 먹고 마시고 춤추고 난장판이 되어야 직성이 풀리는 민족이니, 술은 동이로 준비되었다. 주색에도 한이 풀리지 않았으니 잡기를 마다할쏘냐. '바다'로 가자. 그래 바다에 빠져 죽는 한이 있더라도 바다로 가자! '바다이야기'를 칭송하자. 김일성이를 칭송하듯이 바다를 칭송하자. 바다에 빠져 물귀신이라도 되자. 그러면 후손들이 다시 물귀신을 위한 푸닥거리를 하겠지. (중략) 물동이를 머리에 이고, 골목골목 줄줄이 늘어서서 물 한 모금 마시려고 한없는 시간을 기다리겠지. 일찍이 할아버지, 아버지를 잃은 민족이여, 일찍이 단군을 잃어버린 민족이여! 잃어버리고 살다가 어느 날 갑자기 미친년 널뛰듯이 할아버지를 찾으니 가짜 단군에 사기당할 수밖에. 기둥서방 단군의 품에서 통일의 꿈도 잘도 꾼다. 이 모성의 위대한 반란이여!

북한 정권은 지금 철저하게 실패하고 있다. 세계에서 가장 저열하고 혹독한 가난과 질병의 구렁텅이에 빠져 있는 국가이다. 한마디로 북한은 국가도 아니다. 그런데 이상하게도 북한은 북한에서는 실패하였지만 남한에서는 성공하고 있다. 이 역설을 어떻게 설명할 것인가? 북한은 지금 잘 살아가고 있는가? 공산당 귀족들만 잘살고 대부분의 주민들은 굶주림과 질병에 시달리면서 수용소와 같은 생활에서 살고 있다. 인권은 세계에서 최악이라고 한다. 그들의 '기쁨조'라는 말만 들어도 '슬픈 북한 주민'을 생각하게 한다. 한마디로 북한은 저주받은 곳이라고 여겨진다. 그래도 한민족이 나라 반쪽에서 대한민국이라도 건설한 것은 참으로 신의 축복이라고 하지 않을 수 없다. 참으로 다행스러운 일이다. 점진적 통일론만이 우리의 살길이다. 동시에 전쟁을 억지하면서 선의의 경쟁을 통해 남북한이 함께 잘살게 하여 삶의 수준이 비슷해질 때 통일하는 것이 훨씬 현실적이다. 그런데 합리적 수순을 밟지 않고 몇몇 소수의 진보 이데올로지스트(ideologist)들은 말의 성찬으로 정치를 다 하고 역사를 청산하려고 만용을 부리고 있다. 이것은 자기부정의 논리이거나 푸닥거리 정치에 불과하다.

고구려정통론에 숨어 있는 남조선적화통일론에 의한 남북갈등과 해방 후 친일파 처벌과 6·25를 전후 빨치산 소탕과 관련하여 좌우익의 대립을 겪은 우리는 오늘날 다시 '반미, 반전'(진보) 운동과 '반김, 반핵'(보수) 운동을 통한 좌우익 대립의 남북 혹은 남남갈등을 겪고 있다. 한마디로 말하면 이것은 좌익도 좌익이 아니고 우익도 우익이 아니고 진보도 진보가 아니고 보수도 보수가 아니다. 오합지졸 잡동사니이다. 그 혼란 속에 이기주의와 이익집단들의 싸움은 마치 난파선에서 그런 줄도 모르고 자리다툼이나 하고 있는 것이나 다를 바 없다. 아무리 훌륭한 외래 이데올로기라도 자신의 역사와 전통에서 소화하지 못하면 그것은 당파가 될 뿐이다. 사대와 배반과 반복의 역사를 거듭한 우리는 아직도 당파의 차원을 벗어나지 못하고 있다. 과연 당파의 자손답다! 아마도 북한과의 대화(통일협상)에서 남한은 백전백패일 것이다. 남한은 현재 민족으로 국가(대한민국)를 해체시키고, 통일로 분열(남남갈등)을 일으키고 민주(민중민주주의)로 계급투쟁(노사갈등)을 불러일으키고 있다. 이는 북한의 대남전술에 완전히 굴복한 것이다. 이러한 일련의 양상들은 북한의 원하는 바를 그대로 실천하는 것밖에 다른 것이 아니다.

미국과의 협상력을 보면 북한은 우리보다 협상에서 한 수 위인 것을 알 수 있다. 이들은 '말의 달인'(그러니 생산성을 달성하지 못한다)에 속한다. 남한은 결국 대화를 하면 할수록 북한에 많은 것을 양보하게 될 것이고 결국 협상의 무게중심이 북한으로 기울 것은 명약관화하다. 이미 남한은 많은 것을, 유리한 고지를 잃고 북한에 버릇만 잘못 들였다. 북한은 이제 항상 대가를 요구할 것이고 대화를 하는 것 자체를, 행사에 참가하는 것 자체를, 방북을 허용하는 것 자체를 무슨 시혜라도 주는 듯할 것이다. 남한은 북한에 매달려 스스로 행동반경과 선택의 폭을 좁히고 있다. 현재까지의 남북회담과 경협에서 우리가 얻은 것은 없다. 김대중의 노벨상 수상과 남북경협을 이끈 정몽헌 현대그룹회장은 자살했다. 그 자살에 풀리지 않는 미스터리가 많다. 그리고 남한에서 얻은 것은 통일을 둘러싼 남남갈등이다. 현재 남한의 중도파 세력들과 온건한 세력들은 소외되고 실망하여 자포자기거나 방관자가 되고 있다. 남한의 건전한 중도우파세력들이 중심이 되지 않으면 남한의 미래는 물론, 남북한의 미래도 없다.

한국에서 항상 중도파는 결국 힘을 얻지 못하고 역사에서 소외되어

왔다. 중도(中道)로서 중도를 실현하지 못하고 극단으로 중도를 실현하는 매우 낭비적인 역사운영이다. 이는 다혈질의 어릿광대적인 민족성이다. 이러한 한국인의 기질 때문인지, 항상 한 극단을 추구하고 극단적 당파에 소속되어야 그나마도 탄압을 받을 때는 받더라도 시대가 바뀌면 출세를 하게 된다. 이는 조선조 당파싸움에서도 그랬지만 오늘날도 여전히 통용되는 사회적 룰이다. 그래서 결국 정치변혁에서도 합의에 의한 것보다는 피를 보고야 마는 사육제적 특성을 보였다. 민주주의도 예외는 아니다. 확실히 우리의 민주주의 속도는 너무 빨랐고 기초를 무시하였고 토착화하는 데에 실패했다. 급진적이고 이상적인 민주주의의 추구는 탁상공론으로 하는 현실적 호응을 받지 못하고 도리어 역사적 후퇴라는 아픔을 안겨 주었다. 가장 민중적인 좌파정권이 결국은 가장 못사는 민중들의 빈곤을 더욱더 강화시킨 채 부익부, 빈익빈의 격차를 의도적으로 심화시킨 것 같은 의심을 살 정도로 경제를 망쳐 놓았다.

역사적으로 볼 때 극단주의는 결국 항상 자기를 배반하는 것으로 끝을 맺었다. 극단적 민주주의는 반민주주의를, 극단적 민족주의는 반민족주의를, 극단적 산업주의는 반산업주의를, 극단적 민중주의는 반민중주의를, 극단적 통일주의는 반통일주의를, 극단적 문민주의는 반문민주의를, 극단적 군사주의는 반군사주의를 가져왔다. 결국 극단주의적 국가운영은 혼란과 낭비를 초래했다. 중도를 얻지 못하는 민족의 슬픔이여! 이제 국민들은 현 정권이 아무런 일도 하지 않고 가만히 있다가 임기가 끝나면 나가 주기를 바라고 있다. 민주주의는 포퓰리즘에 빠지고, 자본주의는 천민화되어 버렸다. 한국노총과 민주노총 등 양대 노총은 과거 반란의 농민처럼 되어 버렸다. 마치 누가 '정교한 망국의 프로그램을 가동하고 있는 것' 같은 위기감과 전율이 온다.

여기서 주목해야 하는 것은 북한은 내부적으로 얼마나 갈등이 있는지를 알 수 없지만, 남남갈등은 원인이야 다르겠지만 좌파들의 주장에는 결과적으로 북한의 노선과 일치하거나 사태의 추이를 북한에 유리하게 하는 것들이 많다는 점이다. 오죽 답답하면 민주화와 한국정치의 발전에 공이 큰 우리 시대의 어른, 김수환 추기경이 "햇볕정책으로 북은 안 변하는데 남남갈등만 있다"라고 하였을까. 김 추기경은 "햇볕정책에 원론적으로 동의하지만 남북 사이에 진정한 의미의 화해와 협력이 이뤄졌는지 심각하게 성찰해 봐야 한다"면서 "북한은 햇볕정책에도 불구하고 자세와 체제변화에 아무 변화가 없고 오히려 이를 계기로 남한에 친북－반북의 분열, 즉 남남갈등을 유발시키고 있다"고 지적했다. 그는 그런 의미에서 통일지상주의를 경계하며 '어떤 통일'인가를 묻지 않는 '몰(沒)체계적' 통일론도 분명히 반대한다고 강조했다. 김 추기경의 말은 옳다. 아직도 남한은 북한과의 체제경쟁 속에 있다. 물론 체제경쟁이 반드시 전쟁을 하자는 전쟁주의자도 아니다. 그런데도 체제경쟁을 하는 것을 냉전적 사고라고 하고 있으며 남한을 무장 해제시키고 일종의 통일지상주의로 향하게 하고 있다. 냉전구조의 해체와 남북한 체제경쟁은 엄연히 다른 것이다. 냉전구조의 해체가 바로 남북통일로 이어지지 않는다는 것은 삼척동자도 알 일이다. 급진통일론은 남한을 분열시키고 통일도 되기 전에 남한의 정체성을 없애는 작업부터 미리 해야 하는 것처럼 분위기를 몰아가고 있다. 이것을 지적한 것이다.

내가 보기에는 김수환 추기경만 해도 종교지도자답게 매우 순진하게 북한을 바라보고 있다. 북한은 지구상에 남은, 세계사에서 가장 나쁜 것만 골라서 융합해 놓은 괴물과 같은 정권이다. 지금 북한의 김정일은 사람이 아니고 신이다. 그 신을 향한 광신도들이 지금 북한의 주민들이다. 2003년 대구 유니버시아드 경기 선전용으로 걸어 놓은, 김대중 전 대통령과 김정일 위원장이 남북정상회담 때 악수하는 플래카드를(28일 오후 1시 40분경 경북 예천군 중앙고속도로 예천 나들목 진입로 부근에서) 북한 응원단 150여 명이 울면서 떼어 낸 뒤 "장군님의 사진이 지상에서 너무 낮게 걸려 있는 데다 비를 맞도록 방치돼 있다. 불경스럽다"며 주위에 있던 주민들에게 항의했다고 한다. 이건 '광신도의 모습'이다. 도저히 민주주의 시대의 시민의 모습이 아니다. 이런 광신도가 북한에만 있는가? 아니다. 남한에도 얼마든지 있다. 지금이 어느 시대인가. 광신도가 날뛰고 있으니 말이다. 이런 광신도의 몽매한 상태를, 이데올로기의 노예가 된 상태를 그냥 두고 통일할 수는 없다. 그래서 점진적 통일론이 설득력을 갖게 되는 것이다. 통일 이전에 각종 문화교류를 통해 현대의 사람 사는 모습이 어때야 하는가를 가르쳐야 한다. 이런 사람들을 그냥 두고 만약 통일이 된다면 사회는 어떻게 될 것인가? 해방공간의 좌우대립, 6·25 때의 빨치산운동 같은 것이 재현되지 말라는 법도 없다. 인민의 이름으로 인민재판을 하는 것은 바로 전체주의이기 때문이다.

나는 이 광경을 보고 참으로 소름이 끼쳤다. 이들 미녀응원단은 북한이 정치적 선전목적으로 고른, 사상이 투철한 미녀라는 것은 진작 알았지만 이렇게 맹신적이고 광적인 광경을 목격하니 더더욱 한심한 생각과 함께 '김정일의 인간로봇' 혹은 '기쁨조들의 연극사회'라는 것을 새삼 느끼며 사이비교주와 같다는 생각에 치를 떨었다. 남한의 기관단체나 대표가 북한 당국자와 만나는 것으로 통일이 한 걸음 한 걸음 가까워진다고 생각하면 이는 속단이다. 우리가 일방적으로 북한에 달려가 안기는 것 같은 통일정책은 북한의 버릇만 잘못 들이는 것이다. 북한을 이제 오게 하고 북한의 인권에 대해서는 할 말을 하여야 하는 게 당연하다. 인권에 대한 주장이야말로 통일한국의 초석을 다지는 것이다. 남북한은 이제 인권이 최대한 보장된 가운데 교류를 하고 이산가족을 상봉케 하여야 한다. 이것이야말로 통일후유증을 최소화하는 것이다. 만약 통일의 문제나 친일파 청산의 문제를 '광신도의 무리'에게 맡긴다면 우리는 아무것도 얻는 게 없을 것이다. 광신도들은 스스로 행복할지 모르지만 결국 국민에게 상처와 빈곤만을 남겨 주게 된다. 과거 독재의 광기도 경계하여야 하였지만 이제 통일과 청산의 광기도 경계하여야 한다. 이런 광기는 불법노동운동을 민주화운동으로, 간첩을 민주주의 운동가로, 간첩을 반미주의자로, 간첩을 통일주의자로 미화시키는 도착증을 보이게 된다. 더욱이 시와 문학을 반권력, 반체제의 도구로 전락시키게 된다. 말하자면 반권력, 반체제가 아니면 시도 아니고 문학도 아니게 된다. 어느 하나를 다른 하나의 수단으로 전락시키면, 아무리 순수한 목적이라고 해도 그것을 위해 다른 것을 철저히 수단화시키면 이는 자기배반과 자기모순에 빠지게 된다. 이러한 절대주의, 이러한 지상주의는 전체주의, 파시즘에 빠지게 된다.

우리나라는 '시인의 나라'라고 한다. 우리 민족은 노래를 부르기를 좋아한다. 유럽에서 우리와 비슷한 성격의 나라는 시인 예이츠의 나라인 아일랜드이다. 시인의 나라는 기본적으로 예술을 사랑하고 역설과 알레고리를 좋아하는 나라이다. 그런데 시인의 감성은 통일의 분위기를 띄우는 데는 주효하지만 실지로 통일을 달성하는 데는 별로 도움이 안 된다. 시인은 통일의 달성이 중요한 것이 아니라 미리 통일을 꿈꾸고 상상하는 것이 중요하기 때문이다. 시인의 기질을 가진 우리 민족은 통일을 위한 마스터플랜을 수립하고 역사적으로 실현하는 데는 구체적이지 못하다. 그래서 북한의 축제에 달려가고 축배를 미리 들고 한다.

실지로 좌파들의 상당수는 시인과 소설가들이며 이들이 자유실천문인협의회(1974년 11월 18일 창립)와 기관지『실천문학』(1980년 3월 20일 창간)을 중심으로 반제반독재 그룹을 형성하여 반체제운동의 구심점이 되었다. 자유실천문인협의회는 문학작가회의(1987. 9. 17)로 확대 개편되었다. 민족문학작가회의는 월북작가 작품해금 촉구 성명서 발표(1987. 11. 9)를 비롯하여 조선작가동맹 중앙위, 작가회담 관련 공개서한 발표(1989. 2. 17), 남북작가회담 예비회담 무산, 대표단 포함 회원 26인 연행(1989. 3. 27), 황석영, 문익환 회원 방북 통일논의 지지성명 발표(1989. 3.

28) 등 반제반독재 및 통일운동의 선봉에서 굵직굵직한 사건들을 일으키며 최전선의 역할을 했다.

『창작과 비평』(1966~1980년)도 빼놓을 수 없다. 백낙청은 이 잡지를 이끌어 왔는데 민주회복국민선언에 참가하여 징계 파면(1974년)된 뒤 해직교수협의회 부회장(1978년)이 되었다. 서울대학교에 복직되고(1980년) 민족문학작가회의 부회장이 되었다(1987년). 이들 문학인들이 중심이 되고 다른 예술 분야가 합세를 하여 한국민족예술인총연합회(민예총)가 결성되었다(1988년 12월 23일 창립). 특히 민족문학작가회의는 이영희 교수 등 체포에 항의성명을 발표했다(1977. 12. 10). 그런데 실은 이들이 사용하는 민족문학이라는 것이 성립되지 않는 게 문제이다. 민족은 문학의 내용이 아니며, 만약 내용이라면 민족문학의 내용이 어떤 것인지를 논의하여야 하기 때문이다. 현재로서는 임의적으로 좌파들이 민족문학을 독점하고 있을 뿐이다. 차라리 저들의 민족문학은 계급문학이라고 표방하는 것이 옳다. 차라리 해방공간에서 프로문학의 전통을 잇고 있는 좌파문학이라고 하는 편이 솔직한 것이다. 괜히 민족이라는 이름 뒤에 숨어서 계급문학을 하고 있는 것은 국민을 속이는 행위이다. 민족은 계급이 아니다. 민족문학작가회의는 결국 계급문학작가회의이고 이는 일제 말기와 해방공간의 '프로(프롤레타리아)문학'의 후신에 불과하다.

이는 북한이 민족이나 민주를 내세워 민중(인민)민주주의를 실현하려는 수법과 닮아 있다. 민족문학은 없다. 차라리 민중문학은 있다고 할 수 있다. 민족문학도 민중이고 민중문학도 민중이라면 굳이 민족문학이라는 말을 사용할 필요가 없다. 과학적인 의미에서 민족문학은 없기 때문이다. 민족은 신화(종교)에만 있을 뿐이다. 그런 점에서 민족은 남북한에서 신화로 존재한다. 그 신화의 내용은 정해진 것이 없지만 그래도 민족이라는 이름만으로도 신화의 행세를 하고 있다. 그렇다면 민족과 민중은 어떻게 다른가? 그래서 민족문학은 민중문학을 포함하면서 필요할 때마다 때로는 민족을 내걸기도 하고 때로는 민중을 내걸기도 한다. 여기에 민주주의의 애매함(자유민주, 혹은 인민민주)으로 국민을 속이는 것을 더하면 더욱 내용은 불확실해진다. 민족이라는 것은 외세가 공격해 올 때 대항하기 위한 허구의 집단이며 내부적으로 분열할 때 구심을 이루는 가상의 집단일 뿐이다. 민족이라는 개념은 매우 유동적이며 따라서 그 내용이 될 수 없다. 그러나 만약 내용이 있다면 그것은 계급을 말한다. 프롤레타리아 계급 말이다. 그들의 진지가 어딘지는 삼척동자라도 알 일이다. 극단적 민족문학은 결국 반민족문학이 되고 말았다.

민족문학작가회의는 이제 반제반독재 투쟁에서 통일에로 그들의 관심을 돌리고 있다. 통일은 민족적으로 당위의 과제이지만 그렇다고 환상과 막연한 기대로 접근해서는 안 된다. 만약 그렇게 접근하면 도리어 통일(통일이 될지도 모르지만) 후 다시 혼란과 내분을 겪게 되고 민족문화의 후퇴라는 크나큰 업보를 지게 된다. 통일을 환상적으로 보게 하는 데에 민족문학작가회의의 공은 크다. 실지로 좌파문학의 힘은 커서 반제반독재의 민주화투쟁의 반은 그들이 담당했다고 해도 과언이 아니다. 김대중-노무현 정권의 연속성에 의해 현재 남한의 문화계는 좌파가 싹쓸이했다고 보는 편이 옳다(이것은 집필 당시인 노무현 정권의 전반기 상황이다).

문화에서 좌파란 어느 일부분으로 존재할 때 그 기능과 역할을 하지만 전체를 좌지우지하면 결국 '권력화된 좌파', '정치권력으로서의 좌파'가 될 뿐이다. 다시 말하면 권력화된 좌파는 더 이상 문화라기보다는 정치권력이라는 말이다. 남한은 현재 좌파가 문화권력을 독식하고 있다. 이러한 현상이 왜 염려스러운가 하면 바로 위에서 예를 든 것과 같이 좌파문화권력이 좌파정권을 창출하는 데에 일등 공신이었듯이 적어도 민생경제정책의 실패로 좌파정치권력이 선거에서 패배하고 정권을 내어준다고 해도 좌파문화권력이 줄기차게 문화운동을 하면 국민을 의식화하고 특히 자라나는 청소년과 학생들을 의식화하고 그렇게 하면 결국 역사의 장기지속의 측면에서 결국 좌파가 우파를 이길 수 있다는 가정이 성립하기 때문이다. 좌파문화권력들은 이제 권력장악을 통해 문화계의 좌파접수가 이루어졌기 때문에 정권이 바뀌어도 문화권력을 내놓지 않을 것이며 또한 끊임없이 좌파운동을 통해 반체제운동을 주도하고 끝내 우파를 이길 수 있다고 전망하고 있는 듯하다.

한 월간지의 좌파문화권력의 장악에 대한 우려의 글을 보자(『신동아』 12월호 230~242페이지, 2006년).

새 문화권력 '문화연대'

현 정권 아래서 문화계의 실세는 민예총과 문화연대이다. 민예총은 한국예총의 반대 진영에서 활동해 왔다. 그러나 규모 면에서 한국예총과 비교가 되지 않았기 때문에 현 정부 출범 이전까지만 해도 소수 세력이었다.

1988년 창립된 민예총은 '민족예술의 구심점'임을 앞세운다. 산하단체들의 이름을 보면 맨 앞에 '민족'이라는 말이 들어 있다. 이들의 단체 소개 글에는 '해방 이후 민주화와 함께해 온 문화예술운동의 성과를 대중화하고 민족통일을 지향한다. 부정적 과거유산의 극복과 사회개혁을 통해 민족문화의 전통을 올바르게 계승한다. 남북문화 교류에 힘쓰며 통일문화를 끊임없이 준비해 통일의 시대를 열어 간다'고 쓰여 있다.

민예총은 정치적 이슈에 대해 빈번하게 발언해 왔다. 지난 5월에는 평택 미군기지 확장 이전에 반대하는 주장을 발표했고 4월에는 한미 FTA(자유무역협정)에 반대하는 성명에 참여했다.

민예총 산하의 민족문학작가회의는 문단에서 막강한 힘을 발휘하는 단체다. 이들은 "이 땅의 대표적인 문인단체로서 표현의 자유와 사회의 민주화를 위하여 헌신했던 자유실천문인협의회의 정신을 계승 발전시켜 참다운 민족문학을 이룩하는 데 앞장서 왔다"고 자신들을 소개한다.

민족문학작가회의는 국가보안법 폐지를 요구해 왔으며 지난해 강정구 전 동국대 교수가 '6·25전쟁은 민족해방전쟁'이라는 발언으로 파문을 일으켰을 때 강 교수를 지지하는 성명을 냈다. 올해에도 한미 FTA 체결 반대, 평택 미군기지 이전 반대 등 좌파 진영과 같은 주장을 견지해 왔다.

또 다른 축인 문화연대는 1999년 김대중 정부가 '문화예산 1%' 목표를 달성했을 때 예산이 공정하고 투명하게 집행되는지 감시하겠다며 결성된 시민단체다. 민예총이 현장 예술인단체라면 문화연대는 이론가들이 중심이 된 단체다. 최근 들어 민예총보다 영향력과 위상 면에서 앞서는 것으로 전해지고 있다. 다음은 이들의 창립선언문 일부이다. "오늘날 가장 큰 문화권력을 행사하는 것은 국가와 시장, 그리고 문화제국주의 세력이다. 문화연대는 국가기관과 자본에 의한 문화권력 및 자원의 독점 경향, 다국적 문화산업의 문화주권 침탈에 따른 문제점을 비판하고 시정하는 노력을 기울일 것이다."

이들 또한 미군기지 이전 문제, 한미 FTA와 같은 정치적 문제에 자주 의견을 표시하고 있을 뿐 아니라 '졸속 교원평가제를 반대한다'며 좌파 성향의 전교조를 지지하는 성명을 내놓기도 했다. 그래서 정치단체가 아니냐는 비판도 듣는다.

문화예술위원회 위원이기도 한 김정헌 공주대 교수와 강내희 중앙대 교수, 심광현 한국예술종합학교 영상원 교수, 원용진(서강대 교수) 영화진흥위원회 위원 등이 문화연대 주축인물이다.

이 가운데 심광현 교수는 2004년 7월 친노(盧) 인터넷 매체인 '서프라이즈'의 서영석 대표가 부인을 교수로 임용해 달라는 인사 청탁을 한 사건에 연루되면서 세간에 알려졌다. 서 대표는 심 교수를 중간에 내세운 뒤 당시 오지철 문화관광부 차관을 통해 부인의 교수 임용을 부탁했다는 게 청와대 조사의 결론이었다. 심 교수는 사과문을 발표하고 당시 영상원 원장직에서 물러났으나 교수직을 그만두지는 않았다. 당시 파문은 심 교수가 문화계에서 얼마나 큰 파워를 지니고 있는지를 단적으로 보여 줬다.

(계속)

좌파 진영은 현 김명곤 문화관광부 장관을 필두로 거의 모든 문화권력을 장악하다시피 했다. 이들은 문화계 행정, 자금, 이론 영역을 한 손에 쥔 상태다.

영화평론가 조희문 씨는 "이제 영화에서 반미(反美)는 일상적인 것이 됐다. 1999년 출범한 영화진흥위원회를 그들(좌파)이 장악하면서 다른 문화예술에 비해 먼저 판을 주도해 온 결과로 보인다. 이들은 문화예술 구도 자체를 바꾸려 하고 있다. 인간의 의식을 지배하는 문화의 특성상 내년 대선에서 정권이 바뀌더라도 문화권력을 지배하면 장기적으로 우파를 이길 수 있다고 판단하는 것"이라고 분석했다.

다른 인사는 "현 정부가 헌법처럼 바꾸기 힘든 제도를 만들겠다는 말을 한 적이 있는데 문화계에 딱 들어맞는 말이다. 문화권력을 잡은 이후 문화단체의 조직 구성원들을 그들 편으로 바꿨기 때문에 당분간 문화권력에 큰 영향이 없을 것"이라고 말했다.

11월 4일 한 강연회에서 강준만 전북대 교수는 문화계 인사를 포함해 안티조선 운동을 했던 인사들이 현 정권에서 줄줄이 감투를 쓰고 있는 것에 대해 "한국인들은 출세주의라는 강력한 유전자를 갖고 있는데, 진보 진영도 자유로울 수 없다"며 이들의 권력욕을 비판했다.

정진수 성균관대 교수는 "대부분의 예술인은 예술 활동에 바빠 이념에 치우쳐 있지도 않고 별 관심도 없다. 문화계의 좌파 성향 인사는 전체의 일부에 불과한데도 문화권력을 장악한 것은 정권의 전폭적인 지원과 그들의 선전술과 전략이 주효한 탓도 있지만 나머지 문화계 인사들이 무관심한 탓도 있다"며 "문화권력의 균형 회복을 위해서는 먼저 문화예술인들이 달라져야 한다"고 지적했다.

마르크시즘, 좌파의 근본적인 문제는 바로 '그것이 본질적으로 종교'라는 데에 있다. 더더욱 좌파의 돌이킬 수 없는 문제는 종교적 유토피안을 내걸고 민중을 현혹해 놓고 유토피안을 달성하지는 못한 채 종교가 저지를 수 있는 가장 나쁜 해독인 전체주의, 절대주의에 복종을 강요하게 하는 데에 있다. 이는 사회주의적 파시즘의 가장 최근의 예인 소련공산당 독재의 전체주의가 증명하고 남음이 있다. 결국 좌파는 함께 굶어 죽는 길로 들어갈 수밖에 없다. 소련은 고르바초프에 의해 그 지옥에서 탈출한 역사가 있다. 북한도 아마 그러한 지옥의 문턱에 있다. 그런데 남한의 좌파들은 역사를 거꾸로 돌리는 우를 범하고 있다. 이는 바로 좌파의 본질이 종교인 때문이다. 이들 좌파들은 반체제투쟁을 종교적 순교행위로 자인하고 있다. 그래서 좌파들의 투쟁은 집요하다. 좌파 문화 권력은 아무런 죄책감이나 망설임이 없이, 아니 순교행위로 모든 문화 예술을 저들의 종교를 위해 도구화하고 선전화할 준비가 되어 있는 집단이다. 이런 좌파들이 주도하는 문화현상은 마치 마술이나 주문에라도 걸린 듯 친북성향을 보인다. 한국 문화의 총량을 마치 통일을 위해 동원하기라도 하듯 통일에 집약하고 있는 듯하다. 시, 소설, 미술, 음악, 연극, 영화, 드라마, 방송 등 문화 전반에 걸쳐 통일은 선(통일＝선)이고 통일을 위해서는 반미를 해야(통일＝반미) 하는 것처럼 몰아가고 있다. 이는 결국 북한을 향하여 달려가거나 아니면 해바라기가 되지 않을 수 없는 집단신드롬을 연출하고 있다. 좌파들은 통일정책에 있어서도 상호주의를 버리게 하고 일방적으로 친북 성향을 보이고 있다.

이에 상대적으로 북한은 항상 무슨 시혜를 베푸는 입장이고 남한은 온갖 원조를 해 주면서도 저자세를 취하고 있는 형국이다. 남한의 일방적 저자세, 남한의 일방적 조급증으로 통일에 접근한다면 통일 협상과정에서는 물론이고 통일 후에 있어서도 여러 면에서 남한이 과도하게 양보하는 등 남한에 불리하게 작용할 것임에 틀림없다. 왜 유리한 고지를 스스로 내놓는 우를 범하면서 통일에 접근하는가? 조급한 통일정책은 통일이 된다고 해도 통일 후에 다시 분열, 혹은 내전에 빠지게 할 위험이 크다. 더욱이 세계사의 주류가 자유·자본주의라고 볼 때 남한이 북한보다 훨씬 여기에 앞서 적응되어 있음은 명약관화한 일이다. 북한 주도의 통일을 허용해서는 안 된다. 북한은 이제 사회주의의 마지막 남은 국가, 그것도 세습왕조적, 시대착오적인 국가이다. 통일 후 내분이나 내전에 빠지는 것보다는 차라리 남한 중심으로 북한을 흡수 통일하는 것이─북진통일이라는 전쟁의 방법을 피하면서 경제적 포위작전으로─훨씬 효과적이고 정당한 방법이다. 극단적 통일주의는 반통일주의가 된다. 이 대표적인 것이 북한 주도의 통일주의인 남조선해방전선이다. 남조선이 해방되어야 하는 것이 아니라 북한이 개혁과 개방을 이루어 세계사적인 자유와 무역의 물결에 편승하게 함으로써 생활의 질을 높이고 지구촌의 일원으로서 함께 살아가게 하여야 하는, 북조선해방전선이 한반도에는 필요하다. 이제 북한이야말로 해방시켜야 하는 대상으로 떠오르고 있다. 그런데 남한의 좌파들은 거꾸로 가고 있다. 이를 주도하는 남한의 좌파문화권력은 언젠가는 후회할 날이 오고 말 것이다. 물론 그때는 이미 때가 늦은 것이겠지만 말이다. 어떤 종교에 대한 맹신이나 사이비종교에 대한 광신은 바로 그것이 악과 연결된다는 점을 잊지 말아야 한다.

남한이 북한을 소외시키거나 북한의 자존심을 건드릴 필요는 없지만 그렇다고 남한이 소외당하거나 구걸하는 형식의 통일은 통일 후를 위해서도 바람직하지 않다. 벌써 남한의 원조와 후한 대접과 양보가 북한을 잘못 길들이고 있음은 물론 북한으로 하여금 쓸데없는 고자세나 억지, 생떼를 부리게 하였다는 비판의 소리가 높다. 남한에 '통일의 환상'을 심어 준 것, 통일을 환상적으로 바라보게 한 책임은 김대중에게 있다. 통일의 환상은 통일의 실현과는 다른 것이다. 도리어 통일의 환상은 통일을 잘못된 방식으로 유도하는 것이고 잘못된 방식은 '통일의 실패' 아니면 '잘못된 통일'을 낳을 게 분명하다. 참으로 재미있는 것은 북한은 실지로 유령국가라는 점이다. 결국 남북한의 오늘 모습을 보면 유령국가를 환상적으로 바라본 격이 되는데 이것은 무엇을 말하는가? 대한민국은 지금 통일의 유령춤(ghost dance)을 추고 있다. 그 유령춤은 일종의 엑소시스트로 모든 국민들을 미치게 하고 있다. 아니, 미쳐야 살게 하고 있다. 통일이라는 귀신에 접신하려고 발버둥 치는 선무당이 즐비하다. 때로는 귀신에, 때로는 신들림에 충실한 민족이다. 귀신과 신의 사이에는 아무런 합리적 논의도 없다. 북한으로 하여금 핵폭탄을 만들게 한 책임은 분명 햇볕정책에 있고 햇볕정책은 그런 점에서 통일의 유령춤이 좋은 실례가 되고 말았다. 북한이 핵폭탄을 만든 것으로 인해 저들은 분명히 통일논의의 주도권을 잡으려 할 것이고 남한의 정체성을 파괴하고 남한을 해체하는 데에 직간접적으로 사용할 것이 분명해진다. 북한 핵으로 인해 남한은 이제 주도권을 잡는 것은 고사하고 그것을 북한에 넘겨주고 말았다. 햇볕정책은 거대한 정치적 사기에 불과한 것이 되고 말았다. 아직도 이에 동조한 세력이 적지 않으니 이는 민족적 불행이라고 하지 않을 수 없다.

통일논의에 있어서 최악의 선택은 바로 북한 중심의 통일이다. 문화능력이 없는 자가 집단의 주도권을 잡거나 대표성을 가지게 되면 이는 분명히 내분에 빠지거나 독재를 경험하지 않을 수 없게 된다. 민주주의는 바로 문화능력과 비례하기 때문이다. 문화능력이 없으면 민주주의를 하고 싶어도 하지 못한다. 통일문제에 접근하는 우리의 태도는 시중(時中: 적당한 시기와 방법을 잡는 균형적 힘)을 잡지 못하는 것 중의 대표적인 것이다. 통일을 미리 예축(豫祝)하는 경향이 있다. 이 말은 통일이 되지도 않았는데, 혹은 통일이 무르익지도 않았는데 마치 통일이 된 것처럼 행하는 종교적·예술적 축제를 말한다. 이는 친일 청산이니 과거사 청산이니 하면서 지나간 역사를 청산한다고 시간을 거꾸로 한풀이하는 것과 달리, 또 다른 종류의 미리 비는 풀이이다. 결국 역사 청산 논의나 통일축제가 모두 시중(時中)을 잡지 못하는 정반대의 예이다. 왜 우리는 앞서 가거나 뒤서 가면서 예축하고 한풀이를 하는 것인가? 현재를 상실하고 과거와 미래에만 사는가? 현재가 없는 과거나 미래를 공허한 것이다.

이는 결국 역사의 적당한 때를 얻지 못함으로써 남의 나라에 침략과 지배를 받았다는 증거이다. 이것은 서로 정반대가 되는 콤플렉스인 것 같지만 실은 하나의 콤플렉스이다. 앞서 가는 것과 뒤서 가는 것은 결국 같은 현상이다. 역사에서 시간을 얻지 못하면 결국 마찬가지이기 때문이다. 이 여성적이고 종교적인 한국인의 심성을 어떻게 이해해야 할까? 우리는 자연에 속하는 '몸(의 말)'에는 익숙하지만 문명과 권력에 속하는 '말(의 몸)'에는 서툴기 그지없다. 말은 자신의 말이 아니라 남의 말뿐이다. 한국에는 몸만이 있다. 말이 없다. 말이 있다면 '몸의 말'이 있을 뿐 '말의 몸'이 없다. 그래서 "시(詩)는 있지만 법(法)은 없고 비유(比喩)는 있지만 비교(比較)는 없다. 끝내 시(詩)를 법(法)이라고 말하고 비유(比喩)를 비교(比較)라고 말한다." 그래서 결국 시도 잃고 법도 잃고 만다. 이것은 결국 역사적 마이너리티(minority), 주변부, 국외자의 입장을 벗어나지 못함을 말한다. 이것이 한국 문화의 문화문법이라면 어쩔 수 없지만 이 피지배의 속성을 벗어나서 남성적이고 권력경쟁적인 지배의 속성을 갖출 수는 없는지 안타깝게 바라볼 뿐이다.

한국이 남성적인 군사정권에 의해 경제성장을 압축성장으로 달성했듯이 여성적인 민주정권에 의해 민주주의를 압축성장으로 완전히 달성할지는 미지수이다. 지금 우리는 '민주주의의 압축성장'이라는 진통을 겪고 있는 것이다. 그 도처에는 지뢰밭이 널려 있으며 경우에 따라서는 남한을 해체할 정도의 가공할 위력을 가진 지뢰밭도 묻혀 있는지 모른다. 통일이라는 환상이나 신기루만을 쫓다가는 언제 그 지뢰를 밟고 붕괴될지도 모른다. 따라서 통일에의 길을 가면서 지뢰밭을 밟는 심정으로 조심하고 또 조심하고 확인하고 또 확인하는 유비무환의 용의주도함과 남한의 경제력과 국력에 알맞은 처신과 주도적 역할이 기대되는 것이다. 통일의 과정에서 북한에 양보한다고 통일이 저절로 이루어진다고 생각하면 첫째로 큰 오산이며, 둘째로 통일을 급하게 달성해야 한다고 생각하면 그것은 더 큰 오산이며, 셋째로 주변 강대국들이 한반도의 통일을 지향한다고 생각하면 더더욱 큰 오산이다. 통일은 환상과 유령으로 달성되는 것이 아니다. 국력 혹은 국가경쟁력만이 그것을 달성할 수 있다. 그러기 위해서는 남한은 민주주의마저 압축성장으로 달성해야 할 것이다.

인류역사를 권력경쟁의 논리에서 보면 한반도의 통일은 국가경쟁력이 강한 나라, 문화능력이 큰 나라가 통일을 하는 것이 가장 바람직하다. 이는 현재 국가경쟁력 혹은 국가생산력에 있어서 북한에 비해 20~30배에 달하는 남한 중심의 평화통일을 이루는 것이 가장 바람직함을 말한다. 그러나 국가권력의 통일은 말보다는 쉽게 이루어지지 않는다는 점에서 한민족의 내재적 접근법이 필요하다. 남북한은 서로 다른 권력체계를 가지고 있고 그 권력체계의 핵심세력이 있다. 통일이 되면 남북한 어느 한쪽의 핵심세력은 아무래도 불이익을 받기 마련이다(심하면 숙청될 수도 있다). 이는 권력의 본질적 속성이다. 권력이란 국제간에서도 마찬가지이다. 어느 쪽이 주도권을 잡고 있고 중심인지가 확실하지 않으면 평화를 유지하기가 어렵다.

이와는 달리 내재적 접근법은 권력경쟁이라는 입장에서 접근하는 것이 아니라 모성주의, 여성주의로 남북한이 서로 감싸 안는 방법이다. 이는 실지로 말은 겉으로는 주체적이고 자조적(自助的)인 방법이지만 내용에 있어서는 내부 갈등을 수반하기 쉬운, 매우 내연적(內燃的)이고 역동적인 방법이다. 역동성이란 바로 우리 문화의 특징이고 매력이지만 통일과 같은 권력체제의 변화와 재편성을 필요로 하는 통일 문제에 접근하는 것으로서는 매우 위험하고 예측 불가능한 것들이 너무 많다. 한민족을 내재적 관점에서 보면 북한은 '살점 없는 뼈'에 해당하고 남한은 '씨 없는 살점'에 해당한다는 생각을 한 적이 있다. 씨가 없다면 재생산이 불가능하고 살점이 없다면 뼈가 부딪치는 소리가 요란할 것이다. 그렇다면 씨가 없는 것이 더 유리한가, 살점이 없는 것이 더 유리한가? 살점이 없다면 현재의 삶이 윤택하지 못할 것이고 씨가 없다면 미래의 희망이 없을 것이다. 만약 씨와 살점과 뼈가 서로 부족한 것을 메워 준다면 이보다 금상첨화는 없다. 남녀가 서로 대립되는 것이 아니고 조화의 관계여야 행복한 가정을 이룰 수 있듯이 남북한은 반목과 질시를 없애고 서로의 존재를 인정하여야 재결합을 할 수 있다. 그런데 지금의 북한과 같은 태도라면 폭력남편과 다시 재결합하는 꼴이 된다. 북한은 핵과 미사일이라는 폭력을 앞세우며 통일에 다가오고 있는 것이다. 이런 '폭력적 음양통일론(陰陽統一論)', '오늘의 화쟁론(和諍論)'은 실현하기 매우 어렵다. 그 걸림돌이 북한에 있다.

북한의 주체사상은 세습왕조로 병들어 있고 남한의 자본주의는 부익부, 빈익빈으로 중심을 잃고 비틀거리고 있다. 전반적으로 폭력남편에 시달리는 가정과 같다. '6·15 남북 공동선언'에 이어 잇따라 열린 여러 채널의 남북대화와 경의선 철도복원, 개성공단 등 한반도에는 그 어느 때보다 통일에 대한 기대감을 높여 주고 있는 일들이 벌어지고 있지만 이런 모든 교류가 북한의 일방적 의사결정에 의해 할 수도 있고 안 할 수도 있게 되어 있다는 데에 문제가 있다. 북한은 남북교류에 있어서도 예의 폭력성을 간헐적으로 노출하고 있다. 이는 북한정권의 특성이기도 하다. 이런 형태의 교류로는 북한이 통일 이후에 그 주도권을 양보할 리가 없다. 처음부터 북한을 길들이기를 잘못한 것이 틀림없다. 북한은 지금 통일에 관심이 있는 것이 아니라 체제유지에 혈안이 되어 있다. 통일의 방법론에 있어 일방통행은 통일 후에도 일방통행을 용인하는 것이기 때문에 거부되어야 한다. 북한의 저의를 감안하지 않고 남한의 판단으로 옳다고 밀어붙이는 것은 결과적으로 남한의 옳은 것이 실현되는 것이 아니라 북한의 저의를 돕는 것에 불과하다. 무엇보다 통일의 당위성은 선전되지만 통일의 철학이 지금 부재하다. 이러한 때에 '한민족'이라는 민족 동질성을 바탕으로 한 통일에 대한 정서적인 지원과 물질적인 거래도 중요하지만 한 번쯤 통일을 위한 철학적 원리나 모델을 생각해 볼 필요가 있다.

최근세사에서 통일에 대한 모델을 제공해 준 예는 그리 많지는 않다. 특히 공산주의와 민주주의가 대결한 나라에서 보여 준 예는 더더욱 그렇다. 우리는 쉽게 독일의 예와 베트남의 예, 그리고 예멘의 예를 떠올려 볼 수 있다. 독일의 예는 동독이 서독에 흡수 통일된 것이고 베트남의 예는 소위 월맹이 월남을 무력 통일한 예이다. 예멘은 사정이 복잡한 경우인데 북예멘과 남예멘이 처음엔 대화로 평화통일을 했으나 결국엔 북예멘의 술수로 남예멘이 거의 흡수 통일된 예이다. 이상의 세 가지 예를 보면 과연 남북한 통일은 어떻게 이루어져야 바람직한 것일까 생각하게 된다. 남북한의 국가자산이나 문화능력을 훼손하지 않고 고스란히 통일한국으로 이전시키면서 통일한국의 국가적 위상을 제고하고 남북한 국민의 이질감을 하루속히 해소하고 함께 잘살 수 있는 묘방은 없을까 고심하게 된다. 물론 여기에는 무엇보다도 분단된 역사적 배경과 문화적 차이가 심각하게 고려되어야 한다. 우리(남한)로서는 섣불리 독일의 경우를 채택할 수도 없고 그렇다고 베트남의 경우를 용인할 수도 없다. 그렇다고 예멘의 경우처럼 위장 평화통일의 제물이 되게 할 수는 없다. 무엇보다도 한반도를 둘러싼 국제적인 관계와 남북한의 위상이 그렇게 되게 내버려 두지도 않을 것이다. 그렇기 때문에 우리는 '제4의 모델' - 자본주의 중심의 사회주의 통일모델을 만들어 내지 않으면 안 된다.

무엇보다도 남북한의 통일은 자주성의 원칙이 전제되어야 한다고 본다. '6·15선언'에서도 이 대목이 '주인'이라는 이름으로 가장 먼저 전제되었다는 것은 환영할 만한 일이다. 그런데 이 자주성이라는 것이 매우 추상적인 개념이기 때문에 구체적으로 달성되는 것은 쉬운 일이 아니다. 바로 여기에 통일을 위한 철학적 모델이 필요한 것이고 이 모델은 남북한 쌍방에 거리낌 없이 받아들일 수 있는 내용을 담고 있어야 할 것이다. 이 모델의 내용은 적어도 전통적인 토대 위에서 도출되어야 하고 남북한 쌍방의 자존심을 손상시키지 않는 범위 내에서 민족적 동질성을 회복하는 그런 방안이 되어야 할 것이다. 아마도 남북한을 둘러싼 소위 4강(四強), 미국과 중국과 러시아와 일본은 음으로 양으로 자신들의 기득권 유지와 자국의 이익을 확보하기 위한 국제적인 노력을 경주할 것이고 그러한 선상에서 남북한의 통일을 유도하려고 할 것이다.

특히 오늘의 남한을 있게 한 결정적인 역할을 했고 현재에도 3만 7천 명의 미군을 주둔시키고 있으면서 자국의 이익과 깊숙이 직결되는 크고 작은 문제를 안고 있는 미국으로서는, 또 냉전종식 후 세계를 혼자서 운영하다시피 하고 있는 미국으로서는 자신들의 안대로 남북한의 통일이 이루어져야 한다고 주장할 것이다. 그런 점에서 미국은 만약 남북한이 미국을 도외시하고 독주한다면 어떠한 형태로든지 통일을 방해하거나 무산시킬 가능성이 가장 큰 나라이다. 또 중국도 만만치 않을 것이다. 중국은 특히 6·25전쟁 때 북한을 멸망에서 구해 준, 은혜의 나라이며 역사적으로 종주국이었다는 점을 포기하지 않으려 할 것이다. 중국은 국경을 맞대고 있다는 점을 강조할 것으로 보인다. 이렇게 따져 보면 남북한의 통일은 국제적으로 무엇보다도 미국과 중국을 우선 이해시키고 그들로부터 찬성을 얻어 내야 하는 과제를 안고 있다.

그런 점에서 이 자주성의 달성은 매우 세련되고 기술적인 노력이 전제되어야 한다는 점을 알 수 있다. 그럼에도 불구하고 우리는 통일에 대한 자체적인, 자생적인 철학적 노력을 하지 않을 수가 없다. 국제여건이라는 것은 통일의 환경은 될 수 있어도 통일의 주체는 될 수가 없기 때문이다. 자주성만 가지고 통일이 달성되는 것은 아니지만 자주성이 없이는 설사 외세가 아무리 도와준다고 하더라도(그런 일은 없겠지만) 통일은 달성되지 않기 때문에 우리는 스스로 이런 노력을 경주하지 않을 수 없다. 우리 문화는 전반적으로 여성적 특성을 보이지만 그래도 남북한을 비교하면 북한은 남한에 비해 훨씬 남성적이고 자주적이다. 이는 북방-고구려의 유목민족의 전통이 남아 있기 때문일 것이다. 남북관계를 보면 흡사 북한은 '남자=남편', 남한은 '여자=아내'와 같은 입장을 보인다. 남한의 처세는 '잘사는 여자 가장'과 같고 북한의 처세는 '못사는 남자 가장'과 같은 형국이다.

02_ 민족주의인가, 국가주의인가

-국가사회주의 대 사회국가주의의 파시즘의 교훈-

내셔널리즘(nationalism)은 흔히 민족주의로 번역되기도 하고 국가주의로 번역되기도 한다. 우리 민족은 어느 쪽을 좋아할까? 이상하게도 민족주의로 번역하기를 좋아한다. 여담 같지만, 이상하게도 민족이라고 번역하는 쪽은 모계적-여성적 사고를 하고, 국가라고 번역하는 쪽은 부계적-남성적 사고를 하는 것 같다. 국가라는 것은 인류학적으로 볼 때 가부장의 확대재생산의 결과이다. 또 권력의 확대재생산의 결과이다. 이 말은 국가라는 것은 남성성의 전유물이라는 뜻이다. 오늘날 여러 민족이 한 국가를 만든 '다민족 국가'도 있고 같은 민족이 서로 다른 국가를 만든 경우도 있다. 국가라고 할 때는 습관적으로 혈통(血統)이나 육체(肉體)보다는 정신(精神)이나 정통(正統)을 생각하게 된다. 후자는 추상적이고 전자는 구체적이다. 민족이라고 할 때는 전자를 생각하게 하고 국가라고 할 때는 후자를 생각하게 된다.

우리 민족이 왜 민족, 민족주의에 연연하는 것일까? 우리 민족은 가부장사회의 연장인 국가를 운영하였지만 대체로 그것에 실패한 역사를 가지고 있으며 남성 간의 경쟁보다는 그것을 여성적으로 받아들이는 경향이 있다. 그래 항상 남성적인 국가보다는 그것을 여성적으로 장한 민족에 호감을 가지고 있다. 이것은 피압박민족, 피식민국가의 공통된 현상이다.

쉽게 말해 우리 민족은 국가 만들기(nation building)에서는 별로 재미를 보지 못한 것 같다. 국가가 개인에게 해 준 것보다는 개인에게 빼앗아 간 것이 많고 그러면서도 국가는 항상 외침을 받아 개인을 더욱 곤란하게 만들었으니 설상가상으로 국가에 대한 기대는 클 수가 없다. 더 정확하게는 우리 민족은 국가(큰 가정)를 믿지 않고 가족(작은 가정)을 믿는다. 우리 민족의 국가에 대한 부정은 매우 뿌리 깊은 것 같다. 이는 어느 시대를 막론하고 국가의 파워엘리트들이 정치를 잘못한 탓일 것이다. 국가에 대한 부정적 사고는 우선, 국가가 국민에게 해 주는 것보다는 국민으로부터 빼앗아 가는 것이 많기 때문이다. 아니면 원천적으로 우리 민족은 국가라는 단위의 권력체계 속에서 사는 것을 싫어하는, 생래적으로 자연 마을 단위의 삶, 즉 동네의 삶을 좋아하는 민족성 탓인지도 모른다. 이 둘은 서로 물고 물리는 관계에 있게 된다. 산악이 국토의 75%를 차지하는 나라에서 산골짜기에 겨우 도시를 만들어서 사는 민족, 집을 지으면 으레 배산임수가 되는 나라에 사는 민족은 대체로 규모가 큰 국가단위의 삶에 적응력이 부족한지도 모른다.

그런데 제대로 국가주의도 한 번 못 했으면서도 이상하게도 국가주의를 싫어하고 민족주의를 좋아한다. 그러나 선진국치고, 지금 제국주의를 경영한 나라치고 국가주의 시대를 거치지 않은 민족이 없다. 이들은 민족에서 국가로 발돋움하면서 근대국가로 나아갔고 민족이라는 것에 연연하지 않고 다른 민족을 포용하고 이민족과 융화함으로써 큰 국가를 만들어 갔다. 국가주의가 잘못된 경우도 많다. 그 대표적인 것이 국가사회주의인 나치즘이다. 우리가 오늘날 파시즘이라고 하는 것이 그것이다. 그런데 파시즘이라는 것이 대체로 후발선진국—독일의 나치즘, 이탈리아의 파시즘, 일본의 군국주의—에서 일어난 것이고 제2차 세계대전 후

신생독립국에서 재현되는 것이다. 후발선진국의 그것과 신생독립국의 그것은 다르다. 전자는 제국에의 꿈을 실현하기 위해 강행한 '무리한 파시즘'이고 후자는 제국은커녕 국가도 제대로 유지하지 못해 식민지가 되었던 나라들에서 벌어진 '군인들의 나라 세우기의 일환'으로 등장한 것이다.

민족주의든, 국가주의든 실은 이들은 모두 집단주의이고 집단주의라는 것은 일종의 집합표상(collective representative)을 사용하는 것이다. 집합표상이란 이미 신화적 작업의 계열에 속하는 용어이다. 이것을 과학적으로 파고 들어가면 결국 답을 얻을 수 없다. 문제는 인간이 집단생활을 하는 동물로서 본질적으로 이 집합표상을 사용한 상징적 동물이라는 데에 있다. 인간은 흔히 '우리(We)'라는 말을 많이 사용한다. 그런데 '우리'라는 말은 이미 집합표상에 들어가고 그것은 상징이지 실체가 아니다. 민족과 국가도 '우리'에 속하는 상징이지 실체가 아니다. 그러나 인간은 이 실체가 아닌 개념을 사용하면서 전체를 표상하고 전체를 자신이 가지고 있는 양, 전체에 자신이 속하는 양 생각했다. 그래서 집단을 상징하는 용어, 예컨대 가족이든, 학교든, 민족이든, 국가든 모두 이미 신화(종교)적 용어이다. 이 신화적 용어 자체를 나무랄 수는 없다. 이미 인간은 사회적 동물이니까. 이것은 사회명분론과 사회실재론의 원천적 논쟁점이기도 하다. 결국 문제는 민족이나 국가를 운운하면서 그것을 구성하고 있는 개인(개체)을 무시하느냐, 하지 않느냐 하는 데에 달려 있다. 결국 개인을 무시하는 정도가 크면 클수록 그 사회는 전체주의적으로 변하게 되어 있다.

인간은 19세기 후반에서 20세기 초반에 들어 '사회주의'라는 용어를 창안했다. 인간이 사는 사회는 이미 사회인데 왜 사회주의인가? 그렇다면 자본주의는 사회주의가 아닌가? 여기엔 개인을 무시하는 집단주의와 함께 자신들이 인간사회의 마지막 '주의(－ism)'라는 독선과 편견이 깔려 있다. '사회주의'와 함께 그 비슷한 용어로 '인간주의'라는 게 있다. 인간은 이미 인간인데 왜 인간주의인가? 그렇다면 다른 주의는 인간주의가 아닌가? 이 유토피아의 핵심은 '평등'이다. 사회의 공동체정신의 회복을 강조하기 위한 평등이었지만 급진적으로 과도하게 주장하는 바람에 혁명이 되고 도리어 인간의 자유를 무시하는 과오를 범하게 되었다. '사회주의'이든 '인간주의'이든 사회적 동물인 인간 존재 자체에 해당하는 용어를 쓰는 것은 실은 일종의 '우리'라는 개념과 마찬가지로 이미 종교적 발상을 하는 것이다. '우리'에는 토테미즘을 비롯하여 종교적 신령(神靈)이 그 뒤에 숨어 있는 것이다.

그래서 '사회주의'와 '인간주의' 용어 뒤에는 종교적 파급효과와 같은 것이 숨어 있다. 이는 쉽게 종교와 결탁한다. 인간은 위기에 직면하면 으레 종교적이 된다. 그 기원은 적어도 네안데르탈인에 올라간다. 종교라는 것은 집합표상을 사용하는 인간의 제도 중 가장 먼저 창안된 제도이고 인간은 필요할 때면 언제나 그것을 사용할 수 있다. 민족이나 국가라는 것도 바로 종교의 변종이다. 제정일치 사회가 제정분리 사회로 전환할 때 태어난 변종인 것이다. 그런데 문제는 사회주의란 유토피아의 핵심인 평등이라는 것이 실은 처음부터 실현 불가능한 목표를 설정한 데에 있다. 개인은 결코 평등할 수 없다. 생물은 평등하지 않는 것을 목표로 진화해 왔고 앞으로도 평등하지 않기 위해 계속적인 진화를 할 것이다. 평등을 지나치게 강조하다가 보면 결국 정치적으로 전체주의로 가게 되어 있다. 개인의 자유와 자본을 기본으로 하지 않으면 쉽게 전체주의의 유혹에 빠진다.

'민족주의'나 '국가주의'는 위기에 직면해 있거나 위기를 조장하는 국가가 즐겨 사용한다. 전자는 수세의 입장에 있는 후진약소국이 즐겨 사용하는 용어이고 후자는 공세의 입장에 있는 선진강대국이 즐겨 사용하는 용어이다. 둘 중에서는 전자보다는 후자가 진화적으로 뒤에 나온 개념이다. 그래서 강대국들은 국가주의를 하면서도 약소국들의 민족주의를 비난하고 세계 지배를 위한 여러 제도·기술을 연마하고 제국주의를 지향한다. 둘 다 위기 혹은 기회의 막다른 국면의 용어이다. 평화롭게 살 때는 이런 용어를 사용하지 않는다. 마찬가지로 '사회주의'도 그렇고 '인간주의'도 그렇다. 행복하게 살 때는 이런 용어를 사용하지 않는다. 이런 것들은 모두 근본주의 계열에 속하는 무시무시한 용어들이다. 이들 용어가 난무하면 결코 인간사회가 평화롭지 않다는 것을 증명할 뿐이다. 이는 종교가 근본주의를 들고 나오면 심상치 않는 것과 같다. 평화를 추구하는 종교가 다른 어떤 것보다 폭력적이 되고 폭력의 전위대가 되고 심하면 종교전쟁을 일으키는 현상과 같다. 인간사회에 어떤 근본적인 문제가 발생하였을 때에 불쑥 솟아나는 용어인 것이다.

제1, 2차 세계대전이 일어나고 열강들이 식민지 전쟁을 일으킬 때 바로 이런 용어들이 난무하였다. 인류사적으로 볼 때 근대에 들어 자유민주주의(자유자본주의)가 탄생하는 동시에 공산사회주의(사회국가주의)와 국가사회주의(독일의 나치즘)가 생겨났다. 그런데 개인의 자유를 우선하지 않고 사회를 우선하는 정치이데올로기는 이데올로기 자체는 참으로 매력적인데 그것의 실천적 과정에서는 사회적 평등을 달성한다는 구실로, 혹은 특정 민족의 생물학적인 우열을 가르거나 특정 민족을 탄압해야 한다는 구실로 파시즘에 빠지고 만다. 이는 사회를 우선하면 결국 집단주의에 빠지기 쉽다는 것을 말해 주고 집단주의는 항상 파시즘의 유혹에서 빠져나오기 어렵다는 것을 말해 준다. 원시공산사회와 같이 권력투쟁이 약한 시기에는 집단주의는 공동체주의와 같은 개념이 되는데 집단의 규모가 커지고 권력투쟁이 심화되면 집단주의는 공동체주의보다는 집단적 권력투쟁에 몰입하게 된다. 아마도 계급이라는 것도 이러한 권력투쟁의 결과일 것이다. 집단이기주의도 같은 것일 게다. 개인을 중심하지 않는 집단주의는 그것이 설사 출발할 때는 선의로 하였다고 하더라도 종국에는 개인을 탄압하게 된다. 개인에 대한 탄압은 흔히 민주주의라는 이름을 사용하면서도 자행된다. '집단'과 관련되는 신화적 용어들은 인간에게 병 주고 약 주는 셈이다.

아무튼 국가사회주의든, 사회국가주의든, 사회주의라는 글자가 들어간 이데올로기는 모두 파시즘이 된 아픈 경험을 가지고 있다. 그런데 권력 자체에 이미 파시즘적 요소가 들어가 있다. 권력이라는 것이 실은 폭력에서 비롯된 것이고 아무리 폭력적이지 않은 권력이라도 하더라도 그것의 변이라는 데에는 많은 학자들이 동의하고 있다. 국가와 사회 가운데 국가를 우선하는 쪽은 우파 파시즘에 빠지기 쉽고 마찬가지로 사회를 우선하는 쪽은 좌파 파시즘에 빠지기 쉽다. 파시즘 가운데는 제국을 향하여 가는 파시즘이 있는가 하면 생존적 차원의 국가 만들기에 속한 파시즘도 있다. 신생독립국의 국가 만들기(nation building)를 흔히 후발선진국의 파시즘과 구별하지 않고 함부로 비교하고 떠들어 대는 것은 참으로 사대주의적 발상이다. 남한의 경우 국가 만들기를 국가주의나 파시즘으로 보는 경향이 있는데 이는 잘못이다. 민주주의라는 것은 흔히 국가가 없이도 달성되어야 하는 것처럼 오인하는데 그렇지 않다. 국가가 없으면 민주주의도 없다. 민주주의는 국가가 제대로 된 이후에 국민 각자가 스스로 국민의식, 시민의식, 주인의식을 가질 때 가능한데 이를 위해서는 국가는 선결과제이다. 그런데 신생 독립국의 경우 먼저 민주주의를 과도하게 주장하면 국가를 만들기도 전에 붕괴하는 꼴이 된다. 국가가 붕괴되면, 민주주의의 주인이 되는 것이 아니라 바로 노예가 되는 것이 오늘의 냉엄한 현실이다. 국가가 없으면 바로 국제시장의 노예나 창녀로 팔려 가는 것이 언제나 국제사회이다.

인간은 사회적 동물이다. 그래서 사회와 국가가 만나서 이루는 이데올로기로 국가사회주의와 사회국가주의(사회주의적 국가주의)를 들 수 있다. 전자는 국가를 우선시하였고 후자는 사회를 우선시하였다. 전자도 위험하지만 후자도 전자에 못지않게 위험한 것이다. 전자는 제국에의 꿈을 위해 세계에 전쟁을 불러일으켰고 후자는 평등이라는 깃발로세계에 계급투쟁을 불러일으켰다. 둘은 서로 다른 것 같지만 실은 전쟁을 하는 공통점이 있다. 전자는 국가 간에, 후자는 국가 내 계급 간에 쟁(爭)을 하는 것이다. 그런데 우리나라는 전자에 속하지는 않는다. 후자에속한다. 그러나 실은 이 둘에는 속하지 않는 것이 좋다. 이 둘에 속한다는 것은 자연스럽게 형성된 권력체계를 붕괴시키고 무리하게 혁명을 꾀하기 때문이다. 인류역사에서 어떤 이데올로기도 이유와 타당성이 있다. 그러나 무리한 투쟁의, 혁명의 이데올로기는 요란한 구호에 비해서는인류에게 가난과 전쟁과 절망을 안겨 주었다.

자유민주주의, 자유자본주의만큼 좋은 것은 없다. 그런데 문제는 이것을 누리는 것이 아무에게나 허용되는 것이 아니라는 점이다. 자유에는 책임이 따르고 사회와 개인의 적절한 균형감, 긴장이 요구되기 때문이다. 그 긴장을 깨뜨리고 어느 한쪽에 경도되어 버리면 안 된다. 그런데 오랜 시행착오를 거치지 않으면 이것이 몸에 배지 않기 때문에 말은쉽지만 균형을 이루기는 어렵다. 적어도 국민 대다수가 그 긴장을 싫어하지 않고 즐기는 정도의 여유와 교양이 필요하다. 먹을 식량(의식주)이부족하면 결코 민주주의는 안 된다. 또 식량이 충분하다고 해서 민주주의가 저절로 이루어지는 것은 아니다. 또 국민들이 급진주의라는 달콤한 사탕발림에 넘어가지 않을 정도의 성실성이 있어야 한다. 그런 점에서 자유는 아무나 누리는 것이 아니다. 동시에 자본이라는 것은 자본의논리에 의해 인간을 소외시킨다. 하지만 자본, 즉 화폐가 없으면 궁극적인 자유, 일반화된 자유를 상상하기 어렵다. 자본은 매우 불평등한 것이면서도 동시에 매우 평등한 것이다.

인류가 발견한 권력 중에 화폐만큼 자유와 평등을 실현한 것은 없다. 이제 화폐는 박애마저 손아귀에 넣으려고 하고 있다. 자본주의는 화폐에 의해 지탱된다. 문제는 자본이 집중되어야 힘을 발휘하게 되고 남을 제압하게 된다는 데에 있다. 자본을 집중시켜서 생산성을 늘리고 나중에 평등을 실현하는 것이 가장 화폐를 잘 이용하는 길이다. 여기서 자본의 이용후생이 있다. 말하자면 파이를 먼저 키우고 나중에 파이를 나누어 가지자는 뜻이다. 이 순서를 거꾸로 하면 파이를 키울 수 없고 나중엔 파이 자체가 줄어들고 없어진다. 자본집중이 무서워 자본주의를 배격한다면 결국 우리는 가난할 수밖에 없다. '구더기 무서워 장 못 담그나'라는 속담이 있다. 어차피 인간의 삶은 위험에 뛰어들어서 살아가는 것이다.

평등주의가 안이하고 도덕주의가 발전이 없는 까닭은 이들의 순수성이나 완결성 때문이다. 생물은 참으로 잡(雜)한 것이다. 동시에 복잡(複雜)한 것이다. 이것은 순(純)한 것, 단순(單純)한 것으로 전제하는 것은 잘못된 것이다. 욕망은 에너지이고 자동차의 기름과 같다. 기름이 있어야 자동차가 가게 된다. 자동차가 바른길을 가는지, 그른 길을 가는지는 그 다음의 문제이다. 욕망이 없으면 자유는 없다. 욕망이 없으면 초탈의 세계이다. 국가는 사회적 동물인 인간의 욕망의 거대한 실현이다. 국가사회, 사회국가, 어디에도 경도되지 말고 자유국가를 택하는 것이 진화의 바른길이다. 자유국가는 결국 화폐라는 평등한 것으로 움직인다. 화폐 자체가 불평등한 것은 아니다. 십 원짜리 동전은 아무에게나 십 원짜리 동전이다. 평등한 것이 있으니까 불평등한 것을 생기게 하고 불평등한 것이니까 평등한 것을 추구하게 한다. 국가, 사회, 자본을 미워하지 말자. 어차피 인간이 발견한 귀중한 제도이다. 비록 불완전한 제도이지만 그 불완전한 제도 때문에 우리는 살아가고 또한 완전을 향하여 가는 기회를 가지는 것이 아닌가.

03_ 제국주의란 극복할 수 있는 것인가
-미제국주의만 나쁜 것인가-

제국주의는 인류가 국가를 만들기 시작하고부터 시작된 일이다. 국가 간에 경쟁을 하다 보면 저절로 승자와 패자가 드러나게 되고 승자는 제국을 만들게 된다. 제국의 제후국이 되지 않으면 식민지가 되는 것을 약소국은 택하지 않으면 안 된다. 제국주의를 얼마든지 비판할 수 있다. 인도주의의 문제, 경제약탈의 문제, 침략의 문제 등 여러 측면에서 접근할 수 있을 것이다. 불행인지, 다행인지 우리나라는 제국을 경영해 본 경험이 없다. 그래서 쉽게 제국주의를 비판하는 데에 열을 올린다. 그러나 제국을 경영해 본 선진강대국들은 제국주의를 침략과 약탈의 문제로 보지 않는다. 대체로 문화능력의 면에서 어쩔 수 없는 일들로 받아들인다. 제국은 일종의 정치경제적 블록과 같은 것이기 때문이다. 문화와 문명에는 중심이 있고 그 중심에 의해 주변이 살아가게 되는 것은 궤도와 같다.

제국주의가 부도덕하다고 하지만 그것은 다른 약소국을 대상으로 하는 것이고 도리어 제국의 국민 혹은 신민들은 일등국민의 대접을 받는다. 제국에 태어나는 것이 결코 불행한 것이라고 할 수 없다. 더욱이 문화와 문명은 복합적인 것이어서 제국주의는 과학기술과 고등종교를 들여와서 식민지를 일깨우고 변화시키는 역할을 동시에 한다. 말하자면 한편으론 약탈을 하지만 다른 한편 변화의 충격을 통해 문화능력을 배양하기도 한다. 제국주의를 반대하면서 국제전선을 펴던 소련이 도리어 제국 가운데서도 가장 악랄한 제국주의인 '소비에트 체제'를 만들었다. 그리고 그들 동구위성국들을 억압하였다. 미국도 제국주의를 경영하지만 그래도 느슨한 제국주의에 속한다. 미국의 경우, 법의 정신과 언론의 자유가 살아 있어서 자정작용을 하기 때문이다. 물론 자국 내의 인권신장이나 빈부격차의 해소, 인종차별의 척결 등의 문제를 해결하는 것보다는 못하지만 그래도 미국은 시간의 차이가 있긴 하지만 자국 내의 보편적 기준을 자국 밖에서도 적용하려고 애쓴다. 물론 그렇지 않은 면도 있긴 하지만 말이다. 지배라는 것은 그렇게 단순한 문제가 아니다. 지배하는 자가 언제나 지배를 당하는 자를 착취만 하거나 군림하는 것은 아니다. 그에 상응하는 책임도 따르기 때문이다. 그래서 지배할 자격의 문제가 생기는 것이다.

우리가 경험한 일본 제국주의는 대체로 후발선진국이었기 때문에 그것을 경험한 나라의 피해가 막심하다. 말하자면 종도 주인을 잘 만나야 편하다. 제국은 뭐니 뭐니 해도 문화능력이 탁월한 나라만이 누리는 것이다. 내가 보기에는 제국주의를 비판하고 저주하는 것보다는 제국을 한번 이루어 보는 것이 현명할 것 같다. 어차피 제국주의를 지구상에서 없앨 수 없을 바에는 말이다. 부자가 저절로 만들어지는 것은 아니고 제국이 저절로 만들어지는 것은 아니다. 지금 지구는 미국제국주의의 시대이다. 말하자면 그 아래에 소련, 유럽, 중국, 일본 등의 강대국이 있긴 하지만 이들은 미국과의 관계에서 정도의 차이는 있지만 지배를 당하고 있는 실정이다. 미제국주의는 역사상 다른 제국주의와 다른 점이 있다. 대체로 제국주의는 선진강대국의 민족주의 혹은 국가주의의 확대재생산과정의 산물이고 단일민족 혹은 특정의 소수민족을 토대로 구축되는 것임에도 불구하고 미국이라는 나라는 다민족 국가이며 합중국(The United States of America)이기 때문에 민족적 배타성을 가지고 있지 않은 점이 장점이다. 그래서 민족적 폐쇄성이나 자기모순에 의해 망할 확률이 적을 뿐만 아니라 여러 민족에 열려 있다는 점에서 생존력이 그 어느 제국주의보다 강하다고 할 수 있다.

심하게 말하면 지금 지구는 미국제국의 시대이고 나머지 나라는 국력의 차이에 따라 등급은 있겠지만 '제국의 제후국'이라고 말할 수 있다. 그런 점에서 미국은 제후국들에게 덕을 베푸는 것이 제국을 오래 지탱하는 관건이 될 수도 있다. 미국이 자국의 이익만을 챙길 것이 아니라 여러 나라의 이익을 도모할 필요가 있다. 결국 가장 강력한 제국주의는 제국주의를 하지 않는 것처럼 제국주의를 하는 일이다. 제국과 국가의 관계는 국가의 주권이나 독립성, 외교권 등등이 개입되긴 하지만 결국 중앙정부와 지방정부의 성격을 갖게 된다고 할 수 있다. 커뮤니케이션의 발달(인터넷과 무선통신의 발달)과 언어의 통일(영어의 국제어화), 무역과 관세의 일반화(세계무역기구화) 등으로 지구는 그 어느 때보다 한 나라와 마찬가지의 체계(지구제국)가 되고 있다.

제국은 더 이상 다른 나라와 제국주의 경쟁, 헤게모니 쟁탈전을 할 필요가 없는 환경이 되어 가고 있다. 또 제국이라는 매크로화 대신에 인터넷 커뮤니티와 같은 마이크로화가 동시에 되어 가고 있다. 이는 전반적인 가부장제의 퇴조를 의미하기도 한다. 가부장제의 확대재생산과 여성 차별의 권력구조를 개선하지 않으면 안 되는 전반적인 문화의 주류(mainstream) 속에 놓여 있다. 제국의 중심은 반제국주의 운동을 하지 않아도 때가 되면 저절로 바뀌게 된다. 말하자면 미제국주의는 반미주의에 의해 사라지는 것이 아니라 자체 문화능력을 상실하게 되면 저절로 중심이 바뀌게 마련이다. 말하자면 제국이야말로 자체 모순에 의해 망하게 되는데 이때 다른 제국이 등장하고 그 제국과의 전쟁에서 패망하게 된다. 제국은 반드시 다른 제국에 의해 망하게 된다. 로마제국도 바로 자체 모순으로 망했다. 적어도 제국주의는 군대(과학)와 종교라는 두 무기를 가지지 않으면 안 된다. 군대는 강제력을 동원하는 의미이고 종교는 자발적인 신앙을 고취하는 의미이다. 전자는 총칼, 후자는 바이블을 이용한다. 이 둘을 잘 쓰는 제국만이 생명력이 길다. 둘 중 어느 하나만을 가지고 제국을 지탱하기에는 위험이 따르면서 에너지가 많이 든다. 최근 미국 제국주의의 몰락을 예고하는 이도 있지만 내가 보기에 앞으로도 백 년을 더 갈 게 틀림없다. 세계는 지금 미국이라는 중앙정부 아래에 여러 작은 지방정부가 있는 모양과 흡사하다. 미국은 역대 어떤 제국보다 '열려진 제국'이다. 물론 그 속에도 보이지 않는 계급과 착취의 구조가 있고 부정부패와 부도덕이 판을 치고 있지만 그래도 청교도의 정신 아래 여타 다른 제국에 비해서는 건실한 편이다.

미국이라는 제국만 물러가면 제국주의가 사라질 줄 알지만 결코 인류역사는 그렇지 않다는 것을 말해 준다. 단지 다른 제국이 등장할 따름이다. 그러나 미국을 능가하는 다른 제국을 상상하기에는 현재로선 부족하다. 러시아는 이미 구소련의 멸망으로 제국주의 경쟁에서 손을 들었고 현재 떠오르고 있는 다크호스로 중국을 들 수 있는데 그 성장 가능성은 높이 평가하지만 아직은 역부족이다. 세계 제2의 경제대국인 일본도 미국 앞에서는 쩔쩔매고 있다. 실은 미국과 제국주의 경쟁을 해 본 나라 가운데는 일본도 들어 있다. 일본은 태평양 전쟁에 의해 이미 한 번 패한 경험이 있기 때문에 미국에 도전하기보다는 미국과 우호관계를 형성하면서 자국의 이익을 취하고 상당기간, 아마 영원히 미국에 도전하지는 않을 것으로 보인다. 미제국주의가 나쁘다고 말할 수 있다. 그러나 그렇게 말한다고 그것이 사라지는 것은 아니다. 인류역사는 국가의 등장 이후 제국주의의 역사라고 해도 과언이 아니다. 한 번이라도 제국주의를 경영해 본 나라는 제국이 비단 폭력과 부도덕으로 무장된 것이 아니라는 것을 알고 있고, 투쟁의 대상으로만 생각하지 않고 문화의 중심 정도로 받아들인다.

제국주의를 한 번도 해 보지 못한 나라, 조무래기 나라들만이 반제국 주의를 한다고 떠들어 대고 있다. 지금 세계는 제국주의를 해 본 나라들만의 모임인 서방 8개국 정상회담(G8)을 하고 있다. 원래 제1차 석유파동(1973~1974년)에 놀란 미국, 영국, 독일, 프랑스, 이탈리아, 일본 등 6개국 정상들이 1975년에 모여 세계경제 재건을 논의한 G6에서 출발해 1976년 캐나다가 합류하여 G7이 되고 다시 러시아가 1991년부터 옛 소련의 이름으로 준회원처럼 참석하다가 1997년 정회원으로 가입하여 G8이 됐다. G8은 처음에는 경제문제를 주로 다루었으나 1980년 아프가니스탄을 침공한 소련군의 철수를 요구하면서 정치외교 분야까지 관심을 확대했다. G8의 나라 가운데 제국주의를 하지 않는 나라는 캐나다뿐이다. 캐나다는 영연방에 속한다. 앞으로 캐나다의 발전을 지켜볼 필요가 있다.

아마도 미국을 반대하던 많은 반미인사들도 실지로 미국에 대해 긍정적이고 발전적인 면을 잘 알고 있고 사석에서는 실토하기도 한다. 단지 자국의 정치적 독립과 이해관계 때문에 반미운동을 하지만 미제국이 쉽게 무너지리라고는 생각하지 않는다. 이영희 선생의 경우는 좀 특이한데 미국에 대해 수많은 정보와 음모를 알고 있다. 이럴 경우 친미(親美)와 반미(反美) 둘 중에 하나를 택하라는 압박이나 강요를 받게 될 수 있는데 단지 반미를 택한 것뿐이다. 그와 같은 정보를 가지고도 충분히 친미를 할 수도 있다. 이는 정보의 문제가 아니라 타고난 성격의 문제인 것 같다. 그는 미국의 찬성할 점보다는 비판할 점에 더 관심을 보인다. 또 긍정적인 점보다는 부정적인 점에 신경과 촉각을 곤두세운다. 그것이 미국 사회에 영향력을 미치기보다는 오히려 한국 사회 내에서 그의 영향력을 제고하는 데에 도움이 될지도 모르겠다. 이영희 선생은 남보다 오랜 군대생활을 했기 때문에 군대를 혐오했고, 한국 군대와 군대문화를 비판하는 데에 앞장섰다. 비판주의자들은 확실히 많은 연구와 경험과 정보를 가진 나라와 분야에 비판의 화살을 퍼붓는데 이는 당연한 것인지도 모른다.

이영희 선생의 경우, 군대와 미국에 대한 비판이 그것이다. 그러나 중국에 대한 호감과 긍정과 기대는 참으로 의외이다. 이게 그를 모택동사상주의자, 마오이스트(Maoist)로 자리매김하고 있다. 그의 모든 사상의 핵심은 여기에서 출발한다. 그래서 한국도 중국과 같이 되기를 기대했는지도 모른다. 그러나 한국은 결코 중국과 같이 될 수 없다. 비록 언제까지 계속될지 모르지만, 한국이 중국에 기술을 전수하고 중국 대륙에 과감한 투자를 하는 투자국가로 알려지고 중국의 발전을 이끄는 데 큰 역할을 하고 있는 한국을 생각하면 이영희 선생을 어떻게 생각할까? 지금 중국에 기술을 전수하고 투자할 수 있는 경제과학적 기반이 누구의 통치시대에 만들어졌는가를 생각할 필요가 있다.

만약 한국이 단지 모택동사상에 찬동하고 숭상한 국가였다면 결코 오늘의 한중관계는 없었을 것이다. 제국주의로 말하자면 중국만큼 한국에 오랫동안 행사한 국가는 없다. 구한말에도 청나라는 한국을 제후국으로 공언하면서 종주국으로서 자신의 위치를 국제사회에 행사하고 천명하였다. 이것이 청일전쟁으로 물거품이 되었지만 심지어 이홍장은 한국의 대원군을 자국으로 불법 송환하여 감금하기도 했던 적이 있다. 가장 오래 제국주의를 행사해 온 중국에 대해 이영희 선생은 왜 그렇게 호의적인가? 이것이야말로 사대주의의 골수이다. 반미운동을 하면서 자신도 모르게 친중(親中)운동을 하고 있는 것이 선생인지도 모른다. 하여튼 한국의 중국에 대한 호감과 사대주의는 어제오늘에 형성된 것이 아니기 때문에 쉽사리 그것을 부정할 수가 없다. 물론 부정할 수 있지만 그것은 이미 내 몸이 되어 나를 제어하고 있기 때문이다. 모화사상을 유지하는 가장 큰 운동력은 역시 한자에 있는 것 같다. 한자문화권에 속하는 나라들의 애증은 남다르다. 마찬가지로 로마자 문화권의 애증도 남다르다. 애증은 서로 뜻은 반대이지만 실은 삶에 있어서, 문화에 있어서, 하나의 세트인지도 모른다.

반미를 철저히 하면 할수록 어느 날엔가, 갑자기 친미가 될지도 모른다. 자신도 모르게 미국에 물들어 가고 있는 것은 아닐까. 중국에 대해 동이(東夷)·북방유목민족들의 후예인 한국은 얼마나 경쟁을 하고 전쟁을 하였던가. 특히 고대 동북아시아사는 동이족이 먼저 지배를 하였고, 그 후에 농업기술의 발전과 농업생산량의 확대와 더불어 한족에게 주도권이 넘어가게 된다. 고구려는 그 주도권의 이동에 대해 강력하게 저항한 나라이다. 대륙에서 고구려의 패망과 반도에서 신라의 삼국통일과 더불어 중국은 종주국이 된다. 물론 중국사는 북방족과 한족이 번갈아 가며 나라를 세우는 역사였지만 그런 패권경쟁이 도리어 중국을 크게 확대재생산하는 계기가 된다. 중국 제국주의는 한국으로 하여금 문화적으로 동화되게 하였다. 그래서 구한말에는 소중화(小中華)를 자처하게 만들었다. 문화에 오래 물들면 핏줄도 잊어버린다. 오래 물들면 나쁜 것만 아니라 문화적 친연성(親緣性), 문화적 동화가 일어나서 도리어 제국을 섬기게 된다. 그렇다면 반미주의는 아직 미국 제국주의에 길들여진 역사가 짧아서 그렇다고 생각할 수 있을 것이다. 우리가 일제 식민 잔재를 극단적으로 싫어하는 것은 도리어 36년의 식민 역사가 짧아서 그런지도 모르겠다. 문화는 항상 이중성을 가지고 있다. 국가라는 것이 본래 그렇기 때문이다. 오늘의 국경선이 어제도 그랬느냐 하면 결코 그렇지 않다. 내일에는 반드시 국경선이 바뀐다. 또 새로운 국가가 등장할 것이다. 하느님도 지금의 국가와 국경선을 유지하라고 명령할 수 없다.

문화능력의 문제는 제국주의와 피식민지의 독립운동과 관련해서 저항과 협력이라는 이중성을 요구하게 된다. 독립운동가 중에는 직접적인

물리적 저항을 주장하는 쪽과 문화능력의 배양을 주장하는 쪽으로 나누어진다. 전자의 경우 독립전쟁을 하면 되지만 후자의 경우 식민지 정부와 협력 내지는 동화의 모습을 보이게 된다. 다시 말하면 문화능력을 배양할 때까지 참고 배우지 않으면 안 된다는 논리인데 저항과 협력의 역동성은 참으로 친제국주의인지, 반제국주의인지 식별을 곤란하게 한다. 일제 식민 치하에서 우리 지식인들이 혼란을 겪은 것은 바로 근대화와 독립운동 사이에서 때로는 전자를, 때로는 후자를 택한 때문일 것이다.

제국주의는 항상 문화능력 면에서 선진적이기 때문에 피식민지는 식민을 당하면서 동시에 근대화의 혜택을 입게 되고 그것을 배우게 된다. 그러면서 동시에 식민지 근대화의 한계, 피식민지로서 차별이나 수탈의 대상이 되는 것을 절감하게 된다. 일제 때 최남선, 이광수, 안창호가 택한 쪽이 문화능력 배양을 통한 독립운동의 경우인데 안창호만이 다행히 개량주의자(타협적 민족주의자)의 소리를 듣지 않아도 되었지만 나머지 두 사람의 경우 친일이라는 낙인이 찍히게 된다. 일제 치하의 문화능력론은 장기적으로는 올바른 방법이지만 단기적으로는 일제의 통치를 받아들이고 적응하여야 하는 약점을 가지고 있다. 그래서 도산 안창호를 따르던 많은 인물들이 친일이라는 누명과 족쇄를 차지 않으면 안 되었다. 이는 문화능력론 내부에 구조적으로 배태되어 있는 문제였다. 이에 비하면 무장투쟁론은 그 선명성과 즉각적 효과라는 점에서 유리하였다.

이광수는 조선문인협회 회장(1939)을 역임했고 이에 앞서 '수양 동우회'(계몽적 독립운동단체) 사건으로 안창호와 함께 투옥(1937)되었으며 이에 앞서 『개벽』에 '민족 개조론'을 발표(1921)하기도 한 인물이다. 특히 그는 '2·8독립선언서'(1919년 2월 8일 동경 유학생들이 발표한 독립선언)를 기초한 뒤 상해로 탈출하기도 했다. 어쨌든 일제 식민 치하에서도 일제에 협력함으로써 근대적인 교육을 비롯하여 근대화의 혜택을 받게 되는 인물이 많은데 이들을 단순히 친일파라고 매도하는 것은 매우 위험한 단순논리이다. 일본 사관학교 출신의 군인들과 총독부 관료를 지낸 많은 테크노크라트에게 친일파라는 딱지를 함부로 붙이는 것도 이에 해당한다. 일본에 의해 한국의 근대화가 시작된 것은 사실이고 민족적으로는 배반에 속하지만 근대화의 과정에 성공적으로 적응한 사람이 독립 후에 도리어 나라의 건설과 체계화에 공헌한 경우가 많았다. 이것이야말로 저항과 협력의 역동성이다. 흔히 '적이라고 생각하면 저항하고, 친구라고 생각하면 협력'하게 된다. 문제는 그 경계가 애매모호하다는 데에 있다. 문제는 어느 장(場)에서 친할 것인가, 반할 것인가의 문제이다. 이것은 어느 장에서 문을 열 것인가, 문을 닫을 것인가의 문제이기도 하다. 나와 남도 그렇고 내 나라, 남의 나라도 그렇다.

04_ 한민족, 한국은 독립한 것인가

-반독립이다. 독립선언으로 독립되는 것이 아니고
문화능력이 높아져야 독립 가능-

한국은 독립한 것인가? 독립한 것이 아니다. 굳이 말한다면 반독립(半獨立) 상태이다. 남북분단이 그것을 증명하고 해방공간에서 찬탁, 반탁 운동이 일어났던 것이 그것을 증명하고 아직도 그것을 재연하면서 좌우 대립을 하고 있는 것이 그것을 증명하는 것이다. 한국인들은 자신이 잘 났다고 생각하기 일쑤인데 밖에서 다른 민족이 보기에는 어리석기 그지 없는, 남이 싸움을 붙이면 형제간에도 싸움을 하는 그런 수준의 나라이 기 때문이다. 누가 옳고 그르고, 따지는 것 자체가 바로 어리석음을 증 명하는 것이다. 6·25는 냉전이면서 동시에 내전이다. 냉전은 현재 국제 적으로는 미국과 소련 양극체제의 종식으로 해소되었다고 하지만 아직 도 내전은 계속되고 있다. 휴전협정이라는 것이 그 증거이다. 말하자면 지구상의 마지막 분단국가, 냉전체제의 형해(形骸)로 남아 있지만 실은 내전이 냉전을 가지 못하게 결박하고 있는 국가이다. 거꾸로 말하면 냉 전이 아니면 국가유지, 체제유지가 힘든 국가이다. 냉전구조에 빌붙어 국가를 유지하고 있다고 비아냥거릴 수도 있다.

이런 부끄러운 상황을 벗어나야 우리는 진정으로 독립한 나라가 될 것이다. 그렇다고 남북교류니 통일이니, 6·15선언이니 선전해 댄다고 해서 내전이 그렇게 쉽게 끝날 것도 아니다. 문제는 문화능력을 심판할 날이 오고야 만다. 문화능력이 강한 나라의 정권이 통일의 주도권을 잡게 될 때 독립이 가능하다. 그러나 특히 일당독재의 수령체제인 북한에서 정권을 잡은 자가 정권을 쉽사리 내놓지 않을 것이다. 남한이야 주기적으로 선거에 의해 집권자가 바뀌게 되니 별반 어렵지 않을 수도 있지만 일당독재, 선군(先軍)정치의 북한은 갑자기 체제가 붕괴되지 않는 이상, 집권자가 바뀌는 것은 거의 불가능할 것이다. 실은 여기에 문제가 있다. 남북통일은 남한체제에 문제가 있는 것이 아니라 북한체제에 문제가 있다. 북한은 남조선 적화통일을 꿈꾸지만 그것은 이미 문화능력 면에서 물 건너간 지 오래다. 세계에서 최고 경직의 북한정권은 겉으로는 통일을 외치지만 실은 통일이 되면 안 되는 정권이다. 체제유지에 급급한 것을 말한다. 북한이 스스로 손을 들어야 되는데 이것은 어떤 외부 강제력으로는 어렵게 보이고 차라리 내부붕괴 쪽이 희망을 준다. 북한 김정일 정권은 이미 북한주민으로부터 소외된 지 오래다. 그것을 모르고 있는 김정일 정권이 지금 도리어 북한주민을 소외시키고 있다. 그 소외의 최악의 단말마적 상황이 북한 난민이다. 탈북자들이다. 지금 이미 엑소더스는 시작되었다.

한국인은 삶을 근본적으로 종교적으로 풀어 간다고 할 수 있다. 한국인은 외래 이데올로기를 만나면 쉽게 그것을 종교적으로 섬긴다. 그러니 쉽게 도그마가 되고 만다. 종교란 역사적으로 약자는 믿고 강자는 즐겨 이용하는 것이다. 종교는 수난이 올수록 강해진다는 점에서 수난을 기다리고 있는지도 모른다. 이것이 자기 내부순환의 운명이라면 너무나 혹독한 것이다. 과학을 써야 할 때 종교를 쓰고 종교를 써야 할 때 남의 종교를 쓰면 그것이 바로 '지배당하는 민족의 전범(典範)'이다. 우린 세계적인 제국 몽고와 전쟁 중에 팔만대장경만을 만들었다. 몽고군은 우리 강토를 짓밟고 우리의 왕족과 부녀자들을 볼모로 데려갔다. 구한말

대종교는 만주에서 독립운동을 전개하였다. 그러나 대종교는 제대로 대중성이 있는 바이블을 만들지 못한 채 요절하고 말았다. 한국의 불행은 민족성은 종교적인데 민족바이블은 만들지 못하고 국제간의 힘의 균형 속에서 언제나 약자의 편에 속한다는 점이다.

한국은 '모성(母性)의 나라', '종교(宗敎)의 나라'이다. 이것은 흔히 역사적 실천과정에서 양극단으로 나타난다. 하나는 '여신(女神)의 나라'이고 다른 하나는 '창녀(娼女)의 나라'이다. 한국인은 '역사를 대신하여 신화를 믿고 살아가는 민족'이다. 그러면서도 정작 평소에는 신화는 외래의 신화를 믿고 살아가다가 민족이 위기에 처하게 되면 잠시 자신의 신화(단군신화)를 되돌아보게 된다. 따라서 단군신화는 민족의 위기에 잠시 빛을 보다가 다시 위기를 넘기면 망각의 늪 속으로 빠져 버린다. 따라서 단군신화가 빛을 보고 단군 붐을 일으키는 것은 민족의 중흥기가 아니라 민족 위기의 징표라는 아쉬움이 있다. 물론 외래종교인 불교도 민족의 위기 때는 호국불교가 되고 단군 신앙도 민족의 위기 때는 부흥하여 대종교(구한말), 혹은 여러 토착종교 신앙의 대상이 되어 민족의 구심점이 된 것은 부인할 수 없다. 그러나 신화는 신화대로 잘 전승하고 역사는 역사대로 확대재생산하는 민족, 일본을 바라보면 참으로 부럽기 짝이 없다.

참으로 한민족을 보면 신화는 신화대로 잃어버리고 역사는 역사대로 망치고 마는 꼴이 아닌가. 역사적으로 전라도(백제 지역) 푸대접의 업장(業障)을, 북한 지역(고구려 지역) 푸대접의 업장을, 관리들이 백성을 억압한 업장을 지금 한꺼번에 받고 있다. 백성들은 종교에 의지하여 고단한 삶을 살아왔다. 특히 전라도 지역의 소외와 억압은 세계사 속의 한국과 같고 한국사 속에서는 프롤레타리아에 비유될 수 있다. 그래서 전라도가 제국주의의 종속이론과 사회주의의 계급투쟁이론, 그리고 군사독재시절의 반독재투쟁이론의 이중삼중 근거지가 되기에 충분하였다.

NL(NLPDR＝민족해방인민민주주의혁명)과 PD (AIAPPDR＝반독재반파쇼인민민주주의혁명)의 온상이 되기에 충분한 곳이었다. 6·25 때 지리산을 중심으로 빨치산운동이 가장 극렬하게 전개되었던 곳이 전라도 지역인 것은 타당성이 있다.

아, 슬프다. 종교로 이끌어 가지만 종교로 넘지 못하는 이 자업자득의, 슬픈 여성적 나라의 운명을! 지상천국의 종교로도 안 되고 천상천국의 종교로도 안 되는 이 민족의 피해의식을! 자유를 방종으로 쓰고, 민주를 권력투쟁의 도구로 쓰고, 역사를 정권으로 농단하고, 풍요를 집단이기로 탕진하는 민족이니, 반드시 대재앙을 받든가, 독재에 시달리게 될 것이다. 극에서 극으로 치닫는, 반전에서 반전으로 끝나는 악순환의 이 운명을! 우리는 흔히 선비가 칼을 들고 백성이 의병이 되는 것을 자랑스러운 역사라고 한다. 이 말은 거꾸로 말하면 전쟁을 위해 단련된 직업무사의 능력과 수가 부족함을 말하고 얼마나 급했으면 훈련 안 된 백성으로 하여금 병사가 되게 했는가를 말한다. 평소에 무력에 대해 등한하고 무사에 대해 무시하고 외침에 대해 무관심함을 말한다. 또 전통적이고 안정적인 제대로 된 보수세력이 없음을 의미한다. 보수세력을 수구반동으로 몰아붙이는, 혁명이 혁명을 부르는 '혁명의 연속'이 우리를 슬프게 한다.

어떤 나라보다도 수많은 외침에 시달린 우리나라가 이렇게 상무(尙武)정신과 유비무환의 정신이 부족하다는 것은 무엇을 말하는가? 이는 우리의 숭문(崇文)정신이 외래 지향적이고 사대적이어서 그 실(實)이 없음을 말하며 문(文)의 위선성과 허구성과 종속성을 증명하는 것에 다름 아니다. 이는 양반계급, 엘리트 계층의 무책임성을 말한다. 이는 수비형 국가의 일반적 모습이다. 심한 관료주의와 가렴주구(苛斂誅求), 관존민비사상은 국민으로 하여금 국가를 불신하게 만들었고 심지어 산적이나 비적들을 옹호하고 정의한(正義漢)으로 받아들이기도 하는데 이는 치자와 피치자의 불신구조라는 내부 모순을 드러낸다. 언제부턴가 우리 민족에게 저항이 정의로 통하게 되었다. 이는 일제식민을 거치면서 더욱더 고착되었는데 저항이란 근본적으로 어떤 체제, 기존의 것에 반대하는 것으로 그것이 없으면 힘을 쓰지 못하는, 대응적인 것에 지나지 않는다. 때론 저항도 하여야 하지만 저항=정의라는 등식은 곤란하다. 외침이나 식민주의 세력과 맞설 때는 그래도 저항이 정의가 되지만 이것이 국내 체제와 맞설 때는 반드시 정의가 되는 것은 아니다. 국내 체제는 스스로 만들어 가고 참여하여야 하는 테제이지 안티테제는 아니다.

광복 후 반세기가 지났는데도 우리는 아직도 동학란을 일으키거나 3·1운동을 하거나 광주학생운동을 하는 자세로 우리의 체제를 바라본다. 이는 반(反)이 정(正)이라는 체제의 자가당착에 빠진 것이다. 문제를 해결하여야 할 자가 문제만을 지적하면서 책임회피를 하고 모든 문제를 과거의 탓으로 돌리고 과거를 청산하는 것이 마치 현재의 역사를 건설하는 양 착각하고 그러다 보니 부메랑이 되어 친일의 조상(귀신)이 불쑥 튀어나와 안티운동을 무색하게 만든다. 이는 모두 수비형 국가를 운영해 온 타성 때문이다. 공격형 국가를 지향하면 저절로 문제를 찾고 해결하고 능동적이 된다. 여기서 공격형 국가라는 것이 남의 나라를 침략하라는 뜻이 아니다. 요즘은 무력전쟁만이 전쟁이 아니라 경제전쟁, 무역전쟁, 문화전쟁의 형태로 전쟁이 바뀌었다. 공격형의 국가는 자연스럽게 내부 결속을 다지게 되고, 밖의 불특정다수의 적을 향해 당연히 유비무환의 준비를 하게 되는 것이다.

수비형 국가는 필연적으로 내분에 빠진다. 국가가 융성할 때도 밖으로 나아가지 못하기 때문에 국가 에너지가 도리어 내분이나 내란 등 분열로 치닫게 되기 일쑤고 국가가 침체에 빠질 때는 주변 강대국에 공격을 당하기 마련이다. 이에 비해 공격형 국가는 적어도 다른 나라를 침략하기 위해 항상 긴장하고 응집력을 갖기 때문에 사회 통합력을 부수적으로 얻게 된다. 수비형 국가는 항상 적전(敵前)에서 분열하기 일쑤인데 책임소재를 따지거나 공방으로 더욱더 분열하기 마련이다. 최악의 경우에는 나라가 망하게 되는 것도 배제할 수 없다. 수비형 국가의 특징은 핑계와 질투와 음모로 일관한다. 나라 안에서 상하가 불신하니 나라 밖으로 뻗어 나갈 힘이 모아질 수가 없다. 지금 우리는 심각한 불신구조에 봉착해 있고 이 불신구조는 군사정부 때보다 문민정부 이후에 더욱 양극화되고 있다. 이상하게도 우리는 주인인가 싶으면 종이고, 종인가 싶으니 더욱더 주인이라고 소리치지 않으면 안 된다. 진정 주인이라면 내가 주인이라고 소리치지 않아도 된다. 결국 주인이라고 소리치면 칠수록 더욱더 종이라는 것을 소리치는 것에 지나지 않는다. 주인은 소리친다고 주인이 되는 것은 아니다. 실질적으로 주인이 될 때, 주인이 될 자격－경제적 능력과 정치적 안정과 독립을 이룩할 때 주인이 된다. 말로만 소리치는 것은 주인이 되는 길이 아니다.

한국인의 주인이 될 수 없는 입장은 마치 기생에 비할 수 있다. 기생은 주인이 될 수 없다. 기생은 자기 자신의 주인이 아니기 때문에 붙여진 이름이고 또한 주인(남자)의 정실이 아니기 때문에 안주인도 될 수 없다. 그래서 결국 안과 밖으로 주인이 아니다. 반도(半島), 반(半)통일, 반(半)국가, 반(半)남자, 반(半)여자, 반(反)체제, 반(反)운동, 반(反)의 나라, 이 '반(半, 反)의 금수강산(錦繡江山)'이 우리의 운명을 이렇게 만들었다는 말인가. 산자수명(山紫水明)한 것이 차라리 원수이다. 황폐한 사막이라면 이런 운명은 아니었을 것이다. 척박한 땅이라면 강대국의 정복 대상이 되지 않았을 것이다. 공격의 대상이 되는 국가는 슬프다. 차라리 수비형의 국가가 되는 것보다는 공격형의 국가가 되는 것이 현명할 것이다. 한국의 영웅은 영웅도 여성적이다. 이것이 공격형의 국가, 지배국가가 되지 못하는 한국의 비애이며 특징이다. 한국은 이제 역사를 다시 써야 한다. 저항의 역사가 아니라 공격의 역사를 써야 한다. 여자의 역사를 쓰는 것이 아니라 남자의 역사를 써야 한다.

한국인이여, 이제 공격자―침략자, 정복자의 입장에서 세계사와 인류사를 바라보는 대전환을 하여야 한다. 약소민족의 민족주의적 시각에서 바라보는 것은 그것 자체가 이미 역사적 한계를 가지는 것이다. 그것은 기껏해야 반제국주의, 반권력주의, 반체제운동으로 민중운동으로 한풀이하는 것에 지나지 않는다. 강자에게, 강대국에 평등을 보장해 주기를 요구하기보다는 강자가 되고 강대국이 되면 그것을 요구할 필요도 없이 보장되는 것이다. 또 공격형의 국가를 만들어야 한다. 그래야만 그동안의 수비형의, 평화주의자의 모습이 어떠한 것인지를 알게 될 것이다. 한국의 비애와 평화주의와 식민지의 모습이 어떠한 것인지를 알게 될 것이다. 수비형의 국가는 아무리 잘 수비하여도 국토를 전장(戰場)으로 제공하는 것이 된다. 국토를 전장으로 제공하면 어떻게 되는가. 임진왜란은 결국 왜군을 물리쳤지만 결코 우리가 승리한 전쟁이라고 할 수 없다. 그 전쟁으로 국토는 유린되고 잿더미가 되었으며 수많은 문화재와 기술자(도공)를 빼앗기고 그 후유증으로 백성들은 기아선상에서 헤매었다. 무엇보다도 임진왜란으로 조선과 일본 간의 문화역전이 시작되었다는 것을 명심할 필요가 있다.

침략이란 매우 반인륜적이고 비도덕적임에도 침략하는 자는 항상 적극적으로 모험하고 창조하고 권력에의 도전적 자세로 인하여 지배자가 될 확률을 높이게 되는 것이다. 우리는 흔히 외침을 잘 막은 것, 예컨대 수와 당과 요의 침략을 막은 대첩을 자랑으로 여기는데 막는다는 것에는 자랑의 한계가 있고 막지 못할 때는 속국이나 식민지가 될 위험이 있다. 이제부터라도 공격형의 국가를 생각하자. 그렇지 않으면 항상 스스로 배에 구멍을 낸 난파선의 쥐 떼들처럼 아우성을 치고 울고불고할 것이다. 우리 민족 문화의 심층에 흐르는 '몸의 논리', '몸의 신앙', '몸의 정치'가 한낱 '몸부림의 논리', '몸부림의 신앙', '몸부림의 정치'로 끝나서는 안 될 것이다. 몸을 중시할수록 '몸을 다스리는 말과 마음과 제도'를 정립하지 않으면 안 된다. 아무 씨앗이라도 떨어뜨리면 잉태하는 그런 백치 같은 여자의 몸이 되어서는 안 된다.

한민족이 북방 기마족의 '씨'와 여성적이라는 '몸'과 인터넷이라는 '말'을 타고 후기 산업사회, 정보화 사회의 지구촌을 종횡 무진한다면 희망이 없는 것도 아니다. 경제적 압축성장과 정치적 압축성장에 이어 문화적 압축성장을 한다면, 기업에 의해 문화를 산업화하고 그 산업자본주의를 선도하는 문명의 대열에서 선두가 된다면 희망은 있다. 그러나 분명 지금 우리는 시간을 까먹고 있고 에너지를 낭비하고 있고 끝내 한풀이와 당파에 의해 결과적인 통일을 이루어 내지 못한다면 또다시 식민지가 되지 않는다는 보장도 없다. 문제는 자본주의 시장경제를 평등의 논리, 평등의 도그마로 질식시키면서 마치 자신들이 정의한인 양 스스로 착각하는 평등의 파시스트를 경계하는 데에 실패하면 희망이 없다는 점이다. 이는 빛나는 경제적 성취, 한강의 기적을 이룬 군사정권의 파시즘보다 훨씬 악독한 것이고, 풍요와 행복한 삶을 위한 필요악도 되지 못하는 백해무익의 것이다. 좌파적 파시스트를 경계하지 않으면 안 된다. 우파적 파시스트에 반체제하면서 생긴 좌파적 파시스트는 제로섬게임을 만들지도 모른다. 이영희 선생은 순수한 좌파로 매우 도덕적이지만 권력을 잡은 급진좌파들의 상당수는 권력을 잡자마자 보수우익반동이라고 저들이 비난하고 비판하던 자들보다 더한 보수우익반동이 되어 변질되고 오염되어 버렸다. 저들에게 좌파라는 것이 권력을 잡기 위한 도구에 불과하였던 셈이다.

공격적인 국가가 될 때 독립이 보장되는 것이고 나아가 다른 나라를 지배할 수 있게 되고 바로 그러한 것을 위해서 현실적으로 다른 나라를 더 잘 이해하게 되는 길을 모색하게 될 것이다. 제국주의적 경험은 바로 나쁘게 쓰면 다른 나라를 지배하기 위한 제국주의가 되지만 그것을 좋게 쓰기로 말한다면 바로 다른 나라를 이해하는 수단을 가지는 것이 된다. 수비형의 국가는 기껏해야 공격을 막거나 아니면 공격에 속수무책으로 당하게 되며 다른 나라를 이해하는 데서도 뒤떨어지게 된다. 이것이 바로 후진국인 것이다. 선진국이 되어야만, 다른 나라를 적극적으로 이해해야만 독립국가가 보장되는 것이다. 제국주의는 독립국가 보존의 반면교사가 된다. 우리 모두 제국주의자가 되자. 그리고 제국주의를 평화적으로 이용하자. 제국을 만들지 못하고 평화만을 외치면 결코 평화도, 독립도 보장받지 못하게 된다.

05_ 지금 반대할 것인가, 실력을 키울 것인가
─반미선동 국가에 불이익, 문화능력 확대 노선을 따라야─

제국주의는 단지 부도덕한 것이 아니라 종합적으로 문화능력의 결과라는 것을 앞에서 말했다. 그래서 결국 반미─반제국주의 운동이나 반독재─반체제운동도 중요하지만 그것보다는 문화능력을 배양하는 것이 식민지를 벗어나는 길이고 독립국가, 나아가서 강대국·선진국이 되는 근본적인 처방이라는 것을 주장했다. 반제국주의 운동은 매우 도덕적인 것 같지만 실은 국가를 방어적이고 폐쇄적으로 만든다는 점에서 생산력의 향상에 역행하게 된다. 반제국주의 운동이 민주주의의 맥락에서 진행되든, 사회주의의 맥락에서 진행되든 그것이 정도를 넘치는 경우, 특히 '민족과 혁명'이라는 이름으로 진행될 경우 십중팔구 생산성의 저하에 직면하고 결국 국가발전의 저해요인이 되기 쉽다. 한국의 경우 남한의 좌파적 민주주의운동도 그러한 덫에 걸렸었고 더더욱 북한의 경우는 심각한 빈곤국가로 전락하는 주요 원인이 되었다. 남한의 경우는 그대로 산업화·근대화 세력에 의해 상쇄되는 메커니즘이 있었지만 북한의 경우 그러하지 못했다. 남한은 박정희 정권에 의해 공격적이고 개방적인 국가운영을 통해 그 덫을 상쇄하고도 눈부신 '한강의 기적'을 이룰 수 있었다. 민족주의는 '자주'나 '주체'를 주장하지만 잘못하면 세계에서 고립을 자초하는 것이고 혁명주의는 사회를 일시에 개혁하고 체제를 바꾸어 놓겠다고 선언하지만 실은 사회적 혼란을 가중시키는 것이 된다.

무엇을 대중적으로 반대하는 반운동, 반문화운동은 반대는 잘하여도 정작 건설에는 약하다는 게 정평이다. 건설하는 것이 처음부터 반대하는 것과는 접근방법이 다르다. 말하자면 파괴는 체제의 어느 약한 부분, 맹점, 취약점을 공격해도 목적을 달성할 수 있다. 그러나 건설은 부분의 것으로 달성되지 않는다. 건설은 전체적인 체계의 완성과 조화를 확보해야 하기 때문이다. 파괴는 부분의 파괴로 목적을 달성하지만 건설은 전체의 건설이 아니면 불가능하기 때문이다. 국가경영은 항상 국가 전체를 바라보는 안목이 필요하고 경우에 따라서는 장기지속의 관점에서 국가 만들기의 설계를 하여야 한다. 그렇지 않으면 결국 정쟁의 소용돌이에 빠지거나 국력의 쇠퇴를 가져와서 안으로 내우에 빠지게 되고 이것은 결국 밖으로 외환을 불러오는 빌미가 되기 쉽다. 국내정치와 국제정치는 동전의 양면과 같은 것이다. 이는 공격과 방어의 양면성과 같다. 공격이 곧 방어가 되고 방어가 곧 공격이 되는 이치이다. 국내정치를 잘하면 결국 국제정치를 잘하게 되고 국제정치를 잘하면 국내정치도 잘하게 되는 것이다. 물론 그 반대의 경우도 있다. 외교는 잘하지만 내치를 잘 못 하는 정권도 있고 그 반대도 있을 수 있다. 그러나 대체로 외교를 잘하면 내치도 잘하고 내치를 잘하면 외교도 잘하는 게 통상적인 이치이다.

큰 나라와 경쟁하기 위해서는 그만한 슬기와 역사운영의 묘(妙)－주체성 혹은 문화능력－를 가져야 한다. 이것이 없으면 불가능하다. 다른 나라들은 우리가 2만 불 국가가 되는 것을 원하지 않는다. 더욱이 먼저 2만 불의 고급승용차에 올라탄 나라들은 우리가 막차라도 타는 것을 보려고 하지 않을 것이다. 우리는 2만 불의 문 앞에서 우왕좌왕하고 있다. IMF로 허송세월을 보냈고 좌우대립으로 남남갈등에 빠졌고 이제 빈부격차로 분열을 가속화하고 있다. 지금 권력엘리트들은 시민들이 사는 동네에까지 도박장을 허가해 주고 정치헌금을 받고 입으로만 민주주의를 외치고 있다. 박정희 대통령에 의해 산업화의 막차를 타긴 했지만 2만 불의 막차를 타기는 어려울 것으로 전망될 뿐이다. 역사적으로 소급하는 정부는 과거와 명분에 집착한 나머지 현재를 희생하는 악순환을 범하기 쉽다. '민주'라는 이름으로 들어선 정부는 박정희가 벌어 놓은 부와 재화를 탕진한 정부라는 불명예를 벗어날 수 없다. 민주주의를 발전시킨 공로로 탄 이들의 집권이 빛을 잃고 있다. 역대 어떤 민주정권도 군사정권이 만들어 놓은 경제발전에 빚을 지지 않은 적이 없다. 더 이상 민주라는 이름으로 자신의 잘못을 가리지 마라. 반미를 선동하는 것이 민주주의가 아니다.

한국의 민주정치는 '관념정치'이고 한국의 지방자치는 '관념자치'이다. 더 이상 개혁이라는 이름으로 '관념'과 '독선'의 일차원적인 정치문화를 벗어야 한다. 오랫동안 중국의 산수를 화첩으로 보고 그리며 그림의 전부로 인식한 '관념산수'의 후예들이 우리 산천을 그리는 '진경산수'를 그리게 된 것은 오랜 세월이 걸렸다. 우리의 '관념산수'란 다름 아닌 중국의 '진경산수'였던 것이다. 오늘날 우리는 영미의 민주주의를 화첩을 보고 그리면서 '관념정치'를 하고 있다. 그것도 이미 세계가 폐기·처분한 좌파의 마르크시즘까지를 곁들여서 하고 있다. 우리 정치의 '진경산수', 즉 '진경민주주의'는 언제 올 것인가? 이 땅의 진경을 보지 않고 남의 화첩만 보고 진경을 그릴 수는 없다. 왜 남이 우리의 진경을 그리겠는가. 우리의 진경을 그릴 사람은 우리뿐이다. 오늘날 민주주의는 효율의 민주주의이다. 효율을 그르치면 민주주의(정치)는 경제를 잃게 되고 경제를 잃으면 산업을 잃게 되고 산업을 잃으면 과학을 잃게 되고 결국 국제사회에서 낙오하게 된다. 고도자본주의 사회는 이미 20세기 초의 순진한 자유민주주의 사회가 아니다. 대한민국이 서울공화국이 되어야 하는 이유는 서울사람만을 위한 것이 아니다. 그만큼 국토로 볼 때 '작은 나라'라는 이유이다. 이것이 우리의 땅덩어리로 보는 우리의 분수이다. 이런 인식을 바탕으로 정치를 하고 국토의 균형발전을 이룩해야 한다. 더 이상 영토적 과대망상에서 벗어나서 정치적 비효율에서 벗어나서 '작지만 아름다운 나라', 이건희 삼성그룹 회장의 말마따나 '강소국(强小國)'을 만드는 지혜를 모아야 한다. 강소국을 만든 다음, 강대국(强大國)을 꿈꿔야 한다. 세계가 지구촌이 된 지금, 영토적 강대국보다는 문화적 강대국이 되는 것이 역사의 바른 진로라고 할 수 있다. 문화능력이 큰 것을 강소국으로 표현하든, 강대국으로 표현하든 무슨 상관이라는 말인가.

한국의 지방자치는 도리어 또 하나의 당파인 지역당파를 만드는 것에 머물 위험이 있다. 이름만, 무늬만 민주정치, 지방자치가 아니라 이름은 어떤 것으로 하더라도 실질적으로 민주주의와 지방자치를 발전시키는 '진경산수', '실학운동'이 절실하다. 밖으로 팽창하기보다는 안으로 싸움을 즐기는 '평화를 사랑하는 민족', 이 수비형·여성적 국가의 운명을 이제 바꾸어야 한다. 지금 우리는 모처럼 잘살고 보니까, 오랜 역사적 억압과 굴레에 쌓였던 한(恨)을 한꺼번에 쏟아 내고 있다. 그 한(恨)은 우리의 국토를, 우리의 마음을 갈기갈기 찢고 있다. 우리는 집단이기의 아수라장이 되고 있다. 그러다 보니 우리는 사사건건 당파를 실행하면서도 개혁을 하고 있다고 스스로 착각하고 있다. 스스로 가면을 쓰고 살면서도 가면이 원래 제 얼굴인 양 철면피로 살아가고 있다. 사대주의와 당파주의는 동전의 양면과 같은 것으로 사대주의를 하면 반드시 당파주의를 하게 되어 있고 당파주의를 하면 결국 사대주의를 하게 되어 있다. 사대주의는 우리 역사의 한계이다. 다시 말하면 실존적 한계상황이다. 사대를 안 하면 못 살게 되고 사대를 하면 살게는 되는데 당파를 하게 되어 강대국을 만들지 못하게 된다. 우리 정치계는 항상 당파의 기술자들이 포진해 있다. 이 당파의 기술자들은 당파가 곧 정치인 줄 안다. 선거 때마다 정계개편이라는 이름으로 이합 집산하는 것은 국민을 기만할 뿐만 아니라 민주주의의 책임정치에도 심하게 어긋나는 행위다. 마치 정계개편이라는 것이 큰 개혁이라도 되는 것처럼 걸핏하면 들고 나온다. 이제 연중행사가 되어 버렸다.

개혁이라는 이름으로 당파를 실천하고 있는 정치권이 정파적 이익에 눈이 먼 동안 한국의 선진국 2만 불 진입의 기회는 지나가고 있다. 당파의 민족이 당파의 기술자를 최고권력에 포진시키게 된 것은 참으로 민족적 불행이라고 하지 않을 수 없다. 이 역사적 업을 벗어나지 못하면 우리는 영원한 약소국으로 전락하게 될 것이다. 구한말 '동학란'은 우리의 정체와 우리의 한계를 극명하게 보여 주었다. 동학란으로 선진국, 독립국을 만들 수는 없다. 동학란은 우리의 민주주의가 민중주의적 성격을 갖게 될 것이라는 예감을 갖게 하는 최근세사의 큰 사건이었다. 그러나 동학란이 혁명적 성공을 한 것으로 미화하거나 역사적 정의를 내린다면 이는 큰 잘못이다. '인내천'이라는 사상을 통해 민중을 자각시킨 것은 사실이지만 그것이 혁명을 통해 국가를 새롭게 세운 것은 아니었다. 단지 밖으로 식민주의와 안으로 폭정에 시달린 나머지 더 이상 백성들이 살 수 없었다는 것을 표출하였을 뿐이다.

현대에서도 동학란과 같은 것에 만족해서는 안 된다. '동학란'을 일으킨 민중의 힘을 슬기롭게 이용하고 이를 '국가발전의 힘'으로 비약시킬 수 있는 국가 만들기의 설계자로서 역할을 잘할 수 있는 지도자가 아쉽다. 한국의 민주주의가 '난장판'이 되지 않도록 '축제와 열광의 분위기'를 보다 냉정한 '계획과 설계의 분위기'로 바꾸지 않으면 안 된다. 동학란은 결국 '난(亂)'에 그친 것이다. 동학란은 당시 종교적 민족운동의 차원에서는 성공하였지만 새로운 국가의 탄생에는 미진한 운동이었다. 오늘날도 '민중민주주의'를 진정한 '자유민주주의'로 발전시키는 과제가 우리에게 주어져 있다. 여기에 엘리트, 지배계층의 자기헌신과 국가통합의 지혜가 필요하다.

자유자본주의 체제를 도입한 지 반세기가 넘었다. 그런데도 우리 사회는 아직도 '돈 있는 자'에 대한 시선이 곱지 않고 '돈 없는 자'에 대한 이유 없는 동정이 있고 그것을 마치 청빈(淸貧)인 것처럼 오해한다. 물론 부자 중에도 악한 사람이 있다. 그러나 빈자라고 다 선한 사람은 아니다. 부자 중에도 선한 사람이 있고 빈자 중에도 선한 사람이 있다. 이는 선악과 빈부는 아무런 관련이 없다는 것을 말한다. 물론 빈부와 화복이 같이 가는 것은 아니다. 우리는 대체로 부자이면 복이 많다고 여기고 빈자라면 복이 없다고 여긴다. 그러나 반드시 그렇지는 않다. 부자라도 복이 없는 경우도 있고 빈자라도 복이 있는 경우도 있다.

그런데 돈이 없으면 정치하지 말라고 감히 말하고 싶다. 적어도 돈이 없으면 돈을 후원받을 힘이라도 있어야 정치를 할 수 있다. 자신이 돈이 없어도 명예나 덕망을 쌓았거나 탁월한 정치력 혹은 지도력을 보인다면 물론 정치를 할 수 있다. 그러한 정치가들도 역사상 많이 있었다. 오히려 인류역사에서 훌륭한 정치가들은 빈자 출신인 경우가 많다. 이는 빈자로 태어났으면서도 가난과 고통을 극복할 수 있는 힘이 있는 소수의 특별한 재능의 사람에 한하는 것이다. 이러한 특별한 경우를 일반적으로 적용할 수는 없다. 우리 사회에 흔히 돈이 없는 것을 청빈으로 가장하는 정치지망생이 많다. 이는 위선이다. 이러한 인물들이 권력을 잡으면 반드시 부정부패로 물의를 일으킨다. 가난에 대한 콤플렉스 때문에, 보상심리 때문에 그렇다. 이럴 바에는 차라리 부자 출신의, 가문 있는 집안 출신의 인물이 낫다. 적어도 정치를 하기 위해서 구걸을 하지 않을 것이고, 정치자금으로 축재를 하지 않을 것이기 때문이다.

이제 빈자의 구차한 논리를 거둘 때가 되었다. 이제 돈 없으면 정치를 하지 말아야 한다. 돈이 없어 제 처자식도 제대로 건사하지 못하는 주제에 어딜 감히 정치를 하겠다고 나서는가. 이제 식민지의 국민이 독립운동을 해야 했고 빈자가 사회주의 혁명을 해야 했던 시절의 '운동과 혁명'을 들먹이는 무리들은 이 땅에서 사라져야 한다. 이 땅에서 발을 붙이지 못하게 하여야 한다. 정체불명의 운동과 혁명이 우리 사회에 만연해 있기 때문에 오히려 건전한 시민정신이 싹트지 못하고 건전한 다수의 생활인이 소시민으로 매도되고 몰아붙여진다. 차라리 소시민으로 구성된 나라, 소시민이 대접받는 나라가 훌륭한 나라이다. 수신제가치국평천하(修身齊家治國平天下)라는 말은 제 앞가림을 하고 남을 보살필 수 있다는 평범한 진리를 우리들에게 일깨운다. 이제 돈 없으면 정치하겠다고 세상에 나서지 말고 적어도 돈을 후원받을 덕망을 쌓은 자가 정치에 나서라.

돈도 없는 자가 정치한다고 나서고 그래서 친구나 친척이나 친지들에게 온갖 아양을 떨고 정치자금을 모으고 그 대가로 청탁을 받고 이권을 약속하고 공수표를 남발하면서 정치를 한답시고 명함 찍어 다니면서 건달처럼 지내다가 선거철만 다시 그 부정의 고리를 부활시키는 자들은 정치에서 손을 떼라. 선거자금을 마련하기 위해서 혹은 개인적인 축재를 위해서 재벌들에게 공갈이나 협박을 하는 정치인은 이 땅에서 사라져야 한다. 이상하게도 자본주의가 도입된 지 반세기가 넘었는데도 이 땅에는 돈 없는 것이 자랑인 것처럼 손을 벌리고 구걸하는 정객들이 마치 자기가 아니면 세상이 금방이라도 망하고, 자기가 아니면 정치를 할 사람이 없는 것처럼 거짓말을 하고 다닌다. 이제 국민들도 이런 자들에게 동정을 주거나 동전을 주어서는 안 된다. 이제 정치는 어느 분야에서건 나름대로 자수성가를 하여 제 앞가림을 하고 제 밥그릇을 챙기고 남을 돌볼 여유가 있는 자들에게 주어야 한다. 돈이 없는 자 가운데 권력을 쥐면 부정부패의 유혹에 걸려들지 않을 자가 적다.

'돈 없으면 정치를 하지 마라.' '돈 없으면 명예가 있거나 명예가 없으면 학식이 있거나 학식이 없으면 인물이라도 좋아야 정치에 나서라.' 돈이 없더라도 명예, 학식, 인물 등이 있으면 적어도 무리하게 불법으로 돈을 구걸하지 않아도 정치자금을 마련할 수 있기 때문이다. 자본주의 사회에서는 돈이 모든 것의 척도이다. 명예가 있고 학식이 있고 인물이 있는 자들은 굳이 정치적 권력을 잡지 않아도 만족을 하게 된다. 그래서 우선 정치를 하려고 할 필요가 없다. 그런 사람들을 보고 주위에서 돈을 대어 주면서 정치를 해 주십사고 통사정을 하여야 이들은 정치에 한 번 나설 수도 있을 것이다. 이런 사회가 되어야 제대로 된 정치가 되는 것이다. 역설적으로 '정치가 없어야(적어야) 정치가 된다.' 그런데 우리 사회는 온통 정치투성이다. '정치가 많기 때문에 정치가 되지 않는다.' 우리사회는 정치홍수 때문에 모든 것이 떠내려갈 정도이다. '권력을 잡아 돈을 벌 욕심이나 야욕에 찬 자'들을 정치에 내보내니 이 나라가 될 게 무엇인가. 부정부패로 잠시도 조용할 날이 없게 되는 것이다.

'돈 없으면 정치를 하지 마라'라는 말과 함께 '돈, 명예, 학식, 지위를 한꺼번에 바라지 마라'라는 말을 하고 싶다. 한 사람에게 이 네 가지가 함께 있으면 사회는 불공평해지고 부정부패가 만연하게 된다. 왜냐하면 이들은 서로 이율배반적이고 충돌하기 때문이다. 예컨대 명예를 생각하는 사람이 어떻게 돈을 벌겠는가. 이는 거짓말이다. 그렇다고 돈을 벌었다고 명예를 갖지 말라는 법은 없다. 돈을 번 사람이 뒤에 명예를 얻는 것은 돈을 버는 논리와는 아무 상관이 없다. 돈을 버는 사람 가운데 극소수만이 돈을 사회에 환원할 수 있는 것이다. 미국의 석유재벌 록펠러나 철강재벌 카네기가 그 예이다. 물론 이런 사람은 훌륭한 사람이다. 그러나 국가는 훌륭한 사람이 태어나기를 기다리는 것이 의무가 아니다. 자유자본주의 사회가 지향하는 것은 바로 '부를 나누어 평등하게 가난해지는 것'이 아니라 '부를 확대해서 세금을 통해 부를 사회에 환원하여 재분배를 통해 함께 잘사는 것일 것'이다. 만약 부를 쌓기도 전에 이것을 환원하는 것부터 생각하면 이는 자유자본주의가 아니다.

종종 가난한 나라들은 성급한 나머지 민중을 동원하여 평등을 우선하여 공동 생산하고 평등하게 소비하는 공산사회주의를 추구한다. 이는 부가 쌓이기도 전에 부를 나누고자 하는 어리석은 짓이다. 이런 떡 줄 사람은 생각도 안 하는데 김칫국부터 먼저 마시는 일은 세상은 허용하지 않는다. 흔히 왕도가 없다는 말은 이런 것을 두고 하는 말이다. 마찬가지로 돈의 논리가 있으면 명예의 논리가 있고 학식의 논리가 있고 지위의 논리가 있다. 정치야말로 이들 네 가지 중에서 하나를 달성한 사람들이 모이는 곳이다. 젊어서부터 데모나 하고 운동이나 하고 소위 '운동권', '꾼들이' 정치를 하면 말로는 지상천국을 만든다고 떠들어 대지만 실은 아무것도 만들지 못하고 아무 열매도 거두지 못한다. 그들은 성공하는 길(왕도가 없음)을 무시하고 왕도를 추구하였기 때문이다. 그들에게 '도중(途中)의 길(中道)'은 없다.

어느 분야에서건 성공한, 입지를 굳힌 사람이 아니면 정치를 하지 마라. 정치를 하지 말아야 나라가 된다. 왜 저명한 물리학자가 정치를 하고 왜 유수의 공학박사가 정치를 하는가? 왜 각계의 전문가들이 정치를 하는가? 국회의 전문성을 높이기 위해서 비례대표 전국구 국회의원을 두는 것은 말로는 그럴듯하게 들리지만 실은 말짱 거짓말이다. 부정한 정치자금을 받기 위해서 전국구라는 것이 악용되었다. 또 전문가들은 국회에 자문을 주면 되는 것이지 결코 국회의원이 될 필요가 없다. 이는 권력을 탐하는 무리들의 변명이며 거짓 명분에 지나지 않는다. 국민들에게 위장하기 위해 내세운 얼굴마담과 같은 것이다. 전문가들이 정치에 들어가면 함께 타락하는 것이고 나라의 인재만 하나 잃어버리는 것이 되고 결국 국가에너지를 낭비하는 일밖에 되지 않는다.

어느 분야에서건 성공한 사람은 성공하는 비결을 나름대로 한 가지씩은 터득하고 있는 자들이고 한 분야에 성공한 자들은 다른 분야에 대해서도 나름대로 쉽게 터득할 확률이 높은 것은 사실이다. 세상의 이치에 두루 통하기는 어렵지만 터득하기로 말하면 세상은 아래에서건 위에서건 중간에서건 서로 통하는 통로가 있기 마련이다. 그래서 보편성이라는 것이 있고 도통(道通)이라는 것이 있다. 모든 분야에 통한 세종대왕이나 이순신 장군 같은 분이 있으면 그보다 좋은 것은 없지만 그래도 한 가지에라도 통하면 그런대로 세상에 내보낼 만한 인물이다. 그래서 간혹 전문가들이나 저명한 인물이 정치계에 나갈 수도 있지만 그것이 상례가 되어 관리가 되거나 벼슬을 하여야 '성공한 인생'이라고 생각하는 것은 잘못이다. 그런데 이상하게도 우리 사회에는 돈도 없고 명예도 없고 학식도 없고 인물도 못난 자들이 저마다 잘났다고 하면서 떠들어 대고 정치를 한답시고 난리를 떠니 참으로 고약한 세상이다. 고약한 세상에 고약한 일만 벌어진다.

'세상 말년에 퉁두란이 난다'는 속담이 있다. '못난 송아지 엉덩이에 뿔난다'는 말이 있다. 이상하게도 우리 정치판은 자기 분야에서 '못된 짓' 하고 '나쁘다'고 소문난 놈만 올라가서 떠들어 대고 있다. 어째서 그런가? 악화가 양화를 구축한다는 경제법칙이 우리 정치에도 통하기 때문인가? 변호사 중에 제일 악랄한 변호사가 정치판에 나가고, 목사 중에 제일 사이비 목사만 정치판에 나가고, 군인 중에 가장 비겁한 놈만 정치판에 나가고, 사업가 중에 실패한 놈만 정치판에 나가고, 교수 중에 가장 실력 약한 놈만 정치판에 기웃거리고, 학생 중에 공부 안 하고 운동만 하던 놈들만 정치판에서 왕 노릇 하니 나라가 될 리가 없다. 이렇게 '말로만 떠들고 실천하지 않는 놈', '이중인격자'만 뽑혀 장관 되고 국회의원 되니 정치가 될 리가 없다. 우리 정치판이야말로 그야말로 쓰레기요, 돼지 죽통이나 마찬가지이다.

제 앞가림도 못 하는 놈이 남 다스리는 정치를 한다니 말이 되지 않는다. 더 이상 학교 때 운동하던 운동권을 정치판에 내세워서는 안 된다. 이 새끼들은 처음부터 끝까지 반대만 하고 운동만 하지 도대체 실질로 무슨 일을 할 줄 모른다. 반대하는 것만큼 쉬운 일은 없다. 그런데 이들은 마치 반대를 일삼는 것이 마치 가장 어렵고 고귀한 일을 하는 것으로 착각하고 있다. 더구나 자신들이 민족을 위해 큰일이나 하는 것처럼 자기도취에 빠져 있다. 이런 이중인격자들을 출세시켜서는 안 된다. 도대체 아무것도 할 수 없는 자들에게 권력의 칼자루를 맡기니 나라가 될 리가 없다. 반대를 하는 것을 무기로 권세를 잡고 이름을 얻은 자들이 이 땅에서 큰소리치고 대접받고 사는 한 이 땅은 조용할 리가 없다. 제 손으로 돈을 벌어 보지 못한 놈이 권력을 잡고, 직장생활을 해 보지도 못한 놈들이 국회의원 되고, 예비고사 떨어지는 놈들이 외국유학 가는 사회가 되어서야 나라는 밑 빠진 독에 물 붓기가 되지 않을 수가 없다.

돈은 나쁜 것이 아니다. 돈은 함부로 벌 수 있는 것이 아니다. 돈은 노력하는 자에게만 돌아가는 것이다. 그래서 돈은 권력이 좌지우지해서는 안 된다. 더 이상 돈을 벌기 위해서 권력을 잡으려는 자들에게 정치를 맡겨서는 안 된다. 돈을 번 후 다른 사람을 위해 봉사할 여유와 아량을 가진 자들에게 권력을 맡겨야 한다. 더 이상 아무 일도 할 수 없는, 더 이상 아무 일도 한 경험이 없는, 더 이상 말로만 떠들어 대는, 더 이상 돈을 벌기 위해서 정치를 하려는 잘못된 자들, 이중인격자들에게 정치를 맡겨서는 안 된다. 우리 사회는 돈을 벌기 위해 정치를 하고 권력을 잡으려고 한다. 우리 사회는 권력을 가지면 돈은 저절로 들어온다고 한다. 우리 사회는 쥐꼬리만 한 권력이라도 가진 공무원이 되어야 먹고산다고 한다. 이는 부패한 정치인과 관료들이 나라를 망치고 있음을 간접적으로 말하는 셈이다. 지금은 힘, 문화능력을 키울 때다.

06_ 공산사회주의의 실패와 통일한국으로의 프로토콜
―통일은 말로 되는 것이 아니고 점진적 자세가 필요하다.
남북의 선의의 경쟁 필요―

　모든 역사적 책임은 엘리트가 져야 한다. 민중은 책임지는 자가 아니다. 민중은 역사의 성공과 실패의 결과를 부담하는 자이다. 이것은 만고 불변의 진리이다. 모든 권력은 국민으로부터 나오지만 그 국가를 지키는 것은 국민이 아니라 엘리트이다. 그런 점에서 민중은 민생고를 해결하기 어려울 때 일어나서 도적이 되고 반정부를 할 수는 있지만 국가를 유지하는 책임에서는 면제된다. 민중적 운동으로 국가를 유지할 수는 없기 때문이다. 민중이 혁명의 도화선이나 계기가 되고 새로운 엘리트 세력을 밀어줄 수는 있지만 민중이 스스로 정권을 잡고 나라를 다스릴 수는 없다. 민중은 선동하여 권력을 잡은 자가 바로 공산당이다. 그러나 공산당 귀족은 민중에게 권력을 돌려주지 않았다.

　민중이 다스리는 국가는 잠시 국가를 영위할 수는 있어도 결국 훌륭한 엘리트가 다스리는 주변의 다른 국가에 반드시 지고 만다. 그런데 최근세사에서 제대로 된 엘리트 계급을 가지지 못한 우리는 민중이 역사를 이끌어 갈 수 있다는 이상한 착각과 환상에 빠져 있다. 이것이 바로 잘못된 민주주의, 민중적 민주주의의 엄청난 시대착오적 발상이고 여기에 참가한 일군의 세력들의 자기도착, 나르시시즘이 있다.

민중사관은 역사를 결과적으로 해석하는 것이며 역사를 원인적으로 개척하고 역사를 운영해 나가는 사관은 아닌 것이다. 민중사관은 우리 민족의 '몸부림의 철학', '몸부림의 정치학', '몸부림의 역사학'에서 비롯된다. 민중사관은 결코 우리나라를 선진국, 강대국으로 만드는 사관은 아닌 것이다. 차라리 우리 엘리트들의 국가 경영·관리능력의 부족과 부재를 드러낼 뿐이다. 동학혁명이 나라를 세운 것은 아니다. 결국 그 결과라는 측면에서 보면 동학이라는 것은 망국 직전에 나타나는 치자와 피치자의 내부분열에 속한다. 동학혁명을 통해서 일본은 일사천리로 조선반도에 들어와 청일전쟁, 노일전쟁을 치르면서 조선에 대한 지배권을 주변 열강으로부터 얻어 낸다. 지금은 프롤레타리아 혁명의 시대가 아니다. 그런 혁명으로 국가를 발전시킬 때도 아니고 발전시킬 수도 없다. 프롤레타리아 혁명은 원천적으로 사회를 계급으로 나누고 갈등관계를 만들어서 생산성을 낮추고 결과적으로 사회를 전반적으로 하향평준화하는 이론으로, 실패하게 되어 있는 이론으로 판결이 났다. 후진국이나 생산성이 형편없는 몇몇 나라들만 아직도 프롤레타리아 혁명을 운운하면서 다중을 속이고 정권을 잡으려고 획책하고 있는 중이다. 공산사회주의 운동은 결국 일부 공산당귀족만 만들어 내고 프롤레타리아를 구제하지 못했다. 단지 공산당만 새로운 귀족으로 되고 소비에트공화국만 동구공산권을 다스리는 제국으로 군림한 것으로 끝났다. 이는 결국 사회주의운동은 또 하나의 권력투쟁, 제국주의의 패권경쟁에 지나지 않는다는 것이 증명된 셈이다.

　어떤 사회이든 양반을 만들어 내지 못하면 설사 생산성을 높이고 경제를 향상시킨다고 하더라도 그 에너지의 흐르는 물길을 만들어 내지 못하기 때문에 전락하고 만다. 양반은 한 사회의 모범이 되고 행동의 준거가 되고 크고 작은 여러 단계의 사회집단에서 안정과 질서를 꾀하는 집단이기 때문이다. 양반은 그 사회의 가장 상층부에서 사회를 이끌어

가고 문화를 창조하는 집단이다. 돈이 있는 집단들이 문화를 고양하고 새로운 규범을 만들어 내지 못하면 그 사회는 거꾸로 타락하고 패륜에 빠지고 급기야 혼란에 빠지게 된다. 한 가정을 예로 들더라도 양반을 만들어 내는 데는 3대가 필요하다. 예컨대 할아버지가 돈을 벌면 아버지는 공부를 하여 학식을 넓히고 손자는 돈과 학식을 겸비하여 그야말로 문화를 겸비한 양반이 되는 것이다. 우리 사회도 이제 경제적 성공을 통해 돈을 모을 단계이다. 이제 공부를 하고 지식을 넓히고 문화적 볼륨을 넓히는 단계이다. 이게 신양반을 만들어 가는 발전과정이다.

우리 사회에 돈 자랑하는 부유층은 있다는 소리는 들었어도 양반이 있다는 소리를 들어 보지 못했다. 조선조 사회만 하더라도 나라를 세운 후 50년~1백 년 사이에 새로운 양반계급이 탄생하고 나라의 질서를 잡아 갔던 것이다. 당시에 사회의 양심과 규범이 되는 양반계급이 형성되었기 때문에 조선조 사회가 그 후 5백 년을 이어 가는 원동력이 되었던 것이다. 우리의 선비정신은 바로 그 양반계급의 실체인 것이다. 그런데 지금은 돈이 있으면 좋은 음식 먹고 좋은 옷 입고 좋은 집을 장만하는 것은 있어도 아직도 좋은 문화와 교양을 만들어 내지 못하고 있다. 지역이나 기업, 각급 사회단체에 어른이 없다. 어른이 없다는 것은 모범이 될 사람이 없다는 뜻이다. 아무리 법치사회라고 하지만 그러한 어른들이 요소, 요소에 없으면 사회는 쉽게 혼란에 빠진다. 그런 점에서 신양반을 만들어야 한다. 신양반은 반드시 전통을 존중하는 가운데에 새로운 규범과 도덕을 구축하고 예(禮)를 만들어 내며 미래에의 적응력을 가질 때 가능한 것이다. 다시 말하면 고금(古今)과 동서(東西)가 하나가 되게 하고 소통할 수 있어야 가능한 것이다. 고금동서의 소통 채널과 제도를 만드는 것은 그리 쉬운 일이 아니다. 적어도 몇 세대에 걸쳐서 이루어지는 것이다.

우리는 지금 고금이 서로 통하지 않고 동서가 서로 막혀 있다. 각종 크고 작은 집단, 사회준거들이 갈등과 이기주의에 빠져 적대관계에 있고 이를 이용한 혁명과 개혁의 세력들은 준동하고 있다. 이래서는 총체적인 근대문화를 달성하기 어렵고 신양반계급을 만들어 내기 어렵다. 이제 혁명이나 개혁보다는 안정과 그 안정을 통해 새로운 질서를 만들어 가야 하는 때다. 계속해서 대안도 없이 혁명과 개혁만을 부르짖으면 문화의 계승과 창조가 어렵다. 창조가 없으면 문화는 쇠락하기 마련이다. 창조가 없으면 그 문화는, 그 사회는 남의 나라에 종속되거나 식민지로 전락하게 된다. 남의 나라에 종속되거나 식민지로 한번 전락하면 다시 문화적 주체성을 회복하는 데는 몇 백 년이 걸리게 된다. 이제 양반이, 신양반계급이 정치를 하여야 한다. 가문 있는 집안의 자녀들이 정치를 하여야 하고 가문 없는 집안의 자녀들은 몇 대를 걸쳐서 가문 있는 집안이 되기 위해 노력하여야 하고 그런 후에 정치에 나서야 한다. 선진국들은 대개 그 나라의 양반들이 정치를 맡고 있다는 점을 상기할 필요가 있다. 물론 이때의 양반들이란 신분제에 의해서 양반이 되는 것이 아니라 개인의 노력으로, 혹은 세대에 걸친 노력으로 부와 명예를 얻어 가문을 일으킨 신양반을 말한다. 신양반을 만들어 내는 것은 문화능력이 신장되었다는 지표가 된다.

프롤레타리아 출신으로 혁명이나 개혁을 부르짖으면서 영웅이나 소영웅주의에 빠져 있는 자들이 정치를 맡아서는 영원히 혼란과 무질서에서 헤어 나오지 못하게 된다. '돈을 벌어라. 양반이 되어라. 양반이 된 후에 정치를 하라.' 우리 사회가 신양반을 만들어 내지 못하면 우리 사회는 망하게 된다. 사회를 급진적으로 변화시키려는 세력들은 이제 물러가야 한다. 이들 급진세력들이야말로 콤플렉스 덩어리요, 급진적 출세주의자들이고, 상황에 따라 변절하고 바뀌는 믿을 수 없는 자들이다. 이들 급진세력들은 한마디로 사회가 만들어 낸 병자들이다. 이들 사회적 병자들에게 나라를 맡겨서는 안 된다. 병자들은 언제, 어디서, 무슨 짓을 할지 모르는 자들이다. 돈 없는 것이 자랑이고, 교양 없는 것이 자랑이 아니다. 우리 사회도 이제 빈자의 논리를 거둘 때다. 돈이 없으면 명예라도 얻고 학식이라도 얻어서 저들로 하여금 스스로 정치자금을 대면서 정치를 하라고 종용하도록 만들어라. 이것이 정치자금이다. 어찌 협박과 공갈로 기업으로부터 정치자금을 뜯어내는 조폭과 같은 것이 정치자금 혹은 정치헌금인가.

언제나 나라의 다수를 차지하는 국민들은 그저 말로만, 선거 때만 되면 국민을 위한다고 '부채탕감'이나 약속하고 '세금감면'이나 약속하고 그저 눈에 보이는 '이것도 해 준다, 저것도 해 준다'고 거짓말하고 공수표를 남발하는 사기꾼에게, 공부는 안 하고 학창시절에 민주주의 운동을 한답시고 거리에서 운동이나 하고 선동이나 하고 개혁이나 혁명을 소리치는 '잘못 길러진 운동권'을 국회의원으로 선출하여서는 안 된다. 특히 못사는 다중들에게 인기를 얻기 쉬운 발언이나 달콤한 말로 금방이라도 복지를 가져다줄 것같이 약속하는 '페이퍼 민주주의(paper democracy)' 세력, 실지로 아무 일도 할 수 없는 무능한 세력, 특히 '말 잘하는 사람(巧言令色하는 놈)'에게 표를 찍어서는 안 된다. 이런 사람에게 표를 찍으면 바로 중우정치가 되고 포퓰리즘이 되는 것이다. 우리 사회는 이런 사이비 정치인들이 설치기에 딱 좋은 민도에 있음을 국민들은 반성하여야 한다. 결국 국민의 수준이 정치인의 수준임을 명심하여야 한다. 국민들이여, 모든 오늘의 정치적 상황은 모두 국민 여러분이 만든 것이다. 정치인이 만든 것이 아님을 명심하여야 한다.

이제 혁명을 하려고 하지 말고 신양반이 되도록 노력하여야 한다. 당대에 되지 않으면 몇 대에 걸쳐서라도 양반이 되도록 노력하여야 한다. 몇 대에 걸쳐서 가문을 일으키는 것이 바로 사회의 질서를 유지하면서 건강한 욕망을 충족하는 바람직한 사회가 되는 첩경이다. 하루아침에 민주사회와 복지사회가 될 것처럼 약속하는 거짓 정치인들에게 속지 말아야 한다. 이제 혁명에 희망을 걸지 말고 노력과 성실한 사람에게 희망을 걸어야 한다. 이제 혁명을 부르짖는 자들은 모두 국민에게 아부하는 자들이고 국민을 이용하여 하루아침에 권세를 쥐려는 자들이고 사회를 무질서하게 만들어서 자신의 명리를 얻으려는 자들이다. 이들에게 나라를 맡기면 자신의 명리를 위하여 언제 나라를 팔아먹을지 모른다. 지금도 자신의 명리를 위하여 나라를 팔아먹은 자들이 득실거리고 있다. 이제 혁명에 속지 말아야 한다. 사회주의 혁명을 부르짖던 공산국가의 종주국 소련의 망하는 꼴을 보지 않았는가. 공산국가야말로 '신종 전체주의 국가'라는 것을 볼셰비키 혁명이 일어난 지 1백 년도 못 되어 증명하고 말았지 않는가.

제2차 세계대전 이후 세계는 자유자본주의와 공산사회주의로 양분되었다(물론 여기서 아프리카 등 제3세계는 제외했다. 제3세계는 세계사의 주류경쟁에서 비켜나 있었기 때문이다). 자유와 평등 가운데서 자유를 우선한 곳이 자유자본주의 진영이고 평등을 앞세운 것이 공산사회주의 진영이다. 그런데 자유자본주의 진영이 완전히 승리하고 말았다. 이는 자유자본주의가 자연의 순리에 맞기 때문이다. 그러나 자유자본주의가 평등을 완전히 도외시하고 있는 것은 아니다. 자본주의가 성숙한 선진국가일수록 평등의 원리를 헌법에 가미하고 있다. 이는 자본이 쌓이고 빵을 해결한 국가로서 보다 많은 국민이 행복을 함께 누릴 수 있는 권리(최대 다수의 최대 행복)가 있다는 것을 인식하였기 때문이다. 그렇다고 사회의 계층이 없어지고 수직체계가 없어진 것은 아니다. 어디까지나 자유와 자본의 원리를 우선하고 나머지 보완장치로서 평등의 원리를 적용하는 것이다. 그런데 후진국이나 남미 제국 등은 자본과 빵을 해결하기도 전에 평등을 적용하여 국가경쟁력을 잃어버리고는 중진국에서 후진국으로 전락하고 있는 것이 현실이다. 이것이 오늘날 변종의 사회주의인 포퓰리즘이라는 것이다. 우리는 포퓰리즘에 의해 나라를 하향평준화할 것이 아니라 부를 바탕으로 신양반을 만듦으로써 나라의 문화와 예술을 높이고 문화생산력을 확충하고 위계질서를 잡는 가운데에 여러 계층이 자기의 계층에 맞게 살게 하고 기회 평등의 실현에 치중하여야 한다. 프롤레타리아 혁명은 역사의 역주행에 지나지 않는다. 급진좌파는 역사의 역주행에 지나지 않는다.

우리가 고도성장을 하였지만 결국 창의성과 주체성의 부족으로 진행방향을 잃고 나라가 온통 혼란과 무질서에 빠지는 가운데 분열과 집단이익의 상충 속에 비생산적인 사회를 벗어나지 못하는 것은 우리의 부에 걸맞은 양반문화를 도출해 내지 못한 때문이다. 양반문화는 일종의 새로운 문화의 피라미드인데 피라미드의 아래에 있는 사람들은 피라미드의 위로 올라가기 위해서 저마다 노력하고 열심히 일하는 가운데 자유경쟁의 페어플레이 정신을 함양하고 사회적으로는 생산성을 높이고 문화예술의 수준을 향상시킴으로써 문화의 정체성을 갖게 하는 것이다. 이것은 일시적 말장난에 의해 형성되는 것은 아니다. 문화 피라미드의 정점에 있는 양반은 그 사회를 위해 책임과 의무를 다해야 하는 것이다. 이른바 노블레스 오블리주(지위에 걸맞은 사회적 책임과 의무), 양반정신을 지켜야 한다. 마르크시즘의 계급투쟁이라는 것은 사회의 하향평준화와 가난에 이르는 길이다. 이것보다는 계층이동의 기회를 주는 것이 생산성을 높이고 건강한 사회를 만드는 길이다. 여기에 양반과 양반문화가 피라미드의 정점에 있는 것이다. 더 이상 파괴를 일삼은 계급투쟁, 혁명의 논리에 놀아나서는 안 되는 것이다. '평등보다는 자유가 먼저'라는 것을 이해하는 것이, 그리고 '나중에 평등을 추구'하여야 하는 우리시대 삶의 보편적, 일상적 진리가 대중적 인식으로 확산되어야 한다.

자유민주주의와 자본주의를 기조로 하면서 사회주의를 구현하지 않으면 결국 하향평준화, 빈자의 평준화라는 것을 이들은 우리에게 가르치지 않았는가. 오늘날 북한사회야말로 가장 악랄한 '전체주의 국가'가 아닌가. 우리에게 자유민주주의를 만드는 데에 조금이라도 기여한 사람들에게 돌을 던지지 말자. 우리의 자본주의를 위해 조금이라도 기여한 사람들에게 돌을 던지지 말자. 이제 부분적 잘못을 가지고 전체를 싸잡아 매도하지 말자. 역사적 발전의 각 단계에서 조금이라도 나라를 위해, 사회의 발전을 위해 공헌한 자들에게 고마워할 줄 아는 국민이 되자. 고마워할 줄 아는 국민이 되어야 나라의 장래가 밝아진다. 처음부터 끝까지 증오와 멸시로 가득 찬 자들이 우리 사회를 이끌어 간다면 그 결과는 불을 보듯이 뻔하다. '달콤한 자를 경계하라.' '말 잘하는 자를 경계하라.' '쉽게 약속하는 자를 경계하라.' '부정하는 자를 경계하라.' '혁명하려는 자를 경계하라.' 우리 사회도 이제 근대국가, 선진국가로 들어가는 안정을 구축하여야 하는 단계에 들어가고 있다. 계속 혁명만 하여야 한다면 우리 사회는 절망이고 암흑이다. 혁명이란 구호는 그 자리에서 금세 밝음이지만 돌아서면 나중에 어두움이다. 속지 마라. 국민들이여! 거짓 선비, 거짓 메시아들을 경계하라.

남북한은 전쟁이 아닌, 선의의 경쟁을 통해서 통일 후의 한 국가로서의 경영에 부담을 줄 여러 변수들은 약화시키거나 제거해야 한다. 통일은 철저한 사전준비 작업이 필요하다는 말이다. 무엇보다 물자소통, 언론소통, 동질감 회복 등의 준비경과 과정이 필요하다. 무엇보다도 정치 엘리트들의 자기희생이 필요하다. 개인의 부귀영화보다는 민족의 영광과 번영을 위해, 대를 위해 소를 희생시킬 줄 아는 정신이 필요하다. 남한은 선거에 의해 대통령과 국회의원 등이 이미 바뀌는 체제이기 때문에 별반 문제가 없지만 북한은 일당 독재체제이기 때문에 변신을 하기가 쉽지 않을 것이다. 이에 용서와 화해가 필요해진다. 만약 어느 한쪽이 통일을 주도했다고 해서 다른 한편을 응징하고 단죄한다면 또 다른 분열과 분단을 초래할 위험도 있다. 이는 통일을 아니 한 것만 못하다. 그런 점에서 급진통일은 금물이다. 중국도 자본주의를 도입하는 만큼 통일한국이 자본주의를 토대로 해야 하는 것은 물론이다. 그런 점에서 자본주의를 죄악시하는 태도보다 북한 체제나 주민들로 하여금 자본주의의 이해를 높이는 훈련이 절실하다. 자본주의를 토대로 적절히 사회주의를 원용하는 것이 그 기조가 되어야 할 것이다. 이것이 한국적 사회민주주의가 되든, 한국적 자유민주주의가 되든 상관없지만 인민민주주의가 되어서는 곤란하다.

04

성선설과 성악설,
공맹(孔孟)과 공순(孔荀)

01_ 인간은 선한가, 악한가
-경쟁적 생물종으로서의 인간 진화의 긴 여정과 유전자-

인간은 선한가, 악한가? 결론부터 말하면 선하지도 악하지도 않다. 어느 것을 가정하든 옳지 않고 관념유희에 불과하다. 성선설은 맹자(孟子)가, 성악설은 순자(荀子)가 주장한 것을 우리는 잘 알고 있다. 그러나 정확하게는 맹자도 선한 인간이 모인 사회에서 혁명의 필요성 '혁명론'을 주장하였고, 순자도 예절을 통해 인간이 도덕과 윤리, 선(善)에 도달할 수 있음을 설득하였다. 그러나 두 본성론 가운데 인간 진화의 과정에 부합하는 설은 순자의 설이 더 가깝다. 순자의 성악설을 차라리 성욕설이라고 해야 옳다. 인간이 욕망의 존재라는 것을 역설하였기 때문이다. 욕망을 부정하고는 어떤 인간의 본성론도 그 기초와 출발을 얻을 수 없다. 맹자의 사단칠정의 처음인 측은지심(惻隱之心)은 옳지만 세상사가 모두 어린아이가 우물에 빠지는 상황만 있는 것은 아니다. 이것은 도리어 인류학적으로 보면 생물 종 내부의 같은 종끼리의 애타심(愛他心)에 속한다. 이것은 근친상간금기(incest taboo)와 함께 동물계에도 통하는, 원문화(原文化, proto-culture)에 속한다.

인간이 욕망의 존재임을 바탕으로 하는 사회체제가 바로 자유자본주의 체제이다. 그런 점에서 순자가 오늘날 재부활되어야 마땅하다. 인간의 본성(本性)을 두고 이성(理性)을 중심으로 보는 쪽도 있고 감성(感性)을 중심으로 보는 쪽도 있다. 이성을 본성으로 보는 쪽은 감성적 측면을 본능(本能)이라고 달리 규정했다. 이것은 본능을 동물과 결부시키고 인간은 동물과 다르다는 것을 강조하기 위한 것인데 본능－감성(섹스와 사랑)이 본성과 구별되어야 하는 절대적 기준은 없다. 물론 인간에게 이성적인 성질과 감정적인 성질이 함께 있는 것이 사실이다. 그러나 어느 것을 우선하느냐에 따라 본성은 달라졌다. 성(性)을 도덕적 개념으로 규정하는 일종의 역전현상은 동양에서 특히 두드러진다. 동양에서 성(性)은 아예 도덕적 개념으로 독점된다. 그래서 그 성(性)이 도덕적인 규범을 준수하면 선(善)이고 그 성이 도덕적인 규범의 준수에 실패하면 그것은 악(惡)이라고 하였다. 성(性)을 생물의 연장선에 놓든, 새로운 도덕의 출발점으로 놓든 선택은 불가피한데 후자의 경우 생물로서의 성(性)을 억압하게 된다. 다시 말하면 욕망이나 감정이나 사랑이나 질투 같은 것을 부정적인 것으로 치부한다. 이 같은 '재생산의 도구로서의 성(性)'과 '도덕적 주체로서의 성(性)'의 역전 혹은 바꿔치기는 바로 '권력을 가진 자'(도덕의 기준을 설정하는 자)가 '지배를 당하는 자'의 성을 억압하는 중요한 모멘텀이 된다.

　동양에서 본능과 도덕 간의 갈등과 대립은 예컨대 공자와 노자, 맹자의 성선설(性善說)과 순자의 성악설(性惡說), 그리고 조선의 이기(理氣)논쟁, 사단칠정론(四端七情論), 인물성(人物性) 논쟁 등이 대표적이다. 그런데 이 이론들은 하나같이 양극단에 편중된 것으로 결국 상대성의 세계, 이원적인 세계를 절대적인 세계, 일원적인 세계로 해석하려는 의지, 결국 권력의 의지에 의해 결정됐다. 양자는 교체되면서 권력을 번갈아 잡아 왔다. 결국 권력이라는 것은 이성과 감성의 연속체상에서(그 중간 어느 지점에서) 균형점을 잡을 수밖에 없다. 그러나 권력의 의지는 감성쪽보다는 이성 쪽이 더 강했다. 권력이라는 것 자체가 이미 인위적이고 강제로 억압하면서 성립되는 것이기 때문이다. 감성이란 원래 생물의 긴 진화과정을 토대로 한 것이기 때문에 굳이 인위적이고 의식적인 권력에 의하지 않더라도 자신의 토대가 마련되어 있는 것이다. 문제는 바로 이성이다. 이성은 진화과정에서 보면 인간의 등장에 따른 극히 최근의 일로 불안정하고 불확실한 것이기에 권력에 의해 주장되지 않으면 그 존립이 위태로워지는 것이었다. 이성은 본래 어떤 조건의 산물이다. 그런데 이 조건을 생략하거나 은폐시키고 그 인과만을 강조하여 어떠한 이성도 보편성인 것처럼 행세하는 특징을 보여 왔다.

그러나 인류역사로 볼 때 이성도 지극히 유행적인 것이고 동서고금을 통해 달리 전개되었다. 남의 이성을 수입하는 자들은 그런 점에서 언제나 남의 특수성을 자신의 보편성으로 착각하는 우를 범했는데 이것이 바로 권력의 세계적 확대라는 제국주의와 연결된다. 권력은 처음에는 물질적 혹은 신체적 소유를 하지만 결국 그것으로는 권력의 팽창이 한계가 있고 권력을 세계적으로 빠른 시일 내에 확산시키기 위해서는 이성과 관련된 담론을 수출하는 것이 지름길이다. 그래서 제국들은 언제나 그들의 (자생)종교나 (선진)문화를 앞세워서 그들의 권력욕을 달성하였던 것이다.

성(性)의 한자말을 보면 '마음 심(心)'과 '날 생(生)'의 합성어(心＋生)이다. 바로 이 합성어에서 앞서 언급한 이중성과 양면성의 운명이 함축된 셈이다. '마음'이란 바로 생각하는 이성이고 '생'이란 바로 생물적 소여를 말하는 것이다. 마음이란 생물을 움직이게 하는 사령탑이라는 점에서 생물의 총체성을 대변하는 것이다(상징성). 하지만 동시에 성은 생물이며 날 때부터 가지는 바탕이다(물질성). 그렇다면 성이란 마음(정신)의 산물인가, 물질(육체)의 산물인가? 처음부터 딜레마에 빠지게 된다. 바로 이 딜레마를 푸는 것이 이 논의의 목표가 된다. 물론 필자가 성공적으로 논의를 이끌어 가게 되면 성이란 마음이면서 물질이고 물질이면서 마음이라는 것을 증명하게 될 것이다. 이 둘은 동전의 양 면과 같다.

동양에서 성(性)에 대한 논의에 있어서 동양적 전통은 크게 노자적 입장(자연주의적인 입장)과 공자적 입장(인문주의적)으로 크게 나뉜다. 전자는 자연의 본성을 그대로 두려는 입장이고 후자는 자연의 본성을 인문적 훈련과 교육에 의해 바꾸려는 입장이다. 전자는 자연의 상대성과 순환에 순응할 것을 주장하고 후자는 자연적 본성을 인문적 본성으로 바꾸어 절대적 도덕과 인(仁) 혹은 도(道)에 도달하게 하여야 한다는 입장이다. 후자는 분명히 전자에 비하면 역설적인 입장이다. 이 같은 대립은 후대에 다시 공문(孔門) 내에서 벌어지는데 순자의 성악설과 맹자의 성선설로 대체된다. 물론 순자(荀子)는 공자의 제자인 자공(子貢)과 자유(子游)와 자하(子夏)를 잇고 있고 맹자(孟子)는 증자(曾子)와 자사(子思)의 뒤를 잇는 인물이다.

성(性)에 대한 이러한 입장의 차이는 인간이 살아가면서 궁극적으로 도달하려는 '목표로서의 성'과 자연으로부터 '부여받은 성'이라는 주안점의 차이를 가져온다. 후자의 공자적 입장은 후에 주자(朱子)에 의해 '존천리(存天理: 하늘의 이치를 보존한다) 알인욕(遏人慾: 사람의 욕망을 막는다)'으로 심화되어 욕망에 대한 부정적 입장에 선다. 이는 물론 성선설(性善說)을 주장하는 맹자(孟子)의 계열에 속하는 것이기도 하다. 순자(荀子)의 학설은 흔히 성악설(性惡說)로 거론되는데 이는 오해의 여지가 있다. 이때의 성악(性惡)이라는 말은 예(禮)를 전제한 말이다. 예로써 다스려야 한다는 의미맥락에서 악이다. 우리나라는 순자의 계열을 이단시하면서 맹자를 편식하였다. 다시 말하면 공맹(孔孟)의 나라이다. 순자는 욕망을 인정한다는 점에서 성악설은 차라리 성욕설(性慾說)이라고 하는 편이 더 옳을 것이다. 맹자는 주관적이고 이상적이었다면 순자는 객관적이고 현실적이었다. 맹자의 성(性)은 진화론과는 역의 방향이다. 진화론의 방향과 정(正) 혹은 순(順)의 방향은 순자이다.

이에 비해 순자의 성(性)은 진화론의 같은 방향에서 사람들을 다스리는 법을 말하고 있어서 주목할 만한 인물이다. 순자는 비록 공문(孔門)에 속하였지만 인간의 욕망을 인정하였다는 점에서 매우 과학적인 입장에 있었던 것 같다. 이는 맹자의 도덕적 혹은 종교적인 입장과는 다르다. 순자는 욕망을 인정하고 그렇기 때문에 그것을 다스리기 위해서 예(禮)를 가르쳐야 한다는 입장이었다. 이에 비하면 맹자는 인간은 본래 선하기 때문에 예(禮)로써 본성을 되찾아야 한다는 입장이었다. 주자는 맹자의 성선설의 전통을 이어받아 인욕을 막는 것을 목적으로 철학의 일차적 목표로 설정하였는데 이와 함께 남존여비 사상을 강조하였다. 물론 주자도 남성과 여성의 조화를 우선하였지만 그것이 실천적으로 역사에 나타날 때에는 남존여비의 형태로 나타났던 것이다. 주자학은 여성을 상대적으로 욕망을 제대로 다스리지 못하는 존재, 쉽게 악에 물들 존재로 그렸다. 이러한 전개는 인류사에서 흔히 있을 수 있는 종교적 발상에 지나지 않는다.

순자는 종교적이라기보다는 과학적인 입장에 서 있다. 과학적인 접근으로 볼 때 순자가 훨씬 귀납적이고 경험적이라는 점에서 우리에게 유효하다. 여기서 순자(荀子)의 성악설에 대해 알아보는 것이 욕망을 인정하는 나의 논리전개로 볼 때 필수적이다. '순자(荀子)' 중 중요한 대목을 살펴보자. 우리나라가 공순(孔荀)의 입장을 따랐으면 훨씬 더 현실적이고 실용적인 학문을 이루었을 것이다. 말하자면 저절로 실학은 완성하였을 것이다. 불행하게도 우리나라는 도덕주의자, 관념주의자들의 나라였다. 오늘날 자본주의를 전통과의 단절 없이 자연스럽게 접목시키고 토착화하기 위해서는 공순(孔荀)의 부활이 절실하다. 공맹(孔孟)을 철저하게 따르는 주자학이 중국에서 조선으로 들어왔지만 실지로 중국 대륙에서 중국을 통일한 진시황을 보필한 이사(李斯)를 비롯하여 법가(法家) 등 중국을 경영한 세력은 공순의 제자들이 대부분이라는 것을 알 필요가 있다.

순자는 제자들과 대화를 한 것이 아니라 스스로 쓴 것이 많아 매우 논리적이다. 순자에 대해서는 대체로 잘 모르기 때문에 여기서 그 중요 대목과 대략을 소개하기로 하자. 한 구절 한 구절이 모두 오늘의 자본주의와 과학사회에 딱 들어맞는다. 어떻게 몇 천 년 전에 순자라는 인물이 탄생했는가.

"하늘은 만물을 생성하기는 하지만 만물을 분별하지 못하며 땅은 사람들을 그 위에 살게 하지만 사람들을 다스리지는 못한다."(禮論편)

"작위를 가하지 않아도 이루어지고 추구하지 않아도 얻어지는 것, 이것을 하늘의 직무라고 한다."(天論편)

"하늘의 운행에는 일정한 법도가 있다."(天論편)

"하늘에는 일정한 도(道)가 있고 땅에는 일정한 법칙이 있다."(天論편)

"일식과 월식이 생기고 철에 맞지 않는 비바람이 일고 이상한 별이 나타나는 것은 늘 어느 세상에서나 있었던 일이다. 별이 떨어지고 나무가 우는 소리를 내는 것은 천지의 변화이자 음양의 변화로 드물게 생기는 일이다. 이상하게 여기는 것은 괜찮지만 그것을 두려워하면 안 된다."(天論편)

"하늘과 땅은 군자를 낳았고 군자는 하늘과 땅을 다스린다."(天論편)

"하늘에는 그의 철에 따른 변화가 있고 땅에는 여러 가지 생산물이 있으며, 사람에게는 그 다스림이 있다. 이것을 두고서 하늘과 땅의 변화에 참여하는 것이라고 한다. 사람으로서 참여하는 일은 버리고 참여하는 대상만 알기를 바란다면 미혹된 일이다."(天論편)

"하늘의 운행에는 일정한 법도가 있다. 요임금 때문에 존재하는 것도 아니고 걸왕 때문에 없어지는 것도 아니다. 농사에 힘쓰고 쓰는 것을 절약하면 하늘도 가난하게 할 수 없고, 잘 보양하고 제때에 움직이면 하늘도 병들게 할 수 없으며, 올바른 도를 닦아 도리에 어긋나지 않으면 하늘도 재난을 당하게 할 수 없다."(天論편)

"그의 행위에 빈틈없이 모든 것을 잘 다스리고, 그의 보양이 빈틈없이 모두가 적절하면, 그의 삶은 손상되지 않는다. 이것을 두고 지천(知天)이라고 한다."(天論편)

"예에는 세 가지가 있다. 하늘과 땅은 생명의 근본이고, 선조는 종족의 근본이고, 훌륭한 임금은 다스림의 근본이다. 하늘과 땅이 없다면 어떻게 생명이 있겠는가. 선조가 없다면 사람이 어디서 나왔겠는가.

훌륭한 임금이 없다면 어떻게 다스려지겠는가. 세 가지 중에 어느 하나가 없어도 안락할 사람은 없을 것이다. 그러므로 위로 예는 하늘을 섬기고 아래로는 땅을 섬기며 선조를 높이고 임금을 존중해야 한다. 이것이 예의 세 가지 근본이다."(禮論편)

"물과 불은 기운은 있으나 생명이 없고, 풀과 나무는 생명이 있으나 지각이 없고 새와 짐승은 지각은 있으나 의로움이 없다. 사람에게는 기운도 있고 생명도 있고 지각도 있고 의로움도 있다. 그래서 천하에서 가장 존귀한 것이다."(王制편)

"사람의 본성은 악하다. 지금 사람의 본성은 나면서부터 이익을 좋아하는데, 이것을 따르기 때문에 쟁탈이 생기고 사양함이 없어진다. 나면서부터 질투하고 미워하는데, 이것을 따르기 때문에 남을 해치고 상하게 하는 일이 생기며 충성과 믿음이 없어진다. 사람은 나면서부터 귀와 눈의 욕망이 있어 아름다운 소리와 빛깔을 좋아하는데, 이것을 따르기 때문에 지나친 혼란이 생기고 예의와 아름다운 형식이 없어진다. 그러니 사람의 본성을 따르고 사람의 감정을 좇으면 반드시 서로 쟁탈하게 되고 분수를 어기고 이치를 어지럽혀 난폭함으로 귀결될 것이다. 이로써 본다면 사람의 본성은 악한 것이 분명하다."(性惡편)

"타고나는 본성은 우리가 어찌할 수가 없지만 교화시킬 수는 있다."(儒效편)

"배워서 행할 수가 없고 노력해도 이루어질 수 없는데도 사람에게 있는 것을 본성이라 한다. 배워서 행할 수가 있고 노력하면 이루어질 수 있는, 사람에게 있는 것을 작위라 한다."(性惡편)

"감정이 그리하여 마음이 그것을 선택하는 것을 생각(慮)이라고 말하고, 마음이 생각하여 그것을 위해 움직일 수 있는 것을 작위라고 말한다."(正名편)

"성인은 본성을 교화시키고 작위를 일으키는데, 작위가 일어나면 예의가 생기고, 예의가 생기면 법도가 제정된다."

"길거리의 사람 누구나 성인이 될 수 있고, 소인이라도 누구나 군자가 될 수 있다."(性惡편)

"도란 하늘의 도도 아니요, 땅의 도도 아니며 사람의 근본이 되는 도이며 군자가 지켜야 하는 도이다."(儒效편)

"도란 무엇인가? 그것은 예의와 사양과 충성과 믿음이다."(彊國편)

"내 생각이 분명하지 않으면 곧 그렇고 그렇지 않음을 결정할 수가 없다."(解蔽편)

"사람들은 무엇으로 도를 아는가? 그것은 마음으로 알 수 있다. 마음은 어떻게 도를 아는가? 그것은 마음이 한결같아지고 고요해지는 것으로 알게 된다. 마음이 텅 비고 한결같아지고 고요한 것을 크게 맑고

밝다(大淸明)고 하는 것이다."(解蔽편)

"옳고 그름(是非)이 혼동되지 않는다면 나라가 잘 다스려질 것이다."
(王制편)

"군자는 반드시 말을 잘한다. 사람들은 그가 훌륭하다고 여기는 일을 말하기를 좋아하지 않는 이가 없지만, 군자는 그 경향이 더욱 심하다."(非相편)

"지금은 성왕이 돌아가시고 천하가 어지러워 간사한 말이 생겨나고 있으나, 군자에게는 그들에게 군림할 권세도 없고, 그들의 잘못을 금할 형벌도 없다. 그러므로 일의 옳고 그름을 분명하게 펴고 있는 것이다."(正名편)

"명칭을 들으면 실물을 깨닫게 되는 것이 명칭의 효용이다."(正名편)

"명칭이 올발라야 물건을 이해할 수가 있다."(正名편)

"말을 분석해 멋대로 명칭을 만들어 올바른 명칭을 어지럽혀 백성들에게 의혹을 품게 하면 사람들은 말다툼과 소송이 많아질 것이니 곧 이것을 두고 크게 간사함(大姦)이라 말하는 것이다. 그 죄는 사신의 신표(信標)나 도량형기를 멋대로 만든 것과 같다."(正名편)

"사람에게 본디 욕망이라는 악한 본성이 있어서 그대로 버려두면 서로 충돌해 큰 혼란이 일어난다."(榮辱편)

"옛 임금들은 그 혼란을 막기 위해 예를 제정하였다."(王制편, 禮論편)

"나라에 예가 없으면 나라가 어지러워진다."(王覇편)

"사람들의 욕망을 충족시켜 주고 사람들이 원하는 것을 공급케 하였던 것이다. 그리하여 욕망은 반드시 물건에 궁해지지 않도록 하고, 물건은 반드시 욕망에 부족함이 없도록 해, 이 두 가지가 서로 균형 있게 발전하도록 하는 것이다."(禮論편)

"무릇 예가 삶을 섬긴 기쁨을 장식하려는 것이고, 죽음을 전송함은 슬픔을 장식하려는 것이고 군대의 의식은 위엄을 장식하려는 것이다."(禮論편)

"예의라는 것은 성인의 작위에 의해 생겨나는 것이지, 본디 사람의 본성에서 생겨하는 것은 아니다. 성인이 생각을 쌓고 작위를 오랫동안 익혀 예의를 만들어 내고 법도를 제정한다."(性惡편)

"사람은 나면서부터 무리를 이룬다."(富國편)

"하늘이 백성을 낳은 것은 임금을 위한 것이 아니며, 하늘이 임금을 세운 것은 백성을 위한 것이다."(大略편)

"부유하지 않으면 백성들의 감정을 길러 줄 수가 없다."(大略편)

"법은 다스림의 발단(端)이다."(君道편)

"좋은 법이 있어도 어지러워진다는 일은 있으나, 군자가 있으면서도 어지러워진다는 말은 예로부터 지금까지 들어 보지 못했다."(王制편)

"대체로 옛 임금(先王)을 본뜬다고 하지만 세상을 어지럽히기에 충분한 술법을 따르며 후세 임금(後王)을 법도로 삼아 제도를 통일할 줄 모르며 옛 임금을 부르면서 어리석은 자를 속여 입고 먹을 것을 구하는데 이것이 속된 유자이다. 후세 임금을 법도로 삼고 제도를 통일하며 이것은 아유이다."(儒效편)

이상에서 순자의 사상 가운데 가장 중요한 핵심은 첫째, 인간중심주의이다. 더 정확하게는 인간 독립선언이다. 순자는 인간으로 하여금 하늘과 땅의 법칙을 분리하게 함으로써 하늘로부터 인간의 독립선언을 하고 있다. 따라서 순자는 인간은 누구나 성인이 될 수 있으며 성인조차도 작위의 산물이라고 한다.

둘째, 성악설이다. 순자의 성악설은 '인간이 악하다'고 하여 악을 결정론으로 말한 것이 아니다. 순자는 인간의 욕망을 인정함으로써 진화론의 방향과 일치하고 있으며 인간은 악하기(성악설) 때문에 예(禮)가 필요하다는 입장에 선다. 이에 순자는 욕망과 물건이 균형을 이루어야 함을 역설하고 있다. 순자는 부유하지 않으면 백성의 감정을 길러 줄 수 없다고 한다. 이는 아직 봉건주의나 왕도정치의 틀을 벗어나진 않았지만 해석 여하에 따라서는 매우 자본주의 적이라고까지 할 만하다.

셋째, 현실주의를 들 수 있다. 순자는 법을 다스림의 발단이라고 말한다. 이는 매우 법가적이다. 넷째, 객관주의를 잘 알 수 있을 것이다. 순자는 유교가 선왕을 본받을 것을 주장하는 데에 반해 후왕을 본뜰 것을 주장한다. 순자는 크게는 유가의 범주에 들지만 이미 법가와의 경계지점에 있음을 알 수 있다. 순자의 사상이야말로 인간과 욕망과 현실과 객관적인 것을 바탕으로 국가시대를 준비한 사상이라고 할 만하다. 그의 제자로 법가의 대표적인 인물인 한비자(韓非子)와 진시황의 재상으로 이름이 높았던 이사(李斯)가 있음은 당연한 일이다.

종합적으로 보면 순자는 천인지분(天人之分)에서 시작하여 '천인지합

(天人之合)=참어천지(參於天地)'를, 성위지분(性僞之分)에서 시작하여 성위지합(性僞之合)을 지향하였으며 이는 예법(禮法)을 광의의 문화로 인식한 '예법(禮法)=문화(文化)'의 등식을 보인다는 점에서 매우 인류학적인 발상법을 가졌다고 볼 수 있다. 맹자는 공자의 유교해석에 있어서 주관적인 심(心)과 이를 확충한 인정(仁政)을 강조하였으며 순자는 객관적인 예(禮)의 중요성과 전승되는 문화의 공동체성을 강조하는 특징을 보인다(김승혜, 1990, 『원시유교』, 민음사, p.215). 맹자와 순자에 의해 공자의 유교가 두 갈래로 갈라졌고 또한 발전하였지만 동시에 유교의 통합성을 잃은 것도 사실이다. 맹자는 절대도덕인 인의(仁義)를 강조하지만 순자는 도덕보다는 생존경쟁의 본성인 인간의 욕망을 인정하면서 그것을 다스리는 예법(禮法)을 강조함으로써 과학성을 보인다는 점에서 인류학의 미래에 시사하는 바가 크다.

인류사에서 도덕적 혹은 종교적 발상을 하는 시대가 있었다. 이것은 비단 동양뿐만 아니다. 서양에서도 본능과 도덕 간의 갈등과 대립은 보편적이었던 듯하다. 시대와 장소, 개인과 집단(국가)에 따라 어느 것을 우선하느냐는 항상 달랐다. 절대도덕을 주장하는 것도 실은 성(性) 혹은 욕(慾)을 다스리기 위한 방편으로 나왔고, 그 다스리는 방법 중에는 도덕뿐만 아니라 그것을 적절하게 충족시키는 것도 하나의 방법임에는 틀림없다. 순자가 인성(人性)에는 방향이 없다고 주장한 점이나 욕(慾)을 악(惡)한 것이라고 하면서 동시에 그것을 예(禮)로써 조절하고 키워야 한다고 한 점은 모순되는 것으로 보인다(김승혜, 1990, 『원시유교』, 민음사, p.221; 서복관 1969, 『중국인성론사』, p.256 재인용). 그러나 이것은 실은 인간의 이중성을 인정한 것으로 매우 과학적인 태도이다. 그 이중성이란 크게 우주론인 음양론(陰陽論)에 포함된다.

서양사에서도 서양의 플라톤과 아리스토텔레스, 아폴론과 디오니소스, 스토아학파와 에피쿠로스학파들이 있었는데 전자는 주로 성을 이성적으로 파악하려고 하였고 후자는 감성적으로 파악하는 경향이 있었다. 에피쿠로스학파에 의해 성은 제대로 평가되는 듯했으나 그것도 잠시였다. 두 갈래로 내려오던 전통은 기독교의 세계화와 더불어 성을 죄악으로 보는 데에 익숙해진다. 기독교는 어쩌면 주자학보다 더 성을 금기시하고 죄악시하였다. 하지만 우리가 앞장에서 미셸 푸코의 연구를 보았듯이 성은 그렇게 권력에 의해 억압된다고 해서 사라지는 것이 아니었다. 차라리 이성(理性)은 성(性)을 이(理)로 독점하면서 실은 성(性)을 관리하거나 아니면 억압하는 것이었다. 이렇게 볼 때 인류사는 성을 억압하거나 성을 충족시키는 이중의 방향을 가지고 있었던 셈이다. 어느 쪽이든 성(性)이 인간의 바탕이라는 것을 입증하는 데는 의심의 여지가 없다. 성(性)은 보다 본질적인 것이고 작위를 가하지 않아도 존재하는 것이기 때문이다. 차라리 성(聖)이나 성선(性善)은 작위를 가하여야 되는 것이지만 성(性)은 작위(作爲, 僞)를 가하지 않아도 되는 것이다. 성에 대한 올바른 평가를 하는 것은 그 후 근대의 전개와 더불어, 특히 과학시대에 이르러 가능하게 되었다. 과학이야말로 성을 제대로 세워 놓는 계기가 되고 있다. 흔히 중세라고 말하는 종교시대에는 성을 억압하는 시기였다. 본성을 본성대로 보려는 것이라기보다는 본성을 다스리는 데에 치중한 시기였다. 말하자면 성을 권력의 대상으로 삼았던 셈이다. 성을 극단적으로 대상으로 삼은 것은 오히려 중세에 들어 극심하였으며 이런 점에서는 중세는 고대보다 후퇴한 셈이다. 인류사의 출발과 더불어 대부분의 사회가 채택한 가부장제 아래에서 특히 권력의 대상이 된 '여성의 성'은 처참하게 왜곡되고 심하게는 마녀화되지 않을 수 없었다.

욕망, 예컨대 성욕과 식욕은 인간의 안(몸과 마음)에 있는 일종의 스트레스(stress)라고 말할 수 있는데 이 욕망에 대한 인간의 밖에서(몸 밖에서)의 대응, 즉 필요(need)가 바로 문명이라는, 위(僞, 人爲, 作爲)라는 틀을 밝힌 순자는 성인은 아니겠지만 과학자임에 틀림없다. 특히 성(聖)도위(僞)라고 밝힌 점은 참으로 과학자적인 태도이다. 이는 종교가 과학의 과정(process) 중에 있다는 것을 역설한 냉엄한 분석이다. 이는 성(聖)도 권력이라는 것을 실토하는 것이다. 결국 성(聖)과 성(姓)은 성(性)을 억압하는 것이 된다. 문명이라는 것의 정체는 성(性)을 억압하는 것이 된다. 물론 여기에는 집단적 삶을 영위하고 종의 번영을 꾀하는 한편 성(性)을 놀이로서 받아들이는 인간의 특성이 개입한다. 자연은 결코 인간에게 고통(苦痛)만 주지 않는다. 쾌락(快樂)을 동시에 준다. 그 쾌락에도 여러 가지가 있고 정도의 차이가 있겠지만 나름대로 도락(道樂)을 주는 것이다.

인간의 욕망을 인정하고 그 '욕망의 인간'을 다스리는 것이 정치이고 도덕인데 욕망 자체가 잘못된 것인 양 대하는 태도는 실은 일종의 절대적 관념주의이다. 성선설은 목표로서의 관념주의이다. 조광조의 지치주의(至治主義)도 일종의 주자학적 원리주의, 근본주의로서 항상 처음 이데올로기를 무기로 할 때는 강한 도덕적 추진력을 갖지만 결국 현실적 응용의 실패로 물러가게 된다. 오늘날 공산사회주의와 자유자본주의의 대립도 일종의 현대판 지치주의라고 할 수 있다. 남의 이데올로기를 수입하는 나라는 항상 그 이데올로기를 수출한 나라보다 강한 절대주의를 추구하고 그것을 보존하는 지층이 된다. 그러나 그것을 수출한 나라는 벌써 자신이 시대와 장소에 맞는 새로운 이데올로기를 개발하여 사용하고 있음을 어쩌랴. 지금 사회주의와 자유주의는 서로 많이 변했다. 그런데 우린 아직도 원리주의 같은 것에 매여 그것을 도그마로 섬기고 있다. 절대주의가 아닌, 상대주의도 사람을 다스리는 데는 문제가 있다. 상대주의는 도덕적 목표를 설정하지 못하는 흠이 있다. 따라서 절대상대주의를 통해 도덕과 욕망을 상황적으로 바라보는 설정을 하는 시각이 중요하다. 이는 평등만을 추구할 일이 아니라 자유와 평등을 추구하여야 하는 것과 같다.

주자학적인 도덕군자라는 이상형보다는 멋을 하는 선도의 풍류도인이 더 균형적인 인간임을 알 수 있다. 공맹(孔孟)을 섬기는 주자학만을 정통으로 삼고 다른 것을 이단시한 조선조는 끝내 공리공론에 빠졌다가 소중화를 주창하는 해프닝을 벌이다가 일제의 손아귀에 들어가게 된다. 이것을 이데올로기의 노예라고 하지 않고 무엇이라고 한단 말인가. 오늘날도 우리는 이데올로기의 노예를 재연하고 있다.

02_ 인간은 권력경쟁적 존재
-자유인가, 평등인가-

생물의 생존경쟁은 인간에 이르러 완전히 권력경쟁으로 바뀐다. 그 권력경쟁의 정점에 있는 것이 국가이고 제국이다. 그 제도가 싫든 좋든 인간은 그것에 의지해서 살아가지 않을 수 없다. 예컨대 자유와 평등이라는 것도 실은 국가가 없이는 달성할 수 없다. 지구촌은 한때 자유를 우선하는 자유자본주의와 평등을 우선하는 공산사회주의가 양극을 이루면서 냉전체제를 유지한 바 있다. 여기서 자유를 우선하는 미국 중심의 자유자본주의가 소련의 붕괴로 승리하였다. 자유자본주의가 승리한 이유는 실은 평등을 무시한 것이 아니라 자유를 기본으로 하면서 생산성을 높이는 동시에 평등을 보완책으로 썼기 때문이다.

이에 비해 공산사회주의는 공산당 귀족만을 양산한 채 생산성을 떨어뜨려 결국 국가와 제국의 경쟁에서 실패한 셈이다. 공산사회주의는 가난한 프롤레타리아를 양산하였던 것이다. 공산사회주의는 사회적 하향평준화, 문화적 하향평준화를 지향하다가 결국 국민 다수가 가난이라는 평등에 도달하였던 것이다. 우리가 무엇을 택하여야 할지는 명백하다.

선진, 강대국의 우익은 제국주의를 하려는 경향이 있어 심각하게 경계하여야 하지만 후진, 약소국의 우익은 차라리 나라를 재건하려는 우익인 경우가 많다. 그래서 후진, 약소국에서 심하게 우익을 규탄하는 것은 국력의 손실을 가져올 위험이 있다. 그럼에도 후진, 약소국에서는 언제나 좌익사상이 다수의 민중에게 호소력을 가지게 되어 있다. 왜냐하면 후진, 약소국일수록 지배계층의 착취와 무능력이 심하였기 때문에 피지배 민중들의 피해의식이 크기 때문이다. 이에 비해 선진, 강대국에서는 좌익사상이 뿌리내리기 힘들다. 왜냐하면 선진, 강대국일수록 지배계층의 다스림이 현명했으며 도리어 외국(후진, 약소국)으로부터 재화와 값싼 용역을 가져와 국민으로 하여금 잘살게 하기 때문이다. 결국 후진, 약소국의 민중들은 세계적으로 볼 때 빈곤의 압력을 가장 많이 받는 계층이라고 볼 수 있다. 바로 이 같은 구조가 마르크시즘이 종속이론으로 발전하는 이유이다. 이런 종속구조는 후진, 약소국의 민중으로 볼 때 참으로 억울한 일이다.

그러나 이러한 세계사적 권력구조는 잠시 동안의 반운동으로 해결되는 것이 아니다. 공산사회주의 운동이 바로 그 대표적인 경우이지만 그러한 사회주의 운동의 종주국인 소련은 미국과 마찬가지로 동구공산권이라는 위성국가를 자신의 제국주의 품 안에 넣고 좌지우지하였다. 결국 평등을 기치로 내걸고 후진, 약소국의 민중들을 반봉건-반제국주의 운동으로 선동했던 소련은 제국주의만 행한 채 미국제국주의와 군비경쟁에서 국력을 탕진한 채 그 힘의 한계에 직면하여 해체되고 말았던 셈이다. 소련이 미국보다 더 도덕적이었다는 아무런 증거도 없다. 결국 선진, 강대국들은 싫든 좋든 제국주의를 하기 마련이다. 약육강식의 법칙은 문명적으로 보면 야만적이지만 실은 인간 종의 오랜 생존방식이었다. 따라서 도덕이라는 것은 종 내부, 혹은 집단 내부의 질서체계에 속한다. 그래서 종 외부, 집단 외부로는 여전히 약육강식이라는 법칙을 벗어날 수 없는 것이다. 외부의 것을 내부에 투영하고 내부의 것을 외부에 투영할 수도 있으나 이것은 어디까지나 집단의 규모 변화나 재조정 과정에서 일어나는 것이다.

따라서 후진, 약소국은 자신의 나라 국력, 문화능력(문력＋무력)을 키우는 것이 이러한 세계사적 권력구조에서 자신의 위치를 상향 조정하는 올바른 길이 된다. 후진, 약소국의 경우 쉽게 프롤레타리아 혁명사상에 동조되기 쉬운데 그것은 잠시 동안의 위로를 받을 수 있지만 그 혁명이 문화능력의 발전과 연결되지 않으면 무의미한 것이 되고 만다. 문제는 결국 무엇이, 누가 문화능력의 발전에 기여하는가의 문제이다. 북한은 불행하게도 소련 중심의 소위 공산권에 들어가서 오늘날 최빈국의 불쌍한 처지로 전락하였다. 해방 전후에는 남한보다 훨씬 공업화되었고 소득수준도 높았다. 수풍댐의 전력생산은 동양 최대였으며 그것을 바탕으로 북한지역에 주요공업이 전부 분포되었으며 아마도 이를 바탕으로 6·25라는 전쟁을 일으켰다고 볼 수 있다. 남한은 당시 수세에 몰려 있었다.

남한은 미국 중심의 소위 자유진영에 들어감으로써 비록 출발은 형편없었지만 점차 4·19와 5·16이라는 양차의 혁명을 거치면서 민주주의와 자유시장 경제에 적응하여 오늘날 OECD국가에 들어가는 행운을 잡았다. OECD국가에 들어간 남한이 오늘날 과거사 문제로 발전에 브레이크가 걸리는 것은 참으로 바보 같은 짓이다. 과거청산이라는 이름으로 역사를 과거로 돌린다면 나중에 또 과거청산을 하여야 하는 악순환을 초래하게 될 것이다. 일제 식민으로부터 갓 벗어난 우리나라가 선진, 강대국이 창안한 민주주의를 그대로 실시하는 것은 참으로 격에 맞지 않는 일이었다. 시민의식도 형성되지 않은 나라에, 최빈국의 나라에서 민주주의를 실시하는 것은 억지춘향 격이었지만 그래도 그동안 여러 시행착오와 비용을 지불하면서 오늘에 이르렀다. 지금도 그 민주주의의 정체가 불분명하긴 하지만 그래도 서구 민주주의의 긴 발전사를 보면 그것을 축약적으로 달성하였다고 보는 것이 그렇게 심한 과찬은 아닐 것이다. 남한은 경제발전도 축약적으로 달성하고 민주주의도 동시에 축약적으로 달성한 세계에서도 보기 드문 민족이 된 것이다. 이는 비록 우리나라가 한때 일제 식민으로 전락하였지만 잠재되어 있던 문화능력이 상당하였기 때문에 가능한 일이었다.

급진좌파들의 논리에 따르면 남한은 참으로 민족배반적인 과거사를 가지고 있는 것처럼 오도된다. 남한이 지금 경계대상 1호에 넣어야 할 것은 바로 좌파들의 득세와 이들로 인한 혼란이다. 좌파 이데올로기는 실은 그 속에 무정부주의적인 국가해체, 권력해체의 본성을 가지고 있다. 저들의 계급투쟁은 항상 계층(계급)으로 구성된 국가를 무너뜨릴 이유를 찾고 있기 때문이다. 비록 사회주의의 논리적 모순과 비생산성이라는 속내가 다 드러나 세계적으로 퇴조하는 시점에 있지만 이상하게도 우리나라에서는 재래의 외래 이데올로기 근본주의에 매이는 맹목적 신앙과 노예근성이 있어서 발전의 발목을 잡고 있는 것이다. 우리는 과감히 자유를 선택하여야 한다. 자유를 선택하면 평등도 달성하지만 평등을 선택하면 자유도 잃고 결국 평등도 잃는다. 자연 자체가 자유의 존재이다. 자연에 평등한 것이 어디에 있는가. 서로 다름과 자연스러운 먹이 연쇄를 통해서 생태계를 보존하고 항상 여러 생명들이 함께 살게 하고 있는 것이다. 이를 언뜻 보면 생존경쟁의 아수라장인 것 같지만 실은 그 경쟁을 통하여 생명을 서로 보존하고 있는 것이다. 평등이야말로 인간종 내부의, 집단 내부의 부차적 도덕이다.

현재 한국의 국가 만들기에 큰 걸림돌, 장애물이 되는 것은 바로 한국 역사에 있다. 돌이켜 보면 북한 지역(고구려 지역)과 전라도 지역(백제 지역)에 대한 한국사의 푸대접과 소외정책은 신라의 통일 이후 오래 계속되었다. 고려조도 명분상으로는 후삼국을 일으키기 위해 고구려의 계승이라고 선언하였지만 현실 정치에 있어서는 고려에 귀부(歸附)하고 평화적으로 항복한 신라의 정치를 계승한 경향이 뚜렷하고 고려의 지배계급과 지식인은 신라 출신이 인물로 채워졌다고 해도 과언이 아니다. 말하자면 신라는 비록 왕조는 망하였지만 그래도 지식인과 통일 후 나라를 이끌 통치 플랜을 가진 인재 풀을 확보하고 있었기 때문이었다. 학자에 따라서는 조선조에도 예외가 아니었다고 말한다. 조선조에도 신라-경상도를 중심으로 나라를 이끌었던 경향은 있다. 신라-경상도가 독점·배타적인 것은 아니었지만 통일을 이루었기 때문에 어쩔 수 없이 정통성의 주역이 될 수밖에 없고 이로 인한 정치적 위세는 고려, 조선으로 관통하였던 것으로 짐작된다.

조선 중기, 한때 충청도 훈구파의 득세로 영남 사림파와의 일대 격전이 벌어졌다. 영남 동인 대 기호 서인, 영남 남인 대 기호 노론의 헤게모니 쟁탈전이 당쟁으로 비화하여 나라의 위기를 몰고 오고 임진왜란이라는 엄청난 난리를 겪었지만 여전히 신라-경상도-영남 사림의 정치적 위세는 뿌리 깊은 것이었다. 영남은 마치 한집안의 가장처럼 나라를 이끌고 여타 지역을 포용하면서 역사를 이끌어 왔다. 영남 도학(道學)의 전통이 기호의 풍류(風流)와 조화를 이룰 때 나라가 번성하고 그렇지 못할 때 나라가 기울었다.

영남세력은 한반도의 척추와 같은 곳이다. 지리와 인물은 흔히 닮은 꼴인지, 이 지역을 북남으로 뻗어 내리는 태백산맥은 이를 잘 상징하고 있다. 이에 비해 한반도 서남의 기름진 곡창은 우리에게 식량과 예술을 공급한다. 태백은 남성의 척추와 같고 호남의 곡창은 여인의 기름진 배와 같다. 이는 동학에서도 그대로 계승되고 있는데 영남 사림의 맥, 더 정확하게는 퇴계 선생의 맥을 이은 최제우(경주)는 동학(천도교) 교리를 만들었지만 동학이 교세를 실질적으로 떨친 곳은 호남이다. 다시 말하면 한반도의 철학적 텍스트를 만드는 곳은 영남이고 이를 변용하여 풍성하게 형상화하는 곳은 호남이다. 영남의 추상과 호남의 구체가 만나서, 영남의 남성과 호남의 여성이 상보적인 관계를 이룬 곳이 한반도이다.

오늘날 자유와 평등의 나라, 이민국의 나라, 다민족 국가라지만 미국에는 와스프(WASP: White, Anglo-Saxon, Protestant)라는 말이 있다. 이 말은 물론 백인, 앵글로 색슨, 청교도를 뜻한다. 미국 건국의 중추세력이 바로 영국계 백인이며 청교도들이다. 오늘날 미국은 세계 인종의 전시장이라고 할 만큼 세계 각국에서 이민 온 사람들로 구성된 나라이지만 역시 백인 중심이며 여타 유색인종은 차별을 하며 미국의 중추세력이 될 수 없다. 다른 민족, 다른 인종들이라 할지라도 미국사회의 주류, 엘리트층에 들어가려면, 혹은 들어가면 와스프 사회에 동화되지 않을 수 없다. 이러한 정치적 전통을 간단하게 반민주적이고 인종차별적이고 종교차별적이고 비인도적이고 계급적인 나라라고 말할 수 없다. 인류의 어떤 사회, 어떤 국가라도 이만한 계급과 주류의 형성은 있기 마련이기 때문이다. 물론 암묵적으로 와스프 우월주의라는 것이 잠재되어 있을 것이다. 때문에 와스프들은 오히려 미국의 통합을 위해 와스프 우월주의를 견제하고 다른 소수민족을 배려하고 있다.

한 나라를 유지하고 그것도 강대국으로 만들기까지에는 분명 중추가 되는 세력, 핵심세력이 있기 마련일 것이다. 이 핵심세력에 대한 현실적 우대가 반민주적이고 차별적이라고 할 것 같으면 지구상의 모든 나라가 그랬다는 것을 상기할 필요가 있다. 비현실적인 완전 평등을 주장하는 것은 종교에서나 주장하는, 어린아이의 잠꼬대에 지나지 않는다. 모든 자유와 평등, 민주라는 개념은 상대적인 개념이다. 만약 이런 사정을 무시하고 단지 절대적 자유와 절대 평등, 절대 민주를 실현하지 않았다고 해서 반체제나 반정부운동을 한다면 이는 체제에 의해 제지당하지 않을 수 없을 것이다.

우리나라의 경우 신라-경상도는 일종의 와스프에 해당한다고 해도 과언이 아니다. 굳이 한국인의 정체성을 찾고자 한다면 신라인 혹은 신라-경상도인에서 찾지 않을 수 없다. 백제지역 사람이든 고구려지역사람이든 모두 신라인이 된 것이 벌써 1천 5백 년이 되었기 때문이다. 그러나 신라인은 백제인, 고구려인이 된 적이 없다.

이런 관점에서 볼 때 신라통일 이후 1천 5백 년이 지난 지금, 백제문화, 고구려문화라는 것은 일종의 고고학적 연구대상이나 자료, 혹은 지역문화에 불과한 것이 된다. 이것을 과장되게 주장하는 것은 실은 분열적 정서가 배태되어 있는 것에 다름 아니다. 실지로 후삼국시대에도 자신의 발흥을 정당화시키기 위해 백제부흥, 고구려부흥이라고 했지만 후삼국을 통일한 고려는 시작할 때의 고구려 계승이라는 정신과 달리 실질적인 국가운영에서 신라를 계승하고 인재의 등용에서도 신라를 중용하였다.

한국사에서 고구려의 가치는 신화적 존재로서 북방족의 이주와 상고시대의 고조선, 동이족의 영광을 함의하는 것임에는 변함이 없겠지만 통일신라의 5백 년 동안 한반도는 이미 신라 문화화되어 버렸다. 또한 고조선문화를 고구려가 독점하고 다른 나라를 소외시키는 것은 역사적 헤게모니를 잡으려는 음모에 속한다. 신라와 통일신라는 고조선문명체계를 잘 소화하여 새로운 사상으로 발전시켰다. 신라의 경우 화쟁(和諍) 사상이나 화백(和白)제도 등은 고조선의 평화주의, 기화(氣和)사상을 계승하는 대표적인 경우이다. 현재 우리나라 각종 성씨가 대부분 신라권에서 출발하는 것만 보아도 신라의 문화적 통합과 완성을 증명한다. 그런데 최근세사에서 남북분단과 분열의 조짐이 확대되면서 한강 이북에는 북한정권이 들어서고 남한 내에서는 백제의 문화독립, 정서독립의 기운이 팽배하였다. 이것은 역사적 정당성이 아니라 남한 내 분열의 조짐에 불과한 것이다.

이러한 맥락에서 볼 때 북한 중심의 한반도 통일은 지난 1천 5백 년의 신라 주류의 전통을 무화시키고 주류를 바꾸어 버리는 대혼란을 야기하게 될 것이다. 이는 단순히 남북통일의 문제에서 그치는 것이 아니라 한국사의 전체를 다시 쓰게 되는 문화반역, 역사반역, 문화혁명이 될 것이다. 신라통일로 형성된 한민족은 고조선－부여－고구려－발해로 이어지는 북방에 대한 역사적 연고권과 신화적 고향에 대한 향수는 있어도 좋지만 이것은 '만주는 우리 땅'이라는 발상으로 옛날 땅 찾기가 된다면 중국과의 적대적 관계가 불가피하게 되고 전쟁도 일으킬 수 있을 것이다. 이는 동시에 백제족 출신의 일본 지배족의 정한론(征韓論)에 대해서도 할 말이 없을 것이다. 우리는 일본의 정한론은 경계하면서 '만주는 우리 땅'이라는 주장을 너무 쉽게 발설하고 있다. 실제로 중국과 싸워 이길 힘도 없으면서, 일본과 싸워 이길 힘도 없으면서 도발적인 발언을 하는 허장성세는 국제사회에서는 금물이다. 국제사회는 약육강식의 사회이다. 문화혁명은 정치혁명과 달리 지난 오랜 역사를 뒤바꾸려는 억지나 강압을 동원하기 때문에 실패하기 쉬운데 중국의 최근 문화혁명의 실패와 문화후퇴는 이를 여실히 증명한 것이다. 지금 중국 엘리트나 국민들 가운데 모택동 말기의 문화혁명을 옳았다고 지지하는 층은 없다. 문화는 혁명되는 것이 아니다.

만약 오늘날 한반도에 문화혁명이 벌어지면 그 결과는 보지 않아도 뻔한 것이다. 국력의 소신과 후퇴와 문화적 황폐화가 그것이다. 그 후유증은 이루 말로 다 할 수 없을 것이다. 특히 '사회주의＋고구려 중심'의 문화혁명의 회오리는 우리의 국력을 소진시키고 다시 일어나지 못하게 하기에 충분하다. 이것은 낭만적－신화적 운동이기 때문에 엄정한 역사적 운영을 도모하는 강대국에 의해 반드시 제지를 당하게 마련이다. 해방공간의 좌우대립보다 작금의 좌우대립이 훨씬 두려운 것이다. 왜냐하면 지금의 좌파는 이미 증명된 심각한 문화역행이 될 것이다. 이러한 회오리를 염려하는 것은 단순히 그 회오리를 두려워하는 것이 아니라 이미 인류역사에서 주류가 아닌 것을 억지로 주류로 만들어 놓게 될 경우 그 문화적 역행과 마찰, 국제경쟁력의 약화, 그 결과로 빈곤의 악순환이

불을 보듯이 확연하기 때문이다.

역사는 문화의 확대재생산의 방향으로 진행되어야 한다. 이를 기준으로 보면 남한이야말로 그 방향과 순행하기 때문에 반드시 남한 중심의 통일이 되어야 한다. 그 대신 남한은 많은 불이익을 감수하고 북한에 대한 배려(특히 경제적)를 잊지 말아야 한다. 주류의 덕목은 너그러움과 포용력이다. 남한은 포용력을 가져야 주류의 전통을 이어 갈 자격을 갖춘 것이 된다. 인류역사에서 주류는 언제나 비주류를 강압하여 지배하든지, 아니면 중심을 잃지 않는 범위에서 포용력과 손해를 감수하였다. 남한에는 후자를 택해야 한다. 왜냐하면 우린 불과 50년 전만 해도 한민족이었기 때문이다.

오늘날 부여계(북한＝고구려＋백제)－공산사회주의－좌파의 연대는 신라(북방족＋토착민)－자유자본주의－우파의 연대로 나타나고 있다. 이것은 무엇을 말하는가? 전자는 통일을 우선으로 하고 후자는 '잘사는 것'을 우선으로 하고 있다. 이데올로기가 통일의 중심이 되어야 하는지, '잘사는 것'이 통일의 중심이 되어야 하는지 생각해 볼 문제이다. 사회주의는 매우 이데올로기적이다. 사회주의는 본질적으로 매우 관념적이고 유토피아적이다. 이에 비해 자유주의는 이익의 실현과 행복이 우선이다. 자유주의는 기본적으로 실용적이다. 한민족이 이 절체절명의 위기에서 무엇을 선택할지 궁금하다. 물론 실용주의를 택해야 잘살게 됨은 물론이다. 도덕주의의 약점은 독선에 있다. 욕망을 중시하는 실용주의, 오늘날 자본주의는 마치 전부가 비도덕적인 양 선전하고 있다. 이는 거짓말이다. 실용주의야말로 인간의 도덕주의를 내실 있게 기할 수 있는, 이데올로기 아닌 이데올로기이다. 사회주의야말로 이데올로기에서 이데올로기로 끝나는 위선적 이데올로기이다.

우리는 흔히 이성적이라고 하면 과학적이고 과학적이라고 하면 우상화와는 먼, 우상화를 파헤치고 부수고 탈신비화, 탈신화화하는 작업을 하는 것이라고 생각한다. 그러나 이성도 실은 얼마든지 우상이 될 수 있다. 기호학적으로 보면 인간의 언어작용은 얼마든지 이성이 우상화로, 우상이 이성화로 가역반응을 할 수 있다. 이것은 문자와 이미지의 상호 교환이나 상상력에 의해 얼마든지 가능하게 된다. 하나의 이데올로기에 빠지면 얼마든지 이성이 마비되고 도그마에 빠지고 그러한 것이 가능하기 때문에 종교적 선교활동도 가능하고 공산주의운동도 가능하게 된다. 어떻게 선교와 사회운동이 이성에 의해서만 가능한가? 인간은 자신이 이성의 산물이라고 확신하고 있는 것이 얼마든지 자신의 우상화의 산물이라는 것을 뒤늦게 깨닫게 된다. 마르크시즘도 역시 우상화의 한 예에 불과하였다는 것을 인류는 뒤늦게 알게 됐다. 그 우상화는 자신이 절대로 우상화에 빠진 것이 아니라는 확신 때문에 더욱더 우상에서 스스로 빠져나올 수 없는 우상화의 노예가 되어 버렸다. 지금 북한은 세계에서도 최악의 우상화 집단이다. 사이비종교 집단이라고 해도 과언이 아니다.

하나의 이데올로기적 과신이나 완전성에 대한 독점도 실은 우상이다. 독선적 우성이야말로 가장 위험한 인류의 적이다. 종종 독선이야말로 악마를 물리치기 위해 '악마의 덫'에 걸려드는 어리석음이 될 수 있다는 것을 북한의 체제와 그 동조세력에게서 느낀다. 우린 때때로 극한상황에 다다를 때 우상화의 유혹을 받는다. 우상이야말로 우리를 죽음의 공포와 늪에서 구원해 주기 때문이다. 우리 민족은 바로 그 식민지의 질곡에서 우상을 섬기지 않으면 그 질곡을 탈출할 수 없었을 정도로 비참하였다. 나의 우상을 신이라고 하고 남의 우상을 그저 우상이라고 몰아세우면 어찌 나의 신이 우상을 벗어나겠는가. 서로의 우상을 부수고 새로운 우상을 하나 세우지 않으면 우린 영원한 우상의 노예에서 벗어나지 못한다. 우상은 때론 섬기지만 때론 부수어야 하는 어둑서니와 같은 것이다.

03_ 민족의 밖에서 민족을 보며
-단군을 기둥서방으로 만들지 마라-

　　우리에게 '민족'이라는 단어는 왜 호소력이 있고 우리의 학생, 지식인들은 왜 그것에 미치는가? 민족이라는 말은 실지로 국가와는 다른 것이다. 다시 말하면 민족≠국가이다. 한 민족이 두 국가 이상을 만든 경우도 있고 여러 민족이 한 국가를 만든 경우도 있다. 민족이라는 말은 인구집단(개체군) 자체를 말하는 것으로 밖에서 공격을 당했을 때나 안에서 집단의 결속력을 다질 필요가 있을 때에 부각되는 이름이다. 결국 우리 민족, 한민족은 공격을 당하거나 내부 결속이 역사적으로 많이 필요했다는 뜻이 된다. 따라서 민족은 일종의 내용이 없는 집단적 신화와 같은 것이다. 민족이라는 말을 하면 이미 그 속에서 신화는 생성되고 있다. 그런데 우리 민족은 왜 민족의 실체라 할 수 있는 단군신화는 섬기지 않는 것인가? 오늘날 기독교 신자들의 대부분은 단군을 우상이거나 귀신이라고 여긴다. 우리 민족의 조상인데도 말이다.

　　단군할아버지라는 말을 하면서도 정작 조상신, 단군을 신으로 모시는 종교는 별로 없고 혹 몇 있어도 활발하지 못하다. 전부 외래 종교에 밀려나 있다. 이상하게도 단군은 민족의 위기 때나 그 이름이 거론되는 정도이다. 단군은 마치 기둥서방과 같은 구실을 한다. 단군신화가 부흥하는 것은 민족적으로 부흥하는 시기가 아니라 오히려 민족적으로 위기의 시기라는 것을 반영한다. 그 위기의 시기가 지나면 신화에 대한 망각증이 발동하였는지 우리 민족은 단군을 망각의 늪 속으로 넣어 버리고 외래의 신화와 종교에 몰두한다. 역사적이고 과학적으로 대응하여야 할 때는 신화적이고 종교적으로 대응하고 신화적이고 종교적으로 소화하여야 할 때는 도리어 역사적이고 과학적으로 대응한다. 우리는 자신의 신화에는 역사와 과학의 칼을 들이대고 역사와 과학의 칼을 들이댈 전쟁에는 신화를 들이대는 이상한 민족이다. 이것이 신화가 역사를 죽이고 역사가 신화를 죽이는 자기부정의 악순환이고 불행한 착종이다. 우리 역사의 모순과 혼란의 요체는 바로 이것이다. 신화는 신화대로 필요한 것이고 역사는 역사대로 만들어져 간다. 둘 다 필요하다. 신화가 역사를 대신할 수 없고 역사가 신화를 파괴할 수 없다.

한민족은 수난의 역사를 운영한 점, 그에 따라 머리가 좋은 점, 그러면서도 정작 풍요해지면 자신의 하느님-한국인은 자신들을 하느님의 민족, 천손족(天孫族)이라고 한다-을 배반하고 종속(노예)과 유랑의 역사를 운영한 점, 다시 말하면 비굴함과 배반의 역사를 운영한 점에 있어서 유대인과 매우 흡사함을 보이고 있다. 이는 근본적으로 자신의 땅에 대한 역사, 현실적인 역사를 부정하는 특징을 보인다. 유대인은 수천 년 동안의 노예생활과 방랑생활 때문에 이스라엘 땅을 떠난 유대인이 유대인의 정통이고 그 땅에 사는 유대인은 이민족에게 복종한 오염된(변절한) 유대인이라는 소위 디아스포라(Diaspora)라는 역설의 역사와 사고를 가지고 있다. 이것을 하느님에게 선택받은 민족이라는 선민사상(選民思想)과 함께 철저히 하늘 중심의 구약(토라)을 발전시켜 나가는 원동력이 되었다.

유대인은 '땅이 없는 민족'이었지만 위대한 민족의 경전 '구약'을 잃어버리지 않고 발전시켰기 때문에 끝내 2천 년 만에, 제2차 세계대전 후 독립하여 이스라엘을 세우는 기적을 이루었다. 한민족도 겉으로는 유대인과 비슷한 역사를 운영해 왔다. 그래서 성경을 보고 있으면 비슷한 역사가 많아서 교훈을 얻기 싶고, 특히 기독교인이면 하느님의 나라가 이 땅에 도래할 것이라는 믿음을 가지기에 확신을 주기도 하지만 분명한 것은 한민족은 자신의 바이블을 만들어 내지 못했다는 점이다. 그렇지 않으면 자신의 바이블, 예컨대『삼국유사』나『천부경』등 단군교 계통의 경전을 만들어 내긴 하였지만 그것을 현실적인 토착종교로 발전시키지 못했다. 다시 말하면 유대인은 '땅에 대한 부정'의 역사를 가졌지만 '하늘에 대한 긍정'의 역사를 가졌기 때문에 오늘날 변함없는 자신의 정체성을 가지고 실질적으로 세계를 움직이고 있다.

이에 비해 한민족은 '땅에 대한 부정'의 역사만 가지고 있어 항상 부정의 악순환 속에서 비극적인 역사를 운영하고 있다. 단지 한민족이 유대인에게 위로받을 수 있는 점은 그래도 자신의 땅을 완전히 빼앗기지 않고 간신히 유지해 왔다는 점이다. 그래서 유대인과 같이 그렇게 2천년 동안 떠나 있었던 이스라엘 땅을 자신의 땅이라고 억지주장을 하지 않아도 되었다는 점일 것이다. 비록 자신의 바이블은 없지만 조그마한 땅덩어리―한반도는 큰 단절 없이 유지하면서 오늘에 이르렀다는 점이다. 그러나 그 조그마한 땅마저 최근세사에서 반 동강이 난 채로 분단 상태에 있다. 이는 한민족의 위기가 아닐 수 없다. 그래서 통일, 통일을 외치고 있지만 우리의 통일을 바라는 주변국은 하나도 없다. 그래서 통일에 있어서 지혜가 필요한 것인데 이 시점에서 민족의 발전과 문화 확대재생산을 위해서는 남한의 자유·자본주의를 중심으로 통일을 이루어야 하는 과제를 안고 있다. 이는 남한 중심의 통일이 아니라 민족의 확대재생산의 통일이다. 그럼에도 우리는 지금 '땅에 대한 부정'의 콤플렉스 때문에 역사를 거꾸로 운영하려고 하고 있다.

역사는 예술이나 종교처럼, 민중이나 여자처럼 울어 버리고 풀어 버리고 말거나 빈다고 해결되는 것이 아니다. 역사는 이성이나 과학이나 전쟁처럼 훌륭한 도구를 가진 자가 지배하는 약육강식의 법칙을 따른다. 역사는 기(氣)에 따라, 기분에 따라 좌우되는 것이 아니다. 철저하게 이(理)에 따라, 이치의 축적에 따라 승패의 판가름이 나는 것이다. 그런데 우리나라는 이상하게도 울어 버리고 풀어 버리고 잊어버리고 배반해 버리는 역사적 습관을 가지고 있다. 여기엔 그만한 이유가 있을 것이다. 울어 버리지, 풀어 버리지 않으면 안 되는 한(恨)과 억울함이 있었을 것이고 잊어버리지 않으면 안 되는 기억이 있었을 것이고 배반하지 않으면 안 되는 속사정이 있었을 것이다. 역사는 또 빈다고 해결되는 것은 아니다. 이것 모두 살아가기에 급급한 자들, 지배받는 자들, 패배자들의 속성이다. 우리의 반란과 저항과 운동 굉장한 역사적 의의라도 있을 것 같지만 이건 과대망상증이다.

소위 지배국이 될 만한 영토를 가진 영토국가가 되지 못하는 한국은 앞으로도 『삼국유사』의 단군과 같은 신화를 가지지 않으면 살아남기 어려울 것이다. 비록 좁긴 하지만 우리의 영토를 가진 것은 한민족은 영토도 없이 세계를 유랑한 이스라엘보다는 덜 비참하고 덜 유랑했던 역사가 되는 바탕이 되었을 수도 있다. 동아시아의 역사는 크게 보면 오늘 의미의 민족적 정체성을 가지기 전에, 다시 말하면 중국의 한족이 한족의 정체성을 가지고 한민족이 한민족의 정체성을 가지고 일본이 일본민족의 정체성을 가지기 전에 대륙(중앙아시아)으로부터 동남으로 이동하면서(해 뜨는 따뜻한 남쪽나라를 찾아서) 세력경쟁과 각축을 통해 결국 중국의 한족은 그 중심을 차지한 반면 한민족은 그 중심에서 쫓겨나서 동쪽 변방으로 일차적으로 이동한 민족이고, 일본민족은 한반도에서 다시 일본열도로 이차적으로 이동한 민족이라고 하지 않을 수 없다. 일본이든 한국이든 대륙에의 꿈을 저버릴 수 없는 까닭이 여기에 있다.

이것이 바로 당대에서 바라보는 동아시아의 역사이고 한국의 역사를 동태적으로 바라보는 입장이다. 물론 여기에 반론을 펴는 사람도 있을 수 있다. 얼마든지 그들의 입장을 이해한다. 역사는 결코 객관적인 것이 아니기 때문이다. 역사는 역사라는 이름으로 쓰는 집단과 민족의 꿈이며 오늘의 신화이기 때문이다. 그런 점에서 단군신화는 중요한 것이다. 우리가 흔히 동이족의 역사를 우리의 역사라고 주장하는 근거도 실은 신라의 통일에서 그 기반을 찾을 수 있다. 적어도 고구려 영토의 일부(평양을 비롯하여)가 신라의 영토에 들어왔기 때문이고 그 후 고려, 조선에서 계속적으로 북진을 통해 영토를 개척해 왔기 때문이다. 그러나 효종의 북벌정책을 비롯하여 북방 고구려 영토의 회복에 대한 의지가 없었던 것은 아니었지만 고려 말 이성계의 위화도회군을 비롯하여 대륙에의 꿈이 현실화되기에는 역부족이었다. 고려 때 윤관은 9성(城)을 개척하였으면서도 여진족이 조공을 바친다는 조건으로 다시 내주어 북방 영토에의 야심을 접었으며 세종은 4군(郡)과 6진(鎭)을 개척하여 오늘의 한국 영토를 정하는 결정적 역할을 하였지만 한반도를 넘어 만주를 경략하겠다는 의도는 없었던 것으로 보인다.

만주 영역이 중국사와 한국사의 중간영역에서 애매한 상태로 있었다는 것은 양국의 아전인수의 해석일 수밖에 없다. 한국과 중국 사이에 벌어지고 있는 고구려 역사 분쟁의 빌미도 여기에 연원한다. 그러나 고구려의 북방 영토의 대부분이 포함되는 만주일대에 대해서는 만주족의 주체와 역사라는 것에 한민족이나 한족이 동의하지 않으면 안 된다. 만주족은 이곳에 오래 살았을 뿐만 아니라 중국의 중앙정부 통치권에도 도전한 끈질긴 역사를 가지고 있다. 중국 천하 통일에의 도전은 끊임없이 일어나 중세에는 금나라로, 최근세사에서 청나라로 결실을 맺는다는 것을 간과해서는 안 된다. 만주족은 중국 대륙의 한족과 한반도의 한민족 틈바구니에서 어디에 속하느냐를 결정당하는 입장에 있는 나약한 민족이 아니라 청나라를 계승한 오늘의 중국의 주인이다. 한때 양국의 국가에 속하는 국가나 통치자가 들어섰다고 해서 만주를 자기의 것이라고 단정하는 것은 만주족의 주권을 인정하지 않는 또 하나의, 동아시아의 팔레스타인이 될 위험도 있다. 역사와 신화, 정치의 충돌은 끊임없는 전쟁의 소용돌이 속으로 주변국을 몰아넣을 위험이 다분하다.

비록 오늘날 중국에는 한족이 92%를 차지한다고 하지만 이는 중국인의 정체성과 중화사상을 위한 것이고 실지로 만주족을 한족에 포함시키는 전략을 택했을 뿐이다. 다시 말하면 만주사에 대한 역사적 주도권이 결정된 것은 최근세사의 일이다. 만주족이 세운 청나라가 중국의 최근세사를 이끌었고 제2차 세계대전 후 만주 영역에 대한 영토권이 일본의 항복으로 중국정부에 귀속되었기 때문이다. 한국은 만주에 대한 영토권을 주장하기에는 일본으로부터의 해방과 독립, 그리고 동족상잔의 6·25로 인해 영토문제에 신경을 쓸 여유가 없었으며 북한정권이 중국과의 영토협상에서 6·25 때의 중공군 개입에 대한 보은 때문에 제대로 주장을 하지 못하고 백두산을 비롯한 만주에 대한 영토권을 일방적으로 중국에 인정하였기 때문이다. 말로는 고구려를 계승한다고 선전해 대는 북한은 정작 고구려 영토를 중국에 넘겨주는 반(反)고구려적인 행위를 한 장본인이다. 역사에서, 영토분쟁에서 현실적인 힘─국력이 국경선을 정한다는 사실을 이해하는 것이 더 중요하다. 역사적 사료를 통한 주장은 반대이론도 얼마든지 가능하기 때문에 결정적 힘이 되지 못한다는 사실을 명심할 필요가 있다.

역사학에서 현재의 국력(국가의 종합적인 문화력)이 역사를 결정한다. 사료라는 것은 객관적인 자료이긴 하지만 결국 역사학은 사관(역사적 자료를 보고 해석하는 일)을 성립시키고 그를 바탕으로 역사학자 개인이 개성기술적으로 서술하는 것이기 때문에 자료는 한계를 가지기 마련이다. 이런 관점에서 보면 역사학도 신화적 담론 만들기의 하나에 속한다. 무슨 요지부동의 객관적인 자료라도 있는 것처럼 말하지만 실은 그런 것이 아니고 역사적 사료의 단편들을 구슬을 꿰듯이 꿰어서 하나의 아름다운 역사를 서술하는 것에 속한다. 중국의 국력이 오늘의 고구려사의 위상을 결정하는 근본이 된다. 만약 오늘의 한국 국력이 중국의 그것보다 위에 있다면 한국의 방식으로 고구려사를 써도 중국은 오늘의 한국 입장을 취할 수밖에 없을 것이다. 역사란 그런 것이다.

고구려사가 한국의 입장에서는 삼국통일의 한 나라로서 중요한 나라이지만 중국 대륙사의 입장에서 보면 한국에서만큼 중요하고 큰 나라도 아니다. 중국 대륙에는 수많은 크고 작은 나라가 부침하였으며 때문에 고구려는 동북방의 한 나라, 혹은 동북방의 한 제후국 정도, 아니면 좀 강대한(독립을 주장하고 국가경쟁을 한) 제후국의 수준에 머무를 수도 있다. 고구려사가 우리에게 아무리 중대하다고 하더라도 1천 5백 년 전에 동북아시아에 있다가 망한 나라를 가지고 마치 물건의 소유를 결정하듯이 '고구려는 한국사이다', '고구려는 중국변방의 역사이다'를 두고 역사논쟁을 일삼는 것은 어리석은 일인 것 같다. 고구려사는 중국과 한국의 공동 역사이고 공동의 문화유산이다. 고구려사에서 중국을 배제하는 것은 불가능하다. 이는 고구려사에서 한국을 배제하는 것이 불가능한 것과 같다.

고구려사가 한국사의 일부로 포함되어야 함을 주장하면서 혹시 고구려의 무대였던 만주 고토(故土)를 회복하여야 한다고 주장을 하여서는 안 될 것이다. 이것은 마치 유대인이 2천 년 동안 떠났던 팔레스타인 땅을 자신의 땅이라고 우기면서 연합국인 미영(美英)의 힘을 빌려 제2차 세계대전 후 이스라엘을 건국(1948년 5월 14일)함으로써 오늘의 피비린내 나는 중동문제를 발생시키는 것과 다를 바 없다.

이스라엘의 건국은 역사의 원리로 생각하면 쉽게 이해할 수 없는 특별한 경우였다. 영국에 의한 오토만제국의 붕괴와 더불어 아랍연맹이 탄생하고 팔레스타인 영국자치령의 과도기적 과정이 결국 유럽의 '반유대인 운동'과 만나면서 국제난민이 된 유태인들로 하여금 시오니즘을 탄생케 하고 그것이 이스라엘을 세우게 한 것이다. 물론 오늘의 이스라엘 건설은 미국의 금융과 권력을 잡고 있는 유대인들의 지원이 크게 작용하였다. 국제질서는 역시 힘의 원리에 의해 움직인다는 사실을 극적으로 증명한 사건이다. 생각해 보라. 2천 년 동안 내가 살고 있는 땅을 어느 날 갑자기(물론 역사적 과정이 있었지만) 2천 년 전에 살았다는 사람들이 나타나서 '내 땅 내놓아라'(물론 팔레스타인 땅을 유대인들이 돈으로 구입하였고 유엔에 의해 합법적인 절차를 거쳐 국가를 건설하였지만) 한다면 그것을 받아들일 수 있겠는가. 유대인은 성서를 바탕으로 젖과 꿀이 흐르는 가나안 땅을 떠올리면서 이스라엘의 회복을 여호와 하느님의 뜻이라고 생각할지 모른다. 그러나 이것은 분명 신화적·종교적 생각이지 역사적 주장은 아니다. 신화적 사고에 익숙한 한국인들 가운데는 분명 고구려 고토를 회복하여야 한다고 주장하는 측이 있을 것으로 생각된다. 이렇게 신화가 역사가 되게 하기 위해서는 바로 힘(물리력)이 필요한 것이다.

역사의 기술에는 두 가지 종류가 있다. 하나는 '신화 쓰기(역사적 신화 쓰기)'이고 다른 하나는 '역사 쓰기(신화적 역사 쓰기)'이다. '신화 쓰기'는 주로 약소국이나 영토국가(영토가 큰 나라)가 되지 못한 나라 혹은 이동이 심했던 나라에서 자신들의 정체성을 가지기 위한 방법으로 주로 활용하는 글쓰기이다. 이에 비해 '역사 쓰기'는 소위 강대국이나 영토국가들이 '역사 쓰기'를 한다. 이는 자신이 차지하고 있는 땅을 중심으로 글쓰기를 하여야 정복한 지역도 새로운 공동체로 편입할 수 있기 때문이다. 물론 역사를 쓸 때는 항상 이 두 가지 방식이 다 동원된다. 역사는 변화무쌍하고 영토도 변하기 때문이다. 전자의 대표적인 예는 '유대인의 구약'과 같은 것이다. 우리의 『삼국유사』나 구한말의 『단기고사』 같은 것이 여기에 속한다. '역사 쓰기'의 경우는 대체로 역사적 글쓰기의 정통적 방법에 속하는 것이다. 많은 나라들은 우선 후자의 이 같은 글쓰기를 먼저 하고 난 뒤에 '신화 쓰기'를 하여 정체성을 북돋운다. 우리의 '삼국사기' 같은 것은 여기에 속한다.

『구약』이나 『삼국유사』나 『단기고사』 같은 종류는 일종의 신화, 혹은 경전이기 때문에 종교적인 운동이나 활동이 없으면 점차 약해진다. 신화는 종교에서 가장 잘 계승될 수 있으며 종교야말로 신화가 담길 수 있는 현재적 그릇이다. 그런데 우리 민족은 단군을 들먹이면서도 단군을 종교화하는 데는 인색하고 오히려 그것을 역사학의, 실증주의 역사학의 이름으로 그 상징성을 허무는 데 앞장서고 있다. 역사학을 위해 신화를 없애는 민족과 국가는 보지 못했다. 만약 그런 민족과 국가가 있다면 망해 가는 민족이거나 국가가 아니면 이미 망해 버린 민족이나 국가일 것이다. 신화와 역사는 병립하는 것이지 하나가 다른 하나를 없애 버리는 것이 아니다. 신화는 민족이나 국가의 에너지의 원천이자 상상력의 원천이다. 차라리 역사는 시대에 따라 바뀌지만 신화는 바뀌지 않고 영원하며 역사의 샘이 되는 것이다. 신화는 신화이고 역사는 역사인 것이다. 우리 민족은 역사의 이름으로 신화를 파괴하면서도 정작 종교는 외래종교에 그 근간을 두고 있다. 말하자면 우리의 신화는 이중의 협공 속에 있고 역사와 신화의 착종과 교란 속에 있는 셈이다.

우리의 경우 대종교를 비롯하여 단군교 계통이 득세를 하지 못한 까닭에 전자의 글쓰기는 빛을 보지 못하고 있다. 예컨대 우리의 기독교 신자들은 자신들이 여호와 신의 후손이라고 믿고 있을 정도이다. 그러니 우리 민족은 여기에 실패했다고 해도 과언이 아니다. 비록 『삼국유사』와 『단기고사』는 있지만 그것을 신앙하는 사람은 극소수에 불과하다. 『삼국유사』는 승 일연이 몽고의 침략으로 나라가 피폐해졌을 때에 구원의 수단으로 불교적 관점에서 '신화 글쓰기'를 한 것이었다. 『단기고사(檀箕古史)』도 719년(무왕 1) 발해 시조 대조영(大祚榮)의 아우 대야발(大野勃)

이 쓴 것으로 전해지는데 이것을 일제 때 이경직(李庚稙)과 신채호(申采浩)가 중간한 것이다. 원문은 발해문자였고 약 300년 뒤 황조복(皇祚福)이 한문으로 번역했는데 현재는 두 책 모두 전하지 않는다. 1905년 정해박(鄭海珀)이 한문본을 번역한 국한문본만 남아 있다. 대야발의 서문에 이어「전단군조선」,「후단군조선」,「기자조선」의 3편으로 구성되어 있다.

『삼국유사』나『단기고사』의 공통점은 둘 다 단군을 부흥시키고 있다는 점이다. 우리 민족은 민족의 위기 때에 단군을 불러오고 일깨우는 특징이 있다. 이는 단군이 우리 역사의 원형이기 때문이다. 그런데 우리의 '신화 쓰기'는 유대인의 구약에 비하면 너무나 미약하고 국민들로부터 믿음의 대상이 되지 못한다. 그래서 약소국으로서 '신화 쓰기'를 하지만 효과가 크지 못한 편이다. 만약 우리의 '신화 쓰기'가 힘을 발휘할 수 있었다면 예컨대 일제 때 독립운동의 핵심이었던 '대종교(大倧敎)'가 오늘날과 같이 미약한 존재로 전락하지는 않았을 것이다. 한민족의 구약은 유대인의 구약에 비해 미완성이고 계속적으로 이어지지 못한 결정적 약점을 가지고 있다. 말하자면 그 왕조나 역사적 사건에 있어서도 그 과학성을 입증하기에 미흡한 점이 한두 가지가 아니다. 물론 유대인의 구약도 완벽한 역사서는 아니다. '신화 쓰기' 혹은 '신화적 역사 쓰기'는 결국 역사를 위해서 역사를 쓰는 것이 아니라 신 혹은 영웅 혹은 성인의 천지창조나 성업(聖業)이나 위업을 선양하고 부분적으로 증명하고 궁극적으로 신앙하게 하기 위해서 역사를 쓰는 것이기 때문이다. 결국 '신화적 역사 쓰기'는 민족의 단합(하나의 종교를 믿음으로써)과 정체성(같은 조상을 모신 자손임을 확인시킴으로써)을 위해서 글을 쓰는 것이다. 따라서 민족의 위기 때에 이것이 재확인되고 재정리되는 게 당연하다. 우리의『삼국유사』도 이 종류에 속한다.

『삼국유사』와 유대인 구약의 다른 점은『삼국유사』를 쓴 일연은 스님이었고 불교적 관점에서 유사(遺事)를 썼다는 점이다. 유대인의 구약처럼 자생적으로 전승되어 오던 토착종교적 관점에서 쓴 것이 아니라는 점이다. 이것은 유대인과 한민족이 결정적으로 다르게 되는 분기점이다. 유대인의 종교인 유대교는 토착종교이며 특정민족의 종교이며 여호와라는 절대신을 믿는 종교이다. 이에 비해 불교는 외래종교이며 한민족이라는 특정민족의 종교가 아니며 동시에 절대종교가 아니다. 불교를 유대교와 비교하면 '인격신(人格神)을 믿는 절대종교'가 아니라 '일종의 자각종교이며 인간신(人間神 혹은 人神)의 인간종교'이다. 물론 여기서 인격신과 인간신은 해석 여하에 따라서는 만날 수(공통점)도 있다.

문제는 『삼국유사』는 남의 종교를 빌려서 썼다는 점이다. 물론 여기에 불교가 남의 종교가 아니라는 관점도 있을 수 있고 반드시 유대교처럼 천지창조와 그 뒤를 하나도 빠짐없이(잃어버린 역사가 없이) 쓸 수도 있지만 특정 역사적 시점에 어떤 필요에 의해서 도중에 쓸 수도 있다. 그러한 점에서 유사가 구약보다 못하다고 할 수도 없다. 여기에 『삼국유사』가 단군과 무교를 연결하고 있는 점과 또한 무교와 불교를 습합(褶合)하고 있는 점을 들어서 고불교(古佛敎 혹은 前佛敎)와 신선교(神仙敎)와 무교(巫敎)의 혈연관계를 주장할 수도 있다. 그래서 잘 해석하면 유대인의 구약에 필적할 만하다고 할 수 있다. 다시 말해 『삼국유사』를 외래종교인 불교가 아닌 토착 무교를 바탕으로 한 '한민족의 구약'이라고 할 수도 있다.

그러나 그렇다고 하더라도 한민족의 구약은 그 단절성 때문에 유대인의 구약만큼 힘을 발휘하지 못한다. 『삼국유사』 이후 그 책이 계속 이어지고 보완되었어야 힘을 발휘하게 되고 그 책을 바탕으로 민족 종교가 지속되었어야 한다. 물론 여기에 대해서도 우리 민족에게 지금 무교가 전승되고 있지 않느냐고 반문할 수도 있다. 실지로 무교의 인구도 상당한 숫자라는 것을 주장할 수도 있다. 그러나 그 무교의 구약은 유대교의 구약처럼 계속적으로 대중화·일상화되지도 않았고 시대에 맞게 합리화되지도 않았고 일종의 징검다리처럼 『삼국유사』 이후에 구한말에 불쑥 대야발의 『단기고사』와 신채호의 『조선상고사』로 나타났던 것이다. 『삼국유사』, 『단기고사』, 『조선상고사』로 이어지는 역사서는 분명 징검다리식이긴 하지만 한민족의 구약에 해당한다.

우리 민족은 이상하게도 급하면 단군을 찾는데 급하지 않으면 단군을 잊어버린다. 이것도 한민족의 구약이 '징검다리식'이 되는 이유이다. 우리의 문제는 '신화 쓰기'가 그것대로 완전하지 못한 데다 '역사 쓰기'는 그것대로 실제 별로 자랑할 것이 없다는 점이다. 말하자면 역사시대 이후에는 우리 민족이 크게 발흥한 적이 없었던 때문이다. 여기서 발흥이라는 정도는 광범위한 지역 혹은 세계를 제패한 것을 말한다. 좀 더 쉽게 말하면 세계를 제패한 제국이었던 적이 없었다는 점이다. 여기에도 해석 여하에 따라서는 이의를 제기할 수도 있다. 고구려의 역사, 발해의 역사, 그리고 신라 천 년의 역사는 우리가 제대로 조명하지 못해서 그렇지 실제로 '거대한 제국의 역사'였다고 할 여지가 있는 것이다. 『삼국유사』와 달리 정사(正史)에 속하는 『삼국사기』는 객관적인 자료를 바탕으로 합리적으로 쓴 역사이기 때문에 한민족의 제국을 증명하기에 부족하다. 혹자는 고구려와 발해를 '거대한 영토의 제국'이라고 하고 신라는 '천 년 문화의 제국'이라고 말하기도 한다. 여러 다른 의견이 있을 수 있지만 어쨌든 종합적으로 보면 우리는 '신화 쓰기'에도 부족하고 '역사 쓰기'에도 부족한 것 같다.

우리의 신화 쓰기는 종교로 연결되어 승화되지 못했고 ─ 대종교를 비롯하여 단군을 섬기는 종교는 부흥하지 못했다 ─ 역사 쓰기는 주변 강대국 ─ 고대에는 중국, 근대에는 일본 ─ 에 의해 폄하되고 훼손되고 날조되었다. '신화 쓰기'의 경우 상상력을 제대로 동원하지 못하고 '역사 쓰기'의 경우 합리성이 결여되면 가치가 없게 된다. 우리가 그 모양이다. 최근 고구려 중심사관이나 고구려 부흥운동도 일종의 '신화 쓰기'(신화 다시 쓰기)에 속한다. 고구려는 우리 민족의 원류라고 할 수 있는 북방대륙, 그리고 역사의 원형인 단군의 무대가 되기 때문이다. 북한의 고구려 중심 사관은 민족에게 대륙에의 꿈을 심어 준다는 점에서 매우 중요하다. 그렇다고 그 '신화 쓰기'를 위해서 '역사 쓰기'의 바탕인 신라의 통일을 잘못된 것으로 폄하하고 매도하면 이는 도리어 역사 지우기 작업의 우매함이 된다. '신화 쓰기'라는 역사적 낭만주의 운동은 나름대로 역할이 있긴 하지만(마치 종교적 바이블처럼) 그렇다고 민족적으로 처음 통일국가를 만듦으로써 오늘의 '한민족'을 있게 한 신라를 부정하는 것은 현재의 민족적 정체성을 송두리째 뽑아 버리는 행위이다. 이는 역사의 기반을 흔들어 놓는 매우 정략적인 것이며 당파적인 일이며 우리의 정체성을 훼손하는 어리석은 일에 속한다.

고구려중심 사관은 남북한 체제경쟁에서 유리한 고지를 점령하기 위한 북한의 술수이며 학문을 가장한 남한 내의 분열책동에 속한다. 삼국통일 후 나라가 분열할 조짐을 보이면 항상 후삼국시대와 같은 양상을 보인다. 고구려사 부흥운동이나 고구려 문화 재조명, 백제사 부흥운동이나 백제 문화 재조명 등의 운동이 펼쳐질 때면 우리나라는 여지없이 분열과 혼란 속으로 빠져들어 왔다. 우리는 분열할 때 민족주의를 부르짖었고 민족주의를 부르짖을 때 분열하였다. 오늘날 고구려의 역사적 부흥운동은 잘못하면 북한의 고구려정통론으로 오해당하기 십상이고 말로는 민족의 웅비와 대륙에의 꿈을 담는 것 같지만 실지로 민족의 분열에 이용되기 쉽다. 역사적으로 고구려부흥운동이나 백제부흥운동은 운동으로서의 역할을 하였지만 그것이 실현된 경우는 없다. 고려의 고구려계승과 고토(故土) 회복운동은 한 번도 실현된 적이 없다. 고구려나 발해가 우리의 꿈이기는 하지만 그 꿈의 실현은 영토적 정복이나 점령이 아닌 '문화영토'적 개념에서 접근하여야 한다. 예컨대 우리가 문화적(문화능력)으로 만주 지역을 지배하면 그것이 바로 우리의 영토가 되는 셈이다.

1970년대 후반부터 이 땅에 문화적으로 혹은 정치적으로 고구려, 백제부흥운동이 일어났다. 이러한 운동으로 인해서 고구려나 백제가 다시 부활할 것도 아니지만 이 운동은 상당기간 동안 대중에게 영향을 미쳐 정치적 영향력을 행사하여 왔다. 실제로 집권좌파들은 정치적으로 이를 이용하고 있다. 고구려를 소재로 한 드라마, 백제를 소재로 한 텔레비전 드라마가 판을 치는 것도 이러한 신드롬에 속한다. 겉으로는 민족통일, 민족웅비를 말하는 것 같지만 실은 민족의 분열, 민족의 후퇴를 가져온다. 여기에 부화뇌동하는 많은 세력이 신라에서 망한 고구려·백제지역에서 발생하고 있으며 고구려─백제지역(북한─전라도지역)의 집단 무의식적 연대로 해석할 수 있다. 이는 남한 내의 반체제세력이 특히 전라도지역에서 많음과 상관이 있다고 보인다. 현재 남한의 문학·문화예술 운동은 이러한 신화 쓰기를 주도하고 있다. 이를 '좌파적 신화 쓰기'라고 규정해도 좋을 것이다. 이것은 '민족 신화 쓰기'라는 문화운동이라고 이름 붙일 수 있다.

신라의 삼국통일은 당시 동아시아의 세력재편 과정에서 일어난 국제전이었다. 작은 국가가 보다 큰 국가로 전환하지 않으면 생존이 어려울 시기였다. 여기서 신라는 당당히 자신의 생존은 물론 오늘날 한국의 존재이유가 되는 기반을 만든 통일위업을 달성한 것이다. 이것은 신라가 외세를 끌어들여 통일을 하였으니(그것도 광활한 고구려 땅을 잃어버리는) 신라는 민족배반자라는 재야사학자나 일부 고구려사 전공학자들의 주장은 합리적이지 못하다. 신라는 그 이전에도 부족국가 단계의 가야를 정복하여 국가단계에 진입한 경험이 있었다. 패망한 고구려를 가지고 통일위업을 달성한 신라를 모독하고 폄하하는 것은 바로 대한민국 전체를 모독하고 폄하하는 자기부정이며 망발이고 이율배반이다. 만약 '민족 신화 쓰기'가 '국가 역사 쓰기'를 밀어낸다면 그 결과는 망국으로 이어질 것이다. 신화만을 가지고 살아갈 수는 없다. 그것은 또 하나의 유대인이 되는 길이다. 민족의 이스라엘, 고구려의 부흥을 위해 끝없는 방랑을 택할 것인가? 그것은 불가능하다. 우리에겐 이스라엘과 같은 구약이 없다. 있어도 끊임없이 다시 쓰이고 대중화된 구약이 없다.

요지부동으로 여겨지는 국경선은 항상 변해 온 것이 인류사이다. 또한 민족이라는 것도 수없이 뒤섞이고 이동하였던 것이다. 그런 점에서 언젠가 만주영역으로 한민족이 진출할 수도 있을 것이다. 그러나 섣부른 역사적 낭만주의 혹은 신화주의는 현실적으로 탄탄한 국력의 뒷받침이 있을 때에 역사적 현실이 될 가능성이 있다. 아무런 당대의 문화능력의 배양도 없이, 국력의 양성도 없이 말로만 그런 주장, 혹은 허장성세를 보이는 것은 오히려 적을 긴장케 하고 적으로부터 침략을 당하는 빌미를 제공하는 약점이 될 수도 있다. 상대국의 입장에서 보면 우리의 입장과 마찬가지로 국경선은 변할 수 있고 역사에서 얼마든지 연고권을 주장할 자료와 명분을 찾을 수 있기 때문이다.

역사가 움직이지 않는 부동의 것이라면 요지부동의 것일 테지만 불행하게도 역사는 항상 움직이고 교류하였으며 인류문명은 정복과 통합, 분열과 독립의 연속이었던 것을 어찌하랴. 고구려 고토(故土)를 회복하기 전에 단군의 신화를 회복하여야 하고 그것을 유대교와 같이 현실적으로 신봉하여야 하고 기독교와 같이 세계적 보편적인 종교로 발전시켜야 하는 역사적 역설이 우리에게 요구된다. 아마도 우리가 영토국가로서 동아시아의 제국으로 떠오르는 것은 힘들 것으로 보인다. 다만 문화적으로 보다 앞선 프로그램으로 동아시아의 종주국이 되는 길만이 보인다. 불교가 중국과 일본과 한국을 지배한 역사를 우리는 잘 알고 있다. 우리는 문화적 지배를 노려야 한다. 그러나 이는 결코 정복하려는 마음으로 달성되는 것이 아니라 세계가 하나라는 인류의 지상명제에 도달하는 이 땅의 영웅이나 성자나 초인이 태어날 때 가능할 것이다.

고구려 고토회복이 아니라 문화한국을 건설하는 것이 바로 실질적으로 고토(문화적 고토회복)를 회복하는 것이 될 것이다. 일제 식민으로 나라를 빼앗긴 상태에서 1천 3백여 년 전에 망한 나라, 고구려의 옛 땅을 찾아 그것을 우리 땅(만주는 우리 땅)이라고 하는 것은 낭만적이긴 하지만 매우 비역사적인 태도이며 신화적인 태도이다. 이는 마치 유대인이 팔레스타인 땅을 찾아 '수천 년 전에 우리 조상이 살았던 땅'이라고 하면서 땅을 내놓으라고 주장하는 것과 같다. 이것이 소위 신화적이고 종교적인 발상이다. 그런데 정작 우리는 유대인과 같은 국력도 가지고 있지 않다는 데에 문제가 있다. 또 상대가 중국인데 그런 주장이 가능하겠는가. 도리어 국내 일부 학자와 세력들의 이와 유사한 태도가 동북공정만 재촉하였다. 고토 회복은커녕 지금의 땅도 지키기 어렵게 되어 있다. 중국이라는 대륙세력과 일본이라는 해양세력의 틈바구니에서 정체성을 가지기 위해서는 문화능력의 확충밖에는 살길이 없는 민족이다. 다행히 이제 세계는 영토전쟁이라기보다는 문화전쟁(정보·기술전쟁)으로 경쟁의 패턴과 내용을 달리하고 있다. 그런 점에서 영토가 좁은 한국은 예전보다는 문화경쟁을 통해서 강대국 혹은 강소국으로 자리 잡을 가능성이 높아졌다는 점에서 무척 고무적이다.

　　중국 북방과 만주지역은 현재 영토적으로는 중국의 손에 들어가 있기 때문에 자신들의 변방사로 편입시키려는 것도 현재적으로는 이해하지 않을 수 없다. 현재 자신들의 국토가 된 지역을 자신들의 역사에 넣으려는 것을 누가 말리겠는가. 단지 우리는 지역에 대한 문화적 연고권을 주장하는 것이 훨씬 현실적이고 합리적이다. 이 지역은 역사적으로, 문화적으로 온전히 중국의 것이 될 수 없다. 비록 지금은 중국의 영토이긴 하지만 말이다. 이들 지역은 동아시아 공통의 역사의 장이며 문화의 장이다. 한국, 일본 등은 현재 이들 지역에 대해 영토적 지배를 하고 있지 않지만 민족 이동경로를 통한 혈연적 고향일 수도 있다. 이를 심하게 배제하려고 한다면 중국도 역시 한국과 일본의 반대에 부딪힐 것이고 반대로 이들 지역의 땅을 회복해야 한다고 한국과 일본이 주장한다면 중국이 이를 허용치 않을 것이다. 이들 지역은 마치 유럽의 그리스·로마와 같은 문명의 발상지역이다. 중국, 한국, 일본 등 세 나라는 누구나 문화적 고향으로 여겨야 하며 이를 말살하려고 하면 안 된다.

고구려사에 대한 지분은 중국과 한국의 양쪽에 다 있다. 중국의 입장에서 보면 현재 자신의 영토에 속하며 최근세사에서 중국을 지배한 만주족의 고토라는 점에서 그렇고, 한국의 입장에서는 삼국통일에서 고구려의 수도를 점령하였다는 점과 그 후 한국사의 서술에서 고구려를 줄곧 포함하였다는 점에서 그렇다. 중국은 '영토주의적 역사관'에 빠지기 쉽고 우리는 '영토회복적 역사관'에 빠지기 쉽다. 따라서 분쟁으로 몰아가는 것을 막으면서 문화적 공유, 혹은 같은 문화적 세례를 받은 이웃이라는 '문화주의', '문화영토주의'로 이 지역을 바라보아야 한다. 고구려에 대한 우리 측의 '고토(故土) 회복'과 중국 측의 '중국의 변방사'라는 관점은 분쟁의 씨앗이 될 뿐이다. 전자는 '역사적 신화'이고 후자는 '정치적 신화'이다. 만주와 북한의 고구려 유적은 인류 공동의 문화유산으로 이해되어야 한다. 민족, 단군, 고구려, 이 말은 중앙아시아에서 동남쪽으로 이주한 선조를 둔 우리로 볼 때는 그 자체가 이미 역사적 신화이다. 그러나 단군을 신으로 모시는 종교를 대중적으로 성공시키지 못한 것을 보면 '신화 만들기'에서도 우리 민족은 결코 성공하였다고 할 수 없다.

수많은 외침을 받은 한민족은 실은 단일민족이 아닐 수밖에 없다. 침략자는 어떠하든 누구이든 많은 씨앗을 뿌리고 갔을 것이다. 이 땅의 여자가 낳은 자식은 모두 하나의 조상을 가지고 있는 자손이다. 단일민족이라고 하는 것은 바로 우리의 정체성을 확인하는 작업의 일환이다. 이는 마치 중국이 한족이 99%라는 이치와 같다. 그래서 단군은 이 땅을 침략해 씨앗을 뿌린 실질적인 부계를 무시하거나 생략하고 이 땅에 있는 모든 사람의 조상이 되는, 동조집단적(同祖集團的, cognatic descent group) 조상이다. 이는 필요에 따라 혈통(출계)을 선택할 수 있다는 점에서 선택출계(選擇出系)라고 하기도 한다. 말하자면 단군신화는 완전한 부계신화가 아닌, 모계가 뒤섞인 모계-부계신화가 된다. 그래서 한국인은, 유대인이 절대적 부계신앙인 여호와 하느님을 섬기듯이 단군을 섬기지 않는다. 침략을 받아서 내부적으로 결속을 강화하고 정체성을 확인할 필요가 있을 때에, 다급해질 때에 단군을 회상한다. 이는 마치 필요가 있을 때에 떠올리는 기둥서방과 같은 형국이다.

한민족은 중앙아시아, 시베리아에서 이주했지만 결국 한반도에 갇혀 계속되는 침략을 받아야만 했으며 그러면서도 이 땅(한반도)을 수호하지 않으면 안 되는 수동적 입장에 있었기 때문에 끊임없이 여러 지역을 유랑한 유대인과는 달리 강력한 부계를 유지해야 할 필요성이 줄어들었을 것으로 보인다. 또 완벽한 부계를 유지하기도 어려웠을 것으로 보인다. 한국인의 아버지 확인은 그래서 마지못해 확인하는 것이다. 이런 평소의 부성부재(父性不在)는 아버지 없이 홀로 가정을 꾸려 가는 편모슬하의 가족과 같은 여성주의 혹은 모성주의적 색채를 지니게 된다. 남의 나라로부터 침략을 받을 때에(가정에 위기가 올 때) 평소에 그렇지 않다가 갑자기 단군(할아버지, 아버지)을 찾는 단군신앙이 치솟는 것은 이와 같은 부성부재의 콤플렉스 때문이다. 그러니 우리민족의 단군-고구려로 이어지는 민족의식은 실은 공격형 국가로의 전환을 위해서라기보다는 마치 그런 것처럼 시위하는 일종의 연극에 속한다. 말하자면 괜히 민족적인 체하는 그런 과장과 심리적 보상의식의 결과이다. 민족이라는 말 자체에 숨어 있는 부성부재 콤플렉스는 국가가 존재하는 한, 즉 다시 말하면 가부장사회의 확대재생산으로서 국가와 제국이 존재하는 한 불리한 성격이다.

단군신화에서 하늘을 상징하는 환웅(桓雄)과 땅을 상징하는 웅녀(熊女)가 결합하여 단군을 낳으니 실은 단군은 웅녀의 자손이 되기도 한다. 여신을 최초의 조상으로 섬기는 나라도 적지 않다. 우리가 잘 아는 일본의 아마테라스 오 미가미(天照大神) 신화가 바로 그것이다. 단군은 남자이고 아마테라스는 여자인데 단군을 섬기는 한국은 그에 대한 신앙심이 적은 데 반해 일본의 아마테라스에 대한 신앙은 지극하다. 일본의 아마테라스 신앙은 직접 일본천황으로 연결되며 천황을 '살아 있는 신'으로 섬기게 하고 있다. 우리의 단군은 위기 때에는 회복된다. 단군은 '죽은 신'이다. 그래서 우리에겐 외래의 다른 신이 계속 자리 잡게 된다. 불교가 그렇고 유교(주자학)가 그렇고 기독교가 그렇다. 그러나 이들 외래종교의 깊숙이에는 단군의 샤머니즘이 자리하고 있다. 일본은 신도의 주변에 외래 종교가 포진하고 있지만 한국은 외래종교 안에 단군이 숨어 있다. 철저히 한국은 여성적이다.

　우리 민족은 상고사대에는 유목적 민족의 후예로서 매우 남성적이고 능동적이고 진취적(공격적)인 민족이었다. 우리 상고사는 이주사라고 해도 과언이 아니다. 그러나 한반도라는 아시아 대륙의 막다른 골목인 한반도에 이르러서는 이주적(移住的)이라기보다는(우리 조상들 가운데 상당수는 바다 건너 일본으로 갔지만) 정주적(定住的)으로 변했다. 정주적인 성격은 농업사회의 발달과 더불어 더욱 강화되었다. 이동적인 민족이 정착민으로 변했고 이 땅에 고정되면서 그때부터 이 땅을 지키는 것에 몰두하게 된다. 이것이 우리민족의 수동성의 역사적 원인이며 반전이다. 수동성은 우리가 흔히 자랑으로 여기는 평화주의를 태동하지만 수동성이라는 것에 내재하는 문화복합은 전반적으로, 총체적으로 여성주의적 특성으로 고정된다. 여성적이고 수동적이고 정체적(수비적)이다. 그러나 물론 이 여성성 이면에는 남성성이 도사리고 있으면서 민족의 위기 때마다 시련을 극복하게 하는 원동력으로 작용한다. 그러나 그것은 불행하게도 위기 때에 가동된다. 위기가 아니면 가동되지 않는 흠이 있다. 결국 우리는 평소에는 모계적 모습을 보이다가 위기 때는 부계적 모습으로 변한다. 이것이 공격적이라기보다는 당파적이고 저항적인 민족이 되게 한 원인(遠因)이다.

국가의 국조에 대한 신앙의 이러한 역사적·심리적 역전현상─국가가 가부장제의 확대재생산이고 보면 남자를 국조로 둔 곳이 더 신앙심이 깊은 것으로 보이는데 사실은 그렇지 않다─은 무엇으로 설명할 것인가. 일본은 도리어 역사적으로, 현실적으로 완전히 부계적 입장인데 한국은 모계─부계 반반이다. 그래서 일본은 제국을 이루고 한국은 제국의 식민지가 되었다. 이 민족의 심층에 도사리고 있는 여성주의적 집단무의식을! 너무 비약인가? 신화와 역사, 문화와 국가 사이에 역전현상을 주목할 필요가 있다. 한국의 신화, 집단무의식에는 어딘가 모계─부계─모계로의 전환이 느껴지고 일본은 모계─부계로의 전환이 느껴진다. 여기에 우리 민족의 '반(半)─반(反)의 문화적 특성'이 있다. 이것은 문화적 역동을 보장하는 것이기도 하지만 역사적 격동을 나타내기도 한다. 이것을 선악의 문제나 가부의 문제로 볼 필요는 없다. 심층구조는 변하지 않는다. 알아도 변하지 않고 몰라도 변하지 않는다.

더욱이 천여 차례의 외침 속에서도 낙천적인 성격을 잃지 않는 이유도 일종의 모계적─모성적 자연주의 때문일 것이다. '모성=자연'이랄까. 자연은 어떠한 난관도 극복하게 되어 있다. 가무를 좋아하면서 꿋꿋하게 살아가는 모습을 보면 어딘가 모성의 믿음이 민족의 심층구조에 깔려 있는 것 같다. 국가신앙에는 약하고 때론 무정부적이지만 말이다. 수려한 자연과 비관적인 역사는 극단적인 성격을 만들었다. 낙천적이기 때문에 결국 비관적이 되고 비관적이기 때문에 낙천적이 되는, 이 극단에서 극단으로 옮겨 가는 진폭이 큰 운동은 바로 드라마틱한 역사를 연출한다. 한국인만큼 드라마틱한 민족은 없고 한국인만큼 시인이 많은 나라도 없다. 음양은 태극이라는 원리에 충실한 민족이다. 그래서 태극기가 국기가 된 것일지도 모른다. 이것은 여성의 이중적 특성이며 여성의 반전하는 심리적 특성과 관련이 있다. 우리나라 산천의 수려함을 미인(美人)에 비유한다면 피침의 역사는 박명(薄命)에 해당한다.

민족의 밖에서 민족을 보면 '단군을 기둥서방으로 만들지 마라'라고 주문하고 싶다. 그래야 우리가 온전한 국가를 만들게 된다. 다급할 때 찾고 그렇지 않으면 버리고 하는 그런 단군은 더 이상 우리의 국조가 아니다. 단군을 기둥서방으로 만들면 우리는 무엇이 되는가. 평소에는 사대를 하다가 이에 배반당하고 침략을 당하게 되면 단군할아버지를 찾고 민족을 찾는데 실은 그런 민족주의는 가부장제의 확대과정의 민족이 아니라 그것에 피해를 입은 여성적(자궁적) 입장의 민족이 된다. 결국 그것은 단군할머니밖에 안 된다. 단군할머니와 같은 민족주의는 국가를 만드는 데에 도움이 되지 못한다. 단군할머니는 차라리 '삼신(환인, 환웅, 단군)할머니'처럼 아이를 생산할 때에 신앙의 대상이 되는 게 적합하다. 국가는 그 삼신할머니에게 빌어서 얻은 후손들을 다시 하나로 묶어 정체성을 갖게 하는 작업을 통해 성립되는 것이기 때문에 반드시 단군할아버지가 되어야 국조가 될 수 있다. 단군할머니 신앙은 차라리 민간전승으로 잘 내려오는데 단군할아버지는 역사의 각 단계마다 잊히고 단절되어 때로는 미신으로 타도의 대상이 되기도 한다. 우리는 단군할머니를 단군할아버지라 생각하는 도착의 집단증후군에 빠져 있다. 단군할머니론은 세계가 평화의 시기를 맞을 때 빛나겠지만 오늘과 같은 패권경쟁의 시기에는 피해만 입게 되는 것이다.

우리는 스스로를 매우 민족주의적이라고 믿는다. 도리어 민족적이라고 생각하면 할수록 민족배반적이 된다. 그것은 민족적인 것의 허위성 때문이다. 특히 남한의 경우 민족적이면 민족적일수록 자기배반적이 되는 정도가 심하다. 왜냐하면 표면적·명분적으로는 민족적이라고 하는 것이 북한 쪽에 유리하게 전개되어 있기 때문이다. '민족과 혁명'을 주제로 하면 북한에 유리하게 전개되고 결국 친북적인 입장이 되지 않을 수 없다. 이러한 민족주의가 진정한 민족주의라면 그런대로 수용할 만하다. 그러나 단지 민족주의를 파는 데에 문제가 있다. 민족주의와 민중주의는 민주주의보다 앞선다. 민족－민중－민주가 그것을 상징적으로 드러낸다. 민주주의를 위한다고 하면서 저절로 민중적이 되고 민중적이라고 하면서 민족적이 된다. 그 이유는 여성주의적 민족성 때문이다. 여성주의적 민족주의는 심하면 가부장이 없어도 성립하는 민족주의이다. 그러나 그것은 지배를 당하는 것을 감수해야 하는 약점이 있다. 특정의 땅과 그 땅에 사는 여자들이 있는 한, 어떤 남자들의 정복과 지배가 오더라도 여자는 '사이비 부계혈통(모계혈통 혹은 선계혈통, 혹은 동조집단)'을 잡을 수 있다. 그게 단군할아버지이다. 단군할아버지는 단군할머니이다.

04_ 누가 우리 시대의 퇴계(退溪)이고 조광조(趙光祖)인가
-남북분단 상황이 토론을 역설로 바꾼다-

우리 학사에서 스승과 제자의 논쟁으로 가장 빛나는 것은 바로 퇴계 선생과 고봉 기대승과의 이기논쟁이다. 퇴계는 이(理)의 편이었고 고봉은 기(氣)의 편이었다. 이상하게도 선생은 이(理)의 편이고 나는 기(氣)의 편이다. 선생은 원인의 편이고 나는 결과의 편이다. 흔히 주기론(主氣論)은 유물론과 상통하지만 이는 기(氣)를 물(物)로 본 것이고 에너지(energy)로 보지 못한 경직된 사고 때문이다. 이렇게 되면 주기론자가 주리론자가 된다. 유물론은 출발과 도착이 역전된 대표적인 경우이다. 차라리 유물론이 아닌 다른 주리론자는 그렇게 심각한 주리론자가 되지 않는다. 이(理)를 주장해도 어디까지나 기(氣)와의 상통을 전제한다. 선생은 마르크시즘을 바탕으로 도덕과 평등을 주장하는 주리론자였고, 나는 인간의 욕망과 자본주의-자유와 시장경제-를 주장하는 주기론자였다. 그는 닫힌 주리론자였고 나는 열린 주기론자였다.

주리론자의 약점은 바로 닫히기 쉽다는 데에 있다. 주기론자의 장점은 열리기 쉽다는 데에 있다. 마르크시즘을 신봉하는 주리론자는 주자학을 신봉하는 주리론자보다 훨씬 심각한 문제점을 가지고 있다. 주자학은 그래도 인간 본성의 창조성을 인정하는 철학이었지만 마르크시즘은 유물론에 그것을 맡겨 버렸기 때문이다. 그래서 마르크시즘에 따른 실천과 투쟁만이 존재하게 된다. 여기에 투쟁의 주체는 매우 신화적인 주제인 민족이다. 그러니 민족의 신화를 가지고 유물론과 계급투쟁에 전력투구하면 되는 것이다. 그런데 유물론을 숭상한 나라치고 제대로 밥 먹고 사는 나라가 없다. 유물론은 도리어 경제를 망치고 물질생활의 풍요를 방해한다. 그래서 그것은 20세기의 잘못된 신화라는 것이다. 이에 비해 나는 물질의 생산적 활용을 중시하는 실학과 이용후생학파의 전통을 잇는 주기론자이다. 이런 열린 주기론의 관점에서 보면 박정희는 민족의 영웅이다. 세종대왕에 버금가는 영웅이다.

그의 '잘살아 보세', '하면 된다', '새마을운동'은 근대 실학적 전통의 완성에 속한다. 이를 사대주의와 당파주의에 찌든, 마르크시스트와 주체성 없는 자유민주주의자들은 독재로만 밀어붙인다. 한국의 지도자라면 누구라도 먹고사는 문제, 경제를 활성화해야 하는 압박을 받고 있었다. 박정희는 그 문화적 압박(stress)을 필요(need)로 승화시킨 인물이다. 박정희는 어떤 기존의 이론이나 이데올로기보다 한국인의 기운을 바라보았으며 그 기운을 끌어냄으로써 경제개발에 성공한 인물이다. 박정희는 중국의 등소평보다 먼저 쥐를 잡은 고양이가 흑묘이든, 백묘이든 가리지 않았고 그것에서 성공한 인물이다. 박정희는 한국의 등소평과 같다. 아니, 등소평이야말로 중국의 박정희이다. 그러나 마르크시스트 주리론자인 이영희는 박정희를 천하의 사악함이나 불한당으로 본다. 여기에 그와 나의 대척점이 있다. 그런 점에서 나는 그를 용서할 수 없다.

퇴계는 이기(理氣)와 사단칠정(四端七情) 논쟁에서 종국에는 주리(主理)의 편에 섰다. 이발기발(理發氣發)은 그것을 상징적으로 보여 주고 있다. 기(氣)가 발하는 것은 당연하지만 이(理)가 발한다는 것은 정통 주자학의 세계에서도 납득하기 어려운 것이었다. 왜냐하면 이(理)는 움직이는 기(氣)를 주재하는 것으로서 스스로 움직이지 않아야 하는 것이었다. 퇴계는 정지운(鄭之雲)이 지은 천명도(天命圖)를 고쳐 주면서 "사단(四端)은 이(理)에서 발하고 칠정(七情)은 기(氣)에서 발한다[四端發於理 七情發於氣]"를 "사단은 이의 발이고 칠정은 기의 발이다[四端理之發 七情氣之發]"로 고쳤다. 이것이 후에 사단칠정의 단초가 되었다. 퇴계는 이기호발(理氣互發)을, 기고봉(奇高峰)은 이기공발(理氣共發)을 주장했다.

퇴계는 "사단은 이가 발하고 기가 이를 탄 것이고[四則理發而氣隨之] 칠정은 기가 발하고 이가 탄 것이다[七則氣發而理隨之]"라고 한 반면 고봉은 "퇴계의 주장이 이(理)가 작위의 능력을 가진 것"이라고 비판하였다. 고봉은 "퇴계의 이발(理發)은 주자(朱子)가 인성론을 논하면서 이지발(理之發) 혹은 성지용(性之用)이라는 말을 쓴 데에서 단초가 있었다(고봉선생문집,『四七理氣往復書』하편, 21枚 左－右; 전두하 저,『이퇴계철학』, p.207 재인용, 국민대학출판부, 1987)"라고 지적하고 이것을 수병지원(受病之原)이라고 논박하였다.

그러나 퇴계는 이것을 더욱 발전시켜 아예 존재론에서도 이발(理發)을 주장하게 되었다. 그래서 주리학파(主理學派)를 형성한다. 물론 주리론은 퇴계의 말대로 이(理)를 중심으로 이기(理氣)의 상호작용을 보는 것에 불과하지만 그 후 이(理)를 더욱 절대적인 것으로 만들어 갔던 것이다. 퇴계의 이발(理發)은 매우 절대성을 지니고 있다. 기발(氣發)은 매우 상대성을 지니고 있고 칠정으로 나타나지만 이발(理發)은 그렇지 않았다. 사칠논쟁은 나중에 인심도심론(人心道心論)과 인물성동이론(人物性同異論)으로 파생·발전하였다. 이들 논쟁의 핵심은 결국 인간에 이르러서 이(理)가 발하는 것이 된다는 점이고 인심 가운데서 도심에 갈수록 이발(理發)이 되고 인성에서 물성에 갈수록 기발(氣發)이 된다는 점이다. 문제는 인간이라는 존재를 다른 물성과 구별하는 데 있어서 그것을 강하게 하느냐, 그렇지 않느냐에 달려 있다. 단지 입장의 차이에 불과한 것이다. 자연의 일부인 인간이 자연을 벗어나려고 하고, 물질의 일부인 인간이 욕망을 완전히 벗어나지는 못했지만 욕망을 간접적으로 추구하고 자제하는 문화적 장치를 만들어 내고 나아가서 보다 능동적으로 도덕을 창안하는 이런 일련의 일들은 결국 인간이 자연에서부터 이성으로 향하는 진화의 과정에 있다는 것을 말해 준다. 이성은 바로 창조이다. 여기서 일견 모순되어 보이는 진화와 창조가 같은 방향을 취하게 된다.

일련의 문화적 과정들은 결국 출발(물질적 소여)에서 출발하여 최전선(창조적 이성)에 이를 수밖에 없다. 아마도 과학과 도덕(종교)도 이 같은 연속체상에 있을 것이다. 어떤 이데올로기라도 기(氣)를 이화(理化)한 것에 지나지 않는다. 문제는 그렇게 이화(理化)하여 얼마나 사람들을 잘 살게 하느냐에 이데올로기의 성패가 달려 있다. 이데올로기 자체가 성패를 결정하는 것은 아니다. 그런데 왕왕 사대주의적 관념주의 전통에 빠져 있는 우리는 이데올로기 자체로 성패를 따지려는 어리석음에 빠진다. 또 그것을 바탕으로 당파를 만들고 권력투쟁의 도구로 활용하는 것이다. 바로 이데올로기의 도구화가 문제이다. 단군성조의 '홍익이화'(弘益人間 在世理化)의 정신을 계승하고 있음에도 이를 잘 알지 못한다.

조선조의 이기논쟁은 오늘날 공산사회주의 대 자유자본주의 논쟁에 비유, 혹은 비교할 수 있다. 이영희 선생은 표현형으로 보면 퇴계의 입장에 있고, 나는 고봉의 입장에 있다고 비유할 수 있다. 이영희 선생은 이발이기수지(理發而氣隨之)의 입장이고, 나는 기발이이승지(氣發而理乘之)의 입장이기 때문이다. 그러나 이면형으로 보면 이영희 선생은 고봉의 계열이라고 할 수 있고, 나는 퇴계의 계열이라고 할 수 있다. 이영희 선생은 이론화보다는 기(氣)의 실천인 혁명에 앞장섰고, 나는 실천보다는 이(理)의 인류학적 천착에 여념이 없기 때문이다. 그러나 이(理)라는 것은 추구하는 보편성이라는 것은 집단의 특수성을 기초로 하는 것이기에 한 집단의 이(理)를 다른 집단에 그대로 적용하는 것은 제국주의자거나 사대주의에 다름 아니다. 이영희 선생이나 필자에게 공동으로 부여된 지식인의 책무가 바로 그러한 기존의 보편적인 이(理)를 넘어서 이(理)와 기(氣)가 상통하는 것으로서 우리의 이(理)를 정립하는 일일 것이다. 그러나 그는 적어도 우리의 토착적 민주주의나 민주정치의 실천에 대한 모델을 제공하지 못했다. 그는 단순히 세계적 보편성만을 주장하고 있다. 그렇기에 그는 결국 스스로를 매우 대단한 인물인 것처럼 착각하지만, 결국 세계적 지성과 보편성의 노예에 불과하였던 것이다. 그는 '지식의 주인'이 되기보다는 '지식의 노예'가 되었던 것이다. 이러한 한국 지식인의 맹점은 실은 공맹(孔孟)주의에 의해 배태되었다(일본이 공맹보다 공자와 순자의 맥을 더 존중하는 것과 일본의 실용주의는 관련이 깊다).

나는 공맹(孔孟)을 버리고 공순(孔荀)을 택해야 함을 역설하고 있다. 이것은 유교의 전통을 계승하면서 자본주의 사회에 쉽게 적응하는 길이기도 하다. 이영희 선생은 자신은 어쩔 수 없는 관념론자임을 자인한다. 유교의 공맹(孔孟)은 마르크시즘과 통한다. 유교의 공순(孔荀)은 자본주의와 통한다. 오늘날의 마르크시스트가 왜 전통적인 '주자학의 맥', '사림의 맥'을 잇고 있는지, 왜 경제개발을 완성으로 이끈 군사정권이야말로 '미완의 실학'을 '완성의 실학'으로 계승하고 이용후생을 달성하였는지, 곰곰이 생각할 일이다.

이영희 선생의 역사의식이나 사고방식은 아직도 조선 왕조체제의 성리학자들과 크게 다르지 않다. 성리학자의 유교적 도덕주의를 사회주의적 평등의 도덕주의로 대체하고 이를 실천하는 것이야말로 매우 이성적이고 합리적이라는 생각을 갖는다. 이영희 선생과 그를 추종하는 사람들은 도대체 산업화와 근대화라는 것에 대해 매우 피상적이고 관념적으로 대한다. 심지어 저들은 산업과 과학을 이끄는 물리학적 이성에 대해서는 무지한 채 도덕적 이성에만 몰두하면서 아주 안이하게 저들의 사회주의적 잣대로 현대를 재단하고자 한다. 이들에게는 경제개발과 무역수지 등은 저들이 말하는 민주주의만 이루어지면 저절로 해결되는 것처럼 이해하는 것 같은 인상을 풍긴다. 이들의 약점은 산업적 인프라(하부구조)의 구축에는 관심이 없다는 점이다. 이들은 생산의 하부구조인 프롤레타리아에 관심이 있었을 뿐이다. 농민과 노동자에게 평등만 주어진다면 사회가 정의를 회복한 양 생각하고 사회의 운영도 순조로울 것이라는 착각과 환상에 빠져 있는 듯하였다. 이영희 선생은 지방의 한 선비(전남 영암군 월출산 구림마을)가 그에게 조광조와 퇴계 선생을 들먹이면서 퇴계 선생처럼 말년을 지내시라는 덕담을 하였다고 소개했는데 그는 다음과 같이 말한다.

> "조광조처럼 그렇게 의지만 앞세우지 말라는 말인 듯해요. 상당히 긍정적으로 받아들였어요. 1990년까지 오니까, 한 40년 동안 한 지식인으로서 사회적 삶을 살아오면서 써 온 글로 인해 겪어야 했던 고난의 길을 돌이켜 보면 최준기 선생의 말씀이 가슴에 와 닿았어요. 이제 나이로도 그렇고 경력으로도 그렇고, 내가 겪어 온 고난의 길에서 나는 뭔가 깨달음이 있어야 한다, 보다 더 완숙해질 인격적, 지적 변화와 세계관의 변화가 마땅히 있어야 하겠다는 생각을 했어요. 조광조는 사회를 바로잡아야겠다는 일념이었지만, 나야 그것을 정책으로 실현할 만한 아무런 힘도 수단도 갖고 있지 않은, 한낱 무력한 현대의 '선비'에 불과했으니까."(707)

불행하게도 조광조와 퇴계 선생이 살았던 조선은 비록 약소국이었지만 분단되지는 않았고 그러나 우리는 오늘날 분단되어 있는 상황이다. 분단된 상황에서의 정치적 논쟁과 그렇지 않았던 시절의 그것은 다를 것임에 틀림없다. 조선조에는 비록 당쟁은 하였지만 그 당쟁으로 인해 나라마저 갈라지지는 않았다. 당쟁의 시각으로 보면 지금이 훨씬 심각한 편이다. 지금은 동족상쟁의 6·25를 거쳤다. 우리는 아직도 이데올로기의 노예를 벗어나지 못한 상황이다. 공산사회주의와 자유민주주의를 뛰어넘는 사상과 제도가 나와야 하는데 그것이 없는 한 분단을 면하고 통일을 이룩하기가 어려울 것이다. 세계는 이미 냉전구조를 탈피하여 다음의 세계로 나아가고 있는데 우리는 냉정구조의 해결은커녕 도리어 세계가 버린 사회주의를 지향하고 있다. 이것 또한 이데올로기의 노예라는 것을 드러낸다. 이것은 바로 이데올로기의 씨받이 상황이라고 말하지 않을 수 없다. 본래 이데올로기를 수입하는 데에 길들여진 나라는 새로운 이데올로기를 스스로 생산하지 못한다. 철 지난 이데올로기를 지켜서 무슨 영광을 보겠다는 것인지 궁금하다.

이영희 선생의 친북적 성향은 북한에서 정치적 망명을 한 황장엽을 만나고 행한 그에 대한 평가에서 극적으로 드러난다. 그는 황장엽에 대해 "인간적으로 자아를 상실한 사람 같았어." "실제적 망명 동기는 북한 지도체제의 눈 밖에 난 모양이더군." "최고의 권위를 즐기다 굴러 떨어진 지식인을 연출하는 '비극의 배우'를 대하는 심정이었어"라는 등으로 시종 최악의 평가를 한다. 정신병자, 인격파탄자라는 얘기이다. 그러다가 "국가정권이라는 높은 권위집단에서건, 시정잡배의 깡패집단에서건, 변절자와 배신자는 스스로 자신의 존재가치를 부정한 존재요, 변절자의 일시적인 약간의 효용가치가 사라지면 자신을 판 상대에 의해서도 버림받게 마련이지. 그러면 그 인간은 주체적으로나 객체적으로 파멸의 운명을 맞는 거지. 우리는 어느 사회의 역사와 현재적 생활 속에서 이것을 확인하는 바요. 황장엽이라는 인간이 바로 그것이었어. 비참한 일이지!"라고 끝을 맺는다(708~709).

어떻게 북한의 현실에 대해 고발하고 남한의 경계를 일깨우는 그에 대해서 그렇게 최악의 매도를 할 수 있는지, 그의 인격이 의심스러웠다. 남한에 필요하고 유리한 정보는 우리의 것으로 만들어야 하는 것이 남한에 사는 사람의 의무이자 책임이다. 그런데도 이영희 선생은 자신이 어디에서 발을 딛고 살고 있는지를 잊어버린, 도리어 그가 '자아상실'의 입장인 것을 모르고 있었다. 그렇다. 황장엽과 이영희 둘 중의 한 사람은 분명히 '자아상실'임에 틀림없는 것 같다. 한 사람은 '북한의 자아' 형성에 최일선에 있었던 사람으로 망명 와서 지금은 '남한의 자아'로 사는 사람이고 다른 한 사람은 남한에 살면서도 민족이라는 이름으로 '남한의 자아'를 잃어버리고 '북한의 자아' 실현을 위해 독재투쟁을 한 인물이다. 그의 남한에서 반독재투쟁은 남한보다 더 악랄한 북한의 독재에 대해서는 일언반구도 하지 않음으로써 민족이나 민주의 이름으로 반독재투쟁을 한 것이 위선－실은 북한의 정통성 인정과 민중의 계급투쟁－에 불과하였다는 것을 입증하고 있다. 만약 그가 한국 지식인의 대표라면 한국의 지식인은 다 죽어야 한다. 나는 한 인간의 실패를 역으로 이영희 선생에게서 본다. 황장엽이야말로 주체사상을 만들 때에 그의 소신과 철학에 따라 봉사하였을 것이고 그런데 그것의 실천과정에서 전제독재 형태의 김일성－김정일 우상화에 빠지고 더 이상 국가로서의 자격을 상실하였다고 판단하니까 남한으로 망명하였을 것이다. 다시 말하면 황장엽은 나름대로 주체사상 확립자의 한 사람이었지만 김일성 수령주의자는 아니었을 것이다. 이것이 북한 정권의 미움을 받았을 것으로 생각된다(그의 개인사적으로 북한 권력핵심층과의 최근에 발생한 사적인 불화는 여기서 고려될 필요가 없다).

이에 비해 이영희 선생은 오늘의 단말마의, 최악의 북한 실정(失政)과 최악의 인권상황을 전혀 듣고 있지 못하다는 말인가. 남한을 비판하는 열정의 반에 반이라도 북한을 비판하였다면 이런 말을 하지 않는다. 그는 제대로 북한을 비판한 적이 한 번도 없다. 그저 매우 피상적으로, 마지못해 남한을 비판하기 위한 사전 정지작업으로서 북한을 비판하는 데에 그쳤다. 북한이 망하기라도 하면 선생의 지금까지 쌓아 놓은 공적과 명예가 하루아침에 파탄나기 때문인가(만약 북한체제가 붕괴되거나 북한이 국가로서 오랜 생명을 지속하지 못하게 된다면 이영희의 논리는 한편의 웃음거리에 불과한 것이 될 것이다). 그것을 염려하는 것이 아닐

진대, 황장엽의 말에 대해 그렇게까지 - 개인적인 인격의 모독에 이르기까지 - 평할 필요는 없는 것이다. 개인적인 인격파탄은 파탄이고 국가적인 정보의 취사선택은 선택이니까 말이다. 북한의 실정에 대해 염려하는 구절은 하나도 없다. 도리어 황장엽에 대한 최악의 악평을 함으로써 대조적으로 북한의 최악의 좌파 파시즘적 독재와 식량을 구하기 위해 탈출하는 탈북자의 상황을 흐리게 하고 있는 것 같다. 설사 황장엽이 한때는 북한의 핵심권력으로 부귀를 누린 인물이라고 하더라도 그의 망명은 적어도 북한의 내부분열에 속하는 것으로 남한으로서는 중요 정보로 받아들여서 활용하여야 할 것이다.

마치 황장엽의 말은 배신자의 말이고, 인격파탄자의 말이고, 배신자의 말이니 귀담아들을 필요가 없다는 선생의 태도는 의심스럽다. 물론 선생은 황장엽의 주체사상이라는 '김일성 종교의 파계(破戒)'를 인정할 수 없을 것이다. 이것이 바로 '북한의 자아'의 소지자라는 것을 은연중에 드러내는 대목이다. 배신자의 말이라도 조국인 남한의 미래에 이익이 될 것은 귀담아들어야 하고, 그의 말대로 인간적으로 '한 가련한 동포의 망명'이라면 그 원인에 대해 신중하게 캐묻고 북한의 현실에 대해 과거와 다른 정보, 최신정보를 얻으려고 해야 하는데 그런 인격적인 태도는 전혀 보이지 않았다. 북한은 그의 절대적 이념의 고향, 정통성 있는 국가이기 때문일까. 그는 돌이킬 수 없는 김일성 혹은 마르크시즘의 신자인 것 같다. 북한이 잘못되면 그의 신념도 전부 허무하게 무너지고 그의 인생의 공적도 공허하게 무너진다는 위기감 때문일까. 적어도 분명히 황장엽과 그는 대척점에 서 있음이 분명했다. 극과 극은 통한다는 말이 있지 않는가. 황장엽은 김일성 주체사상의 이론구성자였다가 남한에 망명한 망명객이고 이영희는 남한에서 박정희 군사독재와 싸운 반체제운동권의 대부이다. 지금 현재로선 황장엽이 불쌍한 인간이 되었지만 분명한 것은 먼 후일, 두 사람 중의 한 사람은 철저하게 '실패한 인간'으로 남을 것이라는 점이다. 인간은 함부로 다른 사람을 불쌍하다고 단정할 권리가 없다. 그것은 오만이고 월권이다.

흔히 '숯이 검정 나무란다', '똥 묻은 접시가 재 묻은 접시를 흉본다', '똥 묻은 개가 겨 묻은 개 나무란다', '남의 눈에 티는 보면서 자신의 눈에 들보는 보지 못한다'는 속담이 있다. 누구에게 궁극적으로 이 말이 적용될지 모른다. 독재가 독재를 나무라고 도둑이 도둑을 나무라는 경우는 얼마든지 있다. 어쩌면 두 사람은 같은 부류의 사람, 이데올로그이다. "자살이 유일한 구원으로 다가온 군인정권 30년을 살아온" 그에게 '북한정권이 싫다고 망명 온' 망명객은 그의 실존적 몸부림마저 허무나 허위로 돌릴 무서운, 위험한 인물이었는지 모른다. 어쩌면 정반대의 길을 걷고 있는 사람을 인생의 끝에서 만나는 일이란 유쾌한 것만은 아니다. 이는 때로는 자기의 전 인생을 무화시키고 자기존재의 허무를 가져오는 일이기 때문이다. 나는 두 인물을 보면서 이데올로기의 노예가 되는 것이 얼마나 불쌍한 일이고 불행한 일인지 모른다는 생각이 들었다. 이데올로기를 위해 현실이 있는 것은 아니다. 현실을 위해 이데올로기가 있는 것이다. 종종 이데올로지스트나 이데올로그들은 이를 도착시킨다. 현실에 아무런 도움이 되지 않는 이데올로기는 그것 자체가 바로 허위이다.

성리학(性理學)이 국가통치의 근본원리였던 조선조와 자유자본주의(自由資本主義: 자유민주주의와 시장경제)가 통치의 근본원리인 남한사회는 너무나 다르다. 그런데 이영희 선생은 분명히 자유자본주의가 아니라 공산사회주의적(사회민중주의적) 통치관을 가지고 있다. 더구나 남한사회보다는 북한사회가 더 민족적 정통성을 가지고 있고 도덕적으로도 앞선 사회로 보고 있다. 나는 한마디로 이영희 선생이야말로 여러 말 하지 말고 북한으로 망명하여 살아가야 하는 것이 옳다고 여겨진다. 선생님의 철학과 소신대로 살아갈 수 있는 사회로 정치적 망명을 하는 것이 자기에 맞지 않는 남한 사회를 바꾸어서 사는 것보다 현명하다고 여겨진다. 오늘날 북한의 많은 인민들이 '기아와 억압의 수용소'에서 살아남기 위한 엑소더스의 탈북을 감행하고 있다. 중국으로, 동남아로, 국제적 난민이 되고 있다. 난민규정에 관한 한 엄격하기로 유명한 미국에서도 탈북주민을 난민으로 인정하고 정치적 망명을 허가하고 있을 정도이다.

한국의 지성계는 지금까지 심각한 허위에 살아왔음을 볼 수 있다. 한국은 북한의 인권에 대해서 누구도 문제제기를 하지 않았다. 나는 민족문학작가회의 같은 단체가 왜 북한의 인권에 대해서 아무 말도 안 하는지 알 수 없다. 남한에서의 자유와 인권과 통일논의에 대해서는 누구보다 많은 요구를 하고 급진적인 제안을 하던 그 단체가 말이다. 이것은 국제적 보편주의에 대한 허위에 속한다. 동시에 한국의 민주주의는 서구의 민주주의를 그저 흉내 내는, 헌법 조문 속에 적어 놓은 '종이 민주주의(paper democracy)'에 불과한 것이라고 감히 말하고 싶다. 헌법이 있어도 법치가 되지 않는, 위헌법령이 수두룩한 민주주의니 말이다. 한국의 민주주의 운동사는 군사정권의 산업화의 공헌을 인정하지 않으면 결국 내부적 모순이라고 할 수 있는 관념적 도그마에 그쳐 실패하고 말 것이다. 이것은 민족을 위해서도 불행이고 한국의 지성사를 위해서도 부끄러운 일이다.

인류의 모든 사상은 현실을 바탕으로 구축될 때에 생명력을 갖게 되고 토착화되었다고 할 수 있을 것이다. 이론을 위한 이론, 토론을 위한 토론은 역사적 사치이고 도리어 집단의 건전한 생산력이나 생명력을 떨어뜨리는 주범이다. 왜냐하면 이데올로기란 정신적 마약과 같아서 말을 하면 그것의 실천이나 실현과 상관없이 그것 자체로 성공한 것 같은 착각을 일으키기 때문이다. 말로는 무엇을 못 하겠는가. 어떤 이데올로기라도 결국 사람을 움직이거나 사물을 움직여야 그 효능을 증명하게 된다. 궁극적으로는 사람보다는 사물을 움직여야 한다. 사물을 움직이기 위해서는 사람을 움직이는 것이 전제되어야 하기 때문이다. 사람만 움직이고 사물을 움직이지 못하면 이것은 공리공론에 빠질 위험이 따른다. 민주화와 산업화를 비교한다면 민주화는 일부 지지자들을 중심으로 사람을 움직였지만 사물을 움직이는 데는 실패한 것에 가깝다. 왜냐하면 소위 민주정권이 들어서고부터는 모두 경제적 실패를 거듭하였기 때문이다. '문민정부'의 IMF 사태에 이어 '국민의 정부'의 기업 헐값에 팔기, 북한 퍼주기, '참여정부'의 경제추락 등은 민주주의의 허구성과 구호성을 백일하에 드러내 주는 것이다. 다시 말하면 민주라는 말로써 국민을 잠시 속인 셈이다.

　불행하게도 장기지속의 관점에서 보면 남북의 분단 상황은 어느 누구도 조광조나 이퇴계나 기고봉이 되지 못하게 하고 있다. 왜냐하면 분단 상황은 저절로 우리의 말을 역설과 배반으로 연결하기 때문이다. 이영희 선생은 우리 시대의 조광조도 아니고 이퇴계도 아니다. 따라서 이영희 선생을 논박하고 있는 나도 퇴계 선생과 이기(理氣)논쟁을 벌인 기고봉이 될 수 없다. 한 나라가 주변국과 문화교류를 하면서도 문화적 독립성을 확보하는 것은 쉽지 않다. 이것은 일종의 화이부동(和而不同)을 실천하는 것이다. 역시 구한말 일제에 나라를 빼앗기고 식민지가 된 역사적 경험이 있는 나라로서는 그만큼 문화능력이 쇠퇴하였을 것임을 상상할 수 있다. 한국에서 제대로 된 정당정치는 실현된 적이 없다. 그저 정당정치를 흉내 내는 것에 불과하다. 정확하게 말하면 아직도 당파정치, 파당정치를 하고 있는 것이다. 아직도 민주주의의 대전제가 되는 시민정신도 제대로 갖추지 못하고 있다. 어떤 논쟁의 당사자를 두고 퇴계, 고봉을 운운하면 어쩌면 퇴계와 고봉이 웃을 일이다. 나라도 제대로 온전하게 만들지 못한 주제에 그들의 고담준론을 흉내 내다니! 남북한의 민주주의는 아직도 정체불명의 민주주의이고 사대주의이다. 이 지독한 사대주의, 스스로 의식하지 못하고 스스로를 속이는 사대주의를 극복할 때에 한국의 민주주의가 본궤도에 오를 것이다. 현재 남북한의 정당은 정당이 아니다. 단지 독재이거나 파당이며 이익에 따라 이합집산하는 당파에 불과하다.

나는 이 순간 모든 집단적 이데올로기의 허구와 위선을 보고 있다. 지식인은 불행하게도 어차피 관념론자여서 결국 공산주의식으로 말하면 부르주아일 뿐이다. 그러나 사회를 부르주아, 프롤레타리아로 이분화하고 계급투쟁을 불러일으킨 것은 인류역사상 가장 실패한 유토피아의 하나일 것이며 평등을 먼저 주장하는 이데올로기는 화기(和氣)를 멀리하여 불화(不和)를 일으키고 그로 인해서 평등의 실현에도 실패하는 벌을 받을 것이다. 생물종의 생존경쟁을 위해 집단적 삶을 택한 호모사피엔스 사피엔스에게 가해진, 최소한의 권력의 압력을 거부하는 강박관념이며 신경발작이었음을 밝혀 둔다. 공산사회주의는 사회적 동물인 인간의 이데올로기의 질병이었다. 공산사회주의는 인간의 집단신드롬이며 평등적 이상에 대한 광기였다. 사회주의는 실패할 수밖에 없었다. 앞에서도 말하였지만 진정한 공산사회주의는 모계사회였음을 밝혀 둔다. 마르크스는 무식해서 아마도 이것을 몰랐을 것이다. 마르크스는 모건의『고대사회』 일부를 잠시 베낀 것에 불과하다. 국가는 이미 모계사회에서 가장 멀어진 가부장사회의 확대재생산 결과이다. 국가의 일원이 된 이 거대한 체계에서 벗어날 수 없다.

선생님은 자유민주주의, 자유자본주의를 신봉하지도 않았고, 단지 분단시대에 남한에 살면서 북한의 명목(名目)과 명분(名分)에 충실한 사회(인민)민주주의자였다. 공산주의의 종주국 소련이 망하자 중국식 사회주의가 이 땅에 도래하기를 기다린 시대착오적인 인물이었다. 그야말로 철저히 공산사회주의, 마르크시즘의 허위와 우상에 사로잡혀 살다 간 인물임을 나는 기록해 두고 싶다. 이것은 그가 남한 사회에 경고한 내용 그대로를 그에게 돌려주는 것이다. 이것은 그의 불행이면서 우리 시대의 불행이다. 우리 민족이 앞으로 이데올로기적 혼란을 극복하기 위해서는 이제 차라리 남한이든, 북한이든 자기가 좋아하는 곳에서, 자기가 보다 이상적이라고 생각하는 쪽에서, 보다 자유롭게 선택하고 살아 보는 기회를 주는 협정 '남북주민 교류협정' 같은 것을 맺어서 살아 보게 하는 길밖에 없다고 생각한다. 이제 더 이상 이론의 말장난은 필요 없다.

그러나 좌파들의 대부분은 북한에서 사는 것을 싫어한다. 북한이 못 사는 것을 누구보다도 더 잘 알기 때문이다. 이는 좌파들의 허위의식을 적나라하게 드러내는 대목이다. 좌파들은 잘사는 남한에서 살면서 좌파 운동을 정치적 권력획득의 수단으로 이용하면서 남한에서 호의호식하는 것을 목표로 한다. 다시 말하면 겉으로는 민족·민중·민주를 운운하면서 매우 정의파인 체 떠들어 대지만 실은 속으로는 보수파보다 더 수구적이다. 단지 구호만 혁명, 노동운동 등 좌파의 구호를 불러 대는 것이다. 이들은 좌파의 진보가 아니라 좌파의 수구에 속한다. 그런 점에서 좌파 하면 으레 진보적이란 연상은 잘못이다. 이들은 변화와 시대적 요청을 외면한다는 점에서 우파의 보수파보다 더 수구적이다.

이들은 이미 역사적 실패로 끝나 버린 마르크시즘의 근본주의를 그대로 추종함으로써 후진성과 낙후성을 드러냈을 뿐만 아니라 더욱이 김일성 세습 전제독재주의라는, 지구상에서 가장 괴상망측한 북한체제를 옹호함으로써 이들이 구제불능의 질병에 걸렸다는 점도 드러냈다. 민족주의나 민중주의나 통일지상주의보다는 훨씬 앞서 인간주의, 인도주의, 민족동질성 확보가 더 필요하다고 본다. 이제 더 이상 '민족과 혁명'이 우리 삶의 주제가 되어서는 안 된다. 이것은 지독한 허위이고 우상이기 때문이다. 한민족은 이제 세계적 대세인 자본주의와 박정희의 실용주의를 바탕으로 문화능력을 확대재생산하는 방향으로 나아가지 않으면 안 된다. 통일도 이러한 방향으로 나아가지 않으면 별 의미가 없다.

나는 주자학적 전통의 도덕주의와 외래 관념과 명분에 따른 당파싸움이 아직도 우리 지성계에 먹구름을 드리우고 있음을 보았다. 따라서 사대주의는 바로 당파주의가 된다(사대주의＝당파주의). 우리 민족의 실학정신은 실질적으로 박정희에 이르러 꽃을 피웠으며 이용후생의 경제개발과 산업국가 건설로 매진한 그의 방향설정을 계승하지 않으면 우리 민족의 미래가 없다고 본다. 문민정부－국민의 정부－참여정부에 이르는 소위 문민·민주정부는 경제적으로는 박정희 이하 그 이전의 정권이 벌어 놓은 것을 까먹은 일밖에 한 것이 없다. 실학이라는 학문은 없다. 주자학도 실사구시를 못 하면 허학(虛學)이 되고 민주주의도 실사구시를 잃으면 허학이 된다. 우리는 허학이 된 민주주의－관념적 민주주의를 경험한 적이 있다. 어떤 학문이라도 현실과 자신이 살고 있는 땅을 배제할 때 실학이 되지 못한다. 사대주의와 혹은 사대적 관념주의의 병폐에 빠져들지 않는 학문을 이룩할 때 실학을 하였다고 할 수 있다. 따라서 실학은 특정 학문의 내용이 아니라 특정 학문이 실사구시를 획득하느냐, 못 하느냐의 문제이다. 실학은 오늘날도 우리의 과제가 되고 있다. 사대주의와 당파주의는 여전히 우리 민족이 극복해야 할 지상과제가 되고 있다.

전통적으로는 공맹(孔孟)에서 벗어나서 공순(孔荀)을 지향하여야 하고 현대적으로는 공산사회주의에서 벗어나서 자유자본주의에 충실하여야 한다. 민족이나 민중이라는 집단주의에서 벗어나서 개인과 시민정신을 기초로 민주주의를 건설하여야 한다. 개인과 시민정신을 기초로 하지 않는 민주주의는 모두 허위이고 거짓이다. 지금까지 욕망이라는 것을 인정하면서 진화론상의 생물학적인 진화의 궤적을 거스르지 않고 신화화(종교화)와 과학화(탈신화화)라는 두 기둥으로 살아가는 복합적이고 이중적이고 중층적인 인간의 문화를 바탕으로 이영희 선생을 비판하였으며 그 부산물로 자연스럽게 우리의 나아갈 길을 모색해 보았다. 욕망은 집단 외부(종과 종 사이, 민족과 민족 사이)에서 벌어지는 생존경쟁의 실체이고, 도덕은 집단 내부에 적용되는 이념일 뿐이다. 인간에게 있어서 집단의 규모가 매우 역동적이기 때문에 집단 내부와 외부는 따라서 매우 역동적이다. 그래서 인간은 흔히 집단 내부의 것을 외부에 투영하고 집단 외부의 것을 내부에 투영한다. 자유와 평등도 그렇다. 여기에 이중성과 애매모호함과 상호 모순성이 있다. 동시에 균형과 긴장과 순환이 있다. 이것을 성급하게 한쪽만 보면 원융에 도달하지 못한다.

나는 이 글을 시작할 때 화두처럼 던진 말이 있다. 다시 그 글을 읽어 보면서 대반론을 마치려고 한다. 나는 이영희를 버리고 박정희를 선택하는 과감한 지적 여행을 하였다. 이영희가 우리 시대의 사부라면 한민족은 머지않아 사라질 것이다. 그렇지 않기 때문에 한민족은 사라지지 않을 것이다. 한민족에게 그렇게 인재가 없느냐고 묻고 싶다. 이영희가 지성계의 사부라면 우리 지성계는 이미 죽은 것이나 다름없다. 참으로 하늘이 웃을 일이다. 한국이 이만한 지성밖에 없다는 말인가. 아니다. 이영희 정도의 지성이 진정 사부라면 이미 우리나라는 없어져도 열 번은 더 없어졌을 것이다. 그야말로 무지와 우상과 오만과 몽상과 위선의 존재가 그이다. 나는 그가 황장엽에게 한 말을 그대로 돌려주고 싶다. 인생 살 만큼 산 사람이, 그것도 온갖 억압과 고통을 겪고 감옥생활까지 한 사람이 늘그막에 불쌍하게 망명 온 한 인간에게 모질 정도로 매도하는 것을 보면서 그의 인간됨에 회의를 느꼈다. 사실 이데올로기를 위해서 사람이 사는 것이 아님이 분명하다. 도리어 이데올로기가 사람을 위해야 한다. 불가피하게 남이든, 북이든 이데올로기에 종사한 동류의 인간이라면 그렇게 모질 수는 없다. 황장엽을 보면서 나는 그를 비난하기 전에 일제 식민지에서 분단국가로 전락한 한반도에 태어나서 늙어서까지 이데올로기로 고통을 받고 있는 한국인의 한 사람에게 한없는 연민이 갔다. 그의 불행이 어찌 그만의 불행인가.

이영희야말로 그가 저주해 마지않던 우리 시대의 우상(偶像)이다. 이성(理性)이 아니라 우상(偶像)이다. '이성(理性)의 우상(偶像)'이다. 이영희야말로 우리 시대의 신화(神話)이다. 과학(科學)이 아니라 신화(神話)이다. 나는 더 이상 이영희를 비판하는 데에 아무런 흥미를 느끼지 못하게 되었다. 다 부질없는 짓이다. 나는 불교적 방법으로 나를 위로할 수밖에 없다. 동시에 나는 그를 불교적 방법으로 용서할 수밖에 없다. 그가 색(色)이라면 내가 공(空)이고 그가 공(空)이라면 내가 색(色)이다. 그가 이(理)라면 내가 기(氣)이고 그가 기(氣)라면 내가 이(理)이다. 나는 적어도 퇴계와 고봉의 논쟁을 되풀이하려고 이 글을 쓴 것은 아니다. 결국 퇴계와 고봉은 같은 것을 다른 말로 한 것에 불과하기 때문이다. 퇴계가 이(理)라고 하는 것은 고봉의 기(氣)였으며 고봉의 기(氣)라고 하는 것은 퇴계의 이(理)였기 때문이다. 이(理)는 기(氣)의 일분수(一分殊)였고 기(氣)는 이(理)의 일분수(一分殊)였다. 아니면 퇴계의 시작을 고봉의 끝이 하고 고봉의 끝을 퇴계의 시작이 하였을 것이기 때문이다. 만물은 그 자리에서 극과 극으로 옮겨 가지 않으면 시작이 끝이 되고 끝이 시작이 되는 순환의 고리로 설명할 수 있을 뿐이다. 이기(理氣) 논쟁과 민주─사회 논쟁에 우리의 지성이 머물 수는 없다. 여기에 우리의 길고 긴 전통을 살려 놓아야 한다. 그래야 우리가 세계를 지도할 수 있고 지배할 수 있다. 외래 이데올로기에 의해 내부 당파만 일삼는 못된 악습과 버릇은 청산하여야 한다. 역사청산이 아니라 사대─당파라는 삶의 방식을 청산하여야 한다.

우리 조상들은 천지인(天地人), 정기신(精氣神)의 삼분방식으로 우주를 이해하였다. 이는 지금 남아 있는 『천부경(天符經)』을 통해서도 알 수 있다. 그러나 현대의 과학은 정신과 물질이라는 이분방식으로 우주를 이해하고 있다. 현대의 이분법에 따르면 삼분법의 정(精)=물질이고, 신(神)=정신에 해당한다. 나머지 기(氣)는 양자를 소통시키는 매개물이다. 물론 현대물리학은 기(氣)=에너지라고 규정하는 데 이름으로써 정신과 물질의 양자의 통일을 꾀하고 있지만 여전히 이분법의 세계관에서 벗어나지 못하고 있다. 다행히 삼분법의 세계관은 과학이 아니라 종교에서 전통적으로 사용해 오고 있는 세계관이다. 과학의 이분법은 항상 우주의 통합을 위해 '달아나는 신(神＝精神)'을 잡아야 하지만 종교는 이미 믿음 속에 신(神)을 품고 있다. 그러나 종교는 만재한 정(精＝物質)을 이용하는 데에 무력하다. 그래서 인간은 마음의 안심을 위해서는 종교를 믿고 물질의 이용을 위해서는 과학을 사용해 왔다. 그래서 양자를 동시에, 양손에 잡고 인생이라는 마차를 부려 왔다. 이영희는 과학(산업화)이 필요할 때 마르크스(민중적 민족주의)라는 종교를 들이댔고 민족의 신화(한강의 기적)라는 종교가 필요할 때 과학(독재비판)을 들이댔다.

이것은 잘못된 것이고 도착된 적용이다. 이영희야말로 '중국 사대의 새로운 변형인 마르크시즘적 관념주의자'이고 이는 조선 후기 '주자학적 관념주의자들의 연장'이다. 이에 비해 박정희는 어떤 관념적 노선으로도 설명할 수 없는 '실용과 실학의 맥을 잇는 이용후생학파의 계승자'이다. 누가 민중을 위하는 자인가? 한 사람은 입으로 민중을 위하고, 다른 한 사람은 생활로 민중을 위하였다면 말이다. 천하의 등소평도 위대한 인물로 평하는 박정희를 한국에서만, 한국의 좌파들만 아직도 독재라고 우기면서 폄하하고 있다.

역사청산을 주장하는 좌파들이야말로, 박정희를 친일파 독재자로 규정하고 역사정리를 서두르고 있는 그들이야말로 미구에 역사학자들에 의해 역사적으로 청산될 것이다. 말로만 정의로운 무리들은 역사가 좋아하지 않는다. 역사는 결과이기 때문이다. 어떤 위대한 이데올로기도 실은 자세히 보면 실용의 바탕 위에서 잉태되고 성장한다는 만고불변의 진리가 있다. 그것을 모르고 외래관념만, 외래형식만 추구하면 결국 역사적으로 소멸되고 말 것이다. 망한 나라와 망한 인물에 대해서 여러 변명을 늘어놓는 것은 역사적 한풀이이며 뒤풀이에 불과하다. 물론 역사적 패배자들도 예술이나 문학으로 남을 수 있다. 그러나 그것은 역사의 주체가 아니다. 역사의 액세서리에 불과하다.

이영희라는 인물은 종합적으로 볼 때 역사를 사대적 관념의 희생자로 만드는 문화적 함정을 판 인물로 보인다. 그가 주장한 것은 모든 것이 전도되는 이 정신신경학적인 자승자박의 기괴하고 민족배반적인 것을, 더구나 이것을 가장 민족적인 것으로 둔갑한 현상을, 무슨 말로 표현할까? 물론 진보론자, 급진론자, 민중론자들은 이영희 선생의 자택을 '진보의 성지(聖地)'라고까지 표현한다. 훗날 '민족문학작가회의'와 '민족예술총연합회(민예총)'를 이끌었던 인물들은 모두 그의 자택을 들락거리곤 했다. 현실을 역사의 희생양으로 만들고야 마는 이 사이비 종교의 순교를, 마르크스주의자들의 순교를 우리는 어떻게 부를 것인가? 순교인가, 재앙인가? 우리는 북한공산주의자들을 민족적 이름으로 볼 때 이와 같은 궤도로 볼 수 있을 것이다. 만약 북한 중심의 통일이 된다면 이들은 먼 훗날 순교자가 될 것임에 틀림없다. 만약 그렇지 않다면 이들은 허무하게도 한때 사이비 종교의 꼬임에 빠지거나 그것에 미친 광신도들이라는 이름을 붙일 수밖에 없을 것임에 틀림없다. 여기서 우리는 주사파의 한 그늘을 본다. 아마도 북한정권으로 볼 때 사상적으로 이영희보다 고맙고 요긴한 인물은 없을 것이다. 이영희 자신의 생각이 어떤가와는 아무 상관없이도 말이다. 그러한 점에서 이영희는 정치권의 김대중에 비할 수 있다. 북한정권으로 말하면 정치적으로 김대중보다 고맙고 요긴한 인물은 없을 것이기 때문이다.

이영희 선생은 나로 인해서 무화(無化)될 것이다. 아니면 나는 이영희에 의해 무화될 것이다. 이것은 무서운 대척점이다. 무화란 의미심장한 것이다. 무화란 선의의 영혼을 천도하는 방식이다. 무화란 선의의 해탈 방식이다. 이영희 선생은 나로 인해 지상의 업장을 말끔히 씻어 버리고 해탈하였다. 우리 한민족은 아직도 나라를 망하게 한 조선조의 관념주의에 빠져 헤어나지를 못하고 있다. 이것이야말로 우리 민족이 극복해야 할 진정한 또 하나의 지긋지긋한 우상이다. 민족이라는 우상, 민중이라는 우상을 벗어나야 한다. 민족과 민중은 불행하게도 오늘날 폭력과 프롤레타리아를 말한다. 자유와 민주를 선택하고 자본주의를 선택해야 한다. 이것이 민족의 살길이다. 아마도 민족주의자, 민중주의자 들은 마르크스라는 귀신에 홀린 무당이었을 것이다. 민족과 민중은 과거지사의 것이다. 과거에 매이니 피를 흘리고 귀신이 날뛸 수밖에 없다. 우리 사회 곳곳에는 이 귀신에 홀린 시인, 혁명가, 사이비교주들이 많다. 아아, 우리 민족은 어딘가 외래귀신에 홀리기를 좋아하는 민족인가 보다. 한때는 중국 귀신에 홀리더니, 이제 서양 귀신에 홀려 있다. 언제 귀신을 면할꼬! 귀신을 면하는 날이 바로 민족의 신을 보는 날이 될 것이다. 귀신을 달래는 오구(娛鬼)굿보다는 신을 맞는 마지굿, 영고(迎鼓)굿이라도 한판 벌이고 싶다.

한국의 민주주의는 역사적으로 중앙아시아 대륙을 이동해 온 민족에게 위선과 허구의 신화로 작용하는 민족주의와 권력엘리트들의 노블레스 오블리주의 망각으로 인해 배태된 반체제적 민중주의라는 두 가지의 콤플렉스를 넘어서지 않으면 결코 성숙되지 않을 것이고 언제나 원점으로 되돌아가고 말 위험이 있다. 이영희라는 인물은 한국이 바로 민족주의와 민중주의의 단계에서 치열한 삶을 산 한 이정표이다. 마치 이 이정표가 목적인 양 생각하는 것은 금물이다. 바로 이 단계에서의 여러 삶 가운데 이영희만이 삶을 잘 산 것처럼 미화하고 영웅화하고 신비화하는 것은 역사적 미궁에 빠지는 것이다. 한국의 역사에서 대척점에 서 있는 이영희와 박정희를 바꿀 수는 없는 것이다. 이는 동시에 김대중과 박정희를 바꿀 수 없는 것과 같다.

이영희는 사상계의 김대중이고 김대중은 정치계의 이영희이다. 아마도 우리 주변에 리틀 이영희와 김대중이 얼마든지 있을 것이다. 이들의 이데올로기적 편향과 허황된 무지개에 속아 역사의 진화를 그르치는 일은 없어야 한다. 도리어 박정희의 역사적 업적을 인정할 때 도리어 이영희와 김대중의 의미도 찾을 수 있다. 그들의 반(反)박정희 투쟁은 박정희의 경제적 성공이라는 독립변수 위에 존재할 수 있는 종속변수에 불과하다. 남북대화, 남북정상회담조차도 남한의 경제적 부에 기초한 퍼포먼스에 불과한 것이다. 남한의 부가 없었으면 결코 성사되지도 성공하지도 못했을 것이다. 군이 이영희와 김대중 역할의 의미를 찾으려면 마치 음 속의 양, 양 속의 음처럼 한국사가 역동적으로 굴러가는 데에 일조를 한 것이다. 이영희는 돌아가기 전에 상당기간 절필선언과 함께 침묵으로 일관한 적이 있다. 그러나 침묵 이면에는 그가 민주주의(반독재투쟁), 민족주의, 사회주의를 통해 우리 시대를 정도(正道)로 이끌었다고 하는 자부심 혹은 시대적 사부였다고 자평하고 있었을지도 모른다. 그는 학자였기 때문에 행동으로 그를 선명하게 볼 기회는 적다. 그가 평생 지지한 김대중에 대한 종합적 평가를 통해 그를 바라보는 것도 한 참고가 될 것이다. 특히 그는 전라도 사람들을 '핍박을 받은 유대인'에 비유하는 세계사적 탁견을 가진 인물이라는 점에서 김대중과 전라도의 관계를 곁들여 살펴보자.

김대중 정권의 민족, 민주, 민중주의를 보면 서로 배반하는 관계로 짜여 있다. 민족주의가 민주주의를 배반하고 민중주의가 민족주의를 배반하고 민중주의는 스스로를 배반하는 반민중주의가 되었기 때문이다. 김대중의 민주주의는 내정불간섭이라는 이유로 북한의 김일성 부자의 독재주의를 승인, 지지하고 있었으며 그의 민족주의는 북한을 한 민족으로 만들기 위해 남한 내에서 민족분열, 지역감성을 일으켰으며 그의 민중주의는 부익부 빈익빈의 강화로 결과적으로 민중을 더욱 못살게 한 반민중적이었다. 가장 적반하장인 것은 한반도 평화와 민족 공동 번영을 위해 6·15비핵화선언을 했다고 스스로 밝혔음에도 북한이 그 비핵화선언을 위배하고 핵폭탄을 제조하고 핵실험을 강행한 것에 대한 변명으로 하는 말이 "북한이 핵을 만들어도 남한 국민들이 전쟁 위협을 느끼지 않을 만큼 남북한이 가까워졌다"고 능청을 떨었다. 또 최근에는 "보수정권이 들어서면 남북한이 전쟁에 빠질지도 모른다"고 협박을 일삼았다. 역사적으로 김대중만큼 국민을 우롱하고 역사를 농 단한 반민족적인 인물은 없을 것이다. 한국 문화의 콤플렉스와 비틀림 이 만들어 낸 괴물에 가까운 간웅이 바로 김대중이다. 김대중이라는 간 웅을 만드는 데 결정적인 역할을 한 것이 바로 전라도 사람들의 심성이 다. 전라도 사람들의 심성에는 권력 자체에 대한 원천적인 불신이 깔려 있으며, 이것은 언제라도 적당한 명분과 계기를 주어 점화를 시키면 요 원의 불길처럼 일어날 잠재적 반체제이다. 물론 이것은 외세의 침략을 받았을 때나 독재에 저항할 때는 긍정적으로 작용하지만, 복잡한 국내 정치 상황에서는 정치모리배들의 선전과 선동에 휩쓸릴 위험이 있는 성향이다. 남북분단 상황에서 이것은 참으로 반한국적(반남한적)으로 작용하였다. 김대중은 이를 마음껏 이용한 당사자이다. 언제부터, 무슨 이유로 형성된 것인지 모르지만, 그러한 반체제적 심성의 이면에는 원 인모를 무정부주의가 숨어 있다. 이것은 북한으로서는 참으로 요긴하 게 사용할 수 있는 집단심리인 것이다. 무정부주의는 몽상적 이상주의 이다. 어쩌면 전라도 사람들은 상당기간 김대중의 집단최면에 걸렸다 고 해도 과언이 아닐 것이다. 김대중은 한마디로 사이비 교주의 전형이 다. 김대중 신드롬은 한국의 전라도적 특수성에서 탄생한 천년왕국이 나 하물숭배 현상에 속한다.

김대중은 또 정치적 안정을 위해 후계자로 노무현 정권을 탄생시켰는 데 정말 놀라울 정도의 정치력, 종교적 카리스마와 기지를 발휘하여 그 목적을 달성했으며 전라도 사람들은 마치 그의 교언영색, 간교한 말솜 씨에 최면 들린 사람들처럼 꼭두각시가 되어 노무현에게 표를 던졌다. 정말 노무현의 후계구도 탄생은 김대중다운 선택이었다. 김대중은 한국이 낮은 노벨평화상 수상자가 아니라 권력을 잡기 위해 친북적인 행동도 마다하지 않았으며 국민을 속이고 통치권을 이유로 북한에 불법송금을 강행하였으며 결과적으로 북한을 핵무장하게 하였으며 마지막에는 북한권력을 이용해서 노벨상까지 타 내는 희대의 간웅이었다. 이 간교함의 극치여! 참으로 한국적 잔머리, 전라도적 잔머리는 위대하다. 김대중의 간교함은 지금 박정희 기념관 건립을 방해하고 자신의 기념관 '김대중 컨벤션 센터'를 광주에 건립해 놓고 있다.

그는 IMF라는 역사적 질곡에서 정권을 잡은 후 일본의 도움을 받기 위해서 독도의 영해권을 일부 포기하는 간교함을 발휘하였다. 지금 독도는 신한일어업협정에 의해 중간수역(한국), 혹은 잠정조치수역(일본)을 설정하여 한일공동 수역을 설정함으로써 어업에 관한 것이라고 하지만 독도가 분쟁지역임을 국제적으로 승인한 셈이다. 이는 협정 이전에 비하면 아무래도 국가의 영토를 좁힐 가능성을 배태하였다는 점에서 국가 영토에 있어서 이웃나라와 분쟁소지를 만들었다고 할 수 있다.

김대중의 일생은 종합적으로 일종의 민족적 업보에 속한다. 여기에 한국 민주주의 발전의 딜레마가 있는 것이다. 한국의 민주주의 발전이 합의라기보다는 운동으로 일관하거나 운동이 주도한 것은 민족적 성향의 발현이기도 하다. 외래 이데올로기에 쉽게 동화되는 약점과 합리적 합의에 의한 랑그보다는 운동이라는 퍼포먼스를 좋아하는 민족의 유전자를 어쩔 수 없다. 김대중의 업보는 전라도 업보이고 전라도 업보는 이제 한민족 업보로 확산 전염되었다. 한민족 업보는 남북한의 통일과정에서 어떻게 작용할지 궁금하다. 적어도 북한이 남북통일 과정에서 주도권을 잡으려는 속셈을 버리지 않을 것이고 자신의 위치보다는 보다 많은 것을 남한에 요구할 기댈 언덕이 될 것이다. 지금도 남한 인구의 30% 정도는 고정된 좌파라고 공공연하게 소문이 떠돌고 있다. 이것이 소문에 그친다면 얼마나 좋을까. 이는 남한의 경제적 우위를 상쇄시킬 수 있는 북한의 이데올로기적 승리의 몫이 될 전망이다. 이런 점에서 해방 후 미국의 개입이 아니었으면 한반도에는 좌파정권이 들어섰을 것이라는 전망에 힘을 실어 준다.

한국 민주주의 운동이 쉽게 혹은 조건적으로 좌파적 성향으로 기우는 것은 남북분단 상황 때문이다. 남한 내에서 비록 순수하게 민주주의 운동을 한다고 하더라도 북한의 대남전략은 그 민주주의 운동과정에서 반정부, 반독재 투쟁을 은밀하게 이용하고 있고 더욱이 통일이라는 민족적 과제라는 것이 친북적인 것에 명분을 주거나 은폐하는 기제로 작용하기 때문이다. 더욱이 남한의 민주주의를 실현할 수 있는 민도(民度)는 점진적 자유와 평화의 실현보다는 급진적인 실현을 원함으로써 민중주의의 사탕발림이 대중성을 획득할 중우적(衆愚的) 수준에 있었기 때문이다. 여기에 역사적 한풀이라는 민족적 무의식의 마그마가 있었다. 이 한풀이는 합리성이나 이성으로 제어할 수 없는 것으로 특히 역사적 억압이 심했던 전라도 지역에서 극심하였는데 이 지역의 변수가 친북적인 것의 남한 내 확산에 진지를 구축하였기 때문이다. 이 진지구축에 이 지역 출신의 시인, 화가 등 문학예술인의 역량과 활동이 구심점이 되어 문화운동으로 승화시켰기 때문이다. 그러나 이 많은 노력과 희생과 수고에도 불구하고 한국의 민주주의는 역설적으로 박정희 군사정권의 산업화 성공이 없었으면 아무런 역사적 의의를 얻기 어렵다.

박정희의 5·16혁명은 '선민주화-후산업화'의 허구를 예감한 우리나라 군사집단의 혁명이었으며 이로 인해 한국은 '선산업화-후민주화'의 압축된 수순을 밟는 데에 성공하는 세계사에서도 보기 드문 업적을 이루었다. 만약 이것이 거꾸로 되었으면 당시 국민의 민도나 경제적 구조에 견주어 보면 민주화는 고사하고 사회적 혼란과 비생산으로 인해 공산좌파의 득세와 북한의 정치적 압박과 군사적 대남도발로 인해 붕괴되었을 확률이 높다. '선산업화-후민주화'는 개인의 자유보다는 국가의 재건이 우선한다는 논리이다. 이 같은 논리는 국가라는 것이 개인의 자유와 행복을 지켜 주는 최소한의 조건이라는 점에서 더욱 그렇다. 국가는 국가 간의 종속과 착취구조로부터 개인을 방어해 주고 보호해 주는 보편적 장치이다. 민주주의의 선진국인 서구 제국 국민들의 자유와 행복도 국가의 독립과 문화능력, 지배력에 힘입은 바 크다. 식민지를 벗어난 지 채 20년도 안 되던 1960년대에 민주주의보다는 국가주의, 더 정확하게는 국가건설주의가 국민의 지지를 받은 것은 당연하며 그것이야말로 한국의 살길이었다. 국가와 산업과 경제가 뒷받침되지 않는 민주주의란 공허한 메아리에 지나지 않는다. 그래서 한국인은 자유와 민주를 뒤로 미루고 산업과 국가를 택했던 것이다.

이 경제개발의 시기를 단지 독재시기로, 군사정권의 시기로 레테르를 붙이는 것은 매우 악의적이다. 군사정권이 혁명 후 계속해서 국민선거를 통해 집권했음을 망각하는 것은 민주운동권 세력의 분열주의, 당파주의의 소산이며 보다 많은 국민의 의사와 일반의지를 무시하는 처사이다. 특히 우리 사회의 좌파들은 북한의 존재로 말미암아 그 순수성을 의심받을 만한 행동과 운동과 자료를 가지고 있었다. 그중에도 NL(National Liberty: 김일성을 추종하는 민족해방파)은 PD(People Democracy: 인민민주주의파)보다 훨씬 의심을 받기에 충분했다. 민주주의 발전과정에서 좌파의 득세는 분명히 우리 민족의 성격과 역사적 수난과 밀접한 관련이 있다. 그런 점에서 매우 운명적이기도 하다.

산업화−민주화의 수순을 밟았어도 거대한 민중좌파의 득세는 국기를 흔들 정도의 수준에 이르렀으며 그동안 경제성장으로 벌어 놓은 국부를 탕진하는 어리석음을 범했다. 지금도 민주화 세력의 최대약점은 자신들로 산업화에 성공할 수 있었으며 단지 군사정권에 그 기회를 놓쳤다고 생각하는 것이며 산업화의 무임승차, 혹은 산업화의 방해세력이었다는 관점에서 조금도 반성하지 않는 점이다. 그래서 산업화의 열매를 마구 낭비하는 경향이 있다. 산업화 세력의 공을 무화시키려는 민주화 세력의 작태는 도리어 구한말 국가를 패망케 한 양반세력들의 공리공론이나 이데올로기의 독점, 심지어 자신을 정(正)으로 보고 산업화 세력을 사(邪)로 보는 위정척사적 태도를 견지하기까지 한다. 민주화 세력은 자신이 한 것만 거두는 겸손함이 있어야 하겠고 산업화 세력의 공을 간과해서는 안 된다. 민주화 세력의 공리공론과 자기모순의 부정부패는 그들의 업적을 갉아먹기에 충분했다. 민주화라는 단어에 숨어 있는 위선과 모순은 민주화 세력의 집권 후에야 백일하에 드러나게 되었다. 김영삼, 김대중, 노무현으로 이어지는 15년간의 정치적 실패, '잃어버린 15년'은 박정희 세력에 대한 면죄부를 주기에 충분했다.

박정희의 산업화 성공은 그동안 민주주의 운동과 실험의 시행착오를 이겨 낼 물적, 시간적 여유를 주었으며 경제적 토대를 주었기 때문이다. 민주중의 운동가들은 박정희의 산업화를 가로막았을 뿐만 아니라 정권을 차지한 후에 극심한 국가에너지의 소비와 방만한 경영으로 국가부도 사태를 일으켜 IMF라는 경제신탁통치를 받게 하였으며 그로 인해 김대중 정권의 등장이 실현되어 국가재산을 헐값으로 외국에 팔지 않으면 안 되었으며 동시에 북한에 퍼주기 남북회담의 도입과 통일이 정의라는 명분에 얽매이는 관념적 성향을 보여 줌으로써 선진국으로 도약할 수 있는 기회를 상실케 하였다. 역설적으로 박정희 산업화의 성공은 오늘에 이르기까지 한국을 지키는, 북한에 퍼주기를 할 수 있는 경제적 자원을 제공하는 원동력으로 작용하고 있다. 민주화 세력의 딜레마는 박정희의 산업화 성공이다. 그래서 틈만 있으면 그 성공을 비하하고 박정희의 공을 국민의 공으로 돌림으로써 희석시키는 간교를 발휘하고 있다. 산업화의 성공만 없었으면 박정희는 한칼에 역사적 죄인으로, 역사적 후퇴로 몰아 버리고 역사적 주인의 자리를 차지할 수 있는데 그렇지 못한 것이다. 그래서 박정희 매도작업에서 박정희 희석작업을 하였지만 민주주의 정권, 좌파적 운동권 세력들은 스스로의 모순에 의해서 붕괴되고 있는 것이다. 말하자면 그들의 적은 그들 안에 있었던 셈이다. 이제 민도가 어느덧 좌파의 덫에서 벗어날 정도로, 좌파의 말장난을 믿지 않을 정도의 경험치를 가질 정도에 도달하였다. 박정희의 성공은 어떠한 난관과 모함과 매도에도 불구하고 남한의 자유민주주의가 승리할 진지를 구축하였다.

분명히 말하지만 박정희라는 인물은 김대중과 이영희의 악의에 찬 평가에 의해 훼손될 인물이 아니다. 도리어 박정희의 편에서 말하면 김대중과 이영희는 김일성과 김정일의 편에서 놀아난 결과적으로 악에 가깝다. 김대중은 정치적으로, 이영희는 사상적으로 북한의 입장을 도왔다. 그들의 명분은 민주주의와 민족주의이다. 그러나 이들이 민주주의와 민족주의의 가면을 쓰고 활동하였다는 사실은 그들의 행동에서 잘 나타났다. 김대중은 결국 국가의 돈을 함부로, 독단적으로, 그것도 국민 몰래, 국회 몰래, 노벨평화상을 타기 위한 남북정상회담의 성사를 위해서, 자신의 명예와 영광을 위해서, 공을 버리고 사를 위해서, 안기부를 통해서, 현대건설이라는 재벌을 하수인으로 삼아, 불법 송금하였다. 이 불법송금은 그의 총체적인 권모술수와 인격의 가면을 송두리째 보여 주는 것이 되었다.

이영희는 박정희를 친일과, 파시스트로 몰면서, 사상적으로 매도하고 깎아내리는 데에 앞장섰다. 너무나 어처구니없는 것은 그 정도의 인물이 좌파의 대부라는 사실이다. 한국의 사상은 모두 죽은 것이나 다름없다. 아마도 학문이 생긴 이래 이 같은 어처구니없는 일은 없었을 것이다. 이 같은 얼토당토 않는 견강부회와 선정성에 굴복한 학문과, 맥락을 잃어버린 비교와 비유의 실패는 없었을 것이다. 김대중과 이영희는 박정희를 역사의 죄인, 시대를 거꾸로 돌린 사람이라고 말하는데 국민들의 70%가 죽은 박정희를 우리 역사에서 최고의 인물로 꼽고 있으니 한국인 전체가 바보가 아니면 김대중과 이영희가 바보일 것임에 틀림없다. 학문은 때때로 자가당착과 자기모순과 자기궤변에 빠져서 흰 것을 검다고 하고 검은 것을 희다고 한다. 바로 이런 대표적인 것이 이영희의 박정희에 대한 태도와 연구일 것이다. 이는 중국 대륙의 부도옹 등소평이 박정희의 경제개발정책과 새마을운동을 벤치마킹하면서 내세운 흑묘백묘(黑猫白猫: 검은 고양이든 흰 고양이든 쥐만 잘 잡으면 된다는 실용주의 노선을 상징)의 이야기에 비하면 너무나 대조적인 것이다. 흑과 백이라는 단어를 사용한 인류역사상 가장 참담한 모함이 바로 이영희의 박정희 연구일 것이다. 한국의 민주주의 운동은 여러 좌파들의 악마놀이에 놀아난 흔적이 많다. 급진좌파들은 박정희를 친일파의 원흉, 민주주의 원흉, 통일의 원흉, 즉 악마라고 선언했다.

참으로 배고픈 자기 민족을 위해 분골쇄신하여 밥 먹게 하고 가난을 물리친 불세출의 영웅을 두고 원흉으로 매도하는 민족은 지구상에 없을 것이다. 이보다 더한 정의에 배반은 지구상에 없을 것이다. 이보다 더한 은혜에 대한 배은망덕은 지구상에 없을 것이다. 박정희를 좌파들이 매도하는 것은 사상적 병이 깊었다는 것을 말하며 그들이 악마에게 잡혀 있었음을 증명한다. 이들은 좌파들의 머리에서 악마를 쫓아내는 푸닥거리, 엑소시즘(exorcism)을 하지 않으면 안 된다. 박정희의 공적은 한글을 만들어 눈을 뜨게 한 공적에 버금가는 것이다. 박정희는 세종대왕 다음으로 가는 우리 역사에서 가장 큰 인물이다. 박정희는 우리 민족에 있어서 근대화를 이룬 시대적, 세기적 인물이며 한민족 삶의 보다 근본적인 것을 해결한 인물이기 때문이다. 근대 한국의 힘은 통일과 민주주의를 포함하여 그 어떤 것일지라도 모두 박정희로부터 나온다. 죽은 박정희는 이미 통일에의 경제적 바탕을 마련하고 죽었으며 7·4남북공동성명을 통해 남북대화의 기본틀을 마련하고 죽었다. 박정희를 김대중과 이영희가 아무리 매도하고 역사에서 매장하려고 해도 결코 할 수 없을 것이다. 이는 하늘이 있기 때문이다.

　무엇이 박정희에 대한 이영희의 눈을 멀게 하였을까? 간단하다. 그는 좌파 이데올로기의 하나인 마오이즘(maoism)의 병에 걸렸기 때문이다. 여기에 덧붙이면 고향이 북한이기 때문이다. 무엇이 박정희에 대한 김대중의 눈을 멀게 하였을까? 간단하다. 그는 권력욕의 화신이기 때문이다. 여기에 덧붙이면 그의 고향은 전라도이기 때문이다. 겉으로는 민주주의를 운운하지만 그의 무의식엔 유배지의 한과 농업사회의 지배－소작관계에서 오는 한, 권력욕의 이무기가 도사리고 있었던 것이다. 논리라는 것은 합리성의 문제이지만 합리화의 문제이기도 하다. 합리성과 합리화는 겉으로는 같다. 그러나 속에서는 전자는 원인에, 후자는 결과에 무게를 두고 있다.

　한 가지 분명한 것은 우리 시대에 음양의 거대한 소용돌이가 있었다는 사실이다. 선악의 거대한 투쟁이 있었다. 서로 상대방을 악이라고 규정하고 자신을 선이라고 규정하는 대립과 갈등과 소외가 있었다. 갈등과 적대는 남북분단이라는 불을 잘 타게 하는 토양을 만나 요원의 불길이 되었다. 해방공간, 6·25를 전후에 형성된 좌우대립은 오늘도 새로운 합의를 얻어 내지 못하고 첨예하게 대치하고 있다. 무수한 이중나선형 구조(double helix)가 한반도를 요동쳤다. 인간은 열심히 역사를 쓴다. 그러나 그 역사보다 훨씬 더 오래전부터 써 온 역사가 바로 생물학적 역사이다. 한민족의 DNA에는 서바이브(survive)하는 힘이 있다. 우리의 시대에는 단순히 살아남는 차원을 넘어 세계를 지배하고 이끌어 가는 선진국, 문화대국이 되었으면 하는 바람이다. 그러나 기회는 자주 오지 않고 그 자주 오지 않는 기회를 잘 포착하고 생산적으로 이용하여야 선진대국이 되는 것이다.

　한국인이, 한국의 지성이, 한국의 정치가가 한때 좌파에 물든 것은 역사적 업보이다. 그러나 아이러니컬하게도 남한은 오늘날 이만큼 잘살게 된 것은 미국의 공이 크다. 때때로 역사가 자기의 의도와 달리 간 것이 다행인 경우도 있다. 불행이라고 생각한 것이 다행으로 역전되는 경우는 얼마든지 있다. 역사를 특정 이데올로기에 종속시킨다는 것은 도그마에 빠진 노예들의 짓이다. 그런데 도그마에 빠진 미친 자들이 역사를 움직인다는 것은 또 무엇을 말하는가? 그렇기 때문에 인간은 신을 믿지만 때때로 신을 빙자하고 스스로 신이 되고자 한다. 아이러니컬하게도 신을 부정한 마르크시즘은 어떤 악마의 신보다 그 운동과 파급효과가 컸다. 그 까닭은 마르크시즘이야말로 천사의 얼굴을 한 악마였기 때문이다. 바로 지상천국을 주장한 종교이지만 그 종교를 통해서 신이 되고자 한 광신도들이 있었다. 그들 중의 몇몇이 바로 이영희이고 김대중이다. 역사적 마르크시즘은 사라지겠지만 종교적 마르크시즘은 앞으로도 간헐적으로 예수처럼 부활하거나 유령처럼 출몰할 것이다. 신이나 귀신이나 같은 말이다. 단지 유행의 변화처럼 다른 옷을 걸쳤을 뿐이다.

세계는 결국 제국이 되든지 식민지가 되든지 둘 중에 하나를 택할 수밖에 없다. 그 중간에 있기는 매우 어렵다. 식민지의 입장에서 제국의 권력에 대해 저항하든가, 아니면 제국이 되어 식민지를 경영하든가 둘 중에 하나를 택할 수밖에 없다. 제국과 식민지의 연속체상의 중앙에서 한편으로 더 약한 나라에 식민지를 개척하고 다른 한편으로 더 강한 나라의 식민지가 되는 이중의 입장에 있는 것이 지구상의 모든 나라의 입장이다. 한국이 피식민지의 입장에서 저항하는 것보다는 제국의 입장에서 식민지를 경영하는 역사적 경험을 한 번이라도 갖는 것이 나의 염원이다. 그러나 제국이 되는 것이 쉬운 일은 아니다. 제국은 문력과 무력의 입장에서 다른 나라를 압도하는 문화능력을 가져야 가능한 것이다. 저항하는 자는 저항의 논리에 의해서 끝없이 저항하여야 하는 악순환에 빠지기 쉽다. 반대로 지배하는 자는 지배의 논리에 의해서 끝없이 지배하게 되는 선순환에 있기 쉽다. 그 순환의 과정에서 몇몇 나라만 입장을 바꿀 수 있는 기회를 가지게 된다. 식민지에서 제국으로, 혹은 제국에서 식민지로. 한국은 더 이상 저항하는 나라가 되어서는 안 된다. 저항이 바로 정의인 것처럼 착각해서는 안 된다. 이제 지배하는 나라가 되어야 한다. 습관적 저항은 별로 바람직하지 않다. 그것보다는 습관적 지배가 바람직하다. 지배하는 자만이 긍정할 수 있고 긍정하는 자만이 지배할 수 있기 때문이다.

오늘날 남한의 좌파들은 민주주의를 주장하면서 민주주의 질서를 교란하고, 통일을 운운하면서 북한을 잘못 길들이고, 국민총생산에는 도움이 되지 않는 화려한 용어의 생산으로 국민들을 선동하고 결과적으로는 역사의 발목을 잡는 것이 좌파들의 본색이다. 그들은 자신들이 몸담고 있는 조국을 부정하면서 정신적으로는 북한을 향하고 있다. 그들은 민족, 통일, 반독재, 반미를 운운하면서 그러한 슬로건의 뒤에서 체제전복을 꿈꾸고 있는 것이다. 저들이 조금도 비판하지 않고 남한 정권으로 하여금 도와주라고 하고 있는 북한의 실정은 어떤가? 국민의 의식주도 해결하지 못하고 기아에 허덕이게 하고 최악의 처참한 독재를 하고 있지 않은가. 저들이 입만 열면 떠벌이는 민주주의와 인권의 상황이 지구상에서 가장 처참한 곳이 북한이지 않는가.

이러한 북한의 상황을 외면하고, 애써 못 본 체하면서 남한에 가장 이상적인 민주주의와 평등을 요구하는 것은 정말로 우리 민족의 수치인 관념산수의 절정이면서 저들의 이중인격 혹은 정신분열을 드러내는 것이고 저들의 좌절의 표출 이외에 다른 것이 아니다. 저들의 즉흥적이고 화려하고 선동적인 용어의 생산에 국민들은 현혹되어서는 안 된다. 좌파들은 방송을 독점하고 여론조사의 조작을 통해 선동과 체제전복을 꿈꾸고 있는지도 모른다. 그러나 한 가지 분명한 것은 좌파적 사고로서는 우리나라를 선진국으로 끌어가지 못한다는 사실이다.

나는 이렇게 말하고 싶다.

"반체제는 반체제운동을 할 때는 유효할지 몰라도 체제가 되어서는 제대로 체제를 이끌어 가지 못한다. 저들은 습관적으로 계속 반체제를 할 대상을 찾기 때문이다. 저들은 스스로 책임을 지지 않고 끝내 역사와 국가를 부정하는 막다른 골목에 이른다."

또 하나 덧붙인다면 이렇게 말하고 싶다.

"한국의 중도파는 어느 시대마다 모두 죽었다. 한국은 중도파가 살 고향이 되지 못한다. 한국인은 태생적으로 사상적 균형을 잡는 데에 우둔하다. 극단을 좋아하며 극단만이 또한 살길이다. 한국에서 중도파는 선거 때마다 국민을 속이기 위해 등장하는 위장전술에 불과하다."

결국 마오이즘이라는 도그마에 빠진 이영희는 잘못된, 무늬만 퇴계이고, 이를 정면에서 비판하는 열린 기고봉이다. 이영희는 결코 오늘의 기고봉을 받아들이지 못할 것이다. 왜냐하면 퇴계 선생은 열린 주리론자였지만 이영희는 닫힌 주리론자였기 때문이다. 외래 종교나 이데올로기가 도그마가 되지 않게 하려면 끊임없는 창조와 새로움으로의 변신이 필요하다. 그리고 무엇보다도 자신이 발을 딛고 있는 땅에서부터 새롭게 그것을 정립하지 않으면 안 된다. 매일 새롭게 변신하지 않으면 신(神)이 될 수 없다. 고작해야 죽은 귀신(鬼神)이 될 뿐이다. 이영희에게 한 수 가르쳐 주고 싶다. 자신자신자신자신(自身自信自新自神)을! 자신의 몸에서 출발하여 자신의 믿음을 찾고 자신의 믿음을 새롭게 하여야 결국 자기의 신을 안다는 뜻이다. 흔히 지식인은 자신의 몸에서 출발할 줄 모른다. 그래서 그 믿음이 뿌리를 얻지 못한다. 흔히 지식인은 믿음을 얻으면 새롭게 변신할 줄 모른다. 자신의 지식에 갇혀 결국 고사하고 만다. 새로운 봄을 맞아 움을 피울 줄 모른다. 그래서 신이 되지 못하는 것이다.

박정희나 이영희의 개인사에는 별로 관심이 없고, 또 다른 사람들이 많이 썼기 때문에 이 책에서는 언급을 하지 않기로 한다. 그러나 극히 중요한 박정희에 관계되는 대목만 몇 개 언급한다. 박정희의 가계는 선친이 동학접주였다.

> "1950년대 남쪽에서는 동학에 대한 연구자가 거의 없었다. (중략) '동학란'이라는 명칭을 그대로 사용하였다. 정작 새로운 전기를 맞은 것은 기묘하게도 5·16군사쿠데타 뒤였다. 군사정권은 정변의 정통성을 강조하기 위해 우리나라의 혁명은 동학혁명과 5·16군사쿠데타 둘뿐이라고 강조하였다. 이는 박정희 개인의 견해에 힘입은 바가 클 것이다. 그의 아버지는 동학접주여서 어릴 적부터 동학에 각인되었던 것으로 보인다. 이것은 기념탑 등에 반영되었다. 1963년 정부 주도로 황토재에 갑오동학혁명 기념탑이 세워졌고, 1973년에는 정부의 후원으로 천도교에서 공주 우금재에 동학혁명군 위령탑을 건립하였다. 동학혁명이란 용어는 천도교에서 수용되었다."(이이화 『이이화의 못 다한 한국사 이야기』, 170쪽, 2000, 푸른역사)

박정희의 셋째 형 박상희는 신간회와 여운형의 건국동맹, 그리고 1945년 11월의 전국인민위원회 대표자회의 선산대표로 참가한 인물이다. 이 형을 평소에 존경한 박정희는 적어도 한때는 중도좌파, 혹은 좌파적 사고를 하였던 것으로 보인다. 이는 식민지에서 태어난 청년이 가질 수 있고, 또한 거쳐야 하는 사상적 통과의례와 같은 것이다. 도리어 이러한 과정이 없었다면 혁명가로서 박정희의 사상적 바탕에 대해 의심을 해볼 만한 것이다. 예컨대 조선의 양반계급들이 가졌던 사대주의 같은 것에 물들지 않았는지에 대해서 말이다. 그러나 박정희는 처절한 경험 (1948년 여순 14연대 반란사건 연루)을 통해 좌파적 사고를 극복한 인물로 보인다. 박정희는 또한 독립을 위해서는 군사학을 해야 한다는 것을 알고 있었다. 이는 박정희가 한 나라의 독립을 좌지우지하는 것이 주자학이 아니고 군사학이라는 것을 몸소 알고 있었기 때문이다. 박정희는 위정척사와 같은 수준의 외세에 저항하는 인물은 아니었다. 그는 단지 반대(反)하는 것으로 무엇이(독립이) 새롭게 이루어지지 않는다는 것을 확실히 안 인물이다.

박정희는 정의(正)를 세우는 방법을 정확히 터득하고 있었다. 문화적 확대재생산이야말로 진정한 독립운동이며, 의식주를 해결하는 것이 진정한 동학의 정신이라는 것을 안 인물이다. 박정희는 가계로 동학정신을 계승하는 한편, 새로운 산업문명을 흡수하여서 자기화하여야 한다는 것을 정확히 꿰뚫고 있었던 인물이다. 그는 결코 우리나라 대부분의 지식인이 빠지기 쉬운 함정인 사대적 민주주의자나 관념적 사회주의자는 아니었다. 아마도 박정희의 이러한 극복의 과정이 때로는 친일파, 때로는 좌파, 때로는 독재자로 규정하는 빌미가 되었던 것 같다. 그러나 어떠한 독립운동가나 민주운동권의 박정희에 대한 매도와 규탄과 악의적인 평가에도 불구하고 박정희라는 인물은 이제 한국을 넘어 20세기 말의 세계적 인물의 반석에 올라 있다. 이러한 박정희를 두고 국내에서 이러쿵저러쿵 갑론을박한다는 것이 참으로 어리석다. 이는 아직도 남의 선(善)과 성취를 흠집 내고 질투하는 것으로밖에 볼 수 없다.

이영희, 그대는 결코 역사에서 정당한 평가를 받지 못할 것이다. 세종대왕에게 대항하여 한글창제를 반대한 최만리보다도 못할 것이다. 그대의 역할은 대한민국에 한강의 기적을 이룩한, 근대화와 산업화를 달성해 낸 박정희를 악의적으로 혹독하게 매도하고 평가절하한 인물로 낙인찍힐 것이다. 이는 그대가 실패한 몸이라는 뜻이다. 그러나 그대가 그토록 꿈에도 저주하였던 박정희는 이미 신이다. 그대는 한낱 귀신이 될 뿐이다. 귀신이 신을 모함하고 질투한다고 신이 되는 것은 아니다. 단지 귀신을 증명할 뿐이다. 흔히 영혼이 빵보다 앞선다고 한다. 그러나 그것은 지식인의 한낱 자기 마스터베이션에 불과한 것이다. 배고픈 자에게 빵을 줄 수 있는 자가 바로 배고픈 자의 영혼을 구제하는 것이다. 이런 단순한 진리를 역전시켜서 고상한 체하는 이 땅의 잘못된 좌파 지식인이여! 그대들은 배고픈 자에게 빵을 준 박정희를 매도하면서 빵을 주어야 한다고 소리치는 어릿광대와 같은 모습이다. 좌파들은 결코 빵을 주지 못한다. 이것은 역사적으로 이미 증명된 것이다. 흔히 자유가 빵보다 앞선다고 말한다. 이는 아직 배고파 보지 못한 부르주아의 말장난일 뿐이다.

빵이야말로 자유의 출발이다. 좌파들은 입으로 빵을 떠들었지만 박정희는 직접 손으로 빵을 먹여 주었다. 누가 좌파인가? 좌파라는 맥락에서 보아도 박정희야말로 진정한 좌파이다. 그러나 박정희는 자신을 좌파라고 하지 않았다. 단지 배고픈 민족에게 빵을 주려고 하였다. 빵을 주려고 불철주야 노력한 그를 우파라고 매도하는 것은 좌파들의 남의 좌파를 질투하는 것에 불과하다. 이것은 남의 선을 질투하는 또 다른 선의 어리석음이다. 그것을 미리 알고 박정희는 "나의 무덤에 침을 뱉어라"라고 말하였다. 박정희는 민족의 구세주이다. 박정희는 민족의 동학꾼이다. 감히 박정희에게 보잘것없는 사대주의적 부분논리로 공격한다는 것은 정말 계란으로 바위를 치는 격일 것이다. 박정희를 매도하고 질투한 인물들이 몇이 있다. 그 가운데는 자신들이 독립운동을 했고, 군사독재에 저항한 투사였고 정의한이라고 떠들어 대는 자들도 있다. 그들에게 묻고 싶다. 그대들의 독립운동으로 대한민국이 독립했느냐고, 그대들의 민주화운동으로 대한민국이 선진국의 문턱으로 진입했느냐고…….

참으로 적반하장도 유분수다. 본래 무(武)와 민(民)은 함께 있는 것이다. 무민(武民)이 하나가 되어 성공한 것이 한강의 기적, 경제개발 5개년 계획의 성공인데 사이비 문민의 무리들은 '문민(文民)정부'를 내걸고 무(武)와 민(民)을 이간질하였으며 그러다가 IMF를 당한 것이다. 문민정부를 이은 '국민의 정부'는 또다시 국민의 정부라는 용어를 개발하여 마치 다른 정부가 국민의 정부가 아닌 것처럼 착각하게 하여 IMF를 극복한다는 명목으로 나라 재산을 마구잡이로 팔아먹었다. 국민의 정부를 이은 '참여정부'는 운동권 학생의 수준으로 마치 선무당 사람 잡듯이 국정을 펼쳐 나라를 온통 하향평준화와 혼란 속으로 빠뜨렸다. 이 땅의 사대적 문민들은 아직도 자신들이 정의인 양 선전하고 떠들어 대면서 국가와 국민을 속이고 정권창출에 열을 올리고 있다. 나라가 잘못되면 그 책임은 결국 국민에게 있고 다른 나라의 정권만큼 제대로 하지 못하면 민족의 앞날은 그리 밝지만은 않다. 사대적 문민들은 민주주의를 팔기에 바빴고 민주주의를 위해서가 아니라 정권창출을 위해 박정희를 과하게 몰아세웠다. 그래서 민주인사들의 대부분이 박정희에 저항한 공로로 유명인사가 되었다.

그러나 반체제, 안티가 반드시 정의는 아니다. 정의는 무엇을 반대하면서 일어나는 것이 아니라 스스로 세움으로써 일어난다. 문민이 무민을 이간질하고 또한 문이 사대적 사이비를 극복하지 못한다면 한국은 또다시 나락으로 떨어질 것이다. 만약 우리의 지식인들이 아직도 남의 선(善)과 정(正)을 질투만 한다면 민족의 미래는 암울할 것이다. 왜냐하면 도그마가 그들을 삼켰기 때문이다. 만약 우리가 아직도 박정희의 공적을 질투한다면 민족의 미래는 분열될 것이다. 그리고 언젠가 남의 나라로부터 침략을 받고 또다시 남부여대하고 피난길에 올라야 할 것이다. 박정희를 질투하는 이영희, 김대중, 김일성, 김정일은 결국 박정희라는 신(神) 앞에 무릎을 꿇게 될 것이다. 박정희야말로 진정한 민중주의자, 박정희야말로 진정한 여성−평화주의자, 박정희야말로 진정한 환경주의자이기 때문이다. 역사와 사상의 저류를 모르고, 세계사의 진정한 흐름을 모르고, 표면에 흐르는 말만 가지고 떠들어 대는 사대주의자는 역사와 민중의 적이다.

너무나 여성적인 전라도 사람들은 권력에 대한 원천적인 저항의식을 가지고 있는 데다가 서구에서 유물론의 공산사회주의가 '평등'과 그것의 실천적 전략으로서 '계급투쟁'이라는 슬로건을 들고 들어오자 생리적으로 구미에 맞았다. 그뿐만 아니라 사회주의는 남한 내의 자본주의 정권에 저항하는 구체적인 수단도 되었으며 한민족(한 몸)이라는 환상과 더불어 통일이라는 당위성을 강조하는 북한의 급진적 통일전략에 쉽게 동조되어 갔다. 그래서 전라도 좌파적 특수성이 형성되는 것이다. 이들은 미국 제국주의를 전략적으로 비난함으로써 스스로 북한 중심의 사고를 하면서 동시에 북한 중심의 통일을 지향하게 된다. 이것은 일종의 체질화된 것이다. 이들의 실천적 과제들은 남한 내에서는 독재정권에 저항하고 대외적으로는 민족 자주통일을 표방하는 것이다. 그런데 이들이 간과하고 있는 것은 남한보다 몇 배의 독재 철권정치에 그들이 쫓아가서 안긴다는 사실이다. 북한의 '한민족주의와 통일주의'는 통일의 결실을 얻는 것이 아니라 적화통일이라는 북한 최종목표의 한 전략으로서 예술을 동원하는 시적 은유에 지나지 않는다. 그런데 이 시적 은유에 많은 좌파 예술가들은 귀가 솔깃하여 참여하고 있으며 동서분열을 부산물로 얻었다. 통일은 고사하고 남남분열이 늘어난 셈이다. 이것이 바로 북한이 노리는 전략이다. 특히 전라도 좌파들이 이 운동의 핵심세력들이다.

박정희는 민족의 구세주이다. 그런데 박정희를 매도하는 사람들은 자신들의 처지에서 자신들의 부분논리로 박정희를 비난하고 비판한다. 세상에 밥을 굶고 있는 자신의 입에 밥을 넣어 준 은인을 독재자라고 한다면 이것은 전체적으로 배반이다. 박정희는 실은 동학운동의 마지막에 핀 꽃이다. 민족의 중심, 구심점, 정체성을 만들기 위해 박정희는 노력했고, 산업화에 성공함으로써 역사를 탄탄대로로 만들었다. 박정희가 없는 오늘의 한국을 생각할 수 없다. 박정희는 자유가 아니라 빵이 필요할 때 빵을 주었고 빵을 마련한 뒤에 그는 죽었다. 그런데 자유를 부르짖던 사람들은 자유를 방종으로 썼다. 박정희의 아버지는 구한말 동학접주였고 박정희의 형은 좌익운동가였다. 이러한 집안의 흐름의 끝에 피어난 꽃이 박정희다. 그런데 동학하는 사람들은 민중을 떠들면서 박정희를 비판하고, 좌익을 하는 사람들은 동학을 이용하면서 박정희를 우익이라고 선동한다. 동학은 전반적으로 박정희에게 반체제하는 논리로 이용했다. 환경운동가는 산업화의 부산물인 환경파괴를 비판하면서 박정희를 매도한다. 민둥산을 울창한 수풀의 산으로 탈바꿈시키고, 산업화 속에서도 그린벨트를 만들어 녹색을 보호한 박정희보다 더 환경운동을 한 사람은 없다. 박정희야말로 동학에서 말하는 식천(食天)하고 양천(養天)한 역사적 인물이다. 박정희가 생전에 동학과 천도교를 뒤에서 여러모로 도와준 것은 바로 그 때문이다. 아마도 박정희보다 진정한 동학꾼은 없을 것이다. 그래서 박정희는 역사적 실체로서 태어난, 동학의 인내천(人乃天)을 실천한 천(天)이다. 그래서 박정희는 민족의 구세주이다. 박정희는 부분이 아니다. 박정희는 전체이다.

이에 비하면 박정희라는 태양의 반사광을 받은 김대중은 참으로 양극단의 이중적인 해석이 가능한 음부(陰府)의 인물이다. 역사적으로 누대에 걸쳐 억눌린 민중의 한을 풀어주는 메시아적 의미가 있는가 하면, 동시에 민중을 자신의 정치적 성공을 위해 악의적으로 활용한 측면이 있기도 하다. 이를 한국사의 입장에서 보면 박정희의 탄생과 대척점에 있다.

강증산의 의미맥락에 따르면 박정희가 선충자(善充者)라면 김대중은 악충자(惡充者)인 것 같다. 그런데 악(惡)이나 마귀(魔鬼)라는 것에 실은 여성성의 네거티브한 의미가 숨어 있다. 김대중은 어쩌면 박정희가 한국 역사상 보기 드물게 가부장의 역할을 다하는 통치자로서 자리매김하는 데에 사사건건 방해를 한, 질투적 인물이라고 하지 않을 수 없다. 성자와 성자를 파는 인물은 다른 것이다. 김대중은 그를 지지한(세계 선거 사상 거의 100%에 가까운 지지율을 보인 경우는 없을 것이다) 전라도 사람들을 철저히 이용한 인물이다. 박정희가 없는 김대중은 생각할 수 없다. 그러나 김대중이 없는 박정희는 얼마든지 가능하다.

그는 온갖 술수와 모략을 동원하여 권력에 접근하였으며 어떤 적과의 동침도 감행하였다. 그는 자신이 창녀인 것을 감추기 위해서 가톨릭의 근엄함에 숨어 있었으며 기독교 맹렬 신자를 아내로 맞이하였다. 참으로 그가 그다운 것은 그의 아내는 자신의 정치적 동지의 아내였다. 신은 대한민국에 같은 시대에 박정희라는 인물과 김대중이라는 인물을 주었다. 누가 천사이고 누가 악마인지 알 수가 없다. 아마도 전라도 사람들의 상당수는 박정희를 악마라고 할 것이다. 그러나 다른 지방 사람들의 상당수는 김대중을 악마라고 할 것이다. 우리는 이렇게 극단적으로 분열된 현실 속에 살고 있는 것이다.

그렇다면 이영희라는 인물은 어떤가? 그가 왜 박정희라는 가상의 적을 만들었는지 모른다. 그는 박정희 대통령이 혁명 후 집권을 하고 미국의 케네디 대통령을 방문하였을 때에 합동통신의 기자로 수행기자단에 포함됐다. 이것은 그에게 일생일대의 행운이 될 수도 있었다. 그러나 그는 그것을 행운으로 쓰지 않고 불행으로 사용했다. 당시 수행기자들은 모두 박정희 정권 시절에 출세를 하였다. 그런데 그만 유독 박정희에 저항하였다. 이는 그가 당시 언론인들 중에 가장 정의롭고, 가장 민족적이고, 가장 철학적이어서 그렇게 되었을까, 아니면 태생이 본래 저항적이고 반골적이어서 그런가? 잘 모르겠다.

그는 이상하게도 우리의 사대적 전통 선비주의에서 벗어나지 못했다. 그는 반미주의를 가지고 마치 민족적이고 주체적인 것처럼 행세하였고 그렇게 선전하였지만 실은 그야말로 중국 사대주의를 벗어나지 못한 마오이스트였다. 대륙의 광대한 지역에, 그것도 농민 대부분이 중국의 노선과 정책을 지지하면서 그것을 남한에도 적용하여야 하는 것처럼 언제나 주장하였다. 그가 얼마나 황당한 시대착오적 주장을 하였는가 하는 것은 중국이 마오이즘이나 문화혁명 4인방의 노선을 버리고 도리어 박정희의 경제개발론을 벤치마킹한 등소평에 의해 실지로 번영을 구가하였다는 데서 확인할 수 있다.

참고로 중국의 문화혁명 기간(1960~75년)은 대체로 우리가 경제성장에 골몰했던 그 시기(1961~80년)이다. 중국 대륙에서 문화혁명, 홍위병의 반란 등이 있었을 때에 남한은 박정희의 5 · 16혁명(1961. 5. 16)에 의해 경제개발에 국력을 집중시켰던 기간이다. 재미있는 것은 남한은 박정희 대통령의 시해(1979. 10. 26)와 더불어 혼란기에 접어들면서 발전의 속도를 늦추게 된 시점부터 중국이 발전의 엔진을 가동하기 시작한 점이다. 대체로 15년 기간이 서로 역방향을 간 기간이다. 이 15년간을 대한민국은 신에게 감사해야 할 것이다.

1975년은 매우 중요한 시점이다. 남한이 북한의 경제를 앞지르기 시작한 해이다. 박정희 정권은 약 15년 만에 북한에 뒤져 있던 경제를 역전시킴으로써 남북경쟁에서 우위를 점령하기 시작하였기 때문이다. 김일성은 사상적으로 '천리마운동' 등으로 독려하여 북한의 발전을 이루었고, 박정희는 물론 새마을운동이라는 정신운동을 병행하였지만 농업에서 공업으로의 산업구조적 개편으로 발전을 이루었다는 점에서 승리할 수 있었던 셈이다. 사상이라는 것은 한계가 있는 것이다. 그런 점에서 지금도 이데올로기에 미친 운동권 세력들은 반성하여야 할 것이다. 이데올로기는 조금은 도움은 되지만 이데올로기가 사회의 구조적 발전을 이끄는 것은 아니라는 점이다. 인류사회는 산업, 혹은 하부구조에 의해 상부구조를 발전시킨다는 대명제를 벗어날 수 없다. 물론 부분적으로는 상부구조가 하부구조를 변화시키기도 하지만 그것은 부분에 그친다. 산업구조야말로 물적 토대이다. 육체적 노동이 하부구조의 핵심이 아니다. 인간은 정신노동에 더 가치를 둘 수밖에 없는 호모사피엔스사피엔스이다.

마르크시즘은 이론적으로는 매우 정교하다. 그것도 기존의 사상이나 체제에 반대이론을 제시할 때는 그렇다. 이것은 포지티브가 아니라 네거티브이다. 그만한 인문사회과학적 이론이 다시 생성되기는 어려울 것이다. 그러나 마르크시즘은 인간이 욕망과 이기심의 존재라는 것, 그러한 오랜 기간의 진화적 과정을 거친 존재라는 것, 다시 말하면 인간의 생물학적 토대를 간과하고 그 변수를 제외하고 사상을 전개한 약점을 가지고 있다. 그래서 현실에서는 틀리는 것일 뿐만 아니라 생산성에서 자본주의를 능가할 수 없는 것이다.

물론 자본주의도 불평등으로 인한 많1은 약점을 가지고 있다. 그러나 둘 중에서 하나를 택한다면 자본주의를 중심으로 사회주의를 보완적인 정책으로 쓰는 것이 사회주의를 중심으로 자본주의를 보완적인 정책으로 쓰는 것보다 훨씬 현명한 일일 것이다. 그런 점에서 사회주의든, 자본주의든 모두 우리 민족에겐, 교조적으로 따르게 된다면 결국 사대주의로 정체되고 말 것이다. 이러한 사대주의와 정체성을 벗어나게 한 장본인이 박정희라는 인물이다. 그 같은 인물이 민족의 위기 때에 등장한 것은 마치 임진왜란에 이순신 장군이 등장한 것과 마찬가지로 귀하면서도 행운인 것이다. 이영희와 김대중의 허명과 위세가 높지만 결국 역사는 나중에 제대로 기록하게 될 것이다. 그때에 이 책이 조금은 사태를 파악하게 되는 데에 도움이 되었으면 하는 바람이다.

이 책은 가부장사회, 국가논리 위에 쓰였지만 동시에 가부장사회를 떠나면서 쓴 글이다. 가부장사회에서는 우리 민족은 고난의 연속이었다. 이제 모계-모성적 사회가 전개될 때 우리나라는 문화의 꽃을 피우고 세계의 일등국가가 되어 있을 것이다. 그러한 경제적 기반을 마련한 시대가 박정희 시대였다는 것을 후세들은 기억할 필요가 있다. 혹시 이 책을 쓰면서 이영희 선생과 김대중 선생에게 누가 될 표현이 있었다면 용서해 주길 바란다. 그들이 민족과 통일을 팔면서 정치적 투쟁을 하고 매명을 하지 말았었기를 바랄 뿐이다. 악마라든가, 천사라는 것, 그것이야말로 인간의 우상이고 유령이고 허수아비이다.

악마는 천사라는 것을 돈으로 살 수 있으면 사고 말 것이다. 그러나 천사는 돈이 없어 악마를 살 수 없다. 이것이 악마와 천사의 다른 점이다. 악마는 천사를 살 수 있다는 사실, 천사는 악마를 돈이 없어 살 수 없다는 사실. 이 세상에 영웅 가운데서도 권력을 잡기 위해 정치를 하는 사람이 있는가 하면 반대로 정치를 위해 권력을 행하는 사람이 있다. 이 둘은 분간하기 어렵다.

세계는 이제 바야흐로 이데올로기를 넘어서 페미니즘(Feminism), 사람주의(Peoplism, 이 용어는 민주주의라는 Democracy 및 대중영합주의라는 Populism 용어를 쓰지 않고 보다 중용적인 새로운 용어의 개발이 필요하다는 점에서 만든 신조어이다), 에콜로지(Ecology)의 시대이다. 여자와 여자가 낳은 사람과 그 사람들이 모여 사는 환경이 이데올로기 아닌 새로운 이데올로기가 되어 버린 시대이다. 여기에서 살아남기 위해서는 이데올로기 아닌 반이데올로기인 이 이데올로기를 어떻게 잘 실천하느냐에 따라 민족의 미래가 달려 있다. 공산사회주의와 자유민주(자본)주의라는 양극 이데올로기의 희생자인 한민족이 미래에 새로운 삶을 개척하기 위해서는 이제 과거를 청산하여야 한다. 과거를 나름대로 청산하는 의미에서 이 책은 쓰였다. 청산하는 것은 재판을 하고 성토를 하고 운동을 하는 것에 의해 이루어지는 것이 아니라 차분하게 기록하고 내정하게 평가하는 것에 의해서 이루어진다.

05

'활생'(活生)으로서의
새마을운동

01 '활생(活生)'으로서의 새마을운동
─생활(生活)에서 활생(活生)으로: 새마을운동은 한국인의 활생의 실천이었다─

한국 문화에서 최고 문제점은 바로 스스로 만드는 논리(logic)가 없다는 점이다. 물론 이 점은 한국 문화의 특징이기도 하다. 이 말에 이의가 있을 수도 있다. 왜냐하면 우리사회가 항상 좌우이데올로기로 분열하고 갈등하고 있는 것은 언뜻 보면 사상이나 철학이 왕성하기 때문으로 풀이할 수도 있기 때문이다. 그러나 이러한 이데올로기의 난무는 도리어 스스로 철학하지 못함에서 비롯되는 것이다. 항상 남(외국)의 철학을 가져와서 서로 편을 가르고 파당을 하는 데에 사용하고 스스로 철학하지 못하는 공백을 메우기 때문이다. 곰곰이 따져 보면 남북분단과 6·25도 여러 가지 차원과 이유에서 분석할 수 있겠지만 실은 스스로 논리를 만들지 못하는 데서 오는 비극, 그로 인한 냉전체제의 대리전쟁에 휘말렸다고 보는 편이 옳다.

스스로 독립적으로 살아가는 논리를 만들어 가지 못하는 민족은 역사에서 자주성을 획득하기 어렵다. 최근세사의 남북분단과 6·25도 제2차 세계대전 후 냉전구조의 탓으로 책임을 돌리지만 실은 그보다는 우리 민족이 미리, 독립운동 단계에서부터 임시정부 측과 중국·소련 등 좌익 측과 분열되어 있었던 탓이고, 그것이 주변 강대국에 분단의 빌미를 주었다고 보는 편이 훨씬 주체적이고 반성적인 사고이다. 사대주의와 종속주의는 우리 민족의 고질병이 된 지 오래다. 그 병이 얼마나 깊었으면 사대하는 것이 선진하는 것이고, 종속되는 것이 문화민족이라고 생각하는 단계에 이르렀다. 사대적−종속적 삶이 삶의 본질인 양 생각하는 부류도 있다.

그렇다면 한국은 이제까지 사상과 철학이 없었단 말인가? 그것은 아니다. 한국이 국제사회에서 보편성을 획득한 철학을 구축한 적도 있었던가? 신라의 삼국통일을 철학적으로 뒷받침한 원효(元曉)의 '화쟁(和諍)사상'이 그 첫 번째이고, 둘째가 고려조의 일연(一然)이 단군에서부터 내려오는 민족전통 철학의 의미를 불교적으로 새롭게 천명한 '홍익인간(弘益人間), 이화세계(理化世界)'일 것이다. 일연 스님은 당시 불교적 보편성에 재래의 단군사상을 올려놓는 데 성공했다. 그 후에는 별로 없었던 것 같다. 최근세사에서는 새마을운동이 될 가능성이 높다. 새마을운동은 철학이라기보다는 운동이고, 운동을 위한 최소한의 지침이나 슬로건만 있었던 것이기 때문에 보편적인 철학이 될 수 없다고 생각하는 사람이 많을 것이다.

그렇다. 현재의 새마을운동으로 철학이 될 수는 없다. 그러나 새마을운동은 안으로는 한국인의 삶을 활생시키면서 역사적으로는 한국인에게 소유의 개념을 확립케 한 민족사적 일대 사건이었다는 점에서 이것을 철학화해야 할 의무가 우리 후손에게 있다. 철학이라는 것이 하늘에서 뚝 떨어지는 것이 아니라 당대의 삶 혹은 삶의 활생을 위해 땅에서부터 솟아난 것이기 때문이다. 칸트 철학은 그것을 수입하고 배우는 입장에서 보면 그 철학이 생겨난 땅과 상관없이 일어난 것처럼 생각하기 쉽다. 그러나 그렇지 않다. 모든 철학은 철학을 탄생시킨 그 땅과 그 시대의 요구에 부응한 것이다. 그런 의미에서 철학은 계속해서 새로운 보편성을 재생산하지 않으면 안 된다.

우리가 살아가고 있는 땅에서 볼 때 새마을운동만큼 한국인의 삶을 활생시킨 것이 없다고 여겨진다. 요즘의 존재론적 철학으로 말하자면 새마을운동은 삶의 존재성과 역사적 존재자성이라는 이중의 목표를 달성한 운동이었다고 보인다. 그러한 점에서 이것의 철학화 혹은 철학적 승화는 한국 지성계와 철학계의 몫이다. 한국인은 철학을 배우고 가르치기는 잘하는데 실지로 철학하기를 실천하는 데에 매우 열등하다. 그래서 남의 철학을 사 오기에 급급하다. 그리고 그것을 토착화하여 새로운 자생철학을 만들어 내기보다는 또 다른 철학적 유행을 수입하는 데에 재빠르다.

한국을 오늘의 경제대국으로 이끈 새마을운동을 세계적인 철학이나 사상으로 발전시킨다면 우리 후손들은 세계 어느 나라를 가나 문화민족으로서 어깨를 펴고 고개를 들고 다닐 것이다. 새마을운동은 유신(維新)과는 다른, 충분히 한국이 자생적으로 개발한, 세계에 내놓을 수 있는 사상이 될 요소를 갖추고 있다. 주자의 철학이나 칸트의 철학을 배울 수는 있어도 그것이 한국의 것이라고 세계에 말할 수는 없다. 그러나 새마을운동의 철학, 즉 가칭으로 '새마을철학'은 성공만 한다면 얼마든지 한국의 것이라고 말할 수 있다. '새마을철학'이 한국의 특수한 것이라면 '마을철학'은 보편성(정확하게는 일반성)을 얻을 확률이 높다. '마을철학'은 미래의 세계적인 철학이 될 소질과 요소를 충분히 갖추고 있다.

'마을'철학, '마음'철학은 뒷장에서 '마고'철학으로 발전할 것이다. 미리 조금 언급을 한다면 이들은 모두 '마(ma)'의 철학계열이다. '마'의 철학은 '고(god)'의 철학계열과 다른 철학이다. '마'의 철학은 여자의 철학이고, 어머니의 철학이고, '고'의 철학은 남자의 철학이고, 아버지의 철학이다. '고'의 철학은 실은 '마고'의 철학에서 분가하였다고 하는 편이 옳다. '마고'의 철학에 '고'의 철학도 내포되어 있기 때문이다. 이것을 오늘날에 비유하면 '마'의 철학은 존재철학이고, '고'의 철학은 존재자

철학이다. 존재는 존재자를 포용한다. 존재자는 아무리 존재를 초월한다고 하여도 결코 존재를 벗어할 수 없다. 이는 마치 어머니와 아들의 관계(子/母)와 같다(딸은 어머니가 된다는 점에서 어머니의 반복이다).

〈'마'의 철학, '고'의 철학〉

마고(ma-god)의 철학(子/母)	
마(ma)의 철학 (ㅁ=麻, 無, 母) 마음(몸)의 철학 마을의 철학	고(go, god)의 철학 (고=高, 古, 告) 이성의 철학 동일성의 철학
존재의 철학 무(無)의 철학 무위(無爲)의 철학 보이지 않는 세계	존재자의 철학 유(有)의 철학 인위(人爲, 僞)의 철학 초월의 세계
여자의 철학 (자연의 철학)	남자의 철학 (문명의 철학)

* 인간이면 누구나 어머니(여자)에게서 태어나서 대지(여자=여신)의 품속으로 돌아간다. 여자는 궁(宮)이며 동시에 묘(墓)이다.

마을철학은 실은 우리 조상들이 어려운 환경 속에서 살아남기 위해서 마을 단위로 협동해 온 전통을 기반으로 하는 것이다. 마을철학은 앞에서 말한 '우리(we)'의 철학적 전통을 잇고 있는 것이다. '마(ma)'도 '우리(we)'와 함께 여성성과 모성성을 바탕으로 한 마을사회의 공동존재감, 공동체정신을 계승하고 있는 단어이다. 한국에는 품앗이나 두레,[1] 향약과 같은 마을공동체로서의 전통이 존재해 왔으며, 새마을운동은 그러한 전통을 기반으로 그것을 새롭게 사상화한 것이다.

　한국 사회의 특징을 '정(情)의 사회'라고 하기도 한다.[2] 정(情)은 사회

---

1) 두레는 삼한 시대 이래로 공동 노동을 위한 마을 성년 남자들의 작업 공동체이다. 두레의 어원에 대해서는 여러 설이 있다. 두레는 윤번의 뜻(강정택)과 둘레의 뜻(이병도)에서 유래하였다고 하는 설이 유력하다. 둘레, 즉 원주 (圓周)에는 '돌다'의 뜻이 있는 것은 당연하다. 두레가 영어의 서클(circle)처럼 결사의 뜻으로 쓰이는 것도 쉽게 유추할 수 있다. 도(徒), 접계(接契), 사(社)가 모두 둘레의 한역어이다. 두레가 '두르다'의 동사에서 출발하여 '둘레'로, 그리고 '두루'의 명사(신용하)로 쓰이고, 후에는 '공동체 자체'를 나타내는 말로도 쓰였다. 마을사회에서는 '두레 났다'고 한다.

적으로 순기능을 할 때는 협동으로 나타났고, 역기능을 할 때는 파당(派黨)으로 나타나기도 했다. 전자는 집단을 결속하고 정체성을 확인하는 역할을 했고 후자는 집단을 분열시켜 끝없는 당쟁(黨爭)을 불러일으키기도 했다. 이러한 정(情)을 기조로 한 사회는 논리나 이데올로기가 정(情)을 표현하는 수단이나 방편이 되기 쉽고, 논리적 일관성이나 이데올로기에 대한 토론보다는 그것에 대한 찬반(贊反)논쟁, 또는 체제·반체제 등으로 집단적 대립형태를 취하기 쉽다. 다시 말하면 쉽게 사회적 언어들은 집단적 상징(깃발)화된다.

정(情)은 이성적 언어보다는 사람과 사람의 직접적인 만남을 통해 교감(交感)을 추구한다. 만나지 않으면 잘 통하지 않는 것이 된다. 그래서 부단히 만나는 일―이것은 크고 작은 축제라고 말할 수 있을 것이다―을 만든다. 이 과정에서 각종 언어들은 그것 자체의 결정성보다는 단지 상황을 표현하는 상징에 불과한 것이 된다.

이 같은 사정은 문화적으로는 상징이 풍부하게 되는 배경이 되고 사회적으로는 매우 정치 지향적인 특성을 드러낸다. 즉 파당성(派黨性)은 흔히 실천적으로 당파성(黨派性)으로 나타나고 당파가 한국정치 또는 정당의 기초가 되는 것도 이 때문이다. 당파성은 역사·사회적 차별성(difference)의 기본이 된다. 따라서 한국인은 존재자적 이성(理性)에 의해 살기보다는 존재적 차연(différance)이 역사·사회적 차별성이 되는 특성을 보인다. 이를 좋게 보면 본능에 충실하다고 할 수 있고, 생래적으로 자연스런 삶, 존재적 삶에 충실하다고 할 수도 있다. 그러나 이런 성향은 존재자적 역사에서는 항상 불리하다.

한국 사회의 협동과 분열은 매우 역동적으로 나타난다. 예컨대 국가가 기준이 되었을 때는 국가 대 외국이 되기 때문에 국내적으로는 단합

---

2) 金周姬, 「품앗이와 情―한국농촌 인간관계의 기본유형」, 韓相福 編, 『한국인과 한국 문화―인류학적 접근』, 1982, 심설당.

하여야 하는 데도 한국인은 종종 분열한다. 하위집단인 마을과 씨족(가문) 단위로 들어가면 협동과 단결은 비교적 잘되는 편이다. 한국인의 경우 대체로 마을단위나 씨족단위에서 차별성을 보이기 때문에 국가의식이 부족한 것이 사실이다. 한국인은 내셔널리즘(nationalism)의 이름으로 국가주의나 민족주의를 주장하거나 세계주의(globalism)를 주장하지만 실은 아직도 족벌주의(despotism)의 차원을 벗어나지 못하고 있다.

한국의 내셔널리즘을 민족주의로 받아들이는 경우는 소위적(所爲的)이고 좌파적이고 여성적인 반면 국가주의로 받아들이는 경우는 능위적(能爲的)이고 우파적이고 남성적이다. 그런데 한국의 경우 박정희의 5·16혁명이 일어나기 전까지 민족주의가 우선한다. 그러나 혁명 후 국가주의가 득세를 하면서 능동적이 된다. 여기서 좌파를 소위적이라고 분류하는 것에 대해서 이의를 제기할 사람이 많을 것으로 보인다. 좌파야말로 행동적이고 실천적이었기 때문이다. 그러나 좌파들은 계급투쟁을 하긴 하였지만 실지로 생산성의 향상이나 능동적 생산에 실패하였다.

	능위적	소위적
내셔널리즘(nationalism)	국가주의(부성적)/祖國	민족주의(모성적)/母國
한국의 내셔널리즘, 혹은 민족주의	우파 - 자주독립 군사정권 - 산업화 - 근대화	좌파 - 친북한 민주 - 민중 - 통일운동권세력

* 재미있는 것은 국가주의를 부르짖던 나라도 전쟁에서 패하거나 국가부흥기에는 민족주의를 부르짖는다. 이는 민족주의가 모성적이기 때문이다.

세계적으로 내셔널리즘을 좌파가 주장하는 것은 한국뿐일 것이다. 여기에 한국인의 교차배어적 성격과 모성성이 숨어 있다. 한국인에게 내셔널리즘은 민족주의 혹은 국가주의로 쓰인다. 둘 다 배타적인 민족성을 가지고 있다. 한국인은 한민족주의 혹은 천손사상(天孫思想)을 가지고 있다. 이에 비해 유태인은 선민사상(選民思想)을 가지고 있다. 그런데 한국인은 철저하게 외래종교에 종속적이라면, 유태인은 철저하게 구약(토라)에 의해 정체성을 찾고 있다. 이는 토라공동체라고 해도 과언이 아니다.

한국인은 한국계-외국인을 한국인이라고 생각한다. 동시에 외국계
-한국인을 한국인이라고 생각하는 데 인색하다. 이에 비해 유태인은
자신이 속한 나라를 인정하지만 그것보다는 유대민족임을 정체성으로
삼는다. 한국인은 사대주의를 당연한 것으로 받아들인다. 사대주의는
선진문화를 따라가는 것으로 생각한다. 사대주의-소중화사상은 동전
의 양면이다. 이에 비해 유태인은 언젠가 유대나라로 돌아간다고 생각
한다. 이 같은 생각의 이면에는 디아스포라(Diaspora) 사상이 있다. 한국
은 모성적-동조집단적(同祖集團的) 국가관(민족관)을, 유태인은 부성적
-성경적(聖經的) 국가관을 가지고 있다.

〈한국인과 유태인의 민족국가관〉

한국인	대칭적이고/ 교차배어적이다	유태인
한민족주의(天孫思想)		유대민족주의(選民思想)
외래종교에 의한 정체성		구약(토라)에 의한 정체성
· 한국계-외국인을 한국인이라고 생각함/외국계-한국인을 한국인이라고 생각 안 함 · 사대주의-소중화(小中華) · 모성적-동조집단적(同祖集團 的) 국가관(민족관)	한국인은 작은 국토에서 배타적이다/유태인은 남의 나라에서 토라공동체를 형 성한다.	· 자신을 국민이라기보다 유태민족이라고 생각함/언젠가 유대 나라에 돌아간다고 생각함 · 디아스포라(Diaspora) · 부성적-성경적(聖經的) 국가관(민족관)

이를 종교(유대-기독교, 샤머니즘-외래종교, 힌두-불교)와 관련하
여 분석하면 다음과 같이 설명할 수도 있을 것이다. 유태인은 가나안 땅
을 잃은 후 고유의 영토(국토)가 없이 수천 년의 유랑의 세월을 보냈다.
그러는 동안 구약과 신약을 끊임없이 다시 쓰고 그렇게 하여 성경을 완
성하였다. 성경은 국가를 대신하여 천국을 그들에게 주었고, 유대민족
의 정체성을 보존케 하였다. 특히 예수의 탄생을 계기로 기독교를 로마
의 국교가 되게 함으로써 정복과 선교의 방법을 병행하여 '기독교 제국'

을 형성하는 원동력이 되었다. 유대인의 파더콤플렉스(father-complex)는 도리어 유일신(여호와)이라는 초월적 파더(father), 성부(聖父)를 탄생케 했다.

이에 비해 한국인은 파더-마더콤플렉스(father-mother complex)에 의해 단군과 마고(심신할머니)를 동시에 섬기면서 반도(半島)에서 반(半)국가적 상황에서 살아왔다. 종교도 샤머니즘을 바탕으로 외래종교를 습합하였지만 고대에서부터 현대에 이르기까지 외래종교의 득세(주인행세) 속에 살아왔다. 한국인은 여러 면에서 사대(事大)와 주체(主體)의 갈등 속에 이중적인 태도로 살아왔다. 한국인은 때로는 파더콤플렉스에 의해서, 때로는 마더콤플렉스에 의해서 살아왔다. 한국인은 파더콤플렉스에 의해 외래종교를 받아들이고, 마더콤플렉스에 의해 그것을 토착화하였다.

인도인은 국토는 넓지만 국가의식이 부족하고, 초자연적(supernatural)인 세계와 현실세계를 하나의 순환체계로 만들어 살아왔다. 이로 인해 영혼불멸과 왕생(往生)이라는 '삶의 연기(緣起)의 시스템'을 구축했다. 이는 세계를 여성의 자궁과 같은 매트릭스(matrix)의 세계로 이해하게 했다. 인도 문명에서 석가의 탄생은 매우 특이하지만, 기독교와 달리 정복의 방법이 아닌, 순전히 평화적 전파의 방법으로 지구에 '불교 제국'을 형성케 하였다. 이를 마더콤플렉스(mother-complex)의 승리라고 말할 수 있을 것이다.[3]

---

3) 박정진, 『불교인류학』, pp.17~25, 2007, 불교춘추사.

유태인 (天)	유대-기독교	파더콤플렉스 (father-complex)	예수	국토가 없는 대신 성경이 국가(천국)를 대신했다. 가장 넓은 지역에 '기독교 제국'을 형성했다.
한국인 (人)	샤머니즘- 외래종교	파더-마더콤플렉스 (father-mother complex)	단군-마고 (삼신할머니)	반도(半島)에서 반(半)국가적 상황에서, 샤머니즘과 외래종교의 습합으로 살아왔다.
인도인 (地)	힌두-불교	마더콤플렉스 (mother-complex)	석가	국토가 넓지만 국가의식이 부족하고, 자연적-초자연적 삶을 동시에 이루었다.

한국은 겉모양(제도적)으로는 국민국가를 달성하긴 하였지만 아직도 족벌주의에 의해 추동력을 얻는다. 족벌주의라는 것은 실은 근대적 국가 개념에 도달하지 못함을 의미한다. 족벌주의는 '국가(國家)'의 가(家)에 이르지 못하고, 그 아래 집단인 '집' 가(家), '가문(家門)'의 가(家)에 있음을 의미한다. 이는 충(忠)보다는 효(孝)를 우선하는 데서도 살펴볼 수 있다. 한국인의 심리적 심층에는 국가보다는 가문이 존재한다. 이는 전쟁에 참가한 장군이 부모의 상을 당하면 상의 3년 상을 치르기 위해서 집으로 돌아오는 데서 극명하게 드러난다. 임진왜란을 승리로 이끈 이순신 장군도 국가의 존망지추에서 어머니상을 당하자 귀가하였다. 이는 다른 나라에서는 볼 수 없는 일이다. 이는 일본의 충(忠)사상과 비교하면 현저한 특징이 된다. 한국인에겐 국가란 울타리 정도의 개념이다.

한 국가가 남의 나라에 식민지가 되었다는 것은 잠시 동안의 실수와 운수가 없기 때문이 아니다. 한마디로 국가체제 전체의 붕괴를 의미한다. 국가를 재건하는 것은 참으로 힘든 일임에도 불구하고, 사대적 문민들은 관념적인 탁상공론으로 '잘 알지도 못하는 민주주의', '정체불명의 민주주의'만을 외치면서 나라가 저절로 만들어지기를 기다렸다.

소국주의 이전에 어쩌면 아직 국가에 대한 개념이 확실히 서 있지 않는지도 모른다. 이것은 모성적 민족주의라고 말할 수 있다. 모성주의는 기본적으로 가부장의 국가주의에 대해 반항적 기질을 가지고 있다. 이는 때론 역사전개에서 자기배반적이고 자기모순적이며, 내부의 질투적 속성으로 인해 당파적 성격을 갖게 한다. 남한의 민주주의 운동이 때로는 혹은 지배적으로 종북적(從北的) 태도를 갖는 것은 그 대표적인 현상이다. 이는 남편의 보호 아래 가정을 유지하면서도 '바람피우는 여자'와 같다. 차라리 이런 점에서는 현재 지구상에서 가장 독재적이고 전체주의적인 북한이 훨씬 가부장적이고 국가주의적이다. 남한, 즉 한국이야말로 여성성의 극치에 있다. 북한에 온갖 경제적 시혜를 주고서도 아무런 큰소리를 치지 못하고 있다.

한국에는 이상하게도 반체제주의가 때로는 국가를 붕괴시킬 정도로 득세를 한다. 그래서 스스로 독립을 하거나 스스로 통일을 하기 어려운지도 모른다. 이러한 한국의 풍토는 오늘도 계속되고 있다.[4] 한국인이 역사에서 존재를 부각시키지 못하는 이유는 존재자가 되지 못했기 때문이다. 삶의 자연주의(낙천주의)를 취하는 한국인은 생래적으로 국가경쟁을 하는 것에 열등한지도 모른다. 마을 단위의 공동체적인 삶을 영위하지만, 국가의 대사에 있어서는 항상 국론을 분열하고, "사촌 논 사면 배 아픈" 질투의 힘에 의해 살아간다.

국가주의가 없이 통일국가가 되거나 분단된 나라가 다시 통일이 될 수 없다. 남한의 국가주의는 북한의 민족통일―전체주의에 의해 일종의 거세된 상태이다. 남한의 남자는 거세된 상태이다. 그래서 남한의 여자는 거의 '바람난 유부녀'와 같다. '바람난 유부녀'는 남편이 벌어 주는 돈으로 살면서 사랑은 정부에게만 주는 그런 식이다. 이것이 여성성(모성성)이 강한 문화의 부정적 측면이다. 물론 여성성은 결코 망하지 않는 긍정적인 측면도 있다. 여성성은 존재성이다.

---

4) 이를 시적 비유로 보면, 반도(半島)는 실로 반도체(半導體)처럼 동시에 번갈아 가면서 이중적이고 존재적인지도 모른다.

역사에서 하이데거식의 존재성이라는 것은 결코 존재자보다 유리한 것이 없다. 존재자는 제아무리 '영원한 존재'로 영원할 것 같아도 존재성을 벗어날 수 없으며, 그렇기 때문에 역설적으로 존재자는 존재성를 잃지 않고도, 존재자를 동시에 누릴 수 있다. 존재자가 있는 것이 바로 존재성의 특성이기 때문이다. 이를 존재자의 존재, 존재의 존재자라고 말할 수 있다. 국가주의는 존재가 아니라 존재자의 편이다. 국가주의는 실은 명사의 편이고, 주부(主部)의 편이고, 정(靜)의 편이다. 국가주의는 반드시 무엇이 옳은가 하는 정(正)의 편이다. 정(正)이 바로 정치의 정(政)이다. 이것은 동시에 이성의 편이고, 남성의 편이다.

이에 비해 존재는 자연이고, 자연주의의 편이다. 자연주의는 실은 동사의 편이고, 술부(述部)의 편이고, 동(動)의 편이다. 자연은 무엇이 옳은가를, 즉 정(正)을 정(定)하지 않는다. 이것은 중(中)의 편이다. 동시에 감성의 편이고, 여성의 편이다. 조선/한국은 존재의 편에 있다. 재미있는 것은 자연은 잠시도 중(中)을 잃은 적이 없다는 점이다. 자연이 중을 잃었다고 하는 것은 그렇게 바로 보는 측이 도리어 어딘가에 편견을 가지고 편중되어 있기 때문이다. 그럼에도 정(正)을 주장하는 자들은 자신이 중(中)을 달성하였다고 생각한다. 자신이 중(中)을 가지고 있기 때문에 정(正)이라는 것이다. 삼국시대 이후 특히 조선/한국은 존재의 편이다.

존재-존재자(존재자-존재)	
존재	존재자
자연(자연주의)/동사/述部/動	국가주의/명사/主部/靜
中(自然)/감성/여성/氣	正(政治)/이성/남성/理
중(中)/중도(中道)/도(道)	중정(中正)/충정(忠正)/정(正)
조선/한국(사대-식민통치)	제국주의
민족주의(낭만적 역사주의)	국가주의
중학(中學)5)	

---

5) 필자의 중학(中學) 사상은 불교의 중도사상이나 공사상, 유교의 중용과 중정, 노장의 무위자연의 철학, 기독교의

신라가 삼국통일을 할 때는 분명히 충이 효보다 먼저였던 것을 여러 문헌에서 찾아볼 수 있다. 화랑도의 세속오계에서도 사군이충(事君以忠)이 사친이효(事親以孝)보다 먼저이고, 임전무퇴(臨戰無退)의 정신이 있었다. 바로 충(忠)의 정신이 있었기 때문에 삼국통일을 이룰 수 있었다. 그런데 언제부터인가, 아마도 조선조 주자학 체계가 들어오고부터 사대주의에 의해 충이 효에 밀려나고 말았다.

신라의 삼국통일에 의해 오늘 국가의 영토적 선을 확립하였으면서도 항상 신라의 통일을 폄하하고 왜곡하는 것이 오늘의 한국이다. 그러면서 신라의 삼국통일을 외세에 의한 통일이라고 하고, 분열을 책동하고 있는 것이다. 지구상에서 자신의 나라를 통일한 임금을 역사책에서 섬기지 않고, 동상 하나 없는 나라가 한국 말고 없을 것이다. 한민족-한국은 언제부터인가 자신을 부정하는, 자신의 정체성을 부정하는 고질병에 걸렸다. 이는 사대주의를 넘어서 정체성 부정이라는 국가존립의 위기에 빠져 있다. 거꾸로 민족주의(국가주의)를 부르짖는다는 것이 도리어 그것을 해하고 있는 것이다. 그런데 자신의 내부순환에 빠져 이것을 모른다.

기껏 일제 식민 상황에서 역사의식을 고취시킨다는 것이 단재(丹齋) 신채호(申采浩)의 '아(我)와 피아(彼我)'의 사관이었다. 단재사관은 마치 위대한 한국 사관처럼 선전되고 있지만 이것은 역사에 대한 유아적 각성과 식민지적 콤플렉스를 바탕으로 구축된 과대 망상적 신화적 사관이다. 단재의 낭만주의 사관은 나라를 잃은 식민지적 상황에서도 대륙의

사랑, 소크라테스의 '너 자신을 알라', 근대 서구 평형의 원리 등 우주의 중심을 환기시키는 모든 개념을 포섭한다. 중학은 지금까지의 모든 종교와 철학을 통합하고 극복한 21세기 철학이다. 중학은 공(空)의 철학과 기(氣)의 철학을 토대로 하여 고금동서의 철학을 모두 수용하고도 남는, 기(氣)철학의 자연철학이다. 중학은 한국 문화가 세계에 내놓은 자생적 철학의 이름이다. 필자는 '중(스님은 중(中)을 지키는 사람이다'라고 말한 바 있다. 구한말 자생철학으로 등장한 '동학(東學)'의 한계를 극복하기 위해서 '중학'사상을 20여 년 전부터 주장했다. 중학의 중(中)은 우선 세계의 근본으로서 공(空)의 뜻이 있고, 유(有)에 대한 무(無)의 뜻이 있고, 부피(積)에 대한 점(點)의 뜻이 있고, 편중(偏重)에 대한 균등(均等)의 뜻이 있고, 불균형(不均衡)에 대한 균형(均衡)의 뜻이 있다. 그리고 어디에서 선을 그어도(구획을 지어도) 원융한 세계의 중점(中點)이라는 뜻이 있다. 필자의 학문은 결국 '중학(中學)'으로 집대성될 것이다.

군사적 패권주의를 흠모하는 역설을 보이고 있다. 단재는 과대 포장된 고구려 정통성을 견지하면서 '망한 고구려는 부추기고 통일한 신라는 폄하하는' 망상을 보였다.

단재사관은 나라를 일제에 잃은 상황에서 일종의 한풀이로 신라의 반도통일을 왜곡하고, 만주의 옛 고구려 땅을 밟으며 도리어 울분을 토하고 있다. 망한 고구려를 중심으로 역사를 전개한다는 것은 처음부터 역사적 태도가 아니고 신화적 태도이다. 단재는 옛 신라의 통일을 비하하면서 마치 일제 식민이 신라의 통일에 그 연원이 있는 것처럼 역사적 소급을 함부로 자행하면서 1천 5백 년 전의 고구려 땅을 회복해야 한다고 주장하고 있다. 이는 참으로 유대민족의 이스라엘 건국에 버금가는 성경적(신화적) 사고이다. 이는 분명히 역사적 사고가 아니다. 이는 북방에서 이주해 온 역사와 식민지의 현재가 빚어 낸 콤플렉스 환몽(幻夢)의 극치이다.

한국인이 왜 주관적이고, 자기 내부의 순환에 갇혀 비현실적인 사고를 하는지, 왜 빈번하게 퇴행적이고 분열적이고 자기당파적인 사고를 하는지, 급기야 적전(敵前)에서 반체제적 사고를 하기를 즐기는지 이유를 알 수 없다. 이중적이고, 이율배반적이고, 역설적이고 자기당착적인 삶을 사는지에 대해서 실은 합리적으로 이해하기 어렵다. 국가의 개념이 부족한 것은 오늘날도 마찬가지인데 오늘의 족벌은 바로 학연, 지연, 혈연이 된다. 4색 당쟁은 조선조에 있었던 것일 뿐만 아니라 오늘에도 여전히 현실적으로 가장 현저한 집단준거 방식이다.

대체로 한국인에게 당파(黨派)의 기준은 매우 역동적이다. 따라서 당파성은 반드시 사회 분열적으로 작용하는 것이 아니고 사회 협동적으로 나타날 수도 있는 이중성(二重性)을 갖고 있다. 또 매우 상대적(relative) 또는 상황적(contextual)이다. 이 같은 특성 때문에 정(情)을 기조로 한 한국 사회는 사회 운동으로 역사를 풀어 나가거나 행위가 동반될 때 흔히 의례(ritual)적으로 되기 쉽다.

그래도 사회적 결속력(solidarity)이 강한 안정적 사회단위는 마을사회이다. 한국인만큼 마을철학을 본능적으로 가지고 있는 경우는 드물다. 이는 국가에 대한 믿음의 부족인가, 아니면 사회지도층의 책임과 역할이 하위 계층에 대한 수탈적인 전통에서 기인하는 것인지 알 수 없다. 분명한 것은 국가 단위가 아닌 마을 단위로 들어가면 상황은 매우 달라진다는 점이다.

아시다시피 두레는 고대에서 내려온 농촌의 집단노동, 공동노동의 관습이 조선 후기에 이앙법의 보편화와 더불어 발달한 비공식적인(informal) 제도이다. 처음에는 노동을 공동으로 하는 것이었지만 나중에는 공동오락, 상호부조의 사회보험 효과도 가졌다. 결국 마을사회가 노동은 물론이고, 공동으로 기쁜 일이나 슬픈 일, 즉 축제를 행하는 것에 중추적인 역할을 하였다. 다시 말하면 공동운명체로서 마을사회의 기능을 상징하는 노동조직으로 자리매김하였다.

한국의 고대사회에서는 이러한 두레가 대내적으로는 노동단체, 예배단체, 도의단체, 유흥단체의 의의를 가졌었으며, 한편 대외적으로는 군사단체로 동지동업(同志同業)의 순수한 결사의 뜻을 가졌다. 그것이 오늘날에는 농촌의 민간에만 잔존하여 여러 가지 민간 협동체를 파생시킨 것이다. 두레는 또한 공동노동 조직임과 동시에 일종의 오락이라고도 할 수 있다. 즉 마을의 농악대(農樂隊)와 그들의 농악연주 및 무악(舞樂)을 가리키기도 한다. 이렇게 볼 때 두레와 농악 및 공동노동은 서로 밀접한 관계를 맺고 있는 것 같다.[6]

이러한 두레의 전통이 새마을운동으로 연결되었음은 주지의 사실이다. 산업화를 기반으로 하여 성립된 치열한 자본주의 사회에서 후진국이었던 한국은 경제개발 5개년계획과 산업화, 그리고 새마을운동으로

---

6) 『위키백과』 참조.

중선진국에 도달하였던 것이다. '함께 산다'는 공동체정신이 아니었으면 결코 도달할 수 없는 위치였다. 지난 1960년대부터 2000년까지 대체로 40여 년간 한국에서는 지극히 개인주의를 기반으로 자본주의와 공동체정신이라고 할 수 있는 새마을철학이 공존하였던 것이다. 이것을 철학으로서 재정립하는 것은 이 땅에서 철학하는 자의 의무이다. 전통이 지구촌이 하나가 된 지금, 세계는 패권경쟁, 제국주의 경쟁을 하기보다는 도리어 작은 마을단위(전자공동체)로 살아갈 가능성이 높아졌다.

새마을운동은 비록 그것은 현실의 급한 사정을 이유로 운동이나 실천을 먼저 하였고, 그것의 성공으로 인해 철학적, 사상적 체계화의 필요성을 덜 인식하게 한 관계로, 혹은 후에 생긴 정치적 유신체제의 흠으로 인해 '체계화된 철학'으로 재탄생하지는 못했지만 가능성은 무궁무진하다. 인간은 누구나 마을에서 살아오고 있다. 그 마을에는 다분히 공동체적 삶의 성격을 갖고 있지만, 우리 민족은 예부터 유난히 두레, 품앗이, 향약 등의 전통을 가지고 있다. 아마도 그러한 전통이 무의식적으로 새마을운동을 탄생시켰는지도 모른다.

새마을운동에서 지나친 정치성을 배제한다면(걸러 낸다면) 충분히 세계에 내놓을 수 있는 '활생의 철학'이 될 수 있다고 보인다. 새마을운동은 무엇보다도 개인의 철학이 아니라 '근면, 자조, 협동'하는 공생의 철학, 나아가서는 공동체적 철학이기에 더욱 빛나고 있다. 자아의 철학, 이성의 철학은 이제 충분히 한계를 드러냈다. 이성의 역사적 지배와 그에 대한 반동으로서 생긴 니체의 '권력에의 의지'는 존재자의 권력과 존재의 권능 사이의 이중성과 양면성을 가지고 있고, 스스로 서양문명을 자기비판하고 있는 측면이 강하다.

이에 비해 한국을 오늘의 경제대국으로 이끈 철학, 아니 사상이 있다. 바로 새마을운동이다. 새마을운동은 유신과는 다른, 충분히 한국이 자생적으로 개발한, 세계에 내놓을 수 있는 사상이다. 비록 그것은 현실의 급한 사정을 이유로 운동이나 실천을 먼저 하였고, 그것의 성공으로 인해 철학적, 사상적 체계화의 필요성을 덜 인식하게 한 관계로, 혹은 후에 생긴 정치적 유신체제의 흠으로 인해 '체계화된 철학'으로 재탄생하지는 못했지만 후학들이 새롭게 재정립하여야 할 한국인의 독창적인 철학을 내재하고 있다고 보인다.

서구의 사상과 철학을 아무리 대단한 것으로 포장한다고 해도 그것은 정치적으로는 자유-자본주의와 공산-사회주의를 만들어 냈다. 그 가운데서 서구의 많은 나라들이 중도주의, 혹은 복지주의를 주장하고 있지만 여전히 지구상의 이데올로기의 주도권을 잡으려는 냉전체제, 혹은 제국주의를 구성하는 이데올로기적 뒷받침을 하였다는 한계성에서 자유로울 수 없다. 인류의 문명사회, 국가사회는 실은 가부장사회였으며, 가부장사회는 결국 제국주의를 감행하지 않으면 안 되는 구조적 조건이 구비되었다고 해도 과언이 아니다.

이에 비해 새마을운동은 바로 동서 냉전의 이데올로기 피해자가 그것을 극복하고자 창안한 사상이다. 예컨대 해방 후 미국의 4H운동[7]이나 일제 때 상록수운동[8]처럼 제국주의자들이 한편으로 무력으로 침공하면

---

7) 4H는 머리(Head), 마음(Heart), 손(Hands), 건강(Health)을 의미하는 머리글자(H) 네 개를 말한다. 우리나라에서는 이들 단어의 의미를 각각 지(智), 덕(德), 노(勞), 체(體)로 번역하여 사용하고 있다. 4H운동은 국가의 장래를 이끌어 갈 청소년들이 '4H회'를 통한 단체 활동으로 지·덕·노·체의 4H이념을 생활화함으로써 훌륭한 민주시민으로 키우는 동시에 지역사회와 국가발전에 기여토록 하는 사회교육운동이다. 4H운동이 다른 청소년 운동과 다른 점은 자연을 사랑하고 우리 농촌에 애착을 갖게 하며, 농촌청소년의 경우 영농인으로서 자질을 배양하는 데 있다. 한국에 4H운동이 처음 소개된 것도 미군정 때였다. 1947년 경기도 군정관이던 찰스 앤더슨 중령은 구자옥(具滋玉) 경기도지사와 함께 4H운동을 경기도에 도입하기로 하고 각 시군에 농촌청년구락부를 결성하기 시작했다. 이렇게 첫 싹을 틔운 4H운동은 1952년 정부가 국책사업으로 채택함으로써 전국적으로 확산됐다. 전쟁으로 황폐해진 산업을 일으키기 위해 1953년 발족한 한미재단에 예비역 대령이 된 앤더슨 씨가 고문으로 부임(1954년)하면서 4H운동은 날개를 달게 됐다. 1954년 민간후원단체인 한국 4H구락부중앙위원회가 결성됐고 제1회 4H중앙경진대회가 서울에서 열렸다. 정부의 정책적 후원을 바탕으로 4H운동은 전후 복구와 농촌 재건 운동으로 자리 잡았다.

8) 심훈의 소설 『상록수』는 상록운동의 출발을 잘 말해 준다. 주인공 채영신의 모델이 된 인물은 최용신이다. 그는 1928년 서울 감리교 협성신학교에 입학했다. 여기서 평소에 바라는 농촌계몽운동의 꿈을 키웠다. YWCA 농촌사업부는 1931년 10월 경기도 화성군 반월면 천곡리(샘골: 현재 안산시 본오동)에 그녀를 파견했고, 그녀는 농촌을 사랑하고 농민의 아픔을 함께하면서 농촌 아동을 민족의 동량으로 키우는 구국교육운동에 발 벗고 나서게 된다. 신여성으로서의 자긍심과 처녀로서의 수줍음과 부끄러움도 버린 채 직접 발을 벗고 논에 들어가 모를 심고 김을 매며 농촌부녀자들과 함께 밭을 매면서 구슬땀을 같이 흘리고, 밤에는 가 갸 거 겨의 한글강습의 야학

서 다른 한편으로 기독교를 전파하여 정신세계를 장악하기 위해서 식민지나 후진국에서 젊은 청년들을 대상으로 벌인 농촌운동과는 다르다는 점이다. 서양의 근대 제국주의는 기독교 제국주의였다고 해도 과언이 아니다(이에 비해 불교의 전파과정은 제국주의였다고 말하기 어렵다).

4H운동이나 상록수운동은 나름대로 사회발전을 위한 긍정적인 작용도 하였지만 부수적으로 선진제국문화에 종속적 입장을 느끼게 하는 것은 물론이고, 한쪽(오른손)에서는 약탈을 하면서 다른 쪽(왼손)에서는 구휼을 하는 이중성을 보인다. 이들 운동은 또 외래종교와 연합하였다는 점에서 자주적이지는 못하였다. 제국주의가 개입한 농촌운동은 결코 순수하지 못하다.

그러나 새마을운동은 전혀 제국주의의 혐의가 없다는 장점이 있다. 새마을운동은 특히 자발적인 민족문화, 국민생활의 생기(生氣, 生起)의 운동이었다는 점에서 위의 두 운동과는 다르다. 새마을운동은 따라서 식민지가 자주적으로 근대화나 선진화를 달성한 모델로서 세계에 내놓아도 전혀 손색이 없으며, 한민족의 자랑스러운 '자주철학'으로 승화되어도 부끄러울 게 없다. 한국은 새마을운동으로 중선진국이 되었다. 새마을운동이야말로 집단으로 생활하여야만 하는 인간이, 평화주의를 지향하는 민족이 창안해 낸 역동적인 삶의 철학이고 '활생(活生)의 철학'이고 '생활의 철학'이다.

그렇다면 한국인은 어떻게 새마을운동을 할 수 있었나? 우선 한국인은 살기 위해서 마을단위로 협동하는 사상을 만들어 냈다. 그리고 이에 앞서 무엇보다도 근면(勤勉), 즉 일을 하여야 살 수 있다는 전제를 깔았다. 일을 하면 스스로를 도울 수 있다는 자조(自助)를 달성할 수 있음을

을 열고 아동들과 한글, 산수, 재봉, 수예 등을 가르치는 강습소를 운영하는 등 1인 4역 또는 5역을 몸소 실천하였다. 그녀가 천곡(샘골)에서 우선 실행한 것은 가르치고 배우고자 하여도 마땅한 교육장이 없는 것을 절감하고 강습소 설립에 온 힘을 경주하였다. 1933년 새 학원건립운동은 성공한다. 1934년 그녀는 농촌발전은 위해 더 공부를 할 필요를 느껴 일본 고베 신학교에 입학했다.

제시함으로써 사람들로 하여금 동조나 동의를 끌어내고 있다. 새마을운 동은 따라서 외부적 도움이 아니라 내부적 변형과 생성을 통해 운동을 시작하고 있다는 점에 주목할 필요가 있다. 이는 전통 천지인 사상의 변형이다.

〈천지인(天地人)과 새마을운동〉

자조/자립	天	충 근대산업국가
협동/관계	人	효 새마음운동
근면/몸	地	치산치수 그린벨트 환경보호

새마을운동을 '잘살아 보자'는 소박함에서 출발하고 있다. 혹자는 '잘 살아 보자'는 매우 형이하학적인 것이 어떻게 형이상학적인 철학이 될 수 있느냐고 반문할 수 있다. 그러나 형이상학과 형이하학도 실은 서로 역동적이고 가역적인 관계에 있는 것이다. 후진국이 세계사의 지평에서 할 수 있는 일이란 것은 실은 지배를 위한 철학의 구성이 아니라 지배 속에서도 살아남을 수 있는 가장 기본적인 철학, 기본적인 욕구와 욕망의 충족으로부터 하지 않을 수 없다. 그렇기 때문에 다분히 형이하학에서 출발하지 않을 수 없다. 형이하학에서 출발하기 때문에 근본적으로 생각의 철학이 아니라 삶의 철학이 될 수 있고, 존재의 철학이 아니라 생성의 철학이 될 수 있고, 이성의 철학이 아니라 몸의 철학이 될 수 있다.

먹고사는 문제는 바로 몸의 요구에 대응하는 철학이다. 따라서 새마을운동은 필연적으로 관념성보다는 실용성을, 공리공론보다는 실학적인 후생이용을 우선하지 않을 수 없다. 그러한 점에서 새마을운동을 천지인의 역동성과 조선 후기의 실학적 전통을 새롭게 구현하는 삶의 철학, 실용의 철학이라고 할 수 있다.

"하늘은 스스로 돕는 자를 돕는다"라는 말이 있다. 이를 한자말로는 천우신조(天佑神助) 혹은 천자우지(天自祐之)라고 한다. 이것은 천지조응을 나타낸다. 인간은 그 자체가 천지조응의 산물이다. 그래서 인간의 삶도 천지조응의 역동성을 기초로 한다. 이는 좌파적 이데올로그들이 주장하는 밑으로부터의 운동, 민중적 운동, 민주적 운동과는 좀 다르다. 위에서 끌고 아래에서 뒷받침하는 상하역동성을 전제하고 있다. 좌파운동이 실패하는 까닭은 밑으로부터의 운동을 주장하면서도 그것의 방향성을 제시하지 못하기 때문이다. 아니, 도리어 평등을 먼저 주장함으로써 내부적 분열이나 갈등, 계급투쟁을 부추긴다. 그럼으로써 운동을 시작하기 위한 에너지(자본, 근면, 자조, 협동)를 모으지 못하고 도리어 파괴함으로써 하향평준화, 가난의 평등화라는 네거티브 피드백에 이르게 된다.

새마을운동은 바로 자본주의와 사회주의의 양대 체제의 희생자인 한국이 양대 체제를 극복하고 자주성을 획득한 데에 있다. 이는 한국적 역사전개 과정에서 당위로서 존재하게 된다. 이는 단순한 인위(人爲)나 자연적인 무위(無爲)가 아니다. 양자를 거중 조정하는 데에 성공한 당위(當爲)이다. 새마을운동은 부분적으로는 이성적 조작이 있긴 하지만, 가부장적이고 국가중심의 역사전개에서, 혹은 신제국주의의 경쟁 속에서 식민지에서 탈출한 한국이 역사적으로 도전해야 할 과제였다. 이를 두고 매우 이상적이고 관념적인 태도로 새마을운동을 비판하거나 토론하는 것은 참으로 한심한 후손의 일이다.

새마을운동에 대한 비판이나 토론은 생존론적 차원에서 전개하지 않으면 안 된다. 새마을운동은 재래의 문숭상(文崇尙)의 사대주의적 전통에 의해 외래 선진사상, 예컨대 민주주의라든가, 사회주의를 기초로 그것을 모델로 하여 따라가고 실천한 위선적이고 관념적인 것이 아니라 솔직하게 가난을 인정하고 밑바닥에서부터 생존적 차원에서 '잘살아 보자'는 슬로건에 의해 전개하였다는 특징이 있다.

새마을운동의 생존적 차원의 전개는 실은 서구의 고상한 사상이나 철학보다는 훨씬 더 몸에 다가오는 소리였다. 다시 말하면 처음부터 식자들의 머리에 호소하는 것이 아니라 일반 백성들의 몸에 호소하는 철학으로 민간에 퍼지기 시작하였다. 새마을운동이 일어나기 전까지만 해도 농촌에서는 겨울 농한기에 술이나 도박을 벌이는 농민들이 많았고, 전반적으로 농촌은 잘살아 보겠다는 집념도 없이 안이하고 퇴폐적인 분위기에 빠져 있었다. 그러나 새마을운동이 전개되면서 그것을 이해하고 동조하는 농어민들이 점차 늘어나면서 요원의 불길처럼 번져 갔다.

새마을운동은 천지합일의, 천지조응의 운동이었다. 따라서 이 운동은 '살기 위한 몸부림'의 차원에서 바라보아야 한다. 삶을 위한 몸부림으로 바라보아야 하지, 강 건너 불 보기 식의 객관을 빙자한 안이한 태도(비참여적인 태도)나 지극히 관념적인 수준의 토론(공리공론)이나, 특히 좌파나 우파의 이데올로기의 노예가 된 자들이 갑론을박하는 대상이 되어서는 안 된다. 그렇게 하면 '활생의 철학'을 모독하는 것이 된다. 민주주의나 사회주의는 이미 이데올로기적 형태가 고착되어 있어서 그 사상이 발생한 서구의 이론을 주입식으로 강요할 뿐, 한국인으로 하여금 자기 나름의 변통(變通)을 구할 여지를 주지 않았다.

변통은 운동을 전개하는 데 있어서 매우 중요하다. 변통의 중요성에 대해서 최한기는 이렇게 설명하고 있다.

> "천인(天人)의 활동 운화하는 기를 배움의 대상으로 삼았다면 (중략) 다른 사람과 만물을 바탕으로 삼아 거기에 의뢰하여 보충하고 보탬이 있어야 하고 또 일의 중요한 기미를 잘 살피고 살려서 변통함도 있어야 한다. 그래서 이렇게도 하고 저렇게도 하여 기화(氣化)에 어긋남이 없어야만 경영하고 일삼는 바를 성취하게 될 것이다. 만약 다만 중, 극, 합, 화하고 말하기만 한다면 이것은 고정된 죽은 법칙이지 온갖 변화하는 사물의 살아 있는 법칙은 아닌 것이다."[9]

---

9) 崔漢綺, 『기학(氣學)』, 孫炳旭 옮김, pp.252~253, 1992, 여강출판사.

어쩌면 새마을운동이야말로 그 이전 농촌의 청년을 대상으로 한 4H 운동이나 상록수운동의 장점을 살려 토착화한 것인지도 모른다. 물론 새마을운동은 전 농어민, 전 국민을 대상으로 하였다는 점에서 규모나 총체성의 면에서 처음부터 달랐다. 차라리 북한의 천리마운동 같은 것이 더 유사할 것이다.

새마을운동의 특수성은 세계적인 보편적인 운동인 민주주의나 사회주의 계열의 운동과 일각에서는 대척점에 있었을 수도 있다. 아직도 사대적 관념주의자들, 일부 서구모방적, 혹은 서구노예적 지식인들은 새마을운동을 폄하하고, 심지어 유신체제를 옹호하는 수단이었다고 매도하기도 한다. 그렇게 극단적인 논리전개를 한다면 민주주의 운동과 민중주의 운동권 세력들은 새마을운동이 실패하였으면 하고 바랐을지도 모른다. 이렇게 보면 보수적, 사대적 지식인들은 새마을운동을 역사적으로 방해했을 뿐만 아니라 철학적 체계화에 있어서도 방해꾼의 역할을 하였을지도 모른다. 아마도 새마을운동이 아직도 철학적으로 승화되지 못하는 것을 보면 그런 혐의가 충분하다. 왜냐하면 새마을운동의 철학화는 지식인들의 시대적 책무이며, 이를 수행하지 않는 것은 일종의 직무유기라고 해도 과언이 아니기 때문이다.

사대적 지식인들이야말로 위선적 지식인이며, 사회적 계층의 이익만을 향유한 집단이기주의자들이며, 일종 식민체질의 전통을 이어받은 집단무의식적 사대적 떨거지들이다. 사대적 문민들은 기껏해야 관념적 이상주의자들이고, 그들의 발상은 근본적으로 스스로 사대적이고 종속적이다. 통일을 위한 방안이라고 내놓은 것이 '4자회담'·'6자회담'과 같은 외세의 간섭을 스스로 자초하는 발상을 한다. 왜 주변 강대국에서 혹시 자기와 경쟁할지도 모르는 나라를 통일시키려고 노력한다는 말인가. 이들은 실은 통일방해세력이 될 확률이 높다. 그럼에도 불구하고 사대적 문민들은 통일이라는 것이 탁상에서 이루어지는 것이라고 생각하고, 안이한 대처를 하고 있는 것이다.

이는 저절로 북한 중심의 통일로 기울게 할 우려가 있다. 북한은 못살고 아직도 많은 허구와 거짓으로 점철되어 있기는 하지만 주체사상을 표방하고 있고, 핵개발과 군사주의로 인해 군사적 독립성을 달성하고 있기 때문이다. 만약 남북한의 경제력 격차가 지금과 달리 거꾸로 되었다면 북한은 남한을 접수해야 한다느니 하면서 기고만장하였을 것이다. 다행히 북한이 심각한 '기아상태'의 경제위기에 있기 때문에 남한에서 '경제원조를 받으면서도 큰소리치는' 데에 만족하지 않을 수 없는 처지에 있다.

필자가 철학인류학의 입장에서 새마을운동의 철학화를 꾀하는 것은 바로 그러한 사대적 문민들의 서구 이데올로기적 종속이나 노예적 태도에 대해서 일침을 가하는 지적 작업이다. 새마을운동은 생존론(본능론)이며, 생기론(生氣論)이며 나아가서 성기론(性起論)이다. '잘살아 보자'는 새마을운동의 덕분으로 한국은 OECD국가, 국민소득 2만 달러의 국가로 발돋움하게 되었고, 이제 '사람다운 삶'을 하기에 이르렀다. 다행스럽게도 제2차 세계대전 전에 우리에게 원조를 주던 나라에 도리어 원조를 주게 된 첫 국가가 되었다. '마을운동'의 철학이 그 범위를 넓혀서 국가를 살린 것이다.

그러나 한국은 서구 선진국들이 고민하고 있는 빈익빈, 부익부를 비롯해서 각종 도덕의 타락, 삶의 새로운 가치 창출에 실패하고 있다. 그런 점에서 새마을운동을 다시 새마음운동으로 계승되고 확산되지 않으면 안 된다. 새마을운동은 물질적 풍요를 가져다주었지만 정신적 교양이나 풍요, 정신적 청빈이나 만족과 기쁨을 가져다주지 못하고 있다. 이에 새마을-새마음의 연동성이 필요한 시점이다. 이는 단지 생기(生氣) 혹은 활생(活生)으로서의 운동에 그치는 것이 아니라, 나아가서 성기(性起: 본성을 회복함)의 운동으로서 승화되었으면 하는 것이 바람이다. 이것은 새마을운동에서 새마음운동으로의 연장과 승화가 전제되어야 한다.

흔히 박정희 군사정권은 초기부터 그를 지지하는 군대로 인해 매우 강력하고 독재적인 체제로 오인한다. 이러한 선입견은 그 후 좌파운동권세력을 포함한 민주운동권세력의 반체제 이데올로기 투쟁으로 인해 과장된 측면이 없지 않다. 그러나 실은 그렇지 않다. 기무라 간(木村 幹)은 이렇게 말한다.

> "박정희 정권은 보통 우리가 이해하는 만큼 강력하지 않았다. 이 시기의 쿠데타를 통해 태어난 세력은 불과 3천 명에 지나지 않았으며, 박정희 대통령 자신도 결코 군 내부에서조차 압도적인 지위로 올라서지 못했다. 그때 서울 시민이 이승만 대통령에게 했던 것처럼 똑같이 행동했다면 쿠데타는 실패했을 것이다. 이러한 의미에서 그의 리더십이 안정되어 있었다고 보기 어렵다."10)

그는 동시에 "종속론자가 말하는 것처럼 한국의 재벌이나 관료, 그리고 그 배후에서 영향력을 행사하는 선진국이 튼튼한 배경이 되어 준 적은 한 번도 없었다. 오히려 이것들과 가끔씩 격렬하게 대립하는 이해관계에 있었다. 여기서 정부가 맡은 역할은 조정자였다. 박정희 정권은 이같은 조정자 역할을 제대로 했고, 결과적으로 수출주도형 경제발전이라는 노선을 찾아내어 한국을 발전의 길로 이끌어 갔다"11)고 평한다.

기무라 간은 박정희의 수출주도 정책이 성공한 것에 대해서 이렇게 설명한다.

> "박정희 대통령이 표명한 수출주도형 경제발전 전략, 이것은 그 시기에 오히려 개발이론 중 소수파에 속하는 것이며, 이에 호소하는 것은 큰 모험이었다. 또한 이러한 전략의 전환은 일반적으로는 그 전까지 혜택을 받아 온 수입대체형 산업의 맹렬한 반발을 초래해 어쩔 수 없

---

10) 기무라 간 지음, 김세덕 옮김, 『조선/한국의 내셔널리즘과 소국의식』, p.108, 2010, 산처럼.
11) 기무라 간 지음, 김세덕 옮김, 같은 책, p.109.

이 좌절하게 된다. 그러나 한국에서는 구 재벌들이 눈에 띄게 반발을 하거나 정책 전환에 대해 시민이 크게 반발하는 일도 없었다. 방향전환은 조용하고 꾸준히 이루어졌다. 이것은 한국의 재벌이 지역사회나 그 지방의 정치가와 유기적인 유대가 없었기 때문이었다. 한 오너의 소유물로서의 재벌이 정치에 참견하는 것은 한국에서는 사람들의 반발을 사게 될 뿐이었으며, 정치적인 성공도 거둘 수 없었다. 재벌까지도 지역에 정착할 수는 없었던 것이다."[12]

지역사회란 전통적인 씨족마을이나 각성의 마을공동체, 그리고 혼인에 의한 혈연관계 등을 말하는 것이었으며 통혼권이 마을이나 군 단위가 아니라 도 단위로 넓었던 점도 지역을 기반으로 하는 정치집단의 생성에 불리하게 작용하였던 것 같다. 이것이 후에 박정희와 김대중의 인물부각과 함께 이데올로기가 개입하면서 경상도의 박정희, 전라도의 김대중으로 상징화되면서 지역적 정치성이 두드러지게 된다. 그러나 지역성의 첨예한 대립은 박정희 정권 시대에 일부 싹트긴 했지만 대체로 박정희 이후의 문제였다.

그 이전에 지역성이 있었다면 이것은 지역 간의 문제가 아니라 서울 대 지방, 서울충정의 노론 대 경상·전라의 남인의 대립이 있었다. 경상도와 전라도는 도리어 서울경기 세력에 대한 공동전선을 편 '적(enemy)이 아닌 친구(friend)'였다. 이것은 민주당 시절에 경상도 대구 등지에서 전라도 출신의 국회의원이 선출되는 것에서 극명하게 드러난다. 한국은 근대화, 산업화에 성공했지만 그 과정에서 경상도와 전라도의 지역대립이라는 쉽게 나을 수 없는 병을 얻고 말았다.

새마을운동을 비롯한 경제개발 5개년계획에 의한 박정희 정권의 근대화−산업화의 성공은 한국사를 '존재=소유'의 역사가 되게 한 원동력이었다. 바로 소유의 개념을 역사적으로 실현시켰기 때문에 경제적 풍요를 가져왔다. 이에 그다음 단계인 '존재의 철학'의 정립을 통해 공

---

12) 기무라 간 지음, 김세덕 옮김, 같은 책, p.113.

유의 철학, 공동체정신의 확립이 필요하게 되었다. 새마을운동－새마음운동으로 연장되면서(차이와 연장을 통해서) 본래적으로 공동존재의 철학으로 승화될 가능성을 배태하고 있었다고 해도 과언이 아니다.

말하자면 경제개발 5개년계획의 성공과 새마을운동은 소유의 철학을 확립하는 기반을 마련해 주었다면 새마음운동은 새마을운동을 한 단계 업그레이드시키면서 잘만 하였으면 존재의 철학으로 발전하였을 수도 있었다. 고도성장에 따른 부익부, 빈익빈이 박정희 정권의 말기에 이미 드러나고 있었기 때문에 당시에 이미 그러한 운동이 일어났던 것이다.

새마을운동은 특히 하이데거의 '공동존재(Mitsein)'를 현실적으로, 역사적으로 실현한 운동이라는 데에 더 의미가 있다. 철학적으로 공동존재를 실현하는 것은 공동사회인 게마인샤프트(Gemeinschaft), 이익사회인 게젤샤프트(Gesellschaft)와는 다른 것이다. 게마인샤프트는 개인의 철학적 인식 없이 이익사회가 되기 전에 사회적으로 공동사회를 실현한 것이다. 말하자면 공동존재라는 것은 이익사회를 거친 다음에 개인의 자각에 의해서 다시 인간존재의 공동성을 실현하는 것이다. 따라서 사회는 이익사회이면서도 개인에겐 공동존재라는 인식이 깔려 있는 것이다.

이는 가부장사회를 거친 뒤에 오는 모계사회, 혹은 신(新)모계사회에 비교될 수 있는 것인데 신모계사회가 모계사회로 돌아가는 것이 아니라 가부장사회를 유지하면서 사회 내부적으로 모계적 속성을 강화하는 것이다. 이는 개인들의 모계성에 대한 인식이 전제되지 않고는 실현되기 어려운 것이다. 다시 말하면 사회적으로 이익사회, 가부장사회로 진행된 것을 역으로 돌리자는 것이 아니라 철학적으로, 인식론적으로 공동사회, 모계사회성을 강화하자는 것이다.

공동존재는 사회제도의 문제를 철학적으로 해결해 보자는 뜻이 아니다. 굳이 말하자면 자연에서 태어난 존재인 인간이 자연성, 자연의 속성에 대한 이해를 넓힘으로써 보다 성숙한 삶, 나아가서는 죽음에 대해 의

연한 자세로 임할 수 있는, 생멸하는 존재에 대한 이해를 통해 자연으로 돌아가는 것을 보다 더 쉽게, 편안하게 돌아가자는 철학적 뜻이 내포되어 있다고 하는 편이 옳다. 사회제도는 인간이 존재하는 한 계속해서 변할 것이다. 그 여러 제도의 가능성을 미리 걱정하여 문제해결을 하려는 것이 아니다. 어떤 제도하에서도 공동성을 인식시키려는 철학이라고 할 수 있다.

하이데거는 이렇게 말했다.

> "그(하이데거) 각자성은 자아성이 아니라 각자의 마음의 존재가 이미 세상이란 공동존재(Mitsein)의 존재방식과 분리되지 않고 회통한다. 따라서 자기 존재 가능성(das Selbstseinkönnen)은 각자가 세상에 존재함(das in-der-Welt-sein)과 별개의 것이 아니다. 인간의 존재가 이미 세상에 거주하는 존재(das In-sein)이므로 자기성은 세상과의 교류를 뜻한다. 이래서 하이데거는 후기에 와서 존재를 '마을(Gegend)'이라고 언명했다."13)

하이데거는 소위 서양철학이 라캉의 '욕망론'이나 데리다의 '해체주의', 그리고 자신의 '존재론'에서 공통으로 도달한 '그것이 말한다'의 공통적 지평에 대해서 '그것'의 말이 '마을의 길닦음(Bewëgung)'과 다른 것이 아님을 김형효는 강조한다.

> "여기서 '마을의 길닦음'으로 번역된 'Bewëgung'은 본디 독일어에는 없는 낱말로 하이데거가 만든 조어이다. 이 단어는 '운동'의 뜻인 'Bewegung'과 철자가 거의 같다. 그러나 저 조어는 운동을 지칭하지 않는다. 저 개념은 '길'을 말하는 'Weg'와 밀접하게 관련을 맺고 있다."14)

그러면서 김형효는 하이데거의 말을 길게 인용한다.

---

13) 김형효, '김형효의 철학 편력 3부작' 『사유 나그네』, pp.184~185, 2010, 소나무.
14) 김형효, 『철학적 사유와 진리에 대하여 1』, p.350, 2004, 청계.

"마을은 마을로서 먼저 길들을 생기게 한다. 마을은 길들을 낸다(bewëgt). 우리는 길들을 먼저 생기게 하고 성립시키는 의미에서 'Bewëgung'이라는 낱말을 이해한다. 길을 내다(bewëgen)라는 것은 마을(Gegend)을 길들로 갖추어 준다는 뜻으로 불린다."15)

김형효는 이어 하이데거가 마을(Gegeng)의 개념을 'das Gegeng'라는 조어로 사용하고 있음도 지적한다.

"단적으로 그 조어는 '상대방을 만나는 장소'의 의미를 풍기고 있다고 보인다. 마을은 상대방을 만나는 장소의 의미와 동격인데 그런 마을이 바로 '마음'이라고 하이데거가 생각하고 있다는 것이다."16)

김형효는 계속해서 하이데거의 '마을'이라는 개념에 대해 천착한다. 이는 매우 중요한 언급이라고 여겨진다. 하이데거의 마을이라는 개념은 우리의 전통적인 마을의 개념을 떠올리게 하기 때문이다. 한국의 마을은 공동체의 공간이었으며 동시에 소통과 희로애락을 공유하는 삶의 터전이었기 때문이다. 한국의 마을을 추상적인 공간이나 장소가 아니라 삶의 흔적이 묻어 있는 '현존재', '생기(生氣)의 그곳'이기 때문이다.

하이데거는 이렇게 말한다.

"충분히 생각해 보면 길은 우리를 소환할 정도로까지 우리를 그리워해서 우리에게 이르려고 한다."17)

김형효는 말한다.

"하이데거는 저 마을을 'Gegnet'라는 용어로 표시하였다. 이 말은 옛

---

15) M. Heidegger, *Unterwegs zur Sprache*, p.186.

16) 김형효, 『철학적 사유와 진리에 대하여 1』, p.350, 2004, 청계.

17) M. Heidegger, 『*Unterwegs zur Sprache*』, p.186.

독일어라고 하나 지금의 사전에는 나오지 않는다. 이 용어도 바로 위에서 언급한 'das Gegnende(상대방을 만나는 장소)'와 유사하게 '상반된 것의 교차장소'로 읽어야 할 것으로 보인다. 마을이 상반된 것들의 교차장소라는 의미로 해석된다. 또 그는 길을 너무 외적인 표상으로 생각하지 말 것을 종용하면서 중국어의 도(道, Tao)와 유사하게 읽어야 한다고 주장하였다. 그래서 그는 도(Tao)를 '모든 것을 마음으로 닦는 길을 내게 하는 길(der alles bewëgende Weg)이라고 술회하였다."[18]

김형효는 "마음의 자성은 '나' '너' 그리고 '우리'가 나누어지기 이전의 원형"이라는 하이데거의 말을 인용하면서, "마음의 자성은 이미 존재의 성기가 나타나고 숨는 그런 곳과 같다고 음미하였다. 마음은 존재가 공동존재(Mitsein)임을 아는 그런 곳이다. 하이데거에 의하면 마음은 현존재의 다른 이름이고, 현존재는 공동현존재(Mitdasein)이다. 존재가 공동존재라는 것은 존재가 독립적인 실체들의 조립이 아니라 이미 상호 의존적 본성의 연기로서의 성기이므로 공동존재가 아닐 수 없다는 뜻이다"[19]고 말한다.

김형효는 존재와 차이를 같은 의미맥락으로 해독한다.

"현존재로서의 마음도 역시 차연의 교차로처럼 교직성으로 짜이기 때문에, 마음은 차이에 의해 상반된 것들을 동거시키고 있다. 이것은 저것의 차이로서 또한 마음에 연기되면서 동거하는 동시성이 생리를 지니고 있기 때문에 마음은 이미 동일성과 이타성과의 갈마들기에 지나지 않는다. 마음은 문을 여닫게 해 주는 돌쩌귀의 역할을 한다고 볼 수 있다. 그래서 마음은 이미 마을로서 공생의 장소이다. 존재의 말로서 도(道)는 그런 마음의 마을이 서로 배타적으로 상충하거나 가치선택을 일으키지 않고 이타성과의 공존과 동거를 이루게 하는 원융성의 욕망이다."[20]

마음은 흔히 주체로 해석되거나 주체가 있는 것처럼 간접적으로 지원

---

18) 김형효, 같은 책, pp.350~351.

19) 김형효, 같은 책, p.351.

20) 김형효, 같은 책, p.351.

하는 것으로 해석되기도 한다. 그러나 마음은 주체가 없는 '존재 자체'이거나 '세계 자체'이다. 마음은 세계가 의식적으로 나누어지기 이전의 무의식과 같은 것이며, 더구나 존재자로서의 초의식은 아니다.

> "말은 존재의 집(Haus des seins)이다. 이 말의 주거(Behausung) 속에 인간이 거주한다. 사유인(Denker)과 시인(Dichter)은 이 주거를 지키는 파수꾼이다."21)

하이데거의 위의 말은 매우 의미심장하다. 말과 존재와 마음은 결국 같은 공동의 기반 위에 있다.

> "하이데거는 그것이 준다(Es gibt)＝그것이 말한다(Es spricht)＝그것이 사유한다(Es denkt)＝그것이 시작(詩作)한다(Es dichtet)＝그것이 쓴다(Es brauchet) 등을 다 동격으로 생각한다. 이들은 다 보시하려는 존재의 욕망, 융의 표현처럼 인간에게 원융한 온전성(Vollständigkeit＝integrity)을 시여하려는 자성(das Selbst)의 욕망에 다름 아니리라. 그런 욕망을 불가에서는 보현보살의 대원력이라 부른다."22)

하이데거의 공동존재는 실은 원효의 일심론과도 통한다. 원효의 일심론은 신라시대에 제창된 것이지만 현대에까지, 앞으로 미래에도 여전히 살아남아 우리의 삶에 영향을 줄 것이 예상된다. 그러한 점에서 공동존재는 차라리 마음운동이다. 새마을운동이 역사적－사회적 차원에서의 존재자적 운동이었다면 마음운동은 처음부터 철학적－심리적 차원에서 존재의 운동이라고 할 수 있다. 원효의 일심론에 해당하는 오늘의 운동으로서 새마음운동이 요청되는 것은 이 때문이다.

새마을운동－새마음운동은 이미 '존재의 존재자'를 이해하고 있으면서 역으로 '존재자의 존재'를 향하여 갔다가 다시 '존재의 존재자'로 돌

---

21) 김형효, 같은 책, p.353, 재인용.
22) 김형효, 같은 책, p.353.

아오는 가역성을 갖는 것이다. 이는 한국이 전형적인 모성적인 국가라는 점에서 일맥상통하고 있다. 부성적인 국가는 존재자를 지향하고, 모성적인 국가는 존재를 지향하기 때문이다. 새마을운동의 성공은 실은 박정희라는 초월적 기표의 등장으로 인해 존재에서 존재자로, 존재자에서 존재로, 다시 새마을에서 새마음으로 전향할 가능성을 내포하고 있었다고 해도 과언이 아니다. 다시 말하면 존재와 존재자 사이의 이중성을 가지고 새마을운동은 출발하였던 것이다. 이즈음에 이르면 새마을운동에 대한 세계사적, 혹은 세계 철학적 논의가 필요함은 철학적 당위에 속한다.

마을철학이 마치 오늘날 다시 원시 혹은 고대의 마을사회로 돌아가자는 뜻이 아니다. 역사를 마을사회로 다시 돌릴 수는 없는 것이다. 마을사회의 정신을 되살리자는 뜻이다. 또 마을사회의 공동체성을 강화함으로써 자본주의와 개인주의의 부산물로 얻은 인간의 '이기적인 마음'을 함께 사는 '공동체의 마음'으로 돌려 보자는 뜻이 담겨 있다. 동시에 마을철학은 새롭게 형성되는 '전자공동체' 사회를 위한 철학이 될 수도 있다. 비록 전자공동체는 물리적으로는 고정된 마을사회는 아니지만 앞으로 인간이 크게 의존하며 살아가는 공동체가 될 수 있다.

한국인은, 한국철학계는 새마을운동의 '마을'철학을 세계화하지 못함으로 인해서 새마음운동의 '마음'철학도 세울 기회를 동시에 놓쳐 버렸다고 해도 과언이 아니다. 그러면서 서양철학적 사대와 종속을 여전히 반복하고 있다. 경제의 독립은 철학적 독립으로 보충 대리되어야 영속성을 갖는 법인데 아직 이를 실현하지 못하고 있는 것이 한국 문화의 특성에서 기인하는 것인지, 아니면 한국철학계의 게으름이나 자아상실에서 기인하는 것인지 반성해 볼 일이다. 철학은 아무리 존재론에 도달하였다고 하여도 여전히 이성적이지 않으면 철학적 체계를 달성할 수 없다. 만약 철학이 이중성이나 애매모호성, 불확실성을 금과옥조로 생각하고 역설과 모순에 안주한다면 철학은 인류사에서 없어져야 할 것이다.

오늘날 존재론의 철학은 비록 내용은 '존재의 내용'을 담는다고 할지라도 여전히 철학적 개념에 의해 '존재자적 형식'을 갖추지 않으면 안 된다. 철학이 오류의 역사인 것은 바로 이 때문이다. 마찬가지로 역사도 역사적 진행과 질서를 위해서는 오늘의 '존재자'를 달성하지 않으면 안 된다. 역사가 부조리의 역사인 것은 바로 이 때문이다. 철학과 오류, 역사와 부조리도 하나의 이중성이다. 철학과 역사는 '존재자의 편'이고, 인간은 그것에 대해 끊임없이 의문을 제기하고 반운동을 펼치는 '존재의 편'이기 때문이다.

부성-국가, 모성-생존은 서로 복수이중성을 가진 관계로 서로 가역하면서 영향을 준 것으로 평가된다. 특히 부성과 모성, 국가와 생존이 교묘하게 이중성과 애매모호성을 보이면서 결과적으로 한국 문화의 부흥과 생산성을 높인 점은 매우 긍정적으로 보인다. 이는 모성이 부성을, 생존이 국가를 역전시킨 것(끌어안고 승화시킨 것)으로 부성-국가 계열을 모성-생존의 계열이 극복한 예로 보인다. 이는 인간의 삶에서 어느 것이 근본적인 것이고, 더 중요한 것인가를 증명해 보이고 있다.

새마을운동이 어떻게 성공했느냐를 논의하기 전에 한국 문화의 특성을 간략하게나마 살펴보는 것이 중요할 것 같다. 한국 문화는 세계문화의 여러 대칭을 비교해 보면 그 중간적 성격이 강한 것 같다. 어떤 측면에서는 대칭의 중앙인 핵심에 있는 것 같다. 한국의 국기가 태극기가 된 것은 아무래도 범상한 일은 아니다. 태극사상은 동아시아 고유의 사상이지만 그것을 국기의 문양으로 채택한 나라는 한국뿐이다. 특히 일본은 태양을 상징하는 일장기(日章旗)이다. 이에 비해 태극은 양과 음을 동시에 가지고 있으며, 사방의 괘는 주역의 건곤감리를 상징한다.[23]

---

23) 한국의 태극기는 한국사와 상징적 관계를 맺는다. 예컨대 현재의 남북통일을 위한 '6자 회담'은 남북한과 주변의 4대강국의 모임인데 이는 태극의 음양(陰陽)과 주변 네 개의 괘(卦)인 건곤감리(乾坤坎離)와 일치하고 있다.

태극기를 통해 보면 한국은 마치 태풍의 핵처럼 변화의 중심에 있는 것 같다. 한국은 주변의 영향으로 침략과 수난을 받기도 하지만 때로는 변화의 중심에 서 있는 것 같다. 변화의 구심력과 원심력을 동시에 가지고 있다.

〈한국 문화의 중간적 특징〉

낙천(樂天) – 자연주의(自然主義) 문화						
언어 (한글)	출계 (혈통)	혼인	정신 사상	문화적 성격	문화 콤플렉스	우뇌형 정(情)의 사회
표의적 표음문자 (우뇌형)	모계적 부계 (同祖집단)	일부일처첩제 (一夫一妻妾制)· 嫡庶구별	천지인 삼재(三才) –음양오행 (陰陽五行)	모계적 가부장사회	고부(姑婦) 콤플렉스	공동체· 선정적· 선동적이다.

한국 문화는 여러 면에서 중간적 특성을 보이고 있다. 한국의 문자인 한글은 표음문자이지만 표의문자적 특성을 전혀 가지지 않는 것은 아니다. 왜냐하면 자모음이 천지인 사상으로 구성되어 글자의 모양 자체가 이미 의미를 가지고 있는 경우가 많다. 그래서 표의적 표음문자이다.[24]

---

24) 구선 스님은 그의 『觀, 한글 자음 원리』(2008년, 연화)에서 ㄱ, ㄴ, ㄹ, ㅁ, ㅂ, ㅅ, ㅇ, ㅈ을 천부(天符) 팔음이라고 한다. ㄱ은 본성의 밝은 성품을 나타낸다. ㄱ은 수직선(ㅣ)에 중심을 두니 양이다. '공간'은 둘 다 ㄱ으로 시작한다. ㄴ은 수평선(ㅡ)에 중심을 두니 음이다. ㄴ은 음양이기(二氣)를 나타낸다. ㄹ은 음양이기의 순환을 나타낸다. 이로써 사대(四大)인 지(地), 수(水), 화(火), 풍(風)이 생긴다. ㅁ은 음양이기의 중첩으로 물질계(허달)가 씨앗을 맺음을 나타낸다(ㅁ은 땅을 형상화한다). ㄷ은 본질과 현상이 동떨어지지 않음을 나타낸다. 『천부경』에서 무궤화삼(無櫃化三: 무(無)의 성궤(聖櫃)는 변하여 3이 된다)의 뜻이다, 한글에서 ㄷ, ㅁ, ㅂ은 그릇을 나타낸다. ㄷ은 열린 그릇, ㅁ은 닫힌 그릇, ㅂ은 그릇에 물이 담긴 모양이다. ㅍ은 물질입자가 운동을 하니 파동이된다. 천부팔음에서 ㄷ이 들어가지 않는 것은 ㄷ이 천부 팔음과 나머지를 연결하기 때문이다. ㅍ에서 파동(波動)과 '팔(八)'이 나온다(ㅍ은 ㅁ에서 사방에서 가지가 돋아난 것이다). '팔다리'도 여기에 해당한다. ㅂ은 물질계에서 한 물질이 생겨남을 나타낸다. ㅅ(△)은 물질입자가 빛이 되고 의지와 의식이 생김을 나타낸다. △은 바로 인간은 나타내기도 한다. 예컨대 사람은 "ㅅ = 서로 의지해서, ㅏ = 확장을 도모하고, ㄹ=더욱 확장을 계속하더라도, ㅁ = 한계가 있음"을 나타낸다. 필자가 문명의 키워드로 상징하고 있는 성(sex), 성(surname), 성(saint)의 발음이 ㅅ으로 시작하는 것도 흥미 있는 사실이다. 또 '시작', '시초', '처음', '씨앗', '색(色)', '시간'라는 단어도 ㅅ(ㅈ, ㅊ)으로 시작하고 있음에 주목하자. ㅅ으로 시작하고 있음에 주목하자. △은 생태계의 먹이삼각형이나 계급구조 등을 상징하기도 한다. △은 산(山)의 모습과 같이 가장 안정된 구조이기도 하다. ㅇ은 물질계가 확장되고 정신계(실달)가 체를 갖춤을 나타낸다. ㅅ, ㅇ 다음에 ㅈ이 오는 것은 의미심장하다. ㅈ은 생명이 새로운 변형과 확장을 이루는 것을 나타낸다. ㅈ은 ㅈ = ㅅ + ㅡ으로 다시 평등을 회복하려는 움직임이 있다. ㅈ은 ㅊ이 되고 ㅊ은 지(地), 지구, 자지(좆), 보지(씹) 등 땅의 것에서 하늘로 향하는 초월을 나타낸다. ㅊ은 물질입자가 생명의 틀을 뚫고 벗어남을 나타낸다. 초월하다, 초자언, 추월, 처음 등의 발음에서 느낄 수 있다. ㅊ은 다음에 ㅋ(ㄱ), ㅌ(ㄷ), ㅎ(ㅇ)으로 닿소리는 끝난다. 이들은 어딘가 닿소리를 다시 시작하는 기분이다. ㅋ은 다차원의 공간(공간의 수직적 분할)을 의미한다. ㅌ은

한국인의 출계, 즉 혈통은 으레 부계혈통인 것으로 안다. 물론 겉으로는 유교문화의 가부장제에 기초하고 있는 것이 사실이다. 그러나 시집온 여자가 자신의 성을 버리지 않고, 그 때문에 남의 가문에 시집온 다른 성씨의 여자인 시어머니와 며느리의 고부갈등이 심하다. 또 왕가에서는 세도정치가 심하다. 이는 부계혈통이지만 모계적 부계에서 기인하는 것이다. 한국의 여성은 마치 남성에게 종속되어 사는 것 같지만 실은 속내를 보면 여성은 집안에서 살림살이를 책임지고 있을 뿐만 아니라 자식이 장성함에 따라 막강한 권력을 행사한다.

혼인은 일부일처제를 기본으로 한다. 그러나 일부다처제는 아니지만 일부일처다첩제(一夫一妻多妾制)를 허용한다. 일부일처다첩제는 본처(本妻)와 첩(妾), 그리고 이들에게서 난 자식에 대해 사회적 적서(嫡庶)의 차별이 심하다. 이는 양반의 수를 제한하기 위해서라고 하지만 그것보다는 여성의 혈통에 따른 모계제의 남은 영향이라고 보인다.

정신-사상은 단군 이래의 천지인 사상과 후대에 농업사회로 적응하면서 발달한 음양오행 사상이 공존한다. 천지인 삼재사상과 음양오행사상은 서로 통합되어 있다. 음양에 오행이 붙어 있는 이유가 바로 삼재사상의 영향이다.

문화적 성격은 가부장제와 모계제가 공존하고 있다. 특히 다른 가부장사회와 달리 모계적 성향, 모성성이 강하다. 그래서 남의 나라를 공격하기보다는 낙천적이고 평화를 사랑한다.

문화콤플렉스는 바로 고부(姑婦)콤플렉스이다. 남성, 즉 아버지와 아들에 의해 주도되는 오이디푸스 콤플렉스에 비해 고부콤플렉스는 여성인 며느리와 시어머니에 의해 이루어지는 콤플렉스이다. 말하자면 가족의 기본적인 콤플렉스가 여성에 의해 이루어진다. 이상은 간략하게 말

공간의 수평적 연결을 의미한다. ㅎ은 무심과 무념과 밝은 성품으로 진여를 이룸을 의미한다. 필자의 생각에 '한' 사상도 ㅎ과 관련이 있을 것 같다. ㅎ은 ㅇ의 초월적 완성이다.

한 한국 문화의 특성이다. 그러나 문화총체적으로 중간문화의 성격을 가지고 있음을 볼 수 있다.

한국은 '우뇌형(右腦型) 정(情)의 사회'이다. 이성보다는 감성－감정에 의해 살아가는 여성성을 나타낸다. '정의 사회'의 장점은 공동체(共同體) 정신이 활발한 점이다. 그래서 마을단위의 협동과 자조정신이 높은 편이다. 품앗이, 두레, 향약 같은 것은 그러한 것을 잘 나타내는 것이다. 이에 비해 단점은 쉽게 선정(煽情)이나 선동(煽動)에 넘어간다는 점이다. 마을단위의 축제와 음주가무(飮酒歌舞)를 좋아하는 것도 바로 이러한 정서와 연관된다.

한국인의 특성을 융의 분석심리학적으로 보면 가상(假想, 假面, persona)/그림자(shadow), 향외성/향내성, 아니마(anima)/아니무스(animus), 감각/감정, 사유/직관, 신성/악마성의 대칭성 중에 '그림자, 향내성, 아니무스, 감정, 직관, 악마성'에 해당한다. 이들은 여성성의 특성으로 분류되며, 무의식에 더 지배를 받는 것을 말한다. 물론 위의 대칭성은 이중성의 것으로 가역관계에 있다. 그러나 그중에서 어느 한쪽에 특성을 보일 수는 있다.

일반적으로 남자는 심층심리에 여성성인 아니마(anima)를 가지고 있다. 그런데 아니마가 적당히 이면형으로 있어야 하는데 도리어 표현형으로 표출되는 데에 문제가 있다. 그래서 전반적으로 남성의 아니마는 강하고, 이에 따라 상호 보완적으로 여성도 아니무스가 강한 편이다. 말하자면 남녀가 서로 전도된 경향을 보인다. 말하자면 여성이 남성의 역할을 하는 것으로 나타난다. 그래서 '또순이'형의 처녀, '아줌마'의 극성(마담 뚜, 복부인)이 두드러지고, '행주산성' 대첩 등이 나타난다. 이것은 문화 전반에서 비록 가부장사회이긴 하지만 여성성인 아니마가 강한 것으로 나타난다.

여성성과 악마성의 결합은 '사촌 논 사면 배 아프다'든지, 전반적으로 정당한 승패보다는 질투가 지배하게 한다. '승부의 문화'가 남성의 문화라면, '질투의 문화'는 여성적인 문화이다. 승부의 문화에서는 패자가 승자에게 승복하지 않으면 죽음에 이르는 경우를 감수해야 한다. 그러나 질투의 문화는 승복하지 않아도 죽음에 이르기는커녕 질투 자체가 다음 승부의 힘이 된다.

한국인은 기본적으로 낙천적이고 자연적이고 평화애호적이다. 그러나 이러한 성격이 가부장제의 역사 속에서 강대국의 침략과 그로 인한 피해로 인해 긍정적이기보다는 부정적인 성격을 형성하였다. 생산예축적(生産豫祝的)이기보다는 고백성사적(告白聖事的)으로 사회를 이끌어 가게 했다. 이는 사회를 '한'풀이 사회로 만들어 가게 했다. 이는 사회를 과학적으로 운영하기보다는 종교적(제의적)으로 운영하게 하였고, 미래 지향적이기보다는 과거 지향적으로 운영하게 하였다.

한국인은 사회적 가상, 예컨대 사회적 인격을 제대로 형성하지 못하고 항상 사회적으로 요구되는 인격과는 다른, 이중인격적(다중인격적)이고 위선적인 무의식의 그림자를 가지게 하였다. 이는 겉으로는 도덕과 정의를 부르짖게 하고, 남에게는 그것을 요구하면서 자신에게는 그것을 요구하지 않는 이중성을 보이게 했다. 이는 흔히 '남이 하면 불륜, 내가 하면 사랑'이라는 유행어에서 잘 드러난다. 똑같은 사건을 두고도 이렇게 이중적이고 모순적인 해석을 당연하게 생각하게 한다. 이는 '배반과 위선'으로 요약된다. 이는 하이데거식의 '존재적 삶'(자연주의적 삶)이라는 것이 실질적으로 역사 속에서는 '존재자적 이중성'으로 드러나게 함을 말한다.

존재자적 이중성은 사회적 역할과 책임을 제대로 하지 못하는 것으로 작용하면서 항상 역사적 현재에 충실한 것보다는 지난 뒤에 갑론을박하게 함으로써('5공 청문회'와 '공직자 국회청문회'가 그 대표적인 것이다) 고백성사를 하게 하는 것으로 만족하게 한다. 그러나 고백성사는 그것의 내부순환으로 인하여 객관적으로 사회를 맑고 밝게 하여 역사적으로 선진국을 구가하게 하는 데에 이르지 못한다. 고백성사와 '한'풀이는 잠시 동안의 심리적 보상을 해 주지만 그러한 모순과 부조리를 연출한 사회구조 자체를 변화시키는 것은 아니기 때문이다.

그림자의 성격은 향내성으로 인해 밖을 제대로 보지 못하고, 자기 내부의 '이너서클(inner circle)'로 인해 객관적인 사고를 하지 못하게 한다. 이는 자연주의적이고 존재적인 삶이 역사에서는 도리어 불리하게 작용함을 뜻한다. 역사는 이성(理性)에 의한, 비록 한시적이라고 할지라도, 잠정적 목적으로서의 존재자를 가진 사회에 권력을 주기 마련이다. 그러한 존재자를 만들어 내는 집단만이 역사에서 주인이 되고, 선진국이 된다. 한국의 역사는 지금껏 이성적이지 못하고, 존재자를 만들어 내는 데에도 역부족이었다.

이러한 성격은 종합적으로 한국 문화의 여성성을 드러내게 하는데 한국인의 여성성은 국가사회의 객관적인 체제경쟁에서 불리하게 작용한다. 여성성의 이면에는 남성성인 아니무스가 있다. 한국인의 아니무스는 독자적인(독립적인) 체제를 구축하는 것이 아니라, 체제에 대한 반체제를 불러일으키는 것으로 작용한다. 다시 말하면 객관적인 체제경쟁보다는 주관적인 반체제적 성향을 보임을 의미한다. 이는 한국인이 객관적으로 자신의 밖에서 자신을 바라보는 데에 매우 불리함을 의미한다.

한국인의 이러한 성격은 쉽게 감정에 편승하고, 상대방을 판단할 때 '친구(friend)냐, 적(enemy)이냐'의 이분법으로 판단하며, 객관적 사고보다는 직관적 사고에 익숙하다. 특히 '적'으로 일단 판단되면 쉽게 '악마'로 발전할 수 있다. 한국의 경우 주술조차도 상대방을 해하는 흑주술(black magic)에 걸릴 확률이 높다. 결국 한국은 흔히 여성적인 문화의 네거티브인 '질투'에 의해 흑주술을 걸고 이는 결과적으로 역사적 악마성으로 연결된다. 상대방을 '악마'로 규정하든가, 자신을 '정의'로 규정하면 극단적으로 살인마저도 양심의 가책을 크게 받지 않고 자행할 수 있다. 이러한 악마성은 자신을 천사라고 생각하는 고칠 수 없는 악마성이다. 이것은 여성성이 가장 악화된 형태로 나타난 경우이다.

어찌하여 금수강산에서 살면서 술과 가무를 좋아하고 평화를 사랑하는 낙천적인 민족이 역사적 핍박을 받은 가운데 도리어 그 민족의 집단 무의식 내부에서 악마성이 솟아오르고, 상대방을 적이나 악마로 규정하는 악순환에 빠지게 된 것인지 역사의 아이러니를 느끼지 않을 수 없게 된다. 역사는 이렇게 역반(逆反)하는 가운데에 동력을 얻는 것인가. 질투와 악마는 부정적인 것이긴 하지만 나름대로 삶에서 오기를 발동하게 하고 대항하는 데에 힘이 될 수 있다.

한국인의 악마성은 강대국에 의한 피해의식에서 형성된 것이다. 그래서 한국인은 '적대감'을 많이 갖고, 적대감의 극단은 상대를 '악마'로 규정하는 사회적 타성에 빠지게 한다. 자기와 당파가 다른 사람의 말은 이해하면서도 적대감을 갖는 경우가 많다. 경우에 따라서는 적의를 가진 사람의 말은 합리적일수록 감정적으로 수긍하지 않는다. 그래서 한국 사회에서는 저주(詛呪)와 같은 흑주술(black magic)이 횡행한다. 이것도 포괄적 질투에 속한다. 한국인은 '반체제-악마성'에 익숙해진다. 상대를 쉽게 '적' 혹은 '악마'로 투사하면서 자신은 '천사' 혹은 '정의'로 스스로 규정하게 된다. 이것은 매우 원시적이고 본능적인 정체성 확인 작업이다.

질투와 저주도 힘은 힘이다. 그러나 그것은 즉자적인 것으로 인해서 아무런 다른 생산적인 것을 일으키지 못하고 사회 전반을 무기력하게 만들 뿐만 아니라 국가에너지의 낭비를 초래한다. 한국인이 이렇게 이분화된 것은 최근세사에서는 산업화와 민주화 과정에서 더욱 심화됐다. 산업화에 중심을 둔 사람들(대체로 경상도 사람들)은 박정희를 영웅으로 떠받들고, 민주화에 중심을 둔 사람들(대체로 전라도 사람들)은 김대중을 영웅으로 떠받는다.

어떤 외부의 '근원'으로부터 도출하려는 모든 규범적 언표를 거부하며 '사회적인 것'을 '차이'로부터 모색할 필요가 있다고 표명한 박영은은 "우리가 어떤 무엇을 판단할 때에는 그것은 구별(distinction)에 따른 표시(indication)이다. (중략) 판단은 따라서 항상 구별의 틀 안에서의 한 면을 표시함이다. (중략) 판단의 틀에서는 구별의 양면을 동시적으로 표시할 수는 없다. 특정 시점에서 이 측면 또는 저 측면 중 하나만이 표시되며, 이후의 판단에서는 그 이전에 표시되지 않았던 측면이 표시될 수 있다. 이러한 교차(crossing)는 항상 가능하지만 그것은 반드시 어떤 새로운 판단을 요구하며, 따라서 시간을 요구한다"[25]라고 했다.

그는 사회의 기능적 부분체들은 기본적으로 나름의 시각과 입장을 이끄는 '이항적 약호화'에 의해 작동한다고 하면서 "판단은 체제 내의 작업이며, 그 자체가 체계를 구성한다. (중략) 체제의 판단에 의해 자아준거와 타자준거가 서로 결합된다. (중략) 의사소통은 폐쇄적 체계이면서 동시에 그러한 작업을 통하여 다른 것(타자)과 연결된다. (중략) 판단되고 의사소통되는 모든 것은 그때의 구별 약호 및 논리에 의해 좌우된다. 따라서 의사소통에는 '흑백논리'가, 단일맥락성이 관철될 수 있는 가능성이 항존한다. (중략) 판단에서는 자기가 사용한 구별을 판단할 수 없다"[26]고 한다.

그는 이어 "그러나 두 번째 판단이 첫 번째 판단의 구별을 판단하며, 말하자면 하나의 구별논리는 또 다른 구별논리를 통하여 표시할 수도 있다. 이렇게 '판단의 판단'을 하는 것을 '2차 판단'이라고 부를 수 있다. (중략) 그러나 2차 판단도 역시 판단이다. 그러나 '판단의 판단'은 고유의 판단에 대하여 '반성적 통찰'을 가능케 한다. (중략) 2차 판단자는 '다중맥락'의 세계에 도달한다"[27]고 하였다.

---

25) 박영은, 「사회의식과 문화의식」, 『광복 50주년 기념 학술대회 – 광복이후 한국의 문화변동과 그 전망』(1995년 5월 12일, 한국정신문화연구원 대강당, 주최: 광복 50주년 기념사업위원회, 주관: 한국정신문화연구원, 후원: 교육부·한국학술진흥재단), pp.188~189, 1995, 한국정신문화연구원.

26) 박영은, 같은 논문, pp.189~191.

다중맥락의 성격은 다음과 같다.

> "다중맥락성의 시야에서 나타나는 점은 수많은 구별의 논리와 수많은
> 상이한 맥락들이 있고, 이것들은 어떤 통일적 판단점에 의해 비교되거
> 나 이전될 수 있는 것이 아니다. 어떠한 판단도 다른 판단에 의해 판
> 단될 수 있고, 또 비판될 수 있다. 따라서 어떤 절대적으로 '옳은' 시
> 각은 사라진다. 무엇을 주장하든 간에 여러 판단자 중의 하나가 주장
> 하는 것이며, 그는 항상 비판될 수 있고, 또 그의 고유한 '보이지 않는
> 얼룩'이 밝혀질 수 있다. 모든 판단은 하나의 우연적 구성, 즉 다른 식
> 으로 선택된 구별에서는 다르게 나타날 수 있다는 말이다."[28]

판단자가 다중맥락의 판단에 이르면 역설의 개념에 마주한다.

> "모든 판단은 역설적으로 구성된다. 판단자는 판단에 깔려 있는 역설
> 에 대해 눈이 멀어 있어야만 자신의 판단작업을 계속할 수가 있다.
> (중략) 역설은 불확정성의 상황을 가져온다."[29]

한국의 1960년대부터 90년대까지 약 30년간은 바로 역설과 불확정성
의 시기였다고 해도 과언이 아니다. 특히 근대화 세력과 민주화 세력 간
에는 결코 메울 수 없는 수렁과 같은 것이 있었다. 양측은 서로 상대방
의 얼룩만을 바라보면서 자신의 순혈주의를 주장하였다. 그것은 가장
좋게는 "'산업화와 민주주의'라는 두 마리 토끼를 동시에 잡았다"고 하
지만 양측의 일부는 이것에 동의하지 않는다. 상대를 아직도 '적(enemy)'
혹은 '악(devil)'이라고 규정한다.

박영은은 한국의 당시 사회모습은 바로 다중맥락의 상황으로서 "판
단의 판단은 고유의 판단에 대하여 반성적 통찰을 가능케"하고 "사회이
론은 어떤 무엇을 어떤 것으로 판단하는가를 다루는 것이 아니라(2차

---

27) 박영은, 같은 논문, pp.191~192.
28) 박영은, 같은 논문, pp.192~193.
29) 박영은, 같은 논문, pp.194~195.

판단의 의미에서) 어떻게 판단되는가를 판단"함으로써 자신의 '얼룩'을 비가시화하여 역설을 회피하였다고 해석한다.[30]

여기서 '얼룩'이라는 것은 기독교의 '원죄'와 같은 것이고, 존재의 본질적 대칭에 따른 '모순'과 같은 것이다. 이들은 존재적으로 보면 이중성이지만 존재자적으로 보면 '얼룩＝원죄＝모순'이 되는 것이다. 이렇게 탈역설화(Entparadoxierung)가 어느 정도 이루어지고 질서가 유지된 것은 그래도 이성 중심의 근대화와 산업화라는 것 자체가 합리성을 발견하려는 과정이었기 때문이다.

박영은의 '이항적 약호화'라는 것은 매우 구조주의적인 것이며, 그것을 사회적 기능의 부분체들로서 취급하는 것은 실로 구조주의와 역사사회주의의 통합을 말한다. 이는 매우 새로운 시각이다. 이는 보기에 따라서는 존재와 존재자의 이중성 통합과 같은 것이다. 존재는 2(正反)를, 존재자는 1 혹은 3(整合)을 계속 재생산함으로써 역동성을 보장받는 것이다. 이것은 앞에서도 언급한 '2↔1', '3↔1'의 역동성에 해당한다. 1은 안으로는 분열하여 2가 되고, 1은 밖으로 분열하여 3이 되면서 1이 된다.

다중맥락과 불확실성의 와중에서 그래도 박정희 체제는 새마을운동의 정신과 더불어 근대화를 달성할 목적으로 역설을 비가시화하였든지, 아니면 확정할 수 없는 복잡성을 확정할 수 있는 복잡성으로 전환시켰든지, 판단은 자유지만, 어느 정도의 탈역설화를 실현하였다고 보아야 한다. 그게 한국을 중선진국으로 올려놓았다.

만약 당시에 그러한 불확실성을 그대로 내버려 두었다면 아마도 한국 사회는 배가 산으로 올라갔거나, 남북대치 상황에서 북한에 적화되는 최악의 경우를 맞았을지도 모른다. 박정희는 이 같은 최악의 상황을 역전시켜서 역설을 탈역설화하였던 것이다.

당시 월남파병으로 경제개발을 위한 달러를 마련하였던 한국은 월남

---

30) 박영은, 같은 논문, pp.213~214.

의 패망에 따른 도미노이론으로 한반도에서도 북한에 의한 적화를 초래할지도 모른다는 우려가 팽배하였지만, 역설적으로 한반도에서는 역전현상이 일어나고 말았다. 이를 '월남에서의 역전'이라고 부르지 않을 수 없다. 북한과 한국의 전반적인 국력비교를 보면 북한은 10대1, 혹은 20대1의 열세이다. 쉽게 말하면 비교의 대상도 되지 못한다. 한국은 월남에서 배운 대외진출 기량과 달러를 바탕으로 중동에 진출하여 오늘의 부를 이룩한 것이다.

좌파들이 월남파병을 미(美)제국주의의 용병이라고 폄하하는 것은 바로 그들의 결정적 패인이 바로 한국의 월남파병에서 비롯되는 것이기 때문이다. 친북성향의 운동권세력들과 북한중심통일론에 동조하는 세력들은 자신들의 사대적 도그마에 빠져 아직도 박정희의 '빛나는 자주의 성과', 한민족이 5천 년의 역사상 한 번도 겪어 보지 못한 미증유의 사건, 세계 10위권의 무역국가 달성을 보지 않으려 하고 있다.

이는 북한을 중심으로 보려는 좌파들의 질투의 시각이라고 하지 않을 수 없다. 좌파들은 한국 문화의 고질적 병인 소위적(所爲的)−수동적(受動的) 특성을 계승하고 있으며, 그로 인해 박정희 정권이 이룩한 능위적(能爲的)−능동적(能動的) 쾌거를 매도하고 있다. 이미 남북한 체제경쟁은 끝났다. 역사를 장기지속의 관점에서 보면 60년대부터 90년대까지 전개된 민주운동권 세력의 핵심은 대체로 사대주의 세력이고, 좌파운동권 세력은 남한의 '자주'를 북한의 '주체'로 대체한 세력으로 볼 수 있다.

북한은 세계 최악의 인권상황은 물론이고, 정치경제, 사회체제, 시대정신 등 문화의 종합적인 면에서 국가로서 대우하기 힘들 정도의 깡패집단 수준으로 전락하였다. 이를 무시하는 좌파들이야말로 그들이 그토록 저주하고 있는 사대적−식민적 이데올로기의 잔재를 끌어안고 있는 극좌보수 세력임을 모른다. 시대정신을 외면하면서 역사를 거꾸로 돌리고 있는 북한의 미래는 한반도 통일에도 큰 장애가 되고 있다. 북한의 그러한 후진성은 정작 통일하여도 분열요인이 될 것이며, 지금은 중국에 지나친 정치경제적 종속으로 인해서, 저들이 선전하는 '남한의 미(美)제국주의 종속'이 문제가 아니라 '북한의 중화편입'도 염려되는 상황이다. 북한의 김일성과 그 후계정권은 20세기의 정치적 코미디로 끝날 공산이 크다. 이것이야말로 봉건 세습독재체제를 사회주의체제로 속이고 있는 한민족의 수치이다.

한국에는 진정한 영웅이 없다. 왜냐하면 상대방, 혹은 반대당의 입장에서 보면 영웅은 영웅이 아니라 간웅이거나 수탈자이거나 독재자일 뿐이다. 세종대왕이나 이순신 장군을 제하면 아직도 영웅이나 성왕의 반열에 오르는 인물은 없다. 오죽하면 삼국통일을 이룬 문무대왕마저 영웅이 되지 못한 것일까. 현재의 역사가 잘못된 것을 항상 삼국통일이 잘못되었다고 소급하는 것은 이미 역사적인 태도가 되지 못한다. 이는 한국 문화와 역사의 '본질적 원죄', '보이지 않는 얼룩'과 같은 것이며, 바로 그러한 원죄성은 한국 문화로 하여금 결코 그것을 벗어나지 못하게 할지도 모른다. 원죄는 본래 신화적인 것이기 때문에 역사에서는 결코 해소되지 못하기 때문이다.

한국 사회를 총체적으로 보는 견해로 그레고리 헨더슨(Gregory Henderson)의 '원뿔형 소용돌이' 이론이 있다. 그는 한국 사회는 정치적 중앙권력을 향해서 일어난 '원뿔형의 소용돌이'와 같다는 것이다.

> "모든 가치는 중앙권력 안에 있다. 이 권력을 노리고 실력이 기반이나 안정성, 그리고 야심 찬 어떤 수단도 가지고 있지 않은 사람들이 계속해서 늘어나 다수가 서로 경쟁하게 됐다. 이 사회는 특유한 형태를 이루고 있는데 이것은 높이 솟구치는 원뿔형 소용돌이인 것이다."[31]

---

31) グレゴリーヘンダーソン, 『朝鮮の 政治社會』, 鈴木沙雄・大塚喬奎 譯, p.368, 1973, サイマル出版會. 그레고리 헨더슨, 박행웅 외 역, 『소용돌이의 한국정치』, 2000, 한울.

한국인의 정치지향성은 아마도 반도에서 오래 살아오면서 늘 외침에 시달려 온 집단으로서 '생존전략 차원'에서 이루어진 것 같다. '사촌 논 사면 배 아프다', '억울하면 출세하라'는 속담이 말하듯이 말이다. 여기 서 '중앙권력을 노리는'은 쉽게 수긍이 가는데 '소용돌이'는 좀 복잡하고 다단한 문제이다. 소용돌이는 무질서를 나타내면서도 동시에 잠깐 사이에 변화가 일어날 수도 있다는 가변성 혹은 유동성을 드러낸다. 소용돌이는 흔히 혼란으로 해석되기도 하는데 혼란은 단순한 무질서가 아니라 무질서 속의 질서를 동반하기도 한다. 소용돌이는 필자의 '다원다층의 음양학'의 한국 사회에 대한 적용의 예와 흡사하다.

그레고리 헨더슨[32]은 주한 미국대사(1958년~1963년)로 있으면서 박정희 정권을 비판한 것으로 유명한 외교관이면서 학자인데 그의 한국 사회에 대한 비판은 성공적이었는지 몰라도 박정희의 성공은 예측하지는 못했다. 아마도 박정희 성공의 예는 세계사에서도 보기 드문 일이었을 것이다. 한국의 우방이었던 미국조차도 때로는 박정희 정권을 지지하고, 때로는 반대하였으며, 지금도 한국의 근대산업국가로의 성공을 이해하지 못하고 있는 부분이 많다. 제2차 세계대전 후 독립한 나라 가운데 원조를 받는 나라에서 원조를 하는 나라로 탈바꿈한 나라는 한국밖에 없다.

박정희의 성공은 한국에서도 아직까지 제대로 해석하지 못할 정도로 결과적 해석의 수준(성공하였기에 성공하였다고 하는)에 머물러 있다. 말하자면 모두 사후해석에 불과하다. "왜(어떻게) 성공했지." "도대체 이

---

32) 그레고리 헨더슨(1922~1988)은 1968년 『소용돌이의 한국정치』라는 책으로 박정희 정권을 비판했다. 그의 비판은 대사의 직무를 수행하는 과정에서 겪은 경험을 바탕으로 한 것일 수도 있고, 본인의 독자적인 학문의 결과일 수도 있다. 그레고리 헨더슨은 1958~1963년 외교관 신분으로 한국에 있으면서 한국 문화재를 많이 수집하여 가져간 것으로 유명하다. "모든 분야를 망라하는 문화재를 닥치는 대로 수집했다. …… 헨더슨의 한국 문화재 수집은 약탈에 가깝다." 외무고시 첫 여성 합격자이자 여성 2호 대사인 김경임 전 튀니지 대사는 약탈 문화재의 역사와 반환 문제를 다룬 책 『클레오파트라의 바늘』(홍익출판사)에서 이같이 밝혔다. 헨더슨은 주한 미국대사관에서 근무할 당시 150여 점의 도자기와 다량의 불화, 불상, 서예, 전적류(典籍類)를 수집해 미국으로 가져갔다고 저자는 밝혔다.

해를 할 수 없어." 아직 이런 수준에 머물러 있다. 바로 그 때문에 새마을운동 혹은 마을운동에 대한 철학적 승화작업이 필요한 것이다.

어쩌면 박정희의 새마을운동과 근대화·산업화의 성공은 그러한 소용돌이 문화가 때를 만나 긍정적인 결과를 도출한 예로 보아도 무방할 것 같다. 어떤 문화특성이나 민족성은 역사적 전개과정에서 때로는 긍정적으로, 때로는 부정적으로 작용하기 마련인데 그동안 이를 가부(可否)나 선악(善惡)으로 평가한 예가 많은데 이는 바람직하지 않다. 박정희의 혁명과 성공은 만약 강력한 보수 세력이 지역을 기반으로 있었다면 장애물에 막혀 성공하지 못하였을 수도 있다. 박정희의 성공은 한국사에서 과거에도 없었고, 미래에도 없을 단 한 번의 기회였는지도 모른다.

한국 사회는 앞으로 새로운 이항적 약호의 생산[예컨대 근대화(산업화)/평등화(사회적 평등), 환경파괴/자연보호]과 2차, 3차 판단을 계속함으로써 다중적 맥락에 들어가야 하며 그것을 통해서 다양성과 유연성을 얻어 내어 자신을 더욱 강화하는 질서창출을 보여 주어야 한다.

인간은 항상 존재−존재자의 긴장과 갈등 속에 살아간다. 존재는 어머니적이고, 여성적이고, 존재자는 아버지적이고, 남성적이다. 역사에서는 존재자−아버지의 라인이 주도한다. 다시 말하면 존재−어머니 라인은 피정복국가로 피해의식에 젖기 마련이다.

역사적으로 보면 정복−침략 국가는 전쟁을 불러일으킨다는 점에서 역사적 악마성을 자행하였다고 볼 수 있는데 심리적으로는 도리어 가해자인 그들에게 악마성이 없고 피해자에게 그것이 축적된다. 공격국가는 스스로를 악마라고 생각하지 않을 뿐만 아니라 그렇게 '천사와 악마'라는 이분법적으로 생각하지 않는다. 도리어 피해를 입은 피정복국가가 악마를 심리적으로 축적하게 된다. 이는 역사와 심리의 역전현상이며 역설이다. 왜 낙천적이고 자연주의적이고 평화애호적인 국민이 결과적으로 악마성에 가깝게 되는 것일까.

소위적(所爲的)인 국가는 수동적(受動的)이 되기 쉽고, 수동적인 나라는 남의 나라로부터 침략당하기 쉽고, 침략당하면 피해의식으로 인해 부정적인 콤플렉스를 형성하게 된다. 한국인은 그래서 그동안 '한(恨)'의 역사를 운영해 왔다고 해도 과언이 아니다. '한'은 부정적으로 억눌린 감정이다. 물론 '한'의 추동력에 의해서 '신(神, 신바람)'이 나기도 하지만 '신'과 '한'은 극단적이어서 역사적으로 일관성(consistency)을 가지지 못하게 되는 흠이 있다.

그런데 한국 역사에서 세종대왕 이후 유일하게 박정희 체세에서 소위적인 것과 능동적인 것의 교차가 일어나서 소위적이면서도 능동적인 '소위적(所爲的)－능동적(能動的)'인 나라가 되었다. 박정희는 유사 이래로 보기 드물게 한민족의 중흥을 이루었으며 기적적으로 근대화와 산업화를 이루었다. 박정희는 존재적으로(낙천적으로) 살아온 한국인에게 처음으로 소유의 존재자적 개념을 불러일으킨 인물이다.

그러나 그의 '국가 만들기' 사업은 야당의 반대를 위한 반대에 부딪혀서 온갖 어려움을 겪는다. 이는 '사대적 문(文)'과 '주체적 무(武)' 간의 힘겨루기가 되었으며, 양측은 극단적으로 부딪치는 근대사를 연출한다.

이로 인해 박정희의 '국가 만들기'는 사대적 민주주의자들에게 쉽게 '독재'를 떠올리게 하고, 친북 성향의 민중주의자들에게 '독재'를 빌미로 반체제에 편승하면서도 안전판의 역할을 하였다. 반체제 민주세력들에게는 마치 반체제하는 것이 정의인 것처럼 굳어져 갔다. 반체제 과정에서 극단적으로 양분된 남한의 동서세력들은 서로 상대의 지도자를 '악마'로 규정하는 분열을 초래했다.

한국인은 '좌뇌(左腦) 없는 좌파(左派)의 나라'인지 모른다. 또 '반체제가 정의(正義)인 나라'인지 모른다. 한국의 자연주의는 결국 역사 속에서 그동안 부정적으로 작용하였다고 해도 과언이 아니다. 그러나 박정희 산업화의 성공으로 인해 그동안 부정적인 이미지를 몰아내고 긍정적인 국면으로 국면전환의 발판을 마련하였다고 생각된다. 박정희는 산업화 그리고 새마을운동의 지대한 공헌에도 불구하고 아직도 '독재＝악마'의 그림자를 떨치지 못하고 있다. 이는 문민세력 전반의 사대주의와 관념적 이상주의가 아직도 기승을 부리고 있음에 기인한다.

이는 경상도의 박정희, 전라도의 김대중이라는 양대 기둥상징을 만들어 내고, 그 교량역할자로서 김영삼을 설정하게 하였다. 박정희의 몰락과 김대중의 등장은 김영삼의 치명적 경제적 실정(失政)인 IMF사태로 결정적인 기회를 맞는다. 김영삼은 우파에서 좌파로의 이중상징적(二重象徵的) 교차적 의미를 갖는다(노무현은 좌파에서 우파로의 교차적 의미를 갖는다. 이들 두 지도자가 모두 경남 출신이라는 점은 매우 유의미적이다. 경남이야말로 영남과 호남의 접경지역이고 중간교차지역이기 때문이다). 이는 사대적 민주주의와 반체제적 민중주의의 승리가 되고, 이들은 친북한정책의 성향을 드러낸다. 이들에 의해 반자주적인 통일정책이 마치 이상적인 통일정책인 양 포장되고 남한은 북한에 이용당한다. 그러는 사이 남은 것은 북한의 핵개발이라는 것뿐이다.

한국인은 심리적으로 세 '영웅이면서 악마'를 생산한 셈이다. 김일성(－김정일), 박정희(－전두환, 노태우), 김대중(－김영삼, 노무현)이 그들이다. 세 악마 중 김정일과 김대중은 야합하여 한 사람은 노벨상을 얻었고, 다른 사람은 막대한 핵개발자금을 얻었다. 박정희는 아직도 그 업적에 비해서는 터무니없는 대접을 받으면서 기념관 하나 건립하지 못하고 있다. 참으로 한국인은 은혜를 배반으로 갚는 민족이다. 더욱이 배반을 일삼으면서도 그것이 배반인 줄도 모르는 심각한 자기 그림자의 악령에 걸려 있다.

한국의 현대사는 결국 당파적으로 보면 세 악마들의 발동으로 국가에너지의 심각한 낭비를 초래했지만, 막대한 군사비를 지출하면서도 동시에 악마들의 질투와 오기(이는 이기기 위해서 노력하는 것이라기보다는 지지 않기 위해서 노력하는 것이어서 수동적이다)로 인해 역사적으로는 매우 능동적인(비록 문화적 전통에서는 所爲的 能動이지만) '한강의 기적'이라는 경제적 부흥을 일으키면서 오늘에 이르고 있다. 이를 이끌어간 원천적인 동력은 박정희이고, 박정희가 독립변수라면 나머지는 모두 종속변수이다. 이를 두고 국민의 공이라고 하면 마치 세종대왕의 치적이 모두 국민의 공이라고 하는 것과 같은 것이다. 이는 국민아부용, 혹은 국민선동용의 사대적 문민들의 위선적 음모이며, 박정희 폄훼가 필요한 자들의 공작에 속한다.

박정희는 한국 문화의 기본적인 전통인 사대-식민주의의 풍토에서 자라면서 처음엔 좌파적 성향을 보이다가 5·16군사혁명과 더불어 우파적 성향을 보이면서 서서히 자주적인 모습으로 탈바꿈을 한다. 이는 한국 문화의 전반적인 사대풍토를 극복하는 것이 된다. 좌우파의 이중성을 탈피하면서 보기 드물게 탈역설화의 과정을 겪으면서 민족자존의 '제3의 자주노선'(역사적 존재자로서의 국가 만들기)을 정립하게 된다. 기존의 사대적 관점에서 보는 자들은 그를 두고, 경우에 따라서 '좌파'로 몰기도 하고, '우파'로 몰기도 한다. 때로는 '친일'로 몰기도 한다. 좌파든, 우파든, 친일이든 모두 자주적이 아닌, 저들의 관점에서 보는 사대적 관점의 상대방 보기이다.

김일성의 주체사상과 박정희의 새마을사상의 다른 점은 겉모양은 비슷하지만 그 내용은 백팔십도로 달라진다. 주체사상은 마르크시즘을 기초로 개인우상화라는 관념놀이에 빠지면서 세습왕조사회로 후진한 반면 박정희는 실질을 숭상하는 실학정신으로 근대화(근대적 국가 만들기)를 이룩하면서 한국을 중선진국으로 올려놓았다. 주체사상과 새마을사상의 명암을 보면서, 어떤 이데올로기라도 역사에서는 항상 결과론에 의해 평가될 수밖에 없다는 것을 명심할 필요가 있다.

한국 문화를 종합적으로 보면 낙천(樂天)-자연주의(自然主義)라고 할 수 있다. 이것은 문화총체적으로 남성성보다는 여성성을 우위로 한다. 그러한 점에서 한국 문화의 장점은 남성적 멘털(mental)에 있는 것이 아니라 여성적 피지컬(physical)에 있다. 한국은 피지컬의 나라이다. 결코 한국은 세계사적으로 보면 멘털적인 것에서 그 장점을 발견할 수 없다. 차라리 한국인이 살고 있는 자연환경인 풍토가 더 특징적이고, 경쟁적이다. 한국인의 체질은 세계 어디에서라도 노동하고 살 수 있는 강인함이 있고, 한국의 농수산물은 세계 어느 나라의 그것보다 그 맛과 효과가 탁월하다. 아마도 삼한사온의 환경에서 잘 담금질된 피지컬을 가지고 있는 것 같다.

한국인은 천성적으로 '존재적 삶', '자연주의적 삶'을 살았다. 이것을 두고 야성적(野性的)이라고 할 수도 있다. 그러나 역사적 전개과정에서 이러한 성정은 매우 불리하게 작용하였다. 역사는 바로 '존재자적 삶'을 강요하기 때문이다. 존재적 삶은 모성적 삶이고, 존재자적 삶은 부성적 삶이다. 한국인(한민족)에게는 심리적 심층과 육체적 유전자의 어딘가에 모성적 성향을 강하게 가지고 있는 인자(因子) 혹은 종자(種子)가 있는 것 같다. 그것은 역사적 전개과정에서 천사를 악마로 변하게 하였다. 이는 마치 시집온 새색시가 세파에 시달린 끝에 드디어 거친 아줌마로 변하는 것과 같다.

한국은 그동안 부성(父性)이 약하고 국가의 문화능력이 약하여 외부로부터 수없는 침략을 받아 오고 그러면서도 모성(母性)의 힘에 의해서 생존을 유지해 왔다. 그러다가 최근세사에, 정확하게 1961년 5·16혁명이 일어나고부터 30년간 부성이 모성을 이기고, 국가가 생존('살고 보자'주의)을 이긴 끝에 도리어 부성과 국가의 세계적 지위를 끌어올렸다. 이는 참으로 보기 드문 '소위(所爲)−능동(能動)'의 경우이다. 수많은 한국인, 백성, 민중에게는 이것이 생소하였을 수도 있다. 그래서 운동으로서 세계적으로 유례가 없는 성공을 하였음에도 아직도 새마을운동에 대해서 제대로 평가하지 못하는 우를 범하고 있고, 그것을 철학화하지 못하는 원인이 되고 있다.

한국에서 "왜 보기 드물게, 천재일우의 기회로 소위-능동의 일이 일어났을까?"에 대해서는 여러 가지로 검토해 볼 수 있을 것이다. 그 가운데 남북분단 상황과 빈곤이 밑바닥에서 더 이상 생존을 위해서는 그렇게 하지 않을 수 없었다는 생존본능설이 유력하다. 분단이 되지 않았으면 사대주의의 전통이 군사력을 그렇게 키우지 않았거나 군사력을 키우는 것을 주변 강대국에 의해 제재를 당했을 확률이 높았을 것이고, 그렇게 되면 군사혁명과도 같은 일이 일어나지도 않았을 것이다. 동시에 워낙 빈곤의 악순환 속에서 밑바닥을 보았으니 완전히 나라가 망하거나 아니면 생존을 위한 부흥의 삽질을 하지 않을 수 없었을 것이라는 주장이다. 남북분단과 6·25전쟁과 같은 현대사의 질곡은 생존의 실험무대였다.

결국 남북분단 상황이 남북의 긴장을 불러오고, 체제경쟁을 하지 않을 수 없게 하고, 그러는 가운데 민족의 숨어 있던 생존력이 발휘되면서 남북 양쪽의 군사력 강화는 물론 소득증대라는 두 마리 토끼를 잡게 되는 역사적 행운을 얻을 수 있었다는 것이다. 이것은 사대적 문민의 전통에서는 도저히 있을 수 없는 일이다. 아마도 분단 상황이 아니면 사대적 문민과 민주주의와 평화주의가 군대를 그렇게 양성할 수 없었을 것이고, 주변국에서도 군사력 증감을 가만히 보고 있지 않았을 것이다.

아이러니컬하게도 분단 상황은 한국에 '무(武)의 문화'를 다시 회복하게 하고, 사대적으로 순치된, 그러다가 마지막에는 소중화(小中華)를 외치다가 결국 식민통치의 나락으로 떨어졌으면서도 그것이 무엇을 의미하는지조차 모르고 6·25 동족상잔으로 남부여대(男負女戴)하던, 전쟁 후에도 민족주의니 민주주의니 사회주의니 하면서 당파싸움으로 날을 보내던 민족에게 국가에너지 집중의 기회가 없었을 것이다. 분단 상황은 남한에 절호의 기회를 주는 것으로 작용했다.

남북분단, 6·25, 그리고 대한민국 남성의 개병제(皆兵制), 군사력의 증강, 무(武)의 정신 회복으로 이어지는 시퀀스는, 전쟁 자체로만 보면 불행이었지만, 결과적으로 그것을 극복함으로써 도리어 긍정적으로 작용했던 것이다. 특히 전 국민 성인남성을 대상으로 하는 개병제는 한국인은 사대주의에서 벗어나게 하는 데에 결정적인 역할을 한 것으로 보인다. 좌파들의 논리를 따르면 대체로 어떤 것에서도 반대한 것을 찾아내고, 반대를 위한 반대를 하기 쉽다. 또한 반체제 혹은 반국가주의에 기울어지기 쉽다.

좌파들은 월남파병을 미제국주의의 용병이라고 매도하지만, 실은 그것으로 인해 대한민국은 처음으로, 아니 삼국시대 이후 처음으로 자국의 군대를 외국에 파병하는 기회를 맞았으며, 달러를 벌어들여 민족자본을 만들었으며, 이것은 중동 건설 붐으로 이어져 대한민국 남자들의 외국 진출, 수컷들의 남의 땅에 상륙하는 귀중한 경험과 자신감을 불어넣었던 셈이다.

그동안 수천 년 동안 외국의 침략과 정복으로 인해 남의 씨앗만 받아오던 천생여자인 대한민국 한반도는 역으로 자신의 씨앗을 남의 땅에 뿌리는 기회를 맞았으며, 역사에서 여성성에 도사린 남성성을 일으켜서 중선진국으로 진입하였다. 문화생태학적으로 역사와 세계를 보면 세계는 선과 악의 이분법으로 정리되는 것이 아니라 남성적 기표인 페니스의 깃발을 남의 땅에 세우는가, 아니면 남의 페니스의 깃발을 이 땅에 세우는 것을 허용하는가의 문제이다. 그동안 못난 이 땅의 남성들의 비극적 자학의 대명사였던 '화냥년(還鄕女)'은 이 땅에서 사라지고 이제 신부가 모자라 중국 조선족이나 필리핀이나 월남 등 제3세계에서 신부를 구하는(사오는) '국제결혼'이 성행하고 있다.

일제식민 치하에서 한국의 남성들은 국제노동자, 부역자로 팔려 갔으며, 자신의 여자들(아내와 딸들)도 같은 처지가 되거나 혹은 신부로 하와이나 지구촌 곳곳으로 팔려 가는 것을 본 쓰라린 경험이 있다. 남자가 못나면 바로 남자의 여자들은 국제 시장에서 노동자나 씨받이(씨받이는 가부장제도로 보면 씨받이지만 여자의 입장에서 보면 능력 있는 남자를 통해 자신의 유전자를 보존하는 길이다) 등 현대판 노예로 팔려 가지 않으면 안 되었던 것이 역사의 냉엄한 현실이다. 이를 여자들에게 책임을 물을 수는 없다. 솔직히 말해서 여자들은 국적과 상관없이 자신과 자신이 낳은 자식을 잘 키우고 보살펴 줄 남자만 찾으면 그만인 것이다. 남한의 군사정권은 한국의 수컷 본능(남자의 본성)을 깨닫게 해 준 결정적 역할을 하였다.

남한에서 군사정권이야말로 잠자던 긍정과 능동의 정신을 깨닫게 하였으며, 주체성의 회복과 실학(實學)정신을 다시 잇게 하였다. 민족사상사의 입장에서 보면 군사정권은 독재정권이 아니라 실학의 계승자로 자리매김하여야 할 것이다. 그런데 아직도 문민의 떨거지들은 사대적 전통에서 무슨 민주와 사회주의가 밥 먹여 주는 것처럼 떠들어 대면서 자신들의 교조적 정의에 마비되어 있는 것이다. 민주운동권 세력 아이러니는 그들 중 일부이긴 하지만 국민을 빈곤과 기아에 떨어뜨린 북한을 통일의 중심으로 삼고 있다는 점이다.

민족을 운운하거나, 통일을 운운하면서 북한을 왕래하는 세력들은 모두 경제적 바탕은 한국에서 이룩하였으면서도 이데올로기는 북한 쪽으로 향하고 있는 본질적으로 자기배반적, 이중인격적 인물들이다. 이들은 민족이나 통일을 팔면서 실은 호의호식하거나 반체제적 권력의 맛에 길들여져 있는지도 모른다. '자기가 무슨 영웅'(우리들의 일그러진 영웅)이라고 생각할지도 모른다. 이들의 정신세계에는 도리어 좌파적이 아니라 지독히 우파적인 문민세력들의 문민체질이 도사리고 있다. 이들은 자신들을 순교자로 생각하는 착각과 환상에 빠져 있을 가능성이 높다.

물론 북한은 구한말의 쇄국주의와 같은 국제적 폐쇄주의(이것은 정권

유지를 위해서 불가피했을 수도 있다)와 고구려의 망국을 불러온 것과 같은 무단(武斷)정치로 인해서 오늘날 집단적 빈곤과 망국의 위기에 노출되어 있다. 북한은 분단 상황을 독재체제의 강화와 무단통치와 세습체제의 절호의 기회로 이용했다. 북한의 부도덕한 정권은 민족, 통일을 운운하면서 세습독재체제만 강화하고 있다.

어쨌든 한민족은 남한만의 국력으로도 역사상 세계에서 가장 높은 중선진국에 도달하고 있다. 한민족의 이러한 성공은 체제경쟁에서 얻은 부산물일 수도 있다. 그러한 점에서 한민족의 관점에서 보면 역설적으로 북한의 공도 크다. 남북한의 체제경쟁에서 북한은 이미 패하였음을 자인하지 않으면 안 된다. 북한은 통일은 고사하고 생존을 위한 문화능력 면에서도 남한에 비교할 수 있는 처지가 아니다. 특히 부자세습이라는 시대착오적인 권력승계를 위해서 다른 모든 것을 희생하고 있는 것은 적응력을 바닥까지 드러나게 하였다.

북한은 어떤 점에서는 국가집단이라고 말하기도 어려운 처지에 있다. 북한체제로는 도저히 미래 사회에서 적응하면서 살아갈 수 없다. 북한의 체제는 실은 한민족의 부끄러움이 될 수도 있다. 어떻게 그런 독재─세습체제에서 아직도 그냥 살고 있느냐를 생각하면 실로 한민족이라는 사실마저 부끄럽다.

이에 한국은 통일철학의 수립이 절실히 요청된다. 퇴계(退溪, 1501∼1570) 선생의 '이(理)철학＝일리(一理)'로는 통일이 어렵다. 그것은 주자학적 체계이고, 사대주의 범주 안의 철학이기 때문이다. 그렇다고 원효의 '일심(一心)＝화쟁(和諍)' 철학을 오늘에 다시 내놓을 수도 없다. 그래서 '기(氣)철학＝일기(一氣)'가 필요하다. 기(氣)철학도 조선조 중기의 이기(理氣)논쟁 차원에서의 기철학이 아니라 오늘의 물(物)을 아우를 수 있는 '기철학＝일물(一物)'이 필요하다. 그래서 그 기철학은 이기(理氣)와 심물(心物)을 동시에 통합하고 아우르는 차원으로 정립되어야 호소력이 있을 것이다. 바로 이러한 시대적 당위에서 새마을운동의 '마을철학' 승화가 여기서 제기되는 것이다.

'마을'철학은 바로 '일심일리일기일물(一心一理一氣一物)'의 철학이다. '마을'철학은 앞에서 제기한 철학의 특수성과 보편성, 일반성과 개별성을 모두 충족시키는 철학이다. 그래서 서로 간에 유착되는 것이 아니라 소통하면서 긴장하는 관계여야 한다. 말하자면 불상잡(不相雜), 불상리(不相離)의 관계여야 한다. 이는 동양철학의 근본이라고 할 수 있는 '화이부동(和而不同), 부동이화(不同而和)'의 현대적 전개이다.

한국의 새마을운동은 모성－생존의 방식으로도 부성－국가를 달성할 수 있는 것을 증명하는 셈이다. 이것은 바로 새마을운동의 덕분이다. 이를 두고 이기지묘(理氣之妙), 기발이승이통기국(氣發理乘理通氣局)의 좋은 예라고 할 수 있다.[33] 위의 철학은 율곡(栗谷, 1536~1584) 선생의 철학으로, 다시 말하면 율곡 선생의 철학을 역사적으로 증명해 보인 것이 새마을운동이라는 말이다.

박정희 대통령은 세종대왕과 율곡 선생과 이순신 장군을 무척 존경하였다. 바로 그러한 존경을 통해 그들의 사상을 역사적 현재로 만들 수 있었던 셈이다. 그러나 아직 새마을운동을 운동으로서는 성공했지만 그것이 철학화되지 못한 까닭에 '성공한 운동'으로 머물고 있다. 이것을 철학화하는 것이 세계적으로 새마을운동을 확산시키고, 한국에서도 창조적 철학이 탄생할 수 있음을 보여 주는 것이 된다. 한국의 철학은 바로 '모성(母性)＝기(氣)＝일반성'으로부터 탄생한 철학의 보기 드문 예가 될 것이다.

관점에 따라서는 새마을운동의 '마을'철학이 정립되는 것은 퇴계 선생의 이발기발(理發氣發)을 꾀하는 것일 수도 있다. 이는 주자학의 이기론을 답습하여, 혹은 그것을 기반으로 좀 더 형이상학적으로 끌어올리

---

33) 김형효, 상기 논문, p.70~71.

는 의미의 이발(理發)이 아니라 새로운 철학을 정립한다는 의미에서 이발이다. '마을(maul)' 철학이야말로 한국인이 세계에서 가장 잘할 수 있는 것인지도 모른다.[34]

새마을운동은 이미 성공하였기 때문에 그것의 철학적 정립은 이발(理發)일 수 있다. 이러한 이발은 실은 이론이나 관념이 먼저 가는 것과는 다르다. 마르크시즘처럼 역사적 실천이나 전개과정에서 실패할 확률도 없다. 새마을운동은 생존본능과 동시에 나름대로 미숙하였지만 새마을운동의 사상과 지침을 통해서 어느 정도 새마을운동의 철학화 및 사상화를 본성적으로 달성하였기 때문에 성공한 운동이라고 할 수 있다. 그래서 기존의 실천적 지침이나 아직 엉성한(성긴) 사상을 보다 정교한 철학으로 승화시키자는 말이다.

참으로 본능과 본성의 이중성이 여실히 드러난 것이 한국의 새마을운동이다. 한국은 세계사에서도 유례가 없이 모성과 생존을 바탕으로 국가적 부와 부성을 회복한 나라의 예이다. 대체로 부성이라는 것은 인구집단이 집단의 특수성을 기초로 보편성을 구축하는 과정에서 일어나는 것이다. 그러나 한국은 그러한 국가의 힘이 부족하였는데도 새마을운동이라는 마을 공동체정신, 다시 말하면 모성(모성의 네트워크)에 의해서 일어나서 그것이 생존을 이룩함은 물론이고, 국가와 부성마저 일으킨 예이다. 이를 두고 생기(生氣), 혹은 생기(生起)라고 하지 않을 수 없다.

한국의 새마을운동은 농촌의 지역공동체를 기반으로 전개되었으며, 그 후 도시새마을운동으로 전개되어 기업과 직장단위로 확대되는 특성을 보이는데 이는 지연과 지역이라는 특정 공간을 기반으로 한 것이었다. 당시에 지역을 기반으로 하는 정치권력이 저항을 하지 않은 것은 다행인지도 모른다. 이는 박정희 사후 지역을 기반으로 하는 반체제운동

---

34) 이는 마고(mago)의 신화를 가진 한국인(한민족)이 새로운 전자 인터넷 시대에 이르러 다시 '마을'사회로의 원시반본(原始返本)에 발맞추어 '마을공동체'의 철학으로서 '마을'철학을 정립하는 것이 된다.

의 격화와 이념투쟁, 집단이기주의에 의해 크게 국론이 분열되는 상황을 감안하면, 아마도 박정희 정권 당시에 이러한 지역기반 반체제운동이 있었으면 새마을운동과 근대화와 산업화는 달성되지 못하였을 수도 있다는 생각이 든다.

전통적 한국 사회는 혈연을 기반으로 하지만 그것이 강력한 정치적 지지기반으로서의 지연으로서 작용하지는 않았다. 도리어 혈연은 지역 간에 느슨한 네트워크를 만들었다. 이것은 중세에는 지역을 기반으로 하는 강력한 국가를 만드는 데에 불리하게 작용하였으나 이것은 도리어 근대에 이르러서는 사회적 유동성을 필요로 하는 사회시스템의 구축에는 순기능을 한 셈이다.

> "한국 사회는 본래 근대화의 결과로 얻을 수 있는 사회의 유동성을 근대화와 병행하여, 아니 오히려 먼저 손에 넣은 특이한 사회였다. 한국의 혈연공동체는 이같이 지연과 분리됐기에 도시로 인구가 집중하는 현대에도 생명력을 유지하는 데 성공했다."[35]

다시 말하면 도시사회에서는 공중에 붕 뜬 것 같은 과거 혈연사회의 전통이 도리어 네트워크사회에 적응하는 데는 유리하게 작용한 측면이 없지 않다. 근대화와 산업화에 따른 극심한 '도농(都農)이원화'의 극복도 실은 지역을 뛰어넘은 '혈연 네트워크'에 의해 달성된 것이었다. 한국 사회는 이미 근대화를 이루면서 동시에 후기 근대, 혹은 미래 '네트워크 사회'에 적응훈련을 한 셈이다.

박정희 정권의 '위로부터의 혁명'이 성공할 수 있었던 것은 강력한 지역기반을 가지고 있지 않은 야당과 여타 정치집단들이 박정희 정권에 크게 저항할 수 없었던 것이 도리어 경제개발계획과 근대화·산업화정책을 수행하는 데에 유리하게 작용하였다.

---

35) 기무라 간 지음, 김세덕 옮김, 『조선/한국의 내셔널리즘과 소국의식』, p.107, 2010, 산처럼.

〈새마을운동의 복수이중성〉

생존(개별성)	↔	父性(보편성)
↕	×	↕
母性(일반성)	↔	국가(특수성)

새마을운동－새마음운동을 바로 생기(生氣)－성기(性起)의 운동으로 연장시키기 위해서는 한국 철학자들의 주체적인 노력이 필요하다. 이때의 성기(性起)란 성공하면 바로 성리(性理)가 되는 것이다. 우리는 그동안 기발(氣發)과 이발(理發)을 주장하였지만 실지로 역사적으로 그것을 달성하지는 못했다. 역사라는 것도 무심치 않아서 바로 그것을 달성하는 자에게 역사적 주도권을 주는 것이다.

서양의 근대사도 실은 그들 나름대로 '기발'과 '이발'을 달성한 과정이었다고 평가된다. 그런데 이제 그들의 방식으로는 기발과 이발을 달성할 수 없다는 것이 문제이다. 이에 불교의 공(空)의 방식, 노장의 무위(無爲)의 방식이 필요한 시점이다. 그렇기 때문에 서양철학에서 하이데거가 나오고, 데리다가 나오고, 들뢰즈가 나오고 있는 것이다. 이들 철학자들이 이루려는 철학의 흐름은 바로 여성성을 기초로 하는 세계철학의 구축과 역사의 흐름이다. 한국이 이러한 철학의 구축에 담당자로 떠오른 것은 바로 한국만큼 여성성이 강한 중선진국은 없으며, 한국이야말로 제3세계, 빈곤국에 보내 줄 철학이 있는 나라이기 때문이다.

한국의 발전은 남의 나라를 침략하고 수탈해서 발전을 이룬, 그러한 서양의 제국주의적 발전이 아니었으며, 도리어 수탈당한, 제국주의를 당한 식민지의 아픈 경험을 가진 나라, 동족상잔의 아픈 경험을 가진 나라에서 이룩한 발전이기에 더욱 값지다. 한국의 발전은 특히 모성성을 기초로 이룩한 것이다. 모성성이야말로 불교적 법성(法性)이다. 한국의 새마을운동은 역사적으로 법성(法性)을 이룬 것이고, 유(有)의 탈은적

(Unverborgenheit)이다.

새마을운동을 하이데거식으로 말해 보자. 새마을운동은 하이데거식으로 '그것(Es)'을 달성한 것이다. 불교의 법성(法性)이 생기하는 것이 성기(性起)이다. 무(無, 空)는 유(有, 色)의 존재를 현시하고 계시한다. 하이데거는 이를 "그것이 무(無)를 준다(Es gibt das Nichts)", "무(無)가 본질을 현현하고 있다(das Nichts west)", "그것이 존재를 준다(Es gibt das Sein)"라고 했다. 결국 삼인칭 단수인 그것(Es)이 유무(有無)를 주는 셈이다.

> "'그것이 유무를 준다', '그것'은 유(有)의 탈은적(Unverborgenheit)과 무(無)의 은적(verborgenheit)을 생기시키므로, 마치 화엄학에서 법계(法界)의 법성(法性)처럼 해석한다. 화엄학에서 법성이 성기하듯, 하이데거는 '그것'이 생기한다(Geschehen)고 말한다. '그것'의 생기를 그는 'Ereignis'라 칭한다. 사전적인 뜻으로 'Ereignis'는 '일어난 사건'을 뜻한다."[36]

새마을운동은 민족의 집단무의식에서 생존을 염원하는 까닭에 솟아오른 '일어난 사건'으로서의 운동이다. 역사적으로 소유의 개념을 민족에게 준 새마을운동은 그러한 점에서 마치 하이데거의 '그것'처럼 '유의 탈은적'을 준 것으로 보인다. 새마을운동이 발전하여 새마음운동에서 '무의 은적'으로 생기하면 유-무의 대칭을 짧은 기간에 거의 동시적으로 경험한 셈이 된다. 이는 민족적으로 볼 때 매우 풍요의 달성과 깨달음의 달성이라는 두 마리 토끼를 동시에 잡은 것에 비할 수 있다.

한국인들은 두 마리 토끼를, 경제개발과 민주주의, 산업화와 민주화를 동시에 달성한 것으로 말한다. 새마을운동은 바로 그것의 특유 모성성으로 인해 생존을 위한 경제개발과 민주주의라는 보편성을 동시에 달성할 수 있었다. 새마을운동-새마음운동은 앞으로 법성의 성기(性起)에 이르게 될 수도 있도록 독려될 필요가 있다. 그러한 성기는 이미 새마을

---

36) 김형효, 「김형효의 철학 편력 3부작」, 『사유 나그네』, pp.234~235, 2010, 소나무.

운동을 통해서 소유를 달성하였기 때문에 가능한 것이다. 그것은 유(有)에서 무(無)로의 이동이다.

박정희 정권의 새마을운동과 산업화 및 근대화의 성공은 음양론으로 보면 미래 여성시대, 여성중심사회, 신모계사회라는 '음(陰)의 시대'를 대비하여 매우 여성적인 나라, '음의 나라'인 한국이 세계에서 지도국이 될 수 있는 발판을 마련한 '음(陰)의 양(陽)'이라고 볼 수 있다. 이 같은 경제적 발전을 통해 여성의 권익신장과 함께 여성의 힘이 사회에 표면화되는 계기를 마련하게 되었다. 이것은 '음의 양성화(陽性化)', 혹은 '음의 양화(量化)'라고 말할 수 있다. 세계지도국이라는 것은 일종의 양(陽)이다. 이는 음양의 전환기에 음 속에 양이, 양 속에 음이 있는 것에 비할 수 있다.

새마을운동이 '한국적(한국식) 민주주의'로 크게 승화되지 못하고, 정착되지 못하고, 도리어 독재라는 올가미로 왜곡된 것은 바로 한국사의 특수성에 기인한다. 한국은 오랫동안 모화사관(慕華史觀), 혹은 소중화주의(小中華主義)에 의한 사대주의적 문화관으로 인해 실지로 주체적이고 자주적인 철학을 가지지 못했다. 이것이 근대에 이르러 일제 식민지 시절에는 물론 일본으로 대체되고, 해방 후 6·25를 거치면서 미국으로 대체되었다. 그래서 영미식(英美式) 민주주의가 문화적, 혹은 철학적 대안으로 치환되었다.

이러한 역사적 전개 속에서 한국의 특수성이라는 것은 전혀 고려되지 않았고, 바로 외래의 방식을 도입하는 것만이 민주주의인 것으로 인식되었다. 특히 지식인 사회는 더욱 그러하였다. 더욱이 한국적 민주주의라는 것은 유신체제를 뒷받침하는 철학이라는 오해를 불러일으키면서 지지기반을 잃었다. 말하자면 한국적 민주주의는 전통적 사대주의와 국가주의(혹은 민족주의) 세력 간의 헤게모니 경쟁에서 고지(高地)를 잃게 된다. 그래서 아직도 한국 문화의 특수성이 반영된 민주주의는 실현되지 않고 있다. 마치 남의 옷을 입은 것과 같은 민주주의여서 억지춘향 격을 벗어나지 못하고 있다.

일본의 기무라 간은 한국의 내셔널리즘을 '소국주의'라는 개념으로 해석했다. 소국주의는 중국과 주변국 간의 '조공－해금(海禁)' 체제와 긴밀하게 관련이 있음을 다음과 같이 말한다.

> "그(중국)에 순종하기만 하면 소국을 보호해 주고 있었기 때문이다. 여기에서 중화제국이 기묘한 특징을 지니고 있었음은 지적할 만하다. 즉 중화제국과 싸워 스스로 중화제국의 지위에 오르기 위해 전쟁을 계속하는 것은 패배하면 물론이거니와 그 전쟁이 승리로 끝난다고 할지라도 주변국의 소멸을 의미했다. 패배는 주변국의 영역이 중화제국의 '법치의 영역'에 합병되어 중화제국 틀 속에서 해체됨을 의미했다. 한편 이에 승리하는 것은 다름이 아니라 스스로가 광대한 제국 속에 분산되어 그 특색을 잃어버리는 것을 의미했다."[37]

이러한 동아시아 역사는 한국이 근대 주권국가로 발돋움하는 데에 불리하게 작용한 것 같다. 중국이라는 대국에 승인만 받으면 왕권을 유지하는 데에 별문제가 없었기 때문에 조선은 국민으로부터 권력이 나오는 근대 내셔널리즘에 관심이 덜했다. 일제 식민의 치욕에 이어 태평양전쟁의 부산물로 얻은 반쪽 독립은 여전히 한국인으로 하여금 내셔널리즘의 정착에 실패하게 한다. 한국의 내셔널리즘, 즉 국가의 자주권 성립은 박정희 정권을 기다리지 않으면 안 된다. 물론 내셔널리즘이 한국적 특수상황(일제 식민통치와 남북분단, 6·25전쟁)에 의해 형성된 '민족주의'와 더불어 혼란을 겪고, 때로는 '국가주의'와 '민족주의'가 격렬하게 대치하는 분열상을 초래했지만 말이다.

기무라 간의 소국의식에 의한 한국 내셔널리즘 연구는 비록 일본 대국주의의 실패와 비교되면서 일본 종래의 반도사관이나 식민주의 사관

---

37) 기무라 간 지음, 김세덕 옮김, 『조선/한국의 내셔널리즘과 소국의식』, p.75, 2010, 산처럼.

과는 크게 개선된 것이라고 하지만, 결국 일본은 근대에 들어 중국의 변방이 아니었고, 독자적인 근대 국가체계를 만들었음을 드러낸다. 일본은 도리어 중국 대륙을 다 집어삼키려고 하다가 태평양 전쟁의 패배로 대동아공영권의 구축에 실패하게 된 것은 반성하고 있지만 말이다.

그러나 조선의 경우 국력의 융성기에도 대외팽창을 시도하지 않고, 소국에 안주하거나 사대주의를 당연시하다가 구한말 나라가 망하는데도 나라 밖의 근대화 대세를 거스르며 쇄국과 위정척사를 주장하거나 소중화주의(小中華主義)를 표방한 것 등에서 소국주의를 부정할 수만은 없다.

이러한 사대적 체질은 자유민주주의에도, 공산사회주의에도 해당되는 공통적인 사항이었다. 사회주의도 사대주의의 전통 위에 있었다는 점은 피해 갈 수 없다. 흔히 사회주의가 명분으로 마치 자주적이거나 주체적인 것처럼 생각되는 것은 커다란 착각이다. 예컨대 김일성 주체사상이라는 것은 바로 이름만의 주체사관인 것이다. 남북한의 사대체질은 세계적 보편성이라는 미명하에 자행되었기 때문에 아직도 한국적, 한국식이라고 하면 민주주의가 아닌 것으로 오인된다. 이는 참으로 외래적 이성(理性)의 억압이고 형이상학적 폭력이다.

더욱이 한국의 좌파는 세계적 보편성이라는 대열에 참가하면서 한국적 현실로서의 특수성을 지지하는 우파와의 경쟁에서 외래적 지지를 받고 있다. 그래서 아직도 근대화-산업화 세력은 군부독재라는 이름으로 매도하는 것을 서슴지 않는다. 참으로 민주주의를 위해서도 이러한 좌파적-민주운동권 세력들의 사고는 불행한 일이다. 한국은 민주주의 때문에 망할 수도 있다는 개연성에서 자유롭지 못하다. 이는 문민정부에서 참여정부에 이르는 과정에서 겪은 IMF나 이를 해결하는 과정에서의 국부유출, 그리고 수도 이전과 같은 국론분열과 지역이기주의, 국가에너지 낭비에서 잘 볼 수 있다.

민주주의라는 것이 아직도 외국에서 잘 만들어진 제품을 하나 사 들고 들어와서 입고 다니는 것과 같은 것으로 착각하고 있는 지식인들도 많다. 그것이 세계주의에 동참한 것으로 인식하고 있는 지식인들도 적지 않다. 산업화의 성공으로 인한 경제적 부가 곧바로 성숙된 민주주의를 만들어 주는 것은 아니다. 그러한 점에서 자주적인 문화능력의 배양과 함께 이를 바탕으로 세워진 튼튼한 한국적 민주주의가 절실하다. 그러한 점에서 다시 '활생의 철학'에 대한 논의가 요구되는 것이다.

전통을 창조적 이성으로 계승 발전시키지 못하면 항상 밖으로부터 선진 문화를 받아들일 수밖에 없다. 그게 국가의 에너지를 적게 쓰면서도 선진문화의 대열에 참가하는 전략이 된다. 한국인이 자신의 전통을 없애 버리기를 즐기고, 외래문화를 받아들이기를 좋아하는 것을 원론적인 차원에서 비난할 필요는 없다. 전통의 창조적 계승이 어려울진대 선진문화를 재빨리 수입하여 모방하고 변형시키면서 선진대열에 참가하는 것이 효과적일 수도 있다. 사대주의와 모방주의가 '삶의 방식'일진대 결코 나쁜 것만은 아니다. 그러나 한 번쯤은 세계적 철학을 생산하는 데에 참가해야 떳떳하게 선진국의 대열에 들어갈 것이 아닌가. 이는 경제의 '한강의 기적'에 버금가는 '철학적 기적'이 될 수도 있다.

생기(生氣, 生起) – 성기(性氣, 性起)

지상의 어떤 철학도, 칸트의 철학도, 하이데거의 철학도, 들뢰즈의 철학도, 데리다의 철학도, 주자의 철학도, 노자의 철학도, 부처의 철학도 모두 실은 그 철학자가 당면한 세계사적 문제의식에서 비롯된 것이다. 우리는 그 문제의식의 맥락을 다 알기보다는 철학체계 자체에 관심을 갖지만 실은 철학을 하는 것은 문제의식, 현재적 관심의 소산인 것이다. 따라서 어떻게 보면 아무리 위대한 철학도 그것만을 가져와서 다른 곳에서 철학의 금과옥조로 삼는 것은 철학하는 것이 아니다.

새마을운동을 만약 철학적 수준에서 논의를 하고, 세계적으로 공인을 받는다면 그것은 충분히 오리지널리티를 갖는 철학이 될 것임에 틀림없다. 새마을운동의 약점은 도리어 실천에서 먼저 성공하였다는 점이다. 그래서 그것은 이미 할 것은 다 한 것인 양 생각하기 쉽다. 그러나 새마을운동이야말로 집단생활을 하는 인간이, 공동체생활을 하는 인간이, 함께 살아야 하는 인간이 오늘에 되살려야 하는 인간 본성을 환기시키는 철학이 될 수 있다. 특히 후진국의 사람들에게 활생의 철학이 될 수 있다. 그것은 말로만 하는 철학, 말의 정합성을 달성한 철학이 아니라 생존을 일깨우는 철학이 될 수 있다.

새마을운동은 새마음운동으로 전개되려고 하다가 박정희 대통령의 갑작스런 서거로 중단되었다. 새마을운동은 '마을(maul)운동'의 성공적 사례에 속한다. 마을운동이 '마음(maum)운동'으로 승화되는 것은 당연한 수순이다. 그러나 마을운동, 마음운동은 박 대통령의 서거로 인해 싹도 트기 전에 고사하고 말았다. 물론 우리나라에는 예로부터 '마을 운동'의 전통과 '마음 운동'의 전통이 있어 왔다. 마을운동은 아시다시피 두레, 품앗이, 향약 등에서 엿볼 수 있고, 마음운동은 원효의 일심(一心)에서 꽃을 피운 적이 있다. 바로 원효의 일심이 그 바탕이 되었기에 신라의 삼국통일도 이루어졌을 것이다.

그런 점에서 남북분단의 현실은 바로 오늘의 '일심'운동으로서 마음운동이 전개되고, 그 마음운동을 통일철학으로 승화시키고 정립하여야 하는 시대적 사명에 처해 있다. 그러기 위해서는 운동은 운동으로서가 아니라 문화로서 정립되어야 하는 것이 시대적 사명이기도 하다. 이러한 통합·통일운동은 잠시 동안의 슬로건이나 구호에 의해 달성되는 것이 아니다. 오늘의 통일철학으로서 원효의 십문화쟁론(十門和諍論)과 같은 철학이 구성되어야 한다는 결론에 이르게 된다.

새마을운동은 이제 운동의 차원이 아니라 '마을'(maul) 철학체계로 집대성될 필요가 있다. 새마을운동을 철학화하는 것이 바로 '활생의 철학'인 '마을(maul)'철학이 된다. 그렇다면 활생을 하려면 어떻게 하여야 하는가? 활생을 하려면 인간 삶의 보편성과 일반성에 대해 민족문화의 집단무의식 레벨에서 토론과 합의가 전제되어야 한다.

'마을'철학은 '일심(一心)'의 철학적 전통 위에 서 있고, 그사이에 일리(一理)＝일기(一氣)＝일물(一物)이 이루어지면 통일철학이 될 수 있다. 이것은 심물이기(心物理氣)를 통합한 것이다. 이것은 자연의 존재(存在)와 제도의 존재자(存在者)를 통합한 것이다.

'마을'철학＝통일철학＝일심(一心)＝일기(一氣)＝일물(一物)＝일리(一理)

만약 서구의 생경한 철학과 이데올로기를 단순히 배우고 와서 가르치고, 그것을 배운 자들은 다시 그것을 반복하는 수준에 머문다면 결코 활생의 철학을 할 수가 없다. 왜냐하면 서구의 각종 철학들은 자신들이 직면한 문제들을 해결하기 위해서 자신들의 철학을 구성하고 전개하였기 때문이다. 다시 말하면 그런 철학들은 우리에게 절실한 질문도 아니고 적확한 답도 될 수 없다. 남들이 도달한 보편성을 그대로 답습하는 것이 보편성에 참여하는 것이라고 한다면 이는 사대주의이다. 또 남들이 간과한 일반성에 대해서 다른 의견을 제시하지 못한다면 이것 또한 사대주의. 이제 우리는 철학에서 새마을운동을 해야 한다. 철학적 논리구성을 통해 한국적인 행복과 복지에 도달하여야 한다.

그러나 새마을운동의 철학화는 이미 운동으로서 성공한 운동이기에 철학적 구성작업이 황무지에서 건설하는 것과는 다르다. 새마을운동이 왜 기적에 가까운 성공을 하였는가를 각 단계마다 설명하고, 이론화하고, 체계화하면 그만인 것이다. 당시의 관계 인사들을 찾아다니면서 연구를 하여야 하는 것은 아니다.

조선 중후기에 조선은 북학파와 실학파의 등장으로 새로운 근대과학의 시대에 적응하기 위한 내적 몸부림을 쳤다. 그것은 일단 정조의 변고로 인하여 중단되고, 역사는 거꾸로 돌아가기 시작하였다. 그 중심에 선 인물이 대원군이다. 대원군은 고종의 섭정자로 시대를 이끈다. 그러나 그는 그동안 세도정치로 인해 입은 정치적 불이익과 한이 많았기에 역사를 거꾸로 돌리고 만다. 이것이 바로 위정척사의 정체이다. 동도서기, 위정척사라는 것은 인류학적으로 보면 문화지체현상(cultural lag)에 다름 아니다. 문화지체현상은 근대 과학기술 문명을 조선조 주자학적·성리학적 체계, 즉 정신문화가 따라가지 못하는 현상을 말한다.

대원군은 쇄국정책으로 난국을 돌파하려고 하였다. 그러나 그것은 실패할 것을 약속한 것이나 다름없다. 근본적으로 나라의 힘, 문화력(文化力＝文力＋武力)이 없는데 외교술이나 이이제이(以夷制夷)의 전략으로 외세를 막겠다는 것은 참으로 자기의 필요를 객관적으로 추구하지 않고, 자기 안의 시각에서 바라보는 어리석음에 지나지 않는 것이었다. 말로는 뻔한 것이었다. 일제 식민이 그것이다. 중국에 태평천국의 난, 한국에 동학란, 중국에 중체서용, 한국에 동도서기가 구원의 운동이나 사상으로 떠오른 것은 참으로 사대교린 관계에 있던 양국의 공동운명체다운 결과였다.

일제는 한국의 문화를 크게 단절시켰을 뿐만 아니라 이데올로기적 혼란을 초래하게 하는 데에도 기여하여 결국 남북분단과 한국전쟁을 가져오게 하였다. 결국 광복 후 대한민국 정부는 '식량(먹는 것)'의 해결에서부터 종합적인 빈곤이라는, 삶의 가장 밑바닥에서부터 일어나지 않으면 안 되었다. 새마을운동은 바로 먹고살 것이 충분한 시기에 그것의 철학화와 보다 나은 문화화 및 문명화를 위해서 고안된 운동이 아니었다. 그래서 구활의 철학, 활생의 철학이 되지 않으면 안 되었다. 따라서 새마을운동에 서양철학의 고담준론이 들어가지 않는다고 비판하는 것은 별 의미가 없다. 그러나 바로 그 점 때문에 새마을운동은 세계의 후진국, 빈곤국, 못사는 나라에 구원의 철학이 될 수도 있다.

새마을운동의 대중적 슬로건은 '잘살아 보세', '하면 된다'는 철학이었다. 한때는 철학자들이 '하면 된다'는 말이 어떻게 철학이 되느냐고 비아냥거린 적이 있다. 물론 철학적 구성을 위한 개념의 창출과 개념들의 축조가 이루어진 것은 아니었다. 그러나 '하면 된다'는 말은 실은 능위와 소위를 동시에 가진 철학이었다. 새마을운동 전에 우리 민족은 소유의식이 형성되지 않았다. 물론 역사적 맥락에서 소유의식이야 있었겠지만 민족의 집단무의식에서 형성된 소유의식은 없었다. 그런 점에서 우리는 존재에 머물러 있었다. 그러나 경제개발 5개년계획과 새마을운동 등으로 소득증가가 이루어지고 산업화가 이루어지면서 근대적 자아의식을 갖게 된다.

그런데 한국은 크게 산업화 세력과 민주운동권 세력으로 양분된다. 민주운동권 세력은 사사건건 군부세력에 대해 군사독재를 운운하면서 반체제운동을 벌였다. 박정희 대통령이 군부 출신이긴 하였지만 적어도 선거에 의해 대통령이 되었다는 사실은 망각한 채 반독재투쟁은 전개되었다. 투쟁이 심하면 심할수록 정부의 방어도 심해질 수밖에 없었다. 그래서 결국은 양쪽이 극한대치를 하는 속에서 수많은 희생자가 발생하였다.

크게 역사를 오감하면 반체제, 민주운동권 세력들은 자신의 주체적인 철학을 구성한 것도 아니고 단지 선진 외래의 이데올로기를 수입하여 그것을 반체제운동에 사용하였을 따름이다. 특히 민주운동권 세력들은 투쟁과 운동의 성공을 위해서 좌파민중 세력들과 연합하였다. 좌파민중 세력들 가운데는 친북 세력들도 끼여 있었다. 이것이 바로 김영삼과 김대중의 연합이다. 사대-식민지 시대의 체질과 그 유산(특히 가렴주구와 부익부 빈익빈)은 자연적으로 젊은 학생들과 국민 다수가 마르크시즘에 경도되는 문화적 흐름을 만들었다.

이 같은 상황은 분단 상황에서 북한정권에 경도되는 세력들을 양산하게 되었다. 이 시기에 반체제운동을 전개한 운동권 세력들은 문화총체적으로 전선을 구축하였다고 보는 것이 옳다. 그러나 민주주의 운동을 비판적으로 보면 자주성보다는 실은 사대주의나 식민주의의 반사에 그쳤다는 감을 저버릴 수 없다. 자주적인 철학의 완성이라든가, 문화예술의 확대재생산 등과 같은 문화능력 확대는 소득에 비해서는 괄목할 만한 성과가 없었다. 단지 산업화와 대기업의 경쟁력을 통한 국민소득 증대라는 부를 창출하였다. 그러나 아직 선진국다운, 저절로 밑에서 솟아난 국민철학과 국민예절 등의 교양은 성립되지 못하였다.

한국인의 특성을 능기(能記)―능위(能爲)와 소기(所記)―소위(所爲)의 입장에서 분석해 보는 것도 한국 문화를 이해하는 데에 큰 도움을 줄 것으로 보인다. 기호학에서 능기와 소기는 각자의 장점이 있다. 능기―능위는 능동적이고 적극적인 것이 긍정적인 반면 인위적이고 유위적인 것이 때로는 부정적으로 작용할 때가 있는 것 같다. 반면 소기―소위는 자연적이고 무위적인 것이 긍정적인 반면 수동적이고 소극적인 것이 부정적인 것 같다. 그래서 능기와 소기의 긍정적인 점만 채택되는 경우도 있고 부정적인 점만 채택되는 경우도 있다.

〈새마을운동과 한국인의 삶〉

새마을운동 슬로건	능위―소위 (유위―무위)	소유―존재	국가―민족	우파―좌파	문명―자연	사대―식민
하면(하다) 존재자적 삶	능위(유위)	소유	국가(민족)	우파―개인주의 (친정부)	문명 (산업주의)	자주성(박정희 시대 때 처음 발현됨)
된다(되다) 존재적 삶	소위(무위)	존재	민중(민주, 민족)	좌파―집단주의 (친북―반정부)	자연 (자연친화, 농업주의)	반체제(한국인의 기본적인 성향)

박정희의 '하면 된다'는 슬로건은 가장 간단한 단 네 마디에 소위 능위와 소위의 철학을 동시에 가진 '능위와 소위'를 동거하게 한 슬로건이다. 이보다 확실히 능위와 소위를 동거케 한 철학(이것은 존재와 존재자가 동거하는 것이었다)은 우리 역사를 통해서도 없었다. 어떻게 이런 철학적 주제를 일관성 있는 철학적 전통도 없는 식민지를 갓 벗어난 한국에서 마련할 수 있었을까? 이것은 기의 철학적 기적에 가깝다. 그러나 곰곰이 생각해 보면 박정희가 따로 무슨 심대한 철학을 공부해서 그런 철학을 만들어 냈다고 볼 수는 없다. 그러나 현실적으로 무엇이 생존에 절대적으로 필요한 것인가를 생각한 끝에 우연히 떠올랐을 가능성이 높다.

　　말하자면 간절한 기도와 고민 끝에 한국인을 잘 먹고 잘살게 하는 방법이 무엇인가를 자문자답한 끝에 그러한 철학적 답을 얻어 내었을 가능성이 높다. 이것이 바로 '하늘은 스스로 돕는 자를 돕는다'고 하는 것일 것이다. 박정희에게는 이미 한국인의 집단무의식으로서 '잘살아 보세'라는 목표와 '하면 된다'라는 방법론의 철학, 일반성으로서 활기(活氣)의 철학이 확립되었을 것이다. 이것은 보편성의 철학과는 종류가 다른 것이다. 여기서 진정 보편성은 있는 것인가에 대해서 우리는 진지하게 물어보아야 한다. 역사적으로 줄기차게 지구적인 보편성을 따라간 한국 문화가 결국 주체성(정체성)을 잃어버린 까닭을 설명할지도 모르기 때문이다. 이는 서양철학에 훈습된 철학자들이 볼 때는 도저히 철학도 아닌 비철학이며 반철학이라고 할 수 있다. 그래서 기(氣)의 철학이 필요한 것이다. 기철학은 보편성을 추구하는 철학이 아니라 일반성을 추구하는 새로운 철학이다.

　　'하면 된다.' 이보다 더 명료한 생활의 철학이 어디에 있겠는가. 그것도 식민지에서 갓 독립한 후진국에서 말이다. 더구나 고상하고 형이상학적인 철학이라는 것도 실은 현대의 존재론적인 철학에 이르러서는 그 평가가 상당히 절하되었다고 해도 과언이 아니다. 이성에 의한 구성적인 철학은 구조주의에 밀려나고, 구조주의는 이제 존재론 철학과 해체주의 철학에 의해 주도권의 자리를 내주고 있다.

〈한국인 삶의 특성〉

한국인의 특성	사대 - 식민 - 여성주의 - 모성주의
하면(존재자적 삶) 우파적 사고 부족	자주성 희박, 무천시(武賤視) 희생정신, 책임감 없음 정복전쟁 없음(여성적 평화주의) 국가의식 결여 문중의식 팽배(혈연, 지연, 학연이 사회 지배) 준법정신 부족(위헌법률 많음) 공사불분명(公私不分明, 부정부패 만연) 역사적으로 능동적, 창조적이지 못하다 * 북한 무단통치(김정일 군사위주석)
된다(존재적 삶) 좌파적 사고 팽배	사대적, 식민지근성, 안으로 내분, 질투 승패가 불확실함(이겨도 이긴 것이 아니고 져도 진 것이 아님) 문중상(文崇尙) - 명분 - 위선 외래종교, 외래문화 성황 단군신앙(모계적 - 모성적 성향, 여성적 잡종을 기표화한 것임) 종교적 귀의(체념 혹은 승화, 道人 · 隱者 많음) 남한 민주통치 * 남한의 일부 민주화 세력 및 통일세력(북한을 민족적 기표로 삼은 배반)

'하면 된다'에서 '하면'은 박정희가 능동적으로 역사를 이끌어 가기 위해서 주장한 것인데 이것은 능위(能爲)에 속할 뿐만 아니라 국민으로 하여금 소유론적 사고를 갖게 하는 획기적인 것이었다. 철학적으로는 소유론이라는 것은 존재론에 밀리는 것이긴 하였지만 역사적으로는 소유론이 존재론보다 위에 설 때가 많다. 왜냐하면 역사 자체가 이미 존재자적인 맥락의 것이기 때문이다. 한국은 역사적으로 남의 나라에 침략을 받아 왔지만 한 번도 제대로 남의 나라를 공격한 적이 없다. 단지 방어 차원에서 전쟁을 하였을 뿐이다. 이것을 평화애호 민족이라고 변명하기는 하지만, 철학적으로는 '소위(所爲)의 민족'이라고 할 수 있다.

한국인은 하이데거식으로 말하면 '존재자적 삶'이 아니라 '존재적 삶'을 살았다고 할 수 있다. 존재적 삶을 사는 사람들은 세계를 지배할 줄 모른다. 존재적 삶을 사는 자들은 마치 예술가와 같다. 많은 사람들은 이성적 판단에 의해 살아가는 것이 아니라 저마다 몸에서 일어나는 즉흥적 감정과 신바람에 따라 살아간다. 신(神)이 꺾이면 한(恨)이 되고, 한은 언제나 반체제가 되기 쉽게 된다. 이것이 한국인의 여성적 심성이다. 밖으로 나가기를 꺼리고 안에서 당파를 통해 정체성을 찾는 그런 행태이다.

한국인은 남의 나라를 경략해 볼 경험을 갖지 못했다. 소위(所爲)는 능동적이지 못하고 수동적이기 때문에 진취적으로 역사를 개척하지 못하고 남의 나라를 지도할 위치에 설 수도 없다. 그 결과 구한말에 이르러 일제로부터 식민을 당했는데 한민족의 역사상 가장 비참한 질곡의 시기였다고 해도 과언이 아니다. 모국어인 한글마저도 일제에 의해 말살될 위기에 처해 있었다. 해방공간을 지나 남북분단이 되고, 각각 다른 정부가 들어섰지만, 결국 동족상잔의 6·25를 거치지 않으면 안 되었다. 남한은 휴전 후 민생을 위한 각종 정책을 썼지만 아무런 효과도 거두지 못한 채 각종 혼란을 겪다가 4·19학생의거로 제2공화국이 들어서지만 각종 데모에 시달리다가 결국 사회적 혼란은 가중되어 결국 5·16군사혁명을 맞는다.

박정희는 '국가재건최고회의'를 거쳐, 제3공화국 시대를 열게 된다. 60년대 경제개발시대를 거쳐서 70년대에 들어 경제개발시대의 과실을 전 국민적으로 확대하고, 새로운 승화를 위해서 새마을운동이 제창된다. 이는 물질적 풍요를 새로운 정신운동으로 승화시키기 위한 조치로 풀이된다. 새마을운동은 60년대 국가의 인프라, 하부구조 만들기의 경제개발 5개년계획에 이어 70년대 상부구조를 만들기 위한 작업으로 진행된 성격이 짙다. '새마을운동'은 '국가 만들기'의 완성에 박차를 가한 것으로 풀이된다. 박정희에 의해 대한민국은 근대국가적인 틀을 갖추게 된다.

이에 대해 김형효는 서강대학교 교수 재임 시 '새 시대의 국가이념정립과 바람직한 지도자상'이라는 논문을 발표한다. 그는 율곡 선생의 역사인식 3단계인 창업, 수성, 경장을 인용하면서 광복 후 30여 년이 지난 시점에서는 수성의 단계가 되었어야 하는데도 아직 창업의 단계라고 비판하고, "우리가 놓여 있는 지금의 상황은 아직도 창업의 시기다. 광복 이후 대한민국의 창업이 30여 년의 세월이 흘렀다. 단순히 연대기적인 시간 개념으로 보면 흘러간 30여 년은 창업의 터전을 이룩하기에 알맞은 시기라고 보인다. 따라서 自組的 연대기에서 보면 우리나라는 벌써 창업을 끝내고 수성의 시기가 되었어야 옳았다. 그러나 슬프게도 우리는 아직 창업의 단계를 벗어나지 못하고 있다"라고 말했다.

그는 박정희 시대를 창업의 단계라고 규정하였다. 그는 "비로소 주체적인 꿈과 행동이 5 · 16혁명에 의하여 간신히 그려지게 되었고, 故 朴正熙 前 大統領에 의하여 主體的 創業의 곡괭이가 외세에 의하여 언 땅을 파기 시작하였다"라고 하였다. 이어 그는 당시의 역사적 상황을 "이제 우리는 60년대와 70년대에 의하여 시작된 주체적 창업의 이념을 보다 구체적이고 창조적으로 심화시켜 명실 공히 새 나라, 새 사회, 새 시대를 창조해야 한다. 60년대~70년대의 시대를 주체적 창업의 추상적 단계라고 평가할 수 있다면, 이제 우리는 주체적 창업을 구체적으로 내용화하는 작업과 일을 해야 한다"고 인식하였다.[38]

박정희의 근대화 작업은 새마을운동에 의해 이끌어졌다. 당시 전 국민과 대학교수, 대학생 등 소위 지식인의 사회를 보는 눈과 수준은 달랐다. 혁명세력과 지식인 중 누가 더 정확하게 한국 사회의 발전과 전망, 그리고 이에 따른 전략에 정통하거나 충실하였는지는 한참 후에 드러났다. 당시 한국 사회의 지식인과 대학생의 견해는 미국을 중심으로 한 미국식 민주주의 세력과 소련과 중국을 중심으로 한 사회주의 세력 간에 크게 달랐다. 대한민국에서는 항상 그 두 파 간에 갈등과 분쟁과 투쟁이 있었다(그것은 지금도 조금도 변하지 않았다). 그러나 공통점은 바로 사대주의였다. 사대주의는 당시 크게 좌파와 우파로 나뉘었다. 이것은 명분은 민주주의를 하는 것이었지만, 실은 사대주의가 정체였다.

박정희의 경제개발 및 산업화 정책은 우파와 좌파를 떠난 자주국가를

---

38) 김형효는 같은 논문을 한국국민윤리학회가 주최한 '93년도 하계 전국교수 세미나'(1993년 7월 7일, 서울대학교 교수회관)에서 『한국민족정신 탐구』를 발표한다. 『한국민족정신 탐구』, pp.43~66, 1993, 한국국민윤리학회.

만들기 위한 자주정신에 입각한 것이었지만, 범민주운동권 세력들은 이를 '군사독재'란 이름으로 간단하게 매도했다. 박정희의 근대화, 산업화 작업은 사사건건 저항을 받는다. 사대식민 체질에 찌들어 온 국민들은, 특히 식자들은 자신들이 신봉하는 것이 사대주의인 줄도 모르고 구호로 떠들어 댔다. 그래서 도저히 구제받을 수 없는 것이 한국의 사대주의임을 다시 한 번 증명하게 되었다.

박정희의 근대화 작업은 소위 대학생이 주동이 된 민주주주의 운동권 세력들과 반체제 운동가들로부터 '군사독재'라는 이름으로 사사건건 강력한 저항을 받는다. 김대중, 김영삼으로 대표되는 민주정치인사와 대학생 연대는 항상 박정희의 경제개발정책이나 새마을운동에 저항하는 것을 정의로 생각하면서 독재정권 타도를 외친다(지금도 새마을운동을 비하하고 매도하는 세력이 잔존하고 있다).

이들 민주운동권 세력들은 박정희가 민간에 정부를 이양한 뒤에 선거에 의해 대통령에 당선된 사실(이는 민주주의의 국민적 동의를 받은 것이다)을 무시하면서 계속 '군사독재'로 매도한다. 이는 정치적인 공세를 위한, 정쟁(혹은 당쟁)을 통해 정치적 주도권을 잡기 위한 전략이었다(지금도 반대를 위한 반대로 인해 여당은 제대로 정치나 행정을 하지 못하는 사례가 비일비재하다).

반대를 위한 반대의 대표적인 사건으로 경부고속도로 건설 당시에 두 야당 지도자들은 고속도로 건설공사가 나라의 경제규모에도 맞지 않을 뿐만 아니라 나라를 망하게 하는 공사라고 악선전을 일삼았다. 사사건건 반대를 위한 반대를 일삼았다. 그러나 오늘의 입장에서 볼 때 경부고속도로 건설은 민족의 대동맥을 건설하는 것이었으며, 한국을 산업국가로 만드는 결정적인 역할을 한 계기였음이 입증됐다.

당시 야당 지도자 김대중은 경부고속도로 공사현장에 드러누워 데모를 하면서 국민을 선동했다. 물론 김영삼도 반대를 하였다. 김대중은 특히 사회주의적 시각에서 극단적으로 이렇게 선동했다.

"경부고속도로는 절대로 해서는 안 된다. 차 있는 사람들만 팔도 유람
하고 다닐 것 아닌가? 쓸데없는 돈 낭비다."

이는 고속도로 건설 사업을 계급주의적 시각에서 바라보고 선동한 좋
은 예이다. 그는 항상 이렇게 좌파적 시각에서 말하면서 선동을 일삼았다.
아래 사진은 김대중 전 대통령이 가면을 쓰고 고속도로 공사현장에 드러
누워 고속도로 건설을 반대하는 모습이다. 고속도로 건설반대 데모 선동
으로 유명세를 탄 김대중은 불과 3년 만에 1971년 대선 후보가 되었다.

"우량농지 훼손 웬말이냐"
"쌀도 모자라는데 웬 고속도로"
"부유층의 전유물인 고속도로 결사반대"

공사현장에 몸소 드러 누워 진보, 개혁, 민주화 운동을 몸으로 실천하신 "움직이는 양심"

박정희의 '국가 만들기(nation building)'는 항상 어리석은 국민들과 당리당략의 차원에서 정쟁을 일삼은 야당 정치지도자들에 의해 왜곡되고 오해되었다. 포항제철을 만들 때도 그렇고, 그 후 굵직한 국책사업을 할 때마다 야당들은 정권을 매도하고 '국민을 속이는 일'을 일삼았다. 그러한 국가발전사업의 방해 작업은 '민주주의'라는 이름으로 진행되었다. 민주주의 세력은 단지 견제세력으로서 '정치를 잘할 수 있도록 집권세력을 닦달하는 역할'에서만 긍정적 역할을 하였다고 평가할 수 있다.

우여곡절은 거쳤지만 박정희에 이르러 비로소 한국인은 '능위(能爲)의 차원'에서 역사를 능동적으로, 주체적으로 이끌어 가기 시작했다. 월남파병도 그렇고, 중동진출도 그렇다. 유사 이래 우리의 군대가 외국에 주둔해 보기는 처음이었고, 외국 시장에 진출해서 비즈니스를 한 것도 처음이었다. 결국 당시에 한국인은 해외에 진출하였으며, 이는 나라 밖으로 국민들이 대량으로 나가는 첫걸음이었다. 그때의 경험을 바탕으로 자신감을 얻고, 외국과의 의사소통과 경쟁의 방법도 터득한 한국은 점차 그것을 확대재생산하여 오늘날 한국은 세계 10위권의 경제대국이 된 것이다.

이에 비해 한국인은 오랫동안 중국의 사대주의에 찌들고, 일제 식민지에 압제를 받은 나머지 능위적이지 못하고 소위적으로, 안이하게 나라를 운영해 왔으며, 내부적으로 가렴주구에 시달린 백성들에겐 자연스럽게 정권에 반체제가 정의인 양 생각하는 데에 길들여졌다. 이러한 반체제적 성향은 때마침 서구 자본주의의 폐단에서 형성된 마르크스주의와 만나면서 공산사회주의, 좌파세력의 온상이 되었다.

이들 좌파들은 남북분단의 조건으로 인해 북한 사회주의 정권의 대남적화전략과 맥을 같이하는 부분이 많았으며 음으로 양으로 폭넓은 지지를 받으면서 세력을 확대해 갔다. 이들 세력들은 박정희의 국가재건사업을 사사건건 방해하였다. 이상적 민주주의는 근대화, 산업화를 주도

하는 집권세력과 극단적으로 대립하면서 양측에 커다란 희생을 야기했고, 국민들 사이에 지울 수 없는 앙금을 남겼다.

능위(能爲)와 소위(所爲)의 입장에서 보면 소위적 역사를 운영하면서 외세의 침략만을 받아 온 한국은 박정희를 맞으면서 능위(能爲)의 역사로 전환하여 세계의 중선진국으로 도약하였다. 그러나 여전히 소위(所爲)적인 것에 길들여 온 대부분 국민들의 민족적 콤플렉스는 민족의 업장(業障)이 되어 수많은 좌파들과 광범위한 반체제 인사들의 온상이 되었다. 반체제운동은 지금도 여전히 맹위를 떨치고 있다. 이것이 능위와 소위의 관점에서 바라본 한국인의 근대 역사이고 철학적 태도이다. 소위의 태도는 자연과 교감하는 데는 좋지만 역사적인 맥락에서는 불리하게 작용할 수 있음을 알 수 있다.

한국인이 소위적 입장에 있는 것은 역사적으로 때로는 긍정적으로 작용하기도 하고, 부정적으로 작용하기도 한다. 한국인의 문화적 특징과 성격은 다음과 같다.

〈한국인의 문화적 특징과 성격〉

	역사	이성	과학	남성	여성	예술	자연
능위	+	+	+	+	−	−	−
소위	−	−	−	−	+	+	+
한국인	n	n	n	n	p	p	p

(n = negative, p = positive)

한국인은 역사, 이성, 과학, 남성 등 가부장사회의 특징에 대해서는 매우 부정적인 것으로 나타났으며, 반면에 여성, 예술, 자연에서는 매우 긍정적인 것으로 나타났다. 한국인의 성격과 문화적 특징이 다른 나라에 비해 낙천적이고 여성적인 것은 능위나 소유에 대해서는 불리하게 작용한 것으로 해석된다. 그러나 미래에 여성중심사회, 신모계사회, 예술사회에의 진입과 지도국으로 발돋움하는 데에는 유리하게 작용할 것 같다. 그러한 점에서 박정희 정권이 소유를 경험하게 한 것은 참으로 귀중한 자산이라고 하지 않을 수 없다.

한국 문화의 심층에는 여성이 있다. 그것도 '하느님 어머니＝마고(Mago)'와 같은 철저한 극단의 비어 있는 여성, '태허(太虛)의 여성'이 있다. 거대한 용기(容器)와도 같은, 용서(容恕)의 거대한 몸과도 같은 여성이 있다. 용서란 서(恕), 즉 '여심(如心)＝하나의 마음＝여여(如如)한 마음＝이심전심(以心傳心)의 마음'을 받아들이는 그릇이다. 그러나 이러한 마음이 역사에서 항상 긍정적으로 떠오르는 것은 아니다. 인간이면 누구나 어머니(여자)에게서 태어나서 대지(여자＝여신)의 품속으로 돌아간다. 여자는 궁(宮)이며 동시에 묘(墓)이다. 여자는 생멸을 동시에 몸에 지니고 있다. 여자는 이중적이다. 그러한 점에서 여자는 존재적이다.

남자나 여자나 모두 포지티브와 네거티브를 동시에 가지고 있다. 남성적인 것이 때로는 포지티브하지만 때로는 네거티브하고, 여성적인 것이 때로는 포지티브하지만 때로는 네거티브하다. 한국인의 삶을 총체적으로 보면 존재적/존재자적, 여성적/남성적, 축제적/유희적, 종교적/과학적, 비역사적/역사적, 자연적/문명적의 대칭 가운데 전자의 것에 더 특징을 보인다.

〈한국인 삶의 특징〉

포지티브(＋)	네거티브(－)
존재적	존재자적
여성적	남성적
축제적	정치적
종교적	과학적
비역사적	역사적
자연적	문명적

여성주의(feminism)적 관점에서 한국사와 한국 문화의 특징을 포지티브한 것과 네거티브한 것을 나누면 다음과 같다. 그런데 긍정과 부정은 명확한 것이 아니라 애매모호할 수도 있다. 대칭적기고 구조적인 인식은 항상 결정적인 것이 아니다. 또 대칭은 왕래하고 교환될 수도 있고, 반전할 수도 있다.

〈여성주의적 관점에서 본 한국 문화의 긍정과 부정〉

	포지티브	네거티브
국가정체성	-마을 단위의 사회. 정(情)의 공동체 사회를 구축함 -자연주의에 의한 가족혈연주의 충보다는 효가 강함(忠〈孝)	-국가정체성 희박 -삼국통일 무샤. 삼국통일을 이룬 문무왕은 오늘의 '한민족'을 성립시켰음에도 동상 하나 없음(세종대왕보다 더 위대한 것이다)
승패의식 부족	-패배해도 물러서지 않음 -비폭력주의(3·1운동) * 맨몸으로 총칼에 맞서고, 팔만대장경으로 전쟁의 승리를 기원한다.	-정복국가가 되지 못함 -큰 나라가 되지 못함 -야당이 여당행세를 함 -반체제가 체제를 압도함(反체제=正義)
국가흥망 (사대주의, 소국주의)	-망하지 않는 나라 -소중화주의(小中華主義: 중화를 사대한다)	-흥하지도 않는 나라 -위정척사(衛正斥邪: 정통과 이단의 척도에 의한 정의)
문무의식	교육열 강함(공부를 하는 것이 그래도 출세의 지름길이다. 崇文賤武)	위선적 문치주의(선진문화를 배우고 그것을 출세에 사용한다)
문화특징	로직(logic)이 없음. 축제를 좋아함(飮酒歌舞를 좋아한다)	질투, 저항, 한(恨)의 문화(질투도 힘이다. 黑呪術이 심각하다)
마조히즘-사디즘	마조-사디즘 성향 (억울하면 출세하라)	새도-마조히즘 성향 (우리도 한번 잘살아 보세)
국민성격	신바람에 의한 대동사회를 꿈꾼다(법치주의가 아니다).	당파적 정체성 (생존을 위한 정치지향성)
문화주체성	세계보편문화 수용(세계의 보편문화의 창고이다. 종교백화점은 좋은 예이다)	문화주체성 희박(주체성이 없는 것이 주체성이다. 사대하는 것이 당연하다)
문화복합	복합문화 (지구촌 동서남북문화의 잡종문화)	문화(복합)의 오리지널리티(originality)가 없음
랑그-파롤	파롤(parole)에 강하다. 연주(play)에 강하다. 파롤/원(原)랑그/천부경(天符經)	랑그(langue)에 약하다. 작곡(compose)에 약하다. 자연에 가까운 보충대리에 강하다.

	포지티브	네거티브
감탄사가 많다	한국어는 감탄사가 많다. 특히 의성어와 의태어가 많은 것은 장점이다.	감탄사가 많은 것은 이성적이지 못함을 말한다. 이성적인 프랑스는 감탄사가 적다.
이기론	기(氣)가 강하다. 주기형(主氣型) 문화이다.	이(理)가 약하다. 주리형(主理型) 문화가 아니다.
출계와 유전자	모계중심주의[각 시대마다 침략자의 우수한 유전자를 받아들여 가장 우수한 유전자 풀(pool)을 보유]	부성(아버지)상실(한 번도 세계문화의 아버지로 군림한 적이 없다. 단군은 기둥서방과 같다)

이러한 여성주의의 나라에서 새마을운동은 소유의 철학이 부재한 한국에서 소유의 철학을 갖게 하는 계기가 되었으며, 이제 다시 소유의 철학에서 존재의 철학으로 넘어갈 수 있는 기반을 만든 철학이다. 소유의 철학이 주도하는 철학사의 흐름에서는 로직(logic)이 없었지만 존재의 철학이 도래한 지금에서는 도리어 한국적 자연주의야말로 존재의 철학 자체라고 할 수 있다. 존재는 자연이기 때문이다. 한국 문화가 부정적인 것은 그것의 고유한 낙천성(樂天性)이 도리어 역사에서 능욕을 당했기 때문에 그것에서 오는 뒤틀림이나 왜곡에서 오는 자기비하거나 생존하기 위한 몸부림의 결과로 해석할 수도 있다.

한국인의 국가의식은 '국가(nation)'라기보다는 '가족(family)'의 개념이 강한다. 국가(國家)라는 말을 직역하면 물론 '나라 가족'이 되지만, 가족의식이 강하면 국가단위의 생각보다는 그 하위단위에서 사회준거집단을 정하기 쉽다. 다시 말하면 한국인의 국가는 '네이션―패밀리(nation― familly)'의 개념이 강하다. 가족의식은 생존의 위기에는 단합을 하게 하는 원동력이 되지만, 큰 국가를 만드는 데는 불리하게 작용하였을 뿐만 아니라 사회가 당파적인 모습을 보이는 원인이 되었다. 한국인은 그저 마을사회 단위의 크기로 사는 것을 좋아한다. 그래서 그런지 한국인은 큰 국가, 강대국을 만들지 못했다. 그렇다 보니 국가 간의 경쟁에서 침략을 당하거나 패배하는 경우가 많았다.

그래서 한국인의 마조히즘이 거론되는 것이다. 한국의 국가 만들기 (nation building)는 쉽게 파시즘으로 오인되었다. 이는 정치권력에 대한 근본적인 피해의식, 즉 마조히즘 때문이다. 마조히즘은 단순하게 나타나는 것이 아니라 매우 복합적으로 나타난다. 예컨대 새도-마조히즘이나 마조-사디즘으로 나타난다. 지배자(정치권력자)는 대체로 마조-사디즘의 경향을 보이고, 국민(피권력자)은 새도-마조히즘의 경향을 보인다. "억울하면 출세하라"와 "우리도 한번 잘살아 보세"가 그것이다.

국가 만들기를 파시즘으로 오인하는 민족주의, 민중주의, 민중적 민주주의를 어떻게 구원할 수 있다는 말인가. 국가라는 배나 그릇을 깨뜨리면서 성취해야 할 자유와 민주, 평등과 복지는 말로는 그럴듯하지만 실제로 국가 없는 자유와 민주, 평등과 복지는 사상누각에 불과하다. 한민족은 한(恨) 때문에, 한풀이 때문에 국가와 공익이라는 것을 망각하고 극단적으로 무질서나 무정부 상태를 초래함으로써 파시즘을 경계하면서 파시즘의 망령이 되살아나게 하는 정치적 환경을 설정하고 있는 것이다.

마조히즘의 병을 치유하기 위해서는 장기적으로 '공격적인 국가'(공격적이라고 해서 전쟁주의자라는 말은 아니다. 그렇지만 무역도 전쟁이고 문화도 전쟁이라고 흔히 말한다. 개방적이고 개척적인 성격을 말한다) 건설을 위한 플랜을 짤 수밖에 다른 길이 없다. 공격을 해 보아야 마조히즘의 악순환을 벗어날 수 있다. 남의 공격을 비판하고 비난하는 것으로는, 평화와 평등을 사랑하는 것으로는 일시적인 해방이나 한풀이를 할 수 있지만 그것이 대안이 될 수 없다.

인간사회는 결코 어떤 특정한 학자의 학문적 인과성이나 필연성을 보여 주기 위해 살고 있는 것이 아니며, 결국 인간의 생존과 번영과 행복을 위해 존재한다는 것을 전제하고, 거기에 도달하는 하나의 방법으로서 '인간조건과 그 한계에 슬기롭게 대처하면서 진화의 방향과 평행하면서 삶의 큰 테두리를 잃지 않고 보다 더 많은 사람들이 함께 잘사는 자유를 우선하는 사회'를 점진적으로 건설하는, 점진적 실용주의, 점진적 자유주의가 급진적 평등주의를 추구하는 사회주의적 혁명보다는 바람직하다.

왜냐하면 인간은 자살하지 않을 바에야 그 한계를 안거나 극복하고 살아가야 하고, 실존의 인고(忍苦)를 받아들이는 것이 바람직한 태도이기 때문이다. 또 궁하면 통한다는 식으로 열심히 살다 보면 뜻하지 않게 도움과 행운도 찾아오는 법이다. 자유와 자본은 일시적으로는 방종과 빈익빈 부익부를 낳지만 그것은 스스로 동시에 협력과 공동체정신을 발휘한다. 그것은 공산과 평등보다는 훨씬 많은 생산을 가져오고 결국 도덕적으로도 승리하는 인간을 만들어 낸다.

비록 새마음철학은 그것의 실험과 철학화에 도전할 수 있는 기회를 제대로 가지지 못했지만 새마을운동이 한국인의 물질적 확충에 기여한 것이라면 새마음운동은 정신적 확충에 기여할 여지가 있는 동양의 마음철학 전통 위에 있을 수 있다. '마을-마음' 철학은 동양인에게는 정신과 물질을 넘어설 수 있는 철학적 개념인 것이다. 세계는 하나의 몸이다. 하나의 몸이 되지 않은, 하나의 몸을 경험하고 느끼지 않는 철학은 결코 존재의 철학에 도달할 수 없다. '몸을 통과하지 않는 철학'은 '존재의 철학'이 아니다. 그러한 점에서 우리의 마을철학, 마음철학의 완성이 한국인으로 하여금 세계적 보편성에 기여할 수 있는 길을 열게 될 것을 기원해 본다.

원효의 '일심(一心)-화쟁(和諍)'의 철학 연장선상에서 '마을-마음'철학이 한국인의 미래철학으로 정립된다면 한국인은 철학사에서도 시민권을 얻을 수 있을 뿐만 아니라 세계를 지도할 수도 있다. 원효의 일심철학은 김형효의 말대로 '한마음으로 단합하는 정도의 철학이 아니라 우주 전체가 일심으로 공명을 일으키는 철학'이다. 진실한 기도가 우주적 되돌아옴의 보상과 영험을 얻는 것은 바로 우주가 일심이기 때문이다.

새마을운동은 안으로는 한국인의 삶을 활생시키면서, 역사적으로는 한국의 역사를 존재자로 등극시킨, 소유의 개념을 확립케 한 민족사적 일대 사건을 일으킨 동인이었다. 새마을운동은 삶의 존재성과 역사적 존재자성이라는 이중의 목표를 달성한 운동이었다고 보인다. 이것을 철학적으로 재정립하는 것은 이 시대를 사는 철학계, 지성인의 몫이다.

한편 한국인의 소위적-수동적 삶은 생존 자체에 매달리는 경향이 있다. "죽어도 이승이 낫다"는 속담은 이를 여실히 보여 준다. 이는 자연적이면서도 즉자적인 삶이지만 동시에 존재적 삶이기도 하다. 즉자(卽自)는 샤르트르에 의해서는 무기력한 부정적인 의미로 사용되었지만, 즉자는 한국인에게는 죽은 자연이 아니고 살아 있는 자연이다. 즉자는 자연이다(卽自＝自然). 하이데거의 존재는 자연에 이르렀지만 샤르트르에 의해서는 도리어 후퇴하여 자연이 즉자가 되었다.

즉자적 삶, 자연적 삶, 존재적 삶은 그러나 역사에서는 항상 침략을 하기보다는 침략을 당하는 입장이 되기도 한다. 자연의 이중성은 역사에서는 이중인격적으로 드러나기도 하고, 배반으로 드러나기도 하고, 패배적인 모습으로 드러나기도 한다.

한국인의 성격은 가까운 나라인 일본인과 비교하면 참으로 대조적이다. 한국인의 무조건적인 '삶의 미학'은 일본인의 '죽음의 미학'과 대조를 보인다. 한국인의 '삶의 미학' '살자'주의는 때로는 안으로 내분에 빠지거나, 비겁과 거짓(속임수)으로 살게 하고, 이중인격적으로 살게 하였다. 또 사회 상류-지도층은 사회적 존경과 명예에 답하는 책임과 의무를 다하기보다는 하류계층을 착취하는 구조를 만들었다. 안으로의 착취 구조는 착취의 정점에 통치자가 있게 되는 것으로 마치 피라미드 조직과 같다. 한국인은 생산도 하기 전에(자신의 일들이 본격적인 생산적인 레벨, 혹은 창조적 수준에 도달하기 전에) 그것을 권력화한다. 그래서 끝없는 소모적 권력경쟁을 하게 된다. 국가적인 입장에서 보면 결코 대외적 평화주의라는 것이 긍정적인 면만 있는 것이 아님을 알 수 있다.

한국인의 단말마적 생존의 방식은 물론 문화생태학적인 조건의 문제였다. 아시아적 생산양식에서 관료주의는 관개수로(灌漑水路)에 의해 집약적 농사를 짓는 동아시아 삼국, 한국과 중국과 일본의 공통적 현상이었지만 그 가운데서도 가장 심각한 지역, 농업생산량이 절대 부족하였던 한국에서 극성을 부렸으며, 관료적 권위주의는 거의 악마적이었다. 일본도 생산량이 부족하기는 마찬가지였지만 한국의 선비들과는 달리 무사들이 양반이어서 자신의 책임을 다하는 전통이 있었다.

과거를 보든, 어떠한 방법을 택하든 출세를 하여야 하는 생존방식은 한국인 집단무의식의 심층에 도사린 삶의 방식이다. 그래서 아무리 공부를 많이 하였어도 결국 출세를 위해서는 정치권력에 오염될 것을 마다하지 않는 게 한국의 선비들이다. 물론 이들은 적당한 명분과 의리를 내세우지만 그것은 위선에 불과하다. 출세를 하면 그만큼 살기 좋다는 것은 그만큼 출세를 하면 부정한, '부당한 부의 축적과 권력행사'를 할 수 있는 기회가 많다는 뜻이다. 이것은 결국 종합적으로 내부분열로 나타난다.

이에 비해 일본의 '죽음의 미학'은 삶의 배수진이 되어 삶을 보다 알차고, 검소하게 만들었으며, 개인은 예절 바르고 가난하게 살지만, 팽창된 국력은 이웃나라를 공격하는 것으로 분출하였다. 이는 막부의 등장과 함께 나타나기 시작하였으며, 명치유신이 등장하면서 효과적인 근대화로 인해 더욱 박차를 가하기 시작했다. 이를 한국에서는 '군국주의'라고 한다. 그러나 일본에서는 그것이 군국주의가 아니라 민족주의이고, 주체성이고, 자기의 정체성을 확인하는 방법이다.

자연과 문화, 역사와 사회적 삶은 역설적인 측면이 많다. 한국의 패배적 여성주의와 일본의 침략적 군국주의는 오늘날 삶에도 영향을 미치고 있다. 아이러니컬하게도 일제 식민통치 치하에서 만주-일본 육사 출신의 박정희가 경제개발계획과 새마을운동을 통해 근대화를 이룩한 것은 참으로 기적에 가깝다.

그런 점에서 한국의 소위적－능동적 삶의 금자탑인 새마을운동의 철학화는 앞으로 한국인의 성격을 보다 능동적이고 진취적으로 고치는 데에도 작용하였으면 한다. 한국에 필요한 것이 일본에 있고, 일본에 필요한 것이 한국에 있다. 한국과 일본은 상호 보완할 것이 있는 관계이다. 한국인의 성격은 부정적으로 볼 수도 있고, 긍정적으로 볼 수도 있다. 또 역사의 때와 장소에 따라 긍정적인 것이 부정적으로 될 수도 있고, 반대로 부정적인 것이 긍정적으로 될 수도 있다.

현재 새마을운동의 전개양상을 보면 다음과 같다.[39]

1. 민족고유의 정신문화의 맥을 이어 온 새마을운동
2. 한국 근대화의 밑거름이 되어 온 새마을운동
3. 국가적 과제를 해결하는 구심체로서의 새마을운동
4. 세계 개발도상국에 수출되는 국가 무형자산의 새마을운동
5. 사회통합을 바탕으로 선진화를 향해 다시 뛰는 새마을운동

새마을운동의 이념과 정신은 다음과 같다.

이념은 '더불어 살아가는 공동체 만들기'이다.
정신은 '근면(Diligence), 자조(Self－help), 협동(Cooperation)'이다.

새마을운동은
1970년 4월 22일 전국비장장관회의(부산)에서 '새마을가꾸기운동'으로 제창되었으며,
1980년 12월 1일 (사)새마을운동중앙본부(서울 강서구 화곡동)가 창립되었으며
2000년 4월 19일 새마을운동중앙협의회를 새마을운동중앙회로 개칭했으며

---

39) 새마을운동중앙회(www.samaul.com: 서울특별시 강남구 영동대로 627번지, 02－2600－3600) 자료 참고.

2009년 12월 9일 SMU 뉴새마을운동 실천다짐 전국새마을지도자대회를 가졌다.

새마을운동에 대한 국민의식 조사결과는 다음과 같다. 새마을운동의 중요성에 대해서는 어떤 여론조사에서도 공통적으로 나왔으며, 1994년의 대륙연구소/경향신문사의 조사에서는 78.7%로 가장 높았다가 그다음부터 점점 떨어지다가 다시 2007년 서울경제신문/한국리서치에서 46.3%, 2008년 조선일보/한국갤럽에서 40.2%로 오름세에 있다. 이는 새마을운동에 대한 인식이 제고되고 있음을 보여 준다.

연도	조사기관	조사결과
1994	대륙연구소/경향신문	해방 이후 가장 잘된 정책 ① 새마을운동 추진(78.7%) ② 수출주도 정책(66.8%) ③ 식량 자급자족(66.1%)
1996	공보처/코리아리서치	해방 이후 가장 자랑스러운 일 ① 올림픽 유치(35.8%) ② 경제성장(14.8%) ③ 새마을운동(9.7%)
1998	조선일보/한국갤럽	대한 50년, 우리 국민이 성취한 가장 큰 업적 ① 새마을운동(45.6%) ② 올림픽(37.3%) ③ 경부고속도로(31.9%)
1998	동아일보/리서치&러서치	정부수립 50년, 역대정부가 가장 잘 대처한 사건 ① 새마을운동(50.5%) ② 경제개발 5개년계획(44.6%)
2002	한국갤럽	해방 이후 가장 자랑스러운 역사적 사건 ① 월드컵 개최 및 4강 진출(59.9%) ② 올림픽 개최(6.8%) ③ 경제발전(5.5%) ④ 새마을운동(5.1%)
2006	조선일보/한국갤럽	대한민국 역사 중에서 가장 자랑스럽게 생각하는 것 ① 서울올림픽(18.4%) ② 한일월드컵(15%) ③ 새마을운동(9.1%)

연도	조사기관	조사결과
2007	서울경제신문/한국리서치	정부 수립 이후 국가발전에 가장 영향을 끼친 사건 ① 새마을운동(46.3%) ② 올림픽(18.6%) ③ 5·18광주민주화운동(10.2%)
2008	조선일보/한국갤럽	건국 60년, 우리 민족의 가장 큰 업적 ① 새마을운동(40.2%) ② 1988 서울올림픽(30.1%) ③ 경제개발 5개년계획(29.9%) ④ 경부고속도로(18.8%) ⑤ 2002 월드컵(15.1%)

최한기의 '기학'에 이어 최근에 이기론적 입장에서 한국사 혹은 한국
문화를 조명하는 작업을 새롭게 시도한 것은 김형효에 이르러서다. 김
형효는 「한국사의 이기론적 해석-외래문화의 수용과 민족문화의 창조
적 전승을 생각하면서-」[40]라는 논문을 통해 철학적으로 문화에 대한
물음과 답을 시도했다.

그는 『유목민족제국사』[41]에서 "씨족들의 동아리들을 싼 보자기 유형,
하늘과 태양과 조상의 숭배, 샤머니즘, 여진족에서 특히 두드러진 백색
숭상 사상, 강인한 활동성, 그리고 신바람과 같은 '심령적 폭발성(psychic
explosion)' 등을 공통의 종족적 특성"으로 들면서 "리더십을 지닌 카리스
마적인 지도자를 만나면 순간적으로 강력한 제국을 형성하다가 그런 지
도자를 잃으면 내부 분열로 지리멸렬 풍선에 바람 빠지듯이 사그라진다
는 것"을 암시한다.[42]

---

40) 김형효, 「한국사의 이기론적 해석-외래문화의 수용과 민족문화의 창조적 전승을 생각하면서」, 『광복 50주년
   기념 학술대회-광복이후 한국의 문화변동과 그 전망』(1995년 5월 12일, 한국정신문화연구원 대강당, 주최:
   광복 50주년 기념사업위원회, 주관: 한국정신문화연구원, 후원: 교육부·한국학술진흥재단), pp.11~73,
   1995, 한국정신문화연구원.
41) 룩 콴텐(Luc Kwanten), 宋基中 번역 『유목민족제국사』, 대우학술총서 번역 1, 1984, 민음사.
42) 김형효, 같은 논문, p.15.

기(氣) 혹은 신기(神氣)는 본래 즉자적(卽自的)[43]인 것이다. 즉자적이라는 말은 자연적이라는 말이다. 그래서 누구에게나 즉자적인 것이기 때문에 다른 것과의 구별을 위한 말이 되지 못한다. 왜냐하면 비교를 당하는 다른 것에서도 역시 신, 혹은 신기는 즉자적일 것이기 때문이다.

인간은 자기 자신의 내부에 있는 신(神)을 밖으로 투사하여 그것을 객관화시키고 그것과의 대화를 통해서 문명을 일으켰는지도 모른다. 절대신(神)이나 절대리(理)라는 것은 모두 같은 것으로 세계를 객관적으로 보기 위한 지능적 전략일지도 모른다. 절대신의 등장으로 인해 아마도 세계는 창조적(제조적)이고 능위적이고 생산적이 되었을 것이다. 결국 신은 자기 자신이면서 동시에 타자이다. 신이라는 말은 이중성이다. 신은 스스로 완전하면서 동시에 불완전하다.

그러나 김형효는 한민족이 다른 북방민족과 다른 점을 지적한다. 한민족은 '단군신화가 암시하듯이' 농경민족으로 정착하는 데에 성공하는 한편, 중국 농경문화와의 문화접변에서도 완전히 동화되지 않는다는 것이다. 그는 "단군조선과 부여를 거쳐 만주에서 다시 일어나 고구려는 고아시아족의 일원인 예맥족의 기(氣)를 다시 회복한 나라였다"고 말한다. 이어 그는 고구려 정신으로 단재의 수두(蘇塗)교를 예로 든다.

"단재(丹齋)는 그것이 단군조선과 단군수도(蘇塗)교와 같은 선인(仙人) 사상이라고 하고 그 선인사상은 조백(皀白)선인과 통하여 신라의 낭가(郞家)정신과 일맥상통하는 선배(선비)정신이라고 하지만, 우리는 그 수두교의 지성이 무엇인지 정확히 알기 어렵다. 수두교의 지성은 곧 그것의 이(理)와 같다. 그런데 우리에게 지금도 감지되는 고구려 정신은 오히

---

43) 즉자적이라는 말을 샤르트르가 처음 쓴 말인데, 무신론적 실존주의자인 그는 즉자의 의미는 자연을 가리키는 말이면서도 긍정적으로 쓰지 않았다. 즉자적이라는 말은 샤르트르에겐 무의미한, 혹은 무기력한 말처럼 사용했다. 즉자는 타자(타자와 타자 간의 경쟁)에 비해 창조적 역사를 일으키지 못한다는 것이다. 그러나 여기서 필자가 사용하는 즉자적이라는 말은 자연 자체, 물 자체를 의미하는 것이다. 말하자면 '자기(Self)'라는 의미에 가깝다. 샤르트르 식으로 말하면 타자(他者)는 대자(對自)의 다리를 거쳐 즉자(卽自)로 돌아와야 유신론자가 되고 자기 자신으로부터 구원을 받을 수 있게 된다. 만약 신(神)이라는 것이 자기 자신이라면 유신론자이든, 무신론자이든 마찬가지이다.

려 야성적인 기(氣)의 측면이다."⁴⁴⁾

그는 '수두교의 정신'을 이(理)라고 하고 동시에 '감지되는 것'을 기(氣)라고 한다. 여기서 이기(理氣)의 키워드가 등장한다. 이후 그는 고구려, 신라, 고려, 조선의 정신을 이기론의 맥락에서 정리한다. 그런데 이기(理氣)는 항상 동시에 있는 것인데 마치 어느 나라가 기만 있고 이가 없는 것처럼 말하든가, 반대로 이가 있고 기가 없는 듯이 말한다는 것은 조금은 비약인 것 같다. 아마도 기(氣)가 좀 더 두드러진다거나 이(理)가 제대로 갖추어졌다는 것을 뜻하는 것일 것이다. 기질(氣質)과 문리(文理)는 인류문화에서 항상 공존하는 구조이기 때문이다. 이(理)와 기(氣)의 이분법적인 분리는 자칫하면 후천적인 이(理)를 남의 나라의 것으로 대체하는 것 같은 전개를 할 우려가 있다. 인류문화변동 가운데 문화접변 현상에서는 그러한 일이 있기는 하다. 그러나 이(理)와 기(氣)는 그렇게 쉽게 교체되고 대체될 수 있는 것은 아니다. 외래 이(理)는 오랜 기간 동안 토착화의 과정과 변형이 필요하다.

그는 "고구려의 정신은 심령적이고 야성적인 저 기(氣)의 용솟음이다. 저 기(氣)의 분출은 저항세력을 만나기 마련이다. 만약 신채호의 말처럼 고구려의 국명이 '가울이'로 '가운데 나라', 즉 중국(中國)을 의미한다면, 고구려 중심주의는 중화(中華)의 중심주의와 필연적인 충돌을 겪지 않을 수 없다. (중략) 고구려의 원심적 팽창의 기(氣)가 중원세력과의 일진일퇴를 거듭하는 가운데서 새로운 자각이 일어나지 않을 수 없었다. 피의 소리, 야성의 기가 즉자 상태에서 대자적인 자의식을 갖게 되었다"⁴⁵⁾고 말했다.

김형효는 '북방의 야성적인 기(氣)'가 '중원의 문화적 이(理)'로 탈바꿈하여야 함을 말한다. 소수림왕의 불교도입은 그 같은 시대적 요구에 부

---

44) 김형효, 같은 논문, pp.16~17.
45) 김형효, 같은 논문, p.18.

응한 것으로 해석한다. 광개토대왕대의 최고조 팽창은 소수림왕대의 불교도입과 그 이전에 수용된 유교의 이적(理的) 지성 때문으로 본다. 백제도 이에 앞서 고구려와 같은 방향의 길을 걷게 되었다. "(백제의) 근초고왕은 (고구려) 소수림왕의 부왕인 고국원왕을 전사케 하는 등 평양성을 공략하여 경기, 충청, 전라 3도와 강원, 황해 양도의 일부까지 점유하는 큰 세력을 확보하였고, 또 서쪽으로는 동진(東晉), 남쪽으로는 왜(倭)와 통하여 국제적인 지위를 확고히 하였다"46)고 해석하였다. 근초고왕은 고구려의 광개토대왕에 비할 수 있다.

그의 이기(理氣)논리의 핵심을 보면 '지성의 문화적 이(理)는 기(氣)의 타자(他者)이나 그 이(理)는 기(氣)의 직접적 존재에 대한 내용을 채워 주는 역할을 한다. 기(氣)는 이(理)에 의해 매개되지 않으면 자신의 한계를 극복할 수가 없다. 그래서 수용된 이(理)는 기(氣)의 존재를 보다 범주화 하는 방향으로 나아간다'47)이다. 김형효는 또 이렇게 말한다.

> "기(氣)는 피의 소리에서 솟는 에너지이기에 필연적으로 특수적이고, 특이하다. 기(氣)는 마치 언어활동에서 동사의 역할과 같다. 기(氣)는 기질이요, 체질이어서 문화에서 가장 직접적으로 주어진 존재의 영역이다."48)

고구려의 멸망을 이렇게 요약한다.

> "고구려의 멸망은 보편적 이(理)와 생득적인 기(氣)의 두 요소가 화학 적 융합을 이룩하지 못하고, 불법의 이(理)는 국제적으로만 산화되고, 유교는 도교에 억압되고, 도교는 또 무교(巫敎)의 자연종교마저 파괴 시켜 야성적 기(氣)가 울부짖는 포효를 통하여 생물학적 힘에서 정신 의 힘으로까지 승화되는 데 실패한 데서 찾아야 할 것 같다."49)

---

46) 李基白, 『韓國史新論』, p.56, 一潮閣.
47) 김형효, 같은 논문, p.19.
48) 김형효, 같은 논문, p.22.

"백제도 이기의 상보성을 이루는 데 성공하지 못하였던 것 같다"[50]

신라의 경우, "이차돈의 순교는 신라사회의 토착적 기(氣)가 외래문화로서의 불교적 이(理)를 수용하는 데 치러야 할 진통의 대가였다"[51]고 그는 평가한다.

이에 앞서 김형효는 이(理)와 기(氣)의 상호작용과 언어학적 구문론의 상관관계에 있어서 중요한 단서를 제공한다.

> "기적(氣的) 동사가 지배적인 그런 토착적인 문화의 구문은 동어반복적인 성격을 벗어나기 어렵다. 예컨대 '신(神)은 신령하다'든가 '우리의 조상신은 밝은 아이(붉은애, 弗矩內)로서 태양의 아들이다'라는 따위가 그런 동어반복에 해당한다. 동어반복의 문장 속에 나오는 주어는 (동사의) 서술적인 형용부가 (기능) 이외에 '신(神)과의 심령적 일체감을 가져온 축제가 우리 모두를 신바람 나게 만들었다'는 동사적 술어와 다른 것이 될 수 없다. 결국 동어반복의 문장구성은 직접적인 기적(氣的) 활동의 표출이므로 직접적인 기적(氣的) 야성의 감정을 넘어서는 새로운 사고의 지평적 확장을 낳을 수 없다."[52]

신라는 법흥왕대에 기(氣)와 이(理)의 문화적 매개 작용을 달성한다. 신라의 화랑도가 수두교의 신교적(무교적) 전통 위에 있지만 그것과 다른 점은 바로 그것의 이기지묘(理氣之妙)에 있다. 신라에서 이기지묘는 현묘지도(玄妙之道)에서 나타난다.

> "화랑도는 기적(氣的)인 무(武)와 웅(雄)의 야성과 이적(理的)인 문(文)과 성(聖)의 지성을 화학적으로 용해시켰다. 예컨대 1934년 경주 전곡면 금문리에서 발견된 임신서기석(壬申誓記石)의 내용은 상무적(尙武的) 기(氣)의 유교적 이(理)의 화학적 합일을 뜻하고, 실제사(實際寺)의

---

49) 김형효, 같은 논문, p.24.
50) 김형효, 같은 논문, p.25
51) 김형효, 같은 논문, p.26
52) 김형효, 같은 논문, p.26.

중인 도옥(道玉)이 취도(聚道)로 개명하고 화랑에 종군하여 장렬히 전사한 예는 기(氣)와 불교적 이(理)의 묘합을 말한다."[53]

그는 "화랑도의 문화는 토속신앙과 외래문화와의 조화였다"고 전제하고 "용화향도(龍華香徒)였던 김유신은 미륵세계를 그리워하는 불교적 신앙인이면서 그 미륵의 세계는 동시에 전통적인 '미리', '미르'의 용신사상과 떨어질 수 없는 그런 수속의 신앙을 상징하기도 한다. '용화(龍華)'는 미륵세계를 뜻하지만 동시에 '미륵=미르(미리)(龍)'의 세계이기도 하다"고 말한다.

김형효는 "신라 삼국통일의 영주인 문무대왕의 2대 이념이 '수호방가(守護邦家)'와 숭봉불법(崇奉佛法)이었다는 것은 문무대왕이 불법의 보편적 이(理)를 국가수호라는 '닫힌도덕'에로 전용하여 추상적인 기적(氣的)존재를 불법으로 매개시켜 기적(氣的) 본능의 야성을 닫힌도덕의 체계로 승화시킨 문화역량의 확대재생산이라고 보지 않을 수 없다"[54]고 설명했다. 그는 신라의 통일을 이렇게 종합적으로 설명한다. 문무대왕의 '문무'는 결국 문무균형이라는 인류문화의 근본적 구조를 신라인들이 자각함으로써 통일을 이룬 것을 표시하는 일종의 능기(能記)이다.

> "고구려의 불교 지성인들은 국제적으로 분산되었는데 신라의 불교 지성인들은 무인(武人)들의 기적(氣的) 원심력과 자주성에 못지않은 문적(文的) 구심력을 갖고 있었다. 문무대왕은 문적 지성의 구심력과 무적 야성의 원심력을 조화롭게 하나로 형성한 교양과 힘의 종합적 상징이다."[55]

통일 이후의 신라가 내부모순을 드러내는 것은 그는 "기발이발(氣發理

---

53) 김형효, 같은 논문, p.31.
54) 김형효, 같은 논문, p.32.
55) 김형효, 같은 논문, p.33.

發)의 전성기의 통일은 분열되어 기(氣)는 천시되고 이(理)는 조속히 중화적(中華的) 보편(普遍)의 이(理) 속으로 몰입된다"는 데서 찾았다.

김형효는 고려사회의 분석에서 문무(文武)의 분열과 유교와 불교(도교를 포함)의 분열이라는 이중적 분열로 요약한다.

"고려는 태조의 유훈에 따라 거란을 야만시하고 고구려의 구토를 회복해야 하는 명제를 지니고 있다. 그러기 위해서는 상무적(尙武的) 야성을 키워야 한다. 그런 야성은 지방호족들의 왕권 위협을 가져올 수 있는 계기를 만들기에 왕권의 강화를 위하여 유교적 이(理)를 알고 있는 문사(文士) 중심으로 통치를 할 수밖에 없었다. (중략) 또 고려는 정치에서의 유교적 이(理)와 국가적·개인적 기복(祈福)신앙인 불교와 도참풍수적 요인이 각각 도교적 신앙과 결합되어 혼재해 있는 그런 국가였다. 그런데 불교는 본디 유교와 같이 지성적인 이(理)의 문화이다. 그러나 고려 불교가 신라 말기 이래로 크게 일어난 선종(禪宗) 중심의 직관적 성향을 채택하였기에 그것은 심령적, 신비적인 도참풍수사상과 쉽게 엉킬 수가 있었다. 더구나 왕태조(王太祖)의 유훈이 그런 일을 초진시켰다. 그런 점에서 이(理) 우위적인 교종(敎宗)과 달리 선종(禪宗)이 연등회, 팔관회 등을 통하여 기복적·심령적 도참풍수사상과 쉽게 합일되었으므로 고려불교는 오히려 토착적인 무교의 기적 영향을 더 많이 지니고 있었다고 봐야 하리라."[56]

고려시대의 이(理)에 대해서는 『삼국유사』에 나오는 '홍익인간(弘益人間), 재세이화(在世理化)'에서 엿볼 수 있을 뿐이다.

"그 이(理)는 지극히 추상적이어서 구체화의 본질을 넉넉히 담고 있지 못하다. 구체화가 되기 위하여 타자(他者)와의 매개과정을 거쳐야 하기에, 그 신도(神道)사상이 화랑도에 와서 유교, 불교, 도교 사상과 접촉의 매개를 형성하면서 구체화의 본질을 형성하기 시작하였다. 그런데 통일신라 이후에 예의 낭가사상이 평화시대에 재창조되기 위한 질적인 비약을 이룩하지 못하고 낭가신도(郞家神道)의 왕성한 기(氣)는 돌보지 않아서 야성의 잡초로 변하고, 수용된 이(理)는 기(氣)와 접목

---

56) 김형효, 같은 논문, p.42.

하지 않은 채, 중화적(中華的) 보편질서에로 급속히 흡입되고 말았다. 그래서 기(氣)는 잡초로, 이(理)는 가화(假化)로 이분화되었다. 잡초로 변한 기(氣)는 어떤 경우에도 소멸되지 않으므로 기복적(祈福的) 심령 의식으로 탈바꿈되기 마련이다."[57]

고려는 신라의 귀족들이 이(理)의 보편적 명사를 특수적 동사와 결합하여 특이한 창조적 구문을 정신의 활용론으로 응용할 수 있었던 데 반해 "호족들의 귀족화와 더불어 문적(文的) 이(理)가 무적(武的) 기(氣)를 천시화하는 어긋남이 있었고, 유학의 사장시문적(詞章詩文的)인 경향과 무속과 결부된 불교와 도참풍수 사상과의 평행적 이원화가 생겼다."[58]

신라와 고려의 차이는 그 시대를 대표하는 원효(元曉)와 지눌(知訥)의 차이에서도 드러난다.

"원효는 객관적인 색(色)세계와 주관적인 공(空)세계를 불일이불이(不一而不二)로 보는 일심(一心)의 논리를 견지하였음에 비하여 지눌은 자의식의 연장인 자심(自心)을 두드러지게 강조했다. 원효의 언어에서 자심(自心)은 희미하다. 지눌에게 중생의 자심이 여래의 부동지(不動智)고 자심이 곧 진심(眞心)이다. 지눌의 자심이나 자심반조(自心返照)의 사상은 깊은 내면세계 속으로 침잠하는 향내적 경향을 강하게 풍기고 있다. (중략) 지눌의 '정혜쌍수(定慧雙修)'를 제창하면서 만든 결사사상이 곧 사회성인 것처럼 여겨지나 그 결사운동은 사회로부터 벗어난 마음의 내면세계 공부를 권유하는 성격을 지녔을 뿐이다."[59]

원효는 일심(一心)과 화쟁(和諍), 여래장(如來藏) 사상은 신라인으로 하여금 현실세계에서 불국토를 건설하는 '신라=불국토'라는 등식을 이루는 데 이론적 뒷받침을 했다. 원효는 극락을 하늘의 저편, 상상계에 있다고 하는 것이 아니라 현재 인간이 살고 있는 지상의 나라, 신라에서

57) 김형효, 같은 논문. p.39
58) 김형효, 같은 논문. p.42~43.
59) 김형효, 같은 논문. p.49.

실현하여야 할 것을 설파했다. 하늘을 땅에 실현하였다. 이는 단순히 하늘을 부정하는 지상극락이 아니라 하늘과 땅이 둘이 아닌, 땅이 하늘이라는 것을 안 소이이다. 땅에 실현되는 극락이 없으면 하늘에도 극락이 없는 것이다. 모든 것이 마음의 탓이다.

반면에 지눌의 그것은 혼란한 사회로부터 자신을 격리하여 내면의 마음만을 닦는 것을 택하게 함으로써 성속(聖俗)을 통합하는, 화광동진(和光同塵)하는 역사를 주도하지 못하였음을 지적한 것으로 보인다. 자심반조는 화광동진과 다르다. 자심반조는 소승적 사고에 머문 듯하고, 화광동진은 대승적 사고에 닿은 듯하다. 설사 그렇지 않더라도 자심반조는 말로는 정혜쌍수를 주장하였지만 회통하는 맛이 부족하다.

고려의 의천(義天)은 천태교종(天台教宗)을 기반으로 화엄학과 선종을 통합하려고 애를 썼으나 주관적 의식과 객관적 존재 사이에 벌어진 괴리현상을 좁히지 못했다.

이(理)와 기(氣)는 창조적으로 상호 영향을 주면서 체화되고, 새로운 제3의 문화체계를 건설하는 방향으로 확대재생산하여야 국가가 발전하지 그렇지 않으면, 다시 말하면 이와 기가 서로 분리되어 있거나 단순히 남의 이(理)로 대체되는 것과 같은 소극적 태도로는 결코 발전과 통합을 이룰 수가 없다. 문화는 기질화(文化＝氣化)되고, 기질은 문화화(氣化＝文化)되어야 진정한 자신의 것이라고 말할 수 있다.

조선조는 근본적으로 성리학적 이데올로기에 따라 건국됐다.

"당위적인 현실긍정과 객관적 이법(理法)의 이데올로기를 정주학에서 구했다."[60]

김형효는 세종대왕과 훈민정음 창제를 문무대왕시절에 비한다.

---

60) 김형효, 같은 논문, p.52.

"신라의 문무대왕 때처럼 역사성의 원심력과 구심력의 불일이불이적(不一而不二的)인 종합을 이룩한 시대가 세종대왕시절이다. (중략) 대왕은 조선민족의 특수적인 기(氣)의 야성을 동사로 활용하고, 유학의 이(이)를 보편적 지성의 명사로 등장시키면서 '유교적 명사＋민족적 동사'의 구문을 구체적으로 형성한 창조자이다."[61]

"훈민정음 창제는 단지 우리말의 글자를 창제하였다는 사실에만 그 의의가 그치는 것이 아니라, 우리의 동사적 기적(氣的) 소리가 명사적 이(理)의 문화와 접목될 수 있는 엄청난 가능성을 열어 놓았다는 데 있다."[62]

김형효는 세종조의 문화적 주체성 확립은 훈민정음뿐 아니라 여러 문화 전반에 걸쳐서 일어났는데 특히 역사문화를 정리하면서 『동국여지승람(東國輿地勝覽)』, 『동국정운(東國正韻)』, 그리고 『동국병감(東國兵鑑)』 등 '동국(東國)'이라는 표제명의 빈번한 등장은 중국과의 문화적 차별성을 강조하였음을 지적한다. 이를 '기적(氣的) 특수성(特殊性)'이라고 해석하였다.[63]

"세조를 거치면서 조선의 이(理)는 국체(國體)의 이(理)와 도체(道體)의 이(理) 사이에 분열을 체험하게 된다. (중략) 중화적(中華的) 도체(道體)는 곧 중화적 보편질서인 'pax Sinica' 세계에의 가입을 뜻한다. (중략) 국체와 도체의 불일치에서 그들은 이상과 도체를 더 섬겼다."

김형효의 이러한 주장들은 때로는 탁견이면서 대체적으로 수긍할 만하다. 그러나 사대주의에 이르면 조금 필자와의 입장이 다름을 보인다. 특히 그는 조선의 사대주의 부분에서 크게 변호하는 전개를 한다.

"사대사상은 문명세계에 대한 참여와 다른 것이 아니다. 그런 사대사상이 모화(慕華)사상을 잉태하는 것은 자연스런 현상이다. 그런 조선

---

61) 김형효, 같은 논문, p.54.
62) 김형효, 같은 논문, p.55.
63) 김형효, 같은 논문, p.55.

조의 사대모화사상이 단순한 사대주의로 환원되어서는 안 될 것 같다. 왜냐하면 명나라가 이미 사라진 이후에도 조선 중기 이후에 여전히 배청모화(排淸慕華)사상이 사라지지 않았기 때문이다. 그런 점에서 조선 사대부 도학자들이 지녔던 사대모화사상은 문화적(문명적) 정통성과 보편성의 이적(理的) 지성의 문제지, 결코 강한 나라에 굴종하는 그런 사대주의는 아니다."[64]

사대주의는 옳고 그름의 문제가 아니라 생존을 위한 선택의 문제이다. 그러한 점에서 사대주의를 전적으로 비난할 이유는 없다. 그러나 사대주의가 문화적 주체성의 문제에서 결코 당연한 것으로 볼 수만은 없는 문제이다. 조선이 국호를 정하면서 '조선(朝鮮)과 화령(和寧)'을 지어 명나라에 선택해 줄 것을 요청했다는 것은 참으로 출발부터가 좋지 않다. 예컨대 자체적인 이(理)를 개발하지 못하였으니까 남의 것을 사용하지 않을 수 없는 것이지 결코 그렇게 사용하는 것이 정당화될 수는 없다. 조선조 성리학의 문제점은 도리어 그것이 이적(理的) 체계라는 데에 문제가 있는 것이 아니라 그것이 조선에 들어와서 종교적 도그마가 되었다는 데에 있다. 종교적 도그마가 되었다는 것은 이미 하나의 이(理)가 기(氣)와의 상호작용을 멈추고 굳어졌음을 말한다. 말하자면 독선(獨善)이나 지선(至善)이 되었다는 점이다.

바로 성리학의 독주가 조선사회를 사문난적의 사회로 만들었으며 사회 전체를 평면적으로 몰고 갔으며, 끝내 자신이 사대하는 중국에서조차 다양하게 잡종강세로 전개되는 다양한 사상, 예컨대 양명학이나 순자계열의 학설을 배제하는 편식을 하도록 만들었던 것이다. 그러한 점에서 조광조의 지치주의(至治主義), 도학(道學)정신은 조선조 성리학 사회의 도통(道通)을 만들었다고 하지만 현실을 무시한 이상주의로 지탄될 수도 있다. 특히 조선의 도통이라는 것이 조선의 개국을 반대하고 고려

---

64) 김형효, 같은 논문, p.56.

에 충신한 정인지를 비조로 하고 있다는 것은 실은 역사가 능위(能爲)라는 측면에서 보면 네거티브한 것이다. 더욱이 도통이라는 것이 세조의 왕위찬탈 이후에 성립되었다는 점에서 능위의 반대인 소위(所爲)의 혐의가 있어서 네거티브한 것이다.

이른바 철학적으로 소위(所爲)적인 것에는 긍정적인 면과 부정적인 면이 동시에 있다. 자연은 본래 인간에게는 선물 받은 것과 같은 소여(所與)적인 것이다. 소위에는 소여의 의미와 무위(無爲)의 의미가 있다. 소위의 의미에 소여와 무위와 같은 '자연'의 의미는 좋은데 여기에는 '소극적'인 것과 같은, 또는 '아무 일도 안 하는 것'과 같은 의미가 내재해 있다는 것은 부정적이다. 심하면 능동적 역사를, 혹은 존재자적 역사를, 이성의 창진적(創進的)인 역사를 부정하는 것과 같은 태도도 있을 수 있다.

이것은 헤겔식으로 말하면 지식인의 '불행한 의식'이 된다. 불행한 의식이라는 것은 스토아철학처럼 자신의 사유세계로 도피하거나, 또는 회의론자처럼 현실을 회의적으로 부정하고, 자의식에로 칩거하는 것을 말한다. 이는 김형효가 지적한 바이다. 이러한 불행한 의식은 언제부터 우리 민족에게 배태하였을까? 자기모순과 분열에 빠진 것은 아마도 혈통적으로는 북방 유목민족인데 문화적으로는 남방 농업문화에 적응해 살아오면서 결국 혈통배반의 토대 위에 모화사상의 문화를 구축한 데서 비롯되는 것 같다. 이는 자연적 혈통에 대한 문화의 자기기만이다. 이러한 원죄의식은 급기야 역사를 후퇴시키는 우를 범하고야 만다.

그 가운데 가장 심각한 것이 삼국통일을 이룬 신라의 문무대왕에 대한 스스로의 망각이다. 이 망각이 의도된 것인지, 무의식의 것인지는 알 수 없어도 문무대왕은 역사에서도 별로 클로즈업되고 있지 못하다. 이러한 일은 도저히 다른 서구역사에서는 생각할 수도 없는 일이고, 더구나 어떤 경로를 거쳤던 이룩한 민족의 통일을 부정하고, 잘못된 통일, '외세에 의한 통일'이라는 등 역사를 함부로 소급하면서 엄연히 지나간 역사를 해석이라는 이름으로 난도질하고 역전시키고 있다. 이러한 퇴행적 역사관은 역사적 자기분열증에 다름 아니다.

재미있는 것은 이러한 신라통일에 대한 부정적 견해가 일제 식민이라는 가장 최악의, 최근세의 민족적 질곡 위에서 탄생하였다는 점이다. 이는 단재 신채호에 의해 촉발되었는데 단재의 '아와 피아'의 사관은 참으로 본능적 역사관이며, 역사적 주체로서 존재하였으며 누구나, 어떤 나라도 기본적으로 가지고 있어야 하는 당위의 것이다. 그런데 그것이 20세기에 주장하면서 무슨 대단한 역사관이라고 발견한 듯 칭송하면서, 특히 좌파들은 이를 금과옥조로 삼았던 것이다. '아와 피아'의 투쟁은 그야말로 사회주의의 계급투쟁과 가장 궁합이 맞는 낭만적 사관이었다.

망국의 설움을 안고 만주와 중국일대를 발로 직접 답사하면서 내린 단재의 결론은 만주와 중국 일부는 한민족 고대사의 무대라는 것이다. 만약 어떤 민족이 역사적으로 이동하였다면 그 이동경로가 후대에 다 자기의 땅이고, 그래서 그것을 수복하여야 한다면 현재의 역사는 어떻게 되겠는가. 현재의 역사는 다 부정된 것이고, 이웃하고 있는 나라는 모두 투쟁의 대상이 될 뿐이다. 또 역사적 해석의 이름으로 시간의 선후 관계를 바꾸고, 요지부동의 사실을 보지 못하고, 다른 환상을 갖는다면 과학적 학문으로서의 역사는 어떻게 되겠는가.

예컨대 신라의 삼국통일로 그나마 한민족이라는 것이 생겼는데 갑자기 그것을 부정하고 역사적 자아가 되기에 너무 광범위하거나 역사적 실체가 불분명한 다른 민족(동이족, 북방민족)을 설정하여 한민족을 부정한다면, 이는 부정하는 자의 손해임에 틀림없다. 이렇게 심각한 자기 부정은 다름 아닌, 일제식민 시절에 구축되었다는 사실에 주목할 필요가 있다. 이는 심각한 콤플렉스에 의한 심리적 보상의 차원에서 역사를 바라보는 것에 지나지 않는다. 그것이 민족적 마스터베이션으로 될 수 있어도, 그것은 역사적 생산이 되지 못한다. 왜냐하면 마스터베이션이기 때문이다.

이를 역사학에서는 '역사적 낭만주의' 혹은 '낭만적 역사학'이라고 말한다. 낭만적 역사학이라고 말하니까 무슨 낭만이라도 풍부한 것 같지만 그것이 아니고, 허황한 '구름 잡는 역사학'이라는 뜻이다. 현실이 아무리 험난하고 비참하더라도 그것을 현실적으로 극복하려는 노력을 해야지 꿈이나 꾸고, 혁명이나 불러 대면서 떠들어 댄다고 해서 엄연한 역사적 현실이나 국제질서가 한민족에게 유리하게 바뀌는 것은 아니다. 이러한 '낭만적 역사학'을 크게 이용한 것이 바로 북한이다. 북한은 자기의 정체성을 확립하는 데에 있어서 그것보다 유리한 것은 없었던 것이다. 그들이야말로 고구려 지역에 나라를 세웠으니까 역사적 퇴행 여부는 고사하고 자기들의 정치적 입지, 특히 남한과의 헤게모니 쟁탈전에서 유리한 고지를 점령하는 데에 이것보다 호재가 없었던 것이다.

그래서 낭만적 역사학은 북한의 역사학이 잇고, 고구려 중심사관이라는 유령이 등장하였던 것이다. 한민족의 이동경로상 만주와 중국 북부 지방은 우리의 조상들이 살았던 곳이고, 문화적 전통도 공유하는 것이 많을 수밖에 없다. 또 생물학적으로 유전자풀을 공유하는 것은 물론이다. 그래서 그러한 것을 문화적으로, 체질적으로 연구하는 것은 중요하지만, 그것이 역사적 현실을 외면하고, 그곳으로 역사적 중심이동을 하라는 뜻은 아니다. 특히 자기들이 쌓아 온 역사적 현실을 외면하고 갑자기 공중으로 부양하여, 마치 고대에라도 당도한 사람들처럼 고토회복을 주장하는 것은 참으로 위험한 발상이면서 역사적 이익을 얻을 것이 없다. 왜냐하면 우리 민족이 이동한 그 지역에는 오늘의 거주자가 있기 때문이다.

어떻게 그곳을 이동한 자가 아무리 조상의 땅을 생각한다고 하지만 오늘에 그곳에 살고 있는 거주자보다 더 주인이 될 수 있다는 말인가. 고토회복이라는 것은 시간을 소급하는(이것은 역사적으로 가장해서는 안 되는 짓이다) 그러한 주장을 한다고 해서 현실적으로 그렇게 되는 것도 아니면서 허황한 꿈을 꾸게 하면서 아무런 실익이 없이 도리어 주변국으로부터 영토경계의 긴장감만 불러일으키는 것이다. 역사는 현실적 문화능력에 의해서 진행되고, 그것을 바탕으로 간헐적으로 나라 간의 국경선은 조정되는 것이다. 만약 고토회복을 원한다면 말없이 실력을 기르는 것이 주효하다. 현실적 영토의 확장은 환상에 의해서 이루어지는 것이 아니라 현실적 힘의 논리, 힘의 균형에 의해서 설정되는 것이다.

따라서 단재의 '아와 피아'의 사관은 위대한 것도 아니고, 식민지의 상황에서 일어난 세계사적으로는 매우 뒤늦은 민족적 자아발견이었으며, 일제 때는 민족적 울분을 쏟아낸 역사적 마스터베이션이었으며, 현재는 북한의 고구려중심 사관을 통한 남북헤게모니전에서 유리한 고지를 제공한 것에 불과하다. 바로 이러한 콤플렉스와 분단 상황의 현실적 필요, 이에 앞선 북방혈통과 농업문화의 불일치, 그러한 것에 따르는 종합적 희생자가 바로 문무대왕이고 신라의 삼국통일이다. 민족적으로 자기부정의 원죄는 이렇게 형성되었다. 북방혈통의 민족 중에 한반도에 들어온 집단만이 중국 대륙, 중원을 한 번도 차지하지 못한 민족이라는 사실을 명심할 필요가 있다. 다른 민족, 예컨대 거란, 여진, 몽고족은 모두 요나라, 금나라, 청나라, 원나라를 통해 중원을 제패한 경험이 있다.

역사적 자아회복이 좌파와 연결된 것은 바로 우리 민족이 일제식민의 상황에 있었기 때문이다. 식민지라는 상황보다 좌파의 이데올로기가 먹혀 들어갈 토양은 없다. 민족투쟁은 쉽게 계급투쟁의 쾌속정을 탔고, 그것은 요원의 불길처럼 번졌다. 그것이 남북분단과 동족상잔의 조건이었다. 민족주의는 본래 우파의 전유물인데도 한국에서는 좌파의 선점물이 되었고, '낭만적 사관'과 '민족주의'와 '단군'은 북한을 이데올로기 면에서 남한을 앞지르게 하는 원동력이 되었다. 특히 단군은 그 역사적 무대가 북한과 만주일대였던 관계로 일찍이 북한의 요리대상이 되었으며,

그것마저 선점하게 되었다. 단군은 우리 민족을 흥분시키기에 좋은 소재이다. 단군은 민족적으로 국난의 위기에 처할 때마다 약방의 감초처럼 들먹이지만 정작 평화 시에는 잊혀 버리는 기둥서방과 같다. 단군이 왜 그러한 위치에서 현실적으로 초라한 모습인가는 다른 지면에서 토론한 적이 있어서 여기서는 생략한다.[65]

한국의 민족주의는 그래서 겉으로는 매우 역사적이고, 역사의식이 있는 것같이 굴지만 실은 현실적으로 민족적 분열을 위장하는 명분이나 원죄적 콤플렉스의 간헐적 솟구침에 지나지 않는다. 민족주의가 국가주의로 승화되지 못하고, 조금만 먹고살 만하면 그만 국가의식이 없어지는 것도 이러한 맥락에 닿아 있다. 한국의 민족주의는 그래서 도리어 국가를 만들고, 통일을 하는 데에 고질병으로 작용할 가능성이 높다. 정치적 세력들이 정당한 경쟁을 통해 승패를 결정하는 것이 아니라 뒤에서 서로 자신이 민족주의의 계승자임을 선언하면서(이는 서로 민주주의의 정통임을 주장하는 현실정치와 비슷하다) 분열의 명분을 제공할 것이기 때문이다.

민족적으로 자기부정, 원죄는 거슬러 올라가면 조선의 개국을 두고 전개된 듯하다. 특히 우리 민족 오늘의 정치적 반체제 사상은 고려 말에 형성된 두문동 72현이나 조선 초기의 사육신, 중기의 사림파에 거슬러 올라간다. 마치 세상에서 은둔하거나 아니면 반체제를 하여야 제대로 사는 삶이라는 잘못된 역사적 전통에서 비롯되는 것 같다. '반(反)이 정(正)'이라는 자기부정은 참으로 안타깝다. 오늘의 재야(在野)라는 것도 바로 여기에 속하는 것이다. 재야가 정통인 나라가 흥성한 경우는 역사상 없다. 정치적 담당세력은 항상 반대를 위한 반대에 직면하게 되고, 정치적 혼란은 비효율과 낭비를 초래하게 되고, 이는 민족적·국가적 에너지의 손실과 연결되기 때문이다.

---

65) 박정진, 『단군신화에 대한 신해석』, 2010, 한국학술정보.

반체제는 일시적으로 옳을 수는 있어도 항상 반체제의 타성으로 인해 사사건건 반대하거나 비판할 명분이나 거리를 찾기 때문에 역사발전에 역동적으로 참여하기 힘들다. 그래서 그들은 역사파괴를 한다. 그러나 역사는 그들의 편이 아니다. 역사는 실패하더라도 결국 능위(能爲)의 편에 서는 것이다. 남이 해 놓은 것에 항상 반대를 일삼은 자는 정작 자신이 권력을 잡으면 아무것도 못 하게 된다. 그래서 급기야 반체제 세력들은 정권담당 세력이 되어서도 도리어 가공의 정권담당 세력을 설정하고 마치 자신은 여전히 반체제를 하는 듯한 여러 가지 제스처를 보인다. 여기서 가장 심각한 질병이 바로 그 이전의 역사를 전부 부정하는 것이다.

이것은 거창한 것 같은 외양 때문에 어리석은 국민을 현혹하거나 속이기에 안성맞춤이다. 특히 역사적 콤플렉스에 젖어 있는 국민들에게 그러한 약발을 잘 받기 마련이다. 결국 반체제 세력들은 자기부정을 통해 참회하는 척하면서 아무런 생산적인 일도 하지 않는다(도리어 파괴를 일삼으면서). 국민들에게 마치 이제야말로 '국가 만들기' 혹은 '제2국가 만들기' 등과 같은 일을 하는 것처럼 호도하면서 자신들만이 정당한 세력이라는 주장에 이른다. 그사이 국민들의 현실적 생활은 피폐하게 된다. 그들의 '말만의 성찰'은 결국 죽음(희생자)을 불러오고서야 피크를 맞고 시들해진다.

한국은 항상 중층적 콤플렉스로 인해 자기부정의 올가미에 씌움을 당하거나, 갑자기 극단적 이상주의나 순혈주의, 순정주의로 치달을 위험이 있다. 보다 성숙한 점진적 민주주의의 달성과 통일철학의 정립이 절실한 시점이다. 통일을 주장한다고 통일이 되는 것이 아니다. 여기에 특히 종교적 극단주의자들이 통일을 주도하는 것은 역사를 낭만적으로 보기 쉽고, 이는 도리어 통일에 혼란을 자초하는 일이 될 것이다. 국제적으로 한 나라의 통일은 어디까지나 국력의 힘 균형에 의해 달성되는 것이다. 이것이 협상으로 되는 것은 아니다. 도리어 협상을 위해서도 국력의 신장만이 통일을 준비하는 초석이 될 것이다. '낭만적 통일주의'는 '낭만적 역사주의'만큼이나 위험한 것이다.

인류문명사에서 이상주의는 종종 도리어 피비린내를 불러왔으며, 순교자는 정의를 위해 몸을 바친다고 하지만, 경우에 따라서는 아무런 소득이 없는 필요악이 될 수도 있다는 점을 명심할 필요가 있다. 이상주의는 흔히 매우 논리적인 것처럼 포장하거나 위장하지만 결국 자기기만에 빠져서 실패할 확률이 높다. 이상주의 자체가 실은 유토피안 사상이기 때문이다. 그래서 이상주의는 필요하지만 극단적 이상주의는 실은 로고스가 아니라 파토스인 경우가 많다. 그래서 처음엔 논리를 펴지만 나중엔 논리는 없어지고, 정념만 남는다. 정념은 이(理)와 기(氣)가 역동적으로 작용하는 것이 아니다. 기(氣)만 승하게 된다.

종교적 도그마는 한시적으로는 도덕질서를 세우기도 하지만, 문화적으로는 이적(理的) 역동성을 떨어뜨려 결국 나라를 망하게 하는 경우도 있다. 조선은 이미 임진왜란 후에 재정비강화를 하였어야 하는데 그것을 이루지 못하고 차일피일하다가 정조의 개혁정치가 세도정치에 밀려 실패하면서 다시 일본의 침략을 불러왔던 셈이다. 일본은 임란 때 이루지 못한 꿈을 구한말에 실현한 셈이다. 임란은 당시에 이미 경고였던 것이다. 이순신이라는 뛰어난 장수 한 명에 의존해서 겨우 피한 망국의 징조를 알아차리지 못했던 것이 천추의 한을 남긴 셈이다. 일제에 의해 단절된 우리 문화는 아직도 식민체질을 운운하면서 상처를 쾌유하지 못하고 있다.

일제 식민은 그러한 점에서 "일본 놈이 나빠서 침략했다"는 주관적 선악의 문제로 볼 것이 아니라 조선사회의 문화적 경직성에서 비롯된 최악의 결과라고 보는 편이 우리의 자강을 위해서도 옳은 것이다. 그러한 점에서 조선 중기의 성리학 이기(理氣)논쟁과 사칠(四七)논쟁, 인물성 동이론 논쟁 등은 결과적으로 공리공론에 빠진 꼴이 되었다. 이것이 주자학의 형이상학적 측면을 끌어올렸다고 평가하기도 하지만 결과적으로 존재론적 실재 혹은 현실에 도달하지 못하였기 때문에 나라가 망하였다고 보는 편이 옳다. 그러한 점에서 퇴계는 원효에 미치지 못한다.

원효가 일심(一心)에서 통합한 경지는 퇴계의 일리(一理)가 추종을 하지 못하는 것이다. 그러한 점에서 이기(理氣)에 심물(心物)의 변수가 논증에 합세하였을 때에 훨씬 효과적일 것 같다. '이기'와 '심물'이 서로 역동적으로 작용하는 메커니즘을 좀 더 세밀하게 밝히는 것이 논문의 목적에 합당할 것 같다. 원효가 살았던 시절의 신라통일과 퇴계 후에 일어난 조선의 멸망은 우연한 일이 아니다. 아무리 거대한 의식의 확장과 환상(幻想)의 세계도 환상(環象)에 돌아오지 않으면 역사적, 현실적 매개를 통한 잉태와 생산을 하지 못하는 것이다.

김형효는 우리의 근대화에 대해서도 아쉬움을 표명한다. 고종이 12세로 등극한 것이 1863년이고, 일본의 명치유신은 1868년 일왕이 등극하면서 시작되었다. 대원군의 쇄국정책만 없었어도 우리가 일제식민을 당하지 않았을지도 모른다. 고구려가 기강이약(氣強理弱)으로, 조선은 이강기약(理強氣弱)으로 망했다고 말한다.[66] 그러나 이러한 이분법적인 평가는 이기(理氣)의 상호작용을 간과한 점이 있다. 예컨대 기(氣)가 강하려면 이(理)도 강하여야 하고, 이(理)가 강하려면 기(氣)도 강하여야 하는 측면도 있다.

김형효의 고구려, 백제, 신라, 고려, 조선에 이르는 이기론적(理氣論的) 평가는 크게 보면 '이(理)의 기화(氣化)'와 '기(氣)의 이화(理化)'를 바탕으로 하고 있다는 점에서 괄목할 만한 성과이다. 기본적으로 이(理)와 기(氣)는 끊임없이 역동적 관계, 가역적 관계를 형성하지 않으면 결국 개인이나 국가나 발전과 유지에 실패하게 되는 속성을 가지고 있는 것이다.

---

66) 김형효, 같은 논문, p.68.

"1995년의 기점으로 보면, 한국은 산업화와 민주화의 두 가지 목표수
행에서 국제적인 승인을 얻었다. (중략) 국가도 인간처럼 타국의 인정
과 승인을 욕망한다. (중략) 한국의 욕망은 타국의 욕망의 욕망이 되어
간다. (중략) 야성적 기(氣)가 폭발하여도 그 기(氣)를 문명화하는 지성
적 이(理)가 없이는 그 기(氣)는 국제적 승인의 보편성을 얻을 수 없고,
문명사회의 인정을 받을 수 없다."[67]

그러한 점에서 그는 '21세기에도 저 문무대왕과 세종대왕 시대와 다
른 보다 적극적인 새 역사창조의 꿈을 가져야 한다'고 결론짓는다.

"광복 이후 한국은 이제 중국 대신에 구미의 선진국과 일본으로부터
선진의 이(理)를 수용해 왔다. 아직도 한국은 선진국으로부터 문화와
지성의 이(理)를 수용해야 하고 그 이(理)를 부지런히 익혀야 한다. 과
학기술의 이(理), 논리적 사고와 깊이 있는 사변의 이(理), 문화와 예술
의 이(理)를 열심히 배워야 한다. 문화를 형성하는 소프트웨어(software)
적인 총체적 사고역량의 수준과 깊이는 서양의 선진국이 한국보다 분
명히 앞서 가고 있다. 소프트웨어가 앞서 가니 거기에 따른 하드웨어
(hardware)적인 계발능력도 향상될 수밖에 없다."

그는 이어 "기(氣)는 생명의 원동력이다. 우리가 찾아야 할 문화와 지
성의 이(理)는 한국인의 생명 동력인 기(氣)의 힘을 창조적으로 비약시키
는 '항해자의 술(術)'이 되어야 한다"고 역설한다.

이기(理氣)의 역동성을 달성하였을 때 나라는 발전하고, 새로운 국가
를 개국하고, 나아가서 통일을 달성하지만, 그렇지 못하면 나라는 쇠퇴
하고 망하고, 분열하게 된다. 김형효는 이 점에 주목하면서 우리나라의
역사적 흥망성쇠를 다루었다. 이것을 이기지묘(理氣之妙), 기발이승(氣發
理乘)[68]이라고 한다.

김형효의 상기논문은 이기(理氣)철학으로 역사를 해석하는 큰 분수령

---

67) 김형효, 같은 논문. p.69~79.
68) 김형효, 같은 논문. p.71.

을 이루었다고 보인다. 비록 부분적으로는 이기(理氣)를 바로 보편성과 특수성으로 대입하는 등 기존의 타성이 깔려 있었지만, 그 정도는 얼마든지 토론을 위해서 필요하였던 것 같다. 그럼에도 불구하고 그는 이기(理氣)의 상호작용 중에서 이지이(理之理), 이지기(理之氣), 기지이(氣之理), 기지기(氣之氣)의 상호작용을 좀 더 디테일하게 토론하지 못하는 흠을 가지고 있었다. 그럼에도 불구하고 철학자로서는 지금까지 아무도 하지 못했던 현실성 있는 토론을 철학계에 불러일으키기에 충분했다.

이는 한국인의 활기를 북돋우기 위한, '활생의 철학'을 정립하기 위한 전 단계로서의 임무에 충실하면서도 개척적인 역할과 의무를 충실하게 수행한 것으로 평가된다. 특히 철학이 왜 이 땅에서 이루어져야 하는가를 선명하게 보여 주었다. 철학도 이 땅의 물음에서 비롯되어 이 땅의 대답을 듣지 못하면 공허하기 짝이 없는 것이 된다는 것을 상기시켜 주기에 충분했다.

〈보편성과 일반성의 역동적 관계＝天人運化〉

수평성 · 평등성 ↓	개별성(몸) 氣質 人氣化 (구체성)	→ ←	보편성 理性 文理＝性理 (추상성)	수직성 · 위계성 ↑
	↑↓	×	↑↓	
	일반성 天地氣化＝武氣 氣＝神氣＝自然性 비결정성(物)	→ ←	특수성 集團 · 國家 (사회성) 物質(결정성)	

그런데 김형효의 논리전개에 있어서 몇 가지 특징을 볼 수 있다. 그는 기(氣)를 특수성으로 다루면서 때로는 우리 민족 고유의 것으로 규정하는 경향이 있는 듯하다. 물론 기질(氣質)에서 민족적 혹은 개인적 특수성이 내재된 것은 사실이다. 그러나 기질 자체가 우리 민족만 가지고 있는 것은 아니다. 다른 민족은 다른 기질을 가지고 있는 것이다. 따라서 기

(氣) 혹은 기질(氣質)은 특수성의 것이 아니라 도리어 일반성과 개별성의 것이다. 이는 그가 보편성과 일반성을 유착시키고, 개별성과 특수성을 유착시킨 때문이다. 그럼으로써 특수성에 기(氣)를 포함하고, 보편성과 일반성을 같은 것으로 보고 있다. 따라서 지금까지 보편성과 특수성만이 있고, 따라서 기(氣)를 특수성에 포함하였음을 알 수 있다.

이는 비단 김형효만의 문제는 아니고 철학일반의 문제이다. 다시 말하면 보편성의 반대 개념인 특수성은 기와 기질의 문제가 아니라 집단성의 문제임을 상기할 필요가 있다. 기와 기질은 차라리 특수성의 문제가 아니라 일반성과 개별성의 문제이다. 특수성과 보편성, 일반성과 개별성은 서로 가역관계, 역동적 관계에 있어야 한다. 또 일반성과 보편성은 교차관계에 있게 된다.

그는 훈민정음 창제의 의의에 대해서 말하면서 그의 보편성과 특수성의 이해의 지평을 여과 없이 드러낸다.

> "훈민정음 창제는 문화의 자주화를 뜻하고 중화적 이(理)의 보편성이 조선화되지 않고서는 그 이(理)가 공허해질 수밖에 없음을 암시하는 것이다. 이(理)의 보편성은 특수적인 기(氣)의 제약과 합성됨으로써 그 보편성이 특수적인 기(氣)의 창문을 통하여 비쳐질 수밖에 없으므로, 모든 문화의 본질은 보편의 특화일 수밖에 없다. 즉 특수성은 보편성을 생각하는 생활하는 특이한 방식이요, 체질이기에 특수성을 배제한 보편성은 공허한 일반론이 되고, 또 보편성을 무시한 특수성은 맹목적 개별론이 되고 만다."[69]

바로 이 문장에 보편성과 일반론(일반성), 특수성과 개별론(개별성)이 다 등장한다. 보편성과 특수성을 중심으로 쓰면서도 일반성과 개별성을 놓치지 않기 위해 일반론과 개별론이라는 용어를 사용하고 있음을 볼 수 있다. 그러나 아직 일반론과 개별론이 보편성과 특수성과 같은 레벨

---

69) 김형효, 같은 논문. p.55.

에서 일반성과 개별성으로 독립적으로 새롭게 설정되어야 함을 자각하고 있지는 못하다. 이러한 용어의 새로운 쌍에 대한 본능적 필요를 알고 있지만 아직 기존 철학에서의 타성으로 인해 선뜻 철학적 독립선언을 하고 있지 못하다.

이것에서 보편성은 일반성, 특수성은 개별성과 교차관계에 있으며, 새로운 교차관계의 설정을 통해서 보다 강력한 논리전개를 할 수 있음을 덜 자각하고 있는 셈이다. 개별성의 문제를 특수성에서, 일반성의 문제를 보편성에서 해결하려고 하고 있다. 그래서 기(氣), 혹은 기질(氣質)에 의해서 이루어지는 새로운 기둥을 특수성의 기질(氣質)에 돌리고, 일반성은 보편성에 유착시키고 있다.

문화도 생물학과 마찬가지로 이종교배와 동종교배를 번갈아 가야 건강하고 편견이 없는, 확대재생산된 문화를 이룩할 수 기회를 얻을 수 있다. 이것이 바로 잡종강세이다. 문화교류는 바로 잡종강세의 문화적 실천이라고 하면 틀림없을 것 같다. 대칭의 연속과 교차가 문화능력을 제고시킨다.

보편성＝이(理)＝양(陽)＝일리(一理)＝부성(父性)＝부계(父系)＝영웅호걸＝자음(子音)＝닫힘＝끊음＝국가(민족)＝문명＝명사＝존재자
*보편성은 닫힌 것이기에 끝없이 열려 있어야 한다. 이것이 이기지묘(理氣之妙)이다.

일반성＝기(氣)＝음(陰)＝일기(一氣)＝모성(母性)＝모계(母系)＝여신성모＝모음(母音)＝열림＝연결＝유전자풀＝자연＝동사＝존재
*일반성은 열린 것이기에 적당히 닫혀 있어야 한다. 이것이 이기지묘(理氣之妙)이다.

그의 문맥을 보면 마치 기(氣)나 기(氣)의 '심령적 폭발성(psychic explosion)'인 신바람(神氣라고도 함)이 우리 민족 특유의(고유의) 특수성인 것처럼 느껴진다. 그러한 심령적 폭발성은 북방 유목민족의 기후풍토에서 오는 공통성이라고 적시하고 있다. 그런데 그 북방 유목민족이라는 것의 범위가 우리가 생각하듯이 그렇게 작은 것도 아니고, 더구나 북방민족의

기질이라는 것이 실은 북반구의 고대문명을 이룬 많은 종족이나 민족에게 해당되는 것일 땐 우리 민족의 특수성이라고 보기에 문제가 생긴다. 유목민족의 문화는 실은 동북아시아의 문제도 아니고 어쩌면 유럽문명을 이룬 민족에게도 해당되는 것이다. 그들에게도 기마민족의 특성이 들어 있다.

논의를 더해 들어가면 그러한 신바람이라는 것은 남방의 여러 민족에게도 있는, 인류보편의 현상이며, 전 지구적으로 정도의 차이가 있을 뿐이다. 신바람은 몸을 가지고 있는 인간의 즉자적인, 자연적인 것일 가능성이 농후하다. 그래서 기 혹은 신기라는 것은 특수성이 아니라 일반적인 것이다. 물론 북방민족의 신바람이 더 격할 수는 있다. 신바람도 기후와 풍토에 따라 다를 수 있기 때문이다. 그러나 신바람을 민족고유의 특수성으로 보는 것은 좀 비약일 수 있다고 느껴진다.

신바람을 우리 민족의 특수성으로 필자도 그동안 그렇게 설명해 왔다.[70] 그러나 지금에 와서 보면 필자도 결국 한국인이기에 자신의 몸에 있는, 또는 몸에서 일어나는 기운생동 같은 것에 대해서 즉자적인 자평이었던 것으로 보인다. 따라서 신바람으로 민족성, 민족문화를 논한다는 것은 객관성을 가질 수 없다고 느껴진다. 단지 굳이 신바람을 논하자면 특수성이 아니라 일반성이며, 그것도 강도의 면에서 한민족이 심하거나 강하다는 것쯤으로 받아들여야 할 것 같다. 신바람은 즉자적인 것으로 자민족문화 연구의 맹점이라고 할 수 있는 자기순환에 빠진 것이 된다.

신바람은 타자(他者)와의 매개가 없는, 김형효의 말대로 동어반복적인 것이 될 가능성도 없지 않다. 우리 민족의 특수성을 논하려면 신바람보다는 다른, 특수성이 높은 용어를 개발하여야 할 것으로 보인다. 예컨대 유대민족이 유대교를 고수하고, 중세 서구 기독교 국가들이 기독교 전파과정에서 신바람이나 신 지핌이 없이 어찌 저들의 종교를 수천 년 동

---

70) 박정진, 『한국 문화 심정문화』, 1990, 미래문화사.

안 유지하고, 세계화할 수 있었느냐를 생각하면 결코 신바람을 우리의 고유성이라고 볼 수 없다. 이(理)가 보편적인 것처럼 기(氣)는 일반적이다. 다시 말하면 일반성과 개별성의 기둥에 넣어야 한다. 기(氣)가 특수성이 아니라는 것에 주목할 필요가 있다. 다시 말하면 기(氣)는 어떤 민족이나 자기민족의 기 혹은 기질이라고 말할 수 있는 것이다. 결국 기는 우리 민족과 문화를 객관화하는 기표가 되지 못한다.

우리가 그동안 우리 민족의 특수성을 표현하는 것으로 기, 혹은 신기, 신바람을 표현한 것은 즉자적인, 자신을 동어반복적으로 표현한 것에 지나지 않을 가능성이 높다. 이것은 '자기의 안'(주관성)만 그래서 자기를 객관화시키지 못하는 우리 민족의 특성과 관련이 있을 수도 있는, 다시 말하면 민족의 집단무의식 발로일 수 있다. 신(神)이라는 것은 즉자적인 것이 될 수도 있고, 타자적인 것이 될 수도 있다. 우리 민족은 즉자적인 신에 익숙한 문명이다. 이는 "자연은 '스스로 그러한 것'(자연)이다." 혹은 "신은 '세계를 창조한 분'(신)이다"라고 하는 것과 같다. 이는 매우 종교적인 특성을 보이는 측면이다. 그런 점에서 종교는 본래 즉자적인 것이라고 말할 수도 있다. 이에 비하면 서구 기독교 문화와 이성주의 문화는 바로 신을 타자화(객관화)하는 것에 익숙한 문명이다.

역으로 서구문명은 신을 타자화하고, 객관화하였기 때문에 근대에 들어 세계문명을 지배하였다고 말할 수도 있다. 지배야말로 타자이기 때문이다. 우리 문화는 매우 자연친화적이고, 신바람의 문화라고 스스로를 규정해 왔다. 이들 용어들은 묘하게 이중성을 가지고 있는 것 같다. 주관적일 수도 있고, 객관적일 수도 있는 그러한 이중성 말이다. '자연'이라는 말과 '신'이라는 말은 본래적으로 그러한 이중성을 가지고 있는 것 같다. 이것을 '존재'(존재적인 의미)로 사용하느냐, '존재자'(존재자적인 의미)로 사용하느냐는 사용하는 자의 몫이다. 누구도 그것을 강요할 수는 없다.

바로 여기에서 한민족의 종교적 특성, 도리어 로직(logic)을 만들지 못하는 우리의 특성이 내재해 있을 가능성이 높다. "나는 나이니까." 나를 달리 설명할 필요를 느끼지 않는다. 그래서 자연 혹은 신을 들먹이기를 좋아한다. 즉자와 타자, 주관과 객관 등 모든 대칭적인 용어들은 가역(可逆, ↔)할 수 있다. 그러한 점에서 '신바람'은 맞을 수도 있고, 틀릴 수도 있다. 말하자면 대칭의 어느 지점에서 말을 하느냐의 문제이다. 이를 통해서 혹시 우리 민족은 고대에 가장 원초적이면서 포괄적인, 어떤 로직도 들어갈 수 있는 원(原)로직(proto-logic)을 만들어 놓고, 그다음은 그저 자연과 더불어 하이데거적 의미의 존재적인 상태에서 살아왔는지도 모른다. 이것이 한민족의 경전인 『천부경(天符經)』, 혹은 천부삼경(天符三經)일 가능성이 높다.[71]

김형효의 논리전개를 보다 보면, '기(氣)의 이화(理化)'과정이나 '이(理)의 기화(氣化)'과정에서도 긍정적인 것과 부정적인 것으로 나뉠 수 있음을 알게 된다. 이화(理化)과정의 경우, 문화접변(acculturation)과 같은 문화능력의 차이가 심한 두 나라 사이의 이화과정에서 쉽게 큰 나라의 보편성에 쉽게 흡입되어 버릴 우려가 있는 점이 부정적인 것이다. 기화(氣化)과정의 경우, 큰 나라의 이데올로기를 제도화하고 체질화하는 과정에서 자신의 기질에 맞게 창조적으로 토착화시키거나 변형시키지 못하고 단순모방이나 흉내 내기에 그칠 우려가 많은 점이 부정적이다. 그러한 점에서 우리는 부정적인 경우가 많은 편이다.

물론 긍정적인 것은, 결코 지배적이지는 못하였지만, 우리 민족이 아직 멸망하지 않고, 지구상에서 이름을 가지고 생존하고 있다는 점이다. 이는 지배하려고 하지 않았기 때문에, 낙천적이고 침략만 당했기 때문에, 원초적으로 지배하려는 욕망을 가지고 있지 않았기 때문에 멸망하

---

71) 이에 대한 구체적인 설명은 필자가 최근에 저술한 책(박정진, 『단군신화에 대한 신연구』, 2009, 한국학술정보)을 참조하기 바란다. 천지인 사상은 샤머니즘을 비롯하여 기독교, 불교 등 모든 고등종교를 담을 수 있는 설명틀이 되며, 그러한 점에서 '원(原)로직(proto-logic)'이라고 말할 수도 있다.

지도 않았고, 주변 지배국에서 결코 멸망시켜야 할 이유도 발견하지 못하였을 수도 있다. 바로 이러한 점에서 한민족사의 여성성을 찾을 수 있다. 어떤 의미에서는 바로 여성성이 일반성과 연결되고, 그것이 도리어 기(氣)와 연결됨을 볼 수 있다. 그러한 점에서 우리 민족은 '기(氣)의 민족'이라고 할 수 있는 측면이 있다. 이것은 위에서 신바람을 부정하였다가 다시 신바람으로 돌아오는 것이 된다. 이때의 신바람은 특수성을 부여하기 위해 '한국적인 신바람'이라고 말할 수밖에 없다.

한편 김형효는 기(氣)와 무(武), 이(理)와 문(文)을 짝짓기를 하는데 이는 통상적으로 해 오던 이분법의 방식이다. 이(理)는 문인의 것이고, 기(氣)는 무인의 것이라고 생각하는 그런 것이다. '기(氣), 신(神)=무(武)', '이(理)=문(文)'은 단순한 이분법일 수 있다. 특히 그는 '무인(武人)들의 기적(氣的) 원심력과 자주성에 못지않은 문적(文的) 구심력' 등의 구절에서 무언가 말하고 있는 것은 분명한데 그것이 구체적으로 드러나 있지 않다. 기(氣)는 원심력의 양적인 것이고, 이(理)는 구심력의 중심논리와 같은 것이라는 인상이 든다. 기(氣)가 반드시 원심적이고 양적인 것만은 아니다. 동시에 이(理)가 반드시 구심적이고, 중심논리와 같은 것도 아니다.

자세히 검토하면 이들 관계는 이자(二者)관계라기보다는 각자가 짝짓기를 하는 사자(四者)관계로 보는 것이 옳은 것 같다. 기(氣)와 문(文)도 짝이 될 수 있고, 무(武)와 이(理)도 짝이 될 수 있다. 기백(氣魄)이 출중한 문인도 나올 수 있으며, 단순한 신바람이 아니라 기술(技術)이 출중한 무인도 나올 수 있다. 이기(理氣), 문무(文武)를 너무 평면적으로 바라보는 흠이 있는 것 같다.

결국 이(理) 속에 기(氣)가 작용하고 있고, 기(氣) 속에 이(理)가 작용하고 있는 셈이다. 이것이 이기의 불상리(不相離), 불상잡(不相雜)인 것이다. 본체의 체(體)가 중요한 것이 아니고 작용의 용(用)이 중요한 것이다. 그럼에도 불구하고 그의 한국사에 대한 철학적 해석은 역사해석의 또 다른 지평을 연 것으로 손색이 없다. 우선 이기의 작용이라는 측면에서 한국사 전체를 조감하였다는 것과, 구체적으로 특히 어떤 각 시대마다 어떤 이(理)가 외래에서 수용되면서 문화를 이루어 갔는가를 지적한 것은 뜻 깊다.

이(理)의 전개과정에서 불교의 유교, 교종, 선종, 성리학, 서구 과학의 영향 등으로 자신들을 이화(理化)시켰을 때에 문화가 주체성을 갖고, 확대재생산되면서 안정과 영화를 이루었음을 지적하였다. 문제는 오늘을 사는 우리에게 남겨진 당위적 과제에 있다. 외래에서 이(理)를 수입해 오는 것이 아니라 스스로 우리의 독자적인 이(理)를 만들어 내느냐에 있다. 물론 독자적으로 창조하지 못하면 남의 프로그램이라도 사용해야 한다. 그래야 시대에 뒤떨어지지 않을 수 있다. 그러나 더 좋은 것은, 남의 나라를 이끌어 가는 국가가 되기 위해서는 우리가 개발한 능기가 있어야 한다는 점이다.

역사적인 맥락에서 이(理)는 존재자적 명사이다. 다시 말하면 기(氣)의 존재적 동사로는 세계를 이끌어 갈 수 있는 기표(記票), 즉 기표(旗標), 깃발을 들 수 없다는 것이 된다. 따라서 한국이 세계사를 주도하기 위해서는 자신의 철학, 세계를 이끌 자신의 철학을 만들고, 또 그것을 세계에 설득하여야 함을 말한다. 그래서 철학인류학이 필요하다.

박정희 대통령에 대한 세계적인 평가

1979년 당시 민주화 운동을 하던 김문수(59) 현 경기도 도지사는 그해 10월 26일 박정희 대통령이 서거했다는 소식이 알려지자 대한민국 만세를 불렀다고 한다. 대한민국에 참 민주주의와 새로운 시대가 열릴 것이란 기쁜 생각 때문이었다. 그러나 그는 최근 한 언론과의 인터뷰에서

"돌이켜 생각해 보면 박정희 대통령만큼 조국과 민족을 위해 열심히 일했던 대통령도 없었던 것 같다"고 회상했다.

(김문수 경기도 도지사)

평생을 민주화운동에 몸을 바친 진보성향의 백기완(77) 선생은

"박정희 대통령은 우리 같은 사람 3만 명만을 괴롭혔지만 이후 대통령들은 3천만 명의 국민들을 괴롭혔다"고 말했다.

(백기완 선생, 재야운동가)

"나도 영화를 통해 서울을 보았는데 서울은 일본의 도쿄보다 훌륭한 도시로 조선이 자랑할 만한 세계의 도시입니다. 서울에 가면 박정희 전 대통령 묘소도 참배하고 싶습니다. 그것이 예의라고 생각합니다"

(김정일, 1999년 故 정주영 현대그룹 회장과의 대화 가운데)

"박정희는 조국 근대화에 확고한 철학과 원대한 비전을 바탕으로 시의 적절한 제도적 개혁을 단행했다. 매우 창의적이며 능률적이었다"

(카터 에커트, 하버드대 교수)

"아시아에서 위기에 처한 나라를 구한 위대한 세 지도자로 일본의 요시다 시게루와 중국의 덩 샤오핑 그리고 한국의 박정희를 꼽고 싶다. 박정희는 오직 일에만 집중하고 평가는 훗날의 역사에 맡겼던 지도자이다"
(리콴유, 전 싱가포르 수상/현 싱가포르 고문장관)

"세계 최빈국의 하나였던 한국이 박대통령의 새마을운동을 시작으로 불과 20년 만에 세계적인 무역국가가 되었음을 경이롭게 본다"
(폴 케네디, 예일대 교수)

"박 대통령의 역사적 큰 공헌은 그의 뛰어난 지도력 하에 한국을 저개발의 농업국가에서 고도로 성장한 공업국가로 변모시킨 것이다"
(앰스덴, MIT 정치경제학 교수)

"박정희 정권 동안의 목표는 자립경제력을 갖춘 현대국가의 건설이었다. 박정희 대통령은 그 목표를 성공적으로 달성했다"
(맨스로프, 러시아 안보연구소 교수)

"중국의 덩 샤오핑은 세계 유례없는 한국의 연 10% 급성장과 경제 부상에 놀라며 박정희식 경제개발에 많은 관심을 갖게 되었다"
(마훙, 중화인민공화국정책과학연구회장)

"박정희 대통령은 매우 강한 지도자였으며 대기업을 일으켜 국부(國富)를 증진시킨 훌륭한 지도자이다"
(마하티르 말레이시아 전 총리)

"박정희 근대화 성공으로 중산층 창출이 되고 이것이 한국 민주주의 토대가 되었다. 박정희야말로 한국 민주주의 발전에 가장 크게 기여하였다"

(버홀트 카터, 전 대통령 수석비서관)

"20세기의 위대한 아시아 지도자들 중 20명 중에 한 명"

(뉴욕타임스)

"민주화란 것은 산업화가 끝나야 가능한 것입니다. 자유라는 것은 그 나라의 수준에 맞게 제한되어야 합니다. 이를 가지고 독재라고 매도하는 것은 말이 되지 않습니다"

(앨빈 토플러, 미래학자/뉴욕대학 명예박사)

"1965년 필리핀의 1인당 GNP가 2백 70달러였을 때 한국의 1인당 GNP는 1백 2 달러였지만 2005년 필리핀의 1인당 GNP가 1천 30달러였을 때 한국의 1인당 GNP는 1만 6천 5백 달러로 변하였다. 가난한 절대빈곤의 후진국에서 조국보다 잘살던 동남아 국가들을 따돌리고 산업화의 기틀을 마련한 박정희 대통령의 지도력이 존경스럽다"

(아로요, 필리핀 대통령)

"중국의 덩 샤오핑의 개혁은 박정희를 모델로 한 모방이다"

(미국 RAND 연구소)

"매 회의마다 우리 농촌과 국토에 가졌던 뜨거운 애정, 빈곤했던 우리 역사에 대한 한에 가까운 처절한 심정, 그리고 빈곤을 극복하여 경제대국을 이룩하려는 치열한 집념에 숙연해지곤 했다"

(고건, 전 대한민국 국무총리)

"많은 몽골인들은 박정희 전 대통령의 리더십과 개발모델에 상당한 관심을 가지고 있다. 나 또한 그렇다. 한국은 박 전 대통령의 지도 아래 국가적 위기를 극복하고 경제개발의 금자탑을 쌓아올렸다"
(잔라빈 차츠랄트, 전 몽골 총리)

"1960년까지도 남한은 성인 1인당 국내총생산(GDP)이 79달러로 가나나 수단과 같은 지구상 가장 가난한 나라 중 하나였다. 그 당시 세계은행 보고서는 버마와 필리핀의 앞날을 장밋빛으로 보았다. 천연자원이 부족하고 에너지원이 없는 남한은 경제적 전망이 없다는 것이다. 그러나 남한은 오늘날 세계 11대 무역국이며 1996년부터 경제협력개발기구(OECD) 회원국이다. (중략) 불리한 자연 공간적 전제에도 불구하고 남한은 경제기적을 이루어 냈다."
(독일 국정교과서 고교 상급반 지리 92쪽)

"남한은 세계경제로 통합되었다. 대통령 박정희(1961～79)는 강력한 손으로 남한을 농업 국가에서 산업 능력을 가진 국가를 형성했다. 수도 서울은 비약적으로 성장했다"
(독일 국정교과서 중학교 지리 1백9쪽)

"박정희 대통령은 나의 롤 모델이다"
(블라디미르 푸틴, 전 러시아 대통령/현 총리)

"아프리카에서도 한국의 새마을운동을 해보는 것이 어떨까요?"
(반기문, 유엔사무총장)

"신화를 만든 한국경제의 건축가!"

(뉴욕타임스)

"어렵던 시절, 한국을 이끌어 고도로 공업화된 민주국가로 변화시킨 역사적 역할을 담당한 박정희 전 대통령에 대해 깊은 존경심을 가지고 있다. 그는 후임 대통령들이 본보기로 삼을 만한 유산을 남긴 한국에서 가장 성공적이었던 지도자들 중 한 사람임에 틀림없다"

(무샤라프, 전 파키스탄 대통)

박정진 ─────────────────────────────────

대구에서 태어나 대구고등학교 졸업, 한양대학교 의예과를 수료하고 국어국문과로 옮겨 졸업한 뒤
영남대학교 대학원 문화인류학과에서 석사, 박사과정을 마쳤다. 현재 한양대학교, 서울교육대학교,
영남대학교, 대구대학교 등에 출강하고 있다.

대학 졸업 후 경향신문사에 입사, 주로 문화부 기자로 활동하다가 자리를 옮겨 세계일보 문화부장,
논설위원을 지내는 등 20여 년간 언론계에 몸담았다. 시 전문지인 월간『현대시』를 통해 시인으로
등단했다.

박정희의 실상,
이영희의 허상

초판인쇄 | 2011년 4월 5일
초판발행 | 2011년 4월 5일

지 은 이 | 박정진
펴 낸 이 | 채종준
펴 낸 곳 | 한국학술정보㈜
주   소 | 경기도 파주시 교하읍 문발리 파주출판문화정보산업단지 513-5
전   화 | 031) 908-3181(대표)
팩   스 | 031) 908-3189
홈페이지 | http://ebook.kstudy.com
E-mail | 출판사업부 publish@kstudy.com
등   록 | 제일산-115호(2000. 6. 19)

ISBN   978-89-268-2095-7 93150 (Paper Book)
         978-89-268-2096-4 98150 (e-Book)

이담
Books 는 한국학술정보㈜의 지식실용서 브랜드입니다.